Os Investidores Institucionais e o Governo das Sociedades:
Disponibilidade, Condicionantes e Implicações

CARLOS FRANCISCO ALVES

Os Investidores Institucionais e o Governo das Sociedades:
Disponibilidade, Condicionantes e Implicações

CMVM

ALMEDINA
1955-2005

OS INVESTIDORES INSTITUCIONAIS E O GOVERNO DAS SOCIEDADES: DISPONIBILIDADE, CONDICIONANTES E IMPLICAÇÕES

AUTOR
CARLOS FRANCISCO ALVES

EDITOR
EDIÇÕES ALMEDINA, SA
Rua da Estrela, n.º 6
3000-161 Coimbra
Tel.: 239 851 904
Fax: 239 851 901
www.almedina.net
editora@almedina.net

EXECUÇÃO GRÁFICA
G.C. – GRÁFICA DE COIMBRA, LDA.
Palheira – Assafarge
3001-453 Coimbra
producao@graficadecoimbra.pt

Junho, 2005

DEPÓSITO LEGAL
224702/05

PREFÁCIO

A origem dos organismos de investimento colectivo (correntemente designados por fundos de investimento) remonta ao século XVIII, com a criação em 1774 na Holanda do primeiro fundo de investimento (o Eeadracht Maakt Magt)[1]. Nos Estados Unidos, os fundos de investimento atingiram uma dimensão relevante apenas em meados dos anos 60. Por seu lado, o surgimento de um verdadeiro mercado europeu de fundos de investimento teve início com a implementação, em 1 de Outubro de 1985, da Directiva UCITS. Em Portugal, a actividade da indústria de fundos de investimento foi reiniciada em 1986, após a nacionalização do sector bancário e a consequente transformação em dívida pública das unidades de participação dos fundos existentes àquela data.

Nas últimas décadas, os organismos de investimento colectivo transformaram-se num dos mais importantes veículos de colocação de poupanças a nível mundial. Os fundos de investimento mobiliário foram a componente do sector financeiro que mais cresceu no conjunto dos países da União Europeia na década de noventa. Em Portugal, a indústria dos fundos de investimento registou um desenvolvimento muito significativo, apesar de ainda ter uma dimensão reduzida quando comparada com a maioria dos países da União Europeia. Em 1996 o conjunto dos fundos de investimento mobiliário e imobiliário representava 17,9% do PIB português, e em finais de 2004 esse valor subiu para os 35,7% (aqui incluídos os fundos de titularização de crédito, entretanto introduzidos no nosso mercado).

É expectável um aumento da importância relativa e absoluta dos organismos de investimento colectivo porquanto cada vez mais é colocada no indivíduo/família uma responsabilidade acrescida em áreas críticas como a educação, a reforma e a saúde. Através dos organismos de investimento colectivo, pequenos investidores

---

[1] K. Geert Rouwenhorst (2004), "The Origins of Mutual Funds", Yale ICF WP 04-48.

podem ter acesso a carteiras de investimento diversificadas, com gestão profissional e a custos razoáveis. Contudo, a possível existência de conflitos de interesses na gestão destas (cada vez mais) avultadas somas de fundos que são colocadas à disposição destes investidores institucionais levanta a questão da adequada protecção dos pequenos investidores e do correcto funcionamento do sistema de supervisão. De facto, são já alguns os casos em que estes investidores institucionais não cumpriram adequadamente as suas obrigações para com os detentores dos valores por eles geridos (isto é, os participantes dos fundos de investimento).

Os organismos de investimento colectivo são muitas vezes caracterizados por complexas relações de agência, poder de mercado e assimetria de informação. Em geral, os pequenos investidores, menos informados, possuem insuficiência e incompletude de informação. E cada vez mais generalizadamente confiam as suas poupanças a fundos de investimento geridos por sociedades integradas em grandes instituições financeiras. Estas, por seu lado, possuem poder de mercado suficiente para poder controlar os fluxos de informação, muitas vezes necessária para uma correcta tomada de decisões. Algumas vezes, ainda, o grupo financeiro no qual se insere a sociedade gestora do fundo tem interesses (de investimento ou comerciais) em sociedades abertas ao investimento do público, por definição candidatas a ver os seus títulos integrar a carteira do fundo. Dito de outra forma, num sistema financeiro como o português (e de um número muito significativo de países da Europa continental), a não separação das actividades de banca comercial e de investimentos pode dar origem a uma complexa teia de interesses, onde se torna muito difícil avaliar onde começam e onde acabam os interesses de cada um dos intervenientes no processo. O papel da autoridade de supervisão é, neste contexto, fundamental tendo em vista uma adequada protecção dos investidores, e o fomento da confiança e credibilidade do sistema, condições necessárias para o desenvolvimento continuado e sustentado dos mercados financeiros.

Um outro aspecto que merece ser salientado é o da dispersão do capital. Muitas sociedades abertas vêm o seu capital disperso por muitas mãos, o que significa que os seus gestores profissionais podem decidir com um elevado grau de arbitrariedade. Isto significa que os accionistas destas sociedades se sujeitam à eventualidade de aqueles gestores actuarem em proveito próprio, ou gerirem as sociedades de forma menos eficiente. Em geral, os pequenos accionistas não possuem nem formação nem informação bastantes para exercerem de modo conveniente os seus direitos tendo em vista garantir que a sociedade é gerida no melhor interesse de todos os accionistas (entre os quais se encontram naturalmente os participantes dos fundos de investimento). Como, por outro lado, os investidores institucionais têm vindo a assumir um papel cada vez mais relevante (em termos da dimensão dos capitais que lhes são confiados), possuem mais e melhor informação, são cada vez mais as vozes que apelam aos investidores institucionais para que exerçam activamente os seus direitos de controlo sobre estas sociedades. A participação dos investidores institucionais na governação das sociedades levanta problemas de regulação em virtude do potencial conflito de interesses associado. Um exemplo é o uso dos direitos de voto associados às participações financeiras da carteira dos investidores institucionais. No caso português, reconhecendo este potencial conflito de interesses, a CMVM recomenda que "Os investidores institucionais devem tomar em consideração as suas responsabilidades quanto a uma utilização diligente, eficiente e crítica dos direitos inerentes aos valores mobiliários de que sejam titulares ou cuja gestão se lhes encontre confiada, nomeadamente quanto aos direitos de informação e de voto".

O presente trabalho do Doutor Carlos Alves enquadra-se nesta temática. De uma forma elegante e aprofundada, esta obra avalia da disponibilidade, das condicionantes e das implicações de um envolvimento dos investidores institucionais em geral, e dos fundos de investimento em particular, na governação de sociedades abertas em que tais investidores tenham envolvidas somas substanciais do valor dos fundos que lhes são confiados. Não só esta problemática é enunciada de um modo claro e objectivo, como também o Autor coloca um vasto conjunto de interrogações associadas a uma eventual participação activa desses investidores no controlo e na gestão das sociedades em que participam. A arquitectura do sistema financeiro e o papel da autoridade de supervisão assumem um importante lugar neste estudo. No que respeita a este último aspecto, conclui-se que existe uma relação inversa entre a eficácia da supervisão e os custos de agência, o que permite reforçar o papel da autoridade de supervisão na arquitectura do sistema financeiro.

Estou certo da qualidade deste estudo e das conclusões que encerra. Mas, melhor do que eu, o leitor o dirá.

Victor Mendes

Apresentação e Agradecimentos

O texto original deste trabalho constitui a dissertação de doutoramento que defendi na Faculdade de Economia da Universidade do Porto. Esta versão preserva o essencial do documento original, tendo as adaptações introduzidas resultado somente de razões editoriais. Na realidade, em ordem a obter o encurtamento do documento, compaginando-o com uma dimensão publicável, alguns apêndices técnicos e vários anexos estatísticos foram suprimidos, pelo que não são aqui reportados.

Muitos são os colegas e amigos a quem são devidos agradecimentos pelo apoio dado à realização desta tese. De entre eles, a minha gratidão deve em primeiro lugar ser dirigida ao Doutor Victor Mendes, orientador desta dissertação. A qualidade e a solidez das suas opiniões foram sempre motivo de confiança e de inspiração para o meu trabalho. A permanente disponibilidade e a prontidão com que respondeu às minhas solicitações ficarão, para sempre, guardadas na minha memória.

Ao Doutor Fernando Teixeira dos Santos devo agradecer a oportunidade que me deu de com ele partilhar alguns dos mais importantes momentos da minha vida profissional, os quais me conferiram uma experiência que me foi muito útil na realização deste trabalho. A ele e aos seus colegas do Conselho Directivo da CMVM agradeço também a decisão de inserção deste documento na série de Estudos sobre o Mercado de Valores Mobiliários.

À Doutora Ana Paula Serra que acompanhou este projecto, ao nível da Faculdade de Economia do Porto, igualmente devo agradecer toda a disponibilidade e todo o empenho manifestado no desempenho dessa missão, o qual excedeu aquilo que seria legítimo esperar ou solicitar.

Também é devido um testemunho público à evolução qualitativa muito acentuada registada nos anos recentes no acervo da Biblioteca da Faculdade de Economia. Ficam, pois, os agradecimentos à sua Directora, a Doutora Fátima Brandão, dado que da evolução registada em muito pôde o presente trabalho beneficiar. Aos funcionários da Biblioteca igualmente devo agradecer a prontidão com que sempre responderam às minhas solicitações.

Ao Director da Faculdade, Doutor José Costa, agradeço as condições que a Faculdade me proporcionou. Ao Presidente do Conselho Científico, Doutor António Almodovar, agradeço igualmente as condições que me foram proporcionadas, bem assim como a confiança científica em mim depositada. Aos coordenadores do Grupo de Economia durante o período de investigação, o Doutor Manuel Mendes de Oliveira e o Doutor António Brandão, são devidos agradecimentos pelas mesmas razões. Ao Director do CEMPRE, Doutor Álvaro Aguiar, agradeço o acolhimento que me foi dado no âmbito deste centro de investigação.

Ao Doutor Francisco Vitorino, e às Doutoras Adelaide Figueiredo e Fernanda Figueiredo agradeço a prontidão e amabilidade com que me apoiaram quando lhes solicitei ajuda no esclarecimento das minhas dúvidas. Ao Doutor Mário Coutinho dos Santos agradeço a ajuda dada no acesso a alguma literatura. À amiga Cristina Teixeira são devidos agradecimentos pelo apoio na pesquisa documental.

A muitos outros amigos devo palavras de incentivo que muito me animaram na realização deste trabalho. De entre estes, não posso esquecer, o Dr. Manuel Alves Monteiro, a Doutora Cristina Barbot e o Rui Henrique Alves.

Por último, mas não de menor importância, devo à minha mulher e aos meus pais todo o apoio recebido. A eles, mas sobretudo às minhas filhas Beatriz e Francisca, devo as muitas noites e os inúmeros fins de semana de convívio de que as privei.
A todos o meu reconhecimento e a minha gratidão.

Aos 17 de Novembro de 2004
Carlos Francisco Alves

À minha mulher, Susana, e às minhas filhas, Beatriz e Francisca.

«A riqueza não é daquele que a tem, mas daquele que a goza.»

Benjamin Franklin (1706-90)

Introdução

A possibilidade de os gestores das empresas com capital disperso deci-direm de modo contrário ao interesse dos accionistas — de que se tem consciência, pelo menos, desde os estudos seminais de Berle e Means (1932) — obriga à existência de instrumentos que induzam à prosse-cução dos fins para que haja sido criada a sociedade. Somente a convic-ção de que estes mecanismos funcionam permite compreender que os investidores disponibilizem recursos aos gestores, mesmo sabendo que existe o perigo de serem expropriados, sem que tenha de ser suposto o seu (permanente) optimismo ou irracionalidade (Shleifer e Vishny (1997)). Esses mecanismos integram um conjunto de estruturas jurídicas e institucionais, bem como de práticas empresariais, e são usualmente aglutinados sob a designação de instrumentos de governo das socieda-des (*corporate governance*). Todavia, a literatura reporta cepticismo teórico e evidência empírica contrária à eficácia de muitos desses instrumentos, tanto no que respeita ao modelo vigente nos países anglo-saxónicos, como no que se refere ao modelo da Europa continental e do Japão. São múltiplos os estudos que tornaram clara a necessidade de encontrar novos mecanismos de governo que minimizem os custos de agência, actuando em paralelo com instrumentos contratuais que induzam a uma eficiente afectação de recursos. Neste contexto, subsistem muitas questões que a investigação não foi (ainda) capaz de esclarecer (Vives (2000)).

Permanece, pois, em aberto a problemática do alinhamento dos actos praticados pelos gestores com os interesses daqueles em nome de quem agem. Não obstante isso, a discussão dos mecanismos que induzam a esse desiderato, e a uma maior eficiência e transparência da tomada de decisões no seio das empresas, sofreu uma significativa evolução nos anos mais recentes. Neste âmbito, são frequentes os apelos de profissionais e de autoridades para que os investidores institucionais substituam o tradicional comportamento sintetizado por uma velha regra de Wall Street «*if you don't like management, sell; if you don't sell, support management*» pelo exercício daquilo que a IOSCO (2003) designa por «*collective investments schemes shareholders responsibilities*». Trata-se de esperar (e, em alguns casos, exigir) que os investidores institucionais actuem no controlo da gestão das empresas em que participam, seja pelo exercício dos direitos de voto em Assembleia Geral, seja pela realização de pressão (pública ou *off record*) no sentido da transformação das estruturas e das práticas de governo dessas sociedades. Também entre os académicos alguns perspectivam na (potencial) actuação dos investidores institucionais a solução para resolução dos problemas emergentes da separação entre a propriedade e a gestão (*vg*, Porter (1992) e Friedman (1996)).

É inegável que os mercados financeiros têm registado de forma relativamente generalizada crescimentos exponenciais nas últimas décadas. Em simultâneo com este crescimento, tem-se notado nos mercados mais evoluídos uma tendência no sentido de os investidores institucionais — isto é, as instituições que empregam profissionais para gerir dinheiro em benefício de outros (indivíduos ou instituições) — gerirem uma fatia cada vez mais significativa dos activos financeiros, e em particular das acções. Muitos dos apelos antes referidos partem, precisamente, da constatação de que os investidores institucionais detêm uma significativa parcela da estrutura accionista das empresas cotadas, facto que lhes confere um importante papel no mercado de capitais e, pressupostamente, lhes proporciona condições ideais para a fiscalização e controlo das empresas cotadas (*vg*, Relatório de Cadbury (1992) e Relatório Hampel (1998)).

Sendo consensual a necessidade de aperfeiçoamento dos instrumentos existentes e/ou a descoberta de novos mecanismos de modo a encontrar um sistema de governo das sociedades que minimize os custos de agência, actuando em paralelo com estruturas de índole contratual que induzam a uma eficiente afectação de recursos, não é inequívoco que os investidores institucionais tenham condições ou desejem assumir um papel relevante neste contexto. Não é, com efeito, pelo simples facto de os investidores profissionais gerirem expressivas fatias do capital disperso que pode esperar-se que estes ofereçam a solução desejada. Embora se trate de um domínio ainda embrionário, alguns autores têm questionado a vocação, a motivação, a capacidade e a eficácia dos investidores institucionais para o desempenho de um tal papel (*vg*, Murphy e van Nuys (1994) e Short e Keasey (1997)). Este estudo insere-se nesta linha de investigação, questionando a disponibilidade dos investidores institucionais para o «*corporate governance activism*».

Desde logo, procurou-se fazer uma revisão da literatura que caracterize os sistemas de governo existentes, os diferentes mecanismos que os integram, bem assim como as dificuldades e as limitações que, tanto no campo teórico, como na vertente empírica, têm sido apontadas a esses sistemas. Além disso, procurou-se indagar que soluções têm sido propostas para a resolução dos problemas identificados, entre as quais se inclui o referido envolvimento dos investidores institucionais. Ademais, procurou-se também sistematizar as interrogações que têm sido levantadas quanto à capacidade e à disponibilidade de tais investidores para o desempenho do papel para que são requisitados. Por fim, procurou-se indagar o que se conhece quanto à actuação efectiva dos investidores institucionais e às suas consequências. Os resultados deste trabalho constam do Capítulo *1*, o qual consiste, pois, na revisão e na discussão da literatura relativa à problemática do *corporate governance* e ao papel dos investidores institucionais neste âmbito.

Além disso, conceptualizou-se um modelo em que grupos financeiros universais enfrentam um *trade-off* entre a prossecução dos interesses dos seus accionistas – aferidos pela maximização do valor consolidado do grupo – e a maximização dos interesses dos clientes da área da gestão de activos, relativamente à atitude a tomar perante a extracção de benefícios privados de uma dada empresa cotada em bolsa. Tais grupos são entidades que, tal como acontece em Portugal, se posicionam transversalmente ao longo de todo o sistema financeiro, pelo que a sua actuação no sentido da minimização dos custos de agência (em sociedades participadas pelos instrumentos de investimento colectivo que gerem) pode colidir com os seus (demais) interesses ao nível da banca comercial e de investimentos. Este modelo consta do Capítulo *2* e, entre outros objectivos, visa questionar em que condições o comportamento dos clientes da área de gestão de activos pode induzir o grupo financeiro a comportar-se de modo (mais) favorável à minimização dos custos de agência.

O aumento do peso dos investidores institucionais levou a um incremento da importância do estudo do impacto da sua presença nos mercados, da sua performance enquanto gestores profissionais de carteiras, bem como do relacionamento entre a evolução dos fluxos de capitais que lhes são confiados e o seu desempenho. Em particular, alguns estudos forneceram resultados que contrariam a ideia de que a generalidade dos investidores institucionais consegue obter performances superiores (vg, Lakonishok et al. (1992a) e Elton et al. (1993)), havendo mesmo estudos que denotam persistência de performances pobres (Hendricks et al. (1993), Shukla e Trzcinka (1994) e Carhart (1997)). Outros estudos denotam que os clientes dos fundos perdedores não penalizam as más performances registadas, ou pelo menos não as penalizam de forma tão intensa quanto premeiam as melhores performances (Ippolito (1992), Chevalier e Ellison (1997), Goetzmann e Peles (1997), Sirri e Tufano (1998), Lynch e Musto (2000) e Christoffersen (2001)). Em conformidade, a assimetria de comportamento e a ausência de penalização dos maus desempenhos foram incorporadas no modelo antes referido, de modo a deduzir as consequências da atitude dos consumidores sobre a disponibilidade dos grupos financeiros funcionarem como agentes disciplinadores dos órgãos de administração das empresas vis a vis a possibilidade de serem seus parceiros na concretização de decisões contrárias aos interesses dos detentores dos instrumentos de investimento fiduciariamente geridos.

Entre as explicações apontadas para a ausência de reacção às performances negativas conta-se a complexidade da indústria de fundos (Sirri e Tufano (1992)). Uma outra explicação é a existência de custos de informação assimétricos, na medida em que os esforços de marketing e os órgãos de comunicação social iluminam os fundos com as performances mais elevadas, mas não proporcionam informação sobre os fundos com piores desempenhos (Sirri e Tufano (1998)). Donde, na ausência de investigação publicada sobre o estudo do comportamento dos clientes face à performance dos investidores institucionais em pequenas economias, importava averiguar se o padrão documentado para os mercados de maior dimensão se mantinha ou se, designadamente por força da menor dificuldade de identificação dos operadores e da sua performance, se verificava uma significativa reacção às performances negativas. Esta dissertação investiga empiricamente esta questão (Capítulo 4) procurando indagar a relação que existe entre a performance de um dado período e os fluxos de capitais aportados a cada um dos fundos de acções nacionais no período seguinte, considerando o período amostral que decorre entre 31 de Dezembro de 1993 e 31 de Março de 2001. Para o efeito, além de análises de regressões e de uma análise estatística global, aplicam-se metodologias baseadas em tabelas de contingência, transpondo para este contexto técnicas de investigação que têm sido usadas para detectar persistência de performance. De igual modo se procurou enquadrar o comportamento dos clientes dos fundos nacionais no âmbito das teorias existentes para mercados mais avançados, designadamente procurando averiguar até que ponto a reacção dos consumidores é condicionada pelos custos de transacção, bem assim como se procurou averiguar até que ponto a existência de consumidores com diferentes graus de exposição a choques de liquidez – tal como assumido pelo modelo de Nanda et al. (2000) – proporciona uma explicação para a relação constatada entre a performance e os fluxos líquidos de capitais.

Por fim, se os consumidores falham a penalizar as más performances, tal facto não só tem consequências na disponibilidade dos investidores institucionais para monitorar os órgãos de gestão das empresas em que participam, em ordem a induzir o seu melhor governo, como permite a subordinação das carteiras fiduciariamente geridas ao interesse dos gestores. Alguns estudos realizados para o mercado norte-americano têm revelado esse facto ao nível do risco assumido (Brown et al. (1996) e Chevalier e Ellison (1997)). Este estudo igualmente investigou esta problemática, aproveitando a circunstância de no mercado português as *holdings* da maioria dos grupos financeiros que gerem fundos de investimento se encontrarem cotadas, e de ser permitido aos fundos adquirir tais acções. Esta investigação procurou averiguar se o peso de tais *holdings* era explicado pelas suas características ou se, pelo contrário, pode ser endereçado ao domínio dos conflitos de interesse e dos custos de agência. Este estudo consta do Capítulo 5.

Tendo em vista o enquadramento dos estudos empíricos realizados (Capítulos *4* e *5*) no Capítulo *3* revê-se e discute-se a literatura no que respeita à medição da performance dos investidores institucionais, bem assim como no que concerne à evidência de performance, de persistência de performance e de reacção dos consumidores a essa performance. Além disso, neste capítulo abordam-se os trabalhos que têm sido desenvolvidos no intuito de relacionar as performances com problemas de agência. No contexto deste capítulo merece especial destaque a metodologia de aferição da performance, na medida em que, como a investigação teórica e empírica se tem encarregado de mostrar e evidenciar, distinguir da rendibilidade obtida por uma carteira de valores mobiliários que parte é remuneração do risco assumido da parte que é valor adicionado ou destruído pela gestor não é tarefa fácil nem insusceptível de erro.

A tese conclui-se, por fim, com a enunciação das principais conclusões obtidas, com a identificação das suas implicações, e com o elenco de pistas para investigação futura.

Capítulo Um
OS INVESTIDORES INSTITUCIONAIS
E O GOVERNO DAS SOCIEDADES

1.1 Introdução

As sociedades comerciais são pessoas colectivas, susceptíveis de assumir direitos e responsabilidades na sua esfera jurídica, tal como acontece com as pessoas físicas. Todavia, ao contrário destas, não são capazes de definir e de exprimir, por si próprias, a sua vontade, elegendo em cada momento os seus interesses e praticando os actos que se mostrem necessários à sua concretização. Donde, para definir e prosseguir os seus objectivos, as sociedades dispõem de órgãos compostos, em regra, por uma pluralidade de pessoas físicas. Não obstante diferenças formais que decorrem do ordenamento jurídico concreto em que se enquadra cada sociedade, esses órgãos são, pelo menos, dois: o órgão de administração e a assembleia geral[1].

O órgão de administração é um órgão colegial (*conselho de administração*), o qual tem a responsabilidade de gerir quotidianamente a empresa[2], sem interferência da assembleia geral. Este outro órgão retém, em regra,

---

[1] Em alguns países, como Portugal, faz também parte dos órgãos societários um órgão de fiscalização. Noutros casos, como nos EUA, a fiscalização é realizada por um comité criado no seio do órgão de administração. Por outro lado, em outros países, existem dois órgãos de direcção. É o caso da Alemanha onde a gestão corrente compete a um conselho (o Vorstand) e a nomeação dos seus membros e a sua supervisão compete a um outro órgão (o Aufsichtsrat) (Charkham (1995) e Prigge (1998)).

[2] As expressões «empresa», «sociedade comercial», «sociedade» e «firma» serão usadas indistintamente, não obstante o alcance das expressões não ser totalmente coincidente. Neste documento, porém, pese embora muitos dos problemas abordados sejam relevantes para outros tipos de organizações, o escopo do estudo são as empresas, com capital aberto ao investimento do público, entendidas como um conjunto de contratos e de relações jurídicas, de que decorre responsabilidade limitada para os seus accionistas.

o poder de eleger e de remover os membros do conselho de administração (*administradores*)[3]. O órgão de administração é, frequentemente, composto por administradores executivos (que trabalham a tempo inteiro) e por administradores não-executivos (que trabalham a tempo parcial) (Charkham (1995), Stapledon (1996) e Prigge (1998)). O conselho de administração reúne apenas periodicamente, pelo que em muitas empresas este órgão delega num número restrito dos seus membros (a *comissão executiva*) ou em um único dos seus membros (o administrador-delegado ou, em linguagem anglo-saxónica, o *chief executive officer* (CEO)) a responsabilidade pelo dia a dia da gestão (Charkham (1995), Stapledon (1996) e Prigge (1998)). Donde, muitas sociedades são de facto geridas por um número restrito de membros do conselho de administração[4/5] e por gestores que não integram aquele órgão[6]. A estratégia da empresa é, normalmente, desenvolvida pelos executivos (administradores e outros), sem prejuízo da sua aprovação formal no órgão de administração e na assembleia geral (Charkham (1995) e Stapledon (1996)).

O crescimento das empresas exige a reunião de capitais em grande escala, originando uma separação entre gestores e accionistas (Berle e Means (1932)). Esta separação tem vantagens para ambas as partes: permite aos accionistas participar nos ganhos da actividade empresarial, sem despenderem tempo com a gestão e mesmo que não tenham capa-

---

[3] Nem sempre assim acontece, porém. Na Alemanha a eleição dos membros do Vorstand compete aos membros do Aufsichtsrat, sendo que a assembleia de accionistas elege apenas 2/3 dos membros deste último órgão. Os demais membros do Aufsichtsrat são representantes dos trabalhadores e dos sindicatos (Charkham (1995)). Em Portugal a eleição da totalidade dos membros dos órgãos societários compete à assembleia geral, a quem compete igualmente a sua destituição.

[4] De acordo com um inquérito realizado pela CMVM em 2000, apenas 19,5% das empresas portuguesas entrevistadas (8 num total de 41) afirmaram não possuir uma comissão executiva, tendo as restantes não respondido (36,6%) ou revelado possuir tal comissão (43,9%) (CMVM (2000)).

[5] Assim acontece, tanto em Portugal (vide nota anterior), como em muitos outros países, tais como o Reino Unido, a Austrália (Stapledon (1996)) e os EUA (Monks (2001)).

[6] Em alguns países, como a Alemanha, a distinção entre administradores e demais gestores é muito ténue (Charkham (1995)), pelo que na prática alguns dos profissionais da empresa que não são formalmente membros da administração têm grande relevância na tomada de decisões quotidianas.

cidades empreendedoras e gestoras; e permite que profissionais possam conceber e concretizar projectos rentáveis, mesmo que não disponham de riqueza acumulada (Stapledon (1996)). Além disso, a dispersão de capital associada à diversificação de carteiras permite a pulverização de riscos que de outro modo seriam inteiramente assumidos pelo proprie-tário-empreendedor e facilita a criação de um mercado de capitais, indu-zindo a uma redução do custo de financiamento (Jensen (1989)).

Todavia, a separação e a divisão de funções entre accionistas, órgão de administração e gestores executivos tem consequências no funciona-mento das empresas. Entre os accionistas e os gestores estabelece-se uma relação de agência (Jensen e Meckling (1976)). Quando os direitos de controlo das sociedades apresentam um acentuado nível de dispersão os agentes (gestores profissionais) podem decidir com um elevado grau de arbitrariedade (Berle e Means (1932)). Desde logo, é reconhecido que existe assimetria de informação entre os gestores (com mais infor-mação) e os accionistas (com menos informação) (Myers e Majluf (1984) e Scharfstein (1988)). Além disso, existe divergência de interesses, pelo que nas empresas com capital disperso, os agentes utilizarão a liber-dade de que dispõem tomando decisões que maximizem a sua própria utilidade, em vez de procurarem maximizar a riqueza dos principais (accionistas) (Jensen e Meckling (1976))[7]. Esta forma de organização induz a custos – denominados «custos de agência» –, que podem sinte-tizar-se em três itens (Jensen e Meckling (1976)): *i*) os custos incorridos (pelos principais) na fiscalização dos agentes (*monitoring expenditures*)[8]; *ii*)

---

[7] As situações em que a maximização da utilidade dos gestores colide com o interesse dos accionistas resultam de, pelo menos, três fontes: *i*) os gestores atribuírem a si mesmos compensa-ções injustificadas ou gastarem verbas excessivas em conforto e luxo; *ii*) os gestores negociarem em proveito próprio, designadamente, obtendo vantagens financeiras pessoais, concretizando negócios que visem a sua perpetuação no poder, assumindo riscos excessivos para os accionistas (que suportarão na totalidade as perdas, enquanto os gestores beneficiarão com os ganhos) ou maximizando os resultados de curto prazo em prejuízo da performance de longo prazo; e *iii*) os gestores actuarem incompetentemente (mesmo que honestamente) ou devotarem um esforço insuficiente aos assuntos da empresa.

[8] A subordinação dos actos de gestão aos interesses dos gestores em prejuízo dos accionistas é possível pela existência de assimetria de informação entre agentes (mais bem informados) e principais (menos bem informados). A obtenção de informação por parte dos principais diminui

as despesas realizadas (pelo agente) para assegurar ao principal que a gestão se subordinará aos seus interesses (*bonding expenditures*)[9]; e *iii*) as perdas residuais decorrentes das decisões contrárias aos interesses dos principais que não puderem ser evitadas na sua totalidade (*residual loss*)[10/11].

Se em vez de estruturas accionistas dispersas o capital da empresa estiver concentrado nas mãos de um número reduzido de accionistas ou do Estado, aquele poder arbitrário transfere-se para as famílias (ou empresas) que controlam a sociedade, ou para o corpo de gestores públicos e para a esfera de interesses que gravitam em torno do partido político que governa[12]. Com efeito, também os grandes accionistas podem usar

---

a assimetria e limita o potencial de custos de agência. Todavia, a obtenção e a análise de informação tem custos. Além disso, a obtenção de informação não esgota este item. Obrigar os agentes a agir de acordo com o interesse dos principais – por exemplo, através de acções judiciais – igualmente implica custos.

[9] Neste âmbito enquadram-se os custos que, por iniciativa própria dos gestores, ou por imposição alheia, visam assegurar que não serão tomadas medidas contra os interesses dos principais ou para garantir que, se tal ocorrer, estes serão compensados.

[10] Não obstante os custos referidos em *i*) e *ii*) possam contribuir para a redução da assimetria de informação e para facilitar a acção de mecanismos que induzam a uma acrescida protecção dos interesses dos accionistas, subsistem decisões contrárias aos seus interesses. O valor monetário da perda de bem estar dos principais decorrente dessas decisões constitui esta parcela remanescente dos custos de agência.

[11] São múltiplos os estudos que documentam evidência de custos de agência, muitos dos quais se encontram sintetizados e referenciados em Shleifer e Vishny (1997). A título ilustrativo refira-se: *i*) a evidência de que na indústria petrolífera os fluxos de caixa livres foram reinvestidos em oportunidades de investimento pouco lucrativas em vez de serem entregues aos accionistas (Jensen (1986)); *ii*) as transacções de blocos de acções fazem-se com prémios expressivos, facto que é interpretado como o preço dos benefícios privados associados ao poder de voto desses blocos (Barclay e Holderness (1989)); *iii*) as cotações dos oferentes descem quando são anunciadas ofertas públicas de aquisição, especialmente se se tratar de aquisições de crescimento (rápido), de diversificação ou precedidas de má performance por parte do oferente (Morck et al. (1990)); *iv*) as perdas de diversificação são intensas (Lang e Stulz (1994), Berger e Ofek (1995) e Servaes (1996)), sendo especialmente graves quando os gestores detêm uma menor percentagem de acções da empresa (Denis et al. (1997)); e *v*) e as acções com direito de voto transaccionam-se a preços significativamente superiores às acções sem direito a voto (Zingales (1994)).

[12] Existem estudos – *v.g.*, Mengginson et al. (1994) – que testemunham que a privatização aumenta a performance o que pode ser interpretado como evidência de que são ainda mais graves os custos de agência na esfera do sector público, pese embora não seja fácil nem isento

o seu poder para expropriar os outros agentes económicos com interesses legítimos na sociedade[13], o que farão tanto mais intensamente quanto os seus direitos de voto forem significativamente superiores aos seus direitos de *cash flow*[14].

Os accionistas (minoritários) não são os únicos a suportar custos de agência. A actuação dos gestores (e dos grandes accionistas) pode igualmente não coincidir com o interesse dos empregados, dos obrigacionistas, dos consumidores, com a protecção ambiental ou com outros interesses sociais[15]. Donde, os custos de agência podem ser partilhados por outros agentes económicos com interesses legítimos na sociedade, e não apenas pelos seus accionistas. Todavia, os accionistas encontram-se especialmente sujeitos a custos de agência, pela circunstância de o seu investimento ser afundado e, após o financiamento inicial, a empresa (frequentemente) não necessitar mais do accionista (Williamson (1985), Shleifer e Vishny (1997) e Tirole (2001)). O mesmo não se passa, por exemplo, com os trabalhadores, os quais são pagos quase logo que prestam os seus serviços, e além disso a empresa continua a precisar deles, pelo que estão em boa posição para defender os seus interesses. "*The economists' implicit assumption is that employees, suppliers, customers, and other natural stakeholders are protected by very powerful contracts or laws that force*

---

de erro separar este efeito de outros que podem condicionar a performance das empresas do Estado, como sejam o condicionamento da política de preços, a submissão de políticas de investimentos a interesses públicos, os limites impostos por restrições orçamentais ou de outra natureza política ao crescimento e à internacionalização.

[13] Os accionistas de controlo são relativamente imunes a ameaças de *takeover* e têm um elevado potencial de *self-dealing*, facto que aumenta a sua capacidade de extracção de benefícios privados (Holderness e Sheehan (1988) e Barclay e Holderness (1989)).

[14] A separação entre direitos de voto e direitos de *cahs flow* pode decorrer, nomeadamente, da utilização de estruturas em pirâmide (Wolfenzon (1999)), do afastamento da regra uma acção um voto (Grossman e Hart (1988), Harris e Raviv (1988) e Hart (1995)) ou da obtenção de procurações (com liberdade) de voto (Gorton e Schmid (1996)). A divergência entre direitos de controlo e de *cash flow* é muito frequente em grandes empresas (fora dos EUA) devido ao uso de estruturas piramidais (La Porta et al. (1999)).

[15] Hoshi (1998), por exemplo, identifica problemas de agência na relação entre: (*i*) accionistas e gestores; (*ii*) credores e gestores; (*iii*) trabalhadores e gestores; (*iv*) fornecedores e clientes; (*v*) governo e empresas.

controlling investors to perfectly internalize their welfare, whereas the contractual protection of investors when the natural stakeholders have control is rather ineffective, and so investors must receive the control rights" (Tirole (2001, p. 4))[16]. Daí que na generalidade dos países da OCDE o dever de lealdade dos gestores se confine aos accionistas (Shleifer e Vishny (1997)), não obstante em alguns países, como o Reino Unido, a legislação vir evoluindo no sentido de os interesses dos trabalhadores igualmente deverem ser tidos em consideração pelos gestores (Stapledon (1996)), se terem registado apelos de especialistas no sentido de os gestores tomarem em conta (primordialmente) o "interesse social" (Relatório Viénot (1995)[17]), em países como o Japão as organizações atribuírem prioridade aos interesses de longo prazo dos seus recursos humanos (Charkham (1995), Freire (1995) e Hoshi (1998)) e de na Alemanha se encontrar assegurada a representação dos trabalhadores em órgãos societários (Charkham (1995) e Prigge (1998)).

Assim, a teoria económica tradicionalmente relega para o âmbito do mercado e da liberdade contratual as relações existentes entre a empresa e os outros agentes económicos com interesses legítimos (a que em linguagem anglo-saxónica se dá designação de «*stakeholders*»), colocando-se o seu enfoque no domínio dos custos de transacção (na acepção de Williamson (1988)), enquanto que o estudo dos mecanismos que induzam a que o comportamento dos gestores esteja alinhado com o interesse dos accionistas é posicionado no âmbito da teoria da agência (Williamson (1985, 1988)). Todavia, crescentemente, surgem estudos que se preocupam com o desenho de mecanismos que induzam os gestores a internalizar a maximização do bem estar dos *stakeholders* (*v.g.*, Tirole (2001)) ou que clamam por uma reformulação da abordagem em consonância com a transformação da natureza das empresas associada

---

[16] Com efeito, existem dois tipos de direitos contratuais (Grossman e Hart (1986)): *direitos específicos* e *direitos residuais de controlo*. A propriedade das acções corresponde à titularidade desses direitos residuais de controlo, pelo que a relação da empresa com os demais *stakeholders* é usualmente relegada para o domínio dos direitos contratuais específicos.

[17] O Relatório Viénot (1995) é um código de boas práticas em matéria de governo das sociedades, elaborado por um conjunto de especialistas, e destinado a servir de código de conduta às empresas francesas de capital aberto ao investimento do público.

ao crescimento da importância do factor humano, comparativamente ao capital, na competitividade das organizações (Rajan e Zingales (2000))[18]. Evidentemente que o que se pretende é encontrar um sistema de governo das sociedades que minimize os custos de agência, actuando em paralelo com mecanismos de índole contratual que induzam a uma eficiente afectação de recursos[19]. Este capítulo, porém, preocupar-se-á, primordialmente, com os problemas de agência que se colocam entre os gestores e os accionistas, bem como com os diferentes mecanismos que visam a sua resolução, designadamente procurando compreender *"why do investors part with their money, and give it to managers, when both the theory and the evidence suggests that managers have enormous discretion about what is done with that money, often to the point of being able to expropriate much of it?"* (Shleifer e Vishny (1997, p. 748)).

1.2 SISTEMAS DE GOVERNO DAS SOCIEDADES

Em meados do século XX, acreditou-se que os problemas relacionados com os custos de agência seriam transitórios (Shleifer e Vishny (1997)). Esta convicção baseava-se na teoria de que, desde que existisse

---

[18] Esses estudos inserem-se na lógica de que o exercício dos *direitos contratuais específicos* não esgota os interesses legítimos dos *stakeholders* na sociedade. Na relação entre estes e a empresa nem tudo é objecto de contratação formal (*v.g.*, Brickley et al. (2001)). Subsistem os chamados *contratos implícitos* que dizem respeito a aspectos da relação que não estão contemplados no contrato formal e que resultam da impossibilidade prática de se fazerem *contratos completos*, isto é, contratos que especifiquem a totalidade dos direitos e dos deveres de cada um em cada momento.

[19] Para Jensen (2001), discutir se deve predominar a valorização da empresa (*value maximization theory*) ou a valorização dos interesses dos *stakeholders* (*stakeholder theory*) enquanto objectivo da empresa é irrelevante, porquanto as empresas que adoptam a perspectiva da *stakeholder theory* experimentam, por força da multiplicação de objectivos, confusão, conflitos e ineficiência na gestão, tornando-se possivelmente incompetitivas no futuro. Além disso, para maximizar o valor, os gestores necessitam da cooperação de todos quantos têm interesses na empresa. Deste modo, o autor defende que a maximização do valor deve ser o objectivo único dos gestores, uma vez que apenas desta forma será possível atingir o máximo bem estar social (com excepção das situações em que existem monopólios ou externalidades). A defesa dos interesses dos *stakeholders* exige, pois, a perspectiva da *value maximization theory*.

competição nos mercados de produtos e de serviços, as empresas que não minimizassem custos perderiam quota de mercado e tenderiam a ser excluídas, pelo que não sobreviveriam aquelas que "desperdiçassem" recursos em benefício dos gestores. Todavia, a realidade tem demonstrado que a competição por si só não elimina todas as possibilidades de extracção de benefícios privados por parte dos gestores (Nickell (1996) e Shleifer e Vishny (1997)). Não se pode, pois, esperar que o mercado de produtos e de serviços por si só minimize os custos de agência e crie as condições para que os investidores apliquem as poupanças em sociedades que não gerem. São necessários mecanismos (incluindo outras "forças de mercado") que resolvam ou reduzam o problema da separação entre propriedade e gestão, conduzam à tomada de decisões eficientes e induzam à prossecução dos objectivos dos accionistas.

A literatura indica um amplo conjunto de mecanismos que visam resolver este problema, os quais se aglutinam em geral sob a designação de mecanismos ou sistemas de governo das sociedades[20]. Esses instrumentos variam de acordo com o ambiente institucional, mas em geral tendem a ser divididos em dois sistemas principais (Shleifer e Vishny (1997), Schmidt e Tyrell (1997) e Franks e Mayer (2001)): o sistema continental[21] (cujos protótipos são a Alemanha e o Japão, mas que são extensivos no essencial aos demais países da Europa continental) e o sistema anglo-saxónico[22] (de que são paradigma os EUA e o Reino Unido)[23].

---

[20] Versão portuguesa da expressão anglo-saxónica *"corporate governance"*, aderindo-se, assim, à tradução proposta pela CMVM (CMVM (1999a)).

[21] Igualmente designado por sistema baseado em relações (*relation-oriented system*), sistema de controlo pelos bancos (*bank-oriented system*) ou sistema de controlo interno (*insider system*).

[22] Também, por vezes, designado sistema de controlo pelo mercado (*market-oriented system*) ou sistema de controlo externo (*outsider system*).

[23] Não obstante a associação destes países com estes sistemas, subsistem diferenças relevantes entre o Japão e a Alemanha (Charkham (1995)) e entre o Reino Unido e os EUA (Franks e Mayer (2002)). Por outro lado, as diferenças sendo notórias nos sistemas vigentes nas décadas de 80 e 90, no passado nem sempre se verificaram. Na década de 40, o sistema americano continha características muito próximas das vigentes no sistema continental (Jensen (1989)). Além disso, nos anos mais recentes tem-se verificado uma evolução do sistema anglo-saxónico, em especial nos EUA, que em determinados aspectos se afasta do paradigma do controlo pelo

A Figura 1.1 sintetiza as características principais de cada um dos sistemas. Aí desde logo se encontra anotada a diferença existente entre a estrutura accionista típica de cada um dos paradigmas, e o reflexo dessa estrutura no mercado de acções. Enquanto a propriedade dispersa predomina no modelo anglo-saxónico, no modelo continental a propriedade é muito concentrada, com bancos, empresas e famílias a dominarem expressivas fatias do capital das empresas cotadas (Breuer (1998), Prigge (1998) e La Porta et al. (1999))[24]. Nos EUA e no Reino Unido os principais accionistas são os investidores institucionais[25], que globalmente gerem uma fatia expressiva das acções cotadas. Paralelamente, os mercados de capitais dos países continentais são relativamente estreitos e ilíquidos, ao passo que as bolsas anglo-saxónicas são grandes e líquidas (Prigge (1998) e La Porta et al. (1997)[26]). Todavia, Schmidt e Tyrell (1997),

mercado, do mesmo modo que o Japão tem dado passos no sentido de uma maior aproximação ao sistema anglo-saxónico (Jensen (1989)), o mesmo se passando entre os sistemas americano e continental (Breuer (1998) e Financial Times (2000a)). Além disso, não obstante a generalidade dos autores tendam a considerar que o sistema continental vigora nas demais economias da Europa além da Alemanha (Wymeersch (1998), Vives (2000) e Cuervo (2002)), é sempre possível encontrar diferenças face ao paradigma e pontos de aproximação ao modelo anglo--saxónico (Charkham (1995) e Wymeersch (1998)). As diferenças entre os sistemas de governo das sociedades de cada país são (fundamentalmente) o resultado de uma evolução histórica assente em pressões (e opções) políticas (Roe (1994)) que resultaram em diferentes ambientes legais, os quais afectam o grau em que é possível manter concentrada a estrutura de propriedade e de financiamento das empresas (La Porta et al. (1997)) e de protecção dos direitos accionistas (La Porta et al. (1998, 2000)), não obstante alguns anteverem que a globalização induzirá uma aproximação entre os dois sistemas (Eisenberg (1999)). Por fim, importa notar que – como sublinha Hoshi (1998) – nenhuma economia se pode caracterizar exclusivamente por uma das vias de resolução dos problemas de agência. As particularidades de um e de outro sistema podem coexistir ao nível de cada empresa. Donde, a identificação dos países com os sistemas tem a ver com a preeminência com que as principais características de cada um são aí observadas.

[24] Por exemplo, La Porta et al. (1999) reportam que entre as 20 maiores empresas de cada mercado, as percentagens de empresas com capital totalmente disperso (isto é, empresas que não têm qualquer accionista com pelo menos 10% dos direitos de voto), no final de 1995, eram de 90% nos EUA e de 80% Reino Unido, sendo substancialmente menores na Europa continental: Áustria, 5%; Bélgica, 0%; Dinamarca, 10%; Finlândia, 15%; França, 30%; Alemanha, 35%; Grécia, 5%; Portugal, 0% e Suécia, 0%.

[25] Por «investidores institucionais» entendem-se, em geral, as instituições de crédito, as empresas de investimento e as instituições de investimento colectivo (tais como, fundos de investimento e de pensões).

reportando-se a estudos empíricos, argumentam que a diferença entre os dois sistemas, ao nível das fontes de financiamento e das estruturas de capital, não é substancial.

A diversidade de estruturas accionistas reflecte-se na importância dos accionistas no controlo e na fiscalização dos actos dos gestores (monitoramento), sendo que o envolvimento dos accionistas é raro no sistema anglo-saxónico e frequente no sistema continental (Charkham (1995) e Prigge (1998))[27].

FIGURA 1.1 – SÍNTESE DOS SISTEMAS
CONTINENTAL E ANGLO-SAXÓNICO DE GOVERNO DAS SOCIEDADES

	Sistema Anglo-Saxónico	Sistema Continental
Estrutura Accionista	Propriedade Dispersa; Apenas os Investidores Institucionais (Globalmente) Detêm Posições Relevantes	Propriedade Concentrada; Estruturas Piramidais; Bancos, Empresas e Famílias Detêm Grandes Blocos de Acções
Mercado de Capitais	Muito Líquidos	Pouco Líquidos
Conselho de Administração	Integra Administradores Executivos (Internos) e (Maioritariamente) Administradores Não Executivos (Externos); Adm. Externos Fiscalizam Executivos	Controlado por Adm. Internos ou por Adm. Externos Ligados aos Principais Accionistas (e Bancos); Fiscalização por Outros Órgãos
Monitoramento dos Accionistas	Não Existe Monitoramento Relevante dos Accionistas	Principais Accionistas Controlam Intensamente a Gestão e Tomam as Principais Decisões Estratégicas da Empresa
Monitoramento pelo Mercado de Capitais	Desenvolvido "Market for Corporate Control"; Aquisições Hostis Frequentes	Limitado "Market for Corporate Control"; Aquisições Hostis Muito Raras (ou Inexistentes)
Monitoramento pelas Instituições Financeiras	Pouco Relevante; Posições Accionistas dos Bancos Irrelevantes; Crédito Disperso	Muito Importante (Especialmente no Japão); As Relações Credor/Devedor têm uma Óptica de Longo Prazo, tal como a Presença dos Bancos na Estrutura Accionista; Bancos Actuam como Representantes dos seus Clientes
Cruzamento de Participações	Irrelevante	Muito Importante, Inclusive no que se Refere às Relações entre as Empresas do Sector Financeiro e as Demais
Sistema de Remuneração dos Gestores	Componente Variável Muito Expressiva, Ligada à Performance Bolsista	Remunerações Variáveis e Sistemas de Incentivos Menos Expressivos
Divulgação Pública de Informação e Auditoria Externa	Elevadas Exigências de Divulgação de Informação; Processo de Auditoria Controlado pelos Administradores Externos	Presença no Mercado de Capitais Exige Divulgação de Informação; Processo de Auditoria Controlado (Indirectamente) pelos Principais Accionistas
Sistema Jurídico	Maior Protecção Legal dos Accionistas Comparativamente aos Obrigacionistas	Menor Protecção Legal dos Accionistas Comparativamente ao Modelo Anglo-Saxónico
Supervisão e Regulação Pública	Agências Públicas de Supervisão e Regulação dos Mercados de Capitais	Igualmente Existem Agências Públicas de Supervisão e Regulação

---

[26] Assim, por exemplo, o rácio da capitalização bolsista detida por minoritários sobre o PIB (em 1994), era de 1,00 no Reino Unido, 0,58 nos EUA, 0,13 na Alemanha, 0,23 em França e 0,08 em Portugal.

[27] Na Alemanha, por exemplo, um terço dos mandatos das 100 maiores empresas são ocupados por representantes dos bancos privados ou por representantes de outras empresas industriais (Breuer (1998)).

A estrutura e o funcionamento do conselho de administração reflectem, obviamente, a diversidade de estruturas accionistas e de empenhamento dos grandes accionistas no controlo. No modelo anglo-saxónico os conselhos de administração são compostos por administradores executivos profissionais, que em regra fizeram carreira na empresa (sendo, por isso, designados de "internos" ou *"insiders"*)[28], e maioritariamente composto por administradores não-executivos, não pertencentes aos quadros da empresa (sendo, por isso, designados de "externos" ou *"outsiders"*)[29], cuja função principal é monitorar e avaliar a actividade dos administradores executivos (Charkham (1995))[30]. A fiscalização, a avaliação, a fixação da remuneração e o despedimento dos administradores executivos compete a comités criados no seio do conselho de administração e compostos por administradores externos[31]. No modelo continental, os conselhos são compostos por administradores internos e por administradores externos ligados aos principais accionistas (Charkham (1995), Breuer (1998), Prigge (1998) e Wymeersch (1998))[32]. Igualmente existe

---

[28] Entre os quais emerge com especial poder face aos demais o CEO (Charkham (1995) e Monks (2001)).

[29] Note-se que os administradores não executivos também podem ser "internos", o que acontece quando se trata de funcionários de uma empresa do grupo a exercer funções não executivas em outras empresas do grupo. De igual modo, administradores executivos que não tenham feito carreira a empresa são simultaneamente "executivos" e "externos". Donde, não obstante nos EUA (Charkham (1995)) e, ainda que em menor grau, no Reino Unido (Charkham (1995) e Stapledon (1996)) os administradores não executivos serem (frequentemente) "externos", os conceitos não são coincidentes.

[30] Assim acontece nos EUA, onde os conselhos das sociedades cotadas são maioritariamente compostos por administradores não executivos e externos. No Reino Unido, porém, este tipo de administradores é tradicionalmente inferior a metade do total. Neste país, em média, a proporção registada para as maiores empresas cotadas foi de 42% em 1971 e de 48% em 1991 (Stapledon (1996)).

[31] Esta realidade é verdadeira para os EUA, onde normalmente as empresas dividem os seus conselhos de administração em comités destinados a supervisionar diferentes funções da empresa e entre os quais o comité de auditoria que visa assegurar que os gestores reportam informação fiável ao público (Charkham (1995) e Deli e Gillan (2000)), não sendo tão frequente no Reino Unido onde os administradores não executivos actuam especialmente como conselheiros e não como "monitores" da acção dos administradores executivos (Franks et al. (2001)).

[32] Por exemplo, a propósito do caso alemão, Charkahm (1995, p. 20) escreveu: *"The shareholding structure may affect profoundly the way the process works. If the founding family or a major shareholder is*

um princípio de fiscalização mútua dos membros do conselho[33], funcionando os órgãos de modo colegial e tendo o presidente executivo um poder em geral inferior ao que possuem os CEO norte-americanos (Charkham (1995)). A supervisão, a avaliação e o despedimento dos administradores executivos compete a outros órgãos societários, e não aos seus pares (não executivos)[34].

A ausência de monitoramento pelos accionistas no sistema anglo--saxónico é compensada pelo controlo exercido pelo mercado de capitais através das aquisições hostis (*takeovers*). A teoria sugere que os *takeovers* servem para redistribuir recursos das equipas de gestão menos capazes ou mais "expropriadoras" para as equipas mais competentes[35]. Os anos oitenta registaram um número recorde de *takeovers* nos EUA e no Reino Unido (Jensen (1988), Franks e Mayer (1996) e Holmstrom e Kaplan (2001)), tornando a ameaça real, o que supostamente motivaria os gestores a prosseguir o interesse dos seus accionistas. Por outro lado, o mercado de capitais igualmente proporciona disciplina às empresas que actuam ineficientemente, na medida em que estas enfrentarão dificuldades crescentes em aumentar o capital próprio, e terão de pagar taxas de juro mais elevadas em financiamentos por capital alheio (Stapledon (1996)). Além disso, por força dos custos de agência, o mercado reduz os montantes de capitais que (ex-ante) são proporcionados aos

---

represented on the Aufsichtsrat (or sometimes even if they are not), they are nevertheless in a position to exert influence, and the balance of power may shift substantially away from the Vorstand".

[33] Em Portugal, por exemplo, vigora um princípio de responsabilidade solidária pelo que todos os administradores são responsáveis por todas as decisões do conselho, mesmo que estas não se enquadrem nas respectivas áreas de tutela, o que faz (ou deveria fazer) com que cada administrador actue como "fiscalizador" dos demais administradores (art.º 73.º do Código das Sociedades Comerciais).

[34] Assim, por exemplo, enquanto que na Alemanha este papel compete ao Aufsichtsrat (Charkahm (1995) e Prigge (1998)), em Portugal a fiscalização compete ao conselho fiscal ou a um revisor oficial de contas (único), enquanto que a avaliação, o despedimento e a fixação dos vencimentos compete à assembleia geral, sendo a fixação das remunerações remetida a uma comissão eleita por aquela assembleia (Código das Sociedades Comerciais, art.ºs 376.º, 391.º, 399.º e 403.º).

[35] Scharfstein (1988), por exemplo, modelizou os *takeovers* como instrumentos disciplinares em contextos de assimetria de informação entre gestores e accionistas.

gestores (Williamson (1985)). Aliás, projectos com valores actualizados líquidos positivos podem não obter financiamento se (o empreendedor não dispuser de capital próprio suficiente ou se) os problemas de agência forem severos (Tirole (2001))[36].

Além da disciplina imposta pelas ofertas públicas de aquisição e pelo custo do capital, o mercado de capitais exerce um controlo à posterior – monitoramento passivo[37] – e que resulta da actividade de um conjunto de agentes que actuam na órbita do mercado de capitais. É o caso, por exemplo, dos analistas financeiros, que contribuem para uma melhor medição da performance das equipas de gestão, o que teoricamente induz a uma redução dos custos de agência (Doukas et al. (2000) e Tirole (2001)).

No sistema continental os *takeovers* são raros ou virtualmente inexistentes (Franks e Mayer (1998) e Prigge (1998)))[38/39]. Em contrapartida, a fiscalização exercida pelas instituições financeiras (enquanto entidades credoras) é intensa, sendo as relações credor/devedor pautadas por uma lógica de longo prazo (Freire (1995), Prigge (1998) e Hoshi

---

[36] A assimetria de informação entre os accionistas e os gestores pode igualmente induzir as empresas a financiarem-se internamente ou com recurso a dívida, evitando a emissão de capital próprio, e conduzindo à perda de oportunidades de investimento lucrativas (Myers e Majluf (1984)).

[37] O monitoramento activo define-se por existir uma interacção entre o "monitor" e a gestão em ordem a evitar ou impedir que actos contrários aos interesses dos accionistas sejam praticados, ao passo que no monitoramento passivo o "monitor" apenas contribui para uma melhor medição da performance, não interagindo por isso directamente com a administração (Tirole (2001)).

[38] Prigge (1998) reporta que foram lançados somente 15 *takeovers* na Alemanha entre 1968 e 1997, dos quais apenas 7 tiveram sucesso, sendo que entre 1971 e 1987 não se registou qualquer tentativa de aquisição hostil. Franks e Mayer (1998), por sua vez, enumeram apenas três *takeovers* hostis fora do sector financeiro em todo o pós-guerra. Além disso, de acordo com informação de Wymeersch (1998), na Europa continental, apenas a França supera (ligeiramente) a Alemanha em valor de fusões e aquisições realizadas nos anos 90. Também no Japão são raros e inexpressivos os *takeovers* hostis (Hoshi (1998)).

[39] Franks e Mayer (2001) reportam a existência de um mercado activo de transacção de blocos de acções e de transferência de controlo, frequentemente com oposição das equipas de gestão. Todavia, as mudanças dos titulares dos órgãos de administração na sequência das transacções não têm relação com a performance, pelo que tais transacções dificilmente se podem configurar como substitutos dos *takeovers*.

(1998)). Aliás, as instituições financeiras – e em especial os bancos – são normalmente accionistas da empresa financiada, exercendo influência e controlo quer como accionistas, quer como credores[40]. Além disso, os bancos, designadamente na Alemanha, actuam por norma como procuradores dos seus clientes, pelo que juntam aos direitos accionistas próprios os direitos que decorrem das acções dos seus clientes particulares (Gorton e Schmid (1996) e Prigge (1998))[41]. Em alguns casos, o sistema de procurações permite um significativo auto-controlo dos bancos alemães sobre as suas próprias estruturas accionistas[42]. No sistema anglo-saxónico o envolvimento dos bancos na fiscalização da gestão é menor, não só porque as suas posições accionistas são insignificantes[43], como a prática de sindicação de empréstimos dispersa os credores (Mayer (1990)), embora não seja totalmente incomum a presença dos bancos nos órgãos de administração de outras empresas norte-americanas[44].

No Japão, além do monitoramento exercido pelos bancos, é relevante o papel desempenhado pelos fornecedores e pelos credores no âmbito

---

[40] A participação dos bancos no capital e no governo das sociedades é especialmente intenso no Japão (Berglöf e Perotti (1994) e Hoshi (1998)). No entanto, os bancos igualmente detêm importantes posições accionistas em empresas em alguns países da Europa continental (Wymeersch (1998)).

[41] Por exemplo, Prigge (1998) documenta que, não obstante a participação accionista dos bancos em acções alemãs se limitar a cerca de 10% do total, mais de 25% dos membros dos Aufsichtsrat das empresas integrantes do índice DAX 30, incluindo 11 presidentes, são provenientes do sector bancário.

[42] Com efeito, segundo Prigge (1998), via procurações, um dos principais bancos alemães (o Deutsche Bank) detinha (em 1992) 32,1% dos seus próprios direitos de voto e 14,1% dos direitos de voto de um dos seus principais concorrentes (o Dresdner Bank). Se se considerar que, segundo o mesmo autor, a presença em assembleias gerais do Deutsche Bank, em média (1995--97), é de 47,4%, tal significa que o poder instituído no banco controla uma expressiva fatia do poder decisório da assembleia geral.

[43] De acordo com Breuer (1998), a parcela de acções nacionais cotadas detida por bancos, em meados da década de noventa, era de somente 2% no Reino Unido, sendo nula nos EUA devido à Glass-Steagall-Act, relativa à separação das operações bancárias das demais actividades financeiras, e origem de fortes restrições à detecção de posições accionistas pelos bancos (Jensen (1989), Roe (1994) e Prigge (1998)).

[44] Kroszner e Strahan (2001) reportam que entre as 500 maiores empresas norte-americanas, em 1992, 136 tinham administradores que trabalhavam para bancos.

dos "keiretsu"[45]. Com efeito, é frequente entre as grandes empresas japonesas o cruzamento de participações com clientes e fornecedores, de que decorre um acréscimo de fiscalização dos actos da gestão e dos custos de agência (Berglöf e Perotti (1994) e Hoshi (1998))[46].

A subordinação dos actos dos gestores aos interesses dos accionistas é igualmente prosseguido pela via do sistema remuneratório dos administradores, especialmente no sistema anglo-saxónico. Parte substancial da remuneração dos gestores é de natureza variável, dependente da performance da empresa, sendo que frequentemente esta é medida pelo comportamento das cotações em bolsa (Charkham (1995), Chance (1997) e Monks (2001)). No sistema continental, ou pelo menos em alguns países, a remuneração variável e, em particular, a indexação da remuneração à performance bolsista é menos comum e tem um peso na remuneração total menor que nos EUA (Charkham (1995))[47].

Além das referidas, são também características importantes do sistema anglo-saxónico (fortes) exigências de informação, (fortes) obrigações fiduciárias e (poderosos) comités de fiscalização das estruturas executivas (Charkham (1995), Stapledon (1996) e Eisenberg (1999)). A presença em bolsa obriga à divulgação de abundante informação financeira. Além disso, as empresas são sujeitas a auditoria externa, sendo o processo de selecção, de contratação e de reporte (pelo menos nos EUA) controlado por comités especializados compostos exclusivamente por admi-

---

[45] "*Most larger firms in Japan are affiliated with a financial keiretsu. The main features of these groupings are extensive intragroup trade and a capital structure whit elaborate cross-holdings of debt and equity, a strong domination for the group's main bank in corporate borrowing, and historically high levels of gearing in member firms*" (Berglöf e Perotti (1994, p. 260)).

[46] *Vide* Berglöf e Perotti (1994) onde se desenvolve um modelo teórico em que os *financial keiratsu* são um mecanismo de controlo da estrutura de capitais e das transacções financeiras e comerciais intragrupo.

[47] Na Alemanha, por exemplo, 65% da remuneração corresponde ao salário fixo, sendo o restante vencimento composto − em partes aproximadamente iguais − por uma componente variável e por benefícios não monetários (Charkahm (1995, p. 20)). Nos EUA, pelo contrário, 83% dos pagamentos aos CEO de 100 das maiores empresas (incluídas no índice S&P 500) dependem da performance, sendo esta percentagem de 64% entre as 400 demais empresas do índice. As opções de compra ("*stock options*") representam, respectivamente, 61% e 52% das remunerações daqueles CEO (Reda (2000)).

nistradores externos. Por fim, os administradores respondem judicial-mente pelos seus actos.

No sistema continental as empresas cotadas também estão sujeitas à divulgação pública de informação, submetem-se a processos de audito-ria e os seus administradores têm responsabilidades fiduciárias[48]. Todavia, La Porta et al. (1998, 2000) documentam que os países com lei comum (*v.g.*, EUA e Reino Unido) têm uma protecção mais efectiva dos inves-tidores que os países com lei civil alemã (*v.g.*, Alemanha, Áustria e Japão) ou escandinava (Suécia, Dinamarca, Finlândia e Noruega) e sobretudo que os países com lei civil francesa (*v.g.*, França, Portugal e Espanha)[49]. Além disso, La Porta et al. (1997) evidenciam influência do ambiente legal na dimensão e na profundidade dos mercados de capitais dos diver-sos países, concluindo que os países com lei comum têm mercados mais amplos e líquidos, ao passo que os países de lei civil francesa têm mer-cados mais estreitos. A conjugação destes artigos induz à conclusão óbvia de que a diversidade de regimes jurídicos contribui para explicar a diversidade de estruturas accionistas e de mecanismos de protecção dos interesses dos investidores que existem na Europa continental (e Japão) e no mundo anglo-saxónico.

A regulação e a supervisão dos sistemas financeiros é igualmente um importante elemento de *corporate governance*. Além da (tradicional) regulação de natureza prudencial, a supervisão visa crescentemente a pro-tecção dos investidores. Porém, na actualidade, não obstante diferenças de organização institucional e de enquadramento jurídico, a regulação e a supervisão financeira encontram-se disseminadas por todo o mundo[50] e obedecem a padrões resultantes de coordenação internacional (Prigge (1998)), não emergindo por isso como elemento distintivo essencial.

---

[48] Para uma discussão do papel dos auditores no sistema alemão ver, entre outros, Baetge e Thiele (1998).

[49] A lei comum distingue-se da lei civil, basicamente, pelo facto de no primeiro caso as (boas) práticas adquirem força de lei quando aplicadas pelo juiz, enquanto que nos regimes de lei civil apenas os diplomas com legitimidade parlamentar se constituem como lei (La Porta et al. (1997, 1998, 2000)).

[50] Em 2002, existiam no mundo inteiro 303 autoridades ou agências de supervisão, distribuídas por um total de 143 jurisdições (Central Banking Publications (2002)).

1.3 Limitações dos Sistemas de Governo das Sociedades

O funcionamento e o crescimento dos mercados financeiros exige que os investidores se sintam protegidos, pela acção de outros investidores, pelo funcionamento dos órgãos de fiscalização, pela eficiência dos auditores, por força da actuação das autoridades de supervisão ou pela acção dos tribunais. Importa, pois, que existam mecanismos que assegurem eficientemente essa protecção, sejam estes do tipo continental ou do tipo anglo-saxónico. Para tal, é necessário que permanentemente se afira da adequação dos sistemas de governo, se compreendam as suas limitações e se concretizem as reformas legais e operacionais que induzam a uma maior protecção efectiva dos investidores[51]. Daí que, desde Berle e Means (1932), mas especialmente na década de noventa, se tenham multiplicado estudos tendo em vista comparar e avaliar os diferentes sistemas de governo das sociedades. Esses estudos, além de não terem concluído pela inequívoca superioridade de um dos sistemas[52], tiveram sobretudo a utilidade de evidenciar ou demonstrar que ambos os paradigmas têm limitações. A ambos os sistemas são − como se verá nos próximos parágrafos − referenciadas incapacidades no plano teórico e evidenciadas insuficiências no plano empírico no combate aos custos de agência.

(i) Incentivos e Mercado dos Gestores

Desde logo, são apontadas deficiências ao funcionamento do mercado no que respeita aos gestores profissionais. A falta de informação

---

[51] Tarefa, aliás, não isenta de dificuldades dado que a mudança dos regimes instituídos poderá ter a resistência (tanto de políticos como) dos interesses económicos instalados (La Porta et al. (2000)).

[52] Por exemplo, Romano (1993a) defende a excelência do sistema americano, enquanto Jensen (1989, 1993) e Porter (1992) se mostram menos convencidos da sua qualidade, Breuer (1998) defende a eficiência do sistema alemão e Prowse (1990) crê que os problemas de agência são mais mitigados no Japão que nos EUA. La Porta et al. (1997), por sua vez, argumentam que ambos os sistemas de *corporate governance* são eficazes, sendo o regime jurídico de base que faz a diferença em termos da protecção dos investidores. Finalmente, Goergen (1998), estudando ofertas iniciais realizadas na Alemanha e no Reino Unido, concluiu pela ausência de impacto da sujeição ao *market for corporate control* na performance financeira, evidenciando resultados idênticos para os dois países.

detalhada sobre o sistema de pagamentos adoptado por cada empresa e sobre o seu exercício efectivo é um dos elementos referenciados neste âmbito[53]. A ausência de reflexo das opções de compra "oferecidas" aos gestores na demonstração de resultados das empresas é um dos factores que induzem intransparência nesta matéria, tal como a ausência de informação sobre a avaliação do desempenho dos gestores (Monks (2001)). O elevado crescimento das remunerações dos administradores (Hall e Liebman (1998)) é entendido como evidência de que os CEO gozam de um excessivo grau de liberdade na fixação dos seus esquemas remuneratórios (Conyon et al. (1995) e Monks (2001))[54].

Além disso, os gestores apresentam-se astutos a escapar da parte sancionatória do mecanismo. Desde logo, na medida em que se revelam hábeis a combinar a data do recebimento das opções de compra com que são beneficiados com o *timing* das boas notícias (Yermack (1997)). Mas também porque os gestores parecem ter capacidade para impor revisões dos esquemas de incentivos, designadamente dos preços de exercício das opções, quando as cotações sofrem quedas substanciais (Brenner et al. (2000) e Monks (2001))[55]. Ainda, porque os gestores revelam capacidade para manipular os resultados anuais em função dos seus esquemas de incentivos, especialmente se estes não se basearem em horizontes de longo prazo (Richardson e Waegelein (2002)). Finalmente, porque são raras as situações em que são accionados os mecanismos punitivos em caso de mau desempenho, nomeadamente o despedimento (Farrell e Whidbee (2000)[56]) e porque quando as cotações caem

---

[53] Em Portugal, por exemplo, cerca de 77,2% das empresas que responderam a um inquérito da CMVM afirmaram não divulgar a política de remuneração do órgão de administração (CMVM (1999b)).

[54] Essa liberdade decorria, desde logo, da participação dos administradores internos nos comités de fixação dos vencimentos, comprometendo a respectiva independência, o que segundo Vafeas (2003) motivou a intervenção reguladora das autoridades norte-americanas (SEC Releases 3 3-6940), no sentido de induzir uma maior transparência à actuação deste comité.

[55] Brenner et al. (2000) reportam que, entre 1992 e 1995, os preços de exercício das opções de empresas norte-americanas, quando modificados, foram reduzidos em média em 40%.

[56] Farrell e Whidbee (2000) examinaram os despedimentos forçados – por acções dos demais membros do conselho de administração em resultado de fracos desempenhos – de CEO nos EUA e apenas encontraram 66 mudanças em 63 empresas num período de 10 anos (1982-1992).

os gestores apenas perdem oportunidade enquanto os accionistas per- dem dinheiro (Chance (1997))[57]. Mesmo as situações extremas de reve- lação de fraude têm influência negligenciável na substituição dos gestores (Agrawal et al. (1999)[58]).

A evidência empírica sobre o efeito dos incentivos é, porém, híbrida. Enquanto alguns reportam reduzida sensibilidade das cotações à remu- neração dos gestores (Jensen e Murphy (1990)), outros evidenciam uma forte relação entre a performance e os pagamentos aos executivos (Hall e Liebman (1998)) e documentam que os mercados recebem positiva- mente o anúncio de planos de compensação (Morgan e Poulsen (2001)). Todavia, não obstante diferenças no regime de remuneração, designadamente ao nível da sua conexão com as cotações, a relação entre as mudanças de administradores e a performance é semelhante nos EUA e no Japão (Kaplan (1994)), o que pode ser entendido como evidência de que o mecanismo não tem efeitos tão poderosos quanto os supostos.

(ii) Independência dos Administradores Externos

Um outro mecanismo de *corporate governance* sujeito a cepticismo é a performance dos administradores externos, enquanto "monitores" e avaliadores independentes do desempenho dos administradores inter- nos. A este propósito, salienta-se a convicção de que os gestores executi- vos desempenham um papel importante na escolha dos gestores não executivos, o que limita o poder e a capacidade de fiscalização destes (Stapledon (1996) e Zahra (1996)). No mesmo sentido concorre o facto de existir uma elevada probabilidade de os administradores externos perderem os seus lugares com a queda dos CEO (Farrell e Whidbee (2000)) e o facto de os directores externos que detêm blocos de acções

---

[57] Facto que leva, aliás, Chance (1997) a propor que se substituam as opções por contratos *forward*, em que os gestores tenham a obrigação e não somente o direito de comprar acções ao preço contratado.

[58] Resultado que os autores explicam com os argumentos de Jensen (1993) segundo os quais os mecanismos de controlo interno das empresas são frequentemente insuficientes (e ineficientes) para suscitar a mudança de gestores em termos que daí possam surgir de imediato incrementos do valor.

votarem de modo alinhado com o conselho de administração (Gordon e Pound (1993)). A circunstância de os administradores não executivos de umas empresas serem administradores executivos de outras e membros do mesmo círculo social é igualmente vista como limitadora da sua acção (Stapledon (1996) e Loderer e Peyer (2002)[59]).

De igual modo se enfatiza que os gestores não executivos não têm tempo nem conhecimentos para absorver toda a informação necessária para compreender o funcionamento da empresa, além de que os seus interesses são reduzidos, o que na argumentação de alguns concorre no sentido do seu menor empenhamento na fiscalização e no acompanhamento da gestão (Porter (1992) e Turnbull (2000)). A diferença de meios à disposição e de tempo dedicado à empresa é igualmente apontada como vantagem dos executivos sobre os não executivos, permitindo àqueles influenciar e condicionar a actuação destes (Stapledon (1996) e Monks (2001)).

Corroborando estas ideias alguns *researchs* evidenciam que os órgãos de administração colegiais dominados por membros não executivos tendem a ser menos propensos a realizar despesas de investigação e desenvolvimento (Baysinger et al. (1991)) ou a prosseguir estratégias consistentes de inovação tendentes à criação de novas áreas de negócio e à tomada de riscos comerciais (Zahra (1996)). Bhagat e Black (1998), por sua vez, reportam ausência de evidência de performance superior para as empresas norte-americanas com conselhos maioritariamente dominados por administradores externos. Todavia, Dahya et al. (2002), em sentido inverso, denotam um aumento das saídas de CEO entre as empresas britânicas, bem como um reforço da relação negativa entre essas saídas e a performance, na sequência do cumprimento das recomendações do Relatório de Cadbury (que apontam no sentido da existência de, pelo menos, três administradores externos por conselho e da separação de funções entre CEO e Chairman[60]). Por fim, Alves e Mendes (2003)

---

[59] Loderer e Peyer (2002), por exemplo, documentam que mais de 50% dos administradores de grandes empresas suíças são igualmente administradores em outras grandes empresas.

[60] Designação anglo-saxónica para a figura do presidente do órgão de administração, o qual quando distinto do CEO não tem funções executivas.

concluíram que o cumprimento das recomendações da autoridade de supervisão portuguesa no sentido da inclusão no órgão de administração de um ou mais membros independentes em relação aos accionistas dominantes, não pode ser estatisticamente associada a retornos anormais (positivos ou negativos).

(iii) Influência dos Grandes Accionistas

Os grandes accionistas têm interesse em influenciar as decisões dos gestores em ordem a obter melhor performance[61], e têm mais poder para isso que os pequenos accionistas, uma vez que quando os direitos de voto estão concentrados num reduzido número de decisores, é mais fácil exercer esses direitos ou exercer persuasão sobre os gestores pela simples ameaça de exercício desses direitos, do que quando os votos estão dispersos por entre uma pluralidade de investidores[62].

A concentração da propriedade, porém, coloca o problema da eventual exploração dos pequenos accionistas pelos grandes accionistas, designadamente quando estes detêm direitos de *cash flow* inferiores aos direitos de voto. Além disso, a motivação de monitoramento pode ter alcance limitado, desde que os grandes accionistas atinjam os seus objectivos a expensas dos demais accionistas, além de que o aumento de valor não decorre automaticamente da concentração da propriedade[63].

---

[61] Assim acontece, inequivocamente, quando os accionistas já dispõem de grandes posições, uma vez que se podem colocar dificuldades à sua constituição por inexistência de interesse dos pequenos accionistas na venda (Grossman e Hart (1980)). Além disso, os grandes accionistas enfrentam um *trade-off* entre os benefícios do exercício de influência e a perda de ganhos de *trading* e dos benefícios da diversificação decorrentes da detenção duradoura de grandes blocos de acções (Bolton e von Thadden (1998)).

[62] Para discussão do efeito da dispersão accionista no controlo das empresas ver Cubbin e Leech (1983).

[63] Com efeito, Barclay e Holderness (1989) e Barclay et al. (1993) documentam significativos prémios associados à transacção de blocos de acções, no primeiro caso, e de blocos de fundos de investimento fechados, no segundo caso, o que pode ser atribuído à existência de benefícios privados que decorrem da concentração de direitos de voto. Barclay e Holderness (1991), por sua vez, testemunham um significativo acréscimo de retorno e a substituição de um terço dos CEO no espaço de um ano após a transacção de grandes blocos de acções, todavia denotam que a habilidade individual dos novos accionistas é determinante na obtenção desses resultados.

Por outro lado, o controlo excessivo pelos accionistas dominantes pode reduzir o incentivo (ou os meios) da gestão para melhorar a sua performance – por exemplo, procurando e desenvolvendo novos negócios – se tal controlo impedir os gestores de aceder a rendimentos suficientemente elevados (Burkart et al. (1997)[64]).

No campo empírico, a evidência do efeito da presença dos grandes accionistas na estrutura de propriedade é mista. Assim, Zeckhauser e Pound (1990) sustentam que os grandes accionistas ajudam a resolver o problema da assimetria de informação, monitorando os gestores. Da sua acção (documentada para 286 empresas norte-americanas) decorre, por exemplo, o esbatimento da tendência dos gestores para privilegiarem os resultados presentes em detrimento dos resultados futuros. Hoshi et al. (1991), por sua vez, testemunham que a presença de grandes accionistas (bancos) – mitigando os problemas da assimetria de informação – tem impacto na política de investimentos das empresas japonesas. Denis e Serrano (1996), por seu turno, evidenciaram que se, nos EUA, um *takeover* não é bem sucedido, a substituição dos gestores é mais provável em sociedades com baixas performances e accionistas com grandes posições. Outros estudos evidenciam que o papel desempenhado pelos grandes accionistas é significativo para explicar a rotação ou a nomeação de gestores (Barclay e Holderness (1991), Kaplan e Minton (1994) e Kang e Shivdasani (1995)), que a aquisição de largos blocos por grandes accionistas é tipicamente seguida de aumento do valor (Barclay e Holderness (1991), Shome e Singh (1995) e Bethel et al. (1998)[65]) e

---

[64] Estes autores desenvolvem um modelo em que o controlo accionista pode conduzir a prejuízos decorrentes da redução da iniciativa ou da possibilidade de concretizar investimentos, pelo que os accionistas enfrentam um *trade-off* entre os ganhos de monitoramento e da iniciativa dos gestores. A elevação dos níveis de dívida, por exemplo, é vista como elemento de controlo dos gestores (Jensen (1986)), todavia, igualmente pode ser impeditiva ou dissuadora da concretização de projectos rentáveis.

[65] Note-se, no entanto, que enquanto Bethel et al. (1998) obtiveram resultados consistentes com a ideia de que a concentração da propriedade tende a reduzir os custos de agência, Shome e Singh (1995) não encontraram evidência de que a existência de detentores de blocos de acções limite o poder dos gestores na decisão de afectação dos fluxos de caixa livres. Além disso, terá sempre de colocar-se a possibilidade de a aquisição ter precedido o aumento do valor por força de informação privilegiada, sendo por isso uma antecipação do aumento do valor e não a sua causa.

que a performance tende a aumentar (embora não monotonicamente) com a concentração da propriedade nas mãos dos gestores (Morck et al. (1988) e McConnell e Servaes (1990)). Todos estes *papers* vão no sentido de sustentar a ideia de que os accionistas desempenham um papel activo no governo da sociedade. Todavia, outros estudos não deixam antever esses efeitos positivos. Assim, alguns autores não encontraram evidência de que a performance seja diferente entre as empresas maioritariamente detidas e as empresas difusamente detidas (Holderness e Sheehan (1988)[66] e Murali e Welch (1989)) ou esteja relacionada com o grau de concentração da propriedade (Demsetz e Lehn (1985)). Por sua vez, Franks e Mayer (2001) documentam que as mudanças de gestores nas empresas alemãs está relacionada com a performance, mas não com a estrutura de propriedade, pelo que a concentração accionista não se afigura relevante na penalização dos maus desempenhos. De igual modo, existe manifestação de que a capacidade de influência dos grandes accionistas do Reino Unido é reduzida (Franks et al. (2001)), de que as propostas dos accionistas não aumentam o valor da empresa nem influenciam as políticas da mesma (Karpoff et al. (1996)) e de que o anúncio de aquisições (que não dão acesso ao controlo) pelas holdings (em França) não aumenta o valor das participadas (Banerjee et al. (1997)).

(iv) Controlo pelo Mercado

O controlo dos gestores pelo mercado, nomeadamente pela ameaça ou concretização de *takeovers*, é um dos elementos fundamentais do modelo de *corporate governance* anglo-saxónico. Existem estudos que apontam no sentido de os *takeovers* ocorridos na década de oitenta nos EUA terem contribuído para direccionar o comportamento dos administradores no sentido mais favorável à defesa dos accionistas (Holmstrom e Kaplan (2001)). Todavia, a acção do mercado de capitais no controlo dos gestores é objecto de grande cepticismo. Alguns estudos sugerem que não existe relação entre os *takeovers* e a performance, sustentando

---

[66] Não obstante este estudo igualmente reportar que a transacção de blocos maioritários pode ser associada a um aumento das cotações e à substituição dos gestores.

por isso a rejeição da tese de que as aquisições hostis têm um efeito punitivo (Franks e Mayer (1996)[67]). Além disso, os *takeovers* ocorrem em ondas, enquanto que a incompetência não é, seguramente, cíclica (Stapledom (1996) e Holmstrom e Kaplan (2001))[68]. Afigura-se, pois, pouco verosímil a associação dos *takeovers* com a punição dos gestores, sendo por isso questionável a sua eficácia enquanto instrumento de alinhamento de interesses de agentes e principais.

Por outro lado, os *takeovers* hostis são caros, não só porque implicam custos elevados com advogados, consultores e registos administrativos, como implicam o dispêndio de tempo e esforço da equipa de gestão e porque requerem um prémio elevado[69]. Donde, o *market for corporate control* requer grandes desvios face ao comportamento adequado dos gestores para actuar, pelo que subsiste ampla margem de manobra para os gestores até que o mecanismo funcione. Além disso, o instrumento é combatido por medidas *anti-takeover*, sejam estatutárias, sejam do quadro regulador (Stapledon (1996)), e sofre frequentemente a resistência dos gestores da sociedade visada, dos trabalhadores e, por vezes, da administração pública e de instâncias políticas (Eisenberg (1999)).

No plano teórico, Grossman e Hart (1980) e Shleifer e Vishny (1986) mostraram que os *takeovers* padecem de *free rider problems* resultantes de os pequenos accionistas, acreditando que a sua decisão de não vender não afecta o sucesso da operação, serem tentados a manter as acções em ordem a partilhar dos ganhos de eficiência induzidos pelo (novo) accionista dominante.

---

[67] Com efeito, de acordo com estes autores, a substituição dos gestores subsequentemente ao *takeover* deve-se à oposição destes ao preço oferecido e à intenção de reestruturação da empresa, não podendo ser atribuída à performance registada no período antecedente da oferta. Todavia, estes autores encontram uma forte evidência de reestruturação das empresas (em termos de activos e de gestores) subsequentemente às aquisições. Donde, o mercado de blocos de controlo pode ser tido como um espaço de confronto de estratégias para as empresas. Nesta linha, em defesa da eficácia dos *takeovers* pode argumentar-se que este instrumento actua *ex-ante* e não *ex-post* relativamente aos falhanços da gestão.

[68] Este facto prejudica, obviamente, a tese de actuação preventiva constante da nota anterior.

[69] Franks e Mayer (1996) reportam que os *takeovers* ocorridos no Reino Unido em 1985 e 1986 registaram prémios de 30% (no mês da oferta) enquanto que as aquisições amigáveis registaram (no mesmo período) prémios de somente 18%.

Importa também notar que os *takeovers* podem ser um instrumento de agravamento dos problemas de agência quando os gestores usam os recursos da empresa que administram para lançar ofertas sobre outras empresas de modo a terem mais poder e a extraírem mais benefícios privados, podendo inclusivamente ser usados como forma de perpetuação das equipas de gestão por via do incremento do montante de recursos necessários para a sua própria aquisição (Shleifer e Vishny (1989)).

(v) Auditoria e Divulgação de Informação

A credibilidade da informação auditada e a confiança no monitoramento passivo que a existência de tal informação permite foram significativamente abaladas com os escândalos financeiros que desde 2001 foram ocorrendo nos mercados mais maduros. Iniciados com a constatação de que a informação contabilística da empresa Enron[70] foi sucessivamente manipulada num processo que apenas foi possível por força de conluio entre gestores, auditores, bancos de investimento e analistas financeiros, tais escândalos rapidamente se alargaram a outras empresas norte-americanas (sobretudo) e europeias.

Ainda antes da ocorrência destes escândalos, a prática de gestão de resultados (*management of earnings*) em função dos interesses dos administradores era admitida (Richardson e Waegelein (2002)). Além disso, a actividade dos auditores era já objecto de suspeita, na medida em que a observação da prática quotidiana indiciava que mais do que trabalhar para os accionistas, os auditores trabalhavam para os gestores, e acumulavam funções de auditoria com funções de consultoria de compatibilização questionável. Estas suspeitas motivaram, aliás, a tomada de múltiplas medidas de natureza auto-reguladora (Davidson e Ebersole (2000)). As críticas (antes) apontadas aos administradores externos, responsáveis pelos comités de auditoria e pela relação com os auditores, igualmente permitem compreender a existência de alguma apreensão em torno da eficácia do processo de produção e de certificação de contas. A evidência

---

[70] Empresa norte-americana do sector energético que declarou falência em 2 de Dezembro de 2001.

de que a falta de independência de muitos dos administradores externos pode afectar a actividade dos comités de auditoria e o processo de certificação de contas igualmente adensou as preocupações existentes (Deli e Gillan (2000))[71].

A performance dos analistas e a qualidade da sua actuação igualmente se afigurava merecedora de críticas. Embora a evidência aponte para que a sua actividade beneficie os accionistas, essa evidência denota que o impacto positivo se desvanece quando as empresas actuam em múltiplos segmentos de actividade (Doukas et al. (2000)). Existe, por exemplo, evidência de que os analistas são sistematicamente optimistas na previsão de resultados após ofertas iniciais (Rajan e Servaes (1997)). Além disso, existem teorias que sustentam que nem sempre as previsões enviesadas são erros, podem resultar de uma tentativa do analista para melhorar o seu relacionamento com a equipa de gestão da entidade emitente (Lim (2001)). Todavia, os casos Enron e similares, ultrapassaram os limites do que seria possível esperar de acordo com as reservas que a literatura apontava nesta matéria, questionando a eficácia deste instrumento de *governance*.

1.4 Soluções Potenciais

Existindo a convicção de que os mecanismos tradicionais de *corporate governance* têm falhado, pelo menos em determinados contextos, no alinhamento dos interesses dos gestores e dos accionistas e na maximização da performance, tanto os académicos, como os políticos e os profissionais da gestão têm procurado encontrar mecanismos alternativos ou formas de melhorar a eficácia dos instrumentos tradicionais. Nas palavras de Vives (2000, p. 16) "*there are many issues and puzzles that new research should illuminate*". Neste âmbito podem-se anotar múltiplas vias,

---

[71] Estes autores, considerando "independentes" os administradores que não têm outras relações com a empresa além do cargo exercido, evidenciaram que a actividade dos comités de auditoria está positivamente relacionada com a preponderância de administradores independentes entre os administradores externos que integram o comité de auditoria.

sendo que uma delas – a participação activa dos investidores institucionais no monitoramento activo e passivo dos gestores –, por força dos propósitos desta tese, merecerá especial atenção.

(i) *Novas Organizações – A Importância do Capital de Risco*

O desenvolvimento do capital de risco[72] originou um novo modo de lançamento, desenvolvimento, financiamento e monitoramento de empresas. Os capitalistas de risco (*venture capitalists*) proporcionam a empreendedores condições financeiras para o lançamento de projectos inovadores (*start-up*), frequentemente em concorrência com outras iniciativas que eles próprios apoiam, mormente tendo em vista a selecção final do projecto ou dos projectos que obtêm financiamento nas fases seguintes (Vives (2000)). Estas empresas criam-se e desenvolvem-se numa nova arquitectura financeira[73], distinta da arquitectura tradicional caracterizada (nos EUA e no Reino Unido) por empresas dispersas e mercados de capitais desenvolvidos (Myers (1999)).

O capital de risco, embora disseminado pelo mundo inteiro, tem importâncias distintas nos diferentes países, sendo particularmente importante nos EUA onde teve um papel vital no financiamento de algumas das maiores empresas (Jeng e Wells (2000))[74]. As empresas inicialmente apoiadas por capital de risco são mais rápidas a colocar produtos no mercado (Hellmann e Puri (2000)) e apresentam taxas de rendibilidade

---

[72] Tradução de «*venture capital*», que designa o financiamento feito por particulares ou instituições a empreendedores que desenvolvem produtos ou serviços de elevado risco, e que não se esgota no conceito de «capital de risco» instituído em Portugal pelo Decreto-Lei n.º 17/86, de 5 de Fevereiro, pelo que não deve subsumir-se o seu significado ao alcance jurídico e institucional da expressão.

[73] "*Financial arquitecture is broader than corporate control or corporate governance. (...) Financial arquitecture means the entire financial design of business, including ownership (e.g. concentred vs. dispersed), the legal form of organization (e.g. corporation vs. limited-life partnership), incentives, financing and allocation of risk*" (Myers (1999, p.138)).

[74] O capital de risco, além de importância distinta, tem características diversas em diferentes países. Mayer et al. (2002), estudando 500 empresas de capital de risco (da Alemanha, Israel, Japão e Reino Unido), documentam que as fontes de financiamento, o tipo de projectos apoiados e a fase de intervenção do capital de risco variam muito de país para país.

superiores às empresas sem capital de risco original, facto que alguns atribuem à presença deste tipo de financiamento, enquanto outros consideram (em grande medida) resultante das características das empresas (Brav e Gompers (1997))[75].

Em termos de *corporate governance*, as novas organizações baseadas no capital de risco são importantes pela circunstância de (*i*) "obrigarem" a um envolvimento acrescido dos financiadores no acompanhamento activo de cada projecto, pelo menos nos primeiros estádios, (*ii*) permitirem a intervenção de parceiros que enfrentam dificuldades legais ao nível das participações tradicionais[76], (*iii*) combinarem financiamento por capitais próprios com financiamento por capitais alheios, reduzindo por isso os custos de agência (Jensen (1986, 1989)); e (*iv*) assegurarem o interesse dos promotores e dos gestores dado estes terem participações substanciais no capital. Além disso, o surgimento destas novas organizações, associado à divisão de grandes empresas (*spin-off*), é visto como mecanismo indutor de competição no mercado dos produtos intermédios, (*v*) reforçando por isso o papel da concorrência na minimização dos custos de agência (Jensen (1989) e Rajan e Zingales (2000))[77].

Por todas estas razões, estas novas empresas são tidas como modelo de financiamento empresarial, susceptível de resolver os problemas de agência (Vives (2000)). Porém, ao contrário do que julgava Jensen (1989), está-se ainda longe de decretar o eclipse das organizações tradi-

---

[75] Estes autores analisaram 934 ofertas iniciais de empresas financiadas por capital de risco e 3407 ofertas de empresas não financiadas por capital de risco, ocorridas entre 1972 e 1992, e obtiveram retornos médios de 44,6% em períodos de 5 anos, no primeiro caso, e de 22,5%, no segundo caso. Todavia, após controlo das características das empresas (relacionadas com a dimensão e com o rácio valor contabilístico/capitalização bolsista) grande parte da diferença de rendibilidade desaparece.

[76] Assim acontece quando os capitalistas de risco são instituições (como os bancos norte-americanos), que têm no capital de risco uma forma de ultrapassar as restrições que a legislação impõe em termos de participação no capital e de envolvimento no governo das sociedades tradicionais (Jeng e Wells (2000)).

[77] Com efeito, concomitantemente com o aparecimento de novas organizações igualmente se tem registado uma tendência de separação de unidades de grandes empresas em entidades autónomas, transformando antigas relações verticais em novas relações comerciais autónomas e transformado os antigos trabalhadores em novos empreendedores (Jensen (1989) e Rajan e Zingales (2000)).

cionais de capital aberto ao investimento do público e da separação da propriedade da gestão. A importância deste tipo de organizações é ainda marginal (especialmente, como referido, fora dos EUA)[78], e o optimismo com que se terminou o século passado foi substancialmente arrefecido com a queda das cotações das empresas de novas tecnologias (muitas delas *start-ups* financiadas com capital de risco), que se vem registando desde Abril de 2000.

(*ii*) Novas Organizações – A Importância do Capital Humano

A estas novas empresas está (na óptica de Rajan e Zingales (2000)) associada uma nova forma de organização do capital humano. As novas empresas caracterizam-se por: (*i*) estruturas de hierarquia horizontal; (*ii*) redução da importância dos activos tangíveis e reforço da importância das capacidades humanas; (*iii*) redefinição do conceito de propriedade, uma vez que muitos dos (supostos) activos da empresa são na realidade propriedade do capital humano[79]; (*iv*) generalização aos trabalhadores das remunerações variáveis de longo prazo, permitindo-lhes partilhar os ganhos, sem lhes dar o controlo, como forma de incentivo e de evitar que estes abandonem a empresa.

Esta realidade (na óptica dos mesmos autores) origina uma nova centralização do debate da *corporate governance*, tornando-se necessário dar mais atenção aos mecanismos que induzam à retenção e à motivação do capital humano do que à defesa dos interesses dos accionistas. O futuro dirá se esta predição está ou não correcta, afigurando-se, no entanto, ainda precoce retirar as empresas tradicionais do centro das preocupações da investigação empírica e teórica.

---

[78] Gerke (1998), por exemplo, sustenta a tese de que o de capital de risco falhou na Alemanha e no resto da Europa, onde não existe um mercado deste tipo de empresas que possa comparar-se ao NASDAQ, devido à falta de transparência, à assimetria de informação e ao modo de fazer negócios e de estabelecer parcerias que caracteriza o modelo de *corporate governance* da Europa.

[79] Por exemplo, quando um gestor de clientes muda de empresa e mobiliza consigo os clientes antigos, torna-se questionável saber a quem pertence este activo intangível.

(iii) Códigos de Boas Práticas

Ao longo da década de 90, e desde o pioneiro Relatório Cadbury (1992), relativo ao Reino Unido, sucedeu-se um importante debate institucional e político que visou melhorar as práticas de *corporate governance*. É neste âmbito que se inserem: (*i*) os múltiplos relatórios de grupos de peritos[80], (*ii*) a emissão de recomendações sobre assuntos vários relacionados com o governo das sociedades por parte de organismos internacionais (como a OCDE (1999)); (*iii*) a emissão de recomendações por parte de agências de supervisão dos mercados de valores mobiliários (de que são exemplo a Bélgica, a Grécia e Portugal[81]); e (*iv*) a emissão de códigos de conduta e de códigos de boas práticas por parte de associações profissionais[82]. A estes relatórios e recomendações atribui-se a designação de «códigos de boas práticas»[83].

Estes códigos procuram a adopção de mecanismos que permitam uma mais efectiva protecção dos interesses dos investidores face ao poder arbitrário de que gozam os gestores nas sociedades com o capital disperso, visando facilitar e tornar mais efectivo o controlo (pelo mercado) dos órgãos de administração. Em geral, os códigos de condutas pretendem suprir as deficiências dos ordenamentos jurídicos e normativos em matéria de protecção dos direitos dos investidores (Aguilera e Cuervo-Cazurra (2000)).

Não obstante algum cepticismo quanto à eficácia destes códigos (Cuervo (2002)), e não obstante existirem já estudos que procuram indagar (no plano empírico) sobre o seu cumprimento e suas consequências (*v.g.*, Peasnell et al. (1999), Dedman (2000), Alves e Mendes (2003) e Dahya et al. (2002)) é ainda cedo para que se possa fazer um balanço seguro e sustentável do efeito das (ou de algumas das) medidas recomendadas.

---

[80] Tais como, além do Relatório Cadbury (1992), o Relatório Hampel (1998), igualmente para o Reino Unido, o Relatório Viénot (1995), para França, o Relatório Olivencia (1998), para Espanha, e relatórios de comissões especificamente criadas para o efeito na Alemanha, na Holanda ou em Itália.

[81] "Recomendações sobre o Governo das Sociedades Cotadas" (CMVM (1999a).

[82] Para uma percepção exaustiva dos relatórios emitidos consultar o *site* do European Corporate Governance Institute (www.ecgi.org).

[83] *«Best practices codes»* ou *«codes of good governance»*, em terminologia anglo-saxónica.

(iv) Activismo dos Investidores Institucionais

Estando na génese dos custos de agência um conjunto de questões suscitadas pela separação entre a propriedade e o controlo, parece óbvio que a defesa dos interesses desses accionistas sugira um maior empenhamento da parte destes na condução dos negócios da sociedade. É nesta lógica que se insere o «activismo dos accionistas»[84], isto é, as acções que visam influenciar as decisões dos gestores das empresas, seja pela apresentação de propostas de decisão em assembleia geral, seja por negociação privada dos accionistas com os administradores (Karpoff (1998) e Gillan e Starks (2000)).

Não tendo os pequenos accionistas, por regra, nem condições económicas, nem informação ou formação, para exercerem activamente e conscientemente os seus direitos de controlo tendo em vista garantir que a sociedade é gerida no seu interesse[85], é com naturalidade que se assiste ao apelo para um maior protagonismo dos investidores institucionais, dada a grande dimensão das carteiras por estes geridas quando comparadas com a generalidade dos investidores individuais, dada a sua maior sofisticação e informação e dada a importância que lhes é reconhecida no mercado de capitais. O envolvimento dos investidores institucionais na fiscalização e no controlo do governo das sociedades é visto também como forma de resolução de um outro problema: *a expropriação dos pequenos investidores pelos accionistas influentes*. Daí que, no âmbito das agências de regulação, ou em esferas governamentais, tenham emergido recomendações no sentido do reforço da intervenção dos investidores institucionais nas sociedades por si participadas. É o que fazem o Relatório Cadbury (1992) e o Relatório Hampel (1998)[86], relativamente ao Reino Unido. É também o que pode, de algum modo, ler-se nas

---

[84] Tradução da expressão anglo-saxónica «*shareholders activism*».

[85] Strickland et al. (1996), no entanto, sugerem que o monitoramento pelos pequenos accionistas é possível e pode ser bem sucedido.

[86] O Relatório Hampel (1998) aborda expressamente o papel que os intermediários financeiros podem (devem) ter nas empresas em que participam, em ordem a contribuir para uma melhor *governance*.

recomendações da CMVM (1999a)[87]. É o que igualmente fazem outras autoridades de supervisão (IOSCO (2003)). No campo profissional igualmente se desdobram os incentivos à intervenção dos investidores institucionais, sendo de destacar a título ilustrativo a acção do Council of Institutional Investors (CII)[88], cuja missão principal é encorajar os seus membros a desempenhar um papel activo enquanto accionistas, induzindo a um melhor governo e a uma mais elevada performance das sociedades em que participam.

Também no plano académico alguns investigadores sugerem que os investidores institucionais são o grupo melhor colocado para resolver o problema do governo das sociedades. Porter (1992), por exemplo, encoraja estes investidores (*i*) a aumentarem o tamanho das suas posições accionistas em cada empresa, (*ii*) a reduzir as suas transacções em mercado secundário, (*iii*) a alterar o seu sistema de retribuição no sentido de este reflectir preferencialmente os resultados de investimentos a longo prazo em vez de investimentos de curto prazo e (*iv*) a acabar com o jogo do gato e do rato para descobrir os resultados do próximo período tendo em vista realizar ganhos de *trading*. Para Friedman (1996), por seu turno, o aumento do peso dos investidores institucionais nos mercados de capitais criou as condições necessárias para o incremento do aumento do controlo dos investimentos empresariais e a redução da independência dos gestores.

Em termos de acções concretas, durante muitos anos, parece ter vigorado nos mercados de capitais a ausência de empenhamento dos investidores institucionais no controlo e na fiscalização das sociedades, optando estes por alienar as participações em empresas cujas estruturas de controlo e os órgãos de administração não inspiravam confiança. Mais recen-

---

[87] Neste documento existe uma secção dedicada aos investidores institucionais, na qual se recomenda que: *i*) os investidores institucionais tomem em consideração as suas responsabilidades quanto a uma utilização diligente, eficiente e crítica dos direitos inerentes aos valores mobiliários de que sejam titulares ou cuja gestão se lhes encontre confiada, nomeadamente quanto aos direitos de informação e de voto; *ii*) os investidores prestem informação no tocante à prática seguida quanto ao exercício do direito de voto relativamente aos valores cuja gestão lhes seja confiada.

[88] Sobre o CII ver www.cii.org/ e, entre outros, Opler e Sokobin (1996) e Caton et al. (2001).

temente, porém, começa a notar-se alguma evidência de um maior envolvimento desses investidores. Para Eisenberg (1999), a velha regra informal que vigorou nas últimas décadas na Wall Street, segundo a qual *"if you don't like management, sell; if you don't sell, support management"* é hoje em dia excepcionada pela acção de investidores institucionais que se opõem às propostas dos gestores e desencadeiam acções específicas que visam pressionar a gestão. É nesse sentido que existe um crescente acompanhamento da actividade das empresas por alguns accionistas institucionais, sendo desse ponto de vista paradigmática a acção dos gestores de fundos de pensões norte-americanos California Public Employees' Retirement System (CalPERS)[89] e Teachers Insurance and Annuity Association-College Retirement Equities Fund (TIAA-CREF)[90].

Não obstante os apelos antes referidos, não é inequívoco que os investidores institucionais se encontrem vocacionados, motivados, apoiados e autorizados a actuar e sejam capazes de influenciar as sociedades em que participam. Também não é inequívoco que, a ocorrer, a intervenção dos investidores institucionais tenha por intuito maximizar a performance em benefício da globalidade dos accionistas da empresa. O exercício activo do governo das sociedades pode não ser a solução mais lucrativa, tem custos (incluindo custos de oportunidade) que necessitam de ser recuperados, não deixa de colocar problemas de liquidez, e por vezes é legalmente vedado – pelo menos em algumas das suas formas – a certas categorias de investidores. Além disso, os investidores institucionais agem por conta dos seus clientes[91], colocando-se entre eles igual-

---

[89] Para uma compreensão da actividade do CalPERS em matéria de *corporate governance* ver www.calpers-governance.org/ e, entre outros, Smith (1996) e Monks e Minow (2001).

[90] Para saber mais sobre o TIAA-CREF ver www.tiaa-cref.org/ e, entre outros, Gillan e Starks (2000) e Monks e Minow (2001).

[91] Na presente dissertação são usadas, em diferentes contextos, as expressões "cliente", "consumidor", "investidor" ou "participante" para identificar o titular das unidades de participação em instrumentos de investimento colectivo (fundos de investimento ou de pensões). Qualquer destas expressões se afigura correcta na medida em que o titular das unidades de participação (isto é, o *participante*) usa os serviços das respectivas sociedades gestoras, depositárias e comercializadoras, sendo neste sentido *consumidor* e *cliente*. Por outro lado, a detenção dessas unidades de participação configura-se num acto de aplicação do aforro, ou seja, num acto de investimento financeiro, podendo por isso ser designado de *investidor*.

mente um problema de agência, pelo que assume pertinência a questão colocada por Cuervo (2002, p. 86): *"can agents watch agents?"*.

1.5 O Que Esperar dos Investidores Institucionais?

O espírito crítico de alguns autores tem sido dirigido no sentido de indagar se a intervenção dos investidores institucionais no governo das sociedades participadas é compatível com a sua vocação e os seus objectivos. Além disso, muitos interrogam-se sobre se estes investidores verificam as condições que recomendem essa intervenção de modo a que esta se faça em benefício dos detentores finais dos fundos administrados. Trata-se, todavia, de um processo de investigação ainda embrionário; a incerteza, a dúvida e o desconhecimento predominam sobre o conhecimento científico adquirido.

No âmbito de estudos sobre o *governo das sociedades*, esta questão pode ser analisada, do lado da oferta, ou do lado da procura (na acepção de Macey (1998)). Do lado da *procura*, os estudos sintetizados nos pontos anteriores tornaram claro que existe a necessidade de (novos) mecanismos. Do lado da *oferta*, isto é, da disponibilidade (e da capacidade) dos investidores institucionais para actuarem activamente no monitoramento do governo das sociedades, são mais as interrogações que as respostas. Importa, pois, saber se os investidores estarão disponíveis para exercer este papel, a que preço, e com que qualidade e eficácia. A parte restante deste ponto visa sistematizar as principais questões que se colocam a este nível, não deixando de referenciar as respostas (ainda que meras tentativas) que a literatura vai registando.

(i) Vocação

Um primeiro problema que se coloca tem a ver com (*i1*) a vocação dos investidores institucionais para intervir ou, dito de outro modo, com a possibilidade de conciliar o *papel de accionistas* (duradouramente) comprometidos com o futuro da sociedade com o *papel de investidores* com obrigação de maximizar a rendibilidade dos seus investimentos em favor dos beneficiários finais dos fundos que administram. Para que os

investidores institucionais adoptem um papel activo no governo das sociedades é necessário que se vejam a si mesmos como proprietários das sociedades em que participam e vejam as acções como um conjunto de direitos exercitáveis e não apenas como veículos de investimento de curto prazo, sem qualquer outra utilidade que não seja originar mais-
-valias. Essa vocação não deve, porém, ser tida como adquirida (Macey (1998), Monks e Minow (2001) e Webb et al. (2003))[92].

Para que os investidores institucionais actuem como accionistas empenhados no governo das sociedades é necessário que tenham uma perspectiva de longo prazo na gestão das suas participações. Todavia, esses investidores administram fundos de que não são proprietários. Donde, o dever de lealdade exige-lhes a maximização do retorno no interesse dos beneficiários finais, o que induz à necessidade de manter liberdade de desinvestir em qualquer momento. Daí que (*i2*) tais investidores sejam acusados de (por falta de vocação[93]) terem uma visão *short-termist* − que privilegia os resultados de curto prazo − em vez de uma visão *long-termist* − que privilegia as decisões de maximização do valor a longo prazo (Short e Keasey (1997)).

(*ii*) *Motivação*

Os investidores institucionais operam em ambientes competitivos. As famílias dispõem de informação sobre a rentabilidade histórica dos diferentes fundos e produtos de poupança que lhes são oferecidos, além de que têm a possibilidade de proceder à sua comparação com índices de rentabilidade dos mercados accionistas. Os investidores institucionais têm, pois, de enfrentar a concorrência no seu próprio mercado[94]. Neste

---

[92] A propósito da (ausência de) intervenção dos fundos de investimento Monks e Minow (2001, p. 112) escrevem: "*In face of the real need to attract new money and to retain the investors (...) the mutual fund cannot concern himself with long term, because his investors may all sow up today, and he must be prepared to stand and deliver*".

[93] Acusação semelhante é também, como adiante se verá, justificada com a falta de incentivo remuneratório para a prossecução de estratégias de maximização do valor a longo prazo.

[94] A revisão da literatura constante do Capítulo 3 e os estudos empíricos constantes dos Capítulos 4 e 5, porém, referenciarão e apresentarão evidência de que a competição dos mercados em que operam os investidores institucionais não pode ser tida como realidade adquirida

âmbito, o investidor actuante depara-se com o (*ii1*) problema dos oportunistas (*free-riders*) que não suportam qualquer custo inerente à melhoria do governo da sociedade – os quais são arcados totalmente pelo investidor activo –, mas beneficiam da valorização dessa mesma sociedade[95]. Esta situação é especialmente desincentivadora se os beneficiários forem investidores rivais (Macey (1998))[96].

Com efeito, (*ii2*) a intervenção dos investidores institucionais implica custos que terão de ser suportadas pelos participantes no fundo, o que pode deteriorar a respectiva rendibilidade e prejudicar a sua competitividade[97]. Por outro lado, (*ii3*) as estruturas de comissões que remuneram

---

enquanto factor que induza a um completo alinhamento de interesses entre gestores e clientes, nem enquanto factor que obrigue à maximização da rendibilidade das carteiras geridas como forma de expansão dos capitais arrecadados.

[95] Black e Coffee (1994), por exemplo, sustentam que a ausência de mecanismos geralmente aceites de partilhas de custos é o maior obstáculo ao prosseguimento de acções colectivas (*colective actions*) no intuito de defender os interesses dos accionistas. Admati et al. (1994), por sua vez, mostram que o activismo de um grande accionista sujeito a *free-riding* depende da tecnologia de monitoramento disponível e do montante inicial de acções detidas, uma vez que este determinará os ganhos decorrentes do aumento do valor da empresa, os quais se constituem como compensação pelos custos incorridos. Todavia, de acordo com o mesmo modelo, sob determinadas condições, o nível de activismo não depende da tecnologia de monitoramento disponível, nem das posições accionistas de partida, sendo os agentes activos e passivos conduzidos à detenção de carteiras diversificadas de acordo com a respectiva tolerância ao risco. Donde, o problema dos oportunistas, sendo um obstáculo ao envolvimento de alguns accionistas, não deve ser tido, no plano teórico, como um impedimento absoluto à intervenção dos investidores institucionais. Todavia, importa notar que o modelo de Admati et al. (1994) contempla a existência de um único grande investidor, ao passo que a gestão institucional de poupanças é composta por uma multiplicidade de agentes de dimensões idênticas, concorrendo entre si ao nível da captação dos fundos dos clientes, pelo que tais agentes não estão apenas interessados nos seus resultados absolutos, mas igualmente (ou principalmente) relevam os resultados por comparação com o desempenho dos seus pares.

[96] Uma possível solução para reduzir os problemas de *free-riding* entre os investidores institucionais é a criação de uma organização comum. Com este tipo de organização, os investidores não só partilham os custos, como capitalizam em economias de escala (Black (1990)). O CII é um exemplo deste tipo de organizações, cujo sucesso obtido reforça a esperança neste tipo de solução (Opler e Sokobin (1996)).

[97] O exercício de influência impõe alguns custos não despiciendos. O envolvimento com o governo da sociedade participada custa tempo e dinheiro. Com efeito, a detenção duradoura de acções dessa sociedade coloca (*i*) custos de oportunidade decorrentes da imobilização do capital e da perda de potenciais ganhos de *trading* ou de arbitragem, (*ii*) eventuais custos de liquidez,

o trabalho das instituições gestoras de fundos não são, em geral, concebidas de modo a estimular essas entidades a induzir o aumento do valor das sociedades em que tomam posições pela via do incentivo a um melhor governo das mesmas[98]. Os investidores institucionais são supostos preferirem ganhos de curto prazo a ganhos de longo prazo (*short-termism*), dado os seus rendimentos estarem dependentes de rendibilidades trimestrais ou anuais, sendo que, como antes referido, o activismo exige uma óptica de longo prazo[99]. O comportamento dos consumidores, ao premiar as performances mais elevadas, pode ser concebido como um incentivo implícito ao bom desempenho (Chevalier e Ellison (1997)). Todavia, importa não ignorar que – como em capítulos ulteriores de modo pormenorizado se verá – existe evidência que aponta no sentido de os consumidores falharem na penalização dos maus desempenhos e de serem influenciados por outros factores além da performance.

Além do mais, (*ii4*) também os beneficiários dos fundos (supostamente) encaram a detenção de acções como objectos de investimento de curto prazo, e não como fracções de propriedade de uma sociedade associadas às quais existem direitos de controlo que podem ser exercidos em benefício dos accionistas. Daí que Short e Keasey (1997) notem, que os beneficiários finais dos fundos aceitam com maior naturalidade comportamentos do tipo "*exit*" – expressão consagrada na literatura (por Hirschman (1970)) que corresponde à regra "se não gostas vende"

(*iii*) maior exposição a riscos diversificáveis, (*iv*) menor liberdade na planificação e gestão fiscal da carteira, e (*v*) menor liberdade na gestão temporal dos resultados e sua distribuição entre vários exercícios. Além disso, existem seguramente (*vi*) custos de informação e (*vii*) custos de acompanhamento de maior dimensão do que aqueles que são suportados quando a participação na sociedade é encarada numa óptica de mera aplicação financeira alienável ao primeiro sinal de evolução menos positiva.

[98] Para uma ilustração deste problema adaptada à estrutura de comissões que remuneram em Portugal os fundos de investimento, *vide* Alves (2000).

[99] Coffee (1991, p. 1325), por exemplo, refere: "*pensions funds use a variety of external managers and regularly replace those whose market lags behind that of their peers. Thus, so long as professional money managers are held accountable in terms of their monthly or quarterly performance and the benefits of improved corporate governance do not accrue over this same period, they obviously will be reluctant to expend funds or incur costs that do not affect their current competitive standing vis-avis their peers*".

– do que comportamentos do tipo "*voice*" – que corresponde à utilização dos direitos de controlo no intuito de mudar o rumo dos acontecimentos em benefício dos accionistas.

Por outro lado, a moderna teoria de gestão de carteiras e a hipótese de eficiência do mercado de capitais, que constitui o fundamento teórico da actuação e da avaliação dos investidores institucionais, ensina que o risco pode ser reduzido por diversificação e que a rentabilidade obtível compensa apenas o risco não diversificável assumido[100]. A teoria aponta no sentido de não se conseguirem obter retornos superiores ao exigido pela remuneração do risco sistemático assumido. Nesta linha, o investidor deve concentrar-se a produzir e desenhar, ao mais baixo custo possível, carteiras de acções tendo em vista eliminar o risco específico (Macey (1998)). O aumento das participações para efeito do activismo pode, inclusive, ser fonte de anomalias ao nível da eficiência do mercado de capitais (Webb et al. (2003)). O contínuo empenhamento no governo das sociedades (*ii5*) não encontra, pois, cobertura nos manuais por que se guiam os investidores institucionais. Porém, numa leitura diversa, pode argumentar-se que o risco de diversificação inadequada impede a alienação de acções com má performance, facto que obriga a uma atitude de activismo como forma de induzir à obtenção de melhores resultados (Monks e Minow (2001)).

Além disso, (*ii6*) caso os investidores se envolvam na gestão – mesmo que a nível não executivo – passam (ou podem passar) a ter informação privilegiada, pelo que terão de abster-se de intervir em mercado secundário o que é contra a natureza do próprio investidor e pode concorrer em prejuízo dos beneficiários finais dos fundos[101]. Se houver *disclosure* a empresa perde competitividade comercial. Se não houver *disclosure*, quem tem informação não pode fazer transacções no mercado secundário dado que estaria a usar informação privilegiada o que é, em geral, proibido[102].

---

[100] Sobre a teoria da gestão de carteiras e sobre a hipótese de eficiência do mercado ver o Capítulo 3.

[101] O mesmo pode acontecer, aliás, no decorrer de negociações *off-record* visando influenciar decisões.

[102] Sobre o receio dos investidores se sentarem nos órgãos de decisão das sociedades com medo de obter informação relevante para a formação do preço ou por problemas de agência dentro dos próprios investidores ver, entre outros, Bhide (1993), Coffe (1991) e Black e Coffee

A intervenção dos investidores institucionais no governo das sociedades depara-se, ainda, com (*ii*7) obstáculos ou desincentivos de natureza legal a diversos níveis (Coffee (1991) e Black e Coffee (1994)), entre os quais se inclui o facto de a participação activa na administração da sociedade originar responsabilidades fiduciárias perante os outros accionistas, cuja assumpção não encontra espaço na vocação dos investidores institucionais e dos respectivos colaboradores cuja profissão é gerir carteiras de valores mobiliários e não administrar ou controlar empresas comerciais ou industriais.

Ainda ao nível da conciliação das perspectivas de investidor e de accionista, não pode negligenciar-se a forma de intervenção. Uma das possibilidades de actuação é a tomada de posições públicas, reclamando alterações na empresa, designadamente ao nível da administração, lutando contra alterações estatutárias, pugnando por uma mais justa política de dividendos, fazendo comentários adversos às opções tomadas pelos gestores ou contestando as respectivas remunerações. Todavia, como salientam Short e Keasey (1997), ao tomar posições públicas, os investidores não só (*ii*8) se comprometem com determinadas políticas e determinados princípios cuja conciliação com o seu interesse pode não ser universal, como (*ii*9) chamam à atenção para os problemas da sociedade participada precipitando vendas que originam queda nas cotações e aceleram a respectiva desvalorização, sofrendo consequentemente prejuízos comparativamente à hipótese de desinvestimento silencioso[103]. Donde, a intervenção pode ter efeitos contraproducentes que importa avaliar, não devendo tomar-se como adquirido que o activismo (público) é, na perspectiva dos investidores, sempre uma boa opção[104].

(1994)). Para Bhide (1993), por exemplo, as autoridades e as políticas de regulação e de supervisão dos mercados de valores mobiliários assumem grandes responsabilidades pela inexistência de investidores activos no governo das sociedades. Nas suas palavras: "*disclosure requirements, insider trading rules, and rules to eliminate price manipulation, all of which are meant to protect small investors, also promote market liquidity and discourage large investors from playing an active role in firm governance*" (p. 198).

[103] Há, contudo, relatos de que a actuação é cada vez mais do tipo "voice" (Coffee (1991), Black e Coffee (1994), Smith (1996) e Financial Times (2000b)).

[104] Como adiante se verá, a evidência empírica nesta matéria, apesar de ainda reduzida, aponta maioritariamente no sentido de o anúncio público de propostas ter um impacto insignificante

Não é, pois, claro que os investidores institucionais se encontrem motivados para o activismo, especialmente do tipo "*voice*". Daí que Black (1990) e Coffee (1991) defendam que os fundos de pensões geridos pelo próprio *sponsor*, dado que não têm de enfrentar concorrência no mercado em termos da captação de fundos para gerir[105], sejam os investidores institucionais melhor colocados para desempenhar um papel activo no controlo e fiscalização das sociedades em que participam.

(iii) Capacidade

Os investidores institucionais globalmente considerados administram um conjunto de valores de proporções expressivas, o que lhes confere um enorme poder colectivo no mercado de capitais[106]. A nível individual existem também investidores que administram carteiras suficientemente grandes para que tenham individualmente poder significativo nesse mesmo mercado de capitais. Todavia, quando se considera a diversificação de carteiras – seja esta imposta por opções de gestão, seja decorrente de imperativos legais – já (*iii1*) não é evidente que um só investidor institucional acumule – sem sacrifícios excessivos de liquidez ou de diversificação de risco – participações suficientemente elevadas que lhe permitam ter voz activa na pluralidade de sociedades em que investe[107]. Claro está que os investidores institucionais podem tentar obter procurações para o exercício de direitos de voto ou podem tentar mobilizar outros accionistas para votarem no mesmo sentido. Todavia,

---

no mercado. Todavia, existem estudos que documentam um efeito negativo e significativo associado ao desencadear de acções tendentes à aprovação de propostas em assembleia geral (Forjan (1999) e Prevost e Rao (2000)), designadamente quando essas propostas são emitidas por institucionais (Gillan e Starks (2000)).

[105] Além, segundo os mesmos autores, de terem menos constrangimentos de liquidez, de a respectiva avaliação depender menos de resultados de curto prazo e de terem menos limitações legais que os fundos privados.

[106] Para um aprofundamento da discussão das implicações do peso dos investidores institucionais no mercado de capitais ver, entre outros, Friedman (1996).

[107] Faccio e Lasfer (2000), por exemplo, documentam que as firmas em que os fundos de pensões britânicos detêm mais de 3% do capital são pequenas e têm um baixo valor de mercado, e representam uma pequena parte dos activos investidos pelos fundos, uma vez que a maior parte dos fundos investe em sociedades onde não detêm posições accionistas tão expressivas.

ainda assim, a capacidade de intervenção individual é limitada, tanto mais que a acumulação de grandes blocos de acções ou de direitos de voto tem usualmente constrangimentos legais[108].

Num outro plano, para alguns autores, os investidores institucionais não têm competência para analisar correctamente decisões de investimento, além de que frequentemente não lhes é facultada informação suficiente para fundamentar tomadas de decisões atempadas e ponderadas. Nesta linha insere-se a hipótese de Zechauser e Pound (1990), para quem (*iii2*) aqueles investidores não têm capacidade para controlar empresas "baseadas na técnica", onde a tomada de decisões exige o conhecimento de tecnologias e de conceitos técnicos avançados, na medida em que neste âmbito surgem sérias assimetrias de informação entre tais empresas e os investidores.

Alguns estudos empíricos, porém, reportam evidência que pode ser interpretada em sentido contrário. Os resultados de Baysinger et al. (1991) sugerem que a concentração da propriedade entre os investidores institucionais favorece as despesas em investigação e desenvolvimento (I&D), mas a concentração da propriedade entre investidores individuais não tem esse efeito. Também Zhara (1996) conclui que a presença dos fundos de investimento e de pensões na estrutura de propriedade das sociedades estimula o desenvolvimento de estratégias de inovação e a assumpção de riscos[109].

A circunstância de os investidores institucionais poderem diversificar os seus portfólios, colocando-os em melhores condições que os investidores individuais para minimizar o risco das estratégias de investimento em I&D, poderá justificar os resultados encontrados. Todavia, esses resultados também podem ser atribuídos à menor capacidade de os investidores institucionais colocarem obstáculos à realização de despesas em I&D, efectuadas com o intuito de os administradores se perpetuarem nos seus lugares (Shleifer e Vishny (1989)).

---

[108] Para o caso português, ver Alves (2000). Para os EUA ver, por exemplo, Gompers e Metricks (1998).

[109] Enquanto a presença de bancos e de gestores de patrimónios privados tem um efeito contrário.

(*iv*) *Liberdade de Escolha*

A alternativa à tomada de uma posição activa em matéria de governo da sociedade, ou seja, adoptar um comportamento "*voice*", consiste na saída através da venda da posição em mercado secundário ("*exit*"). Donde, aspecto de grande relevância para os investidores institucionais na hora de definir o tipo de atitude a ter perante a sociedade é a liquidez do respectivo mercado secundário.

Não são, todavia, unânimes as opiniões expressas na literatura sobre se um mercado de capitais líquido é um contributo positivo ou se, pelo contrário, é um obstáculo, ao empenhamento dos investidores no governo das sociedades. A liquidez dos mercados é, segundo Coffee (1991) e Bhide (1993), um obstáculo à efectiva mobilização dos investidores para o governo da sociedade. Para ter uma voz activa o investidor necessita de manter uma relação duradoura com a sociedade, o que pode ter custos elevados já que implica sacrifício de oportunidades de *trading* lucrativo[110]. Um mercado secundário líquido permite que os investidores vendam, sem prejudicar substancialmente o preço, caso recebam informação adversa sobre a evolução futura da companhia – maximizando as mais-valias ou minimização as menos-valias – e, pelo contrário, um mercado menos líquido força-os a manter o investimento e a usar os direitos de voto para influenciar a sociedade a obter melhores resultados, pois a alienação da posição poderia forçar excessivamente a baixa das cotações. Neste último caso, o accionista encontra-se "prisioneiro" da sua participação, pelo que, associado à reduzida liquidez do mercado secundário, se registaria um efeito de consequências positivas sobre o governo da sociedade. Assim, (*iv1*) o envolvimento dos investidores na sociedade seria uma função negativa do nível de liquidez do respectivo mercado secundário de acções.

É facilmente aceite pelos críticos desta corrente de pensamento o argumento de que maior liquidez no mercado torna menos custoso vender um largo bloco de acções. Todavia, segundo Maug (1998), tal

---

[110] Daí que segundo Coffee (1991) sejam os investidores com carteiras indexadas quem tem melhores condições para exercitar o "voice", porquanto os investidores que transaccionam activamente optam pelo "exit" e não se disponibilizam para ser *monitores* das empresas participadas.

também significa que é mais fácil acumular largos blocos de acções sem afectar substancialmente a cotação e capitalizar em actividades relacionadas com o governo da sociedade, designadamente realizando *trading* o que permite aproveitar a volatilidade do mercado para realizar mais--valias sem ter de revelar a informação[111]. Donde, no modelo construído por este autor, (*iv2*) a concentração da propriedade (e o envolvimento dos grandes accionistas na governo da sociedade) aumenta com a liquidez do mercado, registando-se um *efeito-liquidez* positivo.

Kahn e Winton (1998), por sua vez, desenvolveram um modelo em que a decisão de intervir na sociedade depende não só dos benefícios directos que obtêm dessa intervenção mas também dos ganhos de *trading* que possam efectuar. Estes, por sua vez, dependem das características das empresas e dos mercados em que estas se inserem. Em empresas e mercados em que a informação é difícil ou custosa de obter os ganhos de *trading* tendem a ser maximizados, pelo que há um estímulo ao envolvimento dos accionistas institucionais. Se a informação é de fácil acesso ou de baixo custo, a componente dos ganhos de *trading* perde importância e consequentemente o estímulo à intervenção provém apenas dos benefícios directos.

Existem, pois, teses distintas sobre os efeitos contraditórios da liquidez sobre o governo da sociedade. A investigação empírica suporta os modelos de Maug (1998) e de Kahn e Winton (1998), documentando um efeito positivo da liquidez e testemunhado relevância das características individuais das empresas na concentração da propriedade (Bethel et al. (1998) e Gompers e Metrick (1998))[112].

---

[111] Note-se, todavia, que como se referenciará no Capítulo *3*, Chan e Lakonishok (1995), entre outros, documentaram que as transacções de investidores institucionais têm efeito significativo sobre as cotações.

[112] Gompers e Metrick (1998) encontraram relação significativa entre a concentração da propriedade institucional e várias *proxys* de liquidez, e tanto Gompers e Metrick (1998) como Bethel et al. (1998) obtiveram resultados consistentes com a ideia de que o activismo – aproximado pela concentração da propriedade institucional no primeiro caso, e pela aquisição de blocos de acções por activistas no segundo caso – escolhe empresas com fraco desempenho, com investimentos muito diversificados, e onde é perceptível a possibilidade de incrementar valor.

(v) Alinhamento de Interesses

Um outro conjunto de questões a que importa dar resposta tem a ver com a compatibilização de interesses entre os accionistas institucionais e os demais, assim como entre aqueles e os seus clientes. Não é inequívoco, com efeito, que a intervenção dos investidores institucionais tenha por intuito maximizar a performance em benefício da globalidade dos accionistas da empresa (incluindo os seus clientes).

Desde logo, há quem considere que a intervenção de alguns investidores institucionais – particularmente dos fundos de pensões – não tem por intuito a maximização da performance, uma vez que (*v1*) objectivos políticos e sociais são também prosseguidos (Romano (1993b), Murphy e van Nuys (1994) e Monks e Minow (2001))[113].

Todavia, os investidores institucionais têm os mesmos problemas de agência e de controlo que as outras empresas. Donde, não é inequívoco que (*v2*) os investidores institucionais não tenham (outros) interesses que os impeçam de actuar. Também não é certo que (*v3*) não usem a sua influência para extrair benefícios privados. Os gestores de fundos de pensões de empresas privadas, agem em nome de sociedades que têm interesses comerciais. Os bancos têm outros interesses além da gestão de carteiras, uma vez que as empresas são, por exemplo, fontes de depósitos e de crédito. As companhias de seguros também têm relações comerciais com as empresas em cujas acções aplicam as suas carteiras. Os fundos de investimento são geridos por empresas integradas em grupos que têm outros interesses. Existe, pois, a suspeição de que os investidores, por força dos seus interesses comerciais (mesmo que indirectos) possam optar por não confrontar as administrações, ou por usar a sua influência para extrair benefícios privados em termos análogos aos grandes investidores particulares. A evidência de Brickley et al. (1988) aponta no sentido

---

[113] Romano (1993b), por exemplo, nota que os gestores deste tipo de fundos recebem pressões no sentido de desencadearem acções que sejam politicamente populares. A evidência empírica reportada por Del Guercio e Hawkins (1999) é, porém, contrária a esta tese. Estas autoras, estudando as motivações de fundos de pensões que, entre 1987 e 1993, se revelaram mais activistas nos EUA concluíram que, não obstante a diversidade de objectivos e de tácticas decorrentes de diferentes estratégias de investimento, não se pode inferir que a sua motivação seja outra que não a maximização do valor do fundo.

de esses conflitos serem mais intensos em alguns tipos de investidores institucionais do que em outros[114].

Por estas razões alguns entendem que apenas os fundos de pensões do sector público, dos sindicatos e de entidades sem fins lucrativos são verdadeiramente livres para exercer o seu poder junto das empresas em nome dos interesses dos seus beneficiários (Hawley e Williams (2001)[115]). Todavia, Murphy e van Nuys (1994) notam que os custos de agência são generalizados, pelo que também os fundos de pensões do sector público sofrem problemas de incentivo[116].

1.6 Evidência de Activismo e de Seus Efeitos

A problemática do activismo dos investidores institucionais exige, obviamente, que se discuta a eficácia das acções destes investidores e se apurem as condições em que essa eficácia é maximizada. Daí que alguns estudos empíricos visem estes propósitos.

Quanto ao comportamento dos investidores institucionais, a literatura denota reduzida evidência de activismo, o que denuncia que a grande maioria dos investidores tende a assumir uma atitude passiva (Stapledon (1996) e Gillan e Starks (2000)). Além disso, a actividade é exercida, primordialmente, por fundos de pensões (especialmente fundos fechados

---

[114] *"In particular our evidence suggests that mutual funds, endowments, foundation, and public pensions funds are more likely to oppose management than banks, insurance companies, and trusts, firms that frequently derive benefits from lines of business under management control. This finding suggests that the management of some institutions face conflicts of interest between their fiduciary responsibilities to their stock beneficiaries and other objectives such as value maximization for owners of the institution"* Brickley et al. (1988, p. 284).

[115] Como antes referido, também Coffee (1991) defende que, por razões de competitividade, de *short-termism* e de liquidez, são os fundos de pensões geridos pelo próprio *sponsor* quem tem melhores condições para intervir.

[116] Nas próprias palavras de Murphy e van Nuys (1994, p. 3), *"the beneficiaries running state pension systems may not bear the wealth consequences of their decisions, and will therefore have weak incentives to maximize the value of pension assets. Instead, state pension system officials, whose actions are often scrutinized by the media and politicians, will manage the pension system more conservatively than their corporate counterparts, to avoid drawing negative attention to the pensions system"*.

de entidades públicas) e por associações de fundos de pensões[117]. Ao nível das posições dos investidores institucionais nas assembleias gerais, Pound (1988) testemunha uma maior probabilidade de os accionistas votarem favoravelmente as propostas dos gestores que as propostas contestatárias. Todavia, Brickley et al. (1988 e 1994) evidenciam que os accionistas – em especial certas categorias de institucionais menos sujeitas a conflitos de interesse – votam contra propostas de introdução ou reforço de medidas *anti-takeover* susceptíveis de induzir a perda de riqueza. Em termos de comportamento subsequente, Wahal (1996) documenta que os investidores activistas (9 fundos de pensões) mantêm as suas posições accionistas, no período (de 1 a 3 anos) seguinte, mesmo quando não conseguem impor as transformações pretendidas, enquanto que os institucionais inactivos reduzem as suas posições. Donde, o activismo parece circunscrito a um reduzido número de actores, que mantêm as suas posições sejam ou não introduzidas as alterações pretendidas, ao passo que a maioria dos restantes investidores institucionais opta pelo "exit".

No tocante ao objecto de intervenção, a bibliografia aponta no sentido de o alvo dos activistas serem empresas de grande dimensão, com elevada proporção de propriedade institucional e com má performance (operacional e bolsista) no passado (Karpoff et al. (1996), Karpoff (1998) e Gillan e Starks (2000)), mas não descriminam entre a performance da firma e da indústria (Wahal (1996)).

Em termos do êxito da intervenção, a literatura reporta que as propostas dos activistas tipicamente são reprovadas, mas que quando *sponsorizadas* por investidores institucionais recebem mais votos do que quando a iniciativa pertence a outro tipo de activistas (Gillan e Starks (2000))[118]. No que respeita à rotação dos CEO, Karpoff et al. (1996)

---

[117] Gillan e Starks (2000), por exemplo, reportam que de um total de 2042 propostas de votação em assembleia geral para um total de 452 empresas norte-americanas entre 1987 e 1994, os investidores institucionais foram responsáveis por somente 22,7% do total. As restantes propostas foram originadas por associações de investidores individuais (10,4%) ou por investidores individuais e associações religiosas (66,9%). Ao nível dos investidores institucionais a quase totalidade das propostas foi elaborada por fundos de pensões de instituições públicas ou de sindicatos.

[118] De acordo com este estudo, em média, as propostas dos activistas recebem 25% de votos favoráveis, elevando-se este indicador para 32,9% quando se trata de propostas de instituições.

reportam que da intervenção dos activistas não decorrem alterações significativas, enquanto Opler e Sokobin (1996) documentam um decréscimo da rotação após a intervenção dos accionistas. Smith (1996), no entanto, relata a experiência do CalPERS evidenciando que o activismo deste investidor institucional é bem sucedido em matéria de alteração da estrutura de governo. Carleton et al. (1998), por sua vez, documentam que em geral as empresas alvo seguem as recomendações do TIAA-CREF. Também Wahal (1996) testemunha elevado sucesso na alteração das estruturas de governo das empresas alvo do activismo. Por fim, Del Guercio e Hawkins (1999) documentam um incremento da venda de activos e das restruturações subsequentemente à intervenção institucional e um aumento da probabilidade de as empresas serem objecto de um *takeover* hostil após terem sido alvo de propostas *anti--takeover* lideradas pelo CalPERS.

No que respeita ao impacto do activismo na performance, existem múltiplos estudos que visam avaliar o impacto da actividade de certos investidores (Smith (1996)[119] e Carleton et al. (1998)[120]), de associações de investidores institucionais (Opler e Sokobin (1996) e Caton et al. (2001)[121]), de associações de investidores (Strickland et al. (1996)[122]), de investidores individuais (Forjan (1999)), conjuntamente de investidores individuais e de outros investidores (Karpoff et al. (1996) e Gillan e Starks (2000)) ou de uma pluralidade de fundos de pensões (Wahal (1996), Del Guercio e Hawkins (1999) e Prevost e Rao (2000))[123]. Neste âmbito é muito frequente dividir-se o estudo do impacto de propostas para decisão em assembleia geral (*proxy proposal targeting*) de outro tipo de intervenção que não visa deliberação accionista (*nonproxy targeting*).

Note-se que também Gordon e Pound (1993) reportam que a identidade do proponente é relevante na explicação da percentagem de votos obtidos em propostas de accionistas relativas a matérias de *corporate governance*.

[119] Relativo ao investidor CalPERS.

[120] Relativo ao investidor TIAA-CREF.

[121] Trata-se, em ambos os casos, da actividade do CII.

[122] A United Shareholdes Association, que associa esforços de pequenos accionistas.

[123] Para uma (mais) detalhada revisão dos estudos realizados até 1998 ver Karpoff (1998).

No primeiro caso incluem-se as intervenções que culminam numa proposta de deliberação pelos accionistas, ao passo que no segundo caso se
inclui outro tipo de intervenções tais como a negociação de alterações
com a administração[124].

Os estudos procuram medir a reacção (no curto prazo) do mercado
ao anúncio da intenção de apresentação de propostas para decisão em
assembleia geral por parte dos investidores activistas e documentam, em
geral, ausência de reacção significativa do mercado a este tipo de iniciativas (Karpoff et al. (1996), Wahal (1996) e Del Guercio e Hawkins
(1999)). Os estudos de Forjan (1999) e Prevost e Rao (2000) reportam,
porém, um retorno significativamente negativo na proximidade da data
de divulgação da proposta. Por fim, Gillan e Starks (2000) referem que
o efeito depende da qualidade do proponente: propostas de institucionais ou de grupos coordenados de investidores têm um impacto negativo
(ainda que não significativo), ao passo que propostas dos demais accionistas têm um impacto positivo[125]. Os estudos que incidem sobre *nonproxy targeting*, indicam que os esforços activistas são recebidos favoravelmente no mercado, tendo impacto positivo nos retornos no curto
prazo (Smith (1996), Strickland et al. (1996), Wahal (1996), Carleton et
al. (1998) e Opler e Sokobin (1996)).

Os investigadores também se preocupam com o efeito de longo prazo
do activismo. Todavia, alguns estudos apontam no sentido da ausência
de significância do impacto (Wahal (1996) e Del Guercio e Hawkins
(1999)), e outros (Opler e Sokobin (1996) e Smith (1996)) reportam
impacto positivo significativo. Se for avaliado o impacto sobre as variáveis contabilísticas, a maioria dos estudos testemunha ausência de impacto (Karpoff et al. (1996), Wahal (1996), Smith (1996), Carleton et al.
(1998) e Del Guercio e Hawkins (1999)), com três excepções: Opler e

---

[124] Para uma caracterização pormenorizada dos dois tipos de intervenção ver, entre outros,
Wahal (1996).

[125] Estes resultados suportam, pois, a tese de que um comportamento "voice" pode ter um
impacto negativo nas cotações se o respectivo *sponsor* for uma instituição, uma vez que a
natureza do proponente confere credibilidade acrescida à convicção de que a razão não está do
lado dos gestores e de que estes não são capazes de lidar satisfatoriamente com o problema.

Sokobin (1996) reportam uma melhoria operacional após a intervenção, Prevost e Rao (2000) documentam o efeito contrário e Caton et al. (2001) suportam a hipótese de o activismo incrementar o valor de empresas com maus desempenhos, desde que estas tenham capacidade (medida pelos Q's de Tobin) para responder ao desafio de melhoraria da performance[126].

Os estudos referidos visam, em geral, avaliar o impacto de activismo público[127]. Todavia, os investidores podem exercer a sua influência de forma totalmente *off record*, induzindo a mutações que se materializam em decisões não divulgadas publicamente ou divulgadas como meras iniciativas da administração[128]. Donde, num outro tipo de estudos procura-se avaliar a relação entre a estrutura de propriedade, a *governance* e a performance das empresas. Assim, por exemplo, Faccio e Lasfer (2000) reportam que existe uma reduzida relação entre as posições accionistas dos fundos de pensões *sponsorizados* por empresas do Reino Unido e a performance das firmas, as quais não são mais lucrativas nem pagam mais dividendos que as demais sociedades. Corroboram, assim, a ausência de impacto do *activismo* dos investidores institucionais. Além disso, estes autores concluíram que o grau de cumprimento dos Códigos de Boas Práticas não é maior nas empresas em que os fundos de pensões britânicos *sponsorizados* têm maiores blocos de acções. No mesmo sentido, Agrawal e Knoeber (1996) evidenciaram que a relação entre a propriedade de grandes investidores institucionais e a performance das empresas medida pelos Q's de Tobin é fraca. Todavia, em sentido inverso, além

---

[126] Note-se que tanto o estudo de Opler e Sokobin (1996) como o estudo de Caton et al. (2001) se referem à inclusão das empresas numa lista de sociedades com más performances do CII. Donde, este resultados reforçam a tese de que, pelas razões antes enunciadas, a intervenção por parte de associações de investidores tem condições para ser mais efectiva e mais bem sucedida que a intervenção individualizada.

[127] Isto é, de propostas à assembleia geral ou de decisões acordadas entre os activistas e as empresas publicamente divulgadas.

[128] Nesse sentido vai, aliás, a experiência do TIAA-CREF reportada por Carleton et al. (1998). Este estudo baseou-se na correspondência trocada entre este investidor e as empresas que foram objecto das suas intervenções, tendo concluído que na maior parte dos casos as negociações nunca são trazidas ao conhecimento do público.

dos já referidos estudos de Baysinger et al. (1991) e de Zahra (1996), podem anotar-se os resultados obtidos por Chaganti e Damanpur (1991) que encontraram significativo efeito da propriedade por investidores institucionais na rendibilidade no capital próprio. Este último estudo sugere que, comparativamente a sociedades com um capital totalmente disperso, as sociedades com uma presença muito significativa de investidores institucionais na estrutura accionista apresentam rácios de alavancagem baixos e elevadas taxas de rendibilidade do capital próprio. Hartzell e Starks (2000), por sua vez, analisaram a relação entre propriedade institucional e o nível e a sensibilidade da remuneração à performance, tendo concluído que este tipo de investidores actuam de modo complementar, mas não como substitutos, dos esquemas de incentivos.

Donde, também tomando a presença dos investidores institucionais na estrutura de propriedade como *proxy* de activismo encontram-se resultados mistos, estando, pois, ainda por conhecer sem margem para dúvidas o efeito do activismo sobre o valor das empresas no longo prazo. Usando as palavras de Prevost e Rao (2000, p. 177) *"an increasingly broad array of studies scattered evidence of both positive and negative results; however, the general consensus from this literature is that any conclusion answers remain to be found"*.

1.7 Síntese Conclusiva

A possibilidade de os gestores das empresas com capital aberto ao investimento do público decidirem de modo contrário ao interesse da sociedade e dos seus accionistas é uma realidade que a competição do mercado de produtos e de factores produtivos, por si só, não elimina. Existe, pois, a consciência de que são necessários instrumentos que induzam os gestores à prossecução dos fins para que haja sido criada a sociedade e à plena salvaguarda dos interesses dos accionistas. Esses mecanismos, fruto da evolução histórica e da diversidade de estruturas jurídicas e institucionais de base, variam de país para país e, por vezes, de empresa para empresa. Todavia, podem identificar-se dois paradigmas em termos do governo das sociedades: o sistema continental e o sistema anglo-

-saxónico. Enquanto que o primeiro se baseia, no essencial, no controlo (interno) da gestão por parte dos grandes accionistas, o segundo sistema estrutura-se no controlo (interno) exercido pelos administradores externos e no controlo (externo) baseado na divulgação da informação, na responsabilização judicial dos gestores e no funcionamento do mercado, seja pelo exercício desta responsabilização, seja pela via das ofertas públicas de aquisição e dos demais mecanismos disciplinadores (*market for corporate control*). Somente a convicção de que estes mecanismos funcionam, aliada à ideia de que os gestores têm uma reputação e um nome a defender no mercado, permite compreender que os investidores disponibilizem recursos aos gestores, mesmo sabendo que existe o perigo de serem expropriados, sem que tenha de ser suposto o seu (permanente) optimismo ou irracionalidade.

Todavia, a literatura reporta cepticismo teórico e evidência empírica contrária à eficácia de muitos dos mecanismos tradicionais. Neste capítulo foram enunciadas múltiplas das limitações que neste âmbito são apontadas a ambos os sistemas. Donde, subsiste uma procura de instrumentos que, com eficácia, permitam a minimização dos custos de agência, em paralelo com uma eficiente afectação de recursos. A literatura referencia algumas soluções potenciais. Desde logo, o surgimento de novos tipos de empresas que se afastam do arquétipo tradicional, tanto ao nível da estrutura de capital, como ao nível da predominância do factor humano face ao factor capital, é visto (por alguns) como um caminho para resolver os problemas que são apontados às empresas tradicionais. A adopção de boas práticas e de comportamentos éticos é a via que outros – principalmente as agências de regulação – têm proposto, não obstante o cepticismo com que são encaradas por alguns académicos. Por fim, o envolvimento activo dos investidores institucionais na vida das sociedades, é visto por muitos (tanto práticos como teóricos) como a solução para o problema.

A hipótese de activismo dos investidores institucionais carece, todavia, de ser mais profundamente estudada e documentada. Desde logo, é necessário saber se estes investidores estão disponíveis para oferecer a solução. Depois, é necessário saber se são capazes de o fazer. Por fim, importa verificar que preço terá de ser suportado pelos demais agentes económicos e se estes estão disponíveis para o efeito. Apenas após a resposta a estas questões se poderá concluir se é expectável que os investidores institucionais sejam (pelo menos em parte) a solução ou se da sua acção não há que esperar mais que a continuação do problema, senão mesmo o seu agravamento.

Múltiplas são as questões que se podem colocar neste âmbito. Como se viu no presente capítulo, essas interrogações têm a ver com a vocação, com a motivação, com a capacidade e com a liberdade de escolha dos accionistas institucionais. Porém, igualmente se coloca, porventura com prioridade sobre as demais, a questão de saber se a intervenção dos investidores institucionais não padece dos mesmos problemas que são apontados aos mecanismos tradicionais. Isto é, importa saber se é expectável (e em que condições) que a intervenção destes investidores se faça de modo alinhado com os interesses dos demais proprietários, ou se os problemas de agência que se colocam entre grandes e pequenos accionistas permanecem com a intervenção institucional.

Este capítulo permitiu ver que não é (ainda) muito o que se sabe sobre o activismo dos investidores institucionais. Sabe-se que o activismo é um fenómeno circunscrito a um número reduzido de investidores. A literatura documenta também uma reduzida capacidade de aprovação de propostas em assembleias gerais. Todavia, igualmente reporta algum sucesso na transformação de algumas estruturas de governo. Ao activismo não pode, porém, associar-se mutações na taxa de rotação dos CEO, na sua compensação ou na probabilidade de mudança do controlo da empresa.

Por outro lado, sabe-se que as empresas que atraem os esforços dos activistas são, primordialmente, empresas de grande dimensão, com um elevado nível de propriedade institucional e com performance recente baixa, tanto em termos de cotações, como em termos de resultados contabilísticos. Todavia, se as pobres performances atraem o activismo institucional, não há evidência persuasiva de que este tenha impacto substancial e positivo no valor da empresa e no seu desempenho.

Os estudos realizados apuraram que a divulgação pública de propostas para deliberação em assembleia geral, tem um impacto negligenciável nas cotações no curto prazo, embora alguns artigos reportem um efeito negativo. Pelo contrário, o anúncio de acordos negociados (entre os activistas e as empresas) não tem um efeito negativo, aparecendo por vezes associado a incrementos significativos nas cotações. Estes resultados sustentam, pois, a tese de que um comportamento *"voice"*, se conduzido na praça pública, não só chama a atenção do problema, como induz à convicção de que as empresas não aceitarão a solução, pelo que a má *governance* perdurará. Em termos de longo prazo, porém, não são visíveis efeitos positivos da actividade dos activistas, tanto em termos de aumento do valor das empresas, como em termos operacionais. Não pode, no entanto, dar-se por concluído o debate nesta matéria. Importa, por isso, em definitivo, concluir sobre se o activismo afecta ou não o valor da empresa a longo prazo e de que condições depende a obtenção de um efeito positivo.

Desde logo, pouco se sabe sobre os motivos que levam os investidores actuarem como activistas, não obstante alguma evidência indicar que não são prosseguidos outros objectivos além da maximização do valor das carteiras geridas. Muito pouco se sabe também, com o rigor da prova científica ou da evidência empírica, sobre a plenitude das razões pelas quais alguns investidores (por exemplo, fundos de investimento) são muito pouco activistas, não obstante as hipóteses levantadas por alguns questionando a sua vocação, a sua capacidade e o seu interesse no desempenho do papel. Além disso, é ainda muito reduzida a investigação sobre as medidas que podem induzir a uma transformação da situação existente. É normalmente assumido que os fundos de investimento vivem num mundo competitivo tendo em vista a captação de fluxos de clientes incompatível com a detenção de posições de longo prazo e o exercício de influência sobre a administração das empresas. Será realmente assim? Será que o mercado dos fundos preenche os requisitos supostos? Até que ponto, por exemplo, a reacção dos clientes finais dos investidores institucionais à performance pode induzir a um maior nível de activismo. Até que ponto o exercício de outras actividades e a confluência de outros interesses pode induzir os investidores institucionais a suportar (ainda que por omissão) a extracção de benefícios privados por parte das administrações. Até que ponto a arquitectura dos sistemas financeiros pode ser moldada em ordem a minimizar estes problemas carece ainda de reflexão. Ainda há muito a estudar nesta matéria. Do mesmo modo, o papel das autoridades de supervisão tem sido relativamente ignorado nesta linha de investigação, importando por isso integrar a acção destas entidades nos modelos e nas investigações empíricas. O próximo capítulo propõe-se, como se verá, dar um pequeno contributo nesta matéria.

Capítulo Dois

ENSAIO SOBRE CONFLITO DE INTERESSES ENTRE ACCIONISTAS E CLIENTES DE INVESTIDORES INSTITUCIONAIS NO QUE RESPEITA À INFLUÊNCIA DO GOVERNO DAS SOCIEDADES PARTICIPADAS

2.1 INTRODUÇÃO

O presente estudo insere-se, pelo lado da oferta, na problemática da participação dos investidores institucionais no controlo e na fiscalização das sociedades em que participam, tratando em particular de questões relacionadas com conflitos de interesse entre os titulares de unidades de participação em instrumentos de investimento colectivo (fundos) e o grupo financeiro em que a gestão desses instrumentos se insere. Alguma literatura académica tem chamado a atenção para esse eventual conflito (*vg*, Romano (1993b) e Murphy e van Nuys (1994)). O ensaio constante deste capítulo visa contribuir para o aprofundamento desta matéria, teorizando esta problemática em face da atitude a tomar perante custos de agência de uma dada sociedade.

O activismo dos investidores institucionais no controlo do governo das sociedades é visto como forma de minimização dos custos de agência e de salvaguarda dos interesses dos accionistas[129]. Todavia, num contexto em que o grupo financeiro tem outras actividades, a salvaguarda dos interesses dos seus próprios accionistas poderá colidir com a defesa dos interesses dos accionistas de uma outra sociedade, incluindo-se nestes últimos os titulares de poupanças fiduciariamente geridas pelo grupo. Donde, em certas condições, em vez de uma atitude adversa o investidor institucional pode optar por uma atitude complacente e cooperante,

---

[129] *Vide* Capítulo *1*.

decidindo de modo antagónico aos interesses do instrumento de investimento colectivo, mas de forma favorável aos interesses dos seus próprios accionistas. Todavia, a actuação das autoridades de supervisão, bem assim como a reacção dos detentores das unidades de participação do fundo, poderão, em determinadas circunstâncias, induzir ao alinhamento de interesses entre accionistas e clientes, conduzindo o grupo financeiro a uma atitude de minimização dos custos de agência de sociedades participadas por aquele instrumento.

O *primeiro* objectivo deste ensaio é proporcionar uma ferramenta analítica para discutir as condições em que um e outro resultado são obtidos. Para o efeito foi desenvolvido um modelo em que se mostra que, pese embora a gestão de poupanças alheias se insira (*i*) num mundo competitivo, (*ii*) supervisionado, (*iii*) onde existem *chinese walls* que garantam independência na tomada de decisões de gestão de carteira e (*iv*) os gestores sejam sujeitos à avaliação periódica de desempenho pelos seus clientes, em determinadas circunstâncias a conduta do grupo financeiro pode ser contrária aos interesses dos detentores das unidades de participação do instrumento, bem assim como contrária ao bom governo das sociedades participadas. Como se verá, se o instrumento de investimento colectivo for gerido num grupo financeiro que mantenha relações comerciais com as sociedades participadas, desde que estes interesses comerciais se sobreponham à importância da actividade de gestão de activos – de carteira própria ou por conta de terceiros – o grupo financeiro actuará de forma contrária aos interesses dos clientes do fundo. Em determinadas circunstâncias, porém, o grupo financeiro actua como árbitro entre os interesses dos administradores das sociedades participadas e os interesses dos respectivos accionistas, impedindo que o montante dos custos de agência assuma a sua expressão máxima.

Um *segundo* objectivo do estudo foi analisar a relação entre a actuação das autoridades de supervisão, por um lado, e o comportamento dos administradores da sociedade e do grupo financeiro, por outro lado. Em geral, quanto mais eficaz for a supervisão, menor é o espaço de equilíbrio de um jogo de que emergem custos de agência. Todavia, aprioristicamente, também terá de colocar-se a possibilidade de o incremento da eficácia da supervisão implicar o aumento dos custos de agência para compensar as perdas que resultam do processo de ocultamento desses custos às autoridades de supervisão.

Um *outro* objectivo presente na elaboração deste modelo foi indagar até que ponto o comportamento dos consumidores de serviços de gestão colectiva de poupanças, perante uma oferta competitiva de serviços, dissuade, elimina ou se mostra incapaz de combater os custos de agência. É sabido que para combater os custos de agência é necessário muito mais do que mercados competitivos (*vide* Capítulo 1); todavia, procurou-se analisar até que ponto os agentes dispõem de liberdade de actuação. Para o efeito, foi modelado o comportamento dos consumidores com base em uma função que espelha a evidência empírica disponível para o mercado norte-americano de fundos de investimento (Ippolito (1992), Chevalier e Ellison (1997), Goetzmann e Peles (1997), Sirri e Tufano (1998), Lynch e Musto (2000) e Christoffersen (2001)). Além disso, procede-se à análise de alguns casos particulares originados por variantes dessa função.

Por *último*, na concepção do ensaio foi tido como objectivo primordial a sua adequação à realidade nacional. Este modelo afigura-se particularmente adaptado a uma pequena economia como a portuguesa, em que o sistema financeiro é dominado por um número reduzido de bancos universais, cujos interesses se dividem por diversas áreas de actuação (banca comercial tradicional, banca de investimento e gestão de activos de carteira própria ou por conta dos seus clientes). Donde, na sua relação com as sociedades participadas, estes grupos financeiros não podem ignorar que estão igualmente a contactar com clientes a quem concedem crédito, de onde captam depósitos e a quem prestam serviços de consultoria. Assim, qualquer decisão de intervenção no governo da sociedade terá sempre de entrar em consideração com as consequências que surgirão nas diferentes áreas de negócio do grupo.

O presente estudo está estruturado como se segue: na próxima secção é apresentado o modelo; na terceira secção são caracterizadas as condições de equilíbrio; no quarto ponto é estudado o efeito da eficácia da supervisão; na secção seguinte são analisados alguns casos particulares relacionados com o comportamento dos clientes; por fim, na última secção procede-se à elaboração de conclusões, descrevendo-se algumas implicações para futuras extensões e para ulteriores estudos empíricos.

2.2 O Modelo

2.2.1 A Sequência de Eventos

Considere-se uma economia, com agentes económicos neutrais face ao risco, onde existe uma pluralidade de activos financeiros (parte dos quais com risco) e uma pluralidade de intermediários que gerem recursos que lhes são confiados pelas famílias. Entre esses agentes inclui-se um grupo financeiro, encabeçado por um banco (B), o qual detém a 100 por cento uma participada (GF), que gere um (único) fundo (F)[130]. Entre os activos financeiros cotados contam-se as acções da sociedade J, cuja quantidade emitida normalizada é *1*. Parte das acções desta sociedade estão nas mãos dos seus administradores (q_A), parte faz parte da carteira própria de B (q_B), uma outra parte integra o fundo F (q_F) e o remanescente ($1 - q_A - q_B - q_F$) encontra-se disperso.

No início de cada ciclo de investimentos (data *0*) GF terá de distribuir o valor global do fundo F (V_0) pelos N activos disponíveis – a sequência de eventos do modelo é sintetizada na Figura 2.1. Em particular, GF terá de decidir que peso (w) atribuir ao activo J. Não importa o critério com que a decisão é tomada, admitindo-se apenas que a escolha de GF não sofra a interferência de B. Por razões de simplificação, supõe-se que o fundo usa uma estratégia de "comprar e manter" (*buy and hold*), pelo que w não sofre alterações durante o ciclo de investimento. Adicionalmente, considere-se que o uso de informação privilegiada é ilegal, não sendo praticada, quer por GF, quer por B (no âmbito da gestão da sua carteira própria). Por fim, pressupõe-se que GF e B visam a maximização do valor dos respectivos negócios (em termos consolidados no caso de B).

Na data *1*, os administradores da sociedade J detectam uma oportunidade de negócio, que conduzirá a um resultado (*payout*) de montante π

---

[130] O pressuposto de que a sociedade gere um único fundo tem intuitos meramente simplificadores, não implicando perda de generalidade. Por sua vez, F tanto pode ser um fundo de investimento como um fundo de pensões ou um outro qualquer instrumento de investimento colectivo, desde que os titulares finais do fundo tenham a possibilidade de decidir periodicamente o montante de recursos aplicados em F e possam ser distintos dos titulares das acções de B.

($\pi>0$) na data 2[131]. Trata-se, para simplificar, de um negócio ocasional, pelo que se a administração da sociedade divulgar publicamente (*disclosure*) a informação, o mercado não alterará a sua percepção quanto ao risco sistemático do título, registando-se somente (até à data da distribuição do dividendo) um aumento da cotação devido ao retorno anormal gerado por este evento. Em alternativa à divulgação do negócio, os administradores podem decidir apropriar-se privadamente do mesmo, para o que necessitam dos conhecimentos e do suporte técnico e/ou financeiro de *B*. O apoio de *B* pode envolver um financiamento, a concretização de uma ou várias operações financeiras, a parceria num negócio *off shore*, ou um *mix* de quaisquer serviços normais na sua actividades, não envolvendo risco de ilegalidade.

A administração de *J* escolheu *B* por razões de confiança[132]. Não só confia na respectiva competência técnica, como acredita que *B* respeitará o dever de sigilo profissional. *B*, por sua vez, sabe que se recusar a realização da operação (por exemplo, alegando dificuldades técnicas), não só não perderá o cliente no futuro[133], como os administradores não procurarão qualquer outro banco para fazer esta operação[134].

---

[131] Sem perda de generalidade assume-se que este *payout* é certo, sendo por isso isento de risco, podendo todavia ser também encarado como o valor esperado positivo de um cenário probabilístico.

[132] A confiança mútua é um pressuposto que se ajustará com elevada probabilidade a uma pequena economia e a uma sociedade como a portuguesa, onde a comunidade financeira é restrita e onde a mobilidade social é reduzida. Todavia, os casos Enron e similares (*vide* Capítulo 1) vieram revelar que a cumplicidade entre os bancos de investimento e as empresas na ocultação de negócios dos olhos dos accionistas é igualmente possível em mercados mais amplos.

[133] Este pressuposto permite, simplificadoramente, ignorar eventuais custos futuros da perda do cliente.

[134] Donde, não existe o perigo de sofrer as consequências da operação enquanto accionista e enquanto gestor de fundos e não beneficiar dessa operação enquanto prestador de serviços bancários. Aliás, pressupor o contrário afigura-se pouco plausível em face do facto de que *B*, tendo informação sobre a intenção dos administradores e tendo interesses directos e indirectos em *J*, estaria em condições para exercer pressão sobre a administração no sentido de impedir a apropriação privada do negócio.

FIGURA 2.1 – SEQUÊNCIA DE EVENTOS

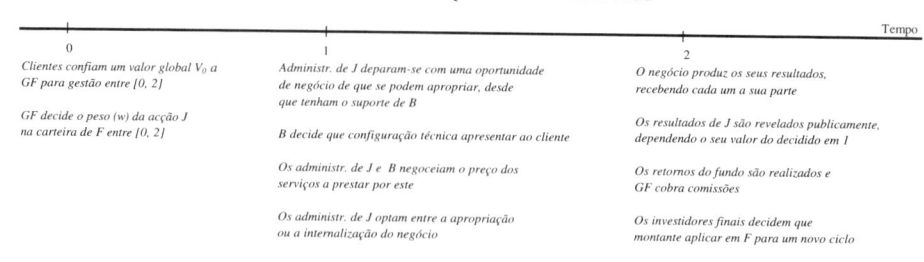

Na data *2*, os resultados da empresa *J* são anunciados publicamente, concretizando-se ou não, consoante o que tenha sido decidido em *1*, o pagamento de um dividendo extraordinário. De igual modo, em função do que tenha sido decidido em *1*, concretizar-se-á a apropriação privada dos proveitos subtraídos à empresa. Adicionalmente, caso tenha decidido conceder assistência, *B* será nesta data pago pelos serviços prestados. Por fim, na data *2* são apurados os retornos de *F*, são cobradas comissões por *GF*, e é tomada nova decisão de afectação de fundos para o ciclo seguinte por parte dos clientes.

Na data *1 B* tem, pois, de optar entre prestar ou não o serviço aos seus clientes. Admita-se que *B* possa estudar soluções técnicas que conduzam a que apenas seja desviado em proveito privado parte de π, sendo a parte restante objecto de *disclosure*, tendo por isso reflexo no resultado apurado na sociedade *J* na data *2* e dando origem a um dividendo extraordinário a pagar nesta data. Mais especificamente, na data *1 B* escolhe a solução técnica a propor ao seu cliente, a qual conduz a um nível de desvio de fundos representado por Δ (com $\Delta \in [0, \pi]$)[135]. Noutros termos, em vez de ser desviada a totalidade de π do lucro da sociedade, pode ser desviada uma proporção δ que é objecto de escolha de *B*. Assume-se que *B* pode escolher qualquer valor para δ ($0 \le \delta \le 1$)[136]. Em função da escolha serão desviadas $\delta\pi$ unidades monetárias, sendo as

---

[135] *B* poderá optar por apresentar diferentes soluções técnicas e distintos preços no âmbito de um processo negocial com o seu cliente. Todavia, será sempre *B* a determinar que solução técnica equivale a cada preço, podendo os administradores de *J* aceitar o negócio, recusá-lo ou propor um preço alternativo.

[136] Naturalmente que $\delta = 0$ corresponde à recusa da prestação do serviço e $\delta = 1$ corresponde a extrair a totalidade dos proveitos da esfera de *J*.

remanescentes $(1-\delta)\pi$ reveladas publicamente e distribuídas aos accionistas de *J*.

Todavia, os administradores da sociedade *J* não receberão a totalidade dos fundos desviados. Para apurar o valor líquido a receber é necessário subtrair a Δ duas importâncias por razões distintas. Desde logo, é necessário esconder do domínio público o jogo (isto é, o negócio), obstando a que os órgãos de fiscalização, os outros accionistas e as autoridades de supervisão se apercebam da sua ocorrência. Isso implica assumir custos. Assim, por cada unidade monetária desviada chegará ao destino final apenas uma parte η $(0 < \eta < 1)$[137 /138]. Além disso, haverá que considerar o pagamento dos serviços de *B*, o qual é objecto de negociação. Se se representar por λ a remuneração devida a *B* por cada unidade monetária desviada líquida de custos de "encobrimento", o output π do negócio será, no final, distribuído como se segue:

– $(1-\delta)\pi$ entregue aos accionistas de *J* sobre a forma de dividendo;
– $(1-\eta)\delta\pi$ custos do processo de ocultação;
– $\lambda\eta\delta\pi$ remuneração pelos serviços prestados por *B*[139];
– $(1-\lambda)\eta\delta\pi$ apropriação pelos administradores de *J*[140].

O produto $(1-\lambda)\eta\delta\pi$ é o chamado *benefício privado extraído pelos administradores* ou, se os administradores também forem grandes accionistas,

---

[137] Este parâmetro será tanto mais reduzido quanto mais activo for o monitoramento da vida da sociedade pelos demais investidores, como será tanto mais reduzido quanto mais forte for a protecção jurídica dos interesses dos accionistas (*vide*, entre outros, La Porta et al. (1998, 2000)) e quanto mais eficaz for a actuação concreta das autoridades de supervisão do país.

[138] Wolfenzon (1999), no âmbito de um modelo destinado a analisar o processo de escolha entre estruturas accionistas horizontais e piramidais, usa um parâmetro que pode ser interpretado como o produto de δ por η. Ao separar as parcelas torna-se endógeno o efeito de δ, o que se afigura adequado ao estado muito avançado da tecnologia do sector financeiro e à realidade actual caracterizada por plena liberdade de circulação de capitais. Todavia, esta separação é sobretudo importante porque permite ver até que ponto o comportamento dos consumidores de serviços de sociedades gestoras de fundos induz soluções que defendam (pelo menos parcialmente) os seus interesses.

[139] Note-se que o montante de pagamento de serviços a *B* é percebido de forma líquida, uma vez que não há necessidade de esconder este proveito das autoridades de supervisão, dado que do seu ponto de vista este é um proveito lícito como qualquer outro.

[140] A soma de todas estas parcelas é, evidentemente, π.

benefício privado de controlo (Shleifer e Vishny (1997)). Por sua vez, o produto $\delta\pi$ corresponde ao montante total dos *custos de agência* (Jensen e Meckling (1976)).

Por fim, importa notar que, tanto *B*, como os administradores de *J*, não estão preocupados com o efeito da descoberta pública do jogo na sua reputação e na sua riqueza. Este pressuposto evita (simplificadamente) que tenha de ser formulada explicitamente uma regra que determine a probabilidade subjectiva de descoberta pública do evento, e afigura-se razoável, por várias razões: (*i*) existe uma relação de confiança entre *B* e os administradores de *J*; (*ii*) trata-se de um jogo não repetitivo; (*iii*) admite-se a competência técnica de *B*; (*iv*) serão suportados custos de ocultação da operação; e (*v*) a evidência empírica denota amplamente a existência de custos de agência, em simultâneo com a ineficácia dos mecanismos de detecção e de punição[141]. Além disso, *B* pode sempre argumentar que a operação realizada é um negócio corrente, que está a defender os interesses legítimos dos seus accionistas e que as decisões de gestão da carteira são tomadas com independência relativamente às decisões de concessão de crédito, consultoria ou outras. Também os administradores de *J* poderão encontrar argumentos para explicar a concretização do negócio fora da empresa, invocando, por exemplo, que o mesmo não se enquadra na missão da sociedade.

Uma última nota tem a ver com a eventualidade de ocorrer uma oferta pública de aquisição entre as datas *1* e *2*. Se tal ocorrer, os administradores de *J* poderão ser removidos das suas posições. Será, porém, ignorada essa possibilidade para simplificar o modelo e dado que tal pressuposto se afigura plausível por várias razões. Em primeiro lugar, porque se trata de um jogo que ocorre uma única vez, pelo que é razoável supor que entre estas datas *1* e *2* não haja tempo útil para a concretização de uma oferta e para a destituição dos administradores[142]. Em segundo lugar, porque o mesmo efeito pode ser obtido supondo

---

[141] *Vide* Capítulo *1*.

[142] Este pressuposto tem cabimento não só porque a concretização das ofertas demora sempre muito tempo, mas também porque quando essas ofertas não são desejadas as administrações são hábeis a lutar contra a sua concretização e a protelar a sua conclusão (Eisenberg (1999)).

que as acções detidas pelos administradores garantem o controlo da sociedade em face do nível de dispersão do capital[143]. Finalmente, porque, pelo menos nas economias continentais, como se referiu no Capítulo *1*, os *takeovers* são raros.

2.2.2 O Comportamento dos Clientes dos Fundos

Na data *2* são anunciados os resultados pelas empresas e pelos fundos, decidindo as famílias a aplicação dos seus activos. Em particular, decidem a que fundos confiar mais ou menos da sua riqueza para gestão. Suponha-se, pois, que entre as datas *1* e *2* os investidores não tomam decisões de reafectação da riqueza entre os vários fundos e também não sofrem de choques de liquidez que induzam a resgates ou a subscrições. Assim, em *2*, os participantes decidem afectar a sua riqueza aos diferentes fundos premiando aqueles que obtiveram uma maior performance, usando a seguinte regra:

$$V_{t+2} = V_t \left(1 + g_1 + g_2 \alpha^n_{t+2} D_{t+2} + \varepsilon_{t+2}\right) \quad \text{com } t = 0, 2, 4, ..., \infty, \quad [2.1]$$

onde V_t representa o valor global aplicado no fundo *F* para o ciclo compreendido entre as datas t e t+2; g_1 ($g_1 > 0$) é uma taxa de crescimento que não depende da performance do fundo[144]; g_2 ($g_2 > 0$), pelo contrário, representa um prémio de desempenho[145]; α_{t+2} simboliza o

---

[143] O que é muito provável em economias continentais, como a portuguesa, caracterizadas por reduzida dispersão accionista e forte controlo familiar da gestão (La Porta et al. (1999)). Além disso, a literatura financeira documenta forte evidência de que blocos minoritários são suficientes para exercer controlo ou pelo menos influência decisiva sobre os destinos das empresas (Barclay e Holderness (1991)).

[144] O facto de o parâmetro ser positivo significa que se assume que a riqueza confiada pelos clientes a este grupo financeiro ao longo do tempo aumenta em qualquer cenário, o que se deve ao crescimento global da riqueza confiada aos fundos para gestão e/ou à capacidade competitiva do grupo *B* (face aos seus competidores) devida a outros factores que não a performance atingida na gestão de *F*.

[145] Para n=1, g_2 representa o prémio de desempenho por cada unidade de retorno anormal gerado.

retorno anormal – *supranormal* ou *infranormal* – obtido pelo fundo no ciclo anterior, ou seja, entre *t* e *t+2*[146]; D_{t+2} é uma variável *dummy* que assume o valor *0* se $\alpha_{t+2} \leq 0$ ou é *1* se $\alpha_{t+2} > 0$; *n* (*0<n<1*) representa o ritmo a que os consumidores premeiam as performances obtidas e ε é um termo de perturbação aleatória (i.i.d.).

O modelo assume, em consonância com a evidência empírica disponível, uma assimetria no comportamento dos agentes económicos individuais, que respondem positivamente (e intensamente) às performances superiores, mas não penalizam (tão fortemente e intensamente) as performances inferiores. Ippolito (1992) e Sirri e Tufano (1998) descreveram a função mediante dois segmentos lineares, no primeiro caso, e três segmentos lineares, no segundo. Os resultados de Goetzmann e Peles (1997) denotam um rimo côncavo na resposta às performances positivas. Chevalier e Ellison (1997), por sua vez, preconizam no sentido de a resposta à performance – sobretudo no que respeita às performances mais elevadas – não ser linear, dependendo o ritmo crescente/decrescente de vários factores, tais como a idade do fundo. Christoffersen (2001), por fim, testemunha expressiva convexidade[147]. De momento supõe-se um ajustamento não linear a ritmos decrescentes (*0<n<1*). Adiante, porém, estudar-se-á também o caso de ajustamento não linear a ritmos crescentes (*n>1*) e o caso do ajustamento linear (*n=1*). Além disso, estudar-se-ão também as hipóteses de ausência de reacção (*n=0*) e de reacção simétrica (*D=1,$\forall \alpha$*).

Dado que as entidades gestoras de fundos de investimento usualmente recebem uma percentagem fixa dos activos sob gestão como compensação, com esta configuração do comportamento dos clientes, tais entidades são incentivadas a concretizar acções que aumentem o total de activos do fundo. A relação fluxo-performance serve implicitamente como um contrato de incentivos. Esta relação é benéfica para os inves-

---

[146] O retorno anormal corresponde ao retorno que excede a remuneração obtida que pode ser atribuída ao risco sistemático ou ao retorno do mercado. Trata-se, pois, de um parâmetro similar ao alfa de Jensen (1968) que será detalhadamente explicitado no Capítulo 3.

[147] No Capítulo 3 o comportamento dos consumidores será mais amplamente referenciado, sendo aí igualmente enunciadas as múltiplas explicações propostas para o fenómeno da assimetria.

tidores pois motiva os gestores dos fundos para atingirem boas performances. Todavia, como não são (substancialmente) penalizadas as más performances, o incentivo para que os gestores dos fundos assumam riscos é muito significativo[148]. Donde, tal configuração é fonte de potenciais conflitos de interesse, na medida em que os gestores dos fundos beneficiam com os ganhos mas não partilham das perdas decorrentes da eventual tomada de riscos excessivos[149].

2.2.3 A PERFORMANCE DA CARTEIRA DE ACTIVOS DO FUNDO

Na data *2* o título *J* apresentará um resultado anormal de montante $(1-\delta)\pi$, o que equivale a um rendimento anormal de $(1-\delta)\pi/P_0$, onde P_0 corresponde ao preço de mercado (normalizado) da empresa na data *0*. Concomitantemente, o contributo marginal deste facto para o retorno anormal da carteira de *F* é dado por[150]: $w(1-\delta)\pi/P_0$. Significa isto que, quando *B*, na data *1*, apresentar uma solução técnica aos administradores de *J* estará indirectamente a condicionar a rendibilidade anormal de *F*. Se recusar a prestação de serviços ($\delta=0$), maximizará o contributo do evento identificado na data *1* para o retorno anormal. No outro extremo, se apresentar uma solução que desvie todos os proveitos ($\delta=1$), fará com que o contributo da oportunidade de negócio para o retorno anormal seja nulo, verificando-se, em termos de custo de oportunidade, uma perda de retorno de $w\pi/P_0$ unidades. A expressão que traduz o custo de oportunidade suportado por *F* é, assim, a que se segue:

$$\Delta^-\alpha_2 = w\delta\pi/P_0. \qquad [2.2]$$

---

[148] O ajustamento do risco sistemático das carteiras em função da performance passada tendo em vista a maximização da performance é testemunhado por Brown et al. (1996) e por Chevalier e Ellison (1997).

[149] Não é, porém, este tipo específico de comportamento indutor de custos de agência que importa ao presente estudo. Neste capítulo procura-se primordialmente saber em que condições o incentivo implícito às boas performances, na presença de outros negócios, é suficiente para induzir a que o grupo em que se insere a entidade gestora se comporte em ordem a maximizar a rendibilidade do fundo.

[150] Assume-se, pois, que o preço de aquisição das q_F unidades de *J* detidas por *F* coincide com o preço de mercado verificado na data *0*.

2.2.4 O Problema dos Administradores da sociedade participada

Na data *1* os administradores de *J* têm de decidir se fazem o *disclosure* do negócio ou se apropriam privadamente do mesmo. Para isso contactam *B* para saber que soluções técnicas este propõe e para negociar o valor de λ. Em seguida tomam a decisão final. Por cada unidade monetária desviada os administradores de *J* sofrem (como accionistas) um custo marginal de montante q_A. Donde, o desvio de δπ unidades monetárias implica um custo marginal de q_Aδπ. Por outro lado, por cada unidade monetária desviada, os administradores aproveitam uma soma de (1−λ)η. É este o seu benefício marginal. Para um total de δπ unidades monetárias desviadas o seu benefício é de (1−λ)ηδπ. O resultado do jogo para os administradores de *J* (R_A) é, pois, determinado pela expressão que se segue, sendo que apenas existe vantagem na sua concretização quando este resultado apresenta um valor positivo[151]:

$$R_A = (1-\lambda)\eta\delta\pi - q_A\delta\pi. \qquad [2.3]$$

2.2.5 O Problema do Banco

B tem de propor δ e negociar λ. Para isso, tem de ponderar a consequência das suas decisões no seu património, quer (directamente) por via das comissões a receber, quer (indirectamente) por via do efeito inerente à sua participação no capital de *J* e de *GF*. Se decidir entrar no jogo, *B* terá um benefício marginal directo de λη δπ. Esta soma corresponde ao pagamento dos serviços prestados. Por outro lado, tal como os administradores de *J*, também *B* enfrenta um custo marginal enquanto accionista, sendo o seu montante de q_Bδπ, dado ser q_B a fracção do capital próprio de *J* detida pelo banco.

Além disso, por um total de δπ unidades monetárias desviadas de *J*, *F* tem uma perda marginal de rendimento anormal calculada de acordo com a expressão [2.2]. Esta perda marginal de retorno tem um efeito na

---

[151] Admite-se, pois, que a remuneração dos administradores não depende dos resultados da empresa. Caso tal ocorra importará acrescer esse facto ao custo de oportunidade. Todavia, a participação nos lucros tem o mesmo efeito que a detenção da propriedade, pelo que para não sobrecarregar a notação não foi considerada explicitamente esta possibilidade.

performance de *F* e, consequentemente, no montante de fundos que serão entregues a *GF* para gestão no início do próximo ciclo de investimentos, assim como nos ciclos seguintes. A perda marginal de performance terá, por isso, impacto no montante esperado de comissões de gestão e de lucros. O valor actual da variação dos *cash flows* esperados em consequência da perda marginal de performance constitui uma perda de valor para *GF*, e é um custo da decisão de aceitação da prestação de serviços por parte de *B*. É este custo que se calcula em seguida procedendo ao apuramento do efeito da subtracção de $\delta\pi$ unidades monetárias aos accionistas de *J* (*i*) no montante dos valores que serão futuramente aplicados em *F* e (*ii*) no valor da sociedade gestora *GF*. Por fim, procede-se, (*iii*) ao apuramento da expressão que descreve o resultado do jogo para *B*.

(*i*) *Efeito nos Valores a Gerir*

Represente-se por α ($\alpha>0$)[152] a rendibilidade que *B* espera que seja alcançada por *F* em *2* caso não seja desviada uma única unidade monetária de *J*. Este parâmetro representa a habilidade para seleccionar títulos atribuída por *B* a *GF*[153]. Donde, representando α_2 a performance da carteira gerida por *F* na data *2*, o valor esperado por *B* para α_2, na hipótese de ocorrência do desvio, é dado pela subtracção do custo de oportunidade (equação [2.2]) a α, ou seja, pela expressão seguinte[154 / 155]:

$$E(\alpha_2) = \alpha - w\pi\delta/P_0. \qquad [2.4]$$

---

[152] Adiante tratar-se-á dos casos $\alpha<0$ e $\alpha=0$.

[153] Note-se que admitir $\alpha>0$ significa supor que *B* reconhece a *GF* habilidade para seleccionar os títulos para a carteira de *F* em ordem a obter uma rendibilidade superior ao preço de mercado do risco assumido. Certos estudos têm documentado habilidade de alguns fundos para obter sistematicamente rendibilidade superior (Grinblatt e Titman (1992), Hendricks et al. (1993), Elton et al. (1996) e Otten e Bams (2002)), enquanto outros evidenciam (sobretudo) persistência de maus desempenhos (Hendricks et al. (1993), Shukla e Trzcinka (1994), Gruber (1996) e Carhart (1997)). A análise do desempenho passado permitirá a *B* – de acordo com o testemunho dominante destes *papers* – formular uma expectativa sobre o nível de desempenho de *GF*. No Capítulo *3* esta matéria será exaustivamente revista e referenciada.

[154] Admite-se, pois, que não há efeitos indirectos induzidos pela decisão tomada em *1*. Em particular, admite-se que *F* não participa no capital de *B*, e que nenhuma das demais sociedades

Se não for desviada qualquer unidade monetária de *J*, a expectativa de *B* é a de que *F* obtenha o retorno anormal habitual, isto é, $E(\alpha_2/\delta=0) = \alpha$. Para os ciclos de investimento subsequentes a expectativa de *B* é de que *F* mantenha a sua capacidade de gerar retornos anormais de montante α, pelo que:

$$E(\alpha_{t+2}) = \alpha, \qquad \text{com } t = 2, 4, 6,..., \infty. \qquad [2.5]$$

O comportamento dos clientes dos fundos de investimento é, como antes referido, espelhado pela função [2.1]. Assim, na data *1*, o valor esperado por *B* para V_2 vai depender do valor esperado para o retorno anormal de *F* gerado entre *0* e *2* ($E(\alpha_2)$). Assim, o valor esperado para V_2 é o seguinte:

(*i*) Se $E(\alpha_2) \leq 0$, isto é, $\alpha \leq w\pi\delta/P_0$, tem-se *D*=0, pelo que:

$$E[V_2 /E(\alpha_2) = \alpha - w\pi\delta/P_0 \leq 0] = V_0(1+g_1). \qquad [2.6]$$

(*ii*) Se $E(\alpha_2) > 0$, isto é, $\alpha > w\pi\delta/P_0$, tem-se *D*=1, pelo que:

$$E[V_2 /E(\alpha_2) = \alpha - w\pi\delta/P_0 > 0] = V_0[1 + g_1 + g_2(\alpha - w\pi\delta/P_0)^n]. \qquad [2.7]$$

Caso *B* decida não prestar o serviço (δ=0), o retorno π será na íntegra distribuído aos accionistas de *J*, e o valor esperado por *B* para V_2 é o que se segue:

$$E[V_2 /E(\alpha_2) = \alpha] = V_0(1 + g_1 + g_2\alpha^n). \qquad [2.8]$$

Donde, subtraindo a equação [2.6] à equação [2.8] obtêm-se o efeito esperado em V_2 no caso de ser esperado um retorno anormal negativo,

---

participadas por *F* é accionista de *J*. Donde, o efeito sobre a rendibilidade de *F* resulta exclusiva e directamente do custo de oportunidade registado em *J*.

[155] Note-se que supor que os fundos, com estratégias *buy-and-hold*, são capazes de obter um retorno anormal positivo significa admitir que, em todos os períodos, há sempre oportunidades de negócio lucrativas não antecipadas pelo mercado. A habilidade dos gestores consiste em acertar na escolha dessas empresas. Nos termos do modelo, essas oportunidades são totalmente internalizadas, seja qual for a empresa em que ocorram. A única oportunidade de negócio lucrativa susceptível de gerar retorno anormal (eventualmente) não internalizada é a oportunidade de negócio surgida na data *1* na empresa *J*. Daí que a perda de retorno anormal em *J* seja subtraída a alfa e daí que se admita que alfa se mantém constante para os períodos subsequentes.

ou seja, no caso de a apropriação privada ter como consequência a transformação de um retorno anormal positivo num outro negativo. Subtraindo a equação [2.7] à equação [2.8] obtêm-se o efeito esperado em V_2 no caso de ser esperado um retorno anormal positivo, ou seja, se a apropriação privada diminuir o retorno anormal, que contudo se mantém positivo. Ou seja:

$$E[\Delta V_2 / E(\alpha_2) = \alpha - u\pi\delta/P_0 \leq 0] = V_0 g_2 \alpha^n, \qquad [2.9]$$

$$e \ E[\Delta V_2 / E(\alpha_2) = \alpha - u\pi\delta/P_0 > 0] = V_0 g_2 [\alpha^n - (\alpha - u\pi\delta/P_0)^n]. \qquad [2.10]$$

Todavia, dada a configuração da equação [2.1], o efeito da alteração do retorno anormal na data *2* não se reflecte apenas em V_2, continua a reflectir-se no valor gerido nos ciclos seguintes, ou seja, em $V_4, V_6, V_8, ...,$ V_∞. Assim:

$$E(\Delta V_4 / \Delta V_2) = E[\Delta V_2](1 + g_1 + g_2 \alpha^n) = E[\Delta V_2](1 + g),$$

sendo $g = g_1 + g_2 \alpha^n$ e com $E[\Delta V_2]$ a ser dado por [2.9] ou [2.10] consoante o caso. De igual modo: $E(\Delta V_6 / \Delta V_2) = E(\Delta V_4 / \Delta V_2)(1 + g_1 + g_2 \alpha^n)$ $= E[\Delta V_2](1+g)^2$. Em termos gerais:

$$E(\Delta V_{t+2} / \Delta V_2) = E[\Delta V_t / \Delta V_2](1 + g_1 + g_2 \alpha^n) = E[\Delta V_2](1+g)^{t/2},$$
$$\text{com } t = 2, 4, 6, ..., \infty. \qquad [2.11]$$

(ii) Efeito nos Lucros e no Valor da Gestão de Fundos

O objectivo de *GF* é maximizar o valor do seu negócio, ou seja, maximizar o valor actual das comissões de gestão que receberá deduzidas das despesas suportadas com a sua actividade. *B*, por sua vez, deseja essa maximização apenas na medida em que tal concorra para a obtenção do máximo lucro consolidado.

O valor de *GF* em *2*, na expectativa formulada por *B* em *1*, corresponde ao valor actual dos *cash flows* a gerar futuramente e a transferir na íntegra para *B* (supostamente) na data em que são concretizados, ou seja:

$$E[VGF] = \sum_{t=2\tau}^{\infty} VA[D_t] = \sum_{t=2\tau}^{\infty} VA[E(V_{t-2})(\gamma - \chi)] = \sum_{t=2\tau}^{\infty} VA[E(V_{t-2})\phi]$$
$$\text{com } \tau = 1, 2, 3, ..., \infty. \qquad [2.12]$$

onde: *VA* representa o operador do valor actual na data *2* dos lucros futuros; D_t representa o *cash flow* (líquido de impostos) que, em *1*, B espera que *GF* venha a pagar em t (t=2, 4,..., ∞); $E(V_{t-2})$ representa o valor esperado (em *1*) para V_{t-2}; γ ($\gamma > 0$) simboliza a comissão cobrada por cada unidade monetária gerida por *GF*, apurada e recebida de uma só vez no final do período de gestão, incidente sobre o valor global do fundo no início de cada período de gestão; χ ($0 < \chi < \gamma$) corresponde aos custos suportados por *GF* por cada unidade monetária gerida em cada ciclo de investimentos. Donde, o lucro unitário periódico (líquido de impostos) ϕ obtido por cada fundo por cada unidade monetária gerida é expresso pela diferença entre estes dois parâmetros ($\gamma - \chi$), onde γ, χ, e ϕ são constantes, exógenas ao modelo[156].

As equações [2.9], [2.10] e [2.11] dão o impacto esperado nos valores sob gestão de *F*. Multiplicando esse impacto pelo lucro unitário ϕ, obtém-se a variação esperada nos lucros para o final de cada ciclo de gestão. Donde, as equações que se seguem exprimem as variações de lucro esperadas:

$$E[\Delta D_4 / E(\alpha_2) = \alpha - u\pi\delta/P_0 \leq 0] = V_0 g_2 \alpha^n \phi = E[\Delta V_2]\phi, \qquad [2.13]$$

$$E[\Delta D_4 / E(\alpha_2) = \alpha - u\pi\delta/P_0 > 0] = V_0 g_2 [\alpha^n - (\alpha - u\pi\delta/P_0)^n]\phi = E[\Delta V_2]\phi, \qquad [2.14]$$

$$e \quad E(\Delta D_{t+4} / \Delta V_2) = E[\Delta V_2]\phi(1+g)^{t/2}, \text{ com } t = 2, 4, 6,..., \infty, \qquad [2.15]$$

com $E[\Delta V_2]\phi$ a ser dado por [2.13] ou [2.14], consoante o caso.

Assim, juntando as equações [2.13] e [2.15], por um lado, e as equações [2.14] e [2.15], por outro lado, obtém-se uma renda perpétua de montante inicial $E[\Delta V_2]\phi$ (com vencimento do primeiro termo na data *4*) com uma taxa de crescimento periódica *g* ($g = g_1 + g_2\alpha^n$), pelo que calcular o valor actual desta renda corresponde a calcular a variação do valor de *F* pelo método de desconto de dividendos[157]. Ou seja, a variação

---

[156] Poderia conceber-se que γ, χ, e ϕ pudessem variar ao longo do tempo. Todavia, pressupor que *B* efectua uma previsão explícita sobre o valor futuro de cada um destes parâmetros em nada acrescenta à capacidade explicativa do modelo, apenas servindo para adicionar complexidade à notação utilizada.

[157] Também conhecido por modelo de Gordon (1962) (*vide*, entre outros, Francis (1991)).

esperada no valor de *GF* é calculada pelas expressões que se seguem, onde R ($R>g$) representa a taxa de desconto adequada ao nível de risco da actividade de F[158]:

$$E[\Delta VGF/ E(\alpha_2) = \alpha - w\pi\delta/P_0 \leq 0] = V_0 g_2 \alpha^n \phi/(R-g), \qquad [2.16]$$

$$E[\Delta VGF/ E(\alpha_2) = \alpha - w\pi\delta/P_0 > 0] = V_0 g_2 [\alpha^n - (\alpha - w\pi\delta/P_0)^n]\phi/(R-g). \qquad [2.17]$$

(iii) Resultado de B

Finalmente, pode determinar-se o resultado de *B* (R_B). Para tal importa subtrair ao proveito directo de entrar no jogo ($\lambda\eta\delta\pi$) a perda sofrida enquanto accionista ($q_B\delta\pi$), bem assim como a perda sofrida pelo impacto no valor de *GF* E[ΔVGF], conforme apurado pelas equações [2.16] e [2.17]. Assim:

$$R_B = \lambda\eta\delta\pi - q_B\delta\pi - V_0 g_2 \alpha^n \phi/(R-g), \text{ se } E(\alpha_2) = \alpha - w\pi\delta/P_0 \leq 0 \quad [2.18]$$

$$R_B = \lambda\eta\delta\pi - q_B\delta\pi - V_0 g_2 [\alpha^n - (\alpha - w\pi\delta/P_0)^n]\phi/(R-g), \text{ se } E(\alpha_2) =$$
$$\alpha - w\pi\delta/P_0 > 0. \qquad [2.19]$$

2.2.6 OS OUTROS INTERESSES

A decisão tomada por *B* e pelos administradores de *J* na data *1* afecta os interesses dos demais accionistas de *J*, incluindo dos titulares de unidades de participação em *F*. Assim, sendo desviadas $\delta\pi$ ($0<\delta<1$) unidades monetárias, o dividendo extraordinário proporcionado aos accionistas de *J* é apenas $(1-\delta)\pi$. Dado que *F* detém uma percentagem q_F de *J*, o montante de dividendo recebido será $(1-\delta)\pi q_F$. Por outro lado, *F* adopta uma estratégia *buy and hold*, o que significa que q_F se mantém constante entre as datas *0* e *2*, pelo que pode escrever-se: $w = q_F P_0/V_0$, ou seja, $q_F = w V_0/P_0$. Donde, o montante de dividendo extraordinário que será recebido pelo fundo *F* será:

$$(1-\delta)\pi w V_0/P_0. \qquad [2.20]$$

---

[158] É pressuposto implícito das fórmulas que se seguem que se trata de uma taxa com um período de capitalização efectiva igual a um ciclo de investimentos.

Com $\delta=0$, o dividendo extraordinário obtido pelos participantes no fundo F será:

$$\pi w V_0/P_0. \qquad [2.21]$$

Donde, subtraindo [2.20] a [2.21], a perda infligida aos participantes de F, por escolha de $\delta>0$, é dada por:

$$\delta\pi w V_0/P_0. \qquad [2.22]$$

De igual modo a perda imposta aos demais accionistas, isto é, a outros accionistas que não os administradores de J, B e F, é dada por:

$$\delta\pi(1-q_A-q_B- w V_0/P_0). \qquad [2.23]$$

2.3 As Soluções e as Condições de Equilíbrio

Nesta secção procurar-se-á apurar as soluções de equilíbrio – isto é, os valores δ e λ – que induzam à realização de um jogo mutuamente vantajoso para B e para os administradores de J, criando condições para que nas secções seguintes se averigúe até que ponto essas soluções são condicionadas, pela eficácia da supervisão, pela habilidade de GF para obter performances competitivas e pelo comportamento dos seus clientes.

2.3.1 Os Limites do Espaço de Equilíbrio

Na data *1*, como antes referido, os administradores de J têm de decidir se fazem o *disclosure* total ou parcial do negócio ou se apropriam privadamente da sua totalidade. Para isso contactam B para saber que solução técnica este tem disponível e para negociar o valor de λ ($0<\lambda<1$). Em seguida tomam a decisão final. A equação [2.3] exprime o resultado do jogo para os administradores de J. Estes agentes só ganham dinheiro ao entrar no jogo desde que $\lambda<(\eta-q_A)/\eta$ ou, de modo equivalente, $q_A<(1-\lambda)\eta$[159].

---

[159] *Vide* demonstração no Apêndice A.

Significa isto que a decisão (dos administradores) de ir ou não a jogo depende de três factores: (*i*) a sua posição accionista (q_A); (*ii*) a eficácia da supervisão/monitoramento pelas autoridades e pelos demais accionistas (η) e (*iii*) o preço cobrado por *B* (λ). O resultado não depende, pois, do parâmetro δ (o qual é decidido por *B*). Todavia, se estivesse na mão dos administradores de *J* a escolha da solução técnica a aplicar, *ceteris paribus*, estes escolheriam – por maximização de [2.3] – desviar o máximo de fundos possível, isto é, optariam por $\delta=1$[160]. Nesse caso, o montante de fundos desviado seria π, pelo que o dividendo seria nulo.

B apenas aceitará prestar o serviço aos administradores de *J* se receber pela sua prestação uma importância que (mais do que) compense a perda que sofre enquanto accionista de *J* e a perda que espera sofrer na área de gestão de activos ($E[\Delta VGF]$). Assim, *B* só aceita entrar no jogo ($0<\delta\leq1$), desde que $\lambda>q_B/\eta+E[\Delta VGF]/\eta\pi\delta$[161].

Donde, conjugando as condições para que, tanto os administradores de *J*, como *B*, estejam dispostos a concretizar a operação conclui-se que:

LEMA *1* – **Apenas existe vantagem na realização do jogo para os administradores de *J* e para *B*, se existirem δ ($0<\delta\leq1$) e λ ($0<\lambda<1$), tais que: $q_B/\eta+E[\Delta VGF]/\eta\pi\delta < \lambda < (\eta-q_A)/\eta$, com $E[\Delta VGF]$ a ser dado, consoante o caso, pela equação [2.16] ou pela equação [2.17]**[162 /163].

O limite inferior corresponde ao preço que induz a um resultado nulo para *B*, pelo que apenas recebendo uma importância superior este

---

[160] Este resultado é demonstrável verificando que, cumprida a restrição $\lambda<(\eta-q_A)/\eta$, R_A (equação [2.3]) é uma função linear (de inclinação positiva) de δ, pelo que para cada valor de λ o valor máximo de R_A se obtém com o valor máximo admissível para δ ($\delta=1$).

[161] Caso os dois membros desta desigualdade sejam iguais *B* é conduzido ao mesmo resultado prestando ou não o serviço, pelo que se verifica uma situação de indiferença. Para simplificar, porém, esta hipótese não é contemplada na notação.

[162] *Vide* demonstração no Apêndice A.

[163] O conjunto de combinações δ ($0<\delta\leq1$) e λ ($0<\lambda<1$) que satisfaçam a condição do lema *1*, ou seja, que induzam simultaneamente a $R_A>0$ e $R_B>0$ passa, doravante, a designar-se por «espaço de equilíbrio».

obtém lucro. O limite superior corresponde ao preço que origina um resultado nulo para os administradores de *J*, pelo que apenas com preços inferiores o resultado obtido por estes é positivo.

O lema *1* permite concluir que o espaço de concretização de desvios da sociedade depende da estrutura de propriedade. Quanto maior for q_A, *ceteris paribus,* maior é o custo de oportunidade enfrentado pelos administradores de *J* ao concretizar negócios que desviam resultados das contas de exploração desta empresa, dado que enquanto accionistas sofrem o efeito desse desvio. De igual modo, *ceteris paribus,* quanto menor q_A, maior o valor de $(\eta - q_A)/\eta$, pelo que maior é o limite superior do intervalo de equilíbrio, ou seja, maior é o espaço de equilíbrio.

Estes resultados são consentâneos com a evidência empírica. Morck et al. (1988), por exemplo, examinaram o efeito da fracção do capital detida pelos administradores na performance de empresas não financeiras, medida através dos Q's de Tobin, e concluíram que: quando a propriedade cresce de 0 até 5 por cento, Q aumenta; em seguida Q cai à medida que a propriedade aumenta até atingir 25 por cento; finalmente a performance aumenta à medida que aumenta o nível de propriedade. A interpretação que é dada é a seguinte: enquanto os administradores detêm uma pequena participação não mandam o suficiente para ter a possibilidade de desviar fundos em proveito próprio; depois de um dado nível de participação no capital já têm poder suficiente para o fazer, pelo que enquanto não for muito elevada a sua participação nos direitos de *cash flow* mais vale desviar fundos em proveito próprio. A partir de um dado nível de propriedade desviar fundos passa a ser o mesmo que "retirar dinheiro do próprio bolso". McConnell e Servaes (1990) também reportam que os Q inicialmente aumentam, depois descem e no final os interesses dos administradores e dos accionistas estão alinhados.

Além disso, dado δ, igualmente quanto maior q_B maior o limite inferior e menor o espaço de equilíbrio[164]. Donde, q_A e q_B operariam de

---

[164] Na verdade, porém, considerando o efeito de q_B na escolha de δ, pode demonstrar-se o seguinte: (*i*) Com $\alpha \leq 0$, ou com $\alpha > 0$ desde que a solução de equilíbrio seja $\delta=1$, aumentos infinitesimais de q_B originam a redução do espaço de equilíbrio; (*ii*) Com $\alpha > 0$, nas situações

modo consentâneo com Chaganti e Damanpur (1991) que concluíram que a propriedade dos investidores institucionais e a propriedade accionista dos administradores têm um efeito aditivo na performance, corroborando o efeito da estrutura de propriedade na performance.

2.3.2 A Escolha de B na Ausência de Habilidade para Gerir Carteiras

α representa, como antes referido, a rendibilidade anormal que B espera que seja alcançada por F tanto em *2*, caso não seja desviada uma única unidade monetária de *J*, como nos períodos subsequentes. Admita-se, porém, para já, $\alpha \leq 0$.

Neste caso, dada a configuração da função [2.1], ter-se-á $V_2 = V_0(1+g_1)$, pelo que o montante dos valores a gerir no futuro não depende de δ. Donde, a opção por $\delta{>}0$ não implica sacrifício de comissões e de valor na órbita de *GF*. Isto é, sendo negativa ou nula a habilidade (actual e futura) atribuída por B a *GF* para gerar retornos anormais positivos, é nulo o impacto esperado por B no montante de poupanças a gerir no futuro por *GF* decorrente da sua decisão[165]. Se os custos a suportar ao nível da gestão de activos são nulos, desde que a supervisão (η) não elimine totalmente as oportunidades de jogo lucra-

---

em que a solução seja $0{<}\delta{<}1$, por um lado, o aumento de q_B induz directamente a redução do espaço dado que aumenta os custos que B sofre como accionista; por outro lado, a redução de δ – induzida pelo aumento de q_B – diminui os proveitos da prestação de serviços, mas também reduz os custos que B sofre enquanto gestor de activos e enquanto accionista de *J*. Donde, na situação (*ii*) o efeito final sobre o espaço de equilíbrio é incerto. Por economia de espaço, porém, não se procede à apresentação da demonstração destes resultados.

[165] Mais do que a habilidade individual dos funcionários de *GF* para escolher os activos, deve interpretar-se $\alpha{\leq}0$ como uma opção de *B*. Com efeito, caso B decida apostar na área de gestão de activos pode (admitindo que existem) contratar no mercado profissionais qualificados e capazes de obter desempenhos positivos e competitivos – note-se, em consonância, que Chevalier e Ellison (1999) documentam evidência segundo a qual os fundos que recrutam gestores com melhores qualificações obtêm performances mais elevadas. Alternativamente, *B* poderá decidir não apostar nesta área, pelo que não se encontra dotado nem se dotará dos profissionais mais qualificados. Esta decisão (estratégica) escapa aos propósitos do presente modelo, sendo por isso α uma constante, importando apenas discutir as consequências da sua magnitude.

tivo para B e para os administradores de J[166], com $\alpha \leq 0$, B optará por $\delta = 1$. Assim:

PROPOSIÇÃO *1* – Se $\alpha \leq 0$, desde que $\eta > q_A + q_B$, o espaço de equilíbrio é dado por $\delta = 1$ e $q_B/\eta < \lambda < (\eta - q_A)/\eta$[167].

Este resultado indica, com implicações para futuros estudos empíricos, que se o grupo financeiro B não apostar na área de gestão de activos, isto é, não se dotar dos meios necessários para captar uma fatia da procura que reage à performance ($\alpha > 0$), não se comportará como obstáculo aos custos de agência. Donde, investidores institucionais com estas características não têm propensão para actuar como "monitores" dos administradores das empresas em cujo capital os fundos por si geridos participam, não actuando por isso do lado da "oferta" do monitoramento, antes agindo de modo a reforçar a "procura" de mecanismos de controlo. Assim, a simples circunstância de B ser um investidor institucional não faz dele um fiscalizador dos administradores de J[168].

2.3.3 A ESCOLHA DE B NA PRESENÇA DE HABILIDADE PARA GERIR CARTEIRAS

Trata-se agora das situações em que $\alpha > 0$. No caso de $0 < \alpha P_0/w\pi \leq \delta$ ($0 < \delta \leq 1$), tem-se: $E[\Delta VGF] = V_0 g_2 \alpha^n \phi/(R - g_1 - g_2 \alpha^n)$ [2.16]. A magnitude do retorno anormal de J perdido é mais do que suficiente para conduzir F a exibir, caso B decida entrar no jogo, um retorno anormal não positivo na data *2*. Nesta hipótese, B maximiza o seu resultado propondo uma solução técnica que extraia o máximo de retorno aos accionistas de J, isto é, $\delta = 1$. Por outras palavras, dado que os consumidores de fundos de investimento não penalizam as performances negativas ou nulas em função da dimensão do retorno obtido, uma vez obtida a penalização máxima na esfera de *GF*, B, se aceitar entrar no jogo, pro-

---

[166] A supervisão não elimina a oportunidade lucrativa de jogo desde que $\eta > q_A + q_B$ (*vide* Apêndice A).

[167] *Vide* demonstração no Apêndice A.

[168] O que contraria os apelos genéricos ao envolvimento dos investidores institucionais que alguma literatura regista (*Vide* Capítulo *1*).

curará obter o mais alto rendimento possível da prestação de serviços, o que é conseguido pela maximização do montante a ser desviado de *J*. Assim:

LEMA *2* – No espaço $\alpha P_0/w\pi \leq \delta \leq 1$, se *B* aceitar entrar no jogo, escolhe $\delta = 1$[169].

Pelo contrário, no espaço $0 < \delta < \min(1, \alpha P_0/w\pi)$, ao entrar no jogo, *B* prejudica a rendibilidade de *F*, mas continua a esperar um retorno anormal positivo para a data *2* ($E[\alpha_2] > 0$). O crescimento dos fundos que *GF* gerirá no futuro e o seu valor, dependem, pois, da escolha de *B* para δ. Donde, neste outro caso, a escolha óptima para *B* pode ser diversa da opção pelo desvio da totalidade dos proveitos da esfera de *J*. Assim:

LEMA *3* – No espaço $0 < \delta < \alpha P_0/w\pi$, se *B* aceitar entrar no jogo, escolhe: (*i*) $\delta = \delta°$, se $0 < \delta° < \min(1, \alpha P_0/w\pi)$; e (*ii*) $\delta = 1$, se $1 < \delta° < \alpha P_0/w\pi$, com[170]

$$\delta° = \frac{\alpha P_0}{w\pi} - \frac{P_0}{w\pi}\left[(\lambda\eta - q_B)\frac{P_0}{nw}\frac{(R-g)}{V_0 g_2 \phi}\right]^{1/{n-1}}.$$

Note-se que $\delta = \delta° (0 < \delta° < \min(1, \alpha P_0/w\pi))$ equivale a propor uma solução em que os custos de agência correspondem apenas a uma parte do máximo possível, pelo que *B* optaria por uma hipótese que apenas parcialmente prejudicaria os interesses dos accionistas de *J*. A escolha (egoísta) de *B*, defenderia os interesses dos seus accionistas – na suposição de que estes passam pela maximização de R_B –, prejudicando apenas parcialmente os interesses dos detentores finais de *F*[171].

Os lemas 2 e 3 reportam as escolhas de *B* para δ, caso $\alpha > 0$, indicando as escolhas óptimas para diferentes espaços admissíveis. Importa, porém,

---

[169] *Vide* demonstração no Apêndice A.

[170] *Vide* demonstração no Apêndice A.

[171] Se $\delta° < 0$, como se demonstra no Apêndice A, a melhor solução para *B* é $\delta = 0$, pelo que não há espaço para a realização do jogo.

saber em que condições essas escolhas são também aceitáveis para os administradores de *J*, do mesmo modo que importa saber qual é a melhor escolha $\delta=1$ ou $\delta=\delta^{\circ}$ $(0<\delta^{\circ}<1)$, quando ambas são admissíveis. Falta, pois, apurar o espaço de equilíbrio, com $\alpha>0$.

FIGURA 2.2 – SÍNTESE DAS SITUAÇÕES POSSÍVEIS

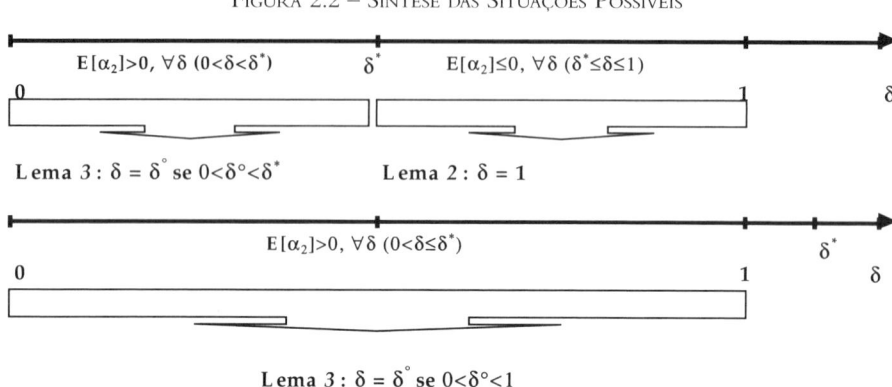

Neste contexto importa distinguir dois casos (Figura 2.2): (*i*) $\delta^{*}=\alpha P_{0}/w\pi\geq1$ e (*ii*) $\delta^{*} = \alpha P_{0}/w\pi<1$. No primeiro, qualquer que seja δ $(0<\delta\leq1)$, tem-se $E(\alpha_{2}) = \alpha-w\pi\delta/P_{0} > 0$, caindo-se por isso na situação do lema *3*, podendo a solução ser $\delta=1$ ou $\delta=\delta^{\circ}$. No segundo, dependendo de δ, tanto pode ter-se $E(\alpha_{2}) = \alpha-w\pi\delta/P_{0}>0$, caindo-se na situação do lema *3*, como $E(\alpha_{2}) = \alpha-w\pi\delta/P_{0}\leq0$, o que conduz ao lema *2*.

A Proposição *2* descreve as condições em que se verificam as diferentes possibilidades, enunciando os espaços de equilíbrio daí decorrentes. Sempre que a habilidade dos gestores é suficientemente grande para que, por mais elevado que seja δ, ainda assim, $E(\alpha_{2})>0$, cai-se no âmbito da segunda parte da Figura 2.2, aplicando-se por isso as condições de escolha de *B* descritas pelo lema *3*. Assim acontece desde que $\alpha \geq w\pi/P_{0}$. Quando, pelo contrário, $\alpha < w\pi/P_{0}$, o sinal de $E(\alpha_{2})$ depende da escolha de *B*, caindo-se por isso no âmbito da primeira parte da referida figura. Nessa altura uma multiplicidade de situações podem ocorrer, nos termos que a proposição enuncia e que se descrevem e demonstram no

Apêndice A. Neste caso, é admissível mais do que uma solução para δ (*B* pode optar por um δ "pequeno" ou escolher um δ "grande"), pelo que a proposição identifica as circunstâncias em que é escolhido um e outro. Assim, em concreto:

PROPOSIÇÃO *2* – Se $\alpha > 0$, os espaços de equilíbrio são descritos da seguinte forma:

SITUAÇÃO	CONDIÇÕES	SOLUÇÕES DE EQUILÍBRIO
(i)	$\alpha P_0 / w\pi > 1$	$q_B/\eta + V_0 g_2[\alpha^n - (\alpha - w\pi\delta/P_0)^n]\phi/(R\text{-}g)\eta\delta\pi$ $< \lambda < (\eta - q_A)/\eta$ $\wedge$ $\delta = \delta^\circ$, se $0 < \delta^\circ < 1$, ou $\delta = 1$, se $\delta^\circ \geq 1$
(ii)	$\alpha P_0 / w\pi = 1$	$q_B/\eta + V_0 g_2[\alpha^n - (\alpha - w\pi\delta/P_0)^n]\phi/(R\text{-}g)\eta\delta\pi$ $< \lambda < (\eta - q_A)/\eta$ $\wedge$ $\delta = \delta^\circ$
(iii.1)	$\alpha P_0 / w\pi < 1$ $\wedge$ $\alpha^n(1\text{-}\delta^\circ) - (\alpha\text{-}w\pi\delta^\circ/P_0)^n \geq 0$	$q_B/\eta + V_0 g_2 \alpha^n \phi/(R\text{-}g)\pi\eta < \lambda < (\eta - q_A)/\eta$ $\wedge$ $\delta = 1$
(iii.2)	$\alpha P_0 / w\pi < 1$ $\wedge$ $\alpha^n(1\text{-}\delta^\circ) - (\alpha\text{-}w\pi\delta^\circ/P_0)^n < 0$ $\wedge$ $\eta \leq q_A + q_B +$ $V_0 g_2(\alpha - w\pi\delta^\circ/P_0)^n\phi/(R\text{-}g)\pi(1\text{-}\delta^\circ)$	$q_B/\eta + V_0 g_2[\alpha^n\text{-}(\alpha\text{-}w\pi\delta^\circ/P_0)^n]\phi/(R\text{-}g)\eta\delta^\circ\pi < \lambda$ $< (\eta\text{-}q_A)/\eta$ $\wedge$ $\delta = \delta^\circ$
(iii.3)	$\alpha P_0 / w\pi < 1$ $\wedge$ $\alpha^n(1\text{-}\delta^\circ) - (\alpha\text{-}w\pi\delta^\circ/P_0)^n < 0$ $\wedge$ $\eta > V_0 g_2(\alpha\text{-}w\pi\delta^\circ/P_0)^n \phi/(R\text{-}g)\pi(1\text{-}\delta^\circ) + q_A + q_B$ $> V_0 g_2[\alpha^n\text{-}(\alpha\text{-}w\pi\delta^\circ/P_0)^n]\phi/(R\text{-}g)\delta^\circ\pi + q_A + q_B$	$q_B/\eta + V_0 g_2[\alpha^n - (\alpha\text{-}w\pi\delta^\circ/P_0)^n]\phi/(R\text{-}g)\eta\delta^\circ\pi <$ $\lambda \leq q_B/\eta + V_0 g_2(\alpha\text{-}w\pi\delta^\circ/P_0)^n \phi/(R\text{-}g)\eta\pi(1\text{-}\delta^\circ)$ $\wedge \delta = \delta^\circ$ $\cup$ $q_B/\eta + V_0 g_2(\alpha - w\pi\delta^\circ/P_0)^n \phi/(R\text{-}g)\eta\pi(1\text{-}\delta^\circ) \leq$ $\lambda < (\eta\text{-}q_A)/\eta$ $\wedge \delta = 1$

$$\text{com } \delta^\circ = \frac{\alpha P_0}{w\pi} - \frac{P_0}{w\pi}\left[\left(\lambda\eta - q_B\right)\frac{P_0}{nw}\frac{(R-g)}{V_0 g_2 \phi}\right]^{1/n-1}.$$

Note-se que nos casos em que a solução óptima é $\delta = 1$, *B* proporá esta solução técnica como hipótese única, uma vez que é com este valor que maximiza o seu resultado[172]. Pelo contrário, nos casos em que $\delta=\delta°$ é solução maximizadora, uma vez que $\delta°$ depende de λ, terá de haver uma negociação conjunta de λ e de δ, variando o valor óptimo de δ em função do valor acordado para λ. Não existe, porém, uma solução maximizadora de $R_A + R_B$ que, simultaneamente, induza ambas as partes à participação no jogo. Com efeito, a soma $R_A + R_B$ é maximizada com[173]:

$$\delta = \delta^\bullet = \frac{\alpha P_0}{w\pi} - \frac{P_0}{w\pi}\left[(\eta - q_A - q_B)\frac{P_0}{nw}\frac{(R-g)}{V_0 g_2 \phi}\right]^{1/n-1}.$$

A solução $\delta = \delta^\bullet$ apenas é maximizadora do lucro de *B* se o λ negociado induzir $\delta^\bullet = \delta°$. Atentas as configurações de $\delta^\bullet$ e $\delta°$, tal apenas ocorre com $\lambda\eta-q_B = \eta-q_A-q_B$. O mesmo é dizer: $\lambda=(\eta - q_A)/\eta$. Acontece, porém, que com tal valor para λ, os administradores de *J* são conduzidos a um resultado nulo, não tendo vantagem no jogo (lema *1*). Significa isto que com $\delta = \delta^\bullet$, necessariamente terá de ser negociado um valor para λ inferior ao que induziria à maximização absoluta do resultado para *B*.

Admita-se, pois, um processo negocial em que *B* comece por propor $\lambda(1) = (\eta - q_A)/\eta$ e $\delta(1) = \delta^\bullet = \delta°(\lambda(1))$. Os administradores de *J* não podem contrapropor soluções técnicas alternativas, mas podem apresentar um preço diverso: $\lambda(2) = \lambda(1) - \theta$, com $0<\theta<1$. Com este valor *B* maximiza o seu lucro com $\delta(2) = \delta° (\lambda(2))$, propondo por isso esta outra solução técnica[174]. Tal proposta pode ser ou não aceite. Se for aceite está encontrada solução final. Caso contrário os administradores proporão um novo preço alternativo, ao qual *B* responderá novamente. Trata-se, pois, de um processo iterativo que induzirá à concretização do jogo nos termos de uma das soluções da proposição *2*.

---

[172] E igualmente maximiza a soma R_A+R_B (*vide* Apêndice B (III)).

[173] *Vide* demonstração no Apêndice B (III).

[174] Alternativamente *B* pode, como é evidente, apresentar um novo par de soluções técnicas e preços (δ,λ).

Para terminar, atente-se que esta proposição permite concluir que: (*i*) existem soluções de equilíbrio com $\delta > 0$, o que significa que não é pelo simples facto de existir supervisão ($\eta < 1$), que está garantida a ausência de custos de agência; (*ii*) a existência de soluções com $\delta > 0$ significa ainda que o facto de os consumidores reagirem às performances dos fundos, premiando aqueles que obtêm melhores desempenhos, só por si, não garante que os seus interesses estejam sempre acautelados pelo grupo financeiro a quem confia as suas poupanças; (*iii*) a existência de soluções com $\delta > 0$ significa também que o simples facto de os grupos financeiros terem posições accionistas próprias ($q_B > 0$) e gerirem posições accionistas de terceiros ($q_F > 0$), não garante que, mesmo na ausência de custos explícitos de acompanhamento activo do governo da sociedade eventualmente indutores de *free rider problems*[175], estes maximizem os seus interesses exercendo um papel activo no controlo, fiscalização e acompanhamento das sociedades em que participam; (*iv*) *B* não tem sempre vantagem em desviar o máximo possível de fundos, isto é, podem existir soluções de equilíbrio com $0 < \delta < 1$; (*v*) por último, constata-se que existem soluções de equilíbrio com $\delta = 1$, o que significa que em determinadas circunstâncias a maximização dos interesses de *B* passa pelo desvio máximo de fundos, indo por isso o interesse de *B* de encontro ao interesse dos administradores de *J* e totalmente em sentido oposto aos interesses dos participantes no fundo *F*.

2.4 O EFEITO DA SUPERVISÃO

O comportamento das autoridades de supervisão constringe o espaço de equilíbrio[176]. É facilmente demonstrável que, se $\eta < q_A + q_B + \mathrm{E}[\Delta\mathrm{VGF}]/\pi\delta$,

---

[175] Note-se que neste modelo não existem custos explícitos de acompanhamento activo do governo da sociedade *J*, que sejam suportados por *B* (ou por *F*) e de que beneficiem os demais accionistas de *J*, na medida em que os administradores de *J* ao proporem o negócio a *B* forneceram gratuitamente a informação, e para impedir a concretização do negócio basta a *B* recusar colaborar ($\delta = 0$). Existe, porém, um custo de oportunidade que consiste na perda de receita inerente à prestação do serviço.

[176] Atente-se que, nos termos do modelo, η é uma constante. Assim acontece porque, no horizonte de decisão do modelo, a eficácia da supervisão é inalterável, e porque o alcance da

no espaço $0<\delta\leq1$, não existe solução que permita $R_A>0$ e $R_B>0$, pelo que os custos de agência são nulos $(\delta=0)$[177]. Este resultado significa que, para que exista jogo $(0<\delta\leq1)$, é necessário que a supervisão permita que da concretização do negócio se aproveite uma soma $(\eta\pi\delta)$ suficiente para cobrir as perdas que os administradores de J $(q_A\pi\delta)$ e B $(q_B\pi\delta)$ sofrem enquanto accionistas e as perdas de B na área de gestão de activos $(E[\Delta VGF])$. Somente se a totalidade destas perdas puder ser coberta é que existe espaço para que B e os administradores de J discutam entre si a partilha do lucro líquido (λ). Donde, existe um nível de eficácia do monitoramento/supervisão (η) que inviabiliza a ocorrência de custos de agência, o qual depende (directamente) da estrutura de propriedade $(q_A$ e $q_B)$, da perda de valor na área da gestão de activos (ΔVGF) e dos parâmetros π e δ. Em particular, para um mesmo nível de eficácia dos mecanismos de supervisão (η), o espaço que induz à oportunidade lucrativa de desvio de fundos dos accionistas de J é maior quanto menor seja a soma $q_A + q_B$[178]. Além disso, este resultado igualmente indica que a eficácia da supervisão é tanto mais necessária quanto menores sejam as perdas que os clientes dos fundos imponham a GF e, indirectamente, a B.

Não dando relevância à discussão sobre se a estrutura de propriedade é causa ou consequência dos regimes jurídicos e/ou da eficácia dos mecanismos de supervisão, pode concluir-se que também este resultado se conforma com a evidência relatada na literatura a que se reporta o Capítulo *1*. Assim, por exemplo, este corolário é consentâneo com La Porta et al. (1997, 1998, 1999 e 2000) que evidenciam que os investidores dos países com maior dispersão accionista beneficiam de uma maior protecção legal e de uma supervisão mais eficaz que os demais países.

---

supervisão é sempre limitado. Todavia, a longo prazo, a eficácia da supervisão pode ser aumentada (pelo menos em grande medida), sendo por isso uma opção política. Além disso, num dado momento, diferentes países têm diferentes níveis de eficiência da supervisão. Donde, tanto para efeito de política económica, como para efeito de comparação entre a realidade actual de diferentes mercados, importa analisar a consequência de diferentes níveis de eficácia da supervisão nos resultados do jogo. É o que se faz no presente ponto.

[177] *Vide* demonstração no Apêndice A.

[178] Isto é, para cada valor de δ é menor o intervalo de valores de λ susceptíveis de induzir a $R_A>0$ e $R_B>0$.

A desigualdade $\eta > q_A + q_B + E[\Delta VGF]/\pi\delta$ delimita, pois, o espaço em que existe oportunidade de desvio lucrativo de fundos, tanto para os administradores de *J*, como para *B*, em função da eficácia da supervisão. Esse espaço depende do impacto da decisão no valor de *GF*, o qual depende da escolha para δ, sendo que o δ óptimo, em determinadas circunstâncias, depende de η (além de, entre outros, π e q_B).

Sendo $\alpha \leq 0$, $E[\Delta VGF]=0$ (Proposição *1*), pelo que a condição para a existência de oportunidade de jogo é $\eta > q_A + q_B$. Neste caso, o espaço de equilíbrio é dado por $\delta = 1$ e $q_B/\eta < \lambda < 1 - q_A/\eta$ (Proposição *1*). Donde, quanto menor η maior é o limite inferior e menor é o limite superior, pelo que menor é o espaço de equilíbrio. Quanto maior η menor é o limite inferior e maior é o limite superior, pelo que maior é o espaço de equilíbrio. Assim, com $\alpha \leq 0$, o espaço de equilíbrio é menor (maior) quanto menor (maior) η, tornando-se um conjunto vazio com $\eta \leq q_A + q_B$.

Com $\alpha > 0$, existe uma maior diversidade de situações em termos de espaços de equilíbrio (Proposição *2*), pelo que igualmente existe uma pluralidade de possibilidades quanto ao efeito da eficácia da supervisão. O corolário *1* resume as principais consequências de η sobre o espaço de equilíbrio e sobre os custos de agência.

COROLÁRIO *1* – O parâmetro η tem os seguintes efeitos:
- **(*i*)** **Com $\alpha \leq 0$, o espaço de equilíbrio é menor (maior) quanto menor (maior) η, tornando-se um conjunto vazio com $\eta \leq q_A + q_B$. Todavia, havendo jogo, ter-se-á sempre $\delta=1$, pelo que o montante do desvio não é afectado por η.**
- **(*ii*)** **Com $\alpha > 0$, no espaço de escolha de $\delta=1$, reduções (aumentos) infinitesimais de η diminuem (aumentam) o espaço de equilíbrio, mas não alteram o montante dos desvios;**
- **(*iii*)** **Com $\alpha > 0$, no espaço de escolha de $\delta=\delta°$ ($0<\delta°<1$), reduções (aumentos) infinitesimais de η diminuem (aumentam) o montante dos desvios, mas têm um efeito incerto sobre o espaço de equilíbrio de λ.[179]**

---

[179] *Vide* demonstração no Apêndice A e, por remissão deste, no Apêndice B.

Quanto maior η, mais atractivo é desviar fundos dado que menos se perde no processo de ocultamento, mais sobrando para os administradores de J e para B, o que significa que existirão mais valores alternativos para λ que colocarão de acordo ambas as partes intervenientes no negócio. Pelo contrário, menores valores para η significam maiores perdas devidas ao efeito da supervisão, pelo que menos é aproveitável por cada unidade monetária desviada, donde existirão menos valores alternativos para λ capazes de colocar de acordo os administradores de J e B. É isso que diz (*ii*), relativamente às situações em que a solução de equilíbrio passa pela maximização do desvio de fundos ($\delta=1$). Por sua vez, (*iii*) significa que no espaço de escolha de $\delta°$ ($0<\delta°<1$), quanto mais eficaz for a supervisão, menor é a proporção óptima de π a desviar para maximizar o resultado de B (e vice-versa). Há, por isso, uma relação inversa entre a eficiência da supervisão e o número óptimo de unidades a desviar. Todavia, isso não se reflecte necessariamente num menor espaço de equilíbrio para a variável λ. À medida que, por exemplo, se reduz a eficácia da supervisão – isto é, η aumenta – verificam-se dois efeitos contraditórios para R_B, cujo resultado final é de sinal incerto. Por um lado, o incremento de η aumenta directa (por força do próprio η) e indirectamente (através do aumento o montante óptimo dos desvios ($\delta°$)) a base de incidência da receita da prestação de serviços. Por outro lado, o incremento dos desvios aumenta a perda de B enquanto accionista e agrava a perda de valor da área de gestão de activos. É, por isso, incerto o efeito final sobre o conjunto de valores de λ que induz B a participar no jogo.

Uma lição que pode tirar-se deste corolário é, pois, a ideia de que, em determinados contextos, acréscimos de eficácia da supervisão induzem a redução do valor dos desvios. Noutros casos, contudo, não provocam essa redução. Donde, a afectação adicional de recursos num contexto em que o seu nível continuará a ser insuficiente para eliminar a oportunidade de jogo lucrativo, poderá não trazer benefícios para os investidores. Existem, porém, níveis de supervisão que induzem à nulidade dos desvios. É, assim, possível eliminar a oportunidade de jogo lucrativo, sem que seja necessário atingir um estádio de eficácia absoluta total ($\eta=0$).

Em todo o caso, é certo que o aumento da eficácia da supervisão faz reduzir o limite superior do intervalo de equilíbrio da variável λ, uma vez que a redução de η, *ceteris paribus*, reduz a receita dos administradores de *J*, pelo que o preço máximo que estes estão dispostos a pagar pelos serviços de *B* também se reduz.

2.5 O Efeito da Reacção dos Clientes

Neste ponto procede-se ao estudo de casos particulares da função ([2.1]) que retrata o comportamento dos consumidores de serviços dos fundos de investimento.

(i) Ausência de Reacção à Performance $(g_2=0)$

Um primeiro caso particular respeita a supor $g_2=0$, o que corresponde a admitir que nem os melhores desempenhos são premiados, nem as piores performances são penalizadas. Nesta hipótese a função [2.1] passa a escrever-se como se segue:

$$V_{t+2} = V_t\left(1 + g_1 + \varepsilon_{t+2}\right) \qquad \text{com t} = 0, 2, 4, 6, ...,\infty. \qquad [2.24]$$

Neste contexto, facilmente se conclui que:

Proposição *3* – Com g_2 igual a zero, o espaço de equilíbrio é descrito da seguinte forma:
$$\delta=1 \;\wedge\; q_B/\eta < \lambda < (\eta - q_A)/\eta \text{[180]}.$$

Quando os clientes dos fundos não tomam em consideração a performance para efeito da decisão de afectação das suas poupanças aos diferentes gestores, o crescimento do montante gerido por cada sociedade é dado por uma taxa constante (g_1) e por um termo de perturbação aleatória de média nula (ε). Donde, o valor esperado do montante a gerir por *GF* não é afectado, e o valor desta sociedade mantém-se

---

[180] *Vide* demonstração no Apêndice A.

constante, qualquer que seja a decisão tomada por *B*. Assim, o problema de *B* consiste em maximizar o seu resultado, o qual exprime apenas o efeito da sua decisão nas receitas de serviços prestados e no custo sofrido enquanto accionista de *J*. Ou seja:

$$R_B = \lambda\eta\pi\delta - q_B\pi\delta \qquad [2.25].$$

Note-se que R_B é uma função linear de δ, de inclinação positiva dado que é condição necessária para que *B* decida entrar no jogo obter $R_B > 0$, o que equivale a impor $\lambda > q_B/\eta$. Donde, R_B é uma função monótona crescente em todo o domínio de δ, o que significa que a função é maximizada quando δ apresenta o seu valor máximo ($\delta = 1$).

O limite superior do intervalo de equilíbrio de λ é a condição de participação dos administradores de *J* no jogo, a qual não depende do comportamento dos consumidores, pelo que corresponde ao resultado que anteriormente havia sido obtido (Lema *1*).

A Proposição *3* diz que, com $g_2 = 0$, se *B* for a jogo propõe sempre $\delta = 1$. Significa isto que havendo jogo é desviado o máximo possível de fundos (π) e os custos de agência assumem igualmente a sua expressão máxima ($\delta\pi$). Donde, facilmente se constata que, nesta hipótese, os custos de agência atingem o seu valor máximo e obtém-se o pior resultado possível para os titulares das unidades de participação no fundo *F*. Assim:

COROLÁRIO *2* – A total ausência de reacção à performance ($g_2 = 0$) induz à maximização dos custos de agência, à maximização do espaço de equilíbrio para λ, à maximização da perda para *F* e para os demais accionistas[181].

Note-se, desde logo, que com $\delta = 1$ o montante de dividendo extraordinário recebido por *F* é nulo[182]. Pelo contrário a perda sofrida pelo fundo atinge o seu valor máximo possível[183]. Além disso, o espaço de equilíbrio da variável λ tem a sua dimensão máxima. Repare-se que em

---

[181] *Vide* demonstração no Apêndice A.

[182] *Vide* expressão [2.20]

[183] *Vide* expressão [2.22].

circunstância alguma os administradores de J aceitam pagar tanto ou mais que o valor $(\eta - q_A)/\eta$. Também em circunstância alguma B aceita um pagamento que não respeite a condição $\lambda < q_B/\eta$. Donde, nos termos do modelo, nunca se podem verificar limites inferiores mais pequenos ou limites superiores mais elevados, pelo que facilmente se conclui que o intervalo de valores admissíveis para λ é maximizado com g_2 igual a zero.

De modo análogo, também os demais accionistas de J sofrem a penalização máxima. Este resultado é facilmente constatado verificando que a expressão [2.23] é uma função linear de δ, de inclinação positiva, pelo que maximizada para $\delta = 1$. Assim, a ausência de reacção à performance, não só maximiza a penalização sofrida pelos fundos, como induz à maximização das perdas sofridas pelos demais pequenos accionistas.

(ii) Reacção Assimétrica Linear ($n=1$)

Na hipótese $n=1$, os consumidores premeiam (linearmente) os fundos que obtêm retornos anormais positivos, sendo o seu comportamento descrito por:

$$V_{t+2} = V_t \left(1 + g_1 + g_2 \alpha_{t+2} D_{t+2} + \varepsilon_{t+2} \right) \quad \text{com t} = 2, 4, 6, ...,\infty. \quad [2.26]$$

Comece por notar-se que com $\alpha \leq 0$, D_2 será zero, pelo que é indiferente o valor de α_2 e do seu expoente, pelo que o resultado da proposição *1* continua válido, o que significa em particular que B opta por $\delta = 1$. Se $\alpha > 0$, indo a jogo, B continua a optar pelo máximo desvio de fundos ($\delta = 1$), inexistindo situação alguma em que seja preferível um desvio parcial de fundos ($0 < \delta < 1$). Significa isto que a hipótese de desvio parcial decorre do carácter não linear da reacção às performances positivas. Se os clientes dos fundos reagirem nos termos descritos por [2.26] ou não há jogo ($\delta = 0$) ou os custos de agência assumem sempre a sua expressão máxima ($\delta = 1$). Deste ponto de vista, a situação é análoga à verificada com total ausência de reacção à performance (proposição *3*).

Por outro lado, com $\alpha \leq 0$, o espaço de equilíbrio para λ é, evidentemente, o mesmo que na proposição *1*, o qual coincide com o espaço da hipótese de ausência de reacção (proposição *3*), ou seja, é o mais amplo possível[184]. Todavia, se $\alpha > 0$, demonstra-se que o espaço de λ é sempre inferior ao que se verifica com a total ausência de reacção. Donde:

> PROPOSIÇÃO *4* – **Com *n* igual a um, *B* opta sempre por $\delta = 1$, sendo que com $\alpha > 0$ o espaço de λ é sempre inferior ao que se verifica com a total ausência de reacção ($g_2 = 0$)**[185].

Quer isto dizer que uma reacção dos consumidores, ainda que linear e assimétrica, reduz o espaço em que simultaneamente se verifica $R_A > 0$ e $R_B > 0$, o que concorre no sentido de encurtar as possibilidades de haver jogo[186]. Todavia, se a estrutura accionista (q_A e q_B) e a supervisão (η) permitirem a oportunidade de realização do jogo, então o prejuízo causado a *F* e aos demais accionistas é idêntico ao que ocorre na ausência de reacção[187].

(iii) Reacção Assimétrica Não Dependente de Alfa ($n = 0$)

Uma outra hipótese respeita à possibilidade de os consumidores reagirem a rankings de vencedores e de perdedores, mas não reagirem ao valor concreto dos retornos anormais. É o que aconteceria com *n=0* na função [2.1]. Neste caso os vencedores seriam premiados com uma taxa de crescimento ($g_1 + g_2$) mais elevada que a taxa de crescimento dos perdedores (g_1). Todavia, não haveria distinção entre os diferentes vencedores, nem entre os diferentes perdedores. Com esta outra possibilidade de comportamento dos clientes demonstra-se que:

---

[184] Vide demonstração do Corolário 2.

[185] *Vide* demonstração no Apêndice A.

[186] O mesmo acontece com a hipótese de reacção assimétrica não linear ($0 < n < 1$). Embora por economia de espaço não se demonstre este resultado, a comparação do espaço de equilíbrio subjacente à proposição *3* com a proposição *2* permite concluir que a reacção induz à redução do espaço de λ.

[187] O mesmo pode não acontecer com $0 < n < 1$, uma vez que existem soluções com $0 < \delta < 1$ (proposição *2*).

Proposição *5* – Com *n* igual a zero, *B* não opta sempre por δ=1, sendo que com α>0 o espaço de λ é igual ao que se verifica com a total ausência de reacção (g_2=0)[188].

Quer isto dizer que, uma vez mais, a ausência de linearidade de reacção face a α abre espaço a soluções distintas da maximização dos custos de agência e da maximização das perdas para *F*. A solução δ=1, em determinados contextos, é preterida face à solução δ=αP_0/*w*π-ρ (com 0<αP_0/*w*π-ρ<1), sendo ρ um valor infinitesimal positivo tendente para zero. Verificadas essas condições, *B* opta por um valor de δ o mais elevado possível mas ainda assim suficientemente baixo para permitir a integração do ranking dos vencedores (E[α$_2$>0]) e aproveitar o prémio (g=g_1+g_2). Note-se ainda que, com *n* igual a zero (e α>0), o espaço de realização do jogo dado por λ é q_B/η<λ<(η-q_A)/η, o que significa que a reacção à performance com *n*=0 não reduz o número de situações em que o jogo é possível comparativamente à hipótese g_2=0.

(iv) Reacção Simétrica Linear (D=1, n=1 ∀ α)

A hipótese de os consumidores premiarem e penalizarem de modo simétrico e linear a performance dos fundos (*D*=1, *n*=1 ∀ α), não induz *B* à escolha de uma solução técnica que evite a maximização dos custos de agência. Pelo contrário, havendo jogo, estes custos atingirão sempre a sua expressão máxima (δ=1). Donde, poderá concluir-se que a simetria de comportamento – por si só – não origina soluções que induzam à partilha de π. Da simetria decorre, todavia, o estreitamento do espaço de λ (ou seja, de oportunidade de realização lucrativa do jogo), sempre que se atingem performances negativas, seja pelo facto de α ser estruturalmente negativo (α<0)), seja pelo facto de a performance se tornar circunstancialmente negativa na data *2* em virtude da realização do jogo (α>0 e E[α$_2$]<0). Em concreto, pode afirmar-se:

---

[188] *Vide* demonstração no Apêndice A.

PROPOSIÇÃO *6* – **Com um comportamento simétrica linear (*D*=1, *n*=1 $\forall$ α), *B* opta sempre por δ=1, e o espaço de λ é inferior ou igual ao que se verifica com a reacção assimétrica linear (*n*=1)[189].**

Donde, também nesta hipótese, se a estrutura accionista (q_A e q_B) e a supervisão (η) permitirem a oportunidade de realização do jogo, então o prejuízo causado a *F* e aos demais pequenos accionistas é idêntico ao da ausência de reacção (o máximo possível).

(v) Reacção Simétrica (D=1, n ímpar>1 $\forall \alpha$)

Uma última hipótese estudada, respeitou ao cenário de os consumidores premiarem e penalizarem de modo simétrico mas não linear e a ritmos crescentes o desempenho (*D*=1, *n* ímpar[190] >1,$\forall \alpha$). Ao contrário do que acontece quando é esperada performance negativa para a data *2* (E[α_2]<0), em que é possível obter soluções por δ= $\delta°$ (0<$\delta°$<1), *n* ímpar >1, sendo esperada uma performance positiva, nunca é possível obter soluções deste género. Em todos os demais casos a solução obtida com retorno anormal positivo naquela data conduzem ou a δ=1 ou a δ=0. Em concreto:

PROPOSIÇÃO 7 – **Com um comportamento simétrico não linear a ritmos crescentes (*D*=1, *n* ímpar>1 $\forall \alpha$), *B* apenas opta, em determinadas circunstâncias, por δ= $\delta°$ (0<$\delta°$<1) se for esperada uma performance negativa em *2* (E[α_2]<0)[191].**

Donde, a hipótese de haver jogo com custos de agência inferiores ao máximo depende do valor esperado para alfa na data *2*. Com (E[α_2]>0)

---

[189] *Vide* demonstração no Apêndice A.

[190] Exclui-se do estudo a hipótese *n* par uma vez que tal equivaleria a considerar que os consumidores tratam exactamente da mesma maneira um dado retorno anormal e o seu simétrico, o que corresponde a uma hipótese de irracionalidade extrema, pelo que irrelevante para efeito de estudo económico.

[191] *Vide* demonstração no Apêndice A.

a solução é $\delta=0$ ou $\delta=1$, pelo que nunca se verifica $\delta= \delta^{\circ} (0<\delta^{\circ}<1)$. Quer isto dizer que quando os consumidores premeiam a ritmos crescentes as performances positivas, havendo jogo os custos de agência atingem sempre a sua expressão máxima. Todavia se os consumidores penalizarem na mesma intensidade as performances inferiores conseguem, em determinados contextos, evitar que a seja desviada a totalidade de π.

2.6 SÍNTESE CONCLUSIVA

O apelo ao activismo dos investidores institucionais no controlo e na fiscalização do governo das sociedades participadas é, como se viu no Capítulo *1*, tida por sectores profissionais e académicos como uma via possível de resolução dos problemas de separação da propriedade e da gestão. Essa possibilidade tem, todavia, suscitado cepticismo em alguns autores, questionando-se a vocação, a disponibilidade e o interesse dos investidores institucionais para o desempenho de tal papel. O presente estudo insere-se nesta linha de investigação.

O modelo usado neste capítulo – pela primeira vez, tanto quanto se julga saber – teoriza a problemática do activismo dos investidores institucionais no controlo e na fiscalização das empresas por estes participadas, considerando um cenário de divergência de interesses entre os accionistas e os clientes do investidor institucional no que respeita à atitude a tomar perante o governo de uma dada sociedade. Para o efeito, concebeu-se um enquadramento institucional – inspirado na realidade portuguesa – propício ao surgimento desse tipo de conflitos, assente em grupos bancários com múltiplas actividades financeiras. O objecto central da modelização realizada foi, pois, o comportamento de grupos financeiros universais perante as empresas que são simultaneamente suas clientes, (frequentemente) suas participadas e activos dos fundos geridos em regime fiduciário. O modelo assenta num *trade-off*, enfrentado pelo grupo bancário, entre contribuir para a minimização dos custos de agência e para o melhor governo dessa sociedade ou maximizar os proveitos decorrentes da relação comercial com essa empresa. Uma atitude consentânea com a defesa dos interesses dos accionistas desta sociedade é benéfica para os clientes dos fundos e – se os respectivos titulares premiarem esse benefício – indutora do aumento de valor da área de gestão de activos. Todavia, tal comportamento pode originar perdas de oportunidades de negócio bancário nas demais áreas do grupo, com o inerente dano em termos de receitas.

O principal objectivo deste estudo era verificar em que circunstâncias o banco que lidera o grupo – procurando maximizar o seu valor – privilegia um e outro tipo de interesses. Os resultados obtidos indicam que a solução final depende da estrutura accionista da empresa objecto da intervenção e, no que mais interessa aos propósitos desta investigação, depende crucialmente da eficácia das autoridades de supervisão, da reacção à performance dos clientes e da aposta do grupo na área de gestão de activos.

No que respeita à importância da estrutura accionista, o modelo revela-se consistente com a evidência empírica, mormente no que respeita à importância do aumento da propriedade dos gestores como forma de minimização dos custos de agência.

Em termos do efeito da supervisão, os resultados obtidos em parte corroboram a asserção de senso comum segundo a qual existe uma relação inversa entre a eficácia da supervisão e a oportunidade de concretização lucrativa de desvios em prejuízo dos pequenos accionistas. Todavia, os *outputs* acedidos igualmente revelam que quando os consumidores de serviços de gestão de fundos se comportam nos termos relatados pela literatura para o mercado norte-americano de retalho, nem sempre o aumento da eficácia das autoridades de supervisão se traduz numa redução dos custos de agência. Em determinados cenários o montante global dos custos de agência mantém-se no máximo admissível. Em outros cenários, não obstante o aumento da eficácia da supervisão determinar uma redução do nível óptimo de desvios, a decorrente redução dos custos que B sofre enquanto accionista e a redução dos custos inerentes à perda de valor da área de gestão de activos poderão determinar um aumento do espaço de equilíbrio. Donde, em determinados cenários, aumentos dos esforços da supervisão podem ser ineficazes. Registe-se, no entanto, que é possível eliminar a oportunidade lucrativa do jogo sem atingir o nível máximo de eficiência da supervisão ($\eta=0$).

Um outro aspecto que realça do estudo é a importância da habilidade (reconhecida) do grupo para gerir carteiras e para captar a fatia das aplicações de fundos que reagem às performances positivas. Admitindo que existe um mercado transparente e competitivo de profissionais da gestão de fundos, este parâmetro representa a aposta do grupo na área de gestão de activos. Um resultado que emerge neste âmbito diz respeito à hipótese de o grupo se "auto-excluir" da captação do incentivo às performances superiores. Nesse caso, os custos de agência situar--se-ão ao seu nível mais elevado e o espaço para a realização lucrativa do jogo aumenta. Todavia, mesmo no cenário em que o grupo julga ter capacidade para gerar retornos anormais positivos ao nível da gestão de carteiras, a magnitude destes retornos e a sua concretização em montantes adicionais de fundos fiduciários é crucial para determinar o valor dos custos de agência e a amplitude do espaço de oportunidade de realização do jogo.

Por fim, considerando quer a versão base do modelo, quer o estudo de casos particulares, foi possível indagar o efeito de diferentes tipos de comportamentos dos clientes dos fundos de investimento, tanto sobre o montante dos custos de agência como sobre a oportunidade de realização do jogo em termos lucrativos. Em particular, verificou-se que a total ausência de reacção à performance induz à maximização dos custos de agência, à maximização das perdas para os fundos e à maximização do espaço de oportunidade de concretização de desvios. Verificou-se também que, na hipótese de reacção linear, quando ocorrem desvios estes assumem a sua dimensão máxima, todavia encurta-se o espaço de concretização do jogo. Se a linearidade for conjugada com assimetria, esse encurtamento apenas se verifica quando alfa é positivo. Admitindo-se que os clientes tratam de modo desigual vencedores e perdedores, mas não distinguem entre si nem os vencedores, nem os perdedores, existem situações em que é preferível não desviar o máximo de fundos, de modo a manter um lugar no ranking dos vencedores, todavia o espaço de oportunidades de realização do jogo não é encurtado. Se o comportamento for de natureza assimétrica e as performances positivas forem premiadas a ritmos decrescentes, o espaço de realização do jogo vem encurtado quando o alfa é positivo, além de que em determinados contextos o montante óptimo dos custos de agência fica aquém do máximo possível. Por último, a reacção ritmos crescentes conduz a um espaço de oportunidade de realização do jogo inferior ao máximo admissível, além de que induz a situações em que o desvio não é total, mesmo quando o grupo não aposta na área de gestão de activos (alfa negativo).

O modelo abre a porta a diversas frentes de investigação empírica. Desde logo reforça a importância de se conhecer em concreto o comportamento dos consumidores de fundos, implicando a necessidade de estender o respectivo estudo a pequenas economias como a portuguesa, posto que até ao momento – tanto quanto se julga saber – o mesmo se encontra circunscrito a grandes mercados como o norte-americano e, na componente grossista, ao mercado australiano. Além disso, o modelo abre pistas para a investigação empírica quanto ao impacto de alfa – enquanto parâmetro revelador da aposta do grupo na actividade de gestão de carteiras – no activismo em termos de *corporate governance*. Por fim, as asserções teorizadas quanto ao impacto da supervisão, mormente no que respeita ao efeito do reforço da eficácia das autoridades, igualmente se constituem como pistas de investigação empírica.

Também merecedora de investigação teórica e empírica se afigura a possibilidade de os grupos financeiros utilizarem a liberdade que lhes seja facultada pela ausência de reacção dos consumidores à performance para instrumentalização das carteiras geridas de forma fiduciária. Com efeito, a ausência de sensibilidade às (más) performances, traduz-se em graus de liberdade acrescidos, os quais podem levar a que na área de gestão de activos se efectuem escolhas que tenham em vista os interesses do grupo financeiro ou dos seus gestores. Neste caso, o comportamento dos consumidores não só seria de molde a não evitar os custos de agência, como serviria para potenciar o número de situações em que jogos do género do constante do modelo poderiam ter lugar.

Na presente dissertação não há espaço para o estudo e o aprofundamento de todas as pistas de investigação que o modelo indica. Dois estudos, porém, são realizados. O estudo do comportamento dos clientes dos fundos de acções nacionais e o estudo da (eventual) subordinação das escolhas dos gestores das carteiras dos fundos aos interesses dos grupos em que se inserem. O primeiro estudo consta do Capítulo *4* e o segundo é documentado no Capítulo *5*. O Capítulo *3*, que se segue, contém uma revisão da literatura de enquadramento a ambos os estudos empíricos.

Capítulo Três
Revisão e Discussão da Literatura
Sobre Medidas de Performance
e Reacção dos Clientes à Performance

3.1 Introdução

A avaliação da performance de uma carteira de valores mobiliários corresponde a medir o desempenho do respectivo gestor por forma a apurar se a intervenção deste acrescentou valor (e quanto) ou se destruiu valor (e quanto). A concretização da avaliação da performance não é, porém, uma tarefa isenta de dificuldades, particularmente no que respeita a apurar se a alteração de valor identificada teve origem na (capacidade de) actuação do gestor ou pode ser atribuída a outros factores. Daí que, ao longo do tempo, as metodologias de medição da performance tenham sido objecto de reflexão, em resultado da qual estão hoje disponíveis múltiplas acepções. Esses instrumentos podem ser aglutinados em dois grupos. Um primeiro grupo engloba as medidas de performance baseadas em *séries temporais de rendibilidades*, que envolvem em geral a comparação, no quadro de um modelo de equilíbrio, do retorno da carteira avaliada face à rendibilidade de um ou mais índices *benchmarks*. A outra família de técnicas mede a performance com base na evolução da *composição da carteira*, pelo que assenta na evolução do peso de cada um dos activos seleccionados pelo gestor.

Dentro das metodologias que se baseiam nas séries temporais de rendibilidades, é usual distinguir as *medidas tradicionais* que se suportam no confronto do retorno e do risco da carteira avaliada com o retorno e o risco de um *único factor* – o retorno da carteira representativa de todas as oportunidades de investimento do mercado –, das medidas que usam um modelo *multifactorial* para determinar o retorno de equilíbrio. É ainda usual distinguir entre *medidas condicionais* ou *condicionadas* pela informação pública disponível e *medidas não condicionais* ou *não condicio-*

nadas pela informação pública disponível, consoante se admita que os retornos requeridos variam ou longo do tempo em face da informação pública disponível ou se suponha a sua constância. Um outro importante tópico das medidas de performance consiste em decompor a rendibilidade global obtida na parte que pode ser atribuída aos aspectos relacionados com o *market timing* e na parte que se prende com a *selectividade*. A *primeira* componente refere-se à capacidade de o gestor antecipar os movimentos gerais do mercado e reajustar em conformidade a composição da carteira. A *segunda* componente reporta-se à capacidade de selecção individual dos diferentes activos.

A par do desenvolvimento das técnicas de medida da performance das carteiras geridas por profissionais têm igualmente sido desenvolvidas metodologias destinadas a analisar a *persistência da performance*. Trata-se, aqui, de apurar evidência de que determinados gestores obtêm sistematicamente performances superiores, enquanto outros gestores registam consecutivamente os piores resultados.

O estudo da performance interessa ao presente trabalho, não como um fim em si mesmo, mas como instrumento indispensável para averiguar a reacção dos clientes à performance em ordem a determinar até que ponto o comportamento destes inibe os gestores de prosseguirem outros interesses que não os seus. Donde, deste capítulo consta também uma revisão da literatura que se tem dedicado a indagar a reacção dos consumidores à performance dos fundos, tanto em termos da resposta dada à performance passada, como em relação à forma como os investidores agem em função da previsão de performance futura. Além disso, serão abordados os trabalhos que têm sido desenvolvidos no intuito de relacionar as performances com problemas de agência. Saber se as performances inferiores exprimem irracionalidade, inaptidão ou custos de agência é uma questão que interessa aos propósitos desta investigação. Do mesmo modo, saber se a divergência de estratégia de gestão de uns títulos para outros é (ou pode ser) enformada por critérios de racionalidade ou pelos interesses próprios dos detentores do poder de decisão é uma questão que preocupa o presente estudo.

3.2 METODOLOGIAS BASEADAS EM SÉRIES TEMPORAIS DE RENDIBILIDADES

3.2.1 MEDIDAS TRADICIONAIS

3.2.1.1 O CAPM E AS MEDIDAS TRADICIONAIS

A taxa de rendibilidade ou de retorno, exprimindo o acréscimo de riqueza (nominal ou real) do detentor do património por unidade de tempo, surge, intuitivamente, como candidata natural a medida de performance. Desde a década de 50, a teoria financeira tomou consciência de que a *incerteza* – e o inerente *risco* – é a par do *tempo* um ingrediente fundamental para condicionar e balizar as decisões de investimento[192]. Por esta razão, cedo se tomou consciência da importância de combinar o retorno e o risco de modo a medir correctamente o desempenho dos gestores de carteiras. Por outro lado, aferir a performance implica definir um padrão de normalidade face ao qual será confrontado o resultado obtido. Só se pode qualificar o desempenho de cada gestor se se tiver um nível de execução considerado *neutral* ou *normal*, acima do qual a performance é tida por *supranormal, superior* ou *anormal positiva* e abaixo do qual essa performance é qualificada como *infranormal, inferior* ou *anormal negativa*. Assim, para se ter uma medida de performance, são necessários quatro ingredientes: uma medida de retorno; uma medida de risco; uma fórmula que combine o risco e o retorno num índice de performance; e um modelo de avaliação que diga qual o retorno normal para cada nível de risco face ao qual seja classificado o desempenho do gestor.

As medidas tradicionais de avaliação da performance caracterizam-se por tomarem como padrão de normalidade o equilíbrio descrito pelo Modelo de Equilíbrio de Activos Financeiros – doravante identificado pela designação original (Capital Asset Pricing Model) ou pela correspondente sigla (CAPM). Este modelo, proposto em trabalhos autónomos por Sharpe (1964), Lintner (1965) e Mossin (1966), sintetiza um

---

[192] A inclusão da incerteza nos modelos económicos deve-se a Arrow (1953, 1964) e Debreu (1959).

edifício teórico baseado na existência de um *trade-off* entre risco e retorno e na concepção de que a diversificação de carteiras reduz o risco, anulando o contributo específico de cada título e apenas conservando o risco inerente aos factores de variação do retorno comuns à generalidade dos activos, a que se dá o nome de *risco sistemático* ou *risco não diversificável*. Esta abordagem encontra as suas raízes na moderna Teoria da Gestão de Carteiras – Modern Portfolio Theory (MPT) – cujos desenvolvimentos pioneiros são atribuídos a Hicks (1946), a Markowitz (1952, 1959) e a Tobin (1958)[193]. Na acepção de Markowitz, uma *carteira* de valores mobiliários *eficiente* seria uma carteira suficientemente diversificada de modo a que não seja possível obter retorno adicional sem acréscimo de risco, nem seja possível reduzir o risco sem sacrificar retorno. Daqui resulta a ideia da avaliação dos investimentos segundo o binómio "risco-rendibilidade", a qual radica na suposição de que agentes económicos avessos ao risco exigem retorno adicional em compensação da tomada de riscos acrescidos.

O CAPM descreve o retorno de equilíbrio de cada activo em função do seu comportamento perante variações do retorno do mercado. O CAPM pode, pois, ser visto como um modelo para avaliação de activos financeiros, no quadro de um ambiente competitivo, onde o retorno de cada título é determinado em função do seu contributo *marginal* (em termos de rendibilidade e de risco) para uma carteira eficiente de activos. Combinando numa tal carteira activos com risco e um activo isento de risco, o CAPM reconduz-se a uma forma linear e permite avaliar a rendibilidade esperada para cada activo. Essa linha, a que se dá a designação de Security Market Line (SML), é a expressão de síntese do CAPM, e é descrita por uma equação, como a que se segue:

$$E\left(R_{p,t}\right) = R_f + \beta_p [E(R_{m,t}) - R_f] \qquad [3.1]$$

---

[193] A Hicks (1946) deve-se o essencial do instrumental microeconómico em que assenta a MPT, sendo a Tobin (1958) atribuída a exploração do papel dos activos sem risco na gestão de carteiras. A Markowitz (1952, 1959), por sua vez, é endereçado o mérito fundamental da criação MPT.

com
$$\beta_p = \frac{\text{Cov}_{p,m}}{\sigma_m^2} \qquad [3.2]$$

onde: $E(R_{p,t})$ é o retorno esperado do activo ou da carteira p para o período t; R_f é a taxa de retorno para activos isentos de risco; β_p mede o risco sistemático do activo ou da carteira p; $E(R_{m,t})$ é o retorno esperado para a carteira do mercado para o período t; $\text{Cov}_{p,m}$ simboliza a covariância entre a taxa de retorno da carteira do mercado e a taxa de retorno de p; e σ_m^2 é a variância da taxa de retorno da carteira do mercado.

O modelo diz que em equilíbrio todos os activos se posicionam sobre a SML. A permanência de activos fora daquela linha seria uma evidência de ineficiência do mercado. Com efeito, Fama (1970) sistematizou o conceito de eficiência do mercado de capitais em torno da velocidade de ajustamento dos preços às novas informações. Conceptualizando diferentes acepções de mercado eficiente em função do ritmo de incorporação dos novos eventos nas cotações, aquele autor define diferentes graus de eficiência, sendo os mercados tanto mais fortemente eficientes quanto mais rapidamente assimilarem os factos relevantes ocorridos reposicionando os activos sobre a SML[194].

Esta incursão pelas bases da teoria financeira permite compreender a lógica da medida proposta por Jensen (1968), conhecida por "alfa de Jensen", "medida de Jensen" ou "diferencial de rendibilidade de Jensen". Esta medida corresponde à diferença entre a rendibilidade obtida pela carteira avaliada e a rendibilidade que, nos termos do equilíbrio definido

---

[194] O conceito foi enriquecido pelo trabalho de Grossman e Stiglitz (1980), que – na sequência da interpretação de Jensen (1978) do conceito como o *estado* em que face a uma dada informação não é possível obter ganhos com a transacção de activos – mostraram que a versão mais forte de eficiência de Fama (1970) implica que os custos de obtenção de informação e de realização de transacções sejam nulos, uma vez que os preços reflectem a informação detida por investidores informados apenas até ao ponto em que o benefício marginal de actuar com base na informação não excede o respectivo custo marginal. No início da década de noventa, Fama (1991) expandiu o conceito, passando a falar de ineficiência (na forma *semi-forte*) para a hipótese de a informação pública disponível permitir prever os retornos futuros em termos que possam dar origem à implementação de estratégias lucrativas isentas de risco.

pelo CAPM, essa carteira deveria ter obtido. De notar que a avaliação da performance é realizada com base em informação *ex-post*, e não com base no retorno esperado *ex-ante* subjacente à formulação [3.1], uma vez que o objectivo é avaliar o comportamento efectivo do gestor, e que o retorno esperado *ex-ante* para uma qualquer carteira não é susceptível de observação e mensuração objectivas[195]. Em concreto, o alfa de Jensen é a distância entre o ponto que representa o resultado obtido pelo gestor em termos do binómio retorno-risco no plano formado pelo retorno médio e pelo beta face ao ponto da SML a que corresponde o mesmo beta. Isto é:,

$$\alpha_p = \overline{R}_{p,t} - \left[R_f + \beta_p \left(\overline{R}_{m,t} - R_f \right) + \varepsilon_{p,t} \right] \qquad [3.3]$$

onde, além da notação conhecida: α_p é a medida de Jensen; $\overline{R}_{p,t}$ é o retorno médio da carteira p para o período t; $\overline{R}_{m,t}$ é o retorno médio da carteira de mercado no período; e $\varepsilon_{p,t}$ é um termo de erro com valor esperado nulo e independente das séries de retornos.

A medida proposta por Treynor (1965) também considera o risco sistemático como indicador relevante do risco assumido, pelo que se reconduz de novo ao plano formado pelo eixo representativo da rendibilidade média e pelo eixo representativo do nível de risco sistemático. Tal medida consiste na inclinação da recta que, neste plano, une o ponto representativo do activo isento de risco ao ponto representativo da carteira avaliada. Em termos de formulação matemática, a medida é descrita do seguinte modo:

$$T_p = \frac{\overline{R}_p - R_f}{\beta_p} \qquad [3.4]$$

---

[195] Tal não significa, no entanto, que não se possam definir e usar como apoio à tomada de decisões versões *ex-ante* das medidas de rendibilidade tradicionais. *Vide* em Sharpe (1994) a explicitação sobre o modo como o uso de uma destas medidas pode ajudar a melhorar a gestão de carteiras.

onde T_p é a medida de performance de Treynor da carteira p num dado período e a demais notação mantém o significado anteriormente explicitado.

A medida de Sharpe (1966) é em tudo idêntica à medida de Treynor, com a única diferença de que o conceito de normalidade, em vez de definido pela SML, é aqui representado pela recta – identificada por Capital Market Line (CML) – que passa pelo ponto representativo da carteira de mercado e pelo ponto representativo do activo isento de risco no plano delimitado pela rendibilidade média e pelo desvio padrão do retorno (σ). Em notação matemática, esta medida exprime-se como se segue:

$$S_p = \frac{\overline{R}_p - R_f}{\sigma_p} \qquad [3.5]$$

onde, além da notação conhecida, S_p é a medida de performance de Sharpe e σ_p simboliza o desvio padrão dos retornos da carteira p ao longo do período em análise.

Analogamente à medida de Jensen, é possível definir um diferencial de retorno no plano usado por Sharpe. Esta medida, que habitualmente se designa por "diferencial de rendibilidade de Sharpe" (Sharpe-Differential Return), tem a seguinte formulação:,

$$d_{p,t} = \overline{R}_{p,t} - \left[R_f + \left(\frac{\overline{R}_{m,t} - R_f}{\sigma_m} \right) \sigma_p + \theta_{p,t} \right] \qquad [3.6]$$

onde, além da notação antes explicitada, $d_{p,t}$ representa o diferencial de rendibilidade de Sharpe, σ_m corresponde ao desvio padrão da taxa de retorno do mercado e $\theta_{p,t}$ corresponde a um termo de perturbação aleatória.

A diferença entre as medidas de Jensen e Treynor face às medidas de Sharpe reside no conceito de risco relevante para definir a remuneração *normal* face à qual a performance *anormal* é apurada. Enquanto Jensen e Treynor assumem o risco sistemático – representado por β –, Sharpe considera o risco total da carteira – representado por σ – o que significa que integra no conceito de rendibilidade normal, tanto a remuneração do risco sistemático assumido, como a remuneração do risco eliminável tomado. Por este motivo, é usualmente reconhecido[196] que as medidas baseadas no conceito de risco total são mais adequadas à avaliação de carteiras de reduzida dimensão e insuficiente diversificação, enquanto que os investidores que gerem carteiras de dimensão suficientemente grande para que possam proceder a uma correcta diversificação devem ser avaliados com base nas medidas que tomam o beta como a medida de risco.

No que respeita à comparação entre as medidas de Jensen e o diferencial de rendibilidade de Sharpe, por um lado, face às medidas de Treynor e de Sharpe, por outro, a diferença reside na circunstância já referida de as primeiras serem medidas absolutas de performance enquanto estas outras são medidas relativas, pelo que no caso destas o valor obtido não indica de per si a obtenção de performance anormal, sendo por isso necessário comparar com o excesso de retorno por unidade de risco obtido por outras carteiras. Além disso, pode-se ser conduzido a diferentes ordenações de performance consoante se utilizem medidas absolutas ou medidas relativas. Se, por exemplo, no plano da SML, se tiver duas carteiras para avaliar e hierarquizar em função do desempenho, em que uma – a carteira A – tem um menor diferencial positivo face à SML mas uma maior inclinação que outra – a carteira B – com maior diferencial positivo e menor inclinação, é-se conduzido a dois *rankings* diametralmente opostos consoante se use a medida de Treynor – que elegeria a carteira A como a de maior performance – ou a medida de Jensen – que indicaria a carteira B como a melhor gerida.

3.2.1.2 Decomposição da performance em *market timing* e selectividade

A decomposição da performance é (também) um assunto amplamente estudado. Trata-se de medir que parte da performance global obtida pode ser atribuída ao sucesso na previsão dos *movimentos cíclicos* do mercado (*market timing*) e que parte se prende com as oscilações específicas dos valores escolhidos para integrar a carteira (*selectividade*[197]). A ideia

---

[196] *Vide* Elton e Gruber (1995) e Cortez (1998).

[197] Em linguagem anglo-saxónica, esta componente é frequentemente designada *stock-picking ability*.

subjacente a esta decomposição consiste em admitir que se o gestor esperar um aumento das cotações de acções incrementa a exposição aos retornos do mercado, ao passo que se esperar movimento inverso reduz o beta da carteira. Por outro lado, para um dado nível de risco, o gestor pode escolher diferentes composições de activos, reflectindo-se na performance a astúcia das escolhas efectuadas.

A maior parte dos estudos tende a concentrar-se na mensuração do *market timing*, assumindo que a parte excedente do retorno anormal se deve à escolha individual das acções. Para a aferição da capacidade de exploração das oscilações cíclicas dos mercados Treynor e Mazuy (1966) acrescentaram um factor à equação [3.3][198], o qual consiste no quadrado do excesso de retorno do mercado face à taxa de juro isenta de risco. Se este factor for positivo e estatisticamente significativo, pode concluir-se que o gestor obteve proveito das mutações dos ciclos conjunturais. Muitas outras medidas foram propostas subsequentemente ao estudo de Treynor e Mazuy (1966). Por exemplo, Fama (1972) propôs um método para separar as componentes do *timing* e da selectividade. Fabozzi e Francis (1979), por sua vez, sugerem o uso de uma variável *dummy* para distinguir as situações em que os mercados sobem das ocasiões em que os mercados se encontram em queda. Todavia, de entre os novos modelos propostos, aquele que, provavelmente, mereceu mais atenção foi o de Henriksson e Merton (1981), que incluiu um termo adicional baseado no conceito de *put option*. Em concreto:

$$\overline{R}_{p,t} - R_f = \alpha_p + \beta_p \left(\overline{R}_{m,t} - R_f \right) + \gamma_p \max\left[0, R_f - \overline{R}_{m,t} \right] + \varepsilon_{p,t}. \quad [3.7]$$

O factor gama pode ser interpretado como o resultado de uma opção de venda da carteira do mercado a um preço de exercício igual à taxa de juro do activo sem risco. Se o mercado apresenta retornos superiores ao activo isento de risco tal opção não seria exercida, pelo que o *payoff* seria nulo. Se o mercado apresenta retornos inferiores a R_f a opção seria exercida originando um *payoff* positivo correspondente à diferença entre a taxa isenta de risco e o retorno do mercado. Naturalmente que

---

[198] Em rigor, este factor é acrescido à equação que resulta de [3.3] evidenciando como variável explicada o excesso de retorno da carteira p e em que α é o termo independente.

se conclui pela evidência de habilidade na previsão e no aproveitamento das oscilações cíclicas globais do mercado quando as estimativas de γ_p são positivas e estatisticamente significativas.

3.2.1.3 PROBLEMAS DAS MEDIDAS TRADICIONAIS

As medidas tradicionais de performance, embora muito usadas, são sujeitas a múltiplas críticas que visam evidenciar as suas limitações e os enviezamentos daí decorrentes.

Uma primeira via de censura consiste em questionar a validade do padrão face ao qual é aferida a anormalidade da performance. Todas as críticas e limitações que se apontem à capacidade de o CAPM descrever adequadamente o equilíbrio do mercado financeiro são, simultaneamente, críticas e limitações apontadas às medidas de performance assentes na normalidade definida pela SML, dado que na presença de anomalias no equilíbrio descrito por aquele modelo estas medidas revelar-se-ão incapazes de discernir o que é performance anormal do que é erro de aferição do retorno de equilíbrio. Além das críticas que visam o padrão de rendibilidade normal definido pelo CAPM, outras existem que incidem sobre a adequação das medidas ao conceito de performance e críticas sobre a qualidade dos resultados obtidos com a aplicação das medidas tradicionais de aferição da performance, as quais em geral identificam estatisticamente fontes (adicionais) de viés. Em regra apontam-se cinco tipos de críticas às medidas tradicionais, as quais devem ser tidas em consideração aquando da sua aplicação.

(i) Definição e Medida do Risco

No que respeita ao relacionamento das medidas de performance com o risco, existem vários estudos que documentam viés, ainda que com resultados contraditórios. Friend e Blume (1970) testemunham uma relação linear inversa entre as medidas de performance tradicionais e as medidas de risco. Outros, pelo contrário, evidenciaram que as medidas de performance estão positivamente correlacionadas com as medidas de risco (Klemkosky (1973) e Ang e Chua (1979)). Por sua vez, Chen e Lee (1981) estudaram teoricamente a relação entre o rácio de Sharpe e a medida de risco tendo concluído que a relação entre ambas depende do tamanho da amostra, do horizonte de investimento e do período da amostra usado nos estudos empíricos.

Uma explicação para a existência de uma relação estatística significativa entre as medidas de performance e o risco das carteiras avaliadas foi sugerida por Ang e Chua (1979) e prende-se com o potencial efeito da assimetria dos retornos sobre as medidas de performance. Estes autores concluíram que a utilização de medidas de performance que consideram a assimetria dos retornos diminui o seu viés. O próprio Markowitz, que construiu a MPT em torno da variância dada a sua maior popularidade e facilidade de cálculo, sugere que a semivariância – tratando de modo desigual os retornos extremamente elevados e extremamente baixos, ao contrário da variância que considera os dois igualmente indesejáveis – é teoricamente mais capaz de representar o risco do investidor, pelo que o seu uso dá origem a *"better portfolios than those based on variance"* (Markowitz (1959, p. 194)). A evidência empírica acumulada, todavia, tem mostrado que a maior parte dos activos existentes no mercado tem um perfil de rendibilidade razoavelmente simétrico, o que tende a ser interpretado como evidência de que a variância expressa satisfatoriamente o risco[199]. Além disso, como nota Markowitz (1991), não se encontra demonstrado que o binómio *retorno-semivariância* proporcione, para uma substancial classe de funções utilidade, uma melhor aproximação à utilidade esperada inerente à detenção de uma dada carteira de activos financeiros do que o binómio *retorno-variância*. Porém, se os activos a que se refere a avaliação de performance apresentarem uma distribuição de retornos assimétrica, o uso da variância parece ser menos *ajustado* na medida em que não proporciona aos investidores uma perspectiva real das alternativas em termos de risco e retorno para essa estratégia específica (Marmer e Ng (1993)) e Balzer (1995))[200].

---

[199] Para uma revisão dos problemas associados à variância e uma enunciação de alternativas medidas de risco ver Balzer (1995).

[200] Em ordem a corrigir os problemas associados ao uso da abordagem média-variância nestas situações, Leland (1999) sugeriu a modificação da medida tradicional de risco (beta) do CAPM incorporando outros momentos da distribuição dos retornos.

Além da questão da simetria, um outro problema que surge associado ao risco tem a ver com a sua variabilidade. Por exemplo, é condição necessária para a correcta medição da performance pelo alfa de Jensen que o risco sistemático assumido por cada fundo se mantenha constante. Todavia, os fundos, geralmente, são activamente geridos, esperando-se por isso que o nível de risco das suas carteiras seja ajustado em função da evolução do mercado. Alguns estudos documentam, em conformidade com esta expectativa, que os betas dos fundos sofrem alterações ao longo do tempo (Klemkosky e Maness (1978) e Kon e Jen (1978)), o que pode originar erros na medição do risco de cada carteira e, por consequência, o viés das medidas de performance. Além disso, um gestor informado reage a informação privada realizando alterações na composição das carteiras. Em consequência, o nível de risco percebido pelos avaliadores externos pode ser sobrestimado, não obstante os gestores se limitarem a escolhas eficientes (em termos de média/variância) (Dybvig e Ross (1985a), Admati e Ross (1985)), facto que poderá (também) justificar o viés positivo antes referenciado.

(II) *Intervalo de Medida e Microestrutura*

O intervalo de medida das cotações foi objecto de estudos vários que documentam efeitos não despiciendos sobre a magnitude do risco e do respectivo retorno de equilíbrio[201]. Por exemplo, Handa et al. (1989) argumentam que os betas de carteiras que não registam alteração da sua composição são sensíveis ao intervalo de medida. Adicionalmente, Kothari et al. (1995) afirmam que os betas têm uma relação mais forte com os retornos médios anuais do que com os retornos mensais. Handa et al. (1993), por outro lado, usando dados da NYSE e da AMEX para um período de 62 anos (1927-1988), evidenciaram que alterações no intervalo de medida do retorno podem ter efeito na relação risco/retorno. Em particular, concluíram que o CAPM tem uma maior capa-

---

[201] Também os efeitos dos erros de medida, tanto do retorno de mercado, como da taxa de juro sem risco, foram objecto de investigação. Os erros de medida nestas variáveis podem conduzir a erros na estimativa do risco sistemático da carteira e, por via disso, a enganos na aferição da performance (Lee e Jen (1978)).

cidade explicativa quando utiliza intervalos de tempo anuais para medição dos retornos do que quando utiliza o mês como período de referência[202]. Também Levy (1981), estudando uma amostra de acções norte-americanas para o período de 1948-1968, concluiu que o risco sistemático de acções agressivas[203] aumenta com o horizonte do investimento, ao passo que o risco sistemático de acções defensivas[204] diminui. Gunthorpe e Levy (1994), por sua vez, evidenciaram que a composição de carteiras óptimas – no mercado norte-americano entre 1963-1990 – dependia do horizonte de investimento e dos concomitantes custos de transacção.

Estes resultados correspondem, assim, à evidência de que o retorno normal apurado com base no CAPM depende do intervalo de medida considerado. No mesmo sentido, Levy (1981), apresentou evidência de que as estimativas da performance aumentam com o intervalo de medida, mas não aumentam na mesma proporção para todas as classes de activos. O próprio Sharpe (1994) reconhece que a medida por si proposta em 1966 não é independente do intervalo de tempo definido para efeito de apuramento do retorno e do respectivo desvio padrão, recomendando que se usem períodos muito curtos (um mês) e se proceda à sua anualização para efeitos de estandardização. Também ao nível das medidas destinadas a apurar a habilidade dos gestores no aproveitamentos das oscilações cíclicas dos índices de mercado, Goetzmann et al. (2000) clamam que a medida proposta por Henriksson e Merton (1981) enviesa (negativamente) os resultados quando se usam os retornos mensais comparativamente à utilização dos retornos diários.

Uma das possíveis razões pelas quais existe sensibilidade ao intervalo de cálculo dos retornos tem a ver com o potencial efeito sobre os retornos apurados de aspectos relacionados com a microestrutura em que se concretizam as operações. Vários estudos documentam a sensibilidade dos retornos apurados face ao valor de partida das cotações (Ball et al.

---

[202] No mesmo sentido, Handa et al. (1989) haviam concluído que os betas de sociedades com pequenas capitalizações calculados mensalmente podem ser subestimados face aos betas apurados numa base anual.

[203] Isto é, com beta superior a um.

[204] Isto é, com beta inferior a um.

(1995)), ao modo de cálculo dos retornos (Conrad e Kaul (1993) e Dissanaike (1994))[205], ao *spread bid-ask* (Amihud e Mendelson (1986, 1987)) e à falta de sincronia na medição dos retornos dos activos (Scholes e Williams (1977)).

(iii) Confronto de Versões Alternativas do CAPM

Uma das linhas de crítica ao CAPM consiste em afirmar que as suas assumpções são pouco realistas. Neste âmbito, surgiram múltiplas versões do CAPM que visam, por exemplo, introduzir na lógica deste modelo (*i*) a componente fiscal, (*ii*) a existência de activos sem preço definido pelo mercado ou (*iii*) a existência de expectativas heterogéneas[206]. Uma das questões mais debatidas tem a ver com a assumpção do CAPM segundo a qual (*iv*) os investidores podem obter emprestado ou emprestar recursos à taxa de juro isenta de risco (R_f). Se se considerar que a taxa é, por norma, a taxa de juro de concessão de crédito ao Estado[207], será mais realista considerar que a taxa de juro a que os agentes económicos privados concedem crédito entre si é superior àquela outra. Se existirem activos financeiros remunerados a uma tal taxa (R_z) cuja sensibilidade ao retorno do mercado seja nula, então é possível construir uma outra versão do CAPM em que o papel do activo isento de risco é substituído por esse activo (de rendibilidade R_z e) de beta nulo[208]. Esta outra versão é designada "versão beta–zero" ("*zero-beta model*").

No que mais importa às medidas de performance, destas duas versões que competem entre si resultam SML de inclinações distintas. A SML

---

[205] Conrad e Kaul (1993), por exemplo, defendem que o uso de *k* retornos periódicos para obter o retorno acumulado ao fim desses *k* períodos introduz uma severa obliquidade comparativamente ao cálculo de um único retorno assumindo uma posição *buy-and-hold*, a qual se deve à repetição de erros de medida.

[206] Para uma revisão dos diferentes modelos sugeridos ao longo do tempo ver, entre outros, Elton e Gruber (1995) e Danthine e Donaldson (2002).

[207] Claro está que também este aspecto é discutível (*vide* Booth (1999)), uma vez que as taxas de juro de financiamento do Estado, tanto de curto prazo, como de logo prazo, sofrem oscilações: as primeiras variam em função da política monetária e as segundas em função do *rating* do país e do prémio implícito na estrutura de prazos das taxas de juro.

[208] A derivação desta versão do CAPM pode ser vista, entre outros, em Danthine e Donaldson (2002).

da versão original tem uma menor ordenada na origem e uma maior inclinação, enquanto que a segunda versão, pelo contrário, tem uma maior ordenada na origem e uma menor inclinação[209]. Analogamente o mesmo acontece com a CML. Daqui decorre uma importante fragilidade das medidas. Se o *zero-beta model* é o correcto, ao usar a versão *standard* para calcular (por exemplo) os alfas de Jensen sobrestima-se a performance para activos ou carteiras de activos com beta inferior a um e subestimam-se os alfas quando o beta é superior a um. Se a realidade se ajustar ao modelo original, usando a versão *beta-zero*, obviamente, os erros cometidos são de sentido inverso. Estudos realizados no início da década de setenta apontam no sentido de a versão *beta-zero* ser mais consistente com o que se vê no mercado (Black et al. (1972) e Fama e MacBeth (1973)).

(*IV*) *Benchmark*

Uma outra crítica que é formulada ao CAPM e às medidas de performance nele baseadas, consiste no uso de um *benchmark* – a carteira de mercado aproximada por um índice de cotações – face ao qual é apurada a anormalidade do retorno obtido. É célebre, neste contexto, a chamada crítica de Roll (1977, 1978, 1980). Para este autor as medidas baseadas na SML são ambíguas, a não ser que se utilize um índice que seja perfeitamente correlacionado com o verdadeiro factor de determinação dos retornos. Acontece que, segundo o mesmo autor, tal índice não é observável. Na sua composição, além de acções, incluir-se-iam outros activos, tanto financeiros, como não financeiros, alguns dos quais têm um valor que não se encontra mensurado. Assim, não só o CAPM não é verdadeiramente testável[210], como as medidas que nele se baseiam

---

[209] De notar que a ordenada na origem é dada pela taxa de juro isenta de riso (R_f) na versão *standard* e a pela taxa do activo de beta nulo (R_z) na versão alternativa, sendo que a primeira é menor que a segunda ($R_f < R_z$). Além disso, por definição, as SML de ambos os modelos têm um ponto de intercepção dado pela combinação do retorno médio da carteira do mercado com o beta igual a um.

[210] Segundo a lógica de Roll, o CAPM não é testável dado que existe sempre uma carteira cujos retornos sejam linearmente relacionados com os seus betas. Se essa carteira for eficiente do ponto de vista da média-variância, mesmo que a teoria seja errada, os testes suportam o

são sensíveis ao referencial escolhido e podem conduzir a indicadores de performance inexactos.

A tese de Roll não foi aceite sem contestação, particularmente por parte daqueles que procuraram mostrar que *proxies* de mercado ineficientes podem conduzir a inferências válidas. Foi o caso de Stambaugh (1982) que criou 4 diferentes índices de mercado (acções, obrigações, imóveis e bens de consumo duradouro) e conclui que os indicadores de performance não variam muito consoante o índice utilizado. Porém, em sustentação da tese de Roll pode apontar-se, entre outros, o estudo de Brown e Brown (1987) que, usando alternativas formulações para o índice de mercado e cobrindo uma ampla gama de oportunidades de investimento além das acções cotadas, permitiu constatar que os alfas de Jensen são sensíveis ao referencial. Também Ferguson (1980, 1986) reforçam as críticas de Roll, defendendo a ideia de que a utilização de índices de cotações expõe a aferição da performance a erros que prejudicam a validade e a utilidade dos resultados apurados[211]. Dybvig e Ross (1985b), por sua vez, não só demonstraram que as medidas de performance baseadas na SML levam a resultados distintos das medidas baseadas no risco total, como atestaram que carteiras de acções podem estar acima ou abaixo da SML independentemente de serem ou não eficientes. Também Peterson e Rice (1980) – usando 4 índices de acções alternativos – concluíram que os *rankings* obtidos com as medidas de Sharpe e Treynor são fortemente correlacionados e são menos ambíguos do que os *rankings* inerentes às distâncias face à SML, o que pode ser interpretado como evidência de que a escolha do *benchmark* terá maior importância nas medidas absolutas de performance.

CAPM. Se, pelo contrário, a carteira usada não for eficiente, então os testes rejeitarão a teoria, mesmo que esta esteja certa.

[211] Note-se que também ao nível da aferição do *market timing* são apontadas algumas limitações. Assim, Zimmermann e Zogg-Wetter (1992) regredindo 5 índices de cotações para o mercado suíço e utilizando cada um para explicar os retornos dos demais, em 10 (num total de 20) casos foi detectada significância para os coeficientes do modelo de Henriksson e Merton (1981), sendo positiva em 5 e negativa nos demais. Isto significa que se pode obter evidência *market timing ability* mesmo para carteiras passivas e que alguns índices podem conduzir a viés no apuramento desta componente da performance.

Numa outra óptica, Barber e Lyon (1997a) evidenciam fontes de viés associadas ao uso de *benchmarks* que podem ser particularmente importantes quando se mede a performance de uma carteira durante um período longo de tempo e (*i*) essa carteira não é (periodicamente) rebalanceada ao contrário da carteira do índice de referência, ou (*ii*) sofre restrições à entrada de novos títulos de modo a que as admissões à cotação se reflectem na carteira *benchmark* e não têm reflexo na carteira avaliada, ou (*iii*) a probabilidade de se encontrarem retornos anormais largamente positivos é muito distinta entre a carteira avaliada e a carteira *benchmark* (*skewness problem*)[212].

Um outro tipo de críticas prende-se com a incapacidade para distinguir as situações em que os gestores de carteiras sabem usar com mestria superior a informação de que dispõem das situações em que tal não ocorre. De acordo com esta corrente, a performance apurar-se-ia em função da capacidade de escolha e da manutenção dos activos em carteira em face da informação detida pelo agente e não da informação publicamente disponível. Só assim se podem entender as observações de Dybvig e Ross (1985a) e de Admati e Ross (1985) segundo as quais mesmo que o índice *benchmark* usado seja eficiente face à informação pública disponível nada se pode concluir sobre se cada um dos agentes económicos usou eficientemente a informação de que dispunha. Explorando esta linha de raciocínio dir-se-ia que teria de ser definido um *benchmark* para cada gestor em função das informações a que acedeu. Subjacente à medida de Jensen (1968) está um conceito de performance que o autor desdobra em duas componentes: (*i*) a habilidade de o gestor fazer uma diversificação de aplicações que minimize o risco eliminável; e (*ii*) a habilidade de o gestor aumentar o retorno através da obtenção de sucesso na previsão da evolução futura dos preços dos diferentes activos. Significa isto que todos os gestores são avaliados como se

---

[212] Lidos em sentido inverso, os resultados de Barber e Lyon (1997a) levam a que de igual modo o confronto de carteiras activamente e livremente geridas com índices de cotações que são muito espaçadamente rebalanceados possam não estar isentos de viés. Neste caso, as novas acções admitidas ao mercado podem ter reflexo imediato na carteira avaliada sem que tal aconteça no índice de mercado.

tivessem acedido a todo o conjunto de informações que determinou o equilíbrio do mercado, seja este constituído apenas pela informação pública disponível, seja este também integrado por informação a que apenas alguns tiveram acesso privilegiado. A verificar-se a primeira hipótese, de facto, a medida de Jensen não permite distinguir habilidade superior de acesso a informação privilegiada nem averiguar se esta informação foi usada de modo superior ou inferior. Porém, a concretizar-se a segunda possibilidade, o retorno anormal positivo tem se ser associado a habilidade superior, mas não é possível distinguir se as performances inferiores são devidas a inabilidade ou a desvantagem informativa.

(v) *Anomalias Empíricas*

Ainda na linha das críticas que visam questionar a capacidade de o CAPM descrever adequadamente o retorno de equilíbrio de cada activo e de cada carteira, desde a década de setenta, foram publicados múltiplos estudos que identificam padrões de comportamento dos retornos médios não explicáveis por aquele modelo, a que usualmente se dá a designação de *anomalias empíricas* do CAPM. Assim, por exemplo, alguns investigadores detectaram anomalias no comportamento dos preços dos activos em função da repetição de retornos excessivos em determinados dias da semana ou em certas horas do dia[213]. Em termos mensais, vários estudos mostraram que em Janeiro os retornos são mais elevados que nos outros meses ("efeito-Janeiro"). Keim (1983) apresenta evidência de retornos anormais neste mês, para a NYSE e para a AMEX, entre 1963 e 1979, sendo o fenómeno especialmente verdadeiro para as pequenas empresas. Fama (1991) confirma a sazonalidade para o período de

---

[213] Gibbons e Hess (1981) apresentaram evidência de que os retornos às segundas-feiras são muito menores que nos outros dias da semana na NYSE. Os mesmos autores reportam um largo retorno positivo nas quartas-feiras e nas sextas-feiras. Harris (1986), por sua vez, confirma o retorno (largamente) negativo das segundas-feiras – especialmente concentrado nos primeiros 45 minutos de negociação –, mas obtém retorno positivo para os outros quatro dias de magnitude semelhante. Pettengill e Jordan (1990), por outra parte, documentam que às segundas-feiras os activos com pior performance continuam a perder e à sexta-feira os activos com melhores performances reforçam o seu comportamento positivo.

1941-1991, havendo igualmente evidência de que o fenómeno tem paralelo à escala internacional[214].

Os investigadores procuraram também identificar padrões de comportamento dos retornos em função de certas características das sociedades emitentes. Alguns artigos revelam que o retorno médio das acções é relacionado com (*i*) a dimensão da entidade emitente, com (*ii*) a relação existente entre o valor contabilístico e o valor de mercado da empresa (*book-to-market ratio* (B/M)), com (*iii*) a proporção entre o resultado por acção e a cotação (earnings/price), com (*iv*) o peso dos meios libertos pela sociedade na cotação (*cash flow/price*), ou com (*v*) as taxas de crescimento das vendas (Basu (1977), Banz (1981), Reinganum (1981), Rosenberg et al. (1985), Chan et al. (1991), Fama e French (1992, 1993) e Lakonishok et al. (1994)). Em particular, há três anomalias que mais intensamente têm intrigado os investigadores: o *factor dimensão* (*size factor*); o *factor valor contabilístico/valor de mercado*; e o *factor resultado/cotação*.

Banz (1981) foi o responsável pela documentação do *factor dimensão*, apresentando evidência de retorno supranormal para as empresas de menor tamanho cotadas na NYSE, no período de 1936-1975, configurando-se este factor com a mesma significância que os betas na explicação das taxas de rendibilidade históricas apuradas[215]. Fama e French (1992, 1993), por sua vez, documentaram não só o efeito do factor dimensão, como o efeito *B/M*. Estes autores concluíram que o retorno médio é negativamente relacionado com a dimensão e positivamente relacionado com o rácio valor contabilístico/valor de mercado[216]. Também

---

[214] Gultekin e Gultekin (1983) encontraram evidência do efeito Janeiro em 16 outros países, Berges et al. (1984) e Tinic et al. (1987) documentam a sua existência no Canadá entre o início das décadas de 50 e 80, enquanto Corhay et al. (1987) testemunham a sua existência na Bélgica e na França, entre 1969 e 1983, e Reinganum e Shapiro (1987) relatam a evidência para o mercado britânico entre 1955 e 1980.

[215] Existe forte evidência de que o fenómeno não é específico do mercado norte-americano, antes se repete em muitos outros países, tais como: o Japão (Chan et al. (1991) e Hawawini e Keim (1995)), o México (Herrera e Lockwood (1994)) e diversos mercados europeus (Hawawini e Keim (1995)).

[216] Fama e French (1992, 1993) usam dados de várias bolsas norte-americanas (NYSE, AMEX e NASDAQ), para firmas não financeiras, para o período entre 1963 e 1990 (no primeiro

Lakonishok et al. (1994) e Chan et al. (1991), entre outros, estudaram a relação entre o B/M e o retorno ou o excesso de retorno, obtendo resultados que sustentam a tese da anomalia[217]. A documentação do efeito do resultado contabilístico relativo, por sua vez, deve-se a Basu (1977) que evidenciou que quando os retornos de equilíbrio são medidos pelo CAPM o excesso de retorno é negativamente relacionado com o *rácio cotação/resultado por acção*[218]. A constatação empírica de que este rácio é fortemente correlacionado com o efeito dimensão (Reinganum (1981)) e que o seu efeito desaparece quando a dimensão e o factor *book-to-market* são tidos em consideração originaram a desvalorização deste indicador enquanto factor explicativo dos retornos (Fama e French (1992)).

Um outro fenómeno estudado é a tendência de reversão dos retornos. Vários autores têm documentado manifestações de previsibilidade dos retornos, tanto no longo prazo (DeBondt e Thaler (1985, 1987, 1990), Fama e French (1988), Pettengill e Jordan (1990), Chopra et al. (1992) e Costa Jr. (1994)), como no curto prazo (Zarowin (1989), Alonso e Rubio (1990), Jegadeesh (1990), Lehmann (1990) Chopra et al. (1992) e Conrad e Kaul (1988)). Estes estudos apontam, em geral, no sentido de os activos com piores performances num período obterem os melhores desempenhos no período seguinte e vice-versa. Alguns denotam que o fenómeno é assimétrico, havendo uma tendência mais pronunciada de recuperação por parte dos activos com menores retornos[219].

---

estudo) e 1991 (no segundo artigo). Barber e Lyon (1997b) documentam que os resultados de Fama e French (1992) são similares para firmas financeiras e firmas não financeiras.

[217] No primeiro caso foram estudados retornos de empresas cotadas nas bolsas NYSE, AMEX e NASDAQ e o período considerado vai desde Abril de 1963 a Abril de 1990. No segundo caso foram usados os retornos de empresas cotadas na Bolsa de Tóquio para o período de Janeiro de 1971 a Dezembro de 1988.

[218] O estudo deste autor refere-se ao mercado norte-americano (NYSE), e reporta-se ao período de 13 anos compreendido entre Dezembro de 1956 e Dezembro de 1969.

[219] DeBondt e Thaler (1985, 1987) documentaram que acções com baixos retornos passados tendem a ter mais elevados retornos no período (de 3 a 5 anos) subsequente e, em menor intensidade, acções com retornos mais altos tendem a ter no futuro retornos mais baixos. Também Costa Jr. (1994) encontrou assimetria no fenómeno de reversão. Pettengill e Jordan (1990) documentam igualmente um efeito pronunciado de reversão de retorno dos perdedores e ausência de reversão para os vencedores.

Trata-se de evidência desfavorável à hipótese de eficiência do mercado, na medida em que seria possível montar uma estratégia lucrativa comprando activos que tenham tido menores retornos e vendendo activos que tenham tido melhores retornos, à qual se dá designação de "estratégia de investimento contrária" (*"contrarian investment strategy"*). Esta estratégia é baseada na ideia de que os mercados reagem excessivamente (*"overreaction"*) às notícias, pelo que os activos *vencedores* se encontram por norma sobreavaliados e os activos *perdedores* subavaliados[220].

Enquanto alguns economistas atribuem o fenómeno ao risco das estratégias contrárias (Chan (1988) e Ball e Kothari (1989))[221], outros autores defendem que o fenómeno se deve a outras anomalias, afirmando que no longo prazo este se dilui perante outros factores como o *efeito Janeiro*, o *efeito dimensão* ou o *efeito preço* (Zarowin (1990), Conrad e Kaul (1993), Baytas e Cakici (1999) e Chopra et al. (1992)). Para outros, o fenómeno pode derivar da diferença de velocidade com que os activos reagem à informação (Lo e MacKinlay (1990b))[222]. Por outra parte, alguns atribuem a problemas metodológicos grande parte das descobertas de reversão de longo prazo (Conrad e Kaul (1993) e Ball et al. (1995))[223]. Além disso,

---

[220] Uma interpretação diferente, mas não incompatível, é dada por Dreman e Berry (1995). Para estes autores, a origem do fenómeno decorre da diferente ponderação com que são encaradas as notícias surpreendentes: as *boas* notícias das *piores* acções e as *más* notícias das *melhores* acções têm muito maior impacto do que as *boas* notícias das *melhores* acções e as *más* notícias das *piores* acções.

[221] Chan (1988) e Ball e Kothari (1989) desvalorizam os fenómenos de reversão dos retornos dizendo que as anomalias detectadas se devem à alteração do risco sistemático ao longo do tempo e que esse facto não seria adequadamente captado pelos estudos que documentam os fenómenos de reversão.

[222] Esta ideia sugere a possibilidade de os retornos anormais das estratégias contrárias derivarem da compra das acções que reagem mais lentamente na sequência da subida de preço das mais céleres ou da venda daquelas na sequência da queda de cotação destas. Lo e MacKinlay (1990b) testemunham ainda evidência de que as acções das maiores empresas lideram o processo de geração de retornos, sendo seguidas pelas acções das empresas de menor dimensão. Jegadeesh e Titman (1995), testemunhando que os preços das acções reagem com desfasamento a factores comuns, concluem, no entanto, que tais preços sobrereagem à informação específica da entidade emitente, pelo que a diferença de celeridade na reacção não é explicação suficiente para o retorno sobrenormal das estratégias *contrárias*.

[223] Ball et al. (1995) consideram que os activos que têm preços muito baixos exibem um grande impacto na taxa de retorno (e nos indicadores de retorno anormal) face a uma variação

existe evidência contraditória quanto à generalização do fenómeno à escala mundial[224] e ao longo do tempo[225]. Todavia, existindo evidência de que a conjugação com o factor Janeiro reduz o fenómeno de *over-reaction* e de que este é mais pronunciado nas pequenas empresas, ainda assim subsiste evidência de tendência de reversão, tanto no curto prazo (Zarowin (1989) e Alonso e Rubio (1990)), como no longo prazo (Chopra et al. (1992)), além de que Loughran e Ritter (1996) contestam a metodologia de Conrad e Kaul (1993) e observam que quando se formam carteiras com base em uma única variável – sejam os *retornos passados*, o *preço* ou a *dimensão* – o impacto dessa variável na explicação dos retornos provavelmente será exagerado[226]. Por último, Chopra et al. (1992) apresentam evidência que torna pouco plausível atribuir à alteração de risco a responsabilidade pelo comportamento futuro das acções que no passado tiveram menores performances.

À estratégia contrária contrapõe-se uma outra (a estratégia *"momentum"*), que consiste em acreditar que as acções que tiveram maiores

---

unitária mínima na cotação. Esta aparência de rendibilidade, que se manifestaria no apuramento de resultados de estratégias *buy and hold*, seria especialmente severa nos estudos que investigam o fenómeno da inversão de retornos porquanto a estratégia contrária consiste em investir em acções que usualmente apresentam preços unitários muito baixos. Conrad e Kaul (1993), por sua vez, atribuem ao efeito *bid-ask* em conjugação com a influência da dimensão do preço unitário a responsabilidade pela (aparente) reversão dos retornos.

[224] Enquanto (*i*) Alonso e Rubio (1990) documentam um excesso de retorno dos "perdedores" sobre os "vencedores" de 24,5% nos doze meses seguintes à formação das carteiras relativamente ao mercado espanhol no período de 1965 a 1984, (*ii*) Costa Jr. (1994) garante a existência do fenómeno de reversão para um período de dois anos para o Brasil, entre 1970 e 1989, (*iii*) Kryzanowski e Zhang (1992) documentam a inexistência do fenómeno na Bolsa de Toronto no período de 1950-1988, (iv) O'Hanlon e Whiddett (1991) testemunham um fenómeno de subreacção para o mercado do Reino Unido no período compreendido entre Janeiro de 1987 a Março de 1989 e (*iv*) Baytas e Cakici (1999) estudaram 7 países industrializados encontrando evidência do fenómeno para todos os outros que não os EUA.

[225] Fama e French (1988) examinaram o comportamento dos retornos das acções cotadas na NYSE entre 1926 e 1985 e obtiveram autocorrelação negativa dos retornos para horizontes de 3 a 5 anos, mas concluem que os resultados se devem especialmente aos primeiros 15 anos do período estudado.

[226] Donde, os estudos que evidenciam diluição dos retornos passados na explicação dos retornos futuros na presença de outros factores podem ter *enviezado* favoravelmente o peso destes outros factores.

retornos no passado continuarão a ter retornos mais elevados no futuro e que as acções que tiveram pior comportamento continuarão a não ter uma tão boa performance. Neste caso os investidores tenderiam a comprar os vencedores e a vender os perdedores. Vários estudos documentam deste tipo de comportamento[227], bem como evidenciam a possibilidade de obtenção de retornos superiores, facto que igualmente concorre no sentido da ineficiência do mercado[228].

A previsibilidade dos retornos (pela sua reversão ou pela sua continuidade), o efeito Janeiro e a importância das características das empresas são de difícil conciliação tanto com a defesa da capacidade explicativa do CAPM, como com a tese de eficiência dos mercados. Os investigadores procuraram, por isso, explicações para as anomalias encontradas, usando várias vias diferentes.

Um *primeiro* caminho consistiu em questionar a evidência das anomalias reportadas. Trata-se de uma linha de defesa que argumenta que os retornos anormais (*i*) não são robustos face a alternativas metodologias, antes sendo o resultado de *"data-mining"* [229] (Black (1993) e Fama (1998)), que (*ii*) as rendibilidades anormais detectadas são meramente aparentes e devem-se a questões metodológicas no apuramento dos retornos[230] ou nos testes usados para confirmar a influência das caracte-

---

[227] A preferência de fundos de investimento por esta estratégia é evidenciada, entre outros, por Grinblatt et al. (1995) e Borenztein e Gelos (2000).

[228] Jegadeesh (1990), que encontrou evidência de reversão de retornos para períodos iguais ou inferiores a três meses, reporta forte correlação positiva entre os retornos das acções para períodos mais latos e especialmente para horizontes de um ano. Jegadeesh e Titman (1993) concluíram que os retornos de curto prazo de acções da AMEX e da NYSE, entre 1965 e 1989, tendem a continuar, e que as acções com as mais elevadas rendibilidades num dado ano tendem a ter maiores retornos no período de 3 a 12 meses seguintes. Também, Carhart (1997), Griblatt et al. (1995) e Daniel et al. (1997) reportam relevância do efeito *momentum* na explicação dos retornos de fundos de investimento norte-americanos, enquanto Rouwenhorst (1998) documenta evidência internacional do fenómeno.

[229] Expressão anglo-saxónica que é usualmente aplicada às situações em que os investigadores não trabalham com dados quantitativos directamente observados e medidos, por não existirem, procedendo à sua substituição por outros dados para o efeito manipulados e trabalhados.

[230] Onde se podem inserir, entre outros, os já referenciados estudos de Conrad e Kaul (1993) e Ball et al. (1995). Também neste âmbito se pode incluir a tese de Handa et al. (1989) segundo a qual o *efeito dimensão* decorre da sensibilidade dos betas ao intervalo de medida dos retornos.

rísticas dos emitentes na explicação dos retornos[231], ou que (*iii*) os retornos anómalos evidenciados se devem simplesmente a compensação do maior risco sistemático dessas empresas[232].

Uma *segunda* hipótese consistiu em defender o CAPM e a tese da eficiência do mercado – pelo menos na acepção de Grossman e Stiglitz (1980) – encontrando uma explicação que concilie as anomalias detectadas com aquele modelo e aquele conceito teórico. Os custos de transacção e os elementos fiscais foram dois dos aspectos em torno dos quais foi tentada uma intervenção apaziguadora[233]. Além disso, alguns argumentaram que conceito de *eficiência* de mercado não implica que as cotações tenham de reflectir *racionalmente* o valor fundamental das acções (Summers (1986)). Aliás, de outro modo, não haveria maior evidência de ineficiência do que os *crashs* bolsistas. Assim os estudos que apresentam

---

[231] Lo e MacKinlay (1990a) demonstram analiticamente e exemplificam a influência do uso de carteiras não formadas aleatoriamente, antes constituídas por títulos agrupados com base em características das entidades emitentes, sobre os resultados dos testes estatísticos que visam apurar a influência dessas características no processo de geração de retornos.

[232]Por exemplo, Chan (1988) e Ball e Kothari (1989), como se viu, justificam o fenómeno de reversão de retornos com a alteração do risco sistemático ao longo do tempo.

[233] A literatura regista algumas tentativas de atribuir à *componente fiscal* ou à *microestrutura* em que se desenrolam as transacções a responsabilidade pelo *efeito Janeiro*. Keim (1989) propõe uma explicação com base na *microestrutura* para parte do fenómeno verificado. Este autor concluiu que a última transacção de Dezembro é maioritariamente concretizada a preços *bid*, o que faz com que os retornos pareçam mais elevados nos primeiros dias de Janeiro. Segundo ele, este viés é especialmente grave para as empresas que apresentam preços unitários mais reduzidos. Uma segunda explicação para os elevados retornos obtidos em Janeiro é a hipótese fiscal. De acordo com esta acepção, os investidores que tenham incorrido em substanciais perdas potenciais vendem os activos no final do ano de modo a tornarem efectivos os custos fiscais inerentes a essas perdas e recompram os activos no início de Janeiro. Se as perdas fiscalmente reportáveis forem elevadas é possível recuperar os custos de transacção. Donde, haveria uma tendência para vender em Dezembro e comprar em Janeiro. O trabalho de Reinganum e Shapiro (1987), para o Reino Unido, suporta esta tese. Todavia, vários estudos são de difícil conciliação com a hipótese fiscal. Jones et al. (1987), por exemplo, estudaram o período de 15 anos antecedente à introdução de impostos sobre os rendimentos bolsistas nos EUA (1900--1916) e concluíram que o *efeito Janeiro* já existia nessa altura. Estudos semelhantes foram concretizados por Berges et al. (1984) e por Tinic et al. (1987) para o Canadá concluindo-se, em ambos os casos, que o efeito fiscal não é suficientemente forte para explicar inteiramente o efeito Janeiro. Também Gultekin e Gultekin (1983) reportam evidência de efeito Janeiro para a Austrália onde este mês não é fiscalmente relevante.

anomalias são contrários à tese da eficiência do mercado *apenas* na medida em que evidenciem a possibilidade de implementação de estratégias lucrativas isentas de risco com base na previsibilidade dos retornos[234].

Uma *terceira* via consistiu em questionar o CAPM dizendo que este não é um modelo razoável para a explicação dos retornos, dado que omite fontes de risco não captadas pelas covariâncias dos retornos, as quais são apreendidas quando se introduzem as características das firmas. Estas características seriam, pois, substitutos (*proxies*) das variáveis de risco omitidas na especificação do CAPM[235].

A MPT baseia-se na convicção de que em qualquer economia existe uma franja de investidores capazes de implementar estratégias de arbitragem que eliminem a oportunidade de realização de ganhos isentos de risco e induzam o mercado à situação de equilíbrio. A existência de agentes económicos em quantidade suficiente para induzir ao equilíbrio tem sido desafiada pela chamada corrente *"comportamental"* (*"behavioral"*)[236]. Esta linha de investigação interroga-se sobre se, em determinadas circunstâncias, comportamentos diversos dos supostos como economicamente racionais não se sobreporão à intervenção (limitada) dos arbitragistas. Neste âmbito, duas possibilidades se colocam: uma – a *quarta* linha de explicação – consiste em admitir que os mercados estão

---

[234] Black (1986), por exemplo, assinala que nem sempre o desajustamento dos preços correntes ao valor fundamental da entidade emitente cria oportunidades de ganho lucrativo que levem a concluir por existência de ineficiência do mercado. Nas suas próprias palavras, *"noise creates the opportunity to trade profitably, but at the same time makes it difficult to trade profitably"* (p. 534).

[235] Chan e Chen (1991) e Fama e French (1992, 1993, 1995 e 1996a) interpretam o efeito do factor relacionado com o *B/M* como uma variável de estado relacionada com o "aperto" financeiro relativo das empresas. Fama e French (1992), por exemplo, defendem que as acções com elevadas cotações face ao valor contabilístico tendem a ter maior *risco fundamental*, pelo que o seu maior retorno é a compensação para esse maior risco, o qual não é captado pelo CAPM que incorpora apenas o risco sistemático. De acordo com esta explicação, as características das firmas são altamente correlacionadas com a sensibilidade das acções a factores de risco não capturados pelos índices de cotações do mercado. Neste contexto, Jagannathan e Wang (1996) sugerem que a exigência de um menor retorno para as grandes empresas pode ter a ver com a avaliação do capital humano. As conjunturas negativas são mais nefastas nas pequenas empresas, havendo por isso uma preferência dos investidores por acções de grandes empresas como forma de cobertura dos riscos de despedimento, *layout* e corte salarial.

[236] Para uma mais detalhada caracterização desta corrente ver, entre outros, Ross (2002).

sujeitos a reacção desajustada à informação disponível, decorrente da sobreposição de comportamentos irracionais[237], e a outra – a *quinta* linha de explicação – igualmente admite a sobreposição de comportamentos não conformes com a MPT mas admite a sua racionalidade, designadamente endereçando a sua explicação para o domínio dos custos de agência ou outro tipo de comportamentos racionais[238]. Estas hipóteses têm vindo a ser crescentemente exploradas porquanto alguma investigação tem revelado que os investidores institucionais – que eram supostos terem condições ideais para *arbitrar* – têm preferências por activos não são explicáveis à luz da MPT (Lakonishok et al. (1994), Del Guercio (1996) e Shefrin e Statman (1995))[239].

---

[237] Assim, por exemplo, os fenómenos de reversão dos retornos foram interpretados à luz de conceitos importados da psicologia, segundo os quais os investidores tendem a reagir em violação do raciocínio de Bayes, atribuindo um peso excessivo à nova informação e desvalorizando a anterior, pelo que a existência de arbitragistas que se comportam racionalmente pode não ser suficiente para assegurar um equilíbrio racional sustentável (*vide* DeBondt e Thaler (1985, 1987, 1990)).

[238] Lynch (2001), por exemplo, relaciona a variação seccional dos retornos com a alteração da carteira óptima dos investidores ao longo da sua vida. Em faixas etárias mais avançadas as pessoas (tendo maior riqueza) preferem activos mais prudentes, o que pode ajudar a explicar os efeitos dimensão e *B/M*.

[239] Lakonishok et al. (1994) concluíram que os participantes no mercado sobrestimam consistentemente as taxas de crescimento das "*glamour stocks*" – acções de grandes empresas com reduzidos *B/M* – comparativamente às "value stocks". O facto de a performance das acções *glamour* nunca bater a performance das acções "value" não é consistente com a ideia de que há factores de risco escondidos. Este comportamento é reconduzido pelos autores ao domínio dos problemas de agência, na medida em que é mais fácil explicar perdas com este tipo de acções do que com outras, facto que é consistente com a evidência de que os investidores institucionais preferem acções *glamour*. No mesmo sentido, Del Guercio (1996) conclui que a "*prudent man rule*" – criando obrigações fiduciárias apertadas para os gestores dos bancos – influencia as respectivas escolhas, as quais são enviesadas em favor de títulos reconhecidos como prudentes. Também Shefrin e Statman (1995) documentam que os grandes gestores de carteiras e os analistas declaram preferência por acções de grandes empresas. Todavia, estes autores propõem a hipótese de um erro cognitivo em alternativa aos custos de agência para explicar o comportamento dos agentes. Segundo a hipótese destes autores, muitos investidores e analistas confundem erradamente "acções de boas companhias" (geralmente grandes empresas) com "boas acções", pelo que pese embora *traders* informados saibam que geralmente "boas acções" são "acções de más companhias", na presença de arbitragem incompleta, o erro cognitivo sobrepõe-se à solução de arbitragem perfeita.

Afigurando-se as duas primeiras tentativas de explicação insuficientes face à quantidade e à robustez das anomalias documentadas, e tomando consciência de que o problema da eficiência se reconduz ao problema da qualidade do modelo de equilíbrio[240], seja pela não consideração de factores de risco, seja pela não incorporação de comportamentos que se sobrepõem à actuação dos arbitragistas, muito do trabalho de investigação foi orientado no sentido de desenvolver a respectiva capacidade explicativa, de modo a que estes materializem melhor o comportamento do mundo. Os novos modelos de equilíbrio tomam como matriz teórica de referência o modelo saído da Arbitrage Pricing Theory (APT), desenvolvida por Ross (1976, 1977), no qual a rendibilidade de um activo financeiro é modelizada como variável dependente de uma função linear de k variáveis explicativas, no que constitui uma generalização do CAPM[241].

3.2.2 MEDIDAS BASEADAS EM MODELOS MULTIFACTORIAIS

3.2.2.1 A TEORIA DE ARBITRAGEM E A DETERMINAÇÃO DA PERFORMANCE

A Teoria da Arbitragem de Ross (1976, 1977) – Arbitrage Pricing Theory (APT), na terminologia original – é uma generalização do CAPM, não só porque é menos exigente em termos de pressupostos quanto às preferências dos investidores e quanto à distribuição probabi-

---

[240] Na defesa desta tese, Fama (1991) salienta que, quando se descobre uma anomalia no comportamento dos retornos, a sua explicação não pode ser dividida em (*i*) ineficiência do mercado e (*ii*) especificação ambígua do modelo de equilíbrio. Segundo o autor, à hipótese de eficiência não pode contrapor-se a hipótese de ineficiência. Nas suas palavras "*market efficiency can only be replaced by a better specific model of price formation, itself potentially rejectable by empirical tests*" (Fama (1998, p. 284)).

[241] Além dos modelos baseados na APT que visam incorporar novos factores na explicação dos retornos, importa notar que se abriu uma nova linha de investigação que visa acomodar nos modelos de equilíbrio erros de julgamento que se materializam em fenómenos de sobrereacção e subreacção, onde se inserem Barberis et al. (1998) e Daniel et al. (2001). Por exemplo, estes últimos desenvolveram um modelo em que os retornos esperados são funções lineares, tanto do risco como dos erros de avaliação cometidos por alguns investidores – que sobrestimam a sua capacidade para interpretar os sinais da informação disponível –, e não totalmente eliminados por outros investidores que exploram esses erros.

lística da taxa de rendibilidade[242], mas também porque o retorno de um activo financeiro é modelizado como variável dependente de uma função linear de múltiplas variáveis explicativas entre as quais se pode incluir o risco sistemático. Em notação matemática, pode descrever-se a APT como se segue:

$$R_{p,t} = a_p + \sum_{j=1}^{k} \beta_{p,j} I_{j,t} + \varepsilon_{p,t} \qquad [3.8]$$

onde: (*i*) $R_{p,t}$ é retorno do activo ou da carteira p para o período t; (*ii*) a_p é o retorno esperado para esse activo ou carteira para o mesmo período caso todos os *k* factores de geração de retornos assumam o valor nulo; (*iii*) $I_{j,t}$ é valor assumido no período t pelo factor comum de geração de retornos j (j=1,..., k); (*iv*) $\beta_{p,j}$ é a sensibilidade do activo ou carteira p ao factor j (j=1,..., k); e (*v*) $\varepsilon_{p,t}$ é um termo residual de média nula, variância constante e covariância nula com cada um dos factores de geração dos retornos.

O retorno da carteira (de equilíbrio) que não permite a concretização de ganhos de arbitragem inerente ao processo de geração de retornos da equação [3.8] é descrito por:

$$E(R_{p,t}) = R_f + \sum_{j=1}^{k} \beta_{p,j} \lambda_{j,t} \qquad [3.9]$$

onde $\lambda_{j,t}$ é o prémio de mercado para o factor de risco j (j=1,..., k) vigente em t^{243}.

A avaliação da performance é usualmente concretizada recorrendo a um indicador análogo ao alfa de Jensen, apurado nos termos que se seguem:

$$\alpha_p = R_{p,t} - \left[R_f + \sum_{j=1}^{k} \beta_{p,j} \lambda_{j,t} + \varepsilon_{p,t} \right] \qquad [3.10]$$

---

[242] Para análise dos pressupostos do CAPM e da APT ver, entre outros, Danthine e Donaldson (2002).

[243] Ou seja, corresponde ao excesso de retorno (face à taxa de juro isenta de risco) esperado para um activo que apresente um beta de um para o factor j e betas nulos para todos os outros factores.

sendo α_p o indicador de performance e $\varepsilon_{p,t}$ um termo de erro com valor esperado nulo e independente das séries de retornos e dos factores de geração dos retornos[244].

O modelo APT junta à simplificação de pressupostos duas outras vantagens sobre o CAPM. Por um lado, escapa à crítica de Roll na medida em que não exige o conhecimento e a quantificação de todas as oportunidades de investimento do mercado num só índice e, por outro lado, é intuitivamente mais adequado para a acomodação das anomalias empíricas anteriormente explicitadas. Todavia, a abordagem APT apresenta as dificuldades inerentes a nem a identidade nem o número dos factores comuns de variação do retorno serem determinados previamente pelo modelo. Significa isto que permanece por responder a questão central da medição da performance de uma carteira: *como definir e calcular o padrão de normalidade face ao qual o retorno obtido é comparado?* Ou, em formulação equivalente: *que factores usar para avaliar os retornos esperados das carteiras de activos?*

Historicamente é possível identificar 5 vias distintas usadas no intuito de descobrir os verdadeiros factores: (*i*) utilizar a análise estatística em ordem a identificar, em simultâneo, os factores (I_j, com j=1,.., k) e os coeficientes de sensibilidade (β_j, com j=1,.., k) (Roll e Ross (1980), Chen (1983), Dhrymes et al. (1984) e Connor e Korajczyk (1988)); (*ii*) identificar aprioristicamente as características das firmas que são julgadas mais importantes e estimar os prémios de risco (λ_j, com j=1,.., k) através de regressões múltiplas (Sharpe (1982)); (*iii*) tomar como factores (I_j, com j=1,.., k) um conjunto de variáveis macroeconómicas (Chen et al. (1986)); (*iv*) tomar como factores (I_j, com j=1,.., k) os retornos de carteiras de activos supostamente correlacionados com os verdadeiros factores (Huberman et al. (1987), Fama e French (1993) e Carhart (1997)); (*v*) usar uma combinação de várias das alternativas anteriores (Lehmann e Modest (1987), Brennan et al. (1998) e Burmeister e McElroy (1988)).

---

[244] A aferição do *market timing*, nos termos de Treynor e Mazuy (1966), também pode ser transposta para o âmbito de modelos multifactoriais (Bollen e Busse (2001)). De igual modo, também o método de Henriksson e Merton (1981) para detecção do efeito das oscilações cíclicas generalizadas das cotações é aplicável a modelos APT (Connor e Korajczyk (1991) e Bollen e Busse (2001)).

Porém, não se produziu ainda consenso nem quanto ao número de factores a usar, nem quanto à sua identidade. Assim, enquanto Roll e Ross (1980) concluíram pela evidência de que há pelo menos três (mas muito provavelmente quatro) factores a gerar os retornos, Dhrymes et al. (1984) identificaram um número substancial de factores relevantes e documentaram a sua sensibilidade à dimensão da amostra em estudo[245]. Estes factos são especialmente preocupantes, dado que, de acordo com a evidência de Lehmann e Modest (1987), os rankings de performance não se afiguram insensíveis ao método usado na construção dos factores APT.

Os resultados obtidos pelos estudos que consideram a análise estatística apontam no sentido de o APT descrever os retornos médios dos activos financeiros pelo menos tão bem quanto o CAPM, além de que documentam que estes modelos são capazes de explicar ou pelo menos atenuar o efeito dimensão sobre os retornos médios das acções (Chen (1983) e Connor e Korajczyk (1988)).

Em relação aos modelos que usam variáveis pré-definidas e identificadas como factores explicativos dos retornos, Chen et al. (1986), por exemplo, encontraram um conjunto de variáveis macroeconómicas relevantes para a explicação dos retornos[246] e testemunham que enquanto o índice de cotações de acções tem uma elevada capacidade explicativa das séries temporais dos retornos, a explicação das diferenças seccionais dos retornos é muito mais robusta com a utilização das variáveis macroeconómicas.

Alguns autores argumentam que a maior parte das variáveis macroeconómicas candidatas a integrar o APT tem problemas de mensu-

---

[245] Em carteiras com 90 títulos, os autores encontraram 9 factores relevantes para a explicação dos retornos, ao passo que em carteiras com apenas 15 activos encontraram relevância em apenas 3 factores.

[246] Em concreto as variáveis para que estes autores documentam relevância são: (*i*) a inflação, (*ii*) a estrutura de prazos das taxas de juro, (*iii*) a diferença entre os retornos em obrigações sem risco (mais elevada notação de *rating*) e obrigações com maior risco (menos elevada notação de *rating*); e (*iv*) a produção industrial. Jagannathan e Wang (1996), por sua vez, consideram alguns dos factores de Chen et al. (1986) e acrescentam um factor relacionado com o mercado do factor trabalho, concluindo pela sua relevância na explicação dos retornos médios das acções.

ração[247] e que a sua utilização não conduz a resultados convincentes na explicação dos retornos (Fama e French (1995)). Esta corrente entende que toda a informação relevante se reflecte nas cotações dos activos financeiros (Fama e French (1995, 1996a e 1996b) e Liew e Vassalou (2000)). Sustentam, pois, que, em uns casos, as características das firmas e, em outros casos, os retornos de carteiras formadas em função das características das firmas, são altamente correlacionadas com a sensibilidade das acções a factores de risco não capturados pelos índices de cotações[248]. Se esses factores forem de natureza macroeconómica de igual modo serão captados pelas características das firmas ou pelos retornos das carteiras.

A constituição de factores que espelham o retorno de carteiras de acções escolhidas em função das características das sociedades que as integram é o caminho proposto, entre outros, por Fama e French (1993) e Carhart (1997). Os critérios de constituição das carteiras são delimitados pelas anomalias empíricas evidenciadas em múltiplos estudos sobre o CAPM. Os resultados da aplicação do modelo de Fama e French (1993) ao mercado norte-americano para o período de 1963-1991 indicam que os factores *dimensão* (SMB)[249] e *B/M* (HML)[250], em adição ao excesso de retorno do mercado $(R_{m,t}-R_f)$[251], são capazes de explicar

---

[247] Especialmente quando se trata de medir alterações não antecipadas nas macrovariáveis.

[248] A questão de saber se são as próprias características das firmas ou os betas de cada firma face aos retornos de carteiras que explicam os retornos médios é igualmente objecto de debate. Fama e French (1993, 1995, 1996a e 1996b) sustentam a tese de que os betas explicam os retornos, tanto em termos temporais, como em termos *cross section*, Daniel e Titman (1997) defendem que são as próprias características das firmas, e não tanto os betas dos factores, que explicam a variação dos retornos.

[249] SMB é o retorno de uma carteira de investimento nulo constituída por uma posição longa em activos com uma reduzida capitalização e por uma posição curta em activos com uma elevada capitalização.

[250] HML representa o retorno de uma carteira de investimento nulo constituída por uma posição longa em activos com elevado *B/M* e por uma posição curta em activos com um baixo rácio *B/M*.

[251] $R_{m,t}-R_f$ corresponde ao retorno de uma estratégia de investimento nulo, concretizada com uma posição longa na carteira do índice do mercado e uma posição curta em bilhetes do Tesouro norte-americano.

as diferenças nos retornos médios das acções quando confrontadas as respectivas séries temporais[252], do mesmo modo que em Fama e French (1992) a dimensão das sociedades e a expressão do valor contabilístico face ao valor de mercado haviam explicado, em termos de regressões *cross-section*, o diferencial de retorno entre as diferentes acções[253]. Trata--se, pois, de um modelo que acomoda algumas das principais anomalias que a literatura havia apontado ao CAPM.

Os estudos de Fama e French (1992, 1993, 1995, 1996a e 1996b) não permitem, no entanto, concluir sobre a continuação dos retornos (efeito *momentum*), e denotam a permanência de alguma sazonalidade no mês de Janeiro. Aliás, outros estudos apontam no sentido da sobrevivência do efeito Janeiro a modelos APT, ainda que o fenómeno seja atenuado, ou pelo menos não seja agravado, comparativamente aos modelos CAPM (Burmeister e McElroy (1988) e Connor e Korajczyk (1988))[254]. Ainda ao nível das anomalias que sobrevivem aos modelos APT testados, Brennan et al. (1998) constataram que, tanto usando factores de Connor e Korajczyk (1988), como os factores de Fama e French (1993), subsiste uma relação negativa entre os retornos médios e os volumes de tran-

---

[252] Tratando-se da explicação do retorno de obrigações, além destes três factores, Fama e French (1993) sugerem a inclusão de dois factores adicionais, um dos quais destinado a captar o efeito da estrutura de prazos das taxas de juro apurado pela diferença do retorno de uma carteira de obrigações do Tesouro de longo prazo face ao retorno de bilhetes do Tesouro de curto prazo, e um outro com o intuito de apurar o efeito do risco de falência apurado pela diferença entre os retornos de uma carteira de obrigações emitidas por empresas e os retornos de uma outra carteira de obrigações emitidas pelo Estado.

[253] Os resultados de Fama e French (1993), designadamente a capacidade de os factores identificados actuarem como variáveis de estado, foram encarados com cepticismo por alguns autores. Assim, Kothari et al. (1995) argumentam que os dados usados contêm muito mais acções com elevado *B/M* que sobrevivem, pelo que o seu efeito é sobreestimado, além de que a relevância deste factor desaparece alterando o intervalo de cálculo dos retornos. Fama e French (1996b), todavia, apresentam evidência de que a relevância dos factores dimensão e *B/M* permanecem importantes mesmo quando são tidas em consideração as objecções de Kothari et al. (1995), clamando por isso que a incapacidade do CAPM explicar os retornos não se deve nem à base de dados, nem ao intervalo de cálculo dos retornos.

[254] Ambos os estudos concluem que usando o APT não se elimina o efeito Janeiro, não obstante o desaparecimento da parte explicada por outros factores, nomeadamente pelo efeito dimensão.

sacções, parecendo assim existir um prémio de liquidez implícito nos preços dos activos, além de que testemunham a evidência de efeito *momentum* antes e após o ajustamento pelo risco. Além disso este estudo testemunha que os efeitos *size* e *B/M* sobrevivem em ambas hipóteses, embora os factores de Fama e French (1993) atenuem significativamente o seu impacto comparativamente aos factores de Connor e Korajczyk (1988)[255]. Em termos internacionais Fama e French (1998), Rouwenhorst (1998 e 1999) e Liew e Vassalou (2000) reportam evidência no sentido de os factores que explicam os diferenciais seccionais (*cross section*) dos retornos de mercados de múltiplos países, incluindo mercados emergentes, serem os mesmos que haviam sido reportados para o mercado norte-americano (efeito dimensão, *book-to-market*, resultado contabilístico relativizado pela cotação e *momentum*). Serra (2002), por sua vez, denota a importância de factores técnicos e da liquidez na explicação dos diferencias de retorno entre mercados emergentes, além de que o *preço* do risco para cada um dos factores é localmente determinado.

O modelo de Fama e French (1993) tem sido objecto de várias extensões. Por exemplo, Carhart (1997) acrescentou ao modelo um quarto factor destinado a captar o efeito *momentum*. Este autor usa os 4 factores para explicar os retornos de uma amostra de fundos de investimento norte-americanos entre 1963 e 1993 e testemunha que o seu modelo *"substantially improves on the average pricing errors of the CAPM and the [Fama-French] 3-factor model"* (p.62). Alves e Mendes (2003), por sua vez, além dos três factores de Fama e French (1993) incorporaram um factor destinado a capturar o efeito *momentum* e uma variável *dummy* tendo em vista capturar o efeito Janeiro, tendo concluído que na presença dos demais factores esta última variável é a que menos frequentemente exibe significância estatística. Gruber (1996), por sua vez, usa um modelo de 4 factores em que aos factores de Fama-French (1993) acrescenta o excesso de retorno das obrigações emitidas por empresas face ao retorno da dívida pública.

---

[255] O que pode ser entendido como evidência de que o modelo de Fama French (1993) induz a um melhor ajustamento que os modelos cujos factores são identificados com base na análise estatística.

Em suma, a evidência empírica aponta no sentido de o APT pelo menos não descrever os retornos médios pior que o CAPM. Pelo contrário, alguns autores rejeitam o CAPM com base na evidência de que existem outros factores além do retorno do mercado a explicar as variações seccionais dos retornos (Roll e Ross (1980), Chen (1983), Chen et al. (1986) e Fama e French (1992)). Além disso, esses estudos mostram igualmente que existem fontes comuns de variação do retorno ao longo do tempo além dos índices do mercado (Connor e Korajczyk (1988), Burmeister e McElroy (1988) e Fama e French (1993)). Adicionalmente, existe evidência de ligação entre esses factores comuns de geração dos retornos e variáveis económicas fundamentais (Fama e French (1995, 1996a e 1996b) e Liew e Vassalou (2000)). Todavia, como é norma no processo de investigação científica, alguns académicos exibem cepticismo na aceitação destas versões (Kothari et al. (1995) e Jagannathan e Wang (1996)), pelo que diferentes alternativas do CAPM e do APT continuarão a ser propostas e testadas.

3.2.2.2 Medidas baseadas em modelos de informação condicionada

Na década de 90, alguns autores sugeriram um particular modelo multifactorial tendo em vista a avaliação da performance. Tais modelos baseiam-se em versões do CAPM[256] desenvolvidas para capturar variações dos betas e dos retornos esperados ao longo dos ciclos económicos (Ferson e Korajczyk (1995), Ferson e Schadt (1996), Jagannathan e Wang (1996) e Ferson e Harvey (1999)). Estes modelos dizem-se *condicionais* ou *condicionados*, por contraposição à abordagem tradicional, dita de *não condicional* ou *não condicionada*, no sentido de que, ao contrário desta outra, assumem a existência de informação sobre o estado da economia com impacto sobre os retornos esperados. Estes modelos partem de uma versão unifactorial, que se exprime pelas equações seguintes[257]:

---

[256] É possível estender a análise a modelos multifactoriais não condicionais (Ferson e Schadt (1996)).

[257] Na descrição do modelo segue-se Ferson e Schadt (1996).

$$r_{p,t} = \beta_p(Z_{t-1})r_{m,t} + u_{p,t}, \qquad [3.11]$$

$$E(u_{p,t}|Z_{t-1}) = 0, \qquad [3.12]$$

$$E(u_{p,t}r_{m,t}|Z_{t-1}) = 0, \qquad [3.13]$$

onde: $r_{p,t}$ representa o excesso de retorno da carteira ou do activo p (face à taxa de juro sem risco) no período t; $r_{m,t}$ representa o excesso de retorno da carteira representativa do mercado; Z_{t-1} é um vector (kx1) de variáveis de informação pré-determinada; $\beta_p(Z_{t-1})$ corresponde ao beta do período t; e $u_{p,t}$ é um termo de perturbação aleatória com as características constantes das equações [3.12] e [3.13][258].

O elemento novo surge com a inclusão de uma regra de variação dos betas em função da informação ao longo do tempo. Em concreto, estes modelos assumem que o beta é uma função linear do vector Z_{t-1}, nos termos seguintes:

$$\beta_p(Z_{t-1}) = \beta_{0p} + \beta'_p z_{t-1}, \qquad [3.14]$$

onde $z_{t-1} = Z_{t-1} - E(Z)$ representa o vector de desvios de Z_{t-1} face à média, β_{0p} pode ser interpretado como o *beta médio*, isto é, a média não condicionada dos betas condicionados; e β'_p é o vector (1xk) cujos elementos medem a resposta do beta condicional aos desvios face à média das variáveis de informação pré-determinada.

Substituindo a equação [3.14] em [3.11], obtém-se:

$$r_{p,t} = \beta_{0p}r_{mt} + \beta'_p (z_{t-1}r_{m,t}) + u_{p,t}. \qquad [3.15]$$

Por fim, a performance de uma carteira pode ser avaliada usando-se:

$$r_{p,t} = \alpha_p + b_{1p}r_{m,t} + b'_{2p} (z_{t-1}r_{m,t}) + \varepsilon_{p,t}, \qquad [3.16]$$

---

[258] A equação [3.12] corresponde à hipótese de eficiência do mercado, enquanto que a equação [3.13] significa que apenas os betas condicionais relacionam o excesso de retorno do mercado e da carteira p.

onde α_p é a medida condicional de performance, $\varepsilon_{p,t}$ é um termo de perturbação aleatório e, se a equação [3.13] representar a realidade, $b_{1p} = \beta_{0p}$ e $b'_{2p} = \beta'_p$ [259].

A equação [3.16] pode ser interpretada como um modelo multifactorial [260]. Donde, os modelos de avaliação condicional da performance são uma forma alternativa de especificar os factores APT. Numa outra interpretação, os factores adicionais podem ser vistos como retornos de k estratégias dinâmicas, em que em cada uma delas são detidas z_{it-1} (i=1,.., k) [261] unidades do índice de mercado, financiadas por posições curtas de idêntico montante em activos isentos de risco [262].

Assim, o que no essencial distingue estes modelos de, por exemplo, o modelo APT de Fama e French (1993) tem a ver com a forma de construção destas estratégias dinâmicas (carteira de mercado menos activos sem risco *versus* estratégias HML e SMB). Além disso, nos modelos de informação condicionada o montante investido em cada uma das k estratégias adicionais (e, por conseguinte, a soma) é variável dependendo dos desvios face à média das variáveis informativas, enquanto no modelo de Fama e French (1993) o montante investido em cada uma das estratégias é constante e unitário [263].

Se, como acreditam, entre outros, Fama e French (1992, 1993, 1995, 1996a, 1996b)) e Liew e Vassalou (2000), os factores relacionados com a dimensão e com o *B/M* tiverem conexão com variáveis de estado a chave da ligação entre os dois tipos de modelos reside na conexão dos

---

[259] Também as medidas de Treynor e Mazuy (1966) e de Henriksson e Merton (1981) foram transpostas para o quadro de modelos de informação condicional (Ferson e Schadt (1996) e Ferson e Warther (1996)).

[260] Compare-se, a propósito, a especificação da equação [3.16] com a equação [3.10].

[261] z_{it-1} representa o valor do desvio face à média da i ésima variável de informação pré-determinada.

[262] Ou a estratégia inversa, se z_{it-1} tiver o sinal negativo.

[263] Note-se que as estratégias adicionais de Fama e French (1993) também assumem apenas informação pública desfasada na sua concepção e igualmente incorporam nova informação ao longo do tempo. As carteiras correspondentes a cada uma das estratégias são elaboradas usando informação desfasada de modo a ter a garantia do seu conhecimento pelo público, além disso são periodicamente rebalanceadas.

retornos das estratégias HML e SMB de Fama e French (1993) com os ciclos económicos, e na ligação das variáveis de informação condicionada com esses mesmos ciclos económicos. Em favor da primeira podem referir-se, além dos argumentos dos autores, a evidência documentada por Liew e Vassalou (2000)[264], por um lado, e por Chan et al. (1985) e Jagannathan e Wang (1996), por outro[265]. Em favor da segunda tem-se o tipo de variáveis usadas como informação pré-determinada e a sua relação tanto com os ciclos económicos como com os factores de Fama e French[266]. Donde, dada a interpretação de Fama e French (1992, 1993, 1995, 1996a e 1996b) para o efeito do factor relacionado com o B/M[267] e dada a evidência que relaciona algumas destas variáveis com o efeito dimensão, conclui-se que existem expressivos pontos de contacto entre as duas vias de explicação dos retornos.

Alguns autores sugerem que a avaliação da performance é mais adequadamente mensurada quando se condicionam os retornos esperados à informação pública, do que quando tal não acontece (Ferson e Korajczyk

---

[264] Estes autores defendem a ligação entre os factores de geração de retornos de Fama e French (1993) e as variáveis de estado de Merton (1973). Além disso, trabalhando com dados para 10 países desenvolvidos, evidenciaram que os retornos das estratégias adicionais de Fama e French (1993) têm uma significativa capacidade informativa acerca do futuro crescimento do produto interno bruto.

[265] Ambos proporcionam alguma luz sobre o efeito *small caps*: o retorno destas empresas parece ser altamente correlacionado com o *spread* entre as taxas de juro de obrigações com elevado e baixo risco de falência; este *spread* parece ser um bom previsor dos futuros retornos do mercado; as pequenas empresas apresentam betas de mercado mais elevados quando o *spread* é mais elevado; os retornos das pequenas empresas parecem covariar mais com os rendimentos do trabalho *per capita* do que as demais.

[266] Ferson e Schadt (1996), por exemplo, utilizam as seguintes variáveis: (*i*) o valor desfasado da taxas de juro dos bilhetes do Tesouro norte-americano a um mês; (*ii*) o *dividend yield* desfasado das empresas constantes dos índices de cotações; (*iii*) uma medida desfasa relacionada com o declive da estrutura de prazo das taxas de juro; (*iv*) um medida desfasada do prémio de risco de falência implícito no diferencial de taxas de juro de obrigações privadas; e (*v*) uma variável *dummy* para o mês de Janeiro.

[267] Estes autores, tal como Chan e Chen (1991), como já anteriormente referido, interpretam o retorno médio da estratégia relacionada com o *B/M ratio*, como sendo uma variável estado relativa ao risco relacionado com o aperto (*distress*) financeiro. Pelo menos uma das variáveis de informação de Ferson e Schadt (1996) – a variável (*iv*) – está inequivocamente relacionada com o *financial distress*.

(1995), Chen e Knez (1996), Ferson e Warther (1996), Ferson e Schadt (1996), Christopherson et al. (1998) e Silva et al. (2003)). Em geral são apontadas como razões para esta preferência as limitações das medidas não condicionados na reacção à informação económica e a possibilidade de avaliar mais correctamente estratégias dinâmicas. Porém, a evidência é ainda insuficiente para concluir que tipo de abordagem conduz a melhores resultados[268]. Além disso, Otten e Bams (2002) compararam as versões condicionada e não condicionada do modelo de Carhart (1997), concluindo que os alfas não diferem significativamente[269]. Além disso ainda falta investigar até que ponto as medidas de informação condicionada padecem de sensibilidade à escolha das variáveis de informação pré-determinada.

Ferson e Schadt (1996), usando o CAPM não condicionado e uma amostra de 67 fundos de investimento para o período 1968-1990[270], concluíram que usando o CAPM tradicional os alfas dos fundos são mais frequentemente negativos que positivos, ao passo que usando o CAPM condicionado os resultados indicam sensivelmente metade dos alfas positivos e a outra metade negativa[271]. Aplicando à mesma amostra um modelo APT de 4 factores a melhoria de resultados obtida comparativamente ao CAPM não condicionado é menor. Os autores interpretam estes resultados como a evidência de que os modelos não condicionados enviesam (negativamente) as medidas de performance. Importa,

[268] Ferson e Harvey (1999) comparam os resultados obtidos com os modelos de Fama e French (1993) e Elton et al. (1995), usando retornos de acções cotadas no mercado norte-americano, entre 1963 e 1994. Os autores rejeitam estes modelos, não pela insignificância dos factores explicativos que cada um considera, mas pela necessidade de permitir a variação dos respectivos coeficientes ao longo do tempo.

[269] No mesmo estudo, foi ainda visível que se a versão não condicionada aumenta, em média, os alfas para os fundos franceses, holandeses e ingleses, provoca efeito inverso nos fundos alemães e italianos, não sendo por isso universal o (clamado) efeito de incremento dos alfas.

[270] Potencialmente sujeita a viés, pois incluíram apenas fundos sobreviventes. Sobre o efeito da exclusão de fundos não sobreviventes nas medidas de performance ver, entre outros, Brown et al. (1992).

[271] Ferson e Warther (1996) haviam chegado a idênticas conclusões usando uma amostra de 63 fundos de investimento norte-americanos para o período de 1968-1990, não isenta de problemas de sobrevivência.

todavia, notar que se trata de um modelo APT *ad hoc*, não especialmente baseado em testes empíricos que tenham demonstrado a sua robustez enquanto modelo de avaliação. Ainda no sentido da melhoria das medidas com o uso dos modelos de informação condicionada face ao CAPM tradicional podem reportar-se os resultados de Christopherson et al. (1998), que para uma amostra de 273 fundos de investimento e de pensões[272], concluem que o uso de informação condicionada é recomendável para detectar a persistência de performance anormal e para prever futura performance.

Todavia, Carhart (1997), trabalhando com um modelo não condicionado igualmente testemunha uma melhoria da capacidade explicativa dos retornos dos fundos de investimento[273]. No mesmo sentido Gruber (1996) reporta elevada capacidade explicativa de um modelo de 4 factores não condicional. Além disso, se as anomalias apontadas ao CAPM radicarem no comportamento de alguns de investidores, designadamente na preferência dos investidores institucionais por grandes empresas com baixos *B/M*, se estas preferências não forem determinadas por cenários macroeconómicas, antes radicarem em (custos de agência ou) outras explicações, enquanto se mantiver este comportamento, modelos do tipo Fama e French (1993) são susceptíveis de conduzir a um melhor ajustamento aos retornos de equilíbrio[274].

Em suma, a questão de saber qual o melhor modelo multifactorial para avaliar a performance de fundos de investimento permanece em aberto, ainda que alguns modelos (condicionados e não condicionados) tenham revelado uma muito expressiva capacidade explicativa dos retornos deste tipo de activos financeiros.

---

[272] Igualmente sujeita a viés de sobrevivência.

[273] Este autor usa uma amostra isenta de viés de sobrevivência, constituída pelos retornos de 1892 fundos para o período entre 1962 e 1993. Note-se, pois, que além de incluir fundos que não sobreviveram, esta amostra distingue-se pela sua maior dimensão, quando comprada com as amostras dos estudos de Ferson e Warther (1996), Ferson e Schadt (1996) e Christopherson et al. (1998).

[274] Neste caso, ao contrário do proposto pelos autores, interpretar-se-iam os factores SMB e HML não como factores de risco económico, mas como tradutores da prevalência do comportamento deste tipo de investidores face à actuação dos arbitragistas guiados pelo instrumental da MPT.

3.3 Metodologias de cálculo da performance baseadas na composição das carteiras

3.3.1 Medidas baseadas nas composições das carteiras

As medidas baseadas na composição das carteiras dispensam o uso de índices *benchmark*, passando a performance a estabelecer-se com base em indicadores que utilizam informação sobre a composição da carteira. Donde, esta abordagem escapa às críticas que são usualmente apontadas às medidas que se estruturam sobre as séries temporais de rendibilidade, designadamente as decorrentes do uso de índices de cotações em aproximação das oportunidades de investimento existentes no mercado e as que se relacionam com a alteração do risco da carteira avaliada ao longo do tempo[275].

A ideia nuclear subjacente a estas medidas é a de que os activos detidos em carteiras geridas por agentes bem informados originam maiores retornos durante o período em que estão incluídos nas respectivas escolhas do que quando estão fora dessas carteiras. Supõe-se que um investidor informado é hábil a antecipar que certos activos terão retornos mais elevados ou mais reduzidos no futuro, e é capaz de ajustar os pesos de cada um dos activos em conformidade. Donde, é esperado que, de um período para outro, um gestor informado aumente o peso dos activos que venham a ter melhores performances e reduza o peso dos activos que venham a revelar piores desempenhos. A covariância entre o peso esperado de um activo e o seu retorno esperado, que a expressão que se segue resume, é, assim, o suporte teórico deste tipo de medidas:

$$\text{cov} = \sum_{j=1}^{N} \left(E\left[w_j R_j\right] - E\left[w_j\right] E\left[R_j\right] \right) \qquad [3.17]$$

onde w_j é o peso do activo j (j=1,...,N) e R_j é o retorno do activo j no mesmo período.

Uma medida pioneira proposta por Cornell (1979), e ulteriormente usada por Copeland e Mayers (1982), consiste em obter uma estimativa

---

[275] *Vide*, com efeito, Grinblatt e Titman (1989b).

da soma de covariâncias das séries temporais dos pesos dos activos e dos subsequentes retornos de cada activo incluído na carteira avaliada. Em concreto, a ESM (*Event Study Measure*) calcula a diferença entre o retorno dos activos durante o período em que estão incluídos na carteira ("*the event period*") e os retornos em datas ulteriores ("*the comparison period*"), nos termos que a fórmula que se segue sintetiza[276]:

$$\text{ESM} = \sum_{j=1}^{N} \sum_{t=1}^{T} \left[w_{jt} \left(R_{jt} - R_{j,t+k} \right) \right] \Big/ T \qquad [3.18]$$

onde: ESM corresponde performance obtida no espaço de T períodos; w_{jt} é o peso do activo j (com j= 1,..., N) no período t (com t=1,...,T); R_{jt} é o retorno do activo j (com j= 1,..., N) no período t (com t=1,...,T); e k (com k>0) é o número de períodos de desfasamento entre o período do evento e o período de comparação.

A razão pela qual em [3.18] se comparam os retornos do período em que os activos são detidos com o período ulterior e não com o período anterior é porque se julga que alguns gestores de carteiras tomam decisões com base em informação sobre os retornos passados, pelo que o seu uso conduziria provavelmente a estimativas sistematicamente enviesadas. Todavia, o uso de observações sobre os retornos em períodos ulteriores à sua detenção em carteira pode originar um sério enviezamento induzido pela questão da sobrevivência, se o avaliador ignorar activos que não apresentam informação sobre os retornos em todo o período de comparação. Em ordem a ultrapassar este problema, Grinblatt e Titman (1993) propuseram uma nova medida, a que chamaram "medida de alteração da carteira" (*Porfolio Change Measure* (PCM)), e que toma o período t-1 como o período de comparação e substitui a diferença de rendibilidade dos títulos pela diferença dos pesos dos diferentes activos na carteira[277]. Em concreto:

---

[276] Segue-se a nomenclatura usada por Grinblatt e Titman (1993) por forma a simplificar a comparação com a medida proposta por estes mesmos autores.

[277] A medida proposta por Grinblatt e Titman (1993) tem sido usada em vários estudos, tais como, Grinblatt et al. (1995), Zheng (1999) e Daniel et al. (1997).

$$\mathrm{PCM} = \sum_{j=1}^{N} \sum_{t=1}^{T} \left[\mathrm{R}_{jt} \left(\mathrm{w}_{jt} - \mathrm{w}_{j,t-k} \right) \right] \Big/ \mathrm{T} \qquad [3.19]$$

onde a notação mantém o significado antes explicitado.

As medidas de apuramento da performance baseadas na composição das carteiras, tal como as medidas baseadas nas séries temporais dos retornos, foram igualmente desenvolvidas em ordem a discernir o efeito do *"market timing"* do *"stock picking ability"* (Elton e Gruber (1991) e Santos e Armada (1997)). No que respeita ao condicionamento da performance à informação disponível, Ferson e Khang (2000), propõem uma medida que se distingue da PCM por duas razões: (*i*) em vez do retorno de cada activo em cada momento utilizam o excesso de retorno face ao retorno esperado em função de um conjunto de variáveis de informação condicionada; (*ii*) em vez de usar os pesos desfasados k períodos como termo de comparação procedem à actualização destes pesos em ordem a captar as oportunidades de investimento dentro de cada mês. Ferson e Khang (2000) igualmente propõem formas de decompor a performance global apurada nas componentes *timing* e selectividade.

3.3.2 Limitações das medidas baseadas nas composições das carteiras

As medidas baseadas nas composições das carteiras, tanto a ESM, como a PCM, têm como assumpção crucial a ideia de que o retorno esperado para cada activo e para cada carteira é constante ao longo do período em análise. A equação [3.18] torna claro que os retornos de uma mesma carteira em períodos distintos são confrontados sem se cuidar de analisar se houve alteração do retorno esperado para cada activo.

A equação [3.19] padece do mesmo tipo de limitação. Aí se comparam duas carteiras distintas, num mesmo momento temporal, sem cuidar da diferença de risco de cada uma das carteiras. Considere-se, por exemplo, um gestor de um fundo que continuamente aumenta o beta – e consequentemente o retorno esperado – da sua carteira ao longo de um dado período de observação. Neste caso, a medida da performance será positiva mesmo sem haver superior informação ou habilidade, devido à alteração do beta induzir em média a um maior prémio de risco. O efeito da alteração do beta da carteira é especialmente severo quando se usam amostras pequenas (Grinblatt e Titman (1993)).

Para averiguar a severidade do problema de alteração do risco, Grinblatt e Titman (1993) sugerem que se proceda à regressão dos retornos de uma estratégia de investimento nulo com os retornos de vários índices de mercado[278]. Se a média do risco sistemático da carteira de investimento nulo é próximo de zero, então o enviezamento da PCM é provavelmente pequeno. Caso contrário, é muito plausível que existam sérios problemas de sobreestimação ou de subestimação da performance. Porém, este teste exige a definição de *benchmarks*, razão pela qual está sujeito aos mesmos problemas e limitações apontados às medidas baseadas nas séries temporais dos retornos.

Por fim, a PCM padece daquilo a que Ferson e Khang (2000) chamam *"interim trading bias"* e que corresponde ao efeito das negociações entre as datas observadas. Se o retorno esperado variar dentro de cada período de análise, investidores atentos concretizarão ajustamentos dos pesos de cada título, originando perdas ou ganhos que serão ignorados pelo termo de comparação. Em ordem a resolver este problema aqueles autores sugerem que o peso de cada activo na carteira de comparação seja capitalizado em função do seu retorno comparativamente à evolução do retorno da carteira.

3.4 Evidência empírica de performance e persistência de performance

3.4.1. Evidência empírica

3.4.1.1 Performance global

Os mercados financeiros têm registado de forma generalizada crescimentos exponenciais nas últimas décadas. Em simultâneo tem-se notado uma tendência no sentido de os investidores institucionais gerirem uma

---

[278] A estratégia subjacente consiste na compra da carteira avaliada no momento corrente e a venda, igualmente no momento corrente, de uma carteira com pesos idênticos aos que a carteira avaliada tinha no período (anterior) de comparação.

fatia cada vez mais significativa dos activos nos mercados mais evoluídos. Significa isto que, crescentemente, as famílias confiam a gestão das suas poupanças a instituições especializadas. Também certos organismos integrantes da esfera pública e as empresas *sponsors* de fundos de pensões frequentemente contratam a gestão das suas carteiras junto de especialistas. É igualmente tendência relevante a subcontratação dos serviços de gestão de carteiras[279]. Ora, quando alguém entrega a gestão de uma carteira a um profissional, fá-lo na convicção de que este possui uma capacidade superior para gerir activos financeiros, pelo que espera obter uma performance acima daquela que pode ser acedida mediante uma estratégia de réplica passiva de uma carteira *benchmark*. Seria, pois, expectável que os profissionais, de um modo geral, apresentassem performances superiores. Esta não é, todavia, a realidade que frequentemente é evidenciada por estudos empíricos.

Ao nível dos fundos de pensões, estudos sobre a performance de fundos norte-americanos geridos *out-of-house* indicam que, em média, a performance anual obtida foi inferior em cerca de 130 pontos de base, na década de oitenta e início de noventa, e em cerca de 110 pontos de base, no período compreendido entre meados da década de setenta e início da década de oitenta, quando usado como *benchmark* o índice S&P 500, sendo os resultados ainda piores se for usado para comparação um índice que inclua o retorno de pequenas empresas (Lakonishok et al. (1992a)[280]).

Os estudos disponíveis para os fundos de investimento também reportam performances negativas. O estudo de Ippolito (1989), que indica que os fundos obtêm performances positivas e expressivas, é uma excepção neste âmbito[281]. Na realidade, predominam os artigos que

---

[279] *Vide*, entre outros, Lakonishok et al. (1992a) e Faccio e Lasfer (2000).

[280] Este estudo confirma estudos anteriores que evidenciaram uma tendência para os fundos de pensões apresentarem performances inferiores (Beebower e Bergstrom (1977)).

[281] Os resultados de Ippolito (1989), porém, foram contestados por Elton et al. (1993) que afirmam que a performance supra-normal documentada é ilusória uma vez que se deve ao uso de um *benchmark* inadequado, antes defendendo que os fundos apresentam uma performance inferior (em 150 pontos de base anuais) face a *benchmarks multifactors* que incluam retornos de pequenas e médias empresas.

testemunham performance inferior ou, pelo menos, que a performance positiva gerada não é suficiente para compensar os custos suportados pelos fundos e pelos seus titulares. Estes estudos surgiram na década de sessenta (Treynor (1965), Sharpe (1966) e Jensen (1968)), mas as suas conclusões (de ausência de performance superior) foram questionadas por todas as críticas antes enunciadas. Todavia, os estudos realizados no final da década de oitenta e no início da década de noventa usando modelos multifactoriais baseados na abordagem APT confirmariam a evidência reportada pelos estudos iniciais (Lehmann e Modest (1987), Connor e Korajczyk (1991), Elton et al. (1993), Elton et al. (1996), Gruber (1996) e Carhart (1997))[282]. Este tipo de evidência é ainda documentada para o mercado japonês (Brown et al. (1997)), para fundos de acções internacionais (Cumby e Glen (1990)) e para fundos de obrigações (Blake et al. (1993) e Elton et al. (1995)).

Mais recentemente, usando novas metodologias, alguns trabalhos têm questionado a conclusão de ausência de performance superior para a generalidade dos gestores profissionais. Assim, com base em modelos de informação condicionada, alguns autores afirmam que desaparece a evidência de performance negativa, tanto para fundos de investimento (Ferson e Schadt (1996) e Ferson e Warther (1996)) como para fundos de pensões (Christopherson at al. (1998))[283]. Usando técnicas baseadas na análise da composição das carteiras, outros estudos afirmam que os gestores de carteiras activamente geridas têm talento para escolher as acções (Grinblatt e Titman (1993)). Todavia, Grinblatt et al. (1995) e Daniel et al. (1997) atribuem a maior parte desta performance ao efeito *momentum* (e não a superior informação ou habilidade). Wermers (2000), por sua vez, examinando as transacções dos fundos denota que, em termos agregados, os fundos tendem a comprar acções que superam

---

[282] Não obstante estes estudos confirmarem a ausência de performance superior generalizada e significativa evidenciada pelos estudos iniciais, igualmente demonstram a importância da escolha adequada do conjunto de factores de risco face aos quais o retorno normal é apurado, dada a sensibilidade da magnitude da performance a diferentes *benchmarks*.

[283] Todavia, como se referiu anteriormente, as bases de dados usadas estão sujeitas a viés de sobrevivência, o qual, como é sabido, aumenta indevidamente as estimativas de performance.

(após ajustamento do retorno às características das empresas) as acções que vendem no período subsequente. A performance obtida, porém, não é suficiente para superar os custos incorridos. Além disso, Cumby e Glen (1990), reportam ausência de performance significativa e positiva, tanto com base nas séries temporais (alfas de Jensen) como com base nas medidas (de Grinblatt e Titman (1989b)) assentes na composição das carteiras.

Em termos europeus, ao contrário do reportado para os EUA, Otten e Bams (2002) testemunham uma significativa performance supra-normal, usando uma amostra de 506 fundos (de 5 países), que investem nos mercados domésticos. Porém, essa performance apenas é significativa para o Reino Unido e para os fundos que investem em *small caps*[284]. No que respeita ao mercado português, usando medidas baseadas na evolução dos pesos dos activos nas carteiras dos fundos, Santos e Armada (1997) documentam performance superior para o período de 1990 a 1994. Cortez (1998), por seu turno, usando o CAPM como modelo de avaliação documenta performance superior, em termos médios, quando usa o índice de cotações PSI 20 como *benchmark*, desaparecendo essa evidência quando utiliza os índices BVL-30 e BVL-Geral.

Pode, em suma, dizer-se que a evidência disponível não permite afirmar que a indústria de fundos de pensões, em média, seja criadora de valor, do mesmo modo que a maioria dos estudos indica que, em termos globais, também a indústria de fundos de investimento se caracteriza pela predominância de performances nulas ou negativas.

3.4.1.2 Performance ao nível do *Market Timing*

De acordo com muitos estudos, a habilidade dos gestores para acrescentar valor com base na oscilação cíclica dos mercados parece ser rara, antes se concluindo que os fundos aumentam a respectiva exposição ao risco quando os mercados se encontram a caminho de ciclos negativos.

---

[284] Não sendo, por isso, de excluir a hipótese de a forma usada para apurar os factores do modelo de Carhart (1997) não ter captado, na íntegra, o efeito *size*. Estes autores fizeram *sorts* independentes das acções, o que em mercados de pequena dimensão pode não permitir isolar adequadamente o efeito de cada um dos factores (*vide* Liew e Vassalou (2000) e Alves e Mendes (2003)).

Assim, por exemplo, Treynor e Mazuy (1966) documentaram que apenas um fundo em 57 analisados exibe significativa capacidade para aproveitar as oscilações do mercado. Ainda usando a mesma metodologia, Cumby e Glen (1990) reportam ausência de capacidade de aproveitamento das oscilações das cotações à escala internacional[285]. Ao nível da aferição da performance de acordo com o proposto por Henriksson e Merton (1981), Henriksson (1984) concluiu que apenas três fundos de uma amostra de 116 exibem significativa habilidade para aproveitar os ciclos do mercado. Connor e Korajczyk (1991) igualmente documentam ausência de especial habilidade da generalidade dos gestores dos fundos que analisaram. Também Fabozzi e Francis (1979) usando variáveis *dummy* para identificar os ciclos do mercado reportam que apenas 1 de 85 fundos denota evidência de *market timing* em três distintas definições de ciclo conjuntural.

Como se referiu anteriormente, alguns autores mostram cepticismo quanto à capacidade da medida proposta por Henriksson e Merton (1981) apurar a habilidade dos gestores adequarem as suas carteiras aos diferentes ciclos do mercado. É o caso de Goetzmann et al. (2000) que clamam que esta medida enviesa (negativamente) os resultados quando se usam os retornos mensais – como acontece na maior parte dos estudos realizados – comparativamente à utilização dos retornos diários, ainda que o viés seja atenuado quando se utiliza o modelo de 3 factores de Fama e French (1993) para explicação dos retornos. Todavia, corrigindo este viés, estes autores continuam a reportar que apenas um número reduzido de fundos apresenta capacidade ao nível do *market timing*[286].

---

[285] Estes autores usaram uma amostra de 15 fundos de investimento diversificados que aplicam as suas carteiras em activos internacionais entre 1982 (Janeiro) e 1988 (Junho). Em todos os casos existe evidência de perversidade no aproveitamento dos ciclos do mercado, sendo que apenas dois fundos passam a exibir um coeficiente ligeiramente positivo quando é excluído da análise o mês de Outubro de 1987.

[286] Neste contexto, Bollen e Busse (2001), usando um modelo de geração de retornos análogo ao de Carhart (1997), confirmam que o uso dos retornos diários conduz a testes estatísticos mais potentes e denotam que o uso de retornos diários conduz a maior evidência de *market timing ability*.

Num outro plano, Graham e Harvey (1996) analisaram as recomendações de afectação dos pesos de carteiras entre acções e obrigações constantes de 237 *newsletters* emitidas por intermediários financeiros entre 1980-1992, tendo concluído que não existe evidência de que as recomendações apontem no sentido de aumentar a exposição accionista antes dos índices accionistas aumentarem, nem de reduzir a exposição ao mercado antes da ocorrência de quedas generalizadas nas cotações.

Em sentido contrário, Ferson e Schadt (1996), clamam pela evidência de que, quando se mede o *market timing* no âmbito de modelos de informação condicionada, seja pela via de Treynor e Mazuy, seja via de Henriksson e Merton, "*the evidence of perverse market timing for typical fund is removed*" (p.459). No mesmo sentido concluem Ferson e Warther (1996). Em ambos os casos não há evidência de efeito positivo robusto, o que contribui para confirmar a tese de que, pelo menos, não há evidência de especial habilidade dos gestores no aproveitamento das oscilações cíclicas do mercado. Para Edelen (1999), por sua vez, o *market timing* negativo detectado nos estudos antecedentes é devido ao efeito dos choques de liquidez. Adicionando aos modelos de Treynor e Mazuy e de Henriksson e Merton a soma dos fluxos de investimento (*outlows* mais *inflows*) de cada fundo, o autor conclui que esta variável capta todo o efeito negativo[287]. Porém, o mesmo autor testemunha ausência de performance positiva para os fundos fechados que, por definição, não se encontram sujeitos a choques de liquidez.

Em Portugal, Santos e Armada (1997) usando medidas baseadas na composição das carteiras, denotam significativa capacidade de 4 dos 6 fundos estudados anteciparem as oscilações cíclicas do segmento accionista entre Janeiro de 1990 e Dezembro de 1994, a qual se concentra porém em épocas de "baixa" das cotações, não havendo evidência de que a habilidade se mantenha em épocas de "alta".

---

[287] Uma possível explicação para este fenómeno é proporcionada por Warther (1995). Este autor evidenciou uma relação positiva muito forte entre os fluxos de investimento agregados – *outflows* mais *inflows* da indústria de fundos de investimento – e os retornos subsequentes do mercado em termos mensais. Donde, se, por exemplo, os fundos que sofrem choques de liquidez não conseguirem investir a totalidade dos fluxos recebidos antes do mercado subir, parte terá de ser aplicada a preços mais elevados, induzindo a (falsa) evidência de habilidade negativa para aproveitamento dos ciclos conjunturais.

3.4.1.3 PERSISTÊNCIA DA PERFORMANCE

A evidência de que os fundos de investimento e de pensões, em média, não criam riqueza para os seus clientes, não inviabiliza que ao nível individual determinados gestores exibam uma capacidade superior (ou inferior). Se os gestores que obtêm as melhores performances num dado período continuarem a obter os melhores resultados nos períodos seguintes e os gestores que têm piores desempenhos numa dada altura forem os piores gestores nos períodos seguintes, tornar-se-á relevante conhecer quem são os melhores e os piores. A transferência de dinheiro das mãos dos gestores sistematicamente perdedores (*cold hands*) para as mãos de gestores sistematicamente vencedores (*hot hands*) tornar-se-á um exercício de racionalidade económica, a não ser que custos de transacção eliminem a vantagem existente. Existem, por isso, muitos estudos que se preocupam com persistência da performance. Donde, a par do desenvolvimento das técnicas de medida da performance das carteiras têm igualmente sido desenvolvidas técnicas destinadas a analisar a sua persistência, existindo para o efeito uma substancial bateria de testes (*vide*, por exemplo, Hendricks et al. (1993), Brown e Goetzmann (1995), Malkiel (1995) e Cortez (1998)).

A evidência obtida aponta no sentido de as piores performances se repetirem e de as melhores performances igualmente persistirem. Com efeito, são múltiplos os estudos que documentam o fenómeno, utilizando metodologias distintas, tanto para o cálculo da performance como para aferir a robustez estatística da persistência, pelo que a evidência sobrevive a diferentes procedimentos[288]. Alguns estudos revelam que a persistência é concentrada nas performances mais pobres (Hendricks et al. (1993), Shukla e Trzcinka (1994) e Carhart (1997)) ou que pelo menos os fenómenos de *cold hands* são indubitáveis (Gruber (1996)), enquanto outros obtêm persistência entre os vencedores (Grinblatt e Titman (1992), Hendricks et al. (1993)[289] e Elton et al. (1996)). Além disso,

---

[288] Entre outros, estudaram a persistência de performance, Lehmann e Modest (1987), Grinblatt e Titman (1992), Hendricks et al. (1993), Goetzmann e Ibbotson (1994), Shukla e Trzcinka (1994), Brown e Goetzmann (1995), Elton et al. (1996), Gruber (1996) e Carhart (1997).

[289] Não obstante terem encontrado persistência do lado dos vencedores, estes autores reportam que o fenómeno é mais significativo do lado dos perdedores.

alguns estudos denotam que o fenómeno perdura por períodos (longos) de 3 (Elton et al. (1996)) a 5 anos (Grinblatt e Titman (1992)). A persistência encontra-se também documentada para fundos de pensões (Lakonishok et al. (1992a)).

Em sentido contrário às teses que confiam na capacidade das performances correntes se repetirem no futuro, Malkiel (1995) concluiu que a performance é um fenómeno dos anos setenta, tendo desaparecido nos anos oitenta. Também Brown e Goetzmann (1995) reportam que a evidência do fenómeno depende do período estudado. Carhart (1997), por sua vez, aponta no sentido de a persistência se dever ao efeito *momentum* e não a informação ou habilidade específicas dos gestores, reportando que a inclusão de um factor que capte este efeito anula a evidência de *hot hands* (repetição de vencedores)[290]. Por fim, Brown et al. (1992) chamam a atenção para o facto de a exclusão da análise de fundos não sobreviventes poder induzir a ilusão de persistência de performance.

Na Europa, Otten e Bams (2002) apenas encontraram evidência de persistência significativa para o Reino Unido. Para Portugal, Cortez (1998) encontrou resultados que evidenciam persistência global de desempenho em termos trimestrais, mas não para outros intervalos de tempo[291]. O fenómeno de igual modo desaparece quando os retornos são ajustados ao risco. Todavia, em termos individuais, alguns fundos revelam consistência de resultados. Usando a mesma amostra e um modelo de informação condicionada, Cortez e Silva (2000) igualmente concluíram que alguns fundos denotam persistência de performance (inferior ou superior).

Note-se que os estudos referenciados analisam o desempenho dos fundos e não dos profissionais. Não contemplam, por isso, alterações dos gestores, fenómeno que pode ser especialmente severo entre os fundos

---

[290] Carhart (1997) não suporta, por isso, a existência de gestores com qualidades ou informação superior, mas não consegue explicar totalmente a repetição de perdedores.

[291] Este estudo baseia-se numa amostra de 12 fundos de investimento maioritariamente compostos por acções entre Abril de 1994 e Março de 1998.

com performances muito pobres – em resultado da substituição dos gestores – e dos fundos com performances muito elevadas – em resultado do assédio de outros intermediários financeiros[292]. Um estudo, porém, procede à análise da persistência da performance atendendo às características dos gestores. Estudando uma amostra de 492 gestores de fundos de investimento norte-americanos no período de 1988-1994, Chevalier e Ellison (1999) documentam que os gestores que estudaram nas escolas com melhor *ranking* superam os gestores que frequentaram as escolas menos conceituadas, além de que os gestores mais jovens superam (ainda que com menor robustez estatística) os mais velhos.

Os estudos empíricos realizados confirmam, pois, a existência de gestores que evidenciam persistentemente níveis de habilidade superiores e gestores que denotam tendência para persistentemente exibirem performances inferiores, denunciando a importância económica do acerto na escolha dos gestores a quem é confiada a gestão de activos financeiros, e aconselhando a que no processo de selecção desses gestores seja tomada em consideração informação sobre o seu desempenho num passado recente[293].

3.4.2 TENTATIVAS DE EXPLICAÇÃO

3.4.2.1 DESPESAS E CUSTOS DE TRANSACÇÃO

Uma primeira tentativa de explicação consistiu em atribuir às despesas e aos custos de transacção dos fundos a responsabilidade pelas performances negativas obtidas. A gestão activa de uma carteira de valores mobiliários implica a incorrência em custos de transacção, designadamente, comissões de bolsa e comissões de corretagem. Além disso, as sociedades gestoras dos fundos de investimento cobram aos seus clientes

---

[292] Na amostra de Chevalier e Ellison (1999) 18% dos fundos mudaram de gestor em 1993--1994.

[293] Lakonishok et al. (1992a), por exemplo, afirmam que pode esperar-se um incremento no retorno anual de 100 pontos base escolhendo os gestores que no passado obtiveram melhor performance.

ou aos fundos comissões diversas[294][295]. Pelo contrário, no cálculo dos índices de cotações usados como *benchmarks*, não só não se deduzem quaisquer tipo de comissões, como não há lugar a custos de transacção. Todavia, Grossman e Stiglitz (1980) sugerem que os investidores informados transaccionam apenas enquanto o valor esperado da informação privada é maior do que os custos incorridos na obtenção da informação e na implementação das transacções. Donde, não obstante a existência de custos esperar-se-iam ainda assim performances não negativas. Não surpreende, por isso, que tivessem surgido estudos com vista a averiguar a relação existente entre a performance e os custos dos fundos. A existência de uma relação negativa entre os retornos dos fundos de investimento e os rácios de despesas é um fenómeno amplamente documentado (Jensen (1968), Elton et al. (1993), Malkiel (1995), Carhart (1997) e Chalmers et al. (1999)). Todos estes estudos convergem na ideia de que a realização de despesas e, em particular, a concretização de transacções destrói em vez de acrescentar valor[296]. Dos resultados de Chalmers et al. (1999), por exemplo, tem-se como muito plausível que uma unidade monetária gasta em transacções é uma unidade monetária perdida[297].

---

[294] Em Portugal, podem cobrar-se comissões de subscrição e/ou comissões de resgate, sendo as primeiras cobradas no momento da adesão do cliente ao fundo e as outras cobradas no momento em que o cliente abandona o fundo. Além disso, cobram-se periodicamente comissões de gestão e comissões de depósito, destinando-se as primeiras a remunerar a gestão do fundo e as segundas a remunerar a respectiva entidade depositária. A realidade internacional, e em particular a dos Estados Unidos da América, não é muito díspar do que se verifica em termos nacionais (*vide* Ippolito (1989) e Christoffersen (2001)).

[295] As comissões médias suportadas por um fundo de investimento norte-americano, em percentagem do valor global gerido, são aproximadamente 100 *pontos base* por ano, segundo Wermers (2000), 113 pontos base por ano, segundo Gruber (1996), 108 pontos base por ano, nos cálculos de Carhart (1997), e 107 pontos base por ano, segundo Chalmers et al. (1999). Se a este rácio de comissões se somar os custos de corretagem, os *spread costs* e o imposto de realização de mais--valias, nas contas de Chalmers et al. (1999), os custos elevam-se para 221 pontos base por ano.

[296] Em sentido contrário, Ippolito (1989) defende que os fundos com despesas mais elevadas têm performances suficientemente altas para compensar os encargos. Todavia, como antes referido, Elton et al. (1993) reclamam a insuficiência do padrão de normalidade usado por Ippolito (1989).

[297] O estudo de Chalmers et al. (1999) permite ainda ver que, ao nível dos custos de transacção, o efeito negativo sobre a performance se deve (primordialmente) à dimensão do custo de transacção médio e (ainda que menos expressivamente) ao volume de transacções.

Edelen (1999) endereça a responsabilidade pelos custos de transacção aos choques de liquidez que são enfrentados pelos fundos abertos. Em favor da tese de Edelen (1999) concorrem os resultados de Ackermann et al. (1999) que documentam um contributo positivo para a performance dos *hedge funds* decorrente das restrições ao resgate das unidades de participação[298]/[299]. Todavia, não existe evidência de que este efeito positivo se generalize aos fundos fechados. A componente fiscal, por sua vez, é responsabilizada pelas performances muito negativas apresentadas pelos fundos Japoneses (Brown et al. (1997)). Por outro lado, existe evidência distinta quanto à relação entre os custos e a dimensão dos fundos. Enquanto Collins e Mack (1997) e Tufano e Sevick (1997) apresentam evidência de economias de escala nesta indústria, Chalmers et al. (1999) obtiveram uma correlação negativa entre os custos e o valor dos activos geridos.

No tocante ao efeito dos custos de transacção sobre a persistência da performance, Brown e Goetzmann (1995) e Elton et al. (1996) defendem que os elevados *fees* não explicam (por si só) a persistência de performances mais pobres[300]. Carhart (1997) defende a relevância das despesas na explicação da persistência, mas também concluiu que este facto não explica totalmente o fenómeno da persistência de perdedores[301].

---

[298] Os *hedge funds* são um veículo de investimento caracterizado por funcionar com uma estrutura organizacional relativamente desregulamentada, com estratégias de investimento flexíveis e destinado a investidores sofisticados (Ackermann et al. (1999)).

[299] Há um conjunto de estudos que analisam as transacções dos investidores, procurando verificar qual o impacto dessas transacções sobre os preços e os custos de transacção (Chan e Lakonishok (1995, 1997) e Keim e Madhavan (1995, 1997)). Em geral, estes estudos documentam algum efeito sobre os preços e, consequentemente, sobre os custos de transacção. Também existe evidência de que os retornos das acções reagem aos fluxos de capitais que afluem aos fundos, tanto em termos mensais (Warther (1995)), como diários (Edelen e Warner (2000)). Existe evidência que os custos de execução (Keim e Madhavan (1997)) e o volume de transacções (Jones e Lipson (1999)) são agravados para quem segue estratégias *momentum*.

[300] Elton et al. (1996), por exemplo, reportam que tirando o decil de performance mais pobre que apresenta elevados custos, os demais 90% apresentam custos semelhantes. Além disso, quando os fundos com elevados custos são removidos, permanece a evidência de predicabilidade das performances.

[301] "*The net gain in returns from buying the decile of past winners and selling the decile of losers is 8 percent year. I explain 4,6 percent with size, book-to-market and one-year momentum in stock returns; 0,7 percent with expenses ratios; and 1 percent with transactions costs*" (Carhart (1997, p. 70).

O sentido dominante da literatura aponta, pois, para que quanto mais elevada for a globalidade das despesas unitárias incorridas por cada fundo, e a intensidade das transacções realizadas no âmbito da gestão activa do fundo, pior a performance. Importa saber é se os gestores de fundos acrescentam valor ao fundo que compense em parte esses custos de transacção ou se, pelo contrário, são eles próprios fonte perversa de destruição de valor, pelo que a performance obtida reflecte não só os custos de transacção como a falta de qualidade ou de oportunidade das decisões tomadas.

Otten e Bams (2002) reportam que a evidência de que os fundos europeus criam riqueza para os seus clientes sobrevive aos *fees* de gestão: o sinal do alfa médio mantém-se após tais custos em todos os países analisados, ainda que a significância estatística positiva apenas remanesça para o Reino Unido. Pelo contrário, Chalmers et al. (1999) reportam que, tanto usando o CAPM como o modelo de Carhart (1997), mesmo o retorno médio do quintil de fundos com despesas médias mais reduzidas apresentam alfas negativos. Gruber (1996), por sua vez, constatou que os fundos da sua amostra obtêm uma rendibilidade inferior em 65 pontos base por ano face a carteiras passivamente geridas no período de 1985 a 1994, sendo o rácio de despesas de 113 pontos base por ano. Além disso, as despesas não são maiores para os fundos com piores performances. Donde, concluiu Gruber (1996, p.789), "*active management adds value, but that mutual funds charge the investors more that the value added*". No mesmo sentido, Malkiel (1995) conclui que o alfa médio é positivo (mais 18 pontos base) antes de despesas, tornando-se muito negativo após despesas (menos 93 pontos base), ao passo que Grinblatt e Titman (1989a) reportam que os fundos analisados acrescentam valor se ignorados os custos de transacção[302], todavia em montante menor que os custos médios.

Ainda na linha de Gruber (1996), num estudo que cobre o período de 20 anos (desde o início de 1975 ao final de 1994), Wermers (2000)

---

[302] A evidência é especialmente robusta para fundos orientados para o crescimento. Todavia, Grinblatt et al. (1995) e Daniel et al. (1997) endereçam estes resultados ao facto de o modelo de avaliação usado não captar adequadamente o efeito *momentum*.

constatou que o retorno médio dos fundos bateu em 130 *pontos base* por ano o retorno médio de um índice de cotações de acções representativo do mercado norte-americano. Destes 130 *pontos base*, cerca de 60 são devidos às características das acções detidas pelos fundos, pelo que podem ser entendidos como remuneração (normal) do risco assumido. Sobrariam, pois, 70 *pontos base* por ano de valor acrescentado pelos gestores. Acontece que, em média, os fundos constantes desta amostra, após custos, apresentam um retorno inferior em um por cento ao ano em comparação com o referido índice de mercado. Existe, pois, um diferencial de 2,3 por cento, dos quais 0,7 por cento o autor atribui à presença de outros activos que não acções na carteira. Donde, os restantes 1,6 por cento são imputados às comissões e a custos de transacção. Pode, pois, em face dos números de Wermers (2000), concluir-se que os gestores dos fundos criam riqueza com a sua acção, em montante mais do que suficiente para remunerar os riscos incorridos, mas − pelo menos nos EUA − em magnitude insuficiente para cobrir aquilo de que eles próprios se apropriam (comissões) e dos custos (de transacções) em que incorrem para originar essa riqueza.

3.4.2.2 RESTRIÇÕES E ESTILOS DE GESTÃO

Uma outra vertente explicativa para a evidência de performance inferior consistiu em argumentar que nas suas decisões quotidianas os gestores são confrontados com restrições que decorrem da política de investimentos que se encontra definida para a carteira. Assim, por exemplo, um gestor que tenha de se subordinar a uma política de investimentos que imponha um peso de 50 por cento da carteira em títulos de dívida pública, não tem a mesma possibilidade de aproveitar as oscilações cíclicas dos índices de cotações accionistas que um outro gestor encarregue de gerir uma carteira com total flexibilidade de afectação entre acções e obrigações.

Em face deste argumento, muitos estudos passaram a diferenciar os fundos de investimento em função dos estilos de gestão. A ideia era, por um lado, adequar o cálculo da performance a cada estilo e, por outro lado, averiguar se, dentro de cada estilo, havia evidência de performance superior ou inferior.

Desde logo, importa saber que estilos existem, o que é que caracteriza cada estilo e como se avalia a sua performance. Neste contexto, e no que diz respeito a fundos de acções, são usuais catalogações do género: fundos de "crescimento", fundos de "rendimento", fundos de "pequenas empresas" e "fundos internacionais"[303]. Não obstante este tipo de classificação ser corrente na indústria e na literatura, Brown e Goetzmann (1997) notam que muitos fundos são mal classificados pelos seus gestores, provavelmente em ordem a melhorar a sua performance relativa dentro de um dado estilo[304]. Cooper et al. (2003), por sua vez, denotam que frequentemente as alterações de designação dos fundos – visando a sua conexão com determinados estilos – não têm correspondência na mutação das decisões de investimento.

A questão de fundo, relativamente aos estilos, coloca-se, porém, ao nível da qualidade do modelo de avaliação. Se o modelo de avaliação usado contemplar correctamente os diferentes factores de geração do retorno, desaparece a relevância do estilo do fundo, uma vez que para cada activo ou para carteira será apurado o seu retorno normal tomando em consideração as características desse activo ou dessa carteira. Donde, a questão dos estilos de gestão é especialmente relevante para a interpretação dos resultados de investigações que ignoram factores de geração amplamente documentados. Assim, deverá haver especial cuidado na interpretação de resultados de estudos que usam modelos de avaliação que, por exemplo, ignoram o efeito dimensão. Neste caso, a confirmar-se a relevância deste factor de geração de retorno, a performance dos fundos de *small caps* será favoravelmente enviesada.

---

[303] Em geral, os fundos de crescimento são associados a carteiras dominadas por acções com reduzidos dividendos face às cotações correntes (*dividend yield*), sendo a parte substancial do respectivo retorno esperado imputado a ganhos de capital. Pelo contrário, os fundos de rendimento são usualmente conectados com investimentos em acções com elevado *dividend yield*. Por fim, os fundos de pequenas empresas e os fundos internacionais caracterizam-se por serem dominados por aplicações em, respectivamente, acções de sociedades com pequenas capitalizações e de diferentes países e mercados.

[304] Estes autores, em conformidade, propuseram procedimentos de maior formalismo na classificação dos fundos em ordem a ajudar os investidores a melhor compreender o comportamento futuro dos seus investimentos e a melhor definir o *benchmark* adequado à avaliação desse fundo.

Recorde-se que, como se viu anteriormente, têm sido propostos modelos de avaliação que incorporam múltiplos factores de risco. Os estudos que têm sido concretizados incorporando estes novos factores, como referenciado, confirmam, em geral, que a ausência de especial habilidade dos gestores profissionais não pode ser explicada por insensibilidade de (alguns) estudos às restrições e à diferenciação de estilos de gestão.

Tem-se, pois, que se, como crêem Lakonishok et al. (1992a), a diversificação de estilos foi uma resposta (defensiva) dos gestores profissionais à sucessão de estudos que evidenciavam ausência de performance superior dos gestores profissionais, a resposta dos académicos terá sido dada pela evolução dos modelos de avaliação e pela evidência de que a ausência de performance superior subsiste.

3.4.2.3 PADRÕES DE TRANSACÇÃO E CUSTOS DE AGÊNCIA

O perfil das transacções dos investidores institucionais tem merecido a atenção de alguns estudos que visam identificar, em geral, padrões de comportamento dos investidores e indagar as consequências dessas transacções sobre o equilíbrio.

No início dos anos setenta, Friend et al. (1970) encontraram evidência de que alguns fundos tendem a seguir as escolhas de investimento anteriormente efectuadas pelos seus pares melhores sucedidos. Trata-se do chamado "comportamento de manada" ("*herding behavior*")[305]. Mais recentemente, Lakonishok et al. (1992b), revelam encontrar indícios frágeis deste tipo de comportamento entre 769 fundos de pensões, enquanto Grinblatt et al. (1995) encontram (alguma) evidência de comportamento de manada nos 274 fundos que analisaram e Wermers (1999) documenta o fenómeno, especialmente para *small stocks*, numa amostra que varia entre 393 (1975) e 2424 (1995) fundos. Também

---

[305] O *herding behavior* refere-se à circunstância de os investidores comprarem e venderem os mesmos títulos, no mesmo sentido, no mesmo período de tempo. Essa correlação de comportamento tanto pode resultar da antecipação simultânea da alteração das condições económicas, como da preferência por acções com determinadas características. Nestas circunstâncias a relação encontrada é espúria. Daí que, numa acepção mais estrita, se incluam somente as transacções que resultam de influência mútua entre os investidores. Trata-se, neste caso, de imitação de uns agentes por outros agentes.

Borensztein e Gelos (2000) e Lobão e Serra (2002) documentam este tipo de atitude, sendo que no último caso foram analisados os fundos de acções nacionais e foi obtida severa evidência de comportamentos de imitação.

No segundo tipo de trabalhos podem-se incluir os já referenciados estudos de Chan e Lakonishok (1995, 1997), Warther (1995), Keim e Madhavan (1995, 1997) e Edelen e Warner (2000), que em geral apontam para a existência de impacto das transacções institucionais sobre os preços dos activos subjacentes. Donde, se é verdade que os custos de transacção têm impacto (negativo) não despiciendo na performance dos fundos, pode perguntar-se porque é que os investidores profissionais transaccionam (excessivamente) e ainda por cima parecem fazê-lo em manada.

Um importante contributo para o esclarecimento destas questões foi dado por Black (1986), distinguindo as transacções que ocorrem com base em *informação* das transacções que assentam em *ruído*. Este ruído é constituído por elementos arbitrários incluídos nas expectativas dos agentes económicos. Se não existisse ruído, as diferenças de expectativas dos agentes económicos reflectiriam apenas divergência na informação. Donde, o ruído é um elemento essencial para a existência de expectativas assimétricas indutoras de transacções. Adicionalmente, "*the noise traders as a group will lose money by trading, while the most information traders as a group will make money*" (Black (1986, p. 531)). Assim, a questão que se coloca, neste âmbito, é a de saber porque razão se posicionam os profissionais como "*noise traders*". Que razões existem para que actuem com base no ruído e não se abstenham de transaccionar excessivamente?

Em matéria de custos de agência, Trueman (1988) concretizou um modelo que explica as transacções baseadas no ruído com a necessidade de os gestores mostrarem a sua habilidade. Se a compensação do gestor estiver relacionada com a percepção que os clientes façam quanto à sua capacidade para obter e usar informação, o gestor transaccionará mais do que seria justificado. O objectivo do gestor é convencer os seus clientes de que é informado e hábil em ordem a melhorar a sua imagem e obter os correspondentes benefícios materiais. Scharfstein e Stein (1990), por sua vez, argumentam que o comportamento de imitação pode ser racional do ponto de vista dos gestores de carteiras se estes estiverem preocupados com a sua reputação no mercado de trabalho. Deste ponto de vista, os gestores tenderiam a desvalorizar a informação privada e a seguir os outros gestores de modo a minimizar o risco de prejudicar a sua reputação em caso de resultado adverso. A ideia preponderante é, pois, a de que a vantagem de ganhar sozinho não compensa o risco de perder sozinho.

Num outro tipo de explicação, há quem considere que os fundos transaccionam conjuntamente por receberem informação privada correlacionada, eventualmente por força da análise dos mesmos indicadores ou por partilha das mesmas fontes de informação. É esse o caso de Brennan (1990) que sugere que quando todos os agentes adquirem e dão atenção à mesma informação, os preços reflectirão esse facto, não existindo incentivo para seguir procedimentos alternativos mesmo que os usados sejam manifestamente inadequados, antes sendo preferível adquirir a informação usada em primeiro lugar[306]. Froot et al. (1992), por sua vez, mostram que, em termos de longo prazo o equilíbrio é impossível quando todos os agentes dão atenção às mesmas variáveis e ignoram outras variáveis fundamentais, em termos de curto prazo um tal equilíbrio é possível. Por seu turno, Hirshleifer et al. (1994) mostram que pode ser mais atractivo para um agente obter informação de acções que são seguidas por muitos outros investidores do que procurar informação de outras acções que têm sido ignoradas[307/308].

---

[306] Nas palavras do autor: "*if the market follows a demonstrably inappropriate procedure in valuing a particular asset, the rewards to having the correct procedure may yet be small, unless others can be persuaded of the superiority of your approach, and this may be difficult since, by definition, it does not correspond to the market prices as well as the conventional procedure*" (Brennan (1990, p. 710)).

[307] Nos termos deste modelo, os agentes não se imitam uns aos outros, simplesmente uns recebem informação antes dos demais. Os investidores que acedem mais celeremente à informação revertem parcialmente as suas posições – em ordem a reduzir a exposição ao risco – quando os outros investidores recebem a informação e concretizam as suas transacções. Quanto maior for esta massa de investidores mais tardiamente informados, maior é o incentivo para ser pioneiro no acesso à informação. Donde, é preferível prestar atenção às acções seguidas por uma ampla massa de investidores que às demais.

[308] Consistente com esta teoria, Falkenstein (1996) revela evidência empírica de que a indústria de fundos de investimento norte-americana evita acções com pouca informação, aferida esta pelo número de artigos publicados na imprensa e pelo número de meses de admissão à cotação em bolsa.

Um outro tipo de explicação consiste em admitir que existem agentes económicos que inferem informação privada a partir das transacções anteriores de outros agentes económicos melhor informados, transaccionando na mesma direcção (Banerjee (1992) e Bikhchandani et al. (1992)). Trata-se da ideia de que, para um agente económico, havendo actos observáveis praticados por outros agentes que previamente analisaram a informação de base, é preferível seguir o comportamento deste agente económico a analisar a sua própria informação. A racionalidade do comportamento do agente seguidor advém da convicção de que os outros agentes possuem informação (privada) que é importante para a tomada da decisão ou da convicção de que não é capaz de interpretar com segurança absoluta a informação de que dispõe.

Finalmente, um outro tipo de modelos considera que as transacções (excessivas e) em manada decorrem da adopção da mesma regra de *trading*. Long et al. (1990), por exemplo, afirmam que é comum a tendência para os "*noise traders*" concretizarem aquilo a que chamam "*positive-feedback trading*" e que consiste em comprar acções cujos preços aumentaram e vender acções cujos preços caíram. Em termos empíricos, Lakonishok et al. (1992b) não encontram fortes indícios deste tipo de comportamentos entre os fundos de pensões. Grinblatt et al. (1995), por sua vez, documentam que a maioria dos fundos usa estratégias "*positive feedback*" para seleccionar as acções em que investem. Em concreto, este estudo revela que 77 por cento dos fundos analisados são *momentum investor* do lado das compras e/ou das vendas. Wermers (1999) igualmente documenta que as vendas se centralizam em acções com retornos inferiores e as compras se concentram nas acções com mais elevados retornos passados.

A compra de acções vencedoras e a venda dos activos perdedores é, por vezes, interpretada à luz dos conflitos de interesses entre os gestores e os seus clientes. A ideia subjacente é a de que os gestores recompõem as suas carteiras na proximidade das datas de divulgação das respectivas composições em ordem a não mostrar posições em acções que tiveram más performances e a exibir significativas posições em activos que tiveram um bom comportamento. A este fenómeno dá-se a designação de "*window dressing*"[309]. Lakonishok et al. (1991), O'Neal (2001) e Morey e O'Neal (2002) examinaram o comportamento de, respectivamente, fundos de pensões, fundos de acções e fundos de obrigações e os resultados obtidos são compatíveis com a prática de *window dressing*.

Em suma, os estudos que visam explicar os padrões de transacção da indústria de fundos de investimento situam-se numa zona de fronteira entre a actuação racional norteada pela defesa dos interesses dos titulares das unidades de participação, ainda que muitas vezes baseada em "ruído" em vez de suportada por informação sustentada, e a persecução do interesse próprio dos agentes em detrimento do interesse dos principais.

3.4.2.4 Preferências dos investidores e custos de agência

Alguns investigadores têm documentado que as preferências dos investidores institucionais não podem explicar-se apenas à luz da diversificação de carteiras, sendo claro uma preferência enviesada, pelo menos, em função do tamanho das empresas, dos retornos passados e do rácio *B/M* (Lakonishok et al. (1994), Shefrin e Statman (1995), Del Guercio (1996), Falkenstein (1996) e Gompers e Metrick (1998)). Este tipo de preferência é, em si mesmo, uma explicação para o padrão de transacções referido em 3.2.4.3[310]. Além disso, contribui para a explicação das performances pobres registadas, em média, pelos gestores profissionais. Com efeito se, por exemplo, tais investidores preferirem, como tudo o indica, acções de grandes empresas face a acções de pequenas empresas com o mesmo risco, dado o seu peso colectivo no mercado, é inevitável que estas apresentem retornos mais elevados, o que explica não só a correspondente "anomalia", como justifica a performance inferior apurada quando os retornos das *small caps* são incluídos na determinação do padrão de normalidade. Nesse caso, importará perguntar o que é que

---

[309] Expressão que designa a de venda de acções com piores performances e aquisição de acções com melhores performances na proximidade das datas de divulgação pública das carteiras geridas.

[310] De facto, Falkenstein (1996) apresenta evidência de que as preferências dos fundos de investimento são muito homogéneas, facto que pode constituir-se como explicação para o comportamento de manada.

leva aqueles investidores a esquecer a teoria financeira e a pagar por certos activos, mais do que aquilo que o seu risco sistemático determinaria?

A aversão a determinados activos, como sejam acções de reduzida liquidez (Falkenstein (1996)), pode ser motivada por, por exemplo, forte exposição a choques de tesouraria. Limitações legais e diversidade de custos de transacção podem também ser explicações relevantes para a obliquidade das escolhas (Gompers e Metrick (1998)). Todavia, em geral, as explicações dadas reconduzem-se para o domínio dos custos de agência. Assim, Lakonishok et al. (1994) endereçam para este domínio a preferência dos investidores institucionais por acções de grandes empresas com reduzidos B/M, porquanto é mais fácil explicar perdas com activos de boas empresas do que com outro tipo de activos. Também Del Guercio (1996) liga as preferências dos bancos por este tipo de activos com as "*prudent man rules*" que impendem sobre os gestores, pelo que à escolha dos títulos, mais que o interesse dos beneficiários finais ou os argumentos da teoria financeira, presidiria o intuito de evitar discussões judiciais, no interesse próprio de quem tomou a decisão. Por fim, Falkenstein (1996) documenta uma preferência agregada pelas acções com maior volatilidade, o que se reconduz ao domínio dos custos de agência se entendida essa preferência como resposta racional ao objectivo de maximização da remuneração do gestor (Chevalier e Ellison (1997)).

3.5 Evidência empírica da reacção dos clientes à performance

3.5.1 Reacção ao passado

Uma questão que tem motivado o trabalho de alguns investigadores é compreender que tipo de resposta é dada pelos consumidores à performance dos fundos de investimento, designadamente desde que, como se viu, alguns estudos evidenciaram que a persistência de performances é (especialmente) observável entre os fundos que registam performances inferiores. Goetzmann e Peles (1997, p. 145) sintetizam o principal motivo desta nova linha de investigação: "*one of the greatest mysteries in the mutual fund industry is why some investors stay with funds that consistently perform poorly*".

Num ponto existe consenso entre os investigadores: os fluxos de capitais que afluem a cada fundo são sensíveis à performance passada. Vários estudos assim o documentam (Ippolito (1992), Gruber (1996), Chevalier e Ellison (1997), Goetzmann e Peles (1997), Sirri e Tufano (1998) e Christoffersen (2001)). Aliás, na suposição de persistência da performance, este resultado não é surpreendente. O que surpreende é a diversidade de reacção a performances superiores e inferiores. Com efeito, num estudo seminal Ippolito (1992) encontrou evidência de que os novos fluxos de investimento[311] para cada fundo são explicados pela performance obtida no ano anterior, assim como nos anos antecedentes[312], sendo no entanto a resposta dos consumidores assimétrica. Vários estudos subsequentes confirmam o fenómeno da assimetria (Chevalier e Ellison (1997), Goetzmann e Peles (1997), Sirri e Tufano (1998), Lynch e Musto (2000) e Christoffersen (2001)), reportando que as performances superiores atraem fluxos tanto mais elevados quanto melhor o desempenho e as performances inferiores não envolvem (com a mesma intensidade) resgates ou taxas de crescimento negativas. Estes autores usam diferentes bases de dados para o mercado norte-americano e usam alternativos métodos de apuramento da performance e de estabelecimento da relação entre esta e os fluxos de investimento. Assim, por exemplo, enquanto Sirri e Tufano (1998) usam o CAPM, Gruber (1996) usa também um modelo de 4 factores. Por outro lado, Ippolito (1992) e Chevalier e Ellison (1997) usam medidas absolutas de performances, enquanto Sirri e Tufano (1998) e Christoffersen (2001) usam *rankings*.

Subsistem, todavia, algumas dúvidas sobre a exacta configuração da função que descreve o comportamento dos consumidores. Embora tivessem notado que a relação poderia não ser linear, Ippolito (1992) e Sirri e Tufano (1998) usaram uma relação linear entre a performance e os fluxos de investimento descrita por dois segmentos, no primeiro caso,

---

[311] Os "novos fluxos de investimento" ou "fluxos líquidos de investimento" correspondem à variação do valor global do fundo entre dois períodos consecutivos que não é atribuível ao retorno registado.

[312] O autor encontra significância estatística na performance média dos últimos cinco anos, assim como na performance individual de cada um dos três anos antecedentes.

ou três segmentos, no segundo caso. Os resultados de Goetzmann e Peles (1997), embora denotem um ritmo côncavo na resposta à performances positivas, não excluem a possibilidade de a resposta ser a mesma para todas as performances, excepto para as performances de topo. Por sua vez, Chevalier e Ellison (1997) proporcionam evidência de não linearidade da resposta à performance, dependendo a configuração da relação (côncava/convexa) da idade do fundo em questão e, pelo menos entre os fundos mais jovens, do nível de performance. Por fim, Christoffersen (2001) documenta uma significativa convexidade entre quartis de performance e a percentagem de variação dos activos sob gestão, pelo menos ao nível dos melhores desempenhos.

Em termos da diferenciação da reacção para diferentes tipos de consumidores, enquanto Christoffersen (2001) documenta o fenómeno tanto para os fundos dirigidos a clientes institucionais como para fundos destinados a particulares, Sawicki (2000) documenta que não existe evidência de inércia na reacção às mais fracas performances dos clientes institucionais do mercado australiano[313].

Os estudos referenciados baseiam-se, em geral, numa relação entre o fluxo de investimento e a performance, captada através de análise seccional (frequentemente) envolvendo múltiplos anos. Todavia, numa abordagem distinta, Del Guercio e Tkac (2001) reportam evidência que igualmente aponta no sentido da assimetria de comportamento. Fazendo uso das ferramentas de estudos de eventos, estas autoras analisaram a resposta dos consumidores às classificações iniciais e às revisões de *rating* dos fundos efectuadas pelo operador norte-americano Morningstar[314]. Os resultados obtidos indicam uma forte sensibilidade à obtenção de uma classificação inicial de 5 estrelas, e ausência de impacto das classificações de 1 a 4 estrelas[315]. Além disso, as revisões de classificação em alta

---

[313] Os fundos dirigidos a investidores institucionais caracterizam-se por, ao contrário dos fundos dirigidos ao mercado de retalho, terem um montante mínimo de investimento elevado.

[314] A Morningstar, Inc. classifica os fundos entre 1 e 5 estrelas, tendo em conta o seu comportamento passado, sendo que para as classificações iniciais exige um *track record* mínimo de 36 meses.

[315] Em concreto, uma classificação inicial de 5 estrelas resulta, em média, num fluxo positivo superior em 53% (USD 26 milhões) ao fluxo normal esperado para esse fundo nos 6 meses

denotam um maior impacto do que as revisões em baixa. Ambos os resultados concorrem, pois, no sentido da sustentação da tese de assimetria de reacção perante a informação sobre a qualidade do fundo. Donde, o fenómeno é perceptível tanto quando o retorno é ajustado ao risco como quando tal não ocorre, do mesmo modo que resulta evidente tanto quando se usam medidas absolutas de performance como quando se admite a reacção a *rankings* de performance.

A assimetria de comportamento dos consumidores tem, seguramente, causas. Desde logo, Ippolito (1992) concebeu um modelo em que um investidor racional explora a informação na escolha dos seus investimentos entre a pluralidade de fundos disponíveis. Se não existirem custos de transacção, o investidor tenderá a escolher os fundos com melhores performances recentes em vez de escolher aleatoriamente. Estes custos são, nesta óptica, a explicação (racional) para que largas quotas de mercado não sejam transferidas de uns fundos para outros quando as performances são anunciadas[316]. Concomitantemente, o estudo de Ippolito (1992) documenta que os novos fluxos dos fundos que não cobram comissões de subscrição e/ou resgate são mais sensíveis à performance que os novos fluxos dos fundos que cobram este tipo de comissões. Também Sirri e Tufano (1998) concluíram que os fundos com maiores *fees* tendem a ter um crescimento mais vagaroso que os fundos com comissões menos elevadas.

Sirri e Tufano (1992), por sua vez, procuram explicar o comportamento dos consumidores analisando a estrutura de funcionamento da indústria norte-americana de fundos de investimento. Desde logo notam o seu crescimento exponencial, de que resulta confusão e dificuldade de selecção para os consumidores[317]. A agravar este aspecto os

---

subsequentes à notação. Todavia, as classificações de 1 a 4 estrelas não originam alterações relevantes nos fluxos de cada fundo.

[316] Com efeito, os investidores incorrem em custos de abrir, fechar, movimentar e manter contas.

[317] Para que se tenha uma ideia da dimensão e do exponencial crescimento da indústria de fundos de investimento norte-americana, note-se que o valor global de activos geridos passou de 50 biliões de dólares, em 1970, para 1,1 triliões de dólares em 1990 (Sirri e Tufano (1992)) ascendendo a 3,3 triliões de dólares em 1998 (Zheng (1999)). Simultaneamente, o número de fundos de investimento passou de 423, em 1975, para 3108, em 1990 (Sirri e Tufano (1992)).

autores notam as frequentes mudanças de nomes, a par da fusão e do desaparecimento de fundos existentes, bem como o constante aparecimento de novos fundos[318.] Simultaneamente, aquela indústria registou uma crescente complexidade competitiva. Assim, as sociedades gestoras de fundos de investimento proporcionam diferentes serviços, a diferentes preços, desenhados com diferentes estratégias, destinados a diferentes segmentos de mercado e distribuídos por distintos canais de comercialização. Desta forma a indústria conseguiu criar produtos diferenciados e, com a ajuda do *marketing*, aumentar a confusão dos consumidores, de que resulta que a divisão e a conquista do mercado não se façam apenas com base na habilidade dos diferentes gestores para selecção de activos para carteiras de investimento. A diferenciação do produto como forma de dificultar e de diminuir a importância da performance na apreciação do trabalho dos gestores é, aliás, um argumento partilhado por Lakonishok et al. (1992a) para o universo dos fundos de pensões[319.]

É geralmente reconhecido que outras variáveis poderão contribuir para explicar a resposta dada pelos cliente às performances passadas. Entre elas são normalmente referenciadas a reputação geral do intermediário financeiro que gere o fundo, a sua dimensão, os esforços de *marketing*, a dimensão do fundo e a idade do fundo. Jain e Wu (2000), por exemplo, reportam evidência de que as despesas de publicidade realizadas por fundos com performances superiores a *benchmarks* realizadas em revistas da especialidade aumentam os fluxos de investimento acedidos por cada fundo. A importância do papel (*i*) do *marketing* na "iluminação" das performances superiores é também destacada por Sirri e Tufano (1998), que igualmente destinguem a importância (*ii*) da captação da atenção dos órgãos de comunicação social e (*iii*) da inserção num amplo complexo de fundos para melhorar a relação performance-

---

[318] Segundo estes autores, cerca de 9% dos fundos existentes em 1999 mudaram o seu estatuto – isto é, mudaram o nome, fundiram-se com outros ou foram dissolvidos –, enquanto que o número de novos fundos aparecidos em 1990 representa 7,5% do total.

[319] Não existem, no entanto, tanto quanto se julga saber, estudos realizados para pequenas economias que confirmem ou infirmem o fenómeno em contextos de menor dimensão e complexidade.

-fluxo de novos investimentos. A ideia subjacente é a de que os gestores de fundos despendem somas em acções de *maketing* e acções de publicidade apenas quando têm performances superiores. Do mesmo modo, os órgãos de comunicação social tendem a focalizar a atenção nos líderes dos *rankings* e não nos últimos classificados. Donde, é mais fácil e menos custoso aos investidores obter informação sobre os fundos que obtiveram performances mais elevadas do que sobre os demais. Por sua vez, a inserção num grande complexo de fundos de igual modo reduz o custo de obtenção de informação, além de que beneficia de um maior reconhecimento da marca[320].

Neste contexto, num estudo recente, Cooper et al. (2003) analisam a relação dos fluxos de capitais com a alteração de nomes dos fundos de investimento. Os resultados obtidos denotam que os fluxos para os fundos aumentam dramaticamente quando os fundos mudam os seus nomes para obter uma maior conotação com os estilos que correntemente exibem retornos mais elevados. Esta relação funciona mesmo para os fundos que não alteraram a composição das suas carteiras para perfis mais próximos do estilo implícito no novo nome. Estes autores reportam ainda que o efeito da alteração do nome é reforçado se forem realizadas despesas de marketing. Todavia, neste caso, ao contrário do reportado por Sirri e Tufano (1998) e por Jain e Wu (2000), o efeito do marketing não opera apenas na iluminação de performances superiores, resultando com fundos com performances médias (desde que estes alterem o nome no sentido referido).

Num outro tipo de explicação, Lynch e Musto (2000) defendem que a ausência de reacção significativa a performances negativas extremas pode dever-se à expectativa de mutação de política de investimentos.

---

[320] Note-se, no entanto, que Sirri e Tufano (1998) usam uma via indirecta e (por isso) questionável para quantificar os esforços de *marketing* e dos gastos em distribuição. Em concreto, estes autores usam a totalidade dos *fees* cobrados aos clientes como *proxy* dos esforços de *marketing* e de venda. Todavia, se esses *fees* podem ter o condão de permitir à sociedade gestora realizar mais actos de divulgação – e, consequentemente, tornar menores os custos de obtenção de informação por parte dos clientes – também algumas das suas componentes tornam mais caro o desinvestimento. Donde, poderá ocorrer que (parte) da relevância atribuída ao esforço de *marketing* e de venda mais não seja que o efeito dos custos a que se referiu Ippolito (1992).

Estes autores postulam que mutações de estratégia (com a mesma ou com outra equipa de gestão) ocorrem após a obtenção de maus resultados, e apenas nesta hipótese. Donde, a expectativa de resultados mais favoráveis associados à inversão de estratégia poderia justificar a permanência de investidores nestes segmentos, e mesmo a captação de recursos provenientes de fundos com performances más (mas não tão extremas). Lynch e Musto (2000) reportam evidência consistente com esta tese. Também Sawicki (2000) testemunha que os clientes institucionais australianos são mais tolerantes com os fundos mais jovens do que com os fundos mais antigos, (talvez) por atribuírem uma maior probabilidade à inversão de estratégia (e de resultados) aos fundos mais recentes[321].

Numa outra abordagem, Goetzmann e Peles (1997) concretizaram um inquérito junto de clientes de fundos, tendo concluído que os investidores ajustam as suas convicções em ordem a suportar a (má) escolha que efectuaram. Esta tendência para justificar as acções passadas é um fenómeno identificado pela psicologia, a que é dada a denominação de dissonância cognitiva (*cognitive dissonance*). Tal estudo constatou uma forte tendência para entrevistados julgarem melhor aquilo que têm que aquilo que não têm. Donde, este trabalho permite concluir pela existência de um viés positivo na memória dos investidores, consistente com a ausência de reacção às piores performances.

A assimetria de comportamento dos consumidores tem, também, consequências. Desde logo, encontra-se documentado o incentivo à assumpção de riscos por parte dos gestores dos fundos. As estimativas de Chevalier e Ellison (1997) indicam que o comportamento dos consumidores estimula o aumento do risco do fundo em ordem à obtenção de performances elevadas e a capitalizar a reacção dos consumidores. Sirri e Tufano (1998), por sua vez, concluíram que os consumidores respondem (negativamente) ao aumento de risco, todavia não eliminam o incentivo para aumentar a volatilidade do fundo. Também Brown et al. (1996) documentam que os fundos perdedores a meio do ano

---

[321] Esta autora evidencia que a inclusão de fundos jovens na amostra contribui para tornar menos vigorosa a reacção dos investidores institucionais australianos às performances inferiores, aproximando os resultados dos padrões do mercado norte-americano.

aumentam a volatilidade das carteiras em ordem a tentar obter uma performance superior no final do ano. Significa isto que o comportamento dos consumidores não só não evita, como estimula, que as escolhas dos activos para as carteiras dos fundos reflictam o interesse próprio dos agentes (gestores). Com efeito, com o incremento da volatilidade das carteiras aumenta o risco para os titulares dos fundos, sendo que no caso dos resultados serem positivos os gestores (via aumento do valor gerido por força da reacção positiva dos consumidores) partilham dos benefícios, mas caso os resultados sejam negativos apenas perdem oportunidade, uma vez que a perda efectiva de riqueza (por ausência de reacção dos consumidores) apenas se materializa na esfera dos clientes.

Por fim, Christoffersen (2001) documenta que, entre 1991/1995, 60 por cento dos fundos monetários e 37 por cento dos fundos de acções prescindiram voluntariamente de comissões a que tinham direito. Todavia, enquanto 80 por cento dos fundos destinados aos clientes institucionais cobram menos que as comissões a que estavam autorizados, no segmento dos fundos de retalho isso acontece apenas em 55 por cento dos casos. Além disso, a percentagem das comissões prescindidas face aos *fees* máximos contratados é sempre superior nos fundos de institucionais do que nos fundos de retalho. Por último, este estudo torna claro que no segmento de retalho as comissões prescindidas aumentam com o escalão de performance, o que significa que os gestores dos fundos exploraram a acrescida sensibilidade às performances mais elevadas[322]. O estudo de Christoffersen (2001) permite, pois, ver que os fundos têm em consideração o comportamento típico dos clientes de retalho e institucionais na fixação de políticas de comissões, procurando explorar a assimetria de comportamento e a maior sensibilidade às performances superiores. Além disso, estes resultados denotam que subsiste um diferencial não despiciendo de competição entre os segmentos de retalho e grossista.

---

[322] Curiosamente, no segmento institucional não são notórias diferenças entre a magnitude das comissões prescindidas e a performance, facto que é justificado pela autora com a ausência de eficácia do corte nas comissões para aumentar a competitividade, dada a elevada competição registada neste nicho de mercado.

3.5.2 REACÇÃO AO FUTURO PREVISÍVEL

Os estudos que analisam a reacção dos consumidores à performance passada dos fundos de investimento genericamente partem da hipótese de que o comportamento economicamente racional consiste em canalizar os novos capitais para os investidores que obtiveram performances superiores e, excepto por efeito de custos de transacção, a resgatar os fundos que obtiverem pior performance. Implicitamente a este raciocínio está subjacente o pressuposto de que as performances se repetem, ou seja, os fundos que obtiverem melhores performances no passado continuarão a ter performances superiores e os piores fundos continuarão a registar as performances mais pobres. Se, pelo contrário, os clientes dos fundos anteciparem que a má performance registada não se repetirá, antes se inverterá, ao passo que as melhores performances não se repetirão, antes se inverterão, o seu comportamento deve ser o oposto. Donde, se os clientes dos fundos tiverem capacidade de seleccionar os fundos em função das suas performances futuras, a afectação de fluxos entre os diferentes fundos deverá relacionar-se com essas performances e não (necessariamente) com as performances passadas.

Ao nível agregado, Warther (1995) apresentou uma forte relação positiva entre os fluxos de investimento agregados de fundos de acções que aportam à indústria de fundos de investimento e os retornos subsequentes, indiciando por isso alguma capacidade de os investidores anteciparem os ciclos de oscilação das cotações. Ao nível individual de cada fundo, três artigos em especial (Gruber (1996), Zheng (1999) e Jain e Wu (2000)) estudaram a relação entre os novos fluxos e os retornos futuros.

Jain e Wu (2000) analisaram a performance obtida antes e após a realização de anúncios em revistas da especialidade por 294 fundos de investimento. Esses fundos que haviam obtido performances positivas e que haviam atraído significativamente mais dinheiro que os fundos do grupo de controlo, não obtiveram performances superiores no período subsequente, falhando por isso a hipótese de que performance anterior (anunciada) assinalaria a performance futura.

Gruber (1996), por sua vez, estudou uma amostra de 227 fundos de investimento norte-americanos entre 1985 e 1994, concluindo que a performance futura é em grande medida previsível a partir da performance passada. Além disso, a relação detectada entre os fluxos de investimento e de desinvestimento e as performances ajustadas ao risco futuro permitem concluir que alguns investidores reconhecem essa previsibilidade e actuam em conformidade obtendo retornos superiores ao risco assumido. O autor concluiu, também, que os investidores que sigam uma estratégia de incremento do peso dos fundos que registaram fluxos positivos e diminuição dos pesos dos fundos que registam fluxos de investimento negativos obtém um retorno supra-normal de 99 *basis points* para um período de investimento de um ano[323]. Gruber (1996) reporta, ainda, que o excesso de retorno dos fundos que crescem sobre os fundos que decrescem ocorre tanto para fundos com comissões de subscrição/resgate como para aqueles que não têm este tipo de custos, sendo maiores nos primeiros, porém a diferença não é suficientemente grande para compensar a comissão cobrada.

Usando uma amostra de 478 fundos norte-americanos para o período de 1970-1993, Zheng (1999) confirma a habilidade dos investidores para seleccionar fundos, revelando que os fundos com novos fluxos de investimento positivos apresentam num futuro próximo retornos (tanto absolutos como ajustados ao risco) superiores que os fundos que registam novos fluxos de investimento negativos.

A evidência de que os fundos que registam novos fluxos de investimento positivos batem os fundos que registam novos fluxos negativos ("*smart money effect*") é explicado por Gruber (1996) pela existência de investidores informados capazes de prever a futura performance a partir da performance passada. Estes investidores são capazes de canalizar os seus novos investimentos para os fundos com melhor performance futura e de resgatar os seus investimentos dos fundos que futuramente se comportarão pior. Estes investidores contrastam com outro tipo de clientes menos informados e menos sofisticados, cuja existência justifica que se mantenha dinheiro em fundos que previsivelmente registarão performances pobres.

---

[323] Num período de investimento de três anos continua a existir um excesso de retorno face ao risco assumido, ainda que de menor magnitude, o que indicia que as decisões de ajustamento têm de ser reajustadas em função da nova informação superveniente.

Neste capítulo foi apresentada bibliografia que documenta reacção, ainda que assimétrica, dos consumidores à performance dos fundos. Foi igualmente reportada evidência de persistência da performance. Donde, importa averiguar até que ponto o *smart money effect* se deve a esta reacção e ao efeito da persistência da performance ou os investidores incluem informação adicional no processo de decisão ("*information effect*"). Zheng (1999) comparou uma estratégia de *smart money* com uma estratégia de "*repeat winner*"[324] tendo obtido estimativas de retorno ajustado ao risco substancialmente diferentes, conduzindo à rejeição da hipótese de as séries temporais do excesso de retorno ajustado ao risco destas duas estratégias serem idênticas. Além disso, o autor encontra evidência de que o *smart money effect* se concentra especialmente nos fundos de menor dimensão. Donde, o *smart money effect* não parece ser equivalente a um eventual efeito de "caça" às performances passadas, em que os gestores que tivessem tido pior resultado seriam perseguidos, e os gestores com melhores resultados seriam seguidos, nem somente uma reacção às performances passadas na convicção de que estas se repetem sucessivamente. A hipótese de reajustamento das políticas de investimento (de Lynch e Musto (2000)) pode ser vista como um factor de informação adicional contida nos fluxos de investimento e não contemplada pela simples extrapolação linear dos retornos passados.

3.6 SÍNTESE CONCLUSIVA

O presente capítulo evidenciou a importância da escolha do modelo de determinação do retorno *normal* de cada carteira, face ao qual o retorno efectivamente apurado é confrontado, em ordem a concluir pela evidência de retorno *supra-normal* ou de retorno *infra-normal*. Neste âmbito, muitos dos estudos pioneiros no apuramento da performance baseavam-se no equilíbrio descrito pelo CAPM. As décadas de oitenta e noventa proporcionaram, porém, o surgimento de muitos artigos que

---

[324] Estratégias construídas de modo idêntico às estratégias *smart effect* em que o papel dos fundos com novos fluxos positivos (negativos) é substituído pelos fundos que registaram melhor (pior) performance.

mostraram, no campo teórico, ou evidenciaram, no plano empírico, que a avaliação da performance com base neste instrumental está sujeita a limitações e a potenciais fontes de erro. Paralelamente, outros estudos dedicaram-se a estudar e a testar modelos alternativos de descrição dos retornos de equilíbrio, dando origem a múltiplos modelos que incluem vários factores de geração dos retornos, em vez de um único *benchmark* como acontece com o CAPM. Enquadram-se neste âmbito tanto as diferentes versões de modelos APT que têm sido testadas, como os modelos que adicionam ao CAPM variáveis de informação temporalmente desfasadas. Uma outra corrente de evolução metodológica consistiu em analisar os retornos dos activos detidos em carteira, procedendo à sua comparação com o retorno proporcionado no período em que não fizeram parte da carteira. Todavia, também esta metodologia apresenta potenciais fontes de viés, os quais são especialmente acentuados para a avaliação de carteiras com reduzido número de títulos, o que pode ser especialmente grave em mercados pequenos.

Os resultados obtidos com os modelos condicionados e com modelos multifactoriais não condicionados não permitem que se faça uma escolha inequívoca por uma das vias, ainda que grande parte dos trabalhos recentes tendam a utilizar modelos APT adaptados em ordem a incorporar factores de geração dos retornos relacionados com as anomalias empiricamente apontadas ao CAPM. É esse o caso do modelo de Carhart (1997) que tem sido muito frequentemente usado para apurar a performance de fundos de investimento. Este modelo acrescenta ao risco sistemático os factores SMB, HML e *momentum*, cujo efeito sobre os retornos de equilíbrio está amplamente documentado. Pode questionar-se se esses efeitos representam factores de risco adicionais, ou se representam meramente a sobreposição de comportamentos irracionais ou de atitudes pautadas por conflitos de agência. Essa questão é da máxima importância para discutir a eficiência do mercado[325]. Todavia,

---

[325] Como, aliás, notam Loughran e Ritter (2000, p. 362), «*Tests of market efficiency require (…) a normative (equilibrium) model used as a benchmark. If a positive (empirically based) model is used, one is not testing market efficiency; instead, one is merely testing whether any patterns that exist are being captured by other know patterns*».

seja qual for o motivo que o determine, é exigível que os investidores institucionais actuem como agentes informados e, como tal, saibam explorar tais efeitos, independentemente de estes se configurarem como retorno normal decorrente de maior risco económico, ou emergirem como benefício da exploração de comportamentos não conformes com a teoria económica. Quer isto dizer que, por exemplo, independentemente das razões que o determinam, enquanto perdurar o efeito *size*, é exigível que os gestores de fundos o conheçam e o incorporem nas suas tomadas de decisão. Donde, o retorno resultante de uma tal "anomalia" deve ser tido como normal para o fim do apuramento do desempenho do gestor. Um profissional que desconheça este efeito e que não proceda ao seu aproveitamento não pode ser considerado um profissional informado e hábil. Pelos motivos enunciados, nos estudos empíricos que se seguirão (Capítulos *4* e *5*) utilizar-se-á uma versão do modelo de Carhart (1997) a par (como elemento de controlo) do CAPM.

É suposto que os agentes económicos, actuando em conformidade com as suas expectativas, tomem decisões racionais. Além disso, os gestores profissionais são tidos como possuindo informação superior ou, pelo menos, igual à dos demais agentes. Donde, esperar-se-ia que as carteiras geridas por profissionais tivessem uma performance superior, ou pelo menos não inferior, àquela que poderia ser obtida com uma carteira passivamente gerida mediante a simples réplica de um índice de cotações.

Neste capítulo viu-se, porém, que os resultados obtidos pela maioria dos estudos de performance levantam dúvidas à capacidade da indústria de fundos de investimento, globalmente, apresentar performance superior ao resto do mercado. Além disso, na maior parte das vezes os gestores relevam-se incapazes de prever e de aproveitar as oscilações cíclicas dos índices de cotações. Os custos de transacção são em grande medida responsáveis por estes resultados, embora não os expliquem na sua plenitude. A existência de choques de liquidez indutores de transacções ineficientes é igualmente apontada por alguns como explicação para este desiderato. Todavia, muitos investigadores remetem para o domínio dos custos de agência a responsabilidade pelos padrões de transacções e pelas preferências (em termos de tipos de activos) dos investidores institucionais, de que decorrem performances inferiores.

Se em termos globais se pode concluir que os gestores não criam riqueza para os seus clientes, muitos dos estudos que analisaram a persistência de performance evidenciaram que há gestores que sucessivamente obtêm melhores performances, enquanto outros persistentemente se comportam de modo inferior. Donde, a canalização das poupanças para as mãos dos gestores com melhor performance parece ser um exercício de relevância económica. Assim, a questão adicional que se coloca é a de saber como é que têm reagido os consumidores às boas e às más performances.

Nesta matéria, a literatura documenta que os consumidores reagem às performances passadas, mas igualmente regista uma assimetria de reacção, evidenciando que as melhores performances são premiadas com acrescidos fluxos de investimento, enquanto que as performances mais pobres não são penalizadas (ou são suavemente penalizadas) com a perda de fluxos de investimento. Não obstante o consenso em torno da assimetria da reacção, subsistem ainda dúvidas sobre a configuração específica da função nos seus dois ramos, em particular sobre o ritmo de reacção a performance superiores, além de que alguns estudos denotam que não existe uma configuração única, antes existindo diversas possibilidades dependendo de factores vários, tais como a idade do fundo.

Uma razão plausível para a ausência de resgates de fundos que obtêm piores performances são os custos incorridos com a transferência de dinheiro de um gestor para outro. Todavia, outras razões concorrem no mesmo sentido. A complexidade e a confusão que a indústria conseguiu criar através do seu crescimento e da diferenciação dos produtos oferecidos é uma dessas razões. Os esforços de *marketing*, a atenção dos média, a dimensão dos fundos e dos intermediários financeiros que os gerem, a par da reputação geral de que gozam, são igualmente susceptíveis de contribuir para a explicação da assimetria detectada. No mesmo sentido concorre o efeito da dissonância cognitiva, segundo o qual os consumidores que fizeram uma má escolha tendem a enviesar positivamente os resultados dos fundos a que aderiram em ordem a (auto)justificar a sua própria opção.

Mais recentemente, alguns estudos procuraram ver se os clientes dos fundos antecipam a performance futura e actuam em conformidade, documentando evidência de que alguns desses investidores canalizam os seus fluxos de investimento para os fundos que melhor performance terão num futuro próximo. Outra parte dos investidores, porém, provavelmente pela sua menor informação e sofisticação, comportam-se de modo a permitir que os fundos menos hábeis continuem a ter uma carteira para gerir. Outros investigadores consideram, no entanto, que as performances passadas não são bastantes para prever as performances futuras, defendendo a existência de elementos informativos adicionais incorporados na antecipação dos futuros desempenhos superiores.

Os estudos realizados para o mercado português, ao nível da medição da performance e do apuramento da persistência, são pouco numerosos. Cortez (1998), usando o CAPM e o índice PSI20TR como *proxy* do mercado, documenta evidência de performance superior, mas não confirma este resultado com os índices PSI-30 e PSI Geral. Santos e Armada (1997), por sua vez, usando o conhecimento dos pesos dos activos nos diferentes portfólios, documentam a habilidade dos gestores para explorar as quedas mas não as subidas generalizadas de cotações. Ao nível da continuidade da performance, Cortez (1998) documenta persistência generalizada de desempenho trimestral, embora esta não subsista ao ajustamento ao risco sistemático ou à mutação do intervalo de medida. Em termos individuais, porém, tanto Cortez (1998), como Cortez e Silva (2000), documentam persistência de performance (superior e inferior), sendo que neste último caso é usado um modelo de informação condicionada. Não existe, porém, qualquer estudo que analise a reacção dos consumidores portugueses à performance dos fundos, da mesma forma que não se conhece qualquer estudo desta natureza para outra economia de reduzida dimensão.

O conhecimento da reacção dos clientes de fundos numa economia como a portuguesa é importante por várias (outras) razões. Desde logo porque, como se viu no Capítulo *2*, o comportamento dos intermediários financeiros com múltiplos interesses, perante decisões das empresas participadas (potencialmente prejudiciais) depende crucialmente da sua reacção à performance. Como aí se constatou, a solução final depende da forma como se comportam estes consumidores, designadamente da forma como penalizam performances inferiores e da intensidade com que premeiam performances superiores.

Além disso, na ausência de reacção significativa dos clientes ao desempenho do fundo, estes terão maior inventivo para subordinar as decisões de gestão da carteira ao seu próprio interesse. Este capítulo referenciou vários *papers* que apontam no sentido de o interesse próprio dos gestores influenciar as escolhas efectuadas. Nenhum estudo, porém, investiga o efeito desse interesse próprio na escolha dos títulos emitidos pelo próprio intermediário financeiro. O mercado português proporciona condições para a realização de tal investigação, na medida em que sendo a indústria de fundos de investimento dominada por grupos bancários com *holdings* cotadas, a selecção destes títulos para a carteira não deixa de ser relevante do ponto de vista do interesse próprio. Assim, no Capítulo 4 procurar-se-á conhecer o padrão de reacção dos consumidores dos fundos de acções nacionais à performance e no Capítulo 5 investigar-se-á até que ponto existe evidência de que o interesse próprio dos grupos determina as escolhas efectuadas.

Capítulo Quatro
Resposta dos Clientes à Performance

4.1 Introdução

No capítulo *2* mostrou-se que os grupos financeiros que gerem fundos de investimento e detêm interesses comerciais de outra natureza tenderão a prosseguir o seu interesse próprio, em detrimento dos interesses dos detentores das unidades de participação, na ausência de reacção da parte destes às performances obtidas. Neste contexto, a arquitectura do sistema financeiro merecerá ser repensada, do mesmo modo que responsabilidades acrescidas advêm para as autoridades de supervisão, não só ao nível da monitorização dos fundos e do acompanhamento dos grupos financeiros, mas igualmente ao nível da divulgação de informação que facilite a avaliação do desempenho de cada gestor por parte dos investidores finais.

Torna-se, pois, importante o conhecimento do padrão de comportamento dos consumidores dos serviços de gestão de fundos investimento. Não se conhecem estudos desta natureza para Portugal, nem para economias similares. Os estudos existentes para mercados de maior dimensão, como antes referido, evidenciam que os consumidores focam a sua atenção nos fundos com elevadas performances e falham a fugir dos fundos com menores performances. Assim, constituirá objectivo deste capítulo estudar a relação existente entre os fluxos de investimento dos fundos de acções nacionais e a performance desses fundos, tarefa que será concretizada com base na análise de tabelas de contingência, metodologia que se tem revelado especialmente adequada ao estudo da persistência da performance, em especial, em mercados de pequenas dimensões. Como forma de confirmação e validação dos resultados obtidos, igualmente se procede a uma análise de regressões, tanto em termos de regressões OLS, como de regressões seccionais do tipo Fama e MacBeth (1973).

Um aspecto crucial deste estudo, por tudo quanto foi explicado no Capítulo 3, é a forma de quantificação da performance de cada fundo. Por isso, serão utilizadas múltiplas formas de aferição do desempenho de cada fundo, as quais se baseiam em modelos do tipo CAPM e APT. É de igual modo importante a forma de medição dos fluxos de investimentos pelo que, além da tradicional taxa de crescimento do valor líquido de cada fundo depurada do efeito imputável à performance e a acidentes técnicos, se usarão outras vias de mensuração. Neste contexto, assume importância a neutralização do efeito dos fundos de fundos sobre a procura de fundos do mesmo grupo financeiro, pelo que o exercício concretizado contempla a evolução da procura considerando tanto a totalidade dos clientes como somente os clientes que não são fundos de fundos.

O capítulo encontra-se dividido em 6 pontos além do presente. O primeiro (4.2) destina-se à descrição das bases de dados e à caracterização de variáveis. O ponto seguinte (4.3) contempla a apresentação das formas de aferição da performance e uma primeira análise global da performance obtida por cada fundo. O ponto 4.4, por sua vez, visa uma análise global da evolução da procura. Em 4.5 procede-se à análise da evolução da procura em função da performance recorrendo a tabelas de contingência. No ponto 4.6 recorre-se a metodologias alternativas em ordem a confirmar o padrão de comportamento evidenciado pelas análise de tabelas de contingência. Por fim, o último ponto sintetiza e sistematiza as conclusões obtidas.

4.2 Descrição dos dados

4.2.1 Definição e características da amostra

Fazem parte da amostra um total de 30 fundos escolhidos de acordo com critérios objectivos. Para entrar na amostra era necessário: (*i*) ser fundo de investimento mobiliário aberto; (*ii*) ter sido considerado "fundo de acções nacionais" pela BDP/APFIN, entre 31 de Dezembro de 1993 e 31 de Dezembro de 1996, ou pela APFIN, entre esta última data e 31 de Março de 2001[326][327]; (*iii*) e manter essa qualidade por um período mínimo de 6 meses consecutivos. Os fundos foram mantidos na amostra até serem (*iv*) liquidados, (*v*) fundidos com outros fundos; ou (*vi*) definitivamente requalificados em outra categoria de fundos[328].

Uma primeira característica da amostra é a variabilidade da sua dimensão e composição. Em Janeiro de 1994 a amostra era constituída por apenas 12 fundos. A estes juntaram-se 15 fundos que começaram a sua actividade após o início do período da amostra e três outros fundos entretanto requalificados[329]. No final do período da amostra apenas existiam 17 fundos, tendo os demais sido liquidados (dois casos), fundidos com outros fundos (6 casos) ou transformados em fundos de outras

---

[326] Com efeito, foi seguida a publicação mensal "Medidas de Rendibilidade e Risco", a qual até ao n.º 37 tinha a assinatura conjunta da BDP e da APFIN, passando a edição dos números subsequentes a ser da exclusiva responsabilidade desta associação de sociedades gestoras de fundos. Doravante, sempre que referenciada informação da APFIN tratar-se-á desta publicação, independentemente do número em causa.

[327] Até ao final de 1996 a APFIN classificava os *fundos de acções* como "fundos orientados para o crescimento e valorização dos activos em carteira numa perspectiva de longo prazo", indicando ainda que os referidos fundos são "normalmente maioritariamente constituídos por títulos de rendimento variável" (APFIN, n.ᵒˢ 1 a 37). Desde 1997, a APFIN tem vindo a definir fundos de acções como sendo "fundos que tenham por objectivo investir uma percentagem média de 2/3 da carteira em acções", sendo que os *fundos de acções nacionais* se caracterizam por um mínimo de 2/3 da carteira em média ser investida no mercado nacional, o que equivale a dizer "activos denominados em euro emitidos por entidades residentes em território nacional" (APFIN, n.ᵒˢ 38 a 51). Além disso, a APFIN inclui numa categoria residual, denominada *fundos diversos*, os fundos que não atingem um dado capital mínimo, o qual se fixava em 2,5 milhões de euro no fim do período da amostra. Significa isto que para incluir a lista dos fundos de acções nacionais além de critérios de composição da carteira também era exigida uma dimensão mínima.

[328] Significa isto que foram mantidos na amostra os fundos que transitoriamente tenham perdido a categoria de *fundos de acções nacionais*, apenas se excluindo aqueles que tenham sido definitivamente requalificados. Procedimento diverso deste não só conduziria (*i*) à aplicação prática de critérios de exclusão temporária distintos ao longo do tempo, como (*ii*) a uma maior instabilidade da amostra, e (*iii*) originaria a perda de informação importante face aos objectivos do estudo, designadamente quando o motivo de exclusão se prende com a dimensão do fundo. Além disso, este procedimento não impediu que se atingisse um elevado grau de homogeneidade na estrutura das carteiras dos fundos ao longo do tempo.

[329] Destes três fundos, um era fundo fechado de acções nacionais, outro era fundo aberto misto (acções e obrigações nacionais) e o terceiro fundo era composto predominantemente por acções estrangeiras.

categorias (5 casos). Como se pode ler na Tabela 4.1, apenas 4 fundos integraram a amostra durante todo o período de análise (87 meses). Aí se exibe a evolução da dimensão da amostra trimestre a trimestre. Esta tabela dá ainda informação sobre a dimensão mensal da amostra, permitindo verificar que em média cada fundo permaneceu na amostra cerca de 57 meses (o que corresponde a mais de 65 por cento do período da amostra).

TABELA 4.1 – SÍNTESE DA EVOLUÇÃO DA DIMENSÃO E DA COMPOSIÇÃO DA AMOSTRA

I - Dados Trimestrais										
Data	**Nº Fundos**					**Data**	**Nº Fundos**			
Trimestre	Inicial	Entradas	Saídas	Final	Desde Início	Trimestre	Inicial	Entradas	Saídas	Final	Desde Início
1T94	12	0	0	12	12	3T98	25	0	1	24	10
2T94	12	1	0	13	12	4T98	24	0	0	24	10
3T94	13	1	0	14	12	1T99	24	1	0	25	10
4T94	14	1	0	15	12	2T99	25	0	0	25	10
1T95	15	0	0	15	12	3T99	25	0	0	25	10
2T95	15	0	0	15	12	4T99	25	2	2	25	8
3T95	15	2	0	17	12	1T00	25	0	0	25	8
4T95	17	1	0	18	12	2T00	25	0	1	24	8
1T96	18	0	0	18	12	3T00	24	0	1	23	8
2T96	18	0	0	18	12	4T00	23	0	6	17	4
3T96	18	1	0	19	12	1T01	17	0	0	17	4
4T96	19	0	0	19	12	II - Dados Mensais				
1T97	19	0	2	17	11						
2T97	17	2	0	19	11	Dimensão Mensal da	*Média*	*D-Padrão*	*Máx.*	*Mín.*	
3T97	19	1	0	20	11	Amostra *(Nº de Fundos)*	*19,7*	*4,1*	*26*	*12*	
4T97	20	1	0	21	11		*Média*	*D-Padrão*	*Máx.*	*Mín.*	
1T98	21	1	0	22	11	Permanência na Amostra	*57,0*	*23,3*	*87*	*17*	
2T98	22	3	0	25	11	*(Nº de Meses)*					

Obs.: A primeira parte da tabela reporta-se a fluxos e a *stocks* finais trimestrais, enquanto a segunda parte é referente ao período mensal, pelo que o número máximo, médio e mínimo de fundos não é necessariamente coincidente.

A amostra apresenta outras características de grande relevância para os propósitos da presente investigação, como sejam: (*i*) apenas contempla fundos abertos, o que é importante já que nos fundos fechados a resposta dos consumidores à performance do fundo depende do surgimento de contraparte; (*ii*) apenas respeita a fundos de acções nacionais[330]; (*iii*) todos os fundos são geridos e comercializados por instituições

---

[330] Note-se que, não obstante o elevado grau de internacionalização do mercado português (Alves e Alves (1992)), a inclusão de acções estrangeiras importaria a consideração de risco sistemático de outros países. Recorde-se, a este propósito, a importância dos factores locais na determinação do preço do risco de cada um dos factores de geração do retorno evidenciada por Serra (2002).

sujeitas à supervisão da CMVM; (*iv*) ao incluir todos os fundos é obviado o "viés de sobrevivência" das medidas de rendibilidade usadas e (*v*) evita--se escamotear a reacção dos clientes dos fundos com piores performances. Além disso, (*vi*) são pouco significativos os investimentos em obrigações (Gráfico 4.1), facto que contribui para aumentar a potência das medidas de performance.

GRÁFICO 4.1 – EVOLUÇÃO DA ESTRUTURA DE APLICAÇÕES DA TOTALIDADE DA AMOSTRA

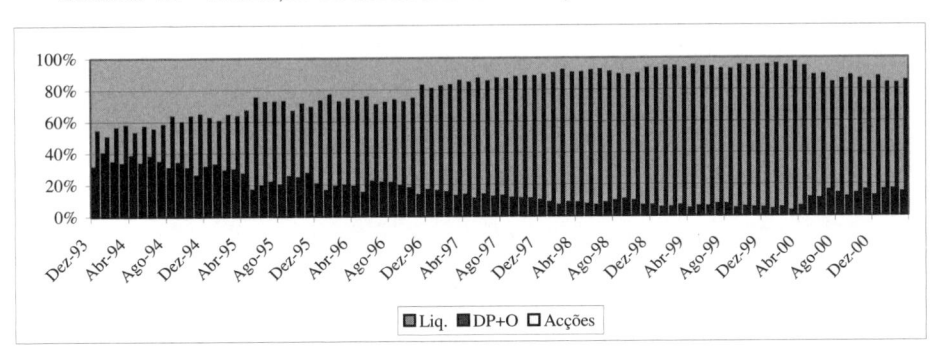

O Gráfico 4.2, por sua vez, dá conta da evolução do peso da componente accionista em cada fundo, evidenciando (*vii*) uma elevada homogeneidade da amostra e (*viii*) uma tendência de crescimento do peso da componente accionista.

GRÁFICO 4.2 – EVOLUÇÃO MENSAL DA COMPONENTE ACCIONISTA POR FUNDO

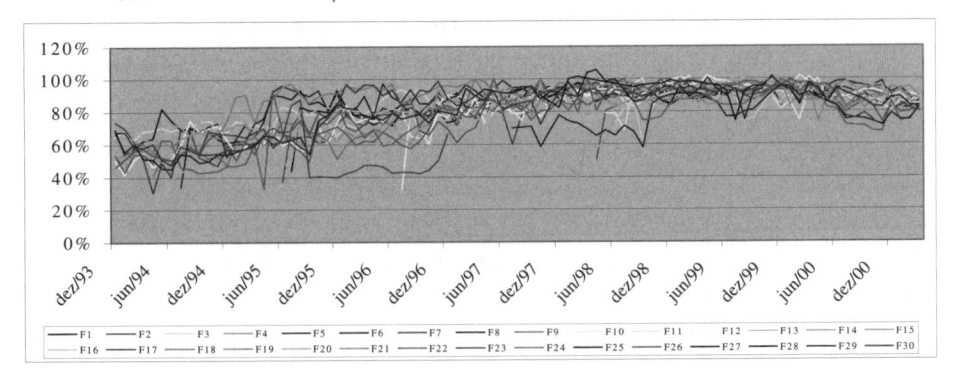

No que se refere à contextualização da amostra no sector, a Tabela 4.2 procede à comparação da amostra com a totalidade dos fundos existentes e com determinados segmentos em que se divide a indústria nacional.

TABELA 4.2 – EVOLUÇÃO DA AMOSTRA NO CONTEXTO DO SECTOR

Tipo de Fundo	Set-1994	Dez-1995	Dez-1996	Dez-1997	Dez-1998	Dez-1999	Dez-2000	Mar-2001
Número de Fundos em Actividade por Tipo de Fundos								
Fundos de Tesouraria e Monetários	34	38	41	39	40	38	35	33
Fundos de Obrigações	49	49	54	51	61	65	58	52
Fundos Mistos, Poup. Reforma e Cap. Garantido	23	11	11	22	29	37	36	39
Fundos de Fundos	-	8	31	43	48	46	52	48
Fundos de Acções e Poupança Acções [1]	20	44	45	50	66	87	85	89
Total [2]	126	150	182	205	244	273	266	261
Número de Fundos em Actividade por Zona de Investimento								
FIM Nacionais [3]				189	218	128	121	120
FIM Zona Euro						66	77	72
FIM Internacionais				16	26	79	68	69
Peso da Amostra no Número de Fundos em Actividade								
Amostra [4]	14	18	19	21	24	25	17	17
[4]/[1]	70,0%	40,9%	42,2%	42,0%	36,4%	28,7%	20,0%	19,1%
[4]/[2]	11,1%	12,0%	10,4%	10,2%	9,8%	9,2%	6,4%	6,5%
[4]/[3]				11,1%	11,0%	19,5%	14,0%	14,2%
Evolução das Carteiras por Tipo de Fundo								
Fundos de Tesouraria	2.669	4.175	3.975	4.746	5.728	7.016	6.340	6.389
Fundos de Obrigações	6.245	5.202	7.008	4.875	7.524	6.842	5.706	5.768
Fundos Mistos e FPR	1.057	214	419	4.114	3.270	2.981	3.307	3.272
Fundos de Fundos	-	663	1.037	3.241	4.143	3.218	3.024	2.745
Fundos de Acções e Poupança Acções [5]	289	329	773	2.042	2.735	3.082	3.353	3.216
Total [6]	10.260	10.584	13.213	19.019	23.399	23.139	21.729	21.390
Evolução das Carteiras por Zona de Investimento								
FIM Nacionais [7]				18.598	22.661	7.750	7.606	7.269
FIM Zona Euro						10.398	11.520	11.647
FIM Internacionais				421	738	4.990	2.604	2.473
Peso da Amostra no Número de Fundos em Actividade								
Amostra [8]	126	90	318	1.215	1.404	951	558	495
[8]/[5]	43,6%	27,4%	41,2%	59,5%	51,3%	30,9%	16,6%	15,4%
[8]/[6]	1,2%	0,9%	2,4%	6,4%	6,0%	4,1%	2,6%	2,3%
[8]/[7]				6,5%	6,2%	12,3%	7,3%	6,8%

Obs.: Unidades monetárias em milhões de euros.
Fonte: APFIN e CMVM (Relatório da Situação Geral do Mercado, Edições de 1994, 1995 e 1996).

Esta tabela deixa claro que os fundos de acções e de poupança acções ao longo do período em análise ganharam um peso crescente no contexto dos fundos de investimento geridos em Portugal, inicialmente por força do crescimento dos fundos abertos de acções nacionais e, após a entrada em vigor da moeda única, devido ao aumento de expressão dos fundos de acções de emitentes residentes fora do país[331].

---

[331] Os fundos estudados não correspondem, indiscutivelmente, a um dos maiores segmentos da indústria nacional. Todavia, não só pelas características da amostra já anteriormente referidas, mas também pela circunstância de ser ao nível da gestão das carteiras de acções que a habilidade dos gestores mais deverá preocupar os participantes, os fundos de obrigações e os fundos

4.2.2 Definição de variáveis e de fontes de informação

(i) *Índices de Cotação*

No que respeita aos índices destinados a calcular os retornos do mercado, foram usados os seguintes: PSI Geral, PSI20TR e GM20. O índice PSI Geral (*ex*-BVL Geral) era calculado e divulgado pela BVL, ao passo que o índice PSI20TR era calculado e divulgado pela BDP[332]. O índice GM20 (Geral Menos 20), por sua vez, foi expressamente construído para os propósitos deste estudo e expressa a evolução das cotações dos títulos não incluídos no PSI20TR. A construção do índice GM20 visou obter um *benchmark* para as empresas de menor dimensão[333]. Uma das anomalias do CAPM amplamente documentadas na literatura corresponde ao excesso de retorno face ao respectivo risco obtido pelas pequenas empresas (Capítulo 3). Além disso, algumas das empresas têm um peso nos índices que excede a percentagem máxima que nos termos da legislação pode ser afecta por um fundo de investimento a um único activo[334/335]. Assim, não seria legalmente possível a um gestor de

---

de tesouraria seriam menos adequados aos fins que o estudo tem em vista. Além disso, os "fundos de poupança acções" (PPA), que aplicam um montante mínimo de 50% do seu valor em acções, não foram incluídos na análise porque conferem o acesso a benefícios fiscais aquando da sua constituição mas, em contrapartida, implicam um período de imobilização de 6 anos. Donde, as reacções a performances inferiores são (previsivelmente) moderadas pela perda de benefício fiscal e pelos custos de transferência de contas entre intermediários financeiros.

[332] O PSI20TR distingue-se do índice negociável PSI20 por, ao contrário deste, não acusar alterações de valor sempre que há distribuição de dividendos. Assim, o PSI20TR é na plenitude um índice de performance, razão pela qual foi usado em vez da outra versão mais conhecida. Todavia, sobre o método de cálculo dos índices da BVL e da BDP ver, respectivamente, Fonseca et al. (1991) e BDP (1997).

[333] Com efeito, no índice PSI20TR encontram-se representadas as maiores sociedades cotadas no mercado português, pelo que o índice GM20 pode ser visto como um índice do comportamento das empresas com menores capitalizações. Para que se tenha uma ideia deste fenómeno note-se, a título ilustrativo, que a carteira do índice PSI20TR representava no final do período de análise cerca de 89% da capitalização do total, apesar de apenas contemplar 34% do número de sociedades cotadas. Concomitantemente, o índice GM20 respeitava a 66% do número de sociedades e somente 11% da capitalização total.

[334] Nos termos do n.º 1 do artigo 43.º do Decreto-Lei n.º 276/94, de 2 de Novembro, nenhum fundo podia deter valores emitidos por uma mesma entidade que representem mais de 5% do seu valor global, admitindo o n.º 2 do mesmo artigo um limite de 10% desde que a soma dos

fundos replicar qualquer destes índices, aconselhando-se (também) por isso a inclusão da performance das empresas de menor dimensão na avaliação dos resultados obtidos pelos fundos de acções nacionais. A metodologia de cálculo e as características do índice GM20 encontram-se descritas no Apêndice C, aí se vendo, designadamente, que os índices usados apresentam uma elevada correlação entre si, bem como com o índice PSI30[336].

(*ii*) *Fluxos de Capitais*

Não dispondo de dados quanto ao montante das unidades de participação subscritas e resgatadas em cada período, apenas é possível aproximar a procura de cada um dos fundos em termos líquidos. A informação disponível para o efeito consiste no valor líquido global do fundo (VLG)[337] e no número de unidades de participação em circulação no final de cada mês (NUP)[338].

---

valores mobiliários que, por entidade emitente, excedessem 5% do valor global não ultrapassasse 40% do mesmo valor.

[335] Na data de conclusão do estudo, 6 empresas excediam o peso de 5% no índice PSI20TR e 5 verificavam o mesmo relativamente ao índice PSI Geral Além disso, as três maiores empresas representavam 46% da capitalização bolsista do PSI Geral e 52% da capitalização bolsista do índice de 20 títulos. Para as 5 maiores sociedades o índice de concentração era de, respectivamente, 58% e 65%.

[336] O índice PSI30 era calculado e divulgado pela BVL e incidia sobre uma amostra de 30 empresas seleccionadas trimestralmente. Presentemente, este índice não é objecto de cálculo.

[337] Até meados de 1994 não era reportado o *valor líquido global*, antes se procedendo à divulgação do valor global das aplicações e dos valores das compras e das vendas pendentes de liquidação. Para estes casos, o valor da carteira acrescido dos valores a receber por vendas efectuadas e deduzido dos valores a pagar por compras efectuadas foi usado como aproximação ao valor líquido global. Teoricamente, estes valores podem divergir por uma pequena diferença decorrente da circunstância de ao valor líquido global ser deduzido diariamente o montante das comissões (de gestão e de depósito) incidentes sobre o valor do fundo, as quais podem não ser instantaneamente repercutidas na carteira de aplicações.

[338] Até meados de 1994, por norma, não era reportado o NUP, pelo que para estes casos e para as demais situações em que (pontualmente) o seu valor não foi obtido procedeu-se à divisão do VLG pela cotação correspondente para obter implicitamente o NUP. Sempre que o fim do mês coincide com um dia feriado ou um fim de semana o valor do NUP implicitamente obtido pode divergir do verdadeiro valor do NUP pelo facto de o VLG se reportar ao último dia do mês, enquanto a cotação utilizada se reporta ao último dia útil do mesmo mês. Para controlar a

A primeira das medidas usadas consiste na variação do VLG de cada fundo deduzida da apreciação/depreciação dos activos do fundo. A apreciação/depreciação é calculada multiplicando o total dos activos líquidos do fundo no início do período pela taxa de retorno do fundo durante o período. A fórmula de cálculo do FC é a seguinte:

$$FC_t = VLG_t + D_t - VLG_{t-1}(1 + R_t) \qquad [4.1]$$

onde: VLG_t identifica o VLG, na data t, após a distribuição de rendimentos; D_t corresponde ao montante de rendimentos distribuídos; e R_t simboliza o retorno obtido pelo fundo entre t-1 e t[339]. Por sua vez, D_t e R_t foram apurados como se segue:

$$D_t = d_t NUP_t \qquad [4.2]$$

e

$$R_t = \frac{C_t + d_t - C_{t-1}}{C_{t-1}} \qquad [4.3]$$

A notação utilizada tem o seguinte significado: d_t é o montante de rendimento distribuído por unidade de participação; NUP_t é o número de unidades de participação em circulação a quem é distribuído o rendimento na data t; e C_{t-1} e C_t simbolizam o valor unitário de cada unidade de participação, respectivamente, nas datas t-1 e t.

A segunda medida usada consiste na relativização do FC dividindo o seu valor pelo VLG do fundo contabilizado no início do período. Ou

---

qualidade desta aproximação procedeu-se, para o período ulterior a Junho de 1994, ao confronto do valor divulgado do NUP com o valor implícito no confronto das cotações do final do mês e o VLG tendo-se obtido coeficientes de correlação com um valor médio de 0,9995, o que demonstra a elevada aproximação entre o NUP e o NUP implícito.

[339] A presente fórmula, tal como as duas que se lhe seguem, assume que a distribuição de rendimentos ocorre na data t. Todavia, na prática, com períodos mensais, a distribuição de rendimentos pode ocorrer entre t-1 e t. Este facto obriga à adaptação das fórmulas de cálculo, mediante a capitalização do montante de rendimentos distribuídos até ao final do mês.

seja, notando a nova medida por FCN (fluxo de capitais normalizado), o seu calculo é apurado do seguinte modo:

$$FCN_t = \frac{FC_t}{VLG_{t-1}} . \qquad [4.4]$$

Gruber (1996), que utiliza uma medida análoga à constante da expressão [4.1] e a medida relativa constante da equação [4.4], afirma que a primeira favorece os maiores fundos que tendem a ter maiores *cash flows* absolutos sem relação com a performance, enquanto a segunda tende a ampliar os resultados para os fundos com menor dimensão[340]. Na realidade assim é: quanto menor o denominador da expressão [4.4] maior o FCN por cada unidade monetária que aflua ao fundo. Donde, é importante utilizar ambas. A utilização exclusiva da primeira poderia ocultar a reacção dos clientes dos grandes fundos, do mesmo modo que a utilização exclusiva da segunda poderia induzir a uma excessiva valorização da reacção dos clientes dos fundos menores.

Além das duas medidas descritas será utilizada uma terceira. Trata-se da taxa de crescimento do número de unidades de participação (FUN), apurada como se segue:

$$FUN_t = \frac{NUP_t - NUP_{t-1}}{NUP_{t-1}} . \qquad [4.5]$$

Tanto o FCN como o FUN são taxas de crescimento do fundo após dedução do efeito da valorização dos activos. Acontece, porém, que FCN valoriza os capitais entrados entre as datas t e t-1 aos preços de t, os quais, por sua vez têm implícita a valorização dos activos em carteira durante o período. Há, pois, um certo efeito valorização nesta medida, o mesmo não acontecendo com FUN, sendo esta medida totalmente imune à evolução dos preços dos activos dentro de cada mês[341].

---

[340] FCN é utilizada em muitos outros estudos para medir os fluxos de investimento dos fundos (*vide*, por exemplo, Ippolito (1992), Sirri e Tufano (1998) e Zheng (1999)).

[341] A demonstração deste resultado não é reportada.

A lógica presente no tratamento das fusões entre fundos igualmente visou garantir que FC, FCN e FUN apenas reflictam as variações da procura. Assim, assumiu-se que os titulares de unidades de participação no final do mês anterior ao mês da fusão conservaram essas unidades até à data da fusão, tendo nessa altura sido trocadas por unidades de participação do fundo incorporante.

(iii) Procura por Fundos de Fundos

Na medida em que se pretende estudar a reacção dos clientes dos fundos de acções nacionais à performance por estes exibida, importa isolar a reacção dos clientes sobre os quais a sociedade gestora tenha domínio ou influência. É o caso dos *fundos de fundos*[342]. Com efeito, uma sociedade gestora poderá atenuar uma reacção negativa dos clientes dos fundos de acções por si geridos, mediante a utilização de recursos captados através da comercialização de fundos de fundos. Do mesmo modo, reacções a performances positivas podem ser atenuadas ou exageradas. Donde, no intuito de isolar este fenómeno procedeu-se à análise das carteiras da totalidade dos fundos de fundos existentes em Portugal, desde o aparecimento desta categoria de fundos (primeiro semestre de 1995)[343].

---

[342] Fundos cujo património é composto apenas por participações em outros fundos mobiliários e liquidez.

[343] A identificação dos fundos de fundos foi realizada com base na publicação da APFIN. No total encontraram-se 73 fundos de fundos, dos quais apenas 7 respeitavam a sociedades gestoras sem fundos incluídos na amostra. Assim, foram analisadas as carteiras publicadas mensalmente por 66 fundos de fundos. Apenas dois dos fundos de acções nacionais integrados na amostra foram sempre geridos por sociedades gestoras integradas em grupos onde não havia fundos de fundos.

TABELA 4.3 – PESO DAS POSIÇÕES MENSAIS DE FUNDOS DE FUNDOS
DO MESMO GRUPO EM CADA UM DOS FUNDOS DA AMOSTRA

Fundo	Média	Máximo	D-Padrão	Fundo	Média	Máximo	D-Padrão
F1	27,0%	48,6%	9,5%	F16	28,5%	56,5%	17,7%
F2	0,0%	0,0%	0,0%	F17	6,0%	13,5%	5,3%
F3	18,4%	51,2%	19,0%	F18	0,0%	0,0%	0,0%
F4	0,0%	0,0%	0,0%	F19	5,5%	29,6%	10,3%
F5	8,4%	45,2%	11,1%	F20	17,0%	54,5%	18,6%
F6	5,4%	13,1%	5,8%	F21	0,0%	0,0%	0,0%
F7	8,0%	18,2%	7,0%	F22	0,0%	0,0%	0,0%
F8	5,8%	22,4%	6,4%	F23	9,3%	39,2%	13,2%
F9	0,9%	19,1%	3,8%	F24	1,1%	2,3%	0,5%
F10	5,2%	13,4%	2,9%	F25	0,0%	0,0%	0,0%
F11	18,5%	35,7%	11,0%	F26	0,1%	1,0%	0,3%
F12	20,9%	54,7%	15,4%	F27	9,1%	29,9%	10,7%
F13	2,2%	20,7%	5,6%	F28	10,5%	29,5%	11,2%
F14	0,9%	11,5%	2,9%	F29	10,2%	31,5%	10,2%
F15	4,1%	31,6%	8,2%	F30	3,8%	15,7%	6,6%

Com este procedimento obtiveram-se duas versões das variáveis que medem a evolução do fluxo líquido de capitais. Uma *primeira* integra a totalidade dos dados. Uma *segunda* versão deduz aos fluxos totais as compras líquidas das vendas realizadas por fundos de fundos do mesmo grupo[344]. Este exercício revelou-se de importância crucial porquanto o peso dos fundos de fundos chega a ser superior a 50 por cento (ver Tabela 4.3). Donde, quaisquer conclusões quanto à reacção dos clientes à performance poderiam ser enviesadas sem o conhecimento da evolução das carteiras dos fundos de fundos.

(iv) Fontes de Informação

A cotação diária de cada fundo, as datas e os montantes dos rendimentos distribuídos foram extraídos do Dathis[345]. Os valores foram confirmados

---

[344] A procura de fundos da amostra por fundos de fundos de outra sociedade gestora do mesmo grupo não tem expressão relevante, razão pela qual se optou por não autonomizar uma terceira versão que consistiria em deduzir apenas as posições detidas pelos fundos de fundos da mesma sociedade gestora.

[345] Serviço de difusão de informação financeira e de bolsa da Euronext Lisbon.

mediante análise do Boletim de Cotações da Bolsa[346]. Em termos da taxa de juro isenta de risco, foi utilizada como aproximação a taxa de oferta de fundos no mercado interbancário de Lisboa a 3 meses (Lisbor 3M), tendo os valores respectivos sido obtidos no Dathis[347]. Os valores diários e as capitalizações bolsistas dos índices PSI Geral, PSI20TR e PSI30 obtiveram-se junto da Euronext Lisbon. O GM20 foi calculado pelo autor deste estudo.

A informação relativa a cada uma das sociedades cotadas no MCO provém de três fontes: do Dathis; das publicações editadas pela Bolsa de Lisboa com a informação contabilística anual; e do Boletim de Cotações da mesma bolsa. Do Dathis foram extraídas as séries de cotações e as séries de cotações ajustadas de acidentes técnicos[348]. Foi ainda desta fonte que foi obtida a quantidade de acções emitidas, bem como os elementos contabilísticos. As publicações anuais serviram para validar a informação contabilística anual extraída do Dathis e para suprir as lacunas existentes. O Boletim de Cotações desempenhou idêntico papel relativamente às contas semestrais.

A informação sobre as comissões cobradas por cada fundo foram obtidas por consulta aos regulamentos de gestão publicados no Boletim de

---

[346] No caso da cotação dos fundos a confirmação foi amostral e aleatória.

[347] A utilização desta taxa tem por base os seguintes fundamentos: (*i*) não existe em Portugal um mercado de bilhetes do Tesouro, onde expressamente se defina a taxa de juro de financiamento de curto prazo do Estado português; (*ii*) a utilização de taxas de juro implícitas em dívida pública de médio ou longo prazo implicaria a consideração de um prémio de prazo que não se pretende incluído no modelo de avaliação; (*iii*) o mercado secundário de obrigações do tesouro com um prazo de vida reduzido está sujeito à contingência de haver períodos em que não há elementos informativos suficientes, além de incorporar o risco de reinvestimento do cupão; (*iv*) ao presente estudo não importa o valor absoluto da Lisbor 3M mas a sua taxa de rendibilidade diária, pelo que se se considerar que o prémio de risco do sistema bancário não se altera (significativamente) de um dia para outro, a taxa de rendibilidade obtida exprime com grande fiabilidade exclusivamente o valor temporal do dinheiro; e (*v*) podem interpretar-se os modelos de avaliação usados como versões beta zero em vez de uma versão *standard* (ver Capítulo 3).

[348] Quando uma sociedade dispunha de mais do que uma categoria de acções cotadas optou-se pela série de cotações das acções que conferiam mais direitos aos accionistas. Por exemplo, se uma empresa tinha cotadas acções ordinárias e acções preferenciais sem voto optou-se pelas acções com direito ao voto.

Cotações. Foi esta igualmente a fonte dos elementos contabílisticos das sociedades gestoras, ainda que estes tenham sido completados por consulta à CMVM. As informações sobre os bancos foram obtidas através do Boletim Informativo da Associação Portuguesa de Bancos.

4.3 ANÁLISE DA PERFORMANCE GLOBAL

4.3.1 PERFORMANCE NÃO PONDERADA PELO RISCO

O primeiro exercício efectuado consistiu em calcular os retornos dos fundos sem proceder ao ajustamento em função do diferencial de exposição de cada fundo ao risco. Em concreto, procedeu-se ao cálculo dos retornos simples diários (SR), dos retornos contínuos diários (CR)[349], do valor acumulado dos retornos simples (CSR), do valor acumulado dos retornos contínuos (CCR), bem como do retorno acumulado correspondente a uma estratégia "comprar e manter" (*buy-and-hold*), tanto em termos dos retornos simples (BHSR), como em termos dos retornos contínuos (BHCR). Os valores obtidos denotam uma grande variabilidade de resultados, factor de sobremaneira importante quando está em causa apurar a resposta dos clientes à performance[350].

Os fundos de investimento estiveram sujeitos de modo diverso à conjuntura do mercado. Donde, importa relativizar o desempenho de cada fundo face à performance do mercado. Assim, foi apurada a diferença diária entre os retornos de cada um dos fundos e o retorno do

---

[349] Os retornos diários de cada um dos fundos foram calculados em termos simples (SR) e em termos contínuos (CR), de acordo com as fórmulas que se seguem:

$$ SR_{i,t} = \frac{P_{i,t} + D_{i,t}}{P_{i,t-1}} - 1 \qquad [4.6] \qquad e, \qquad CR_{i,t} = \ln\left[\frac{P_{i,t} + D_{i,t}}{P_{i,t-1}}\right] \qquad [4.7] $$

onde $P_{i,t}$ representa o valor da unidade de participação do fundo i na data t, $P_{i,t-1}$ tem idêntico significado para a data t-1 e $D_{i,t}$ representa o rendimento distribuído na data t pelo fundo i.

[350] Resultados não reportados.

índice PSI Geral[351]. O valor acumulado deu origem às variáveis CAbSR (*Cumulative Abnormal Simple Return*) e CAbCR (*Cumulative Abnormal Continuous Return*). Finalmente, calcularam-se também as variáveis BHAbSR (*Buy-and-Hold Abnormal Simple Return*) e BHAbCR (*Buy--and-Hold Abnormal Continuous Return*), que correspondem à diferença entre o valor acumulado, supondo a "capitalização", do retorno diário (simples ou contínuo) de cada um dos fundos e o valor acumulado, igualmente em termos *buy-and-hold*, do retorno diário do índice PSI Geral. Este exercício é (parcialmente) reportado no Gráfico 4.3[352].

GRÁFICO 4.3 – MÉDIA MENSAL DO EXCESSO DE RETORNO DIÁRIO DE CADA FUNDO FACE AO ÍNDICE DE COTAÇÕES PSI GERAL (EM TERMOS DE RETORNO CONTÍNUO)

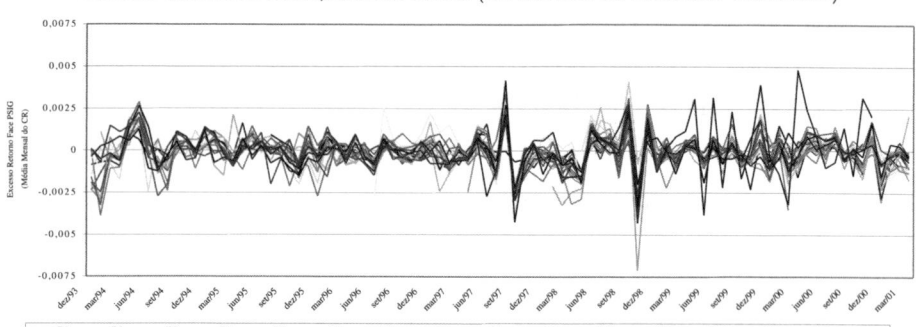

Este gráfico confirma a ideia de que existe uma grande diversidade de comportamento, tanto de fundo para fundo, como ao longo do tempo. É notório que a partir de meados de 1997 se verificam maiores discrepâncias face ao índice de cotações do que na primeira parte da amostra,

---

[351] Idêntico exercício foi realizado aproximando o retorno do mercado pelos demais índices usados embora não se reportem os resultados dado não se terem detectado alterações relevantes.

[352] A totalidade da informação obtida (não reportada) permite ver que, se confrontados os retornos diários de cada fundo com os retornos diários do índice PSI Geral, apenas 6 fundos (F10, F14, F16, F21, F26 e F28) apresentam valores médios positivos. Todos os demais fundos apresentaram, em média, retornos inferiores ao índice PSI Geral. Do lado dos fundos que obtiveram maiores retornos que o índice devem salientar-se F10, F26 e F28 que bateram o índice PSI Geral em mais de 20 pontos percentuais, se considerada a variável CAbsSR. De entre os fundos que obtiveram retornos inferiores ao índice, alguns apresentam retornos acumulados negativos muito expressivos. Os fundos F4, F13 e F18 perderam mais de 35 pontos percentuais face ao índice.

do mesmo modo que é visível que alguns fundos por vezes obtêm performances fortemente negativas, enquanto outros obtêm noutras ocasiões rendibilidades que se afastam muito positivamente dos retornos obtidos pelo índice.

4.3.2 PERFORMANCE PONDERADA PELO RISCO

4.3.2.1 MEDIDAS DE PERFORMANCE

Em termos das medidas de performance ajustadas ao risco – num primeiro exercício – foram usados os seis modelos que se seguem:

M1: $R_{it} = \alpha^1_i + \beta^1_i PSIG_t + \varepsilon^1_{it}$

   [4.10]

M2: $R_{it} = \alpha^2_i + \beta^2_i PSI20TR_t + \varepsilon^2_{it}$

   [4.11]

M3: $R_{it} = \alpha^3_i + \beta^3_i GM20_t + \varepsilon^3_{it}$

   [4.12]

M4: $R_{it} = \alpha^4_i + \beta^4_i PSIG_t + h^4_i (GM20_t - PSI20TR_t) + \varepsilon^4_{it}$

   [4.13]

M5: $R_{it} = \alpha^5_i + \beta^5_i PSIG_t + h^5_i HML_t + s^5_i SMB_t + g^5_i WML_t + \varepsilon^5_{it}$

   [4.14]

M6: $R_{it} = \alpha^6_i + \beta^6_i PSI20TR_t + h^6_i HML_t + s^6_i SMB_t + g^6_i WML_t + \varepsilon^6_{it}$

   [4.15]

onde: (*i*) α^j_i mede a performance do fundo i (i=1,..., n) de acordo com o modelo j (j = 1, 2,..., 6); (*ii*) PSIG, PSI20TR e GM20 são o excesso de retorno contínuo diário, face à Lisbor 3M, respectivamente, dos índices PSI Geral, PSI20TR e GM20; (*iii*) HML_t, SMB_t e WML_t são variáveis com o significado que adiante se explicitará; (*iv*) ε^j_{it} é o termo de perturbação aleatória do modelo j; (*v*) os demais parâmetros são os coeficientes das variáveis explicativas.

M1, M2 e M3 têm implícito o CAPM como modelo de equilíbrio e a medida de performance equivale ao alfa de Jensen. M4, por sua vez, corresponde a uma abordagem APT em que se usam como factores de geração dos retornos, além dos retornos do mercado captados pelo índice PSI Geral, o diferencial de retorno entre as empresas de menor e de maior dimensão apurado pela diferença de retorno entre o índice GM20 e o índice PSI20TR. Por fim, M5 e M6 correspondem ao modelo de Fama e French (1993) para acções, acrescido de um factor destinado a captar o efeito "momentum" evidenciado por Jegadeesh e Titman (1993)[353]. Trata-se, pois, do modelo proposto por Carhart (1997) para aferir a performance de fundos de investimento[354].

A variável HML (*high minus low*) pretende quantificar o efeito *book--to-market* e corresponde ao retorno de uma carteira longa em *high B/M stocks* e curta em *low B/M stocks*, mantendo os outros atributos constantes; SMB (*small minus big*) procura medir o efeito dimensão, e corresponde ao retorno de uma carteira longa em *small caps* e curta em *big caps*, mantendo os outros atributos constantes; WML (*winer minus loser*), por fim, procura medir o efeito *momentum*, sendo por isso o retorno de uma carteira longa em *stock winners* e curta em recentes *losers*, mantendo os outros atributos constantes.

No cálculo destes factores usou-se a metodologia de Alves e Mendes (2003) a qual, por sua vez, é análoga à usada por Liew e Vassalou (2000). O método usado consistiu em dividir a totalidade das empresas admitidas ao MCO mediante um processo de três etapas. Num primeiro passo, as empresas foram ordenadas desde o mais alto para o mais baixo B/M, criando por isso dois grupos (H e L)[355]. Num segundo momento, dentro de cada um dos grupos criados as acções foram ordenadas em

---

[353] A diferença entre [4.14] e [4.15] reside apenas no referencial de mercado usado: o índice PSI Geral no primeiro caso e o índice PSI20TR no segundo caso.

[354] Este modelo, acrescido de uma variável *dummy* destinada a apurar o efeito Janeiro, foi aplicado por Alves e Mendes (2003) ao mercado de acções português.

[355] O rácio *book-to-market* foi calculado dividindo o capital próprio de cada sociedade pela respectiva capitalização bolsista. A capitalização bolsista, por sua vez, foi sempre calculada considerando a totalidade das acções emitidas (e não apenas das acções admitidas à cotação) em ordem a evitar enviezamentos decorrentes, por exemplo, do faseamento das privatizações.

face da sua capitalização bolsista, dando origem a 4 carteiras (HS, HB, LS e LB). Em seguida, dentro de cada um destes quatro grupos, as acções foram divididas em função do retorno acumulado no ano antecedente. Obtiveram-se assim 8 carteiras (HSW, HSL, HBW, HBL, LSW, LSL, LBW e LBL)[356] [357]. Por fim, as séries de retorno foram apuradas do modo que segue:

HML = ¼ * [(HSL-LSL) + (HSW-LSW) + (HBL-LBL) + (HBW-LBW)];   [4.16]

SMB = ¼ * [(HSL-HBL) + (HSW-HBW) + (LSL-LBL) + (LSW-LBW)];   [4.17]

WML =¼ * [(HSW-HSL) + (HBW-HBL) + (LSW-LSL) + (LBW-LBL)].   [4.18]

Os factores de retorno foram calculados para rebalanceamentos tri-mestrais e semestrais[358]. Em ordem a garantir que o rácio *book-to-market* de cada sociedade era conhecido do mercado, utilizaram-se sempre os dados com pelo menos seis meses de desfasamento. Quanto às capitali-zações, foi usado o valor do próprio dia por ser um valor conhecido instantaneamente. No que respeita ao cálculo do retorno contínuo acu-mulado (CCR), excluiu-se sempre o retorno do mês mais recente de modo a eliminar problemas associados com a microestrutura (Asness (1995))[359].

---

[356] Em cada "ordenação" as diferentes acções eram integradas num ou noutro grupo consoante apresentassem, para a variável relevante, valor superior ou inferior à mediana. Sempre que uma acção apresentava um valor igual à mediana foi incluída no grupo dos valores superiores à mediana se esta excedia a média ou no grupo inferior à mediana em caso contrário.

[357] Liew e Vassalou (2000) criaram três portfólios por cada "sort", originando 27 portfólios. Dado o reduzido tamanho do mercado português, idêntico critério conduziria a portfólios com apenas dois títulos.

[358] As carteiras trimestrais foram rebalanceadas no final de Março, Junho, Setembro e Dezembro de cada ano, enquanto as carteiras semestrais foram rebalanceadas no final de Junho e de Dezembro.

[359] Assim, por exemplo, em Junho do ano t usaram-se os retornos de 1 de Junho de t-1 a 31 de Maio de t.

A desvantagem de usar rebalanceamentos sequenciais é a eventualidade de os resultados serem sensíveis à ordem usada. Não é, porém, aconselhável usar ordenações independentes – como fizeram Fama e French (1993) e Carhart (1997) – uma vez que dada a reduzida dimensão do mercado português dificilmente se conseguirão separar os efeitos dos diferentes factores. Donde, optou-se por repetir o processo 24 vezes, alterando a ordem de realização dos "sorts" e considerando diferentes periodicidades de rebalanceamento, bem como dois métodos alternativos de ponderação do peso de cada activo (*"market value weight-MVW"* e *"equal weight-EW"*). Além disso, foram apuradas a média geral (C29) e médias parcelares (C25, C26, C27 e C28) a partir de cada um dos grupos de critérios. A Tabela 4.4 resume os diferentes critérios usados[360].

TABELA 4.4 – SÍNTESE DOS CRITÉRIOS DE CONSTRUÇÃO DAS SÉRIES DE FACTORES DE RETORNO

Critério	Ordem de Rebalanceamento	Período de Rebalanceamento	Critério de Ponderação	Critério	Ordem de Rebalanceamento	Período de Rebalanceamento	Critério de Ponderação
C1	B/M; MV; CCR	Trimestral	MVW	C13	MV; CCR; B/M	Trimestral	MVW
C2	B/M; MV; CCR	Trimestral	EW	C14	MV; CCR; B/M	Trimestral	EW
C3	B/M; MV; CCR	Semestral	MVW	C15	MV; CCR; B/M	Semestral	MVW
C4	B/M; MV; CCR	Semestral	EW	C16	MV; CCR; B/M	Semestral	EW
C5	B/M; CCR; MV	Trimestral	MVW	C17	CCR; B/M; MV	Trimestral	MVW
C6	B/M; CCR; MV	Trimestral	EW	C18	CCR; B/M; MV	Trimestral	EW
C7	B/M; CCR; MV	Semestral	MVW	C19	CCR; B/M; MV	Semestral	MVW
C8	B/M; CCR; MV	Semestral	EW	C20	CCR; B/M; MV	Semestral	EW
C9	MV; CCR; B/M	Trimestral	MVW	C21	CCR; MV; B/M	Trimestral	MVW
C10	MV; B/M; CCR	Trimestral	EW	C22	CCR; MV; B/M	Trimestral	EW
C11	MV; B/M; CCR	Semestral	MVW	C23	CCR; MV; B/M	Semestral	MVW
C12	MV; B/M; CCR	Semestral	EW	C24	CCR; MV; B/M	Semestral	EW
C25	média de C1, C5, C9, C13, C17 e C21						
C26	média de C2, C6, C10, C14, C18 e C22			Obs:			
C27	média de C3, C7, C11, C15, C19 e C23			B/M: Capital Próprio/Capitalização Bolsista			
C28	média de C4, C8, C12, C16, C20 e C24			MV: Capitalização Bolsista			
C29	média de C1 a C24			CCR: Retornos Acumulados Contínuos			

A questão que se coloca por fim é a selecção do critério a utilizar. Alves e Mendes (2003) concluíram que há uma maior consistência quando se utilizam os critérios C25 e C27: ambos as vias minimizavam o efeito do critério de ordenação sobre as estimativas obtidas. Todavia, aqueles autores calcularam a performance para acções individualmente consideradas, pelo que importa, agora, averiguar qual o critério mais

---

[360] Esta tabela constitui uma reprodução de tabela idêntica constante de Alves e Mendes (2003).

adequado à análise da performance de (carteiras de) fundos de investimento. De igual modo é necessário averiguar a sensibilidade das medidas de performance aos diferentes modelos (M1 a M6), matéria a que igualmente se reporta o ponto seguinte.

4.3.2.2 Sensibilidade a diferentes critérios e modelos

(i) Análise para um dado período e uma dada sub-amostra

Em ordem a testar a sensibilidade da performance dos fundos ao critério de cálculo dos factores SMB, HML e WML, procedeu-se à estimativa do modelo M5 para a totalidade dos fundos constantes da amostra no período de 1 de Outubro de 1998 a 30 de Setembro de 1999. Optou-se, pois, por um período de um ano completo em ordem a prevenir eventuais problemas de sazonalidade[361]. Fizeram parte do teste um total de 25 fundos, dos quais um apenas integrou a amostra nos últimos 8 meses do ano. No total, efectuaram-se 725 regressões[362] usando os retornos diários contínuos (CR)[363].

---

[361] Este ano foi escolhido em resultado da aplicação, sucessiva, dos três critérios seguintes: (*i*) maximizar o número de fundos que permanecia na amostra durante todos os 12 meses; (*ii*) maximizar o número de fundos que seria objecto do teste, incluindo aqueles que não integraram a amostra na totalidade do ano; (*iii*) maximizar o número de observações da amostra, apurado este multiplicando o número de fundos da amostra em cada ano pelo número de dias que esse fundo permaneceu na amostra durante esse ano.

[362] Com efeito, cada um dos 25 fundos foi objecto de regressão por cada um dos 29 critérios.

[363] Todas as estimativas e demais cálculos econométricos constantes deste estudo foram obtidas com auxílio do programa estatístico EViews 3.1.

TABELA 4.5 – COEFICIENTES DE CORRELAÇÃO LINEAR ENTRE AS ESTIMATIVAS DOS ALFAS, COEFICIENTES DE CORRELAÇÃO DE SPEARMAN ENTRE OS RANKINGS DAS ESTIMATIVAS DOS ALFAS, E COEFICIENTES DE DETERMINAÇÃO AJUSTADOS DAS REGRESSÕES DOS DIFERENTES CRITÉRIOS DE CONSTRUÇÃO DAS SÉRIES

	C1	C2	C3	C4	C5	C6	C7	C8	C9	C10	C11	C12	C13	C14	C15	C16	C17	C18	C19	C20	C21	C22	C23	C24	C25	C26	C27	C28	C29
Coeficientes de Correlação Linear																													
C1	1	0,97	0,96	0,98	0,91	0,93	0,86	0,97	0,99	0,96	0,95	0,95	0,99	0,96	0,97	0,98	0,88	0,94	0,97	0,94	0,98	0,98	0,99	0,99	0,95	0,99	0,96	0,95	0,96
C2	0,98	1	1,00	1,00	0,98	0,99	0,96	1,00	0,99	0,89	0,99	0,99	0,93	0,88	0,89	0,99	0,97	0,99	0,99	0,99	0,99	0,97	0,96	0,98	1,00	0,99	1,00	1,00	1,00
C3	0,99	0,99	1	0,99	0,98	0,99	0,97	1,00	0,99	0,87	1,00	0,99	0,93	0,86	0,88	0,99	0,97	0,99	0,99	1,00	0,99	0,97	0,95	0,98	1,00	0,98	1,00	1,00	1,00
C4	0,99	0,99	1,00	1	0,96	0,98	0,93	0,99	1,00	0,92	0,98	0,98	0,96	0,91	0,92	1,00	0,94	0,98	0,99	0,98	0,98	0,98	0,99	0,99	0,99	0,99	0,99	0,99	0,99
C5	0,94	0,98	0,98	0,97	1	0,96	0,98	0,98	0,95	0,79	0,98	0,99	0,86	0,78	0,79	0,96	0,98	0,99	0,97	0,96	0,93	0,89	0,94	0,99	0,95	0,98	0,99	0,99	0,98
C6	0,95	0,99	0,98	0,97	1,00	1	0,98	0,99	0,97	0,83	0,99	0,98	0,88	0,81	0,82	0,97	0,99	0,99	0,98	1,00	0,97	0,94	0,91	0,96	0,99	0,96	0,99	0,99	0,99
C7	0,94	0,98	0,97	0,96	0,99	0,99	1	0,96	0,92	0,72	0,97	0,96	0,80	0,71	0,73	0,93	1,00	0,97	0,94	0,97	0,94	0,90	0,85	0,90	0,97	0,90	0,97	0,96	0,96
C8	0,98	1,00	0,99	0,99	0,98	0,99	0,98	1	0,99	0,88	0,99	0,99	0,93	0,87	0,89	0,99	0,97	0,99	0,99	0,99	0,99	0,97	0,95	0,98	1,00	0,98	1,00	0,99	1,00
C9	0,99	0,99	0,99	0,99	0,96	0,98	0,98	0,98	1	0,93	0,99	0,98	0,97	0,92	0,93	1,00	0,94	0,98	0,98	0,99	0,99	0,99	0,99	0,99	0,99	0,99	0,99	0,99	0,99
C10	0,93	0,88	0,89	0,91	0,82	0,83	0,80	0,88	0,91	1	0,85	0,86	0,98	0,99	0,98	0,92	0,75	0,84	0,91	0,84	0,90	0,92	0,97	0,95	0,85	0,95	0,87	0,87	0,88
C11	0,97	0,99	0,99	0,99	0,99	0,98	0,98	0,99	0,98	0,86	1	0,99	0,91	0,84	0,86	0,98	0,98	0,99	0,99	1,00	0,99	0,96	0,94	0,97	1,00	0,97	1,00	0,99	1,00
C12	0,96	0,98	0,98	0,98	0,99	0,98	0,97	0,98	0,97	0,85	0,99	1	0,90	0,84	0,85	0,98	0,98	0,99	0,99	1,00	0,98	0,96	0,93	0,97	0,99	0,97	0,99	1,00	0,99
C13	0,97	0,93	0,94	0,95	0,89	0,90	0,88	0,93	0,94	0,94	0,92	0,90	1	0,98	0,99	0,96	0,82	0,90	0,95	0,90	0,95	0,95	0,99	0,97	0,92	0,91	0,93	0,92	0,93
C14	0,92	0,87	0,88	0,89	0,81	0,82	0,80	0,87	0,89	0,98	0,85	0,83	0,96	1	0,99	0,91	0,73	0,83	0,89	0,83	0,90	0,91	0,97	0,93	0,84	0,93	0,86	0,85	0,87
C15	0,92	0,87	0,88	0,89	0,81	0,82	0,81	0,87	0,89	0,97	0,85	0,83	0,96	0,99	1	0,92	0,75	0,84	0,91	0,84	0,91	0,92	0,97	0,94	0,86	0,94	0,87	0,86	0,88
C16	0,99	1,00	1,00	1,00	0,97	0,97	0,96	0,99	0,99	0,90	0,99	0,99	0,94	0,89	0,89	1	0,94	0,98	0,99	0,98	0,99	0,98	0,99	0,99	0,99	0,99	0,99	0,99	0,97
C17	0,95	0,98	0,98	0,97	0,99	0,99	0,98	0,98	0,96	0,82	0,99	0,99	0,89	0,81	0,81	0,97	1	0,98	0,96	0,98	0,95	0,91	0,87	0,92	0,98	0,92	0,98	0,97	0,97
C18	0,95	0,98	0,98	0,97	0,99	0,99	0,98	0,98	0,95	0,83	0,98	0,98	0,91	0,82	0,82	0,97	0,98	1	0,98	1,00	0,95	0,93	0,96	0,99	0,97	1,00	0,97	1,00	0,99
C19	0,98	0,98	0,99	0,99	0,96	0,96	0,94	0,98	0,99	0,91	0,98	0,98	0,93	0,88	0,88	0,99	0,96	0,96	1	0,99	0,99	0,99	0,97	0,99	0,99	0,99	0,99	0,99	0,99
C20	0,96	0,98	0,99	0,99	0,98	0,97	0,97	0,98	0,97	0,86	1,00	1,00	0,91	0,84	0,84	0,98	0,99	0,99	0,96	1	0,98	0,96	0,93	0,97	1,00	0,97	1,00	1,00	0,99
C21	0,98	0,98	0,99	0,99	0,96	0,96	0,95	0,98	1,00	0,90	0,98	0,98	0,93	0,88	0,88	0,99	0,97	0,96	0,99	0,98	1	0,97	0,98	0,99	0,98	0,99	0,98	0,98	0,99
C22	0,98	0,97	0,98	0,99	0,94	0,94	0,93	0,97	0,99	0,93	0,96	0,96	0,95	0,90	0,90	0,99	0,95	0,95	0,98	0,97	1	0,96	0,98	0,99	0,97	0,98	0,97	0,97	0,97
C23	0,98	0,95	0,96	0,97	0,90	0,91	0,89	0,94	0,97	0,95	0,94	0,94	0,96	0,93	0,92	0,97	0,91	0,92	0,97	0,94	0,97	1	0,98	0,94	0,98	0,95	0,94	0,95
C24	0,98	0,98	0,98	0,98	0,99	0,97	0,99	0,92	0,97	0,94	0,90	0,90	0,99	0,95	0,96	0,99	0,99	0,98	0,98	0,99	0,98	1	0,97	1,00	0,97	0,99	0,99
C25	0,98	0,99	0,99	0,98	0,99	0,99	0,95	1,00	0,99	0,85	1,00	0,99	0,94	0,84	0,84	0,98	0,99	0,97	0,99	1,00	0,98	0,97	0,93	0,97	1	0,97	1,00	0,99	1,00
C26	0,98	0,98	0,99	0,99	0,96	0,96	0,95	0,98	0,99	0,92	0,98	0,97	0,95	0,90	0,90	0,99	0,95	0,96	0,99	0,97	0,99	0,97	0,99	0,98	0,97	1	0,98	0,98	0,99
C27	0,98	0,99	1,00	0,99	0,98	0,98	0,98	0,99	0,99	0,86	1,00	0,99	0,92	0,86	0,86	0,99	0,99	0,99	0,99	0,99	0,98	0,99	0,94	0,97	1,00	0,98	1	0,99	1,00
C28	0,98	0,99	0,99	0,99	0,99	0,99	0,97	0,99	0,99	0,88	0,99	0,99	0,92	0,86	0,86	0,99	0,98	0,98	0,98	0,98	0,98	0,95	0,98	0,99	0,98	1	1,00
C29	0,98	0,99	0,99	0,99	0,99	0,98	0,99	0,99	0,88	0,99	0,99	0,92	0,86	0,86	0,99	0,98	0,98	0,98	0,98	0,98	0,95	0,98	0,99	0,99	0,99	1,00	1

Coeficientes de Correlação Linear

| Média | 0,96 | 0,97 | 0,97 | 0,98 | 0,95 | 0,96 | 0,92 | 0,97 | 0,97 | 0,89 | 0,97 | 0,97 | 0,93 | 0,88 | 0,89 | 0,97 | 0,96 | 0,98 | 0,98 | 0,97 | 0,98 | 0,96 | 0,95 | 0,97 | 0,97 | 0,97 | 0,97 | 0,97 | 0,97 |
| Mín. | 0,86 | 0,88 | 0,86 | 0,91 | 0,78 | 0,81 | 0,71 | 0,87 | 0,92 | 0,72 | 0,84 | 0,84 | 0,80 | 0,71 | 0,73 | 0,91 | 0,73 | 0,83 | 0,89 | 0,83 | 0,90 | 0,85 | 0,90 | 0,84 | 0,90 | 0,86 | 0,85 | 0,86 | |

Coeficientes de Correlação de Spearman

| Média | 0,97 | 0,97 | 0,97 | 0,97 | 0,95 | 0,96 | 0,94 | 0,97 | 0,97 | 0,89 | 0,97 | 0,96 | 0,93 | 0,88 | 0,88 | 0,97 | 0,96 | 0,95 | 0,97 | 0,96 | 0,97 | 0,96 | 0,97 | 0,96 | 0,97 | 0,96 | 0,97 | 0,97 | 0,97 |
| Mín. | 0,92 | 0,87 | 0,88 | 0,89 | 0,81 | 0,82 | 0,80 | 0,87 | 0,89 | 0,80 | 0,85 | 0,83 | 0,88 | 0,80 | 0,81 | 0,89 | 0,81 | 0,82 | 0,88 | 0,84 | 0,88 | 0,87 | 0,89 | 0,84 | 0,89 | 0,86 | 0,86 | 0,86 | |

Coeficientes de Determinação Ajustados (R^2 Ajustado)

Média	0,78	0,77	0,78	0,77	0,78	0,77	0,78	0,77	0,78	0,77	0,78	0,77	0,78	0,77	0,79	0,77	0,79	0,78	0,79	0,77	0,78	0,78	0,78	0,77	0,78	0,78	0,79	0,77	0,78
Máx.	0,99	0,99	0,99	0,99	0,99	0,99	0,99	0,99	0,99	0,99	0,99	0,99	0,99	0,99	0,99	0,99	0,99	0,99	0,99	0,99	0,99	0,99	0,99	0,99	0,99	0,99	0,99	0,99	0,99
Mín.	0,38	0,37	0,37	0,36	0,39	0,38	0,38	0,36	0,38	0,39	0,38	0,39	0,37	0,37	0,38	0,39	0,37	0,39	0,38	0,39	0,37	0,39	0,38	0,38	0,37	0,39	0,38	0,37	0,38
D.P.	0,24	0,24	0,24	0,24	0,22	0,23	0,23	0,24	0,23	0,24	0,22	0,24	0,23	0,24	0,22	0,24	0,22	0,23	0,22	0,24	0,22	0,23	0,23	0,24	0,22	0,23	0,22	0,24	0,23

Obs: Todos os coeficientes de correlação (linear e de Spearman) obtidos são distintos de zero a um nível de significância de 1%.

Os resultados obtidos apontam para a existência de uma elevada correlação das estimativas do parâmetro alfa, assim como uma elevada correlação dos *rankings* obtidos mediante a ordenação dessas estimativas[364]. A parte superior da Tabela 4.5 reporta os coeficientes de correlação obtidos, sendo que os valores reportados acima da diagonal correspondem aos coeficientes de correlação linear e os valores reportados na parte inferior à diagonal correspondem aos coeficientes de correlação de postos de Spearman[365]. Estes resultados denotam, pois, que as estimativas dos alfas e os inerentes

---

[364] Apenas C10, C14 e C15 apresentam coeficientes de correlação, tanto lineares, como de Spearman, inferiores a 90%, ainda que muito próximas deste valor.

[365] Neste caso, construíram-se *rankings* (de 1 a 25) em função do valor das estimativas de alfa obtidas para cada fundo e procedeu-se ao cálculo do coeficiente de correlação entre os postos de pares de *rankings* de acordo com a fórmula de Spearman (Siegel (1975), p. 407).

rankings não são (significativamente) afectados pela escolha do critério de construção dos factores. Além disso, os resultados obtidos indicam que não existem diferenças significativas na capacidade explicativa dos retornos dos fundos entre os diferentes critérios. Em suma, a Tabela 4.5 legitima a escolha de qualquer um dos 29 critérios. Tal como em Alves e Mendes (2003), será aqui utilizado o critério C25. A opção pela ponderação pela capitalização bolsista visa uma maior aproximação às oportunidades de investimento existentes, ao passo que a opção pelo rebalancemento trimestral tem por intuito obter uma maior aproximação à periodicidade (potencialmente diária) de rebalanceamento dos fundos[366]. Donde, doravante, apenas este critério será usado.

TABELA 4.6 – COEFICIENTES DE CORRELAÇÃO LINEAR ENTRE AS ESTIMATIVAS DOS ALFAS, COEFICIENTES DE CORRELAÇÃO DE *SPEARMAN* ENTRE OS *RANKINGS* DAS ESTIMATIVAS DOS ALFAS, E COEFICIENTES DE DETERMINAÇÃO AJUSTADOS DAS REGRESSÕES DOS DIFERENTES MODELOS PARA DIFERENTES ÍNDICES DE COTAÇÕES
(1 DE OUTUBRO DE 1998 A 30 DE SETEMBRO DE 1999)

		M1	M2	M3	M4	M5	M6
		Coeficientes de Correlação Linear					
M1		1	0,999	0,826	0,977	0,999	0,998
M2		0,995	1	0,799	0,975	0,998	0,999
M3	Coef. Correl. Spearman	0,933	0,903	1	0,817	0,828	0,803
M4		0,968	0,959	0,956	1	0,980	0,980
M5		0,998	0,994	0,934	0,969	1	0,999
M6		0,995	0,995	0,920	0,972	0,997	1
Coeficientes de Correlação Linear							
Média		0,967	0,962	0,846	0,955	0,967	0,963
Mínimo		0,826	0,799	0,799	0,817	0,828	0,803
Desvio-Padrão		0,069	0,080	0,077	0,068	0,069	0,079
Coeficientes de Correlação de Spearman							
Média		0,982	0,974	0,941	0,971	0,982	0,980
Mínimo		0,933	0,903	0,903	0,956	0,934	0,920
Desvio-Padrão		0,026	0,038	0,034	0,016	0,026	0,031
Coeficientes de Determinação Ajustados (R2 Ajustado)							
Média		0,764	0,750	0,639	0,777	0,785	0,776
Máximo		0,991	0,985	0,806	0,991	0,992	0,987
Mínimo		0,366	0,351	0,349	0,378	0,385	0,375
Desvio-Padrão		0,248	0,256	0,143	0,233	0,224	0,229

Obs: Todos os coeficientes de correlação (linear e de Spearman) obtidos são distintos de zero a um nível de significância de 1%.

---

[366] Minimiza-se, desta forma, o eventual viés, decorrente da divergência do período de balanceamento das carteiras avaliadas e da carteira dos índices de referência, reportado por Barber e Lyon (1997a).

No que respeita à sensibilidade da performance aos diferentes modelos estimaram-se as equações [4.10] a [4.15] para os 25 fundos seleccionados no mesmo período de um ano[367]. A Tabela 4.6[368] documenta uma elevada correlação linear das estimativas obtidas para o parâmetro alfa. Com excepção do modelo M3 todos os outros modelos apresentam coeficientes de correlação linear de pelo menos 98,0 por cento. Em termos da correlação de postos de Spearman todos os modelos apresentam, em média, valores superiores a 97,0 por cento, com excepção de M3 que apresenta um valor inferior.

Em termos dos coeficientes de determinação ajustados, os modelos M5 e M6 obtiveram valores um pouco mais elevados que os demais, tendo o maior valor sido registado para o modelo que usa o PSIG como referencial de mercado (M5). Pela negativa, destaca-se o modelo CAPM combinado com o índice de cotações GM20 (M3) que regista um valor médio para os coeficientes de determinação ajustados inferior a todos os demais[369].

(II) Análise para a totalidade do período da amostra

Os exercícios que constam da Tabela 4.6 foram repetidos considerando a totalidade dos 30 fundos constantes da amostra e a totalidade do período em que cada fundo esteve incluído na amostra. Dos resultados obtidos emerge (novamente) a elevada sintonia das estimativas dos alfas obtidas com os diferentes modelos de avaliação, com excepção do modelo M3 que uma vez mais revela menor consonância com os demais[370]. Porém, não obstante essa elevada correlação, a importância da inclusão de outras variáveis explicativas além dos retornos do mercado fica bem patente na Tabela 4.7.

---

[367] O que corresponde a um total de 150 regressões (6 por cada fundo para um total de 25 fundos).

[368] Esta tabela deve ser lida de modo análogo à Tabela 4.5.

[369] A circunstância de M3 revelar uma menor capacidade explicativa que os outros modelos não é surpreendente na medida em que este modelo ignora a rendibilidade das 20 acções de maior dimensão.

[370] Resultados não reportados.

TABELA 4.7 – SIGNIFICÂNCIA INDIVIDUAL DOS DIFERENTES COEFICIENTES
EM NÚMERO DE FUNDOS (TOTALIDADE DO PERÍODO E DA AMOSTRA)

Nível de Significância		α			β			h			s			g		
		OLS	White	N-W	OLS	White	N-W	OLS	White	N-W	OLS	White	N-W	OLS	White	N-W
M1	10%	5	2	7	30	30	30									
	5%	2	1	5	30	30	30									
	1%	2	1	3	30	30	30									
M2	10%	2	2	5	30	30	30									
	5%	2	1	4	30	30	30									
	1%	1	1	1	30	30	30									
M3	10%	3	2	4	30	30	30									
	5%	2	1	3	30	30	30									
	1%	0	1	0	30	30	30									
M4	10%	4	3	4	30	30	30	22	20	17						
	5%	2	2	3	30	30	30	21	17	17						
	1%	1	1	2	30	30	30	20	17	13						
M5	10%	5	3	7	30	30	30	24	22	21	14	14	15	15	13	10
	5%	2	2	4	30	30	30	20	19	19	14	14	14	12	7	7
	1%	1	1	2	30	30	30	18	18	19	14	14	12	6	7	7
	10%	3	3	7	30	30	30	27	26	27	24	20	20	16	14	12
M6	5%	2	2	4	30	30	30	25	24	24	23	18	17	14	11	11
	1%	1	1	1	30	30	30	25	23	23	19	15	14	8	8	7

Obs: (i) OLS, White e N-W identificam os métodos, respectivamente, dos mínimos quadrados (OLS), de White (1980) e de Newey e West (1987); (ii) os resultados reportados respeitam a um nível de significância de 10 por cento.

Esta tabela dá nota do número de fundos para cujas regressões as diferentes variáveis explicativas exibiram significância a diferentes níveis de segurança estatística. Aqui se reporta o número de fundos que revelou significância estatística em face das estatísticas t obtidas por três distintos métodos de estimação: OLS, White (1980) e Newey e West (1987). Na realidade, os testes de heterocedasticidade de White (1980) e o teste de Breusch (1978)-Godfrey (1978)[371] para detecção de heterocedasticidade e autocorrelação revelaram a presença destes fenómenos. Donde, para corrigir a ineficiência dos testes de significância estatística individual de cada um dos coeficientes dos modelos, foram usados os métodos de White (1980) e de Newey e West (1987).

Os resultados obtidos confirmam que o índice de cotações é sempre relevante na explicação dos retornos diários dos fundos. O efeito

---

[371] Para efeito do Serial LM Test de Breusch (1978)-Godfrey (1978) foi considerado um *lag* de 12 dias.

dimensão, por sua vez, é significativo para a maioria das regressões realizadas independentemente de ser apurado pelo diferencial de retorno diário entre os índices PSI20TR e GM20 ou pelo factor SMB, ainda que neste último caso se registe significância para um maior número de fundos, após os ajustamentos de White (1980) ou de Newey e West (1987). No que respeita à importância do efeito *B/M*, este revela-se significativo para cerca de metade da amostra para os diferentes níveis de significância utilizados, ainda que sejam em maior número com o modelo M6 do que com o modelo M5. Finalmente, o efeito WML é relevante para quase metade da amostra se utilizada a estatística de White (1980) e um nível de significância de 10 por cento, sendo no entanto relevante apenas para 10 (M5) ou 12 (M6) fundos se considerarem as correcções de heterocedasticidade e autocorrelação de Newey e West (1987), para o mesmo nível de significância. Pode, pois, concluir-se que a inclusão dos efeitos *dimensão*, *B/M* e, em menor medida, *winer minus loser* se revela importante para a explicação dos retornos diários dos fundos.

4.3.2.3 Resultados globais obtidos

Neste ponto procede-se à análise da performance ajustada ao risco obtida por cada um dos 30 fundos considerando a totalidade do período em que fizeram parte da amostra. A Tabelas 4.8 concentra o essencial das estimativas obtidas para o parâmetro alfa.

TABELA 4.8 – ESTIMATIVAS OLS DOS ALFAS E TESTES DE SIGNIFICÂNCIA ESTATÍSTICA DAS ESTIMATIVAS PELO MÉTODO NEWEY E WEST (1987)

Modelo	Fundo	Alfa	T-Stat [N-W]	Fundo	Alfa	T-Stat [N-W]	Fundo	Alfa	T-Stat [N-W]	Fundo	Alfa	T-Stat [N-W]	Fundo	Alfa	T-Stat [N-W]
M1	F1	0,00002	0,21	F7	0,00011	0,64	F13	-0,00017	-1,60	F19	0,00024	1,32	F25	0,00004	0,25
M2		0,00009	1,02		0,00017	0,90		-0,00010	-0,91		0,00030	1,49		0,00009	0,56
M3		0,00010	0,42		-0,00003	-0,15		-0,00007	-0,29		0,00014	0,64		-0,00009	-0,31
M4		0,00005	0,60		0,00000	0,00		-0,00013	-1,24		0,00016	0,86		0,00002	0,15
M5		0,00002	0,23		0,00012	0,68		-0,00018	-1,73 ***		0,00026	1,38		0,00006	0,43
M6		0,00008	0,98		0,00017	0,90		-0,00012	-1,17		0,00030	1,54		0,00012	0,77
M1	F2	-0,00006	-0,58	F8	0,00003	0,31	F14	0,00005	0,37	F20	0,00027	1,22	F26	0,00039	2,25 **
M2		-0,00003	-0,23		0,00007	0,60		0,00014	0,73		0,00032	1,28		0,00045	2,37 **
M3		-0,00047	-1,41		0,00014	0,71		-0,00006	-0,28		0,00035	1,38		0,00025	1,18
M4		-0,00004	-0,33		0,00003	0,29		0,00003	0,19		0,00026	1,24		0,00028	1,60
M5		-0,00003	-0,35		0,00002	0,25		0,00001	0,06		0,00036	1,62		0,00041	2,29 **
M6		0,00000	0,03		0,00006	0,54		0,00006	0,38		0,00041	1,72 ***		0,00045	2,43 **
M1	F3	0,00013	0,68	F9	-0,00003	-0,25	F15	-0,00027	-2,58 *	F21	0,00007	0,46	F27	-0,00005	-0,41
M2		0,00018	0,92		0,00003	0,24		-0,00021	-1,85 ***		0,00012	0,76		0,00002	0,11
M3		0,00002	0,10		-0,00013	-0,63		-0,00045	-1,40		-0,00075	-1,79 ***		-0,00030	-1,02
M4		0,00004	0,22		-0,00007	-0,60		-0,00023	-2,23 **		0,00006	0,40		-0,00004	-0,35
M5		0,00015	0,77		-0,00003	-0,23		-0,00027	-2,57 **		0,00008	0,57		-0,00004	-0,32
M6		0,00019	0,97		0,00002	0,17		-0,00021	-1,89 ***		0,00015	0,93		0,00003	0,21
M1	F4	-0,00046	-2,77 *	F10	0,00026	2,74 *	F16	0,00033	1,57	F22	0,00011	0,58	F28	0,00044	1,93 ***
M2		-0,00039	-2,20 **		0,00033	3,14 *		0,00034	1,53		0,00016	0,72		0,00050	2,06 **
M3		-0,00080	-2,51 **		0,00028	1,05		0,00008	0,18		0,00017	0,71		0,00032	1,28
M4		-0,00045	-2,66 *		0,00029	3,03 *		0,00034	1,61		0,00009	0,50		0,00035	1,55
M5		-0,00046	-2,81 *		0,00025	2,76 *		0,00034	1,62		0,00022	1,11		0,00043	1,93 ***
M6		-0,00039	-2,35 **		0,00031	3,16 *		0,00035	1,58		0,00026	1,26		0,00048	2,06 **
M1	F5	-0,00011	-1,44	F11	-0,00002	-0,19	F17	-0,00006	-0,28	F23	0,00020	1,04	F29	0,00025	1,36
M2		-0,00007	-0,95		-0,00001	-0,09		0,00004	0,37		0,00026	1,25		0,00030	1,51
M3		0,00001	0,04		-0,00039	-1,09		0,00017	0,67		0,00009	0,40		0,00015	0,69
M4		-0,00006	-0,86		-0,00001	-0,12		0,00000	0,04		0,00011	0,56		0,00016	0,91
M5		-0,00011	-1,43		0,00000	-0,01		-0,00002	-0,23		0,00021	1,07		0,00027	1,50
M6		-0,00007	-1,01		0,00001	0,06		0,00003	0,33		0,00026	1,25		0,00032	1,65 ***
M1	F6	-0,00032	-1,97 **	F12	0,00015	0,83	F18	-0,00029	-1,68 ***	F24	-0,00023	-1,61	F30	-0,00008	-0,37
M2		-0,00028	-1,57		0,00020	1,06		-0,00024	-1,35		-0,00017	-1,04		-0,00003	-0,13
M3		-0,00113	-2,09 **		0,00000	0,01		-0,00034	-1,08		-0,00105	-2,14 **		0,00011	0,39
M4		-0,00032	-1,92 ***		0,00003	0,19		-0,00026	-1,53		-0,00023	-1,65		-0,00007	-0,35
M5		-0,00029	-1,89 ***		0,00016	0,86		-0,00026	-1,55		-0,00021	-1,57		-0,00010	-0,51
M6		-0,00024	-1,44		0,00020	1,07		-0,00021	-1,21		-0,00014	-0,92		-0,00007	-0,29

Obs: (*i*) nas colunas T-Stat *, ** e *** indicam as situações em que se rejeita a hipótese de os coeficientes serem diferentes de zero para um nível de significância de, respectivamente, 1%, 5% e 10%, de acordo com o método de Newey West (1987).

Os resultados obtidos atestam a significância do retorno anormal positivo de acordo com todos os modelos de avaliação, excepto M3, para o fundo F10. Também F20, F26, F28 e F29 revelam significância estatística em pelo menos um dos modelos, após a correcção de Newey e West (1987). Em termos de retornos anormais negativos, F4, F6 e F15 exibem o fenómeno para mais do que um dos modelos utilizados, ao passo que F13, F18, F21 e F24 apenas permitem tal conclusão para uma das vias[372]. Por fim, os outros fundos não obtiveram retornos anormais

---

[372] Note-se que no caso de F21 e F24 esse modelo é M3, que assim confirma a sua menor sintonia com os demais, situação que é flagrante no caso de F21 onde é o único a registar retornos anormais negativos.

suficientemente distintos de zero; em todo o caso, em algumas situações as estimativas apuradas são positivas e em outras ocasiões as estimativas apuradas são negativas.

Confirmando as conclusões a que se havia chegado em 4.3.2.2, as estimativas obtidas para cada fundo, exceptuando o caso de M3, são muito próximas entre si. Em todo o caso, são ainda visíveis algumas diferenças, mormente ao nível das situações em que é detectada significância estatística, pelo que, prudentemente, deve continuar-se a medir a performance por mais do que uma das vias. Donde, doravante, a aferição da performance em termos ajustados ao risco será concretizada com auxílio dos modelos M1, M4 e M5. A manutenção de M1 justifica-se (apenas) por razões de controlo, dado tratar-se do tradicional CAPM. A opção por M5 em detrimento de M6 – não obstante os excelentes resultados exibidos por este modelo – deve-se à escolha de PSIG em vez de PSI20TR como índice de mercado. O mesmo se diga da opção por M1 em vez de M2.

4.4 Evolução global da procura

No tocante à forma como se aferem os fluxos líquidos de capitais serão usadas, alternativamente, as três variáveis anteriormente caracterizadas FC, FCN e FUN, sendo que se procede à sua mensuração, tanto incluindo a totalidade da procura de cada fundo (FC1, FCN1 e FUN1), como considerando apenas a procura líquida da procura por fundos de fundos do mesmo grupo económico (FC2, FCN2 e FUN2). Ao nível da evolução dos fluxos líquidos de capitais aportados a cada fundo, o Gráfico 4.4 permite uma análise global da situação vivida. Este gráfico exibe os fluxos capitais mensais aferidos pela variável FC2, permitindo constatar que o saldo dos montantes absolutos aportados (ou retirados) a cada fundo varia muito de caso para caso.

GRÁFICO 4.4 – EVOLUÇÃO MENSAL DOS FLUXOS DE CAPITAIS AFERIDOS POR FC2

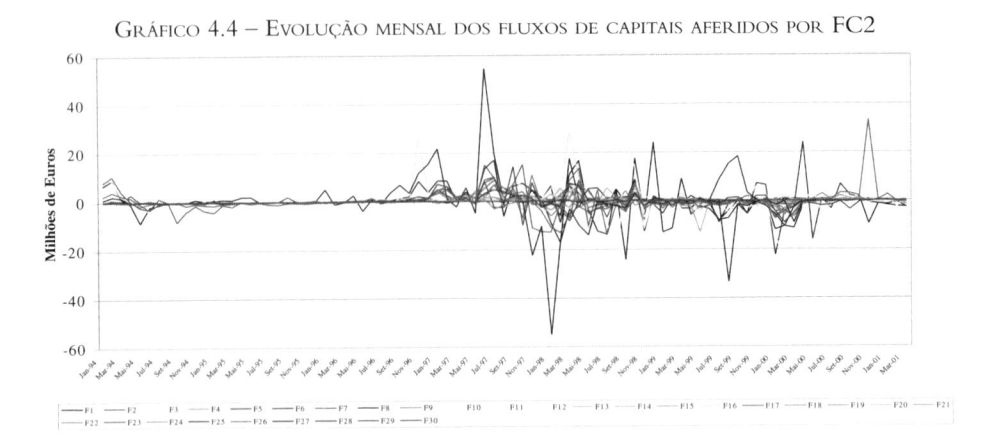

Este gráfico deixa notório que o mercado de fundos de acções nacionais esteve muito mais activo a partir do segundo semestre de 1996. Desde esta data não só são muito mais expressivos os valores de FC2 como é notória uma maior divergência de comportamento entre os diferentes fundos. O gráfico deixa ainda perceptível que tanto as situações em que FC2 é fortemente positivo, como as situações em que FC2 é muito expressivamente negativo, ocorrem em apenas um número limitado de meses, o que indicia que caso o andamento desta variável esteja relacionado com a performance, os investidores (aparentemente) tenderão a ponderar a performance com base em períodos curtos e a desconsiderar a performance quando aferida em períodos muito longos.

TABELA 4.9 – EVOLUÇÃO MENSAL E ACUMULADA DOS FLUXOS DE CAPITAIS POR FUNDO

	FCN1				FUN1	FCN2					FUN2
	m1	dp1	máx1	min1	BHFCN1	BHFUN1	m2	dp2	máx2	min2	BHFCN2	BHFUN2
F1	0,091	0,195	0,937	-0,138	163,68	142,09	0,092	0,248	1,347	-0,497	101,18	96,39
F2	0,085	0,226	1,027	-0,405	7,91	8,38	0,085	0,226	1,027	-0,405	7,91	8,38
F3	0,128	1,079	9,690	-0,145	12,51	11,58	0,118	1,053	9,446	-0,186	6,44	5,20
F4	0,052	0,330	1,804	-0,145	1,36	1,25	0,052	0,330	1,804	-0,145	1,36	1,25
F5	0,059	0,253	1,048	-0,461	13,65	13,44	0,055	0,227	1,004	-0,450	13,26	12,40
F6	0,067	0,096	0,303	-0,018	1,84	1,74	0,059	0,102	0,303	-0,056	1,47	1,39
F7	0,035	0,226	1,820	-0,165	5,49	5,12	0,033	0,223	1,820	-0,173	4,64	4,30
F8	0,046	0,163	0,805	-0,339	10,49	8,03	0,046	0,165	0,805	-0,339	10,15	7,85
F9	0,002	0,096	0,414	-0,228	-0,20	-1,00	0,002	0,094	0,414	-0,228	-0,17	-1,00
F10	0,128	0,735	5,531	-0,135	28,84	23,94	0,121	0,680	5,112	-0,142	27,07	20,52
F11	0,081	0,318	1,127	-0,274	3,91	3,02	0,086	0,372	1,312	-0,326	2,88	2,26
F12	0,027	0,157	1,075	-0,257	3,53	3,06	0,022	0,146	1,075	-0,196	2,38	1,99
F13	0,038	0,179	0,613	-0,438	3,24	2,90	0,040	0,185	0,613	-0,438	3,42	2,90
F14	0,109	0,204	0,812	-0,059	22,59	22,37	0,105	0,205	0,812	-0,059	19,83	16,95
F15	0,011	0,101	0,276	-0,318	0,29	0,23	0,010	0,101	0,276	-0,392	0,23	0,19
F16	0,110	0,556	2,577	-0,797	0,31	0,24	0,113	0,571	2,577	-0,886	-0,22	-0,22
F17	0,045	0,207	1,158	-0,252	4,61	4,52	0,043	0,208	1,158	-0,271	3,94	3,82
F18	0,116	0,773	5,210	-0,375	3,83	4,68	0,116	0,773	5,210	-0,375	3,83	4,68
F19	-0,004	0,056	0,179	-0,286	-0,35	-0,35	-0,003	0,044	0,203	-0,074	-0,27	-0,35
F20	-0,014	0,162	0,463	-0,916	0,18	0,10	-0,022	0,197	0,926	-0,852	-0,44	-0,45
F21	0,017	0,068	0,168	-0,162	0,36	0,40	0,017	0,068	0,168	-0,162	0,36	0,40
F22	0,031	0,195	1,110	-0,296	2,24	1,74	0,031	0,195	1,110	-0,296	2,24	1,74
F23	-0,006	0,104	0,381	-0,278	-0,57	-0,60	-0,005	0,112	0,450	-0,199	-0,57	-0,60
F24	-0,038	0,116	0,053	-0,438	-0,56	-0,51	-0,038	0,117	0,053	-0,441	-0,56	-0,51
F25	0,042	0,255	1,314	-0,464	1,45	1,63	0,042	0,255	1,314	-0,464	1,45	1,63
F26	0,028	0,158	0,634	-0,219	3,68	2,97	0,028	0,158	0,634	-0,219	3,68	2,97
F27	-0,062	0,124	0,017	-0,669	-0,96	-0,96	-0,063	0,125	0,050	-0,614	-0,96	-0,96
F28	0,076	0,368	2,299	-0,175	16,97	15,92	0,074	0,370	2,380	-0,189	13,44	13,02
F29	0,028	0,137	0,854	-0,146	4,17	3,55	0,026	0,124	0,797	-0,160	3,68	3,17
F30	0,057	0,204	1,057	-0,066	2,24	2,20	0,051	0,203	1,057	-0,066	1,78	1,74

Obs.: (*i*) m1, dp1, máx1 e min1 (m2, dp2, máx2 e min2) representam, respectivamente, a média, o desvio-padrão, o máximo e o mínimo dos valores mensais da variável FCN1 (FCN2); (*ii*) BHFC1, BHFUN1, BHFC2 e BHFUN2 representam as taxas de crescimento acumuladas em termos capitalizados dos capitais geridos por cada fundo, apurando cada taxa de crescimento mensal, respectivamente, pelas variáveis: FCN1, FUN1, FCN2 e FUN2.

Na Tabela 4.9 apresentam-se diversos parâmetros da distribuição dos valores mensais dos fluxos de capitais normalizados[373]. Uma conclusão que sobressai é a circunstância de alguns fundos apresentarem taxas de crescimento médias muito elevadas, ao passo que outros fundos exibem crescimentos negativos. Significa isto que a amostra inclui fundos que cresceram significativamente, e fundos que, pelo contrário, estagnaram ou perderam dimensão[374]. No que respeita à comparação dos resultados

---

[373] As taxas de crescimento BHFCN1, BHFUN1, BHFCN2 e BHFUN2 foram obtidas, de modo análogo ao cálculo dos rendimentos acumulados em termos *buy-and-hold* (equações [4.8] e [4.9]), considerando as taxas de crescimento mensais aferidas, respectivamente, por FCN1, FUN1, FCN2 e FUN2.

[374] Note-se que, em ordem a evitar enviezamentos de análise, sendo caso disso, não se incluem na Tabela 4.9 os dados relativos aos dois meses imediatamente anteriores à fusão ou ao encerramento dos fundos.

obtidos quando se excluem os fundos de fundos do mesmo grupo da procura, emergem algumas situações em que se nota ter existido uma actuação de almofada por parte desses fundos, amortecendo o impacto dos demais clientes[375]. Em outros casos a intervenção dos fundos de fundos parece ter sido no sentido de ampliar os movimentos originados pelos "outros" clientes[376]. Em outras situações, porém, os fundos de fundos parecem amortecer os resgates e ampliar as subscrições[377], ou amortecer as subscrições e ampliar os resgates[378].

Em suma, existe evidência de que os fundos incluídos na amostra captaram de modo distinto os novos fluxos de capitais aportados ao mercado, importando agora saber se essa diversidade tem alguma conexão com a sua performance.

4.5 ANÁLISE DA EVOLUÇÃO DA PROCURA COM BASE EM TABELAS DE CONTINGÊNCIA

4.5.1 ANÁLISE DA REACÇÃO DOS CONSUMIDORES À PERFORMANCE DOS FUNDOS

O presente ponto é dedicado ao estudo da reacção dos consumidores à performance dos fundos de investimento, exercício que é realizado com base numa metodologia frequentemente usada para analisar tanto a persistência da performance dos fundos de investimento – quer quando se estudam grandes amostras[379], quer para a análise de pequenas amos-

---

[375] Assim, por exemplo, o menor valor registado para F1 é de menos 49,7%, se não incluídos os fundos de fundos, ao passo que incluindo estes clientes o valor mínimo é de apenas 13,8%. Para o mesmo fundo ao nível dos máximos igualmente se nota um crescimento de 134,7% sem os fundos de fundos e de apenas 93,7% com os fundos de fundos. Significa isto que, pelo menos pontualmente, os fundos de fundos terão concretizado subscrições que atenuaram os resgates dos outros clientes e terão resgatado os investimentos quando, pelo contrário, os outros clientes fizerem subscrições muito expressivas. Idêntico fenómeno é perceptível para F11 e F28.

[376] É o caso de F5.

[377] *Vide* F3, F10 e F29.

[378] *Vide* F19, F20, F23 e F27.

[379] *Vide* Goetzmann e Ibbotson (1994), Brown e Goetzmann (1995), Malkiel (1995) e Kahn e Rudd (1995).

tras[380] –, como para relacionar a resposta da gestão dos fundos à performance[381]: a análise de tabelas (ou matrizes) de contingência[382].

Uma *tabela de contingência* é uma matriz na qual se arrumam as observações de uma amostra de uma população em função dos valores obtidos para duas ou mais variáveis aleatórias, sendo cada uma dessas variáveis dividida em categorias exaustivas e mutuamente exclusivas. No presente ponto serão usadas *tabelas bidimensionais* caracterizadas por contemplarem duas variáveis. As duas variáveis representadas são: a performance obtida num dado período de tempo e a evolução dos novos fluxos de capitais no período imediatamente subsequente. No que respeita à performance, esta divide-se em duas categorias: a categoria W (vencedor) e a categoria L (perdedor), consoante, respectivamente, o fundo em causa tenha obtido performance superior ou inferior à mediana[383]. A variável representativa da reacção dos consumidores divide-se, igualmente, em duas categorias: W* (vencedor) e L* (perdedor), consoante, respectivamente, o fundo em causa tenha obtido fluxos líquidos de capitais acima ou abaixo da mediana[384]. Em termos da aferição da performance usaram-se 4 vias. Uma primeira via consistiu na mensuração do retorno médio diário em termos absolutos e contínuos (CR). Nas três demais usou-se a estimativa obtida para o parâmetro alfa dos modelos M1, M4 e M5. Para a mensuração dos fluxos de capitais foram usadas as seis vias anteriormente caracterizadas (FC1, FCN1, FUN1, FC2, FCN2 e FUN2).

O objectivo da investigação é verificar em que termos os consumidores reagem à performance. Se a captação dos novos fluxos de capitais for independente da performance será de esperar que as observações se distribuam de modo equitativo pelas 4 células da tabela de contingência.

---

[380] *Vide* Cortez (1998) e Cortez e Silva (2000).

[381] *Vide* Busse (2001) e Goriaev et al. (2001).

[382] Tanto quanto se conhece, porém, esta é a primeira vez que se aplica esta metodologia neste contexto.

[383] Caso o número de fundos seja ímpar, se a mediana excede a média o fundo mediano é considerado vencedor, caso a mediana seja inferior à média o fundo mediano é considerado perdedor.

[384] Idem nota anterior.

Pelo contrário, se as boas performances forem premiadas e as más performances forem penalizadas as observações tendem a concentrar-se em WW* e LL*. Pode, todavia, acontecer que se verifiquem outros padrões de reacção que induzam a que os vencedores tendam a ser transformados em perdedores e vice-versa. Importa, por isso, testar as diversas possibilidades.

A análise realizada considerou diferentes horizontes temporais. Em concreto, fizeram-se os seguintes estudos: (*i*) uma análise trimestre/trimestre (TT), medindo a performance num trimestre e analisando a reacção da procura à performance no trimestre seguinte; (*ii*) uma análise ano/trimestre (AT) em que a performance mensurada correspondeu ao ano anterior ao trimestre a que se refere o cálculo dos fluxos líquidos de novos capitais; (*iii*) uma análise semestre/semestre (SS), em que se conjugou a performance de um semestre com os fluxos do semestre seguinte, e (*iv*) uma análise ano/ano (AA), em que se analisa a evolução anual da procura face à performance do ano anterior. Por fim, importa notar que além da análise período a período foi estudada a resposta dos clientes à performance aglutinando a totalidade dos períodos ou períodos homólogos (em ordem a averiguar eventual sazonalidade na resposta à performance), do mesmo modo que foi concretizada uma análise fundo a fundo.

4.5.1.1 ANÁLISE TRIMESTRE/TRIMESTRE

A Tabela 4.10 apresenta os resultados obtidos para cada um dos pares de trimestres, para pares de trimestres homólogos e para a totalidade das observações, aferida a performance em função das estimativas do parâmetro alfa do modelo M5. Dado que a dimensão da amostra é variável ao longo do período em estudo, em alguns trimestres, há alguns fundos que entram (NF) e há fundos que partem, o que pode acontecer na sequência de um trimestre em que tinham sido vencedores em termos de performance (WG) ou imediatamente após um trimestre que em que tenham sido perdedores (LG)[385].

---

[385] Significa isto que, tal como Brown e Goetzmann (1995), se consideraram os fundos que abandonam a amostra no trimestre seguinte na elaboração do ranking da performance de um

Em cada linha, as colunas WW*, WL*, LW* e LL* correspondem a uma tabela de contingência. Assim, por exemplo, a linha relativa à análise da reacção à performance do terceiro trimestre consubstanciada na evolução da procura do quarto trimestre de 1997 (3T97//4T97), indica que integraram a amostra 20 fundos, tendo surgido um novo fundo no 3T97 e não tendo abandonado a amostra qualquer fundo no 4T97. Dos 10 vencedores em performance no 3T97, 6 foram também vencedores em termos da captação dos novos fluxos de capitais no 4T97, se aferidos este por FC1. Os outros 4 não obstante terem tido performance superior à mediana registaram fluxos líquidos de capitais inferiores, sendo por isso considerados perdedores. Em contrapartida, 4 dos 10 fundos perdedores acederam a novos fluxos de capitais acima da mediana.

---

dado trimestre, mas não no ranking da procura do trimestre em que se dá o abandono. Alternativamente, o ranking da performance poderia ter sido elaborado considerando apenas os fundos que permanecem na amostra no trimestre seguinte ou incluir os fundos que abandonam a amostra no ranking da procura considerando apenas os meses em que estes incluíram a amostra. A primeira solução levaria a ignorar fundos que efectivamente estiveram presentes no mercado em competição com os demais, originando potencial enviezamento dos rankings de performance. A segunda solução também poderia originar enviezamento na medida em que, tipicamente, as decisões de fusão de fundos são anunciadas com cerca de dois meses de antecedência, além de que a sua comercialização deixa de ser incentivada pela entidade gestora com alguma antecedência face à concretização do abandono. Todavia, foram testadas as diversas hipóteses alternativas e não foram detectadas diferenças relevantes comparativamente aos resultados reportados.

TABELA 4.10 – DISTRIBUIÇÃO DAS FREQUÊNCIAS DE VENCEDORES E PERDEDORES EM FUNÇÃO DA PERFORMANCE [M5] E DA EVOLUÇÃO DOS FLUXOS LÍQUIDOS DE CAPITAIS

M5	FLC	FC1				FCN1				FUN1				FC2				FCN2				FUN2				NF	WG	LG	Total
		WW*	WL*	LW*	LL*	WW*	WL*	LW*	LL*	WW*	WL*	LW*	LL*	WW*	WL*	LW*	LL*	WW*	WL*	LW*	LL*	WW*	WL*	LW*	LL*				
1T94	2T94	3	3	3	3	3	3	3	3	3	3	3	3	3	3	3	3	3	3	3	3	3	3	3	3	1	0	0	13
2T94	3T94	3	3	4	3	3	3	3	4	3	3	3	4	3	3	4	3	3	3	3	4	3	3	3	4	1	0	0	14
3T94	4T94	3	4	4	3	3	4	4	3	3	4	4	3	3	4	4	3	3	4	4	3	3	4	4	3	1	0	0	15
4T94	1T95	4	4	4	3	4	4	4	3	4	4	4	3	4	4	4	3	4	4	4	3	4	4	4	3	0	0	0	15
1T95	2T95	3	4	4	4	3	4	5	3	2	5	6	2	3	4	4	4	3	4	4	4	2	5	6	2	0	0	0	15
2T95	3T95	3	4	4	4	3	4	4	4	3	4	4	4	2	5	5	3	2	5	5	3	2	5	5	3	0	0	0	15
3T95	4T95	3	6	6	2	3	6	5	5	4	5	5	3	3	6	6	2	3	6	6	2	2	5	5	3	2	0	0	17
4T95	1T96	3	6	6	3	3	6	6	3	3	6	6	3	3	6	6	2	3	6	6	2	2	5	6	2	1	0	0	18
1T96	2T96	3	6	6	3	3	6	6	3	3	6	6	3	4	5	5	4	4	5	5	4	4	5	5	4	0	0	0	18
2T96	3T96	5	4	4	5	5	4	4	5	5	4	4	5	5	4	4	5	5	4	4	5	5	4	4	5	1	0	0	19
3T96	4T96	5	4	4	6	6	3	3	7	6	3	3	7	5	4	4	6	5	4	4	6	6	3	3	7	0	0	0	19
4T96	1T97	4	5	4	4	4	5	4	4	4	5	4	4	3	6	5	3	4	5	4	4	4	5	4	4	0	1	1	19
1T97	2T97	4	5	4	4	4	5	5	3	4	5	5	3	3	6	5	3	4	5	5	3	4	5	5	3	2	0	0	19
2T97	3T97	5	5	4	5	4	6	5	4	4	6	5	4	5	5	5	4	4	6	5	4	4	6	5	4	0	1	1	20
3T97	4T97	6	4	4	6	6	4	4	6	5	5	5	5	5	5	5	5	5	5	5	4	5	5	5	4	0	0	0	20
4T97	1T98	6	5	5	5	7	4	4	6	7	4	4	6	7	4	4	6	7	4	4	6	7	4	4	6	1	0	0	22
1T98	2T98	4	7	7	4	4	7	7	4	3	8	8	3	3	8	8	3	3	8	8	3	4	7	7	4	0	0	0	25
2T98	3T98	6	5	6	7	6	5	6	7	6	5	6	7	6	5	6	7	7	4	5	8	7	4	5	8	0	1	0	25
3T98	4T98	6	6	6	6	5	7	7	5	6	6	6	5	7	5	5	7	5	7	7	5	6	6	6	6	0	0	0	24
4T98	1T99	6	6	6	6	6	6	6	6	6	6	5	7	6	5	5	7	7	5	5	6	7	5	5	7	1	0	0	25
1T99	2T99	7	5	6	7	7	5	6	7	7	4	5	8	6	6	6	6	6	6	6	6	7	5	5	7	0	0	0	25
2T99	3T99	6	6	7	6	7	5	7	6	7	5	5	8	6	6	7	6	7	5	5	8	7	5	6	7	0	0	0	25
3T99	4T99	9	3	3	8	8	4	3	8	8	4	3	8	8	4	3	8	7	5	4	7	7	5	4	7	2	1	1	27
4T99	1T00	6	6	6	6	6	6	7	6	6	6	7	6	7	5	6	7	6	6	6	7	6	6	6	7	0	0	0	25
1T00	2T00	5	7	7	5	5	7	7	5	5	7	7	5	4	8	8	4	4	8	8	4	4	8	8	4	0	1	0	25
2T00	3T00	7	5	5	6	7	5	5	7	7	5	4	7	7	5	5	7	7	5	4	7	7	5	4	7	0	0	1	24
3T00	4T00	6	5	2	4	7	4	1	5	6	5	2	4	5	6	3	1	6	5	2	4	5	6	3	3	0	1	5	23
4T00	1T01	5	4	4	4	5	4	4	4	5	4	4	5	5	4	4	4	5	4	4	4	5	4	4	4	0	0	0	17
1T	2T	29	37	37	30	29	37	39	28	28	38	40	27	26	40	40	27	29	37	39	28	27	39	41	26	0	1	0	134
2T	3T	35	32	34	36	35	32	31	39	35	32	31	39	34	33	35	35	35	32	31	39	34	33	32	38	0	1	1	139
3T	4T	38	32	29	35	38	32	27	37	38	32	28	36	35	36	32	32	34	36	32	32	35	35	31	33	0	2	6	142
4T	1T	33	37	37	30	35	35	35	35	36	34	34	33	35	35	35	32	36	34	33	34	37	33	32	35	0	1	1	139
TOTAL		135	138	137	131	137	136	132	136	137	136	133	135	129	144	142	126	134	139	135	133	133	140	136	132	18	5	8	572

Obs: (*i*) a coluna M5 indica o trimestre a que se referem as estimativas do parâmetro alfa de M5 e a coluna FLC indica o trimestre a que se reporta o cálculo dos fluxos líquidos de novos capitais; (*ii*) as siglas FC1, FCN1, FUN1, FC2, FCN2, FUN2 identificam a variável de medição dos fluxos líquidos de novos capitais usada; (*iii*) WW* respeita ao número de fundos que foi duplamente vencedor, LL* identifica o número de fundos duplamente perdedor, WL* identifica os fundos vencedores na performance e perdedores na procura, LW* corresponde aos fundos perdedores em performance e vencedores na procura, NF identifica o número de novos fundos, WG e LG identificam, respectivamente, os fundos vencedores e perdedores que abandonaram a amostra.

Por sua vez, os totais apurados correspondem à soma das observações de todas as tabelas trimestrais, ou seja, integram a tabela de contingência que aglutina a totalidade das observações realizadas no período de 7 anos e um trimestre em análise. Por sua vez, as linhas em que a variável de performance se reporta ao primeiro trimestre (1T) e a variável relativa ao fluxo líquido de capitais respeita ao segundo trimestre (T2) dizem respeito à soma de todas as matrizes individuais que analisam a resposta da procura do segundo trimestre à performance do primeiro trimestre. Analogamente, «2T 3T», «3T 4T» e «4T 1T» resultam da soma de matrizes de trimestres homólogos.

Estas tabelas não são, porém, um fim em si mesmas, antes servindo para se concluir sobre o padrão de reacção dos consumidores à performance. Para isso procedeu-se à aplicação de vários testes estatísticos, com os resultados em seguida reportados.

(i) *Análise Global e de Períodos Homólogos*

A primeira hipótese testada foi a hipótese de independência (H_0) entre as variáveis representadas em cada tabela de contingência, a qual pode ser expressa como se segue:

$$p_{ij} = p_{i.}p_{.j} \qquad [4.19]$$

onde, p_{ij} é a probabilidade de uma observação cair na linha i (i=1, 2) e na coluna j (j= 1, 2), $p_{i.}$ ($p_{.j}$) é a probabilidade de uma observação cair na linha i (coluna j).

Para o efeito, foi aplicado o teste do χ^2 que consiste em calcular a frequência esperada para cada uma das células, procedendo em seguida ao seu confronto com as frequências observadas[386]. O confronto das frequências observadas e esperadas dá origem ao cálculo de uma estatística, nos termos que se seguem, a qual, sob H_0, segue aproximadamente a distribuição do qui-quadrado[387/388], com um grau de liberdade:

$$\chi^2 = \sum_{i=1}^{2}\sum_{j=1}^{2}\frac{\left(n_{ij} - E_{ij}\right)^2}{E_{ij}}, \qquad [4.20]$$

onde n_{ij} é o número de vezes que foi observada em simultâneo a presença das categorias i (i = 1, 2) e j (j = 1, 2), E_{ij} é o respectivo valor esperado. Como as probabilidades p_{ij} não são conhecidas, usam-se as *estimativas de máxima probabilidade*, sob H_0, obtidas dividindo o total marginal de cada linha (coluna) pelo número total de observações, pelo que aquele valor é determinado como se segue[389]:

$$E_{ij} = N\frac{n_{i.}}{N}\frac{n_{.j}}{N} = \frac{n_{i.}n_{.j}}{N}. \qquad [4.21]$$

---

[386] O teste do χ^2 foi originariamente sugerido por Person em 1900 (Conover (1999)).

[387] *Vide*, entre outros, Siegel (1975 p. 46 e sgs), Everitt (1977, p. 7 e sgs), Spiegel (1978, p. 309 e sgs) e Conover (1999, p. 240 e sgs).

[388] Para evitar confusões, o símbolo χ^2 é usado para identificar a estatística da fórmula [4.20] e a expressão "qui-quadrado" refere-se à *distribuição qui-quadrado* tabelada, por exemplo, em Siegel (1975, p. 280).

[389] *Vide* Mood e Graybill (1963, Cap. 12).

Múltiplas referências sugerem que aquela aproximação é melhorada se for introduzida uma correcção de continuidade[390]. A ideia é a de que se está a utilizar uma distribuição de probabilidades contínua (a qui--quadrado) para ajustar uma distribuição discreta (a multinomial), o que pode induzir a uma aproximação deficiente quando as frequências esperadas não são muito grandes. Para melhorar a aproximação, Yates[391] sugeriu a subtracção de 0,5 a discrepâncias positivas e a adição de 0,5 às discrepâncias negativas.

A Tabela 4.11 apresenta, na Parte A, o valor da estatística constante da fórmula [4.20] (coluna intitulada «χ^2»), bem como o valor da probabilidade associada à região de rejeição considerando a hipótese bilateral como alternativa (coluna intitulada «p–Bi»). Além disso, assinalam--se as situações em que se rejeita a hipótese nula em favor da hipótese alternativa para diferentes níveis de significância. Na Parte B é apresentada idêntica informação considerando a correcção de continuidade de Yates.

---

[390] *Vide*, entre outros, Siegel (1975, p.120), Everitt (1977, p.14) e Conover (1999, p.190).

[391] *Vide*, entre outros, Everitt (1977, p.14).

TABELA 4.11 – TESTE DO χ^2 E TESTE DO χ^2 APÓS AJUSTAMENTO DE YATES PARA TABELAS DE CONTINGÊNCIA GLOBAIS E TABELAS DE CONTINGÊNCIA DE TRIMESTRES HOMÓLOGOS

A. Teste do χ^2

		FC1		FCN1		FUN1		FC2		FCN2		FUN2	
		χ^2	p-Bi.	χ^2	p-Bi.	χ^2	p-Bi.	χ^2	p-Bi.	χ^2	p-Bi.	χ^2	p-Bi.
CR	**FLC**												
1T	2T	0,07	0,794	0,07	0,796	0,91	0,341	0,37	0,543	0,37	0,545	0,91	0,341
2T	3T	2,63	0,105	3,26	0,071 ***	4,61	0,032 **	7,01	0,008 *	6,20	0,013 **	6,20	0,013 **
3T	4T	0,00	1,000	4,32	0,038 **	5,06	0,025 **	0,03	0,865	0,75	0,386	1,47	0,225
4T	1T	0,18	0,673	0,07	0,793	0,07	0,793	0,58	0,445	0,01	0,930	0,01	0,930
TOTAL		0,53	0,465	0,02	0,898	0,31	0,576	1,78	0,183	1,35	0,246	1,35	0,246
M1	**FLC**												
1T	2T	0,61	0,434	3,30	0,069 ***	4,68	0,031 **	1,28	0,259	3,30	0,069 ***	4,68	0,031 **
2T	3T	0,06	0,799	0,06	0,805	0,06	0,805	0,36	0,551	0,01	0,924	0,19	0,662
3T	4T	2,42	0,120	1,49	0,222	3,01	0,083 ***	0,12	0,726	0,00	0,996	0,49	0,486
4T	1T	1,26	0,262	0,01	0,924	0,01	0,924	0,19	0,662	0,07	0,795	0,07	0,795
TOTAL		0,09	0,763	0,05	0,830	0,02	0,898	0,82	0,366	1,15	0,283	1,15	0,283
M4	**FLC**												
1T	2T	0,07	0,796	0,60	0,438	1,26	0,262	0,37	0,545	0,01	0,936	0,18	0,669
2T	3T	0,59	0,442	0,89	0,345	0,36	0,547	0,01	0,932	0,07	0,795	0,01	0,934
3T	4T	2,42	0,120	0,28	0,597	1,09	0,297	0,00	0,996	1,07	0,302	0,12	0,733
4T	1T	1,26	0,262	0,01	0,924	0,01	0,924	0,19	0,662	0,07	0,795	0,07	0,795
TOTAL		0,53	0,466	0,09	0,762	0,05	0,829	0,02	0,898	0,31	0,577	0,31	0,577
M5	**FLC**												
1T	2T	1,69	0,193	2,71	0,100	3,97	0,046 **	5,48	0,019 **	2,71	0,100	5,48	0,019 **
2T	3T	0,18	0,668	0,87	0,352	0,87	0,352	0,01	0,930	0,87	0,352	0,35	0,556
3T	4T	1,08	0,299	1,96	0,162	1,48	0,223	0,03	0,869	0,03	0,869	0,03	0,857
4T	1T	0,89	0,344	0,07	0,793	0,01	0,936	0,07	0,793	0,06	0,799	0,36	0,551
TOTAL		0,15	0,698	0,05	0,829	0,02	0,897	1,78	0,182	0,09	0,764	0,22	0,637

B. Teste do χ^2 Após Ajustamento Continuidade de Yates

		χ^2 Aj.	p-Bi.	χ^2 Aj.	p-Bi.	χ^2 Aj.	p-Bi.	χ^2 Aj.	p-Bi.	χ^2 Aj.	p-Bi.	χ^2 Aj.	p-Bi.
CR	**FLC**												
1T	2T	0,20	0,657	0,20	0,655	0,06	0,805	0,01	0,922	0,01	0,920	0,06	0,805
2T	3T	0,90	0,344	1,28	0,259	2,17	0,141	3,89	0,049 **	3,29	0,070 ***	3,29	0,070 ***
3T	4T	0,49	0,485	1,91	0,167	2,41	0,121	0,28	0,598	0,03	0,866	0,26	0,607
4T	1T	0,06	0,800	0,17	0,680	0,17	0,680	0,01	0,929	0,35	0,557	0,35	0,557
TOTAL		0,42	0,519	0,00	0,966	0,22	0,636	1,55	0,212	1,15	0,283	1,15	0,283
M1	**FLC**												
1T	2T	0,01	0,939	1,23	0,267	2,12	0,145	0,18	0,672	1,23	0,267	2,12	0,145
2T	3T	0,18	0,674	0,18	0,669	0,18	0,669	0,01	0,937	0,34	0,562	0,06	0,812
3T	4T	0,74	0,391	0,27	0,601	1,07	0,300	0,12	0,729	0,48	0,488	0,00	0,999
4T	1T	0,20	0,656	0,34	0,562	0,34	0,562	0,06	0,812	0,17	0,678	0,17	0,678
TOTAL		0,05	0,829	0,02	0,898	0,00	0,966	0,67	0,414	0,98	0,323	0,98	0,323
M4	**FLC**												
1T	2T	0,20	0,655	0,00	0,945	0,17	0,677	0,01	0,920	0,39	0,532	0,08	0,781
2T	3T	0,01	0,925	0,07	0,788	0,01	0,941	0,35	0,555	0,17	0,678	0,35	0,553
3T	4T	0,74	0,391	0,03	0,866	0,12	0,731	0,48	0,488	0,11	0,738	0,13	0,721
4T	1T	0,20	0,656	0,34	0,562	0,34	0,562	0,06	0,812	0,17	0,678	0,17	0,678
TOTAL		0,41	0,520	0,05	0,828	0,02	0,897	0,00	0,966	0,22	0,637	0,22	0,637
M5	**FLC**												
1T	2T	0,36	0,551	0,88	0,347	1,66	0,198	2,68	0,102	0,88	0,347	2,67	0,102
2T	3T	0,06	0,806	0,07	0,798	0,07	0,798	0,35	0,557	0,07	0,798	0,01	0,931
3T	4T	0,12	0,734	0,49	0,483	0,27	0,603	0,28	0,594	0,28	0,594	0,27	0,605
4T	1T	0,07	0,787	0,17	0,680	0,35	0,552	0,17	0,680	0,18	0,674	0,01	0,937
TOTAL		0,09	0,763	0,02	0,896	0,00	0,965	1,56	0,210	0,05	0,831	0,15	0,700

Obs: (*i*) CR, M1, M4, M5, FLC, FC1, FCN1, FUN1, FC2, FCN2 e FUN2 têm o mesmo significado que na Tabela 4.11; (*ii*) χ^2 identifica o valor da estatística apurada de acordo com a fórmula [4.20]; (*iii*) χ^2 Aj. identifica o valor da estatística apurada após o ajustamento de Yates; (*iv*) p-Bi identifica a probabilidade crítica p-Bilateral associada a cada um dos valores das estatísticas, indicando-se a sombreado as situações em esta probabilidade é inferior a 20%; (*v*) os símbolos *, ** e *** indicam as situações em que se rejeita a hipótese nula em favor da hipótese alternativa para um nível de significância de, respectivamente, 1%, 5% e 10%.

Uma primeira conclusão que emerge dos resultados obtidos é a não rejeição da hipótese de independência quando se aglutinam numa mesma tabela de contingência as observações relativas à totalidade dos pares de trimestres analisados. Donde, em termos globais, não existe evidência de que a evolução da procura trimestral, aferida pelos rankings construídos com base nas diferentes variáveis que medem os novos fluxos líquidos de capitais trimestrais, reaja à performance trimestral obtida no trimestre antecedente pelos diferentes fundos. Pelo contrário, em dois casos (CR/FC2 e M5/FC2) emerge manifestação de uma acrescida probabilidade de os vencedores serem transformados em perdedores e de os perdedores passarem a vencedores[392].

No que respeita às tabelas que aglutinam os dados de pares de trimestres homólogos, embora existam algumas (poucas) situações de rejeição da hipótese nula, apenas subsiste evidência de reacção à performance do 3T por parte da procura do 4T[393]. Em nenhum caso, porém, permanece evidência de reacção à performance quando a resposta da procura é medida com base nos fluxos de capitais que não incorporam a procura de fundos de fundos do mesmo grupo. De igual modo, quando considerado o ajustamento de Yates, tal evidência apenas subsiste ao nível da reacção aos retornos absolutos.

Além do teste do χ^2, múltiplos outros foram aplicados às tabelas de contingência obtidas. É o caso do *teste do produto cruzado* (*cross-product ratio*), também designado *odds ratio test*[394] ou *relative risk test*[395], destinado a testar a independência de duas variáveis numa amostra multinomial. Neste teste, a hipótese nula corresponde a admitir que a probabilidade de uma observação apresentar uma dada categoria de uma variável é a mesma independentemente da categoria assumida na outra variável, isto é:

$$H_0 = \frac{p_{11} p_{22}}{p_{12} p_{21}} = 1. \qquad [4.22]$$

Uma vantagem deste teste comparativamente ao teste do χ^2 consiste na maior facilidade de definição da hipótese alternativa unilateral, sendo

---

[392] Note-se, com efeito, que o *p-value* é inferior a 20%, o que significa que se rejeita a hipótese unilateral a 10% de significância. Além disso, a análise da Tabela 4.11 e da tabela análoga para CR (não reportada) indicam que nestes casos os valores observados concentram-se maioritariamente nas células WL★ e LW★.

[393] Apenas neste caso, com efeito, a análise das tabelas de contingência indicia que a rejeição da hipótese nula dever ser atribuída à concentração de observações nas células WW★ e LL★.

[394] *Vide*, pe, Brown e Goetzmann (1995) ou Cortez (1998, p.92).

[395] *Vide* Everitt (1977, p.31).

que a «hipótese de reacção à performance» corresponde a $p_{11}p_{22} > p_{12}p_{21}$, ao passo que a «hipótese de reacção invertida» equivale a $p_{11}p_{22} < p_{12}p_{21}$. O teste assume a normalidade da distribuição do logaritmo do rácio do produto cruzado (PC), sendo este calculado como se segue:

$$PC = \frac{n_{11}\,n_{22}}{n_{12}\,n_{21}}. \qquad [4.23]$$

Se PC exceder um significa que as observações se concentram maioritariamente nas células de repetição de resultados, ao passo que se PC for inferior a um é nas células de inversão de resultados que as observações se aglutinam. Assim, eleger-se-á como hipótese alternativa unilateral a hipótese de reacção caso o valor de PC exceda um, caso esta estatística seja inferior a um será eleita a hipótese de reacção invertida.

Um outro teste aplicado foi o teste de repetição conjunta de resultados de Pesaran e Timmermann (1992). Estes autores desenvolveram um teste não paramétrico destinado a verificar se os dados arrolados em certas tabelas de contingência permitem prever a repetição de resultados (positivos ou negativos) baseado na proporção de vezes que a variável em análise toma a direcção prognosticada. Também este teste tem sido usado no domínio da análise de persistência de performance de fundos de investimento em pequenas amostras[396]. Em concreto, este teste permite confrontar a repetição de vencedores e de perdedores esperada com a repetição de vencedores e de perdedores observada[397]. A hipótese nula subjacente ao teste pode escrever-se como se segue:

$$H_0: p_{11} + p_{22} = p_{1.}p_{.1} + p_{2.}p_{.2}, \qquad [4.24]$$

sendo que a esta hipótese pode contrapor-se, em termos unilaterais, a hipótese de reacção à performance ($p_{11} + p_{22} > p_{1.}p_{.1} + p_{2.}p_{.2}$) ou a hipótese reacção invertida ($p_{11} + p_{22} < p_{1.}p_{.1} + p_{2.}p_{.2}$). O teste de Pesaran e Timmermann (1992) contrapõe à percentagem observada de repetição

---

[396] *Vide*, pe, Cortez (1998, p. 113).

[397] Assim, este teste distingue-se do teste do χ^2 o qual, como se viu, confronta os valores observados em todas as células da tabela de contingência com os valores esperados para cada uma dessas células, e não apenas para as células de repetição de resultados.

de resultados (RR)[398] à proporção esperada, sob H_0, a qual tal como acontece com o teste do χ^2 corresponde ao valor derivado das estimativas de máxima probabilidade obtidas de acordo com as somas em linha e em coluna[399]. Com base neste confronto, os autores construíram uma estatística (normalizada) que segue aproximadamente a distribuição normal reduzida.

O teste do produto cruzado e o teste de repetição conjunta de resultados tratam de igual modo e conjuntamente as situações de repetição de vencedores (n_{11}) e as situações de repetição de perdedores (n_{22}). É possível, todavia, testar individual e separadamente a significância estatística da repetição de vencedores e da repetição de perdedores. Malkiel (1995) aplicou um teste que permite averiguar a significância dos valores obtidos em cada um dos casos, por contraposição à hipótese de independência[400]. A análise separada da repetição dos vencedores e da repetição dos perdedores permite igualmente indagar a eventual assimetria na reacção a vencedores e a perdedores. Em concreto, o teste de Malkiel (1995) compara o número esperado de repetição de vencedores com o número observado[401], nos termos da estatística seguinte[402]:

$$TRW = \frac{\left[n_{11} - 0,5\left(n_{11} + n_{12}\right)\right]}{\sqrt{0,25\left(n_{11} + n_{12}\right)}} . \qquad [4.26]$$

A variável aleatória TRW, quando a amostra é razoavelmente grande[403], tem aproximadamente uma distribuição normal de média nula e desvio padrão unitário.

A Tabela 4.12 identifica todas as situações – para todos os testes aplicados – em que é rejeitada a hipótese de independência em favor de

---

[398] Tal percentagem é calculada como se segue: $RR = (n_{11} + n_{22})/N$. $\qquad [4.25]$

[399] O que equivale a comparar o número esperado de repetição de resultados com o número observado.

[400] Também Cortez (1998) aplicou este teste à análise de persistência de performance.

[401] Sob H_0, a frequência esperada para n_{11} é, como é evidente, dada por $0,5(n_{11}+n_{22})$.

[402] A estatística de repetição de perdedores (TRL) é obtida de modo análogo a TRW.

[403] Discutir-se-á adiante em que condições uma amostra é considerada grande.

uma hipótese alternativa unilateral, sendo que as ocasiões em que esta hipótese corresponde à hipótese de reacção à performance se encontram identificadas a sombreado. Esta tabela permite perceber que existe grande similitude de resultados entre os testes do χ^2, do produto cruzado e de Pesaran e Timmermann (1992), ao passo que a introdução do ajustamento de Yates introduz uma prudência acrescida na rejeição da hipótese nula. Por outra parte, o teste de repetição de vencedores e o teste de repetição de perdedores permitem ver que a repetição de resultados, umas vezes ocorre do lado dos vencedores, outras vezes do lado dos perdedores, e algumas vezes em ambas as provas. Assim, importa ver se existem razões que levem a privilegiar as conclusões de uns em detrimento dos outros testes.

É sabido que a distribuição do poder do teste do χ^2 tende para um quando N aumenta[404], o que significa que os resultados obtidos têm a sua validade comprometida sempre que as frequências esperadas são demasiado pequenas. De igual modo se referiu que o ajustamento de Yates é especialmente adequado a ajustar a estatística do χ^2 quando se está na presença de pequenas amostras. Importa, pois, averiguar se as tabelas com que se tem trabalhado têm dimensão suficiente para que se possa confiar nos resultados emergentes do teste do χ^2 sem correcções ou se, pelo contrário, se devem privilegiar as inferências obtidas após o ajustamento de Yates. Segundo um critério bastante difundido, ainda que não universalmente aceite[405], quando o grau de liberdade é um, cada frequência esperada não deve ser inferior a 5, uma vez que neste caso a prova do χ^2 não dá uma boa aproximação às probabilidades exactas[406]. Embora tal não seja reportado, em todos os casos analisados, a frequência esperada para cada célula é superior a 4. Significa isto que todas as conclusões derivadas dos testes do χ^2 apresentam a garantia da verificação do critério de grandeza de dimensão da amostra para a obtenção de uma boa aproximação às probabilidades exactas.

---

[404] Prova atribuída a Cochran (Siegel (1975)).

[405] Com efeito, Everitt (1977, p.40) e Conover (1999, p. 241) sumariam um conjunto de literatura que aponta no sentido de esta regra ser muito restritiva.

[406] De acordo com Siegel (1975, p.50 e sg).

TABELA 4.12 – Síntese dos resultados obtidos para tabelas de contingência globais e tabelas de contingência de trimestres homólogos

		FC1						FCN1						FUN1					
								A. Procura Global											
		χ^2	χ^2 Aj.	PC	RR	RW	RL	χ^2	χ^2 Aj.	PC	RR	RW	RL	χ^2	χ^2 Aj.	PC	RR	RW	RL
CR	**FLC**									I									
1T	2T																		
2T	3T	***		***	***			**		**	**	***		**	***	**	??	**	
3T	4T							**	***	**	**		**	**	***	**	**	***	**
4T	1T																		
	TOTAL																		
M1	**FLC**									II									
1T	2T							**		**	**		***	**	***	**	**	***	**
2T	3T																		
3T	4T	***		***	***									**		**	**		***
4T	1T																		
	TOTAL																		
M4	**FLC**									III									
1T	2T																		
2T	3T																		
3T	4T	***		***	***														
4T	1T																		
	TOTAL																		
M5	**FLC**									IV									
1T	2T	***		***	***			**		***	**		***	**	***	**	**		***
2T	3T																		
3T	4T							***		***	***								
4T	1T																		
	TOTAL																		

		FC2						FCN2						FUN2					
								B. Procura "Outros" Clientes											
		χ^2	χ^2 Aj.	PC	RR	RW	RL	χ^2	χ^2 Aj.	PC	RR	RW	RL	χ^2	χ^2 Aj.	PC	RR	RW	RL
CR	**FLC**									I									
1T	2T																		
2T	3T	*	**	*	*	**	**	*	**	*	*	**	***	*	**	*	*	**	***
3T	4T																		
4T	1T																		
	TOTAL	***		***	***														
M1	**FLC**									II									
1T	2T							**		**	**		***	**	***	**	**	***	**
2T	3T																		
3T	4T																		
4T	1T																		
	TOTAL																		
M4	**FLC**									III									
1T	2T																		
2T	3T																		
3T	4T																		
4T	1T																		
	TOTAL																		
M5	**FLC**									IV									
1T	2T	*	***	**	*	**	***	**		***	**		***	*	***	**	*	***	**
2T	3T																		
3T	4T																		
4T	1T																		
	TOTAL	***		***	***														

Obs.: (*i*) as colunas «χ^2», « χ^2 Aj.», «PC», «RR», «RW» e «RL» referem-se, pela ordem respectiva, aos resultados obtidos com os testes do χ^2, do χ^2 após ajustamento de Yates, do produto cruzado, de repetição conjunta de resultados, de repetição de vencedores e de repetição de perdedores; (*ii*) sombreado identifica os casos em que a hipótese unilateral é a «hipótese de reacção à performance», sendo os demais casos correspondentes à «hipótese de reacção invertida»; e (*iii*) a demais notação tem o significado da Tabela 4.12.

Também os testes do produto cruzado, de repetição conjunta de resultados, de repetição de vencedores e de repetição de perdedores assentam em aproximações estatísticas cuja validade é comprometida para pequenas amostras. Em geral, tende a considerar-se que a amostra é suficientemente grande se $n_{11} + n_{22}$ excedem 20, o que acontece em todas as circunstâncias em que esses testes foram aplicados.

Donde, pode concluir-se que em termos globais não existe evidência de reacção à performance. Em termos de reacção sazonal, o mesmo pode ser inferido com uma única excepção (3T/4T), detectada para qualquer das formas de apuramento da performance. Todavia, esta excepção desaparece quando ignorada a procura de fundos de fundos do mesmo grupo, passando todas as situações de rejeição da hipótese nula a evidenciar uma reacção invertida (os vencedores a serem transformados em perdedores e os perdedores em performance a figurarem nos lugares de topo da captação dos fluxos de capitais).

(ii) *Análise Período a Período*

Analisam-se agora os resultados obtidos com as tabelas de contingência construídas trimestre a trimestre. A Tabela 4.13 sintetiza o essencial do *output* acedido quando a performance é aferida por M5. Esta tabela divide-se em duas partes. Na Parte I são sintetizados os resultados para o teste do χ^2 (ajustado e não ajustado). Na Parte II sintetizam-se os resultados do teste de Pesaran e Timmermann e dos testes de Malkiel. Não se reportam os resultados da aplicação do teste do produto cruzado, uma vez que este conduz exactamente às mesmas conclusões que o teste do χ^2 (sem ajustamento)[407].

As zonas sombreadas da Parte I daquela tabela identificam as situações em que em nenhuma das células da tabela de contingência se verifica uma frequência esperada menor que 5, o que significa que a dimensão da amostra pode ser considerada suficientemente grande para originar inferências fiáveis. Na Parte II, as zonas sombreadas identificam os casos em que a percentagem de repetição identificada é superior a 50 por cento, pelo que a hipótese alternativa é a hipótese de reacção.

Uma conclusão que resulta da observação desta tabela é a de que, apenas em quatro ocasiões se anotam situações de evidência de reacção à performance. Trata-se, em três casos, de reacções do 4T à performance do 3T (1996, 1999 e 2000) e num outro caso de reacção do 2T a 1T (1999). Note-se, porém, que esta evidência não é generalizável a todas as formas de medição dos fluxos, além de que apenas em 2 casos

---

[407] O coeficiente de correlação linear entre os p-unilaterais de ambos os testes é, em todos os casos, 100%.

(1T99/2T99 e 3T99/4T99) a amostra é considerada grande. Destes, apenas no último caso a evidência é patente em todas as formas de apuramento da performance[408].

TABELA 4.13 – SÍNTESE RESULTADOS OBTIDOS TRIMESTRE A TRIMESTRE [M5]

M5	FLC	FC1 χ^2	FC1 χ^2Aj.	FCN1 χ^2	FCN1 χ^2Aj.	FUN1 χ^2	FUN1 χ^2Aj.	FC2 χ^2	FC2 χ^2Aj.	FCN2 χ^2	FCN2 χ^2Aj.	FUN2 χ^2	FUN2 χ^2Aj.	FC1 RR	FC1 RW	FC1 RL	FCN1 RR	FCN1 RW	FCN1 RL	FUN1 RR	FUN1 RW	FUN1 RL	FC2 RR	FC2 RW	FC2 RL	FCN2 RR	FCN2 RW	FCN2 RL	FUN2 RR	FUN2 RW	FUN2 RL
1T94	2T94																															
2T94	3T94																															
3T94	4T94																															
4T94	1T95																															
1T95	2T95					**	***					**	***																			
2T95	3T95							***				**	***													**			**	***		
3T95	4T95	**	***			***		***		**	***	**	***	**		***					***					***			**	***		
4T95	1T96	***		***		***											***			***				**		***			**	***		
1T96	2T96	***		***		***								***			***			***												
2T96	3T96													***																		
3T96	4T96			***	***	***	***					***	***																***			
4T96	1T97													***			***															
1T97	2T97																															
2T97	3T97																															
3T97	4T97																															
4T97	1T98																															
1T98	2T98					**	**	**	**			**	**	***			***			**	***	***	**	***	***	***			**	***	***	
2T98	3T98																															
3T98	4T98																															
4T98	1T99																															
1T99	2T99					***														***												
2T99	3T99																															
3T99	4T99	**	**	**	**	**	**	**						*	**	***	**		***	**	***	**		***	**	***			**	***	***	
4T99	1T00																															
1T00	2T00					***	***	***	***	***	***													**			**			**		
2T00	3T00																															
3T00	4T00			**	***															**			***									
4T00	1T01																															

Obs: (*i*) a coluna M5 indica o trimestre a que se refere a performance aferida com base no modelo M5; FLC indica o trimestre a que se referem os fluxos de capitais; (*ii*) as zonas sombreadas da Parte I identificam os casos em que a frequência esperada em todas as células da respectiva tabela de contingência é superior ou igual a 5; as células sombreadas da Parte II respeitam aos casos em que a percentagem de repetição de resultados observada excede 50 por cento (*iii*) χ^2 identifica o valor da estatística apurada de acordo com a fórmula [4.20]; «χ^2 Aj.» identifica o valor da estatística após correcção de Yates; as colunas intituladas «RR», «RW» e «RL» referem-se, pela ordem respectiva, aos resultados obtidos com os testes de repetição conjunta de resultados, de repetição de vencedores e de repetição de perdedores; (*iv*) os símbolos ★, ★★ e ★★★ indicam as situações em que se rejeita a hipótese nula em favor da hipótese alternativa unilateral para um nível de significância de, respectivamente, 1%, 5% e 10%.

É, também, notório que os resultados dependem (ainda que moderadamente) do critério utilizado. O ajustamento de Yates induz a um menor número de casos de rejeição da hipótese nula. O teste de Pesaran e Timmermann conduz a resultados muito semelhantes aos obtidos com o teste do χ^2 não ajustado, sendo totalmente idênticos nas situações de amostra de pequena dimensão[409]. Significa isto que, na presença de

---

[408] Estatísticas não reportadas.

[409] Assim acontece na Tabela 4.13. Para outras formas de medição da performance constata-se que em algumas (poucas) situações o teste de repetição conjunta de resultados induz à rejeição da hipótese nula com determinados níveis de significância sem que tal aconteça para o teste do χ^2. Assim, este teste ainda se afasta mais dos resultados do teste do χ^2 ajustado nos termos de Yates.

amostras não muito grandes, este teste padece (pelo menos) das mesmas limitações que são apontadas ao teste do χ^2. Os testes de repetição de vencedores e de repetição de perdedores, por sua vez, revelam-se mais comedidos na rejeição da hipótese nula. As situações em que é rejeitada esta hipótese na repetição de vencedores são mais escassas que as situações em que o teste do χ^2 ajustado induz a rejeição de H_0, sendo ainda mais raras as ocasiões em que em simultâneo é notada a repetição de perdedores.

Assim, em ordem a dirimir dúvidas, calculou-se o teste de probabilidades exactas de Fisher[410]. Este teste constitui uma prova não paramétrica que é usualmente recomendada para analisar dados discretos de amostras pequenas[411]. Trata-se, pois, de um teste adequado para consolidar as inferências estatísticas obtidas com amostras de dimensão reduzida[412]. O teste de Fisher permite determinar, sob a hipótese de independência, a exacta probabilidade[413] de se ter verificado um determinado conjunto de frequências. Esta probabilidade é comparada com o nível de significância escolhido tendo em vista decidir a aceitação ou a rejeição de H_0. Este teste é, em geral, entendido como apresentando um elevado poder, sendo por isso elevada a probabilidade de conduzir à correcta tomada de decisões[414]. As hipóteses do teste podem ser enunciadas de múltiplas formas, dependendo da célula em que se verifica o menor número de observações. Assim, se a frequência extrema mínima se verificar para n_{12} ou n_{21} a hipótese alternativa é a «hipótese de reacção à performance»[415].

---

[410] Doravante abreviadamente identificado por «teste das probabilidades exactas» ou por «teste de Fisher».

[411] *Vide*, Siegel (1975, p. 107), Everitt (1977, p. 15) e Conover (1999, p. 188).

[412] Cortez (1998) estudou, como possível ajustamento do eventual viés decorrente da reduzida dimensão da amostra, um método não paramétrico que consiste em calcular as estatísticas do χ^2 e do produto cruzado a partir de simulações dos retornos diários dos fundos (*bootstrap simulations*). A autora concluiu, porém, que este tipo de metodologias é redundante face ao teste de Fisher.

[413] Dada pela distribuição hipergeométrica.

[414] Para uma revisão das investigações empíricas em torno do poder do teste ver Everitt (1977, p. 19).

[415] Se a frequência mínima ocorrer em n_{12} é rejeitada a hipótese de independência (se for esse o caso) em favor da existência de uma menor (maior) probabilidade de um vencedor no ranking

Quando esse valor mínimo se verifica para n_{11} ou para n_{22} tem-se como hipótese alternativa a «hipótese de reacção invertida»[416].

A Tabela 4.14 sintetiza os resultados obtidos com a aplicação deste teste. Uma primeira conclusão decorre da comparação de resultados com o teste do χ^2 após ajustamento de Yates: em todas as situações em que H_0 é agora rejeitada, também há rejeição com base naquele outro teste. O teste de Fisher é, porém, ainda mais prudente, dado que deixa de haver rejeição de H_0 em algumas das situações que de acordo com aquele teste conduziam a tal conclusão.

TABELA 4.14 – TESTE EXACTO DE FISHER TRIMESTRE A TRIMESTRE [CR, M5]

		FC1	FCN1	FUN1	FC2	FCN2	FUN2	FC1	FCN1	FUN1	FC2	FCN2	FUN2
		p-Un.	p-Un.	p-Un.	p-Un.	p-Un.	p-Un.	p-Un.	p-Un.	p-Un.	p-Un.	p-Un.	p-Un.
		Parte I [CR]						Parte II [M5]					
PERF	FLC												
1T94	2T94	0,72	0,72	0,72	0,72	0,72	0,72	0,72	0,72	0,72	0,72	0,72	0,72
2T94	3T94	0,21	0,08 ***	0,08 ***	0,21	0,08 ***	0,08 ***	0,62	0,62	0,62	0,62	0,62	0,62
3T94	4T94	0,50	0,50	0,50	0,50	0,50	0,50	0,50	0,50	0,50	0,50	0,50	0,50
4T94	1T95	0,60	0,60	0,60	0,60	0,60	0,60	0,60	0,60	0,60	0,60	0,60	0,60
1T95	2T95	0,40	0,60	0,40	0,40	0,60	0,40	0,60	0,60	0,60	0,60	0,60	0,60
2T95	3T95	0,60	0,60	0,60	0,40	0,40	0,40	0,60	0,40	0,10	0,60	0,40	0,10
3T95	4T95	0,40	0,76	0,76	0,11	0,11	0,11	0,60	0,60	0,60	0,21	0,21	0,21
4T95	1T96	0,50	0,50	0,50	0,17	0,50	0,50	0,11	0,24	0,40	0,11	0,11	0,11
1T96	2T96	0,50	0,50	0,50	0,17	0,50	0,50	0,17	0,17	0,17	0,50	0,50	0,50
2T96	3T96	0,50	0,50	0,50	0,50	0,50	0,50	0,17	0,17	0,17	0,50	0,50	0,50
3T96	4T96	0,41	0,02 **	0,02 **	0,41	0,13	0,02 **	0,41	0,13	0,13	0,41	0,41	0,13
4T96	1T97	0,60	0,40	0,40	0,24	0,40	0,40	0,60	0,60	0,60	0,24	0,60	0,60
1T97	2T97	0,40	0,11	0,11	0,40	0,40	0,40	0,76	0,40	0,40	0,24	0,40	0,40
2T97	3T97	0,05 ***	0,05 ***	0,05 ***	0,02 **	0,05 ***	0,05 ***	0,59	0,41	0,41	0,59	0,41	0,41
3T97	4T97	0,67	0,33	0,67	0,33	0,33	0,33	0,33	0,33	0,67	0,67	0,67	0,67
4T97	1T98	0,74	0,59	0,59	0,26	0,59	0,59	0,74	0,26	0,26	0,26	0,26	0,26
1T98	2T98	0,20	0,20	0,04 **	0,50	0,50	0,50	0,20	0,20	0,04 **	0,04 **	0,20	0,04 **
2T98	3T98	0,21	0,21	0,21	0,21	0,21	0,50	0,50	0,50	0,50	0,50	0,21	0,21
3T98	4T98	0,34	0,66	0,66	0,34	0,34	0,34	0,66	0,34	0,66	0,34	0,34	0,66
4T98	1T99	0,34	0,34	0,34	0,66	0,11	0,11	0,66	0,66	0,34	0,66	0,66	0,34
1T99	2T99	0,28	0,42	0,42	0,72	0,42	0,42	0,42	0,42	0,16	0,58	0,42	0,42
2T99	3T99	0,72	0,58	0,58	0,72	0,72	0,58	0,58	0,28	0,28	0,58	0,28	0,28
3T99	4T99	0,59	0,14	0,14	0,41	0,14	0,14	0,03 **	0,07 ***	0,07 ***	0,07 ***	0,26	0,26
4T99	1T00	0,28	0,08 ***	0,08 ***	0,28	0,16	0,16	0,28	0,72	0,58	0,28	0,58	0,72
1T00	2T00	0,34	0,34	0,34	0,34	0,34	0,34	0,34	0,34	0,34	0,11	0,11	0,11
2T00	3T00	0,58	0,42	0,15	0,15	0,15	0,15	0,42	0,26	0,26	0,26	0,26	0,26
3T00	4T00	0,24	0,24	0,04 **	0,76	0,24	0,24	0,37	0,09 ***	0,37	0,75	0,37	0,75
4T00	1T01	0,04 **	0,04 **	0,04 **	0,04 **	0,04 **	0,04 **	0,60	0,60	0,60	0,60	0,60	0,60

Obs: (*i*) na Parte I a performance é medida com base em CR e na Parte II com base em M5; (*ii*) p-Un identifica a probabilidade exacta para testes unilaterais de Fisher; (*iii*) as células sombreadas indicam as situações em que o número mínimo de observações se verifica unicamente para WL* e/ou LW* («hipótese de reacção»); (*iv*) a demais notação tem o significado habitual.

---

da performance vir a ser um perdedor (vencedor) no ranking da procura ($p_{12} < p_{11}$) ou, equivalentemente, da existência de uma menor (maior) probabilidade de um perdedor no ranking da procura ter sido um vencedor (perdedor) no ranking da performance ($p_{12} < p_{22}$). Se a frequência mínima ocorrer em n_{21}, é rejeitada a hipótese de independência (se for esse o caso) em favor da existência de uma menor (maior) probabilidade de um vencedor em procura ter sido um perdedor (vencedor) em performance ($p_{21} < p_{11}$) ou, equivalentemente, da existência de uma menor (maior) probabilidade de um perdedor na performance vir a ser um vencedor (perdedor) na procura ($p_{21} < p_{22}$).

[416] Conclusão formulada com base em raciocínio análogo ao da nota anterior.

Os resultados que foram sendo reportados permitiram perceber que, tal como ocorreu em (I), existe uma grande similitude entre os testes do χ^2 (não ajustado), do produto cruzado e de Pesaran e Timmermann. A introdução do ajustamento de continuidade de Yates e o teste de Fisher introduzem uma prudência acrescida na rejeição da hipótese nula. Tem-se, pois, dois conjuntos de testes que induzem a resultados algo distintos. A primeira intuição apontaria para privilegiar os resultados obtidos com o teste de Fisher, ou para apenas confiar no teste do χ^2 após correcção de Yates. Todavia, com o teste de Fisher, em geral, as decisões são tomadas com um nível de significância inferior ao que aparentemente se está a utilizar. Admita-se, com efeito, a título de exemplo[417], que num dado trimestre foi obtida a seguinte tabela de contingência:

TABELA 4.15 – TABELA DE CONTINGÊNCIA (EXEMPLO)

| | | Fluxos Liq. Novos Capitais | |
		W^*	L^*
Performance	W	3	6
	L	6	2

A probabilidade hipergeométrica correspondente à ocorrência desta tabela é de 0,0968 (p(2)). Dados os totais marginais fixos, os dois casos mais extremos que o ocorrido correspondem a $LL^*=1$ e $LL^*=0$. As probabilidades respectivas são: p(1) = 0,0118 e p(0) = 0,0004. Donde, de acordo com o teste de Fisher deve ser confrontada a probabilidade de ocorrência das três situações (0,109) com o nível de significância seleccionado. Assim, para um nível de 10 por cento não seria rejeitada H_0. Tal significa que apenas se rejeitaria esta hipótese com $LL^*=1$ ou $LL^*=0$. Todavia, a probabilidade de tal ocorrer é de apenas 0,0122. Donde, em rigor, a decisão subjacente ao teste de Fisher foi tomada com um nível de significância de 1,22 por cento e não 10 por cento.

---

[417] Exemplo inspirado em Siegel (1975, p. 114).

Por este facto, Tocher (1950) sugeriu uma modificação ao teste, aumentando o seu poder[418], que consiste em determinar a probabilidade de todos os casos mais extremos que o observado, sem incluir este último. Se a soma das probabilidades exactas dos resultados mais extremos supera o nível de significância α, H_0 não é rejeitada. Se esta probabilidade é menor, enquanto que a probabilidade de Fisher é superior a α, Tocher (1950) recomenda o cálculo da seguinte razão:

$$\frac{\alpha - P(\text{casos mais extremos})}{P(\text{caso observado})}. \qquad [4.27]$$

Trata-se, pois, da proporção do nível de significância "sobrante" na probabilidade do caso ocorrido. Para decidir se o rácio obtido é suficientemente grande para rejeitar H_0, Tocher (1950) sugere que o valor obtido seja comparado com um número aleatoriamente extraído compreendido entre 0 e 1. Se este número é menor que o resultado obtido com a equação [4.27], H_0 é rejeitada. Caso contrário, H_0 é aceite. O critério de Tocher (1950) dependente, assim, de uma extracção aleatória. Por isso, repetiu-se a extracção 1000 vezes, em vez de uma única, tendo-se rejeitado H_0 quando em pelo menos 501 vezes foi essa a conclusão obtida. Esta repetição vai, aliás, de encontro às preocupações de Tocher (1950) que recomenda que o número aleatório seja cuidadosamente extraído de uma tábua reputada, em ordem a evitar que o teste se transforme numa prova conjunta de H_0 e da selecção do número.

A Tabela 4.16 identifica as situações em que se concluiu pela rejeição [com CR e M5], bem como o respectivo nível de significância, aí se incluindo – para facilitar a comparação – as conclusões a que se havia chegado com os testes do χ^2 e de Fisher.

---

[418] Segundo Siegel (1975, p.116), com a modificação de Tocher, a prova de Fisher é a mais poderosa de todas as provas unilaterais (no sentido de Neyman e Pearson).

TABELA 4.16 – SÍNTESE DOS RESULTADOS OBTIDOS PARA OS TESTE DO χ^2, FISHER E TOCHER (REPETIDO 1000 VEZES) [CR E M5]

PERF	FI.NC	FC1 χ^2	F	T	FCN1 χ^2	F	T	FUN1 χ^2	F	T	FC2 χ^2	F	T	FCN2 χ^2	F	T	FUN2 χ^2	F	T	FC1 χ^2	F	T	FCN1 χ^2	F	T	FUN1 χ^2	F	T	FC2 χ^2	F	T	FCN2 χ^2	F	T	FUN2 χ^2	F	T
		Parte I [CR]																		*Parte II [M5]*																	
1T94	2T94																																				
2T94	3T94	***			**	***	**	**	***	**	***			**	***	**	**	***	**																		
3T94	4T94																																				
4T94	1T95																																				
1T95	2T95																						**		***							**		**	***		
2T95	3T95																									***						***		**	***		
3T95	4T95							**		***	**		**			***										**		***	**		***	**		
4T95	1T96							***												***			***			***	***							
1T96	2T96																			***			***			***	***							
2T96	3T96																																	
3T96	4T96				*	**	**	*	**	*				***			***		*	**			***			***	***							
4T96	1T97																																	
1T97	2T97							***	**		***																							
2T97	3T97	**	***	**	**	***	**	**	***	**	*	**	*	**	***	**	**	***	**															
3T97	4T97																																	
4T97	1T98																																	
1T98	2T98				**	**	**													**	**	**	**	**	**							**	**	**
2T98	3T98																																	
3T98	4T98																																	
4T98	1T99							***		***	***		***							***		***												
1T99	2T99																			***		***												
2T99	3T99																																	
3T99	4T99				***		***	***		***				***		***	***		***	**	**	**	**	***	**	**	***	**	**	***	**			
4T99	1T00				**	***	**	**	***	**				***		***	***		***															
1T00	2T00																												***		***	***		***
2T00	3T00				***		***	***		***	***		***	***		***	***		***															
3T00	4T00																			**	***	**												
4T00	1T01	**	**	**	**	**	**	**	**	**	**	**	**	**	**	**	**	**	**															

Obs.: (*i*) a coluna PERF indica o trimestre a que se refere a performance (CR na Parte I, M1 na Parte II, M5); (*ii*) as colunas intituladas «χ^2», «F» e «T» referem-se, pela ordem respectiva, aos resultados obtidos com os testes do χ^2, de Fisher e de Tocher (repetido 1000 vezes); (*iii*) sombreado identifica os casos em que para todas as células a frequência esperada – de acordo com o teste do χ^2 – é maior ou igual a 5; e (*iv*) a demais notação tem o significado habitual.

Com excepção de alguns resultados obtidos em 2T94/3T94, 2T95/3T95 e 4T95/1T96 em todas as demais situações a aplicação (repetida) do critério de Tocher confirma (com um nível de significância igual ou inferior a 10 por cento) as rejeições inferidas com o teste do χ^2. Todavia, mesmo para aqueles trimestres registam-se situações em que os resultados do teste do χ^2 são confirmados. O mesmo é dizer que, por este critério, o teste de Fisher e o ajustamento de Yates induzem a uma prudência excessiva, conduzindo à aceitação da hipótese nula em situações em que esta deve ser rejeitada[419]. Donde, sempre que os resultados do teste de Fisher e/ou do teste do χ^2 ajustado nos termos de Yates induzirem a resultados distintos do teste do χ^2 não ajustado, optar-se-á por estes últimos desde que o critério de Tocher induza a essa conclusão.

---

[419] Como anteriormente referido são múltiplas as referências bibliográficas que apontam no sentido de os resultados do χ^2 serem válidos mesmo quando a frequência esperada por cada célula é inferior a 5.

Ao nível das diversas formas de medição da performance, importa notar que existe uma maior frequência de rejeição da hipótese nula com CR do que com a performance ajustada, o que indicia que a sensibilidade da procura aos retornos absolutos é pelo menos não inferior à sensibilidade aos retornos ajustados ao risco. Em termos dos resultados obtidos com os rankings dos retornos ajustados ao risco, importa notar que de acordo com os *outputs* não reportados a utilização de M4 conduz a resultados menos consistentes com M1 e com M5, do que estes dois modelos entre si, além de que menos constantes ao nível das diferentes formas de aferição da procura.

Em termos dos resultados em concreto obtidos, em nenhum trimestre se pode concluir pela rejeição da hipótese nula para todas as formas de aferição da performance e todas as formas de apuramento da reacção da procura. Por outro lado, encontraram-se poucas situações em que seja evidente a reacção à performance do trimestre anterior, seja qual for a forma de avaliação dessa performance. Além disso, os resultados dependem do universo de clientes incluído nessa medição. Todavia, é notória alguma sazonalidade na reacção. Os casos de reacção à performance surgem sobretudo ao nível da resposta da procura dos 4T à performance dos 3T.

(III) *Análise Fundo a Fundo*

Um outro exercício realizado consistiu em construir tabelas de contingência individuais para cada fundo, aglutinando a totalidade dos pares de classificações trimestrais que haviam sido obtidos ao longo de todo o período em que cada fundo permaneceu na amostra. As matrizes construídas não constam do presente documento. Não obstante na aparência estas matrizes de contingência serem muito similares às matrizes de contingência construídas em (II), existe uma diferença fundamental entre elas. Ao passo que naquele outro caso as observações dividem-se de modo equitativo entre as duas categorias de cada variável, nesta outra situação pode dar-se o caso de, em uma ou em ambas as variáveis, as observações se concentrarem em uma categoria. Deste facto decorrem consequências várias ao nível dos testes estatísticos.

Desde logo, no que respeita ao teste do χ^2, a utilização das estimativas obtidas com base nos totais parciais – tal como se fez antes – induz a que, por exemplo, caso um fundo não registe observações como perdedor na procura, se tome como hipótese nula $p_{.1}$ igual a um e $p_{.2}$ igual a zero, quando o que se pretende inferir é se estas probabilidades são iguais, maiores ou menores que 0,5. Uma possibilidade seria considerar igual a 50 por cento a probabilidade de cada linha e de cada coluna. Todavia, tal equivale a pressupor que todos os fundos têm a mesma probabilidade de serem vencedores em performance, ignorando por isso a possibilidade de uns fundos serem (repetidamente) mais hábeis que outros[420]. Donde, a hipótese nula que melhor se ajusta aos objectivos do estudo é a que considera como probabilidades de cada linha ($p_{1.}$ e $p_{2.}$) as estimativas de máxima probabilidade calculadas com base nos totais de cada linha e como probabilidades de cada coluna ($p_{.1}$ e $p_{.2}$) 50 por cento. Assume-se, assim, que os diversos fundos apresentam probabilidades diferenciadas de serem vencedores (ou perdedores) em performance em função dos resultados obtidos, considerando que a hipótese de um fundo ser vencedor (ou perdedor) em procura é sempre de 50 por cento.

A natureza deste tipo de tabelas igualmente impede a aplicação do teste do produto cruzado, do teste de Pesaran e Timmermann e do teste de Fisher. Tanto o teste do produto cruzado, como o teste de Pesaran e Timmermann, não permitem distinguir a reacção à performance da persistência da performance, além de que para muitos fundos as respectivas estatísticas não são calculáveis. O teste de Fisher é aqui desaconselhado por não haver a garantia de que em repetidas observações os totais parciais em linha e em coluna se mantenham fixos. Note-se que há quem defenda que o teste de Fisher conserva validade no caso de as somas em linha e em coluna serem aleatórias. Todavia, o poder do teste vem reduzido pela circunstância de não serem tidas em consideração todas as possibilidades mais extremas que a observada[421].

---

[420] Por outras palavras, neste caso estar-se-ia a testar simultaneamente a persistência da performance e a conexão da reacção à procura com a performance, quando se deseja estudar apenas este último aspecto.

[421] *Vide*, a este propósito, Conover (1999, p. 189).

Note-se ainda que a rejeição da hipótese de independência pelo teste do χ^2 pode dever-se a múltiplas e distintas razões. A conjugação dos vários resultados possíveis dos testes de repetição de vencedores e de perdedores levam a 9 situações alternativas, das quais apenas uma (C5) é claramente compatível com a não rejeição de H_0.

TABELA 4.17 – DIFERENTES CENÁRIOS POSSÍVEIS

	RW	RL		RW	RL		RW	RL
C1	> 1/2	> 1/2	C4	= 1/2	> 1/2	C7	< 1/2	> 1/2
C2	> 1/2	= 1/2	C5	= 1/2	= 1/2	C8	< 1/2	= 1/2
C3	> 1/2	< 1/2	C6	= 1/2	< 1/2	C9	< 1/2	< 1/2

Obs. (*i*) C1 a C9 identificam os cenários; (*ii*) RW e RL identificam as colunas que respeitam, respectivamente, de repetição de vencedores e de repetição de perdedores; (*iii*) >1/2, =1/2 e </1/2 identificam, por esta ordem, as situações em que se rejeita H_0 em favor da hipótese de a probabilidade ser maior que 0,5, não se rejeita H_0, e H_0 é rejeitada em favor da hipótese de a probabilidade ser menor que 0,5.

A Tabela 4.17 sintetiza as diferentes possibilidades, permitindo ver que apenas se pode inferir reacção (simétrica) à performance quando se verifica o cenário C1. Sempre que se verifique o cenário C2 ou o cenário C3 tem de concluir-se que a reacção é assimétrica. A reacção assimétrica pode ainda ocorrer quando os investidores reagem à performance inferior mas agem com indiferença perante as performances superiores (C4) ou transformam os vencedores em perdedores (C7). A hipótese de reacção invertida verifica-se com C9 (reacção simétrica) e C6 e C8 (reacção assimétrica).

Na Tabela 4.18 procede-se a uma síntese dos resultados obtidos considerando os diferentes métodos de medição da procura e tomando em conta os rankings inerentes às estimativas do parâmetro alfa de M5. Nesta tabela indicam-se os níveis de significância para que são rejeitadas as hipóteses nulas em favor de hipóteses alternativas unilaterais[422]. De igual modo se assinalam as diferentes hipóteses (C1 a C9) a que correspondem os resultados obtidos com as estatísticas RW e RL.

---

[422] A sombreado são assinaladas as situações em que se observou uma percentagem de repetição de resultados superior a 50 por cento, indicando por isso o sentido da hipótese alternativa unilateral.

TABELA 4.18 – SÍNTESE DOS RESULTADOS OBTIDOS PARA OS TESTE DO χ^2
(COM E SEM AJUSTAMENTO DE YATES), DE REPETIÇÃO DE VENCEDORES
E DE REPETIÇÃO DE PERDEDORES [M5]

	FC1					FCN1					FUN1					FC2					FCN2					FUN2				
	χ^2	χ^2Aj	RW	RL	C	χ^2	χ^2Aj	RW	RL	C	χ^2	χ^2Aj	RW	RL	C	χ^2	χ^2Aj	RW	RL	C	χ^2	χ^2Aj	RW	RL	C	χ^2	χ^2Aj	RW	RL	C
F1	***				C5	***				C5	**	***		***	C6					C5					C5					C5
F2	*	**	**	**	C3	**	***	***	**	C3	**	***	***	**	C3	**	***	***	**	C3	**	***	***	**	C3	**	***	***	**	C3
F3					C5					C5					C5					C5					C5					C5
F4					C5					C5					C5					C5	***		***		C8	***		***		C8
F5	**	**	**		C2					C5					C5	**	***		***	C6	***			***	C6	***			***	C6
F6	**	***	**	***	C3	**	***	**	***	C3	**	***	**	***	C3	**	***		***	C6	***			***	C6	***			***	C6
F7					C5					C5					C5					C5					C5					C5
F8					C5	***				C5	*	**	**	**	C1					C5	**	**		**	C4	**	**		**	C4
F9					C5					C5	**	**	**		C8					C5					C5	**	***	***	***	C9
F10	**	**	**		C8	***				C5					C5	**	**	**		C8	***				C5					C5
F11					C5					C5					C5					C5					C5					C5
F12	***		***		C8			***		C5					C5	**	***	**		C8					C5					C5
F13					C5					C5					C5					C5					C5					C5
F14	*	*		**	C6	**	**		**	C6	**	**		**	C6	*	*		*	C6	**	**		**	C6	**	**		**	C6
F15	**	***	**		C2	**	***	**		C2	**	***	**		C2					C5	***				C5	***				C5
F16	**	**	**		C2	**	**	**		C2	**	**	**		C2	**	**	**		C2	**	**	**		C2	**	**	**		C2
F17					C5					C5					C5					C5					C5					C5
F18	**	**	**		C2	**	***	**		C2	**	***	***		C2	**	**	**		C2	***				C5	**				C2
F19	**	***	***		C8	***				C5	***				C5	**	***	***		C8	***				C5	***				C8
F20					C5					C5					C5					C5	**	***	**		C5	**	***	**		C8
F21	**		**		C2					C5					C5	*	***	**	**	C3					C5					C5
F22	***				C8					C5					C5			***		C5			***		C5					C5
F23	**	***	**		C8	*	**	**		C8	*	**	**		C8	*	**	**	*	C7	*	*	**	*	C7	*	*	**	*	C7
F24	**	***	**	***	C8	**				C2	**		**		C2	**	**	**	***	C3			**		C2	**		**		C2
F25					C5					C5	***				C5					C5					C5					C5
F26					C5					C5					C5					C5					C5					C5
F27	*	*		*	C4	*	**		*	C4	*	**		*	C4					C5					C5					C5
F28	*	**	**		C5	*	**	**		C7	*	**	**		C7	*	**	**		C5			***		C7			**		C7
F29					C5					C5					C5					C5			***		C2			***		C2
F30	**				C6					C5					C5			**	***	C5	***			***	C6	**			***	C6

Obs.: (*i*) as colunas «χ^2», «χ^2 Aj.», «RW» e «RL» identificam, por esta ordem, as colunas respeitantes ao teste do χ^2, ao teste do χ^2 após ajustamento de Yates, ao teste de repetição de vencedores e ao teste de repetição de perdedores; (*ii*) C identifica a coluna em que se visualiza o cenário consentâneo com os testes de repetição de vencedores e de repetição de perdedores; (*iii*) as células sombreadas identificam os casos em que foi observada percentagem de repetição superior a 50 por cento; (*iv*) os símbolos ★, ★★ e ★★★ indicam as situações em que se rejeita a hipótese nula para um nível de significância de, respectivamente, 1%, 5% e 10%; e (*v*) a demais notação tem o mesmo significado que na Tabela 4.17.

O aspecto mais significativo que resulta desta tabela é que para nenhum fundo existe evidência de que, ignorando a procura pelos fundos de fundos do mesmo grupo, haja reacção simétrica da procura. Apenas com a totalidade da procura se regista uma situação do tipo C1: (F8/ /FUN1) Todavia, as situações de reacção assimétrica, conformes com a evidência internacional[423], são perceptíveis para diversos fundos[424]. Em termos de reacção inversa, além de várias situações em que se nota

---

[423] *Vide* Capítulo 3.

[424] Cenários do tipo C2 (com FCN2 e FUN2) são visíveis para F16, F18, F24 e F29. Se considerada a variável FC2 somente subsiste evidência para F16 e F18. Em termos da hipótese C3, importa destacar o caso de F2 que regista evidência do fenómeno em todas as variáveis da procura. Além disso, F6 comporta-se de acordo com C3 em todas as situações, desde que se considere a procura total. Existem, também, casos de reacção assimétrica centrada do lado dos perdedores.

reacção inversa assimétrica do lado vencedor (C8) e do lado perdedor (C6), importa anotar que existe um fundo que sustenta evidência de reacção inversa simétrica (C9) ao nível da procura dos "outros" clientes[425]. A situação mais frequente, porém, é a não rejeição da hipótese de independência entre os rankings da performance e os rankings da procura (C5). Os resultados obtidos com as demais formas de apuramento da performance não diferem significativamente dos resultados acedidos (mas não reportados) com M5.

Além dos testes reportados, procedeu-se ao cálculo do teste de McNemar[426]. Esta prova permite testar a hipótese de alteração de comportamento dos fundos ao longo do tempo, utilizando cada um desses fundos como elemento de controlo dele próprio. A hipótese nula do teste pode ser formulada como se segue: H_0: $p(LW^\star) = p(WL^\star)$[427]. Este teste permite, pois, inferir se a probabilidade de um fundo ser vencedor (perdedor) em procura é igual, superior ou inferior à probabilidade de esse fundo ser vencedor (perdedor) em performance[428]. Donde, o teste de McNemar fornece informação complementar relativamente aos testes anteriores aplicados. O teste estatístico para a prova de McNemar é baseado no teste do χ^2, confrontando valores observados com valores esperados para $WL^\star$ e $LW^\star$. A estatística reconduz-se ao seguinte[429]:

$$T = \frac{(n_{12} - n_{21})^2}{n_{12} + n_{21}}. \qquad [4.28]$$

---

[425] Trata-se de F9 (FUN2) que denota expressiva tendência para se transformar em vencedor quando perde e para ser perdedor quando ganha.

[426] Referenciado, entre outros, em Siegel (1975, p.69), Everitt (1977, p. 20) e Conover (1999, p. 180).

[427] Pode demonstrar-se (*vide* Conover (1999, p. 167)) que esta hipótese pode se reconduziria equivalentemente a: (*i*) H_0: $p(W^\star) = p(W)$ ou (*ii*) H_0: $p(L^\star) = p(L)$.

[428] Dito de outro modo, o teste de McNemar visa verificar se a probabilidade de um fundo vencedor em performance passar a perdedor em procura ($p(LW^\star)$) é igual à probabilidade desse mesmo fundo quando perde em performance passar a vencedor em procura ($p(WL^\star)$).

[429] Esta estatística segue, sob H_0, aproximadamente a distribuição do qui-quadrado com um grau de liberdade. *Vide*, demonstração, entre outros, em Siegel (1975, p. 70).

A este teste pode aplicar-se a correcção de continuidade de Yates. Conover (1999) e Siegel (1975) sugerem, no entanto, que para pequenas amostras é preferível usar um teste binomial. Tal como o teste de Fisher, o teste Binomial não permite que se trabalhe em termos exactos com os níveis de significância um, 5 e 10 por cento. Donde, foi aqui repetido 1000 vezes o ajustamento de Tocher (1950) para testes de distribuições discretas[430]. Na Tabela 4.19 são sintetizados os resultados obtidos.

TABELA 4.19 – SÍNTESE DOS RESULTADOS OBTIDOS PARA OS TESTE DE MCNEMAR, COM E SEM AJUSTAMENTO DE YATES, E BINOMIAL [M5]

	FC1					FCN1					FUN1					FC2					FCN2					FUN2				
	MN	Y	B	T	FE	MN	Y	B	T	FE	MN	Y	B	T	FE	MN	Y	B	T	FE	MN	Y	B	T	FE	MN	Y	B	T	FE
F1	***			***	5,5	***			***	5,5	**	***	***	***	6,0					5,0					6,0					6,0
F2					2,0					2,5					2,5					2,5					2,5					2,5
F3	***				6,5					6,0					6,0					7,0					6,0					6,0
F4					4,0					3,0					3,0					4,0					3,5					3,5
F5	*	*	*	*	6,0	**	**	**	**	7,0	**	**	**	**	7,0	*	*	*	*	7,0	**	**	**	**	7,5	**	**	**	**	7,5
F6	***				1,0	***				1,0	***				1,0					1,5					1,5					1,5
F7					6,0					6,0					6,5					5,5					5,5					5,5
F8					5,0					4,0	***				2,5					4,5					3,0					3,0
F9					6,5					7,0					9,5					7,5					8,5					9,5
F10					5,5					6,0					5,5					6,0					6,0					5,0
F11					3,0					2,5					3,0					3,0					3,0					3,0
F12	***				7,5					6,5					6,5					9,0					6,5					7,5
F13	***			***	5,5	**	**	**	**	5,5	**	**	**	**	5,5	***			***	5,5	***			***	5,5	***			***	5,5
F14	*	**	**	**	4,5	*	**	**	**	4,0	**	**	**	**	4,0	*	**	**	**	4,5	*	**	**	**	4,0	*	**	**	**	4,0
F15	*	**	**	**	3,0	*	**	**	**	3,0	*	**	**	**	3,0	**	**	**	**	4,0	**	**	**	**	4,0	**	**	**	**	4,0
F16	***				1,0					1,0	***				1,0					1,0	***				1,0	***				1,0
F17					4,5	***				4,0					4,5					4,5	***				4,0					5,0
F18	*	**	*	*	3,5	**	**	**	**	4,0	*	**	**	*	4,0	*	**	**	*	3,5	**	**	**	**	4,0	**	**	**	**	3,5
F19	*	**	*	*	8,0	**	**	**	**	7,5	*	**	**	*	6,5	*	**	**	*	7,5	*	**	**	*	6,5	*	*	*	*	7,0
F20					5,0	**	***	***	***	4,5	**	***	***	***	5,5	***			***	5,5	**	**	**	**	5,5	**	***	***	***	6,0
F21	***				1,0					1,5					1,5	**				1,5					1,5					1,5
F22					7,5					6,5					6,0					7,5					6,5					7,0
F23	**	**	**	**	7,5	*	**	**	**	8,0	*	**	**	**	8,0	*	*	**	*	6,5	*			*	6,5	*	**	**	*	6,5
F24	***				1,0					0,5					0,5	***				1,0					0,5					0,5
F25					4,0					3,5					2,5					3,0					3,0					2,5
F26	**	**	***	**	8,0	**	**	**	**	8,0	**	***	***	**	8,0	**	***	***	**	7,5	***				7,5
F27	**				1,5					2,0					2,0					3,0					3,0					3,0
F28	*	*	*	*	6,5	*	*	*	*	6,0	*	*	*	*	6,0	*	*	*	*	6,5	*	*	*	*	6,0					6,0
F29					5,0	***			***	5,5	**	***	***	***	6,0					6,0					4,5					4,5
F30	***				2,5					2,0	**	**	**	**	2,0	**	***	***	***	2,0					3,0	***				2,5

Obs.: (*i*) «MN» identifica a coluna respeitante ao teste de McNemar, «Y» identifica a coluna do teste de McNemar após ajustamento de Yates, «B» identifica a coluna relativa ao teste Binomial, «T» corresponde à coluna em que se identifica o resultado da aplicação por 1000 vezes do ajustamento de Tocher ao teste Binomial e «FE» indica o valor esperado, sob H_0, para WL^* (= LW^*); (*ii*) as células sombreadas identificam os casos em que $WL^* > LW^*$; e (*iii*) a demais notação tem o mesmo significado que na Tabela 4.17.

Esta tabela deixa perceptível que o teste de McNemar conduz à rejeição de H_0 em algumas ocasiões esporádicas, sem que tal inferência tenha confirmação em qualquer dos testes ajustados a pequenas amostras. Donde, afigura-se prudente aceitar a inferência derivada do teste

---

[430] De igual modo se indica a frequência esperada, sob H_0, para WL^* e LW^*, a qual, segundo Siegel (1975, p. 73), constitui indicador reduzida dimensão da amostra sempre que for inferior a 5 (FE<5).

de McNemar apenas quando confirmada pelo menos por uma das demais provas sempre que FE seja reduzido. Os resultados tornam ainda patente que coexistem fundos que (*i*) revelam idêntica probabilidade de vencer (perder) em performance e em procura, (*ii*) fundos que denotam uma superior (inferior) probabilidade de vencer (perder) em performance do que de vencer (perder) em procura, e (*iii*) fundos que revelam uma inferior (superior) probabilidade de vencer (perder) em performance do que de vencer (perder) em procura. No primeiro grupo incluem-se todos aqueles para que não pode rejeitar-se H_0, enquanto o segundo grupo é formado por aqueles em que se rejeita a H_0 nas situações sombreadas. Por fim, o último grupo é composto pelos fundos em que se rejeita a H_0 nas situações não sombreadas.

A análise conjunta das Tabelas 4.18 e 4.19, por sua vez, permite aceder a conclusões quanto ao padrão de reacção dos clientes à performance dos fundos de investimento. Assim, atentando na reacção captada pelas variáveis de procura normalizada relativas aos "outros" clientes (FCN2 e FUN2) e na performance aferida pelo modelo M5, pode inferir-se que os fundos F16, F24 e F29 evidenciam uma acrescida probabilidade de serem duplamente vencedores, embora denotem idêntica probabilidade de serem vencedores em performance e em procura $(p(W)=p(W^*))$[431]/[432]. No mesmo âmbito, F2 revela tendência para reagir à performance quando ganha e para reverter os resultados quando perde (C3)[433]. Existem outros fundos que patenteiam reacção assimétrica, só que do lado perdedor[434]. De igual modo se pode concluir que

---

[431] Com efeito, da Tabela 4.18 tem-se $p(LL^*) < p(WW^*)$ e da Tabela 4.19 infere-se $p(LW^*) = p(WL^*)$.

[432] Para F16, porém, tal inferência apenas é perceptível para o teste de McNemar sem ajustamentos.

[433] Neste caso conclui-se pela evidência de que o fundo tendo a mesma probabilidade de ganhar nos dois rankings $(p(W)=p(W^*))$ (Tabela 4.19), revela uma superior probabilidade de "cair" na célula WW^* e uma inferior probabilidade de obter o resultado LL^* (Tabela 4.18).

[434] É o caso de F8 e de F23 e F28. A leitura conjunta dos resultados das Tabelas 4.18 e 4.19 permite constar que o fundo F8 tem uma probabilidade superior de ser duplamente perdedor do que de "cair" em uma das demais células, as quais por sua vez apresentam probabilidade idêntica entre si.

F23 e F28 revelam uma superior probabilidade de passar de vencedores a perdedores. Por fim, existem fundos que revelam tendência para reacção invertida (F4, F5, F6, F14, F20 e F30)[435].

Se consideradas outras formas de aferir a performance e outras formas de medir a reacção da procura encontra-se igualmente uma diversidade de resultados[436]. Além disso, constata-se que é muito reduzido o número de fundos para os quais se pode inferir pela superior probabilidade de ser duplamente vencedor ou duplamente perdedor, posto que quanto à probabilidade acrescida de ser duplamente vencedor e duplamente perdedor se resume a dois caos esporádicos (F3/CR/FC1 e F8M5/FUN1), sempre após considerar a procura de fundos de fundos.

4.5.1.2 Análise semestre/semestre

Este ponto é dedicado aos resultados obtidos com a conjugação da performance de um semestre com os fluxos de capitais do semestre seguinte (SS). A Tabela 4.20 apresenta as matrizes de contingência e os testes estatísticos decorrentes da concentração da totalidade das observações e da reunião das observações de semestres homólogos, apurando a performance com CR e M5 e a procura com FC2, FCN2 e FUN2.

---

[435] Todavia, no caso de F4 existe uma probabilidade inferior de ser duplamente vencedor. Por sua vez, F20, diferentemente, revela uma maior probabilidade de vencer em performance e perder em procura do que de obter qualquer outro resultado. F5, F14 e, pelo contrário, evidenciam uma superior tendência para passar de perdedor em performance a vencedor em procura. F6 e F30, por fim, revelam uma probabilidade inferior de ser duplamente vencedor do que de cair em uma das demais três células.

[436] Resultados não reportados.

TABELA 4.20 – TABELAS DE CONTINGÊNCIA GLOBAIS, TABELAS DE CONTINGÊNCIA DE SEMESTRES HOMÓLOGOS E TESTES ESTATÍSTICOS [CR/M5 E FC2/FCN2/FUN2]

		Tabelas de Contingência				Teste do X^2		Teste do X^2 Ajustam. de Yates		Teste do Produto Cruzado		Teste de Pesaran e Timmerman		Teste de Repet. de Vencedores		Teste de Repet. de Perdedores	
		WW*	WL*	LW*	LL*	χ^2	p	χ^2 Aj.	p	PC	p	RR	p	RW	p	RL	p
							Parte I (CR)										
CR	FC2																
1S	2S	27	36	39	27	3,40	0,03 **	3,33	0,03 **	0,52	0,03 **	0,42	0,03 **	0,43	0,13	0,41	0,07 ***
2S	1S	32	27	28	32	0,68	0,20	0,65	0,21	1,35	0,20	0,54	0,20	0,54	0,26	0,53	0,30
	TOTAL	59	63	67	59	0,57	0,22	0,56	0,23	0,82	0,22	0,48	0,22	0,48	0,36	0,47	0,24
CR	FCN2																
1S	2S	28	35	36	30	1,32	0,13	1,28	0,13	0,67	0,13	0,45	0,12	0,44	0,19	0,45	0,23
2S	1S	32	27	29	31	0,42	0,26	0,39	0,27	1,27	0,26	0,53	0,26	0,54	0,26	0,52	0,40
	TOTAL	60	62	65	61	0,14	0,35	0,14	0,35	0,91	0,35	0,49	0,35	0,49	0,43	0,48	0,36
CR	FUN2																
1S	2S	27	36	37	29	2,25	0,07 ***	2,19	0,07 ***	0,59	0,07 ***	0,43	0,07 ***	0,43	0,13	0,44	0,16
2S	1S	32	27	28	32	0,68	0,20	0,65	0,21	1,35	0,20	0,54	0,20	0,54	0,26	0,53	0,30
	TOTAL	59	63	65	61	0,26	0,31	0,25	0,31	0,88	0,31	0,48	0,31	0,48	0,36	0,48	0,36
							Parte II (M5)										
M5	FC2																
1S	2S	25	39	41	24	7,44	0,00 *	7,35	0,00 *	0,38	0,00 *	0,38	0,00 *	0,39	0,04 **	0,37	0,02 **
2S	1S	31	29	29	30	0,08	0,39	0,06	0,40	1,11	0,39	0,51	0,39	0,52	0,40	0,51	0,45
	TOTAL	56	68	70	54	3,16	0,04 **	3,14	0,04 **	0,64	0,04 **	0,44	0,04 **	0,45	0,14	0,44	0,08 ***
M5	FCN2																
1S	2S	27	37	37	28	2,80	0,05 **	2,74	0,05 **	0,55	0,05 **	0,43	0,05 **	0,42	0,11	0,43	0,13
2S	1S	34	26	27	32	1,42	0,12	1,37	0,12	1,55	0,12	0,55	0,12	0,57	0,15	0,54	0,26
	TOTAL	61	63	64	60	0,15	0,35	0,14	0,35	0,91	0,35	0,49	0,35	0,49	0,43	0,48	0,36
M5	FUN2																
1S	2S	26	38	38	27	4,10	0,02 **	4,03	0,02 **	0,49	0,02 **	0,41	0,02 **	0,41	0,07 ***	0,42	0,09 ***
2S	1S	34	26	26	33	1,89	0,08 ***	1,83	0,09 ***	1,66	0,09 ***	0,56	0,08 ***	0,57	0,15	0,56	0,18
	TOTAL	60	64	64	60	0,26	0,31	0,25	0,31	0,88	0,31	0,48	0,31	0,48	0,36	0,48	0,36

Obs: (*i*) CR e M5 indicam as situações em que a performance semestral é apurada, respectivamente, em função dos retornos absolutos e das estimativas do parâmetro alfa do modelo M5; (*ii*) as siglas FC2, FCN2, FUN2 identificam a variável de medição dos fluxos líquidos de capitais; (*iii*) WW* (LL★) respeita ao número de fundos que foi duplamente vencedor (perdedor), WL* (LW★) identifica os fundos vencedores (perdedores) na performance e perdedores (vencedores) na procura; (*iv*) χ^2 identifica a estatística do teste do χ^2; χ^2 Aj. identifica a estatística do teste do χ^2 após ajustamento de Yates; PC identifica o produto cruzado (equação [4.23]); RR identifica a percentagem de repetição de resultados (Pesaran e Timmermann); RW (RL) identifica a repetição de vencedores (perdedores); (*v*) p identifica os p-values para testes unilaterais; (*vi*) os símbolos ★, ★★ e ★★★ indicam as situações em que se rejeita a hipótese nula para um nível de significância de, respectivamente, 1%, 5% e 10%.

Em termos da performance não ajustada ao risco, em nenhuma das situações se conclui pela rejeição de H_0 quando se aglutina a totalidade dos pares de semestres numa mesma tabela de contingência («Total») ou quando se trata da reacção da procura dos primeiros semestres à performance dos segundos semestres («2S/1S»). Apenas ao nível da reacção da procura dos segundos semestres (2S) à performance dos primeiros semestres (1S) surge evidência de ausência de independência. Tal ocorre para FC2 e FUN2[437]. Por outro lado, em nenhum destes casos se pode

---

[437] Ainda que só para FC2 haja inferência de repetição de perdedores (RL) e nunca se rejeite a H_0 com o teste de repetição de vencedores (RW).

concluir pela hipótese de reacção à performance, antes tendo de se optar pela hipótese de reacção inversa. O ajustamento da performance ao risco (M5), aumenta o número de situações de rejeição de H_0. Todavia, enquanto que ao nível da reacção dos 2S à performance dos 1S se conclui pela hipótese de reacção inversa, ao nível da procura do 1S terá de concluir-se pela hipótese da reacção[438]. Em termos globais, o efeito do par de semestres 1S/2S sobrepõe-se ao efeito do par de semestre 2S/1S, ainda que apenas se anotem situações de rejeição de H_0 em termos dos fluxos absolutos. Os resultados obtidos com os outros modelos de avaliação (M1 e M4) confirmam, em geral, a reacção inversa à performance dos 1S. Além disso confirmam a prevalência da reacção à performance dos 1S sobre os «totais»[439].

TABELA 4.21 – TESTE DE REPETIÇÃO CONJUNTA DE RESULTADOS, TESTE DE REPETIÇÃO DE VENCEDORES E TESTE DE REPETIÇÃO DE PERDEDORES [CR/M5 E FC2/FCN2/FUN2]

		FC2			FCN2			FUN2			FC2			FCN2			FUN2		
PERF	FLC	RR	RW	RL	RR	RW	RL	RR	RW	RL	RR	RW	RL	RR	RW	RL	RR	RW	RL
		Parte I (CR)									Parte II (M5)								
1S94	2S94																		
2S94	1S95	***									***								
1S95	2S95										**		***	***			***		
2S95	1S96	***			***			***			***			***			***		
1S96	2S96	***			***			***											
2S96	1S97				**	***		**	***	**									
1S97	2S97	**		**															
2S97	1S98																		
1S98	2S98	*	**	**	**			**				**	***	***					
2S98	1S99				**	·		**											
1S99	2S99				**	***		**	***										
2S99	1S00																		
1S00	2S00										**	***	***						

Obs: (*i*) a Parte I reporta-se à medição da performance em termos absolutos (CR), a Parte II refere-se à medição da performance com base nas estimativas dos alfas do modelo M1, a Parte III refere-se à medição da performance com base nas estimativas dos alfas do modelo M4 e a Parte IV refere-se à medição da performance com base nas estimativas dos alfas do modelo M5; (*ii*) RR, RW e RL identificam, respectivamente, os testes de Pesaran e Timmermann, de repetição de vencedores e de repetição de perdedores; (*iii*) as células sombreadas respeitam aos casos em que a percentagem de repetição de resultados observada foi superior a 50%; (*iv*) os símbolos ★, ★★ e ★★★ indicam as situações em que se rejeita a hipótese nula para um nível de significância de, respectivamente, 1%, 5% e 10%.

---

[438] Repare-se que em todos os casos as percentagens RW e RL observadas são inferiores a 50 por cento para 1S/2S, ainda que nem sempre estatisticamente significativas, ao passo que tais percentagens são sempre maiores que 50 por cento, ainda que nunca estatisticamente significativas, para 2S/1S. Em todas as circunstâncias, no entanto, o teste do χ^2, com e sem ajustamento de Yates, o teste do produto cruzado e o teste de Pesaran e Timmermann induzem no sentido da rejeição de H_0 para 1S/2S e igualmente apontam no sentido da rejeição desta hipótese para 2S/1S com FUN2.

[439] Resultados não reportados.

Ao nível de cada um dos pares de semestres os resultados indicam que a diversidade semestral de comportamento, embora não sendo generalizável a todos os casos analisados, tem confirmação em algumas tabelas de contingência. A Tabela 4.21 sintetiza o output dos testes RR, RW e RL. O resultado que ressalta da leitura desta tabela é a circunstância de apenas em três ocasiões se poder concluir – por pelo menos um dos testes e uma das formas de medir a procura – que existe uma reacção ao retorno absoluto (2S95/1S96, 1S96/2S96 e 2S96/1S97). Todavia, se ajustada a performance ao risco apenas remanesce tal evidência para um caso (2S95/1S96). Em ambos os casos são mais numerosas as situações em que se pode concluir por reacção invertida[440].

Os principais resultados obtidos com a análise das tabelas de cada fundo constam da Tabela 4.22, a qual se reporta aos rankings das estimativas dos alfas do modelo M5, sempre com exclusão dos fundos de fundos da procura.

TABELA 4.22 – SÍNTESE DOS RESULTADOS OBTIDOS
PARA OS FUNDOS INDIVIDUALMENTE CONSIDERADOS [M5/FC2/FCN2/FUN2]

Obs.: (i) MN identifica a coluna respeitante ao teste de McNemar sem ajustamento de continuidade, B identifica a coluna relativa ao teste Binomial, T corresponde à coluna em que se identifica o resultado da aplicação por 1000 vezes do ajustamento de Tocher ao teste Binomial; sendo que as células sombreadas identificam os casos em que foi observado WL*>LW*; (ii) n.c. identifica os casos em que as estatísticas não são calculáveis; e (iii) a demais notação tem o mesmo significado que na Tabela 4.32.

[440] As quais correspondem a todas as situações de rejeição de H_0 em células não sombreadas.

Esta tabela deixa patente que há apenas um fundo que em uma única ocasião denota reacção a performances superiores e inferiores. Trata-se de F29 (com FUN). Outros fundos são repetidamente vencedores, mas não repetidamente perdedores. Destes, alguns revelam-se mesmo capazes de captar fluxos superiores quanto têm maus desempenhos (F1 (FCN2), F2, F5 (FUN2), F11 (FC2) e F14), ao passo que para os outros não é rejeitada a hipótese de RL ser 50 por cento (F1 (FC2, FUN2)), F5 (FCN2), e F13 (FC2)). Outros fundos, porém, são apenas hábeis a transformar maus desempenhos em boas captações de fluxos (F8 (FC2), F15 (FC2) e F16). A evidência de incapacidade para aproveitar os bons desempenhos e para escapar às penalizações das piores performances é constatada somente em um fundo (F28 (FC2 e FUN2)). Apenas em dois fundos há evidência de RL superior a 50 por cento (F28 e F29). Por fim, um conjunto alargado de fundos revela incapacidade para aproveitar bons desempenhos[441]. Refira-se, por fim, que os testes realizados (mas não reportados) com outras formas de apuramento da performance e da procura não conduzem a conclusões substancialmente distintas das reportadas na Tabela 4.22.

4.5.1.3 Análise ano/ano

A análise que confronta a evolução da procura de um ano (excluindo fundos de fundos) com a performance do ano anterior (CR e M5) fornece resultados de grande relevância, de que é testemunha a Tabela 4.23. As estatísticas evidenciam reacção dos clientes a CR, quando os fluxos líquidos de capitais se aferem em termos normalizados[442].

---

[441] F3 (FC2), F9 (FCN2/FUN2), F10 (FC2), F12 (FC2), F20 (FCN2/FUN2), F23 (FCN2/FUN2) e F27.

[442] De facto, embora não se possa rejeitar H_0 com o teste RW e RL, os demais testes indicam que o excesso de observações constatado para WW^* e LL^* não pode ser atribuído a razões de natureza aleatória.

TABELA 4.23 –Testes estatísticos da análise ano/ano [CR/M5 e FC2/FCN2/FUN2]

		Teste do X² χ^2	Teste do X² Aj. de Yates χ^2 Aj.	Teste de P. e Timmer. RR	Teste de Repet. de Vencedores RW p	Teste de Repet. de Perdedores RL p	Teste de Fisher p T	Teste do X² χ^2	Teste do X² Aj. de Yates χ^2 Aj.	Teste de P. e Timmer. RR	Teste de Repet. de Vencedores RW p	Teste de Repet. de Perdedores RL p	Teste de Fisher p T
					Parte I [CR]						Parte II [M5]		
PERF	**FC2**												
1994	1995	3,23 **	1,64	0,27 **	0,29 0,13	0,25 0,08 ***	0,10 *	0,08	0,06	0,53	0,57 0,35	0,50 0,50	0,60
1995	1996	0,22	0,01	0,56	0,56 0,37	0,56 0,37	0,50	0,22	0,01	0,56	0,56 0,37	0,56 0,37	0,50
1996	1997	2,95 **	1,66 ***	0,71 **	0,67 0,16	0,75 0,08 ***	0,11 *	1,63	0,71	0,65 ***	0,60 0,26	0,71 0,13	0,22
1997	1998	0,00	0,11	0,50	0,50 0,50	0,50 0,50	0,67	0,80	0,31	0,40	0,40 0,26	0,40 0,26	0,33
1998	1999	0,73	0,32	0,41	0,40 0,26	0,42 0,28	0,33	0,18	0,02	0,45	0,45 0,38	0,45 0,38	0,50
1999	2000	0,70	0,15	0,59	0,67 0,21	0,55 0,38	0,37	0,14	0,01	0,53	0,60 0,33	0,50 0,50	0,56
TOTAL		0,01	0,01	0,50	0,51 0,44	0,50 0,50		0,09	0,07	0,51	0,52 0,39	0,51 0,45	
PERF	**FCN2**												
1994	1995	0,58	0,06	0,60	0,57 0,35	0,63 0,24	0,40	0,08	0,06	0,47	0,43 0,35	0,50 0,50	0,60
1995	1996	0,22	0,01	0,56	0,56 0,37	0,56 0,37	0,50	0,22	0,01	0,44	0,44 0,37	0,44 0,37	0,50
1996	1997	4,74 **	3,05 **	0,76 **	0,78 0,05 **	0,75 0,08 ***	0,04 ** **	0,49	0,07	0,59	0,60 0,26	0,57 0,35	0,42
1997	1998	0,80	0,31	0,40	0,40 0,26	0,40 0,26	0,33	3,20 **	2,11 ***	0,30 **	0,30 0,10	0,30 0,10	0,09 *** *
1998	1999	0,00	0,09	0,50	0,50 0,50	0,50 0,50	0,67	0,18	0,02	0,45	0,45 0,38	0,45 0,38	0,50
1999	2000	1,43	0,56	0,65	0,67 0,21	0,64 0,18	0,25	0,48	0,05	0,59	0,60 0,33	0,58 0,28	0,44
TOTAL		2,06 ***	1,98 **	0,57 **	0,57 0,16	0,57 0,15		0,46	0,42	0,47	0,46 0,29	0,47 0,35	
PERF	**FUN2**												
1994	1995	0,58	0,06	0,60	0,57 0,35	0,63 0,24	0,40	0,08	0,06	0,47	0,43 0,35	0,50 0,50	0,60
1995	1996	0,22	0,01	0,56	0,56 0,37	0,56 0,37	0,50	0,22	0,01	0,44	0,44 0,37	0,44 0,37	0,50
1996	1997	4,74 **	3,05 **	0,76 **	0,78 0,05 **	0,75 0,08 ***	0,04 ** **	0,49	0,07	0,59	0,60 0,26	0,57 0,35	0,22
1997	1998	0,00	0,11	0,50	0,50 0,50	0,50 0,50	0,67	3,20 **	2,11 ***	0,30 **	0,30 0,10	0,30 0,10	0,09 *** **
1998	1999	0,73	0,32	0,41	0,40 0,26	0,42 0,28	0,33	0,18	0,02	0,45	0,45 0,38	0,45 0,38	0,50
1999	2000	1,43	0,56	0,65	0,67 0,21	0,64 0,18	0,25	0,48	0,05	0,59	0,60 0,33	0,58 0,28	0,44
TOTAL		2,06 ***	1,98 ***	0,57 **	0,57 0,16	0,57 0,15		0,46	0,42	0,47	0,46 0,29	0,47 0,35	

Obs.: (*i*) CR e M5 indicam as situações em que a performance semestral é apurada, respectivamente, em função dos retornos absolutos e das estimativas do parâmetro alfa do modelo M5; (*ii*) a demais notação tem o significado habitual.

Ao nível do confronto individual de um ano com o ano anterior, infere-se reacção aos retornos absolutos em 1996/1997, com todas as formas de medição da procura, o mesmo não se podendo concluir para qualquer dos demais anos, embora seja também perceptível a concentração das observações em WW* e LL* em alguns anos, designadamente em 1999/2000. Em termos de reacção invertida, apenas pode inferir-se tal hipótese em 1994/1995 usando a variável FC2.

Com M5, porém, não se pode rejeitar a hipótese nula em nenhum caso para as tabelas de contingência relativas à totalidade dos anos. Além disso, ao nível dos anos individuais, apenas é notória reacção à performance em 1996/1997 com FC2, e somente com significância ao nível do teste de Pesaran e Timmermann. A hipótese de reacção inversa, por sua vez, está patente em todos os testes para a reacção da procura de 1998 à performance de 1997, ao nível dos fluxos normalizados[443].

Dos resultados obtidos (mas não reportados) com outras variáveis de aferição da procura (FC1, FCN1 e FUN1), e com outras formas de medição da performance (M1 e M4), importa anotar a confirmação de

---

[443] Note-se, porém, que ao nível do teste RW e do teste RL, o p–Unilateral é de 10,3%.

que o ajustamento da performance ao risco afasta a evidência de reacção em termos globais constatada com CR.

Em termos fundo a fundo, a abordagem AA apresenta a dificuldade de o número de observações ser diminuto, induzindo a que para muitos fundos algumas estatísticas não possam sequer ser calculadas. Os resultados obtidos (não reportados) denotam – com as limitações inerentes à escassez do número de observações – que para 5 dos 12 fundos que permaneceram durante mais tempo na amostra[444], os "outros" clientes dos fundos reagem aos retornos absolutos superiores dos anos anteriores, mas não aos retornos inferiores, quando se apura essa reacção em termos normalizados. Ao nível da reacção às performances ajustadas ao risco, um fundo evidencia reacção dos fluxos normalizados do lado vencedor (F7), havendo evidência de reacção do lado perdedor também apenas para um único fundo (F19 (FC2))[445].

4.5.1.4 ANÁLISE ANO/TRIMESTRE

(I) *Considerando o Período de 12 Meses Antecedente ao Trimestre*

Neste ponto procede-se ao confronto dos fluxos de capitais registados em cada trimestre com a performance verificada nos 12 meses antecedentes ao início do trimestre em causa (A/T). Esta análise complementa os estudos anteriores e, em particular, permite constatar se a reacção dos fluxos de capitais normalizados dos "outros" clientes aos retornos absolutos do ano antecedente é notória ao longo de todo o ano, ou se se trata do impacto pontual do apuramento da performance no final de cada ano.

A Tabela 4.24 sintetiza os resultados obtidos, para CR/FC2/FCN2/ /FUN2 e M5/FC2/FCN2/FUN2, tanto quando se concentram todos os resultados numa só tabela («TOTAL»), como quando se tratam isola-

---

[444] F1, F5 (FCN2/FUN2), F7, F13 (FCN2) e F29 (FCN2/FUN2).

[445] Trata-se, por isso, de resultados consentâneos com a evidência obtida por, entre outros, Sirri e Tufano (1998), segundo a qual os consumidores de fundos de acções focam desproporcionadamente a atenção nos fundos com elevadas performances e falham a fugir das acções com menores performances.

damente os períodos homólogos. Em termos de retornos absolutos, apenas se nota reacção (simétrica) à performance do ano antecedente na procura do 1T (1T4T/1T), a qual é estatisticamente significativa para FC2 e FUN2. Para nenhum outro trimestre se infere evidência de reacção à performance, acontecendo que ao nível dos fluxos absolutos se pode concluir que a procura do 4T privilegia os fundos que pior se comportaram no ano antecedente e penaliza aqueles que obtiveram os melhores desempenhos.

TABELA 4.24 – TABELAS DE CONTINGÊNCIA DA ANÁLISE ANUAL/TRIMESTRAL
E TESTES ESTATÍSTICOS [CR/FC2/FCN2/FUN2 E M5/FC2/FCN2/FUN2]

		Tabelas de Contingência				Teste do χ^2		Teste do χ^2 Ajustam. de Yates		Teste do Produto Cruzado		Teste de Pesaran e Timmermann		Teste de Repet. de Vencedores		Teste de Repet. de Perdedores	
		WW⁺	WL⁺	LW⁺	LL⁺	χ^2	p	χ^2 Aj.	p	PC	p	RR	p	RW	p	RL	p
										Parte I (CR)							
CR	**FC2**																
1T/4T	1T	41	28	29	39	3,86	0,02 **	1,79	0,09 ***	1,97	0,03 **	0,58	0,02 **	0,59	0,06 ***	0,57	0,11
2T/1T	2T	28	31	32	30	0,21	0,32	0,09	0,38	0,85	0,32	0,48	0,32	0,47	0,35	0,48	0,40
3T/2T	3T	32	29	30	33	0,29	0,29	0,04	0,43	1,21	0,30	0,52	0,29	0,52	0,35	0,52	0,35
4T/3T	4T	24	33	35	28	2,17	0,07 ***	0,50	0,24	0,58	0,07 ***	0,43	0,07 ***	0,42	0,12	0,44	0,19
TOTAL		125	121	126	130	0,13	0,36	0,07	0,39	1,07	0,36	0,51	0,36	0,51	0,40	0,51	0,40
CR	**FCN2**																
1T/4T	1T	38	31	31	37	1,23	0,13	0,23	0,31	1,46	0,13	0,55	0,13	0,55	0,20	0,54	0,23
2T/1T	2T	30	29	32	30	0,01	0,47	0,45	0,25	0,97	0,47	0,50	0,47	0,51	0,45	0,48	0,40
3T/2T	3T	30	31	30	33	0,03	0,43	0,31	0,29	1,06	0,43	0,51	0,43	0,49	0,45	0,52	0,35
4T/3T	4T	26	31	33	30	0,55	0,23	0,00	0,49	0,76	0,23	0,47	0,23	0,46	0,25	0,48	0,35
TOTAL		124	122	126	130	0,07	0,40	0,03	0,43	1,05	0,40	0,51	0,39	0,50	0,45	0,51	0,40
CR	**FUN2**																
1T/4T	1T	40	29	30	38	2,63	0,05 ***	0,99	0,16	1,75	0,05 ***	0,57	0,05 ***	0,58	0,09 ***	0,56	0,17
2T/1T	2T	29	30	33	29	0,20	0,33	0,09	0,38	0,85	0,33	0,48	0,33	0,49	0,45	0,47	0,31
3T/2T	3T	29	32	31	32	0,03	0,43	0,29	0,29	0,94	0,43	0,49	0,43	0,48	0,35	0,51	0,45
4T/3T	4T	28	29	31	32	0,00	0,50	0,57	0,22	1,00	0,50	0,50	0,50	0,49	0,45	0,51	0,45
TOTAL		126	120	125	131	0,29	0,30	0,20	0,33	1,10	0,30	0,51	0,30	0,51	0,35	0,51	0,35
										Parte II (M5)							
M5	**FC2**																
1T/4T	1T	37	33	33	34	0,18	0,34	0,04	0,42	1,16	0,34	0,52	0,34	0,53	0,32	0,51	0,45
2T/1T	2T	26	34	34	27	1,86	0,09 ***	0,37	0,27	0,61	0,09 ***	0,44	0,09 ***	0,43	0,15	0,44	0,19
3T/2T	3T	28	33	34	29	0,81	0,18	0,03	0,43	0,72	0,18	0,46	0,18	0,46	0,26	0,46	0,26
4T/3T	4T	24	37	35	24	4,79	0,01 **	2,03	0,08 ***	0,44	0,01 **	0,40	0,01 **	0,39	0,05 **	0,41	0,08 ***
TOTAL		115	137	136	114	3,86	0,02 **	3,51	0,03 **	0,70	0,02 **	0,46	0,02 **	0,46	0,08 ***	0,46	0,08 ***
M5	**FCN2**																
1T/4T	1T	39	31	30	37	1,64	0,10	0,43	0,26	1,55	0,10	0,55	0,10 ***	0,56	0,17	0,55	0,20
2T/1T	2T	29	31	33	28	0,40	0,26	0,01	0,45	0,79	0,26	0,47	0,26	0,48	0,40	0,46	0,26
3T/2T	3T	29	32	31	32	0,03	0,43	0,29	0,29	0,94	0,43	0,49	0,43	0,48	0,35	0,51	0,45
4T/3T	4T	26	35	33	26	2,13	0,07 ***	0,48	0,24	0,59	0,07 ***	0,43	0,07 ***	0,43	0,12	0,44	0,18
TOTAL		123	129	127	123	0,20	0,33	0,13	0,36	0,92	0,33	0,49	0,33	0,49	0,35	0,49	0,40
M5	**FUN2**																
1T/4T	1T	41	29	29	38	3,20	0,04 **	1,35	0,12	1,85	0,04 **	0,58	0,04 **	0,59	0,08 ***	0,57	0,14
2T/1T	2T	28	32	34	27	1,00	0,16	0,06	0,40	0,69	0,16	0,45	0,16	0,47	0,30	0,44	0,19
3T/2T	3T	30	31	30	33	0,03	0,43	0,31	0,29	1,06	0,43	0,51	0,43	0,49	0,45	0,52	0,35
4T/3T	4T	28	33	31	28	0,53	0,23	0,00	0,49	0,77	0,23	0,47	0,23	0,46	0,26	0,47	0,35
TOTAL		127	125	124	126	0,03	0,43	0,01	0,46	1,03	0,43	0,50	0,43	0,50	0,45	0,50	0,45

(*i*) CR e M5 indicam as situações em que a performance é apurada, respectivamente, em função dos retornos absolutos e das estimativas de alfa do modelo M5; (*ii*) 1T/4T indica as situações em que a performance foi apurada no período Janeiro a Dezembro do ano antecedente ao ano a que se reporta o trimestre da procura; 2T/1T indica que a performance foi apurada entre Abril do ano antecedente e Março do ano a que se reporta o trimestre da procura; 3T/4T indica que a performance foi apurada entre Julho do ano antecedente e Junho do ano a que se reporta o trimestre da procura; e indica que a performance foi apurada entre Outubro do ano antecedente e Setembro do ano a que se reporta o trimestre da procura; (*iii*) a demais notação tem o significado habitual.

Se considerados os retornos ajustados ao risco, igualmente se nota o fenómeno de reacção ao nível do 1T, com evidência muito significativa para FUN2 e com significância estatística ao nível do teste de Pesaran e Timmermann para FCN2. Para os demais trimestres, a maioria das observações concentram-se nas células WL* e LW*, ainda que apenas em alguns casos se infira a hipótese de reacção invertida. Este efeito faz-se sentir em termos das tabelas que agregam todos os trimestres, sendo que em termos da variável FC2 se concluiu com um nível de significância de 10 por cento que os vencedores são penalizados e os perdedores são premiados.

Ao nível de cada um dos trimestres, o fenómeno de reacção às performances absolutas constatado para os primeiros trimestres tem confirmação em percentagens observadas de repetição de vencedores e de repetição de perdedores superiores ou iguais a 50 por cento em todos os casos desde 1997, com excepção de 1999 ao nível da variável FUN2. Todavia, nem sempre se pode inferir significância estatística[446]. Em termos de cada um dos fundos de per si, existe uma miscelânea de resultados quando se considera a resposta de todos os trimestres, mas quando a análise se concentra na resposta do T1 ao resultado obtido no ano anterior, a percentagem de repetição de vencedores é estatisticamente superior à suposta pela hipótese nula para 1/3 dos fundos, quando está em confronto o binómio CR/FC2[447].

Em suma, os resultados obtidos apontam no sentido de os consumidores de fundos decidirem a alocação dos seus fluxos de capitais em função dos retornos obtidos – e especialmente dos retornos absolutos – no ano anterior. Todavia, apenas realizam este exercício nos três primeiros meses de cada ano. Nos demais trimestres, salvo excepções pontuais, ou não se nota relação entre os fluxos e a performance do ano antecedente, ou é perceptível uma relação inversa entre os rankings da performance e da procura.

---

[446] Resultados não reportados.

[447] Resultados não reportados.

(II) *Considerando o Ano Civil Anterior ao Trimestre*

A evidência de que, pelo menos ao nível agregado, existe reacção dos "outros" clientes dos fundos à performance nos 1T de cada ano, mas o mesmo não acontece quando se confronta a performance dos 12 meses antecedentes com a procura dos 2T, 3T e 4T, levanta a suspeita de os consumidores serem sensíveis apenas à performance de cada ano civil. Donde, importa averiguar até que ponto os consumidores conservam na memória as performances de cada ano civil e reagem em função delas. Com este intuito a Tabela 4.25 reporta os resultados obtidos do confronto da performance de cada ano civil com a procura dos trimestres 2T, 3T e 4T do ano seguinte.

Os resultados obtidos indicam que os fluxos de novos capitais dos 2T reagem aos retornos absolutos do ano civil anterior, o mesmo não acontecendo nos demais trimestres. Assim, conjugando os resultados das Tabelas 4.24 e 4.25, conclui-se que os consumidores reagem aos retornos absolutos de cada ano civil, mas apenas conservam na memória esses resultados durante os primeiros seis meses.

TABELA 4.25 – SÍNTESE DOS RESULTADOS DA ANÁLISE 1T4T/T2, 1T4T/T3 E 1T4T/T4

		Tabelas de Contingência				Teste do χ^2		Teste do χ^2 Ajustam. de Yates		Teste do Produto Cruzado		Teste de Pesaran e Timmermann		Teste de Repet. de Vencedores		Teste de Repet. de Perdedores	
		WW'	WL'	LW'	LL'	χ^2	p	χ^2 Aj.	p	PC	p	RR	p	RW	p	RL	p
										Parte I (CR)							
CR	**FC2**																
1T/4T	2T	31	24	24	35	2,80	0,05 **	0,77	0,19	1,88	0,05 **	0,58	0,05 **	0,56	0,17	0,59	0,08 ***
1T/4T	3T	29	31	33	31	0,13	0,36	0,12	0,37	0,88	0,36	0,48	0,36	0,48	0,40	0,48	0,40
1T/4T	4T	23	31	33	29	1,31	0,13	0,13	0,36	0,65	0,13	0,45	0,13	0,43	0,14	0,47	0,31
CR	**FCN2**																
1T/4T	2T	34	21	22	37	6,85	0,00 *	3,31	0,03 **	2,72	0,00 *	0,62	0,00 *	0,62	0,04 **	0,63	0,03 **
1T/4T	3T	27	33	33	31	0,53	0,23	0,00	0,49	0,77	0,23	0,47	0,23	0,45	0,22	0,48	0,40
1T/4T	4T	25	29	32	30	0,33	0,28	0,04	0,42	0,81	0,28	0,47	0,28	0,46	0,29	0,48	0,40
CR	**FUN2**																
1T/4T	2T	32	23	24	35	3,49	0,03 **	1,14	0,14	2,03	0,03 **	0,59	0,03 **	0,58	0,11	0,59	0,08 ***
1T/4T	3T	26	34	34	30	1,19	0,14	0,15	0,35	0,67	0,14	0,45	0,14	0,43	0,15	0,47	0,31
1T/4T	4T	26	28	30	32	0,00	0,49	0,57	0,23	0,99	0,49	0,50	0,49	0,48	0,39	0,52	0,40
										Parte II (M5)							
M5	**FC2**																
1T/4T	2T	28	28	27	31	0,14	0,36	0,19	0,33	1,15	0,36	0,52	0,36	0,50	0,50	0,53	0,30
1T/4T	3T	30	30	32	32	0,00	0,50	0,50	0,24	1,00	0,50	0,50	0,50	0,50	0,50	0,50	0,50
1T/4T	4T	26	31	30	29	0,32	0,29	0,05	0,42	0,81	0,29	0,47	0,29	0,46	0,25	0,49	0,45
M5	**FCN2**																
1T/4T	2T	27	29	29	29	0,04	0,42	0,37	0,27	0,93	0,42	0,49	0,42	0,48	0,39	0,50	0,50
1T/4T	3T	31	29	29	35	0,50	0,24	0,00	0,50	1,29	0,24	0,53	0,24	0,52	0,40	0,55	0,23
1T/4T	4T	27	30	30	29	0,14	0,35	0,16	0,34	0,87	0,35	0,48	0,35	0,47	0,35	0,49	0,45
M5	**FUN2**																
1T/4T	2T	27	29	29	29	0,04	0,42	0,37	0,27	0,93	0,42	0,49	0,42	0,48	0,39	0,50	0,50
1T/4T	3T	32	28	28	36	1,14	0,14	0,13	0,36	1,47	0,14	0,55	0,14	0,53	0,30	0,56	0,16
1T/4T	4T	28	29	28	31	0,03	0,43	0,36	0,27	1,07	0,43	0,51	0,43	0,49	0,45	0,53	0,35

Obs.: a notação tem o mesmo significado que na Tabela 4.24.

Uma possível explicação para tal resultado é a ausência de difusão de informação sobre a performance ajustada ao risco em órgãos de comunicação social, bem como a ausência de actualização de informação sobre os retornos absolutos dos 12 meses antecedentes[448]. Conscientes da desactualização da informação, os investidores investem nos últimos dois trimestres do ano sem o "farol" que guia as decisões de investimento nos 1T e 2T.

4.5.2 ANÁLISE DA ANTECIPAÇÃO DA PERFORMANCE PELOS CONSUMIDORES

Em 4.5.1 estudou-se a reacção dos consumidores à performance passada. Todavia, Gruber (1996) e Zheng (1999) documentam, como se viu no Capítulo 3, evidência de que os fundos com fluxos de capitais positivos obtêm melhor comportamento subsequente que os fundos com fluxos negativos, induzindo à ideia de que os investidores antecipam a performance ("dinheiro esperto")[449]. Na presença deste fenómeno, os fluxos de capitais exibem uma relação significativa com a performance futura. No presente ponto procura-se indagar se tal ocorre com a amostra em estudo[450].

Desta vez, as observações distribuem-se pelas células da tabela de contingência considerando os rankings da procura de um dado período e os rankings da performance do período imediatamente subsequente, de acordo com as 4 possibilidades seguintes: (*i*) uma célula para as observações duplamente vencedoras (W*W); (*ii*) uma outra célula para as situações em se passa de vencedor em procura a perdedor em performance (W*L); (*iii*) uma terceira célula para os casos em que, pelo contrário, os perdedores em procura se revelam vencedores em perfor-

---

[448] Este resultado é consentâneo com a evidência reportada por, entre outros, Sirri e Tufano (1989) segundo a qual a atenção dada às performances anteriores depende dos esforços de marketing de cada sociedade gestora e da atenção obtida nos órgãos de comunicação social (vide Capítulo 3).

[449] Ainda que no caso de Zheng (1999) a evidência se concentre ao nível dos fluxos dos fundos de menor dimensão, uma vez que o fenómeno não é significativo considerando todos os fundos.

[450] Note-se que, não obstante, Cortez (1998) ter reportado evidência que aponta no sentido de ser, pelo menos, fraca a persistência de performance no mercado português, ainda assim o presente exercício mantém oportunidade uma vez que Zheng (1999) evidenciou que o fenómeno do "dinheiro esperto" não pode ser completamente explicado pela "perseguição" dos retornos anteriores, existindo por isso informação específica sobre cada fundo adicional incorporada na decisão dos investidores.

mance no período seguinte (L*W); e, por fim, (*iv*) uma quarta célula para as observações duplamente perdedoras (L*L). A hipótese nula em presença corresponde à «hipótese de independência» entre os rankings da procura e os rankings da performance do período seguinte, a qual tem como alternativas ou a «hipótese de previsão acertada» ou «hipótese do dinheiro esperto»[451] e a «hipótese de previsão iludida» ou «hipótese do dinheiro cego ou iludido»[452].

Na Tabela 4.26 apresentam-se os resultados obtidos usando FC2, FCN2 e FUN2 e M5. Os resultados constantes desta tabela referem-se a rankings TT (Parte I), rankings SS (Parte II) e rankings AA (Parte III). Além disso respeitam às tabelas obtidas considerando a totalidade das observações («Total»), bem como a tabelas que aglutinam períodos homólogos, tanto em termos trimestrais («1T 2T», «2T 3T», «3T 4T» e «4T 1T»), como em termos semestrais («1S 2S» e «2S 1S»).

Começando pelas tabelas que aglutinam a totalidade das observações, em nenhum caso se rejeita H_0 em favor da hipótese de previsão acertada. Pelo contrário, ao nível da análise semestral e da análise anual, registam-se situações de rejeição de H_0 em favor da hipótese de previsão iludida. Isto é, terá de concluir-se que os novos fluxos de capitais registados semestre a semestre e ano a ano privilegiam os fundos que no semestre seguinte ou no ano seguinte, consoante o caso, obtêm pior desempenho em termos de retornos ajustados ao risco (M5). Assim acontece, em ambos os casos, ao nível dos fluxos normalizados e, em termos semestrais, com os fluxos absolutos.

Em termos de eventual sazonalidade de comportamento a análise SS indica que o desacerto da previsão dos consumidores está especialmente relacionado com a procura do primeiro semestre, ao passo que a análise trimestral revela evidência distinta para os pares de trimestres 2T/3T e 4T/1T. No primeiro caso, regista-se evidência de acerto nas previsões

---

[451] A hipótese nula é rejeitada em favor da evidência de que os fundos vencedores (perdedores) em procura registam uma probabilidade acrescida de serem vencedores (perdedores) em performance.

[452] Os fundos vencedores (perdedores) em procura registam uma probabilidade acrescida de serem perdedores (vencedores) em performance no período seguinte.

para a variável FCN2, ainda que limitada aos testes do χ^2, do produto cruzado e de Pesaran e Timmerman. No caso da conexão da performance dos 1T com a procura dos 4T, verifica-se que os fluxos de capitais em termos normalizados são preferencialmente canalizados para os fundos com pior performance.

TABELA 4.26 – ANÁLISE DA ANTECIPAÇÃO DA PERFORMANCE, CONSIDERANDO A TOTALIDADE DA AMOSTRA E OS RETORNOS AJUSTADOS AO RISCO COM BASE NO MODELO M5

		Tab. Contingência				Teste do χ^2		Aj. Yates		T. Prod. Cruz.		T. Pes. e Tim.		T. Rep. Venc.		T. Rep. Perd.	
		W*W	W*L	L*W	L*L	χ^2	p	χ^2 Aj.	p	PC	p	RR	p	RW	p	RL	p
Parte I (Análise Trimestre/Trimestre)																	
FC2	M5									FC2							
1T	2T	31	37	35	30	0,91	0,17	0,06	0,40	0,72	0,17	0,46	0,17	0,46	0,23	0,46	0,27
2T	3T	38	31	33	35	0,6	0,22	0,01	0,46	1,30	0,22	0,53	0,22	0,55	0,20	0,51	0,40
3T	4T	31	37	37	29	1,47	0,11	0,26	0,30	0,66	0,11	0,45	0,11	0,46	0,23	0,44	0,16
4T	1T	31	37	38	31	1,23	0,13	0,19	0,33	0,68	0,13	0,45	0,13	0,46	0,23	0,45	0,20
TOTAL		131	142	143	125	1,56	0,11	1,4	0,12	0,81	0,11	0,47	0,11	0,48	0,25	0,47	0,14
FCN2	M5									FCN2							
1T	2T	30	36	36	31	0,91	0,17	0,06	0,40	0,72	0,17	0,46	0,17	0,45	0,23	0,46	0,27
2T	3T	39	29	32	37	1,65	0,10 ***	0,4	0,27	1,55	0,10 ***	0,55	0,10 ***	0,57	0,11	0,54	0,27
3T	4T	33	34	35	32	0,12	0,36	0,12	0,36	0,89	0,36	0,49	0,36	0,49	0,45	0,48	0,36
4T	1T	29	38	40	30	2,63	0,05 ***	0,90	0,17	0,57	0,05 ***	0,43	0,05 ***	0,43	0,14	0,43	0,12
TOTAL		131	137	143	130	0,66	0,21	0,5	0,23	0,87	0,21	0,48	0,21	0,49	0,36	0,48	0,22
FUN2	M5									FUN2							
1T	2T	32	34	34	33	0,07	0,40	0,20	0,33	0,91	0,40	0,49	0,40	0,48	0,40	0,49	0,45
2T	3T	38	30	33	36	0,89	0,17	0,1	0,39	1,38	0,17	0,54	0,17	0,56	0,17	0,52	0,36
3T	4T	35	32	33	34	0,12	0,36	0,12	0,36	1,13	0,36	0,51	0,36	0,52	0,36	0,51	0,45
4T	1T	29	39	40	29	3,22	0,04 **	1,25	0,13	0,54	0,04 **	0,42	0,04 **	0,43	0,11	0,42	0,09 ***
TOTAL		134	135	140	132	0,15	0,35	0,1	0,38	0,94	0,35	0,49	0,35	0,50	0,48	0,49	0,31
Parte II (Análise Semestre/Semestre)																	
FC2	M5									FC2							
1S	2S	24	41	42	22	10,63	0,00 *	10,52	0,00 *	0,31	0,00 *	0,36	0,00 *	0,37	0,02 **	0,34	0,01 *
2S	1S	30	31	30	28	0,08	0,39	0,07	0,40	0,90	0,39	0,49	0,39	0,49	0,45	0,48	0,40
TOTAL		54	72	72	50	6,48	0,01 *	6,44	0,01 *	0,52	0,01 *	0,42	0,01 *	0,43	0,05 ***	0,41	0,02 **
FCN2	M5									FCN2							
1S	2S	28	36	38	27	2,79	0,05 **	2,73	0,05 **	0,55	0,05 **	0,43	0,05 **	0,44	0,16	0,42	0,09 ***
2S	1S	27	33	33	26	1,42	0,12	1,37	0,12	0,64	0,12	0,45	0,12	0,45	0,22	0,44	0,18
TOTAL		55	69	71	53	4,13	0,02 **	4,10	0,02 **	0,60	0,02 **	0,44	0,02 **	0,44	0,10	0,43	0,05 ***
FUN2	M5									FUN2							
1S	2S	30	34	36	29	0,93	0,17	0,90	0,17	0,71	0,17	0,46	0,17	0,47	0,31	0,45	0,19
2S	1S	27	33	33	26	1,42	0,12	1,37	0,12	0,64	0,12	0,45	0,12	0,45	0,22	0,44	0,18
TOTAL		57	67	69	55	2,32	0,06 ***	2,30	0,06 ***	0,68	0,06 ***	0,45	0,06 ***	0,46	0,18	0,44	0,10
Parte III (Análise Ano/Ano)																	
FC2	M5									FC2							
TOTAL		26	29	30	24	0,75	0,19	0,70	0,20	0,72	0,19	0,46	0,19	0,47	0,34	0,44	0,21
FCN2	M5									FCN2							
TOTAL		21	33	35	20	6,68	0,00 *	6,54	0,01 *	0,36	0,01 *	0,38	0,00 *	0,39	0,05 ***	0,36	0,02 **
FUN2	M5									FUN2							
TOTAL		20	34	36	19	8,81	0,00 *	8,65	0,00 *	0,31	0,00 *	0,36	0,00 *	0,37	0,03 **	0,35	0,01 **

Obs.: (*i*) A Parte I refere-se à análise TT; a Parte II refere-se à análise SS; e a Parte III refere-se à análise AA; (*ii*) W*W respeita ao número de fundos que foi duplamente vencedor, L*L identifica o número de fundos que foi duplamente perdedor, W*L identifica número de fundos que foi vencedor na procura e perdedor na performance, L*W corresponde ao número de fundos que foi perdedor na procura e vencedor na performance; (*iii*) a demais notação tem o significado habitual.

Os resultados reportados pela Tabela 4.26 não são especialmente distintos dos obtidos com outras formas de medição da performance e de aferição da evolução da procura. Pode, pois, concluir-se que a análise agregada das observações em circunstância alguma permite rejeitar a hipótese de independência em favor da hipótese de os consumidores preverem acertadamente a performance do período seguinte, seja este um trimestre, um semestre ou um ano. Apenas quando se constróem as tabelas de contingência aglutinando os dados de períodos homólogos se detectam situações de acerto, sendo que, se considerada exclusivamente a procura sem intervenção dos fundos de fundos, tais situações se limitam à relação entre algumas formas de medição da procura do 2T e algumas formas de mensuração da performance ajustada ao risco do 3T.

Em termos da análise período a período, os resultados obtidos igualmente denotam ausência do fenómeno de dinheiro esperto. Apenas para um número exíguo de situações foi possível rejeitar a hipótese nula, pelo que se terá de concluir que tais situações correspondem à excepção que confirma a regra[453].

No que respeita à análise individual de cada fundo, calcularam-se os testes de repetição de vencedores e de repetição de perdedores, além do teste de McNemar e do teste Binomial. No total das situações aí reportadas, apenas por 3 vezes se apurou evidência de RW>1/2 e RL>1/2. Trata-se de F25 (com M5/FUN2 em termos TT) e, por duas vezes, de F22 (com M1/FCN2/FUN2 em termos SS). Donde, em somente 6,7 por cento dos fundos e 2,1 por mil das situações analisadas se detecta evidência inequívoca de repetição de resultados vencedores e repetição de resultados perdedores.

4.5.3 ANÁLISE DA PERSISTÊNCIA DA PROCURA

No presente ponto procura-se averiguar a eventual persistência da repetição de resultados ao nível da procura. Em concreto, visa-se verificar se os fundos são persistentemente vencedores e/ou persistentemente perdedores ao nível dos rankings de evolução dos fluxos líquidos de capitais. Assim, comparam-se, neste âmbito, os rankings de cada uma das

---

[453] Por necessidade de economia de espaço os resultados obtidos com a análise período a período não são reportados.

variáveis da procura em um dado período com o ranking da mesma variável no período imediatamente seguinte. A Tabela 4.27 reporta quer as matrizes de contingência obtidas, quer os testes estatísticos apurados, considerando tanto as tabelas que se referem à totalidade das observações para a totalidade dos fundos, como as tabelas de períodos homólogos, em qualquer dos casos usando as variáveis FC2, FCN2 e FUN2. A Parte I da tabela respeita aos resultados obtidos com a análise TT, a Parte II corresponde à análise SS e, por fim, a Parte III resulta da comparação dos rankings de um ano com os rankings do ano seguinte (AA).

TABELA 4.27 – ANÁLISE DE PERSISTÊNCIA DE PROCURA (AMOSTRA AGREGADA)

		Tab. Contingência				Teste do χ^2			Aj. Yates		T. Prod. Cruz.		T. Pes. e Tim.		T. Rep. Venc.		T. Rep. Perd.	
		W*W*	W*L*	L*W*	L*L*	χ^2	p	FE	χ^2Aj.	p	PC	p	RR	p	RW	p	RL	p
Parte I (Análise Trimestre/Trimestre)																		
FC2	FC2									FC2								
1T	2T	46	22	21	44	16,60	0,00 *	0,00	11,39	0,00 *	4,38	0,00 *	0,68	0,00 *	0,68	0,00 *	0,68	0,00 *
2T	3T	46	22	19	48	20,9	0,00 *	0,00	15,08	0,00 *	5,28	0,00 *	0,70	0,00 *	0,68	0,00 *	0,72	0,00 *
3T	4T	42	26	22	42	9,90	0,00 *	0,00	5,94	0,01 **	3,08	0,00 *	0,64	0,00 *	0,62	0,03 **	0,66	0,01 *
4T	1T	44	24	25	44	11,11	0,00 *	0,00	7,09	0,00 *	3,23	0,00 *	0,64	0,00 *	0,65	0,01 *	0,64	0,01 **
TOTAL		178	94	87	178	57,11	0,00 *	0,00	55,8	0,00 *	3,87	0,00 *	0,66	0,00 *	0,65	0,00 *	0,67	0,00 *
FCN2	FCN2									FCN2								
1T	2T	40	26	26	41	6,32	0,01 **	0,00	3,29	0,03 ***	2,43	0,01 *	0,61	0,01 *	0,61	0,04 **	0,61	0,03 **
2T	3T	41	27	21	46	11,39	0,00 *	0,00	7,2	0,00 *	3,33	0,00 *	0,64	0,00 *	0,60	0,04 **	0,69	0,00 *
3T	4T	33	32	29	38	0,74	0,19		0,02	0,44	1,35	0,19	0,54	0,19	0,51	0,45	0,57	0,14
4T	1T	38	29	29	41	3,20	0,04 ***	0,00	1,25	0,13	1,85	0,04 **	0,58	0,04 **	0,57	0,14	0,59	0,08 ***
TOTAL		152	114	105	166	18,21	0,00 *	0,00	17,5	0,00 *	2,11	0,00 *	0,59	0,00 *	0,57	0,01 *	0,61	0,00 *
FUN2	FUN2									FUN2								
1T	2T	39	27	27	40	4,70	0,02 **	0,00	2,15	0,07	2,14	0,02 **	0,59	0,01 **	0,59	0,07 ***	0,60	0,06 ***
2T	3T	42	26	20	47	13,84	0,00 *	0,00	9,2	0,00 *	3,80	0,00 *	0,66	0,00 *	0,62	0,03 **	0,70	0,00 *
3T	4T	37	28	26	41	4,34	0,02 **	0,00	1,89	0,08	2,08	0,02 **	0,59	0,02 **	0,57	0,13	0,61	0,03 **
4T	1T	42	26	25	44	8,94	0,00 *	0,00	5,38	0,01 **	2,84	0,00 *	0,63	0,00 *	0,62	0,03 **	0,64	0,01 **
TOTAL		160	107	98	172	30,03	0,00 *	0,00	29,1	0,00 *	2,60	0,00 *	0,62	0,00 *	0,60	0,00 *	0,64	0,00 *
Parte II (Análise Semestre/Semestre)																		
FC2	FC2									FC2								
1S	2S	38	26	24	39	5,75	0,01 *	0,00	5,67	0,01 *	2,38	0,01 *	0,61	0,01 *	0,59	0,07 ***	0,62	0,03 **
2S	1S	41	20	17	41	17,10	0,00 *	0,00	16,93	0,00 *	4,94	0,00 *	0,69	0,00 *	0,67	0,00 *	0,71	0,00 *
TOTAL		79	46	41	80	21,15	0,00 *	0,00	21,09	0,00 *	3,35	0,00 *	0,65	0,00 *	0,63	0,00 *	0,66	0,00 *
FCN2	FCN2									FCN2								
1S	2S	37	27	22	41	6,69	0,00 *	0,00	6,59	0,01 *	2,55	0,01 *	0,61	0,00 *	0,58	0,11	0,65	0,01 *
2S	1S	34	26	24	35	3,04	0,04 **	0,00	2,97	0,04 **	1,91	0,04 **	0,58	0,04 **	0,58	0,04 **	0,59	0,08 ***
TOTAL		71	53	46	76	9,43	0,00 *	0,00	9,39	0,00 *	2,21	0,00 *	0,60	0,00 *	0,57	0,05 ***	0,62	0,00 *
FUN2	FUN2									FUN2								
1S	2S	39	25	20	43	10,88	0,00 *	0,00	10,76	0,00 *	3,35	0,00 *	0,65	0,00 *	0,61	0,04 **	0,68	0,00 *
2S	1S	36	24	22	37	6,14	0,01 *	0,00	6,04	0,01 *	2,52	0,01 *	0,61	0,01 *	0,60	0,06 ***	0,63	0,03 **
TOTAL		75	49	42	80	16,74	0,00 *	0,00	16,69	0,00 *	2,92	0,00 *	0,63	0,00 *	0,60	0,01 *	0,66	0,00 *
Parte III (Análise Ano/Ano)																		
FC2	FC2									FC2								
TOTAL		29	26	22	32	1,57	0,10	0,00	1,51	0,11	1,62	0,11	0,56	0,10	0,53	0,34	0,59	0,09 ***
FCN2	FCN2									FCN2								
TOTAL		28	26	20	35	2,65	0,05 ***	0,00	2,57	0,05 ***	1,88	0,05 ***	0,58	0,05 ***	0,52	0,39	0,64	0,02 **
FUN2	FUN2									FUN2								
TOTAL		28	26	20	35	2,65	0,05 ***	0,00	2,57	0,05 ***	1,88	0,05 ***	0,58	0,05 ***	0,52	0,39	0,64	0,02 **

Obs.: (*i*) A Parte I respeita à análise trimestre/trimestre, a Parte II reporta-se aos testes com rankings semestrais e a Parte III resulta da análise de rankings anuais; (*ii*) W*W*, W*L*, L*W* e L*L* indicam, respectivamente, o número de fundos que foi duplamente vencedor, inicialmente vencedor e depois perdedor, inicialmente perdedor e depois vencedor e duplamente perdedor; (*iii*) a demais notação tem o significado explicitado em tabelas análogas anteriores.

Os *outputs* obtidos evidenciam uma muito expressiva persistência de resultados, tanto do lado vencedor, como do lado perdedor. Significa isto que, em geral, não existe independência entre o ranking de um período e o ranking do período seguinte, antes se inferindo, em quase todas as situações, que os vencedores são repetidamente vencedores e os perdedores são repetidamente perdedores. A persistência de resultados é notória ao nível das tabelas do tipo «Total» para todos os horizontes temporais de análise, com excepção da análise AA para a variável FC2. Neste caso, em nenhuma circunstância se rejeita H0 com o teste de repetição de vencedores, o que induz à conclusão de que a persistência se concentra primordialmente do lado perdedor: os fundos perdedores são mais persistentemente perdedores que os fundos vencedores são vencedores.

Esta assimetria é igualmente perceptível quando se comparam trimestres e semestres homólogos. Em ambos os casos se registam situações de rejeição da hipótese nula do lado perdedor, em simultâneo com a aceitação da hipótese de independência do lado vencedor. Assim acontece com FCN2 (1S 2S, 2S 1S e 4T 1T) e FUN2 (3T 4T). Em um caso (FCN2 (3T 4T)), porém, conclui-se pela independência em ambos os lados, ainda que as percentagens observadas para RW e RL sejam superiores a 0,5.

Os resultados obtidos com as variáveis FC1, FCN1 e FUN1 são semelhantes aos verificados para as variáveis a que se refere a tabela anterior, de igual modo emergindo uma significativa evidência de persistência de resultados, com excepção da repetição de vencedores em termos dos rankings anuais[454]. Em termos da análise período a período, são múltiplas as situações em que, tanto ao nível TT, como ao nível SS, se conclui pela rejeição da hipótese de independência, além de que, mesmo nos casos em que a hipótese nula é conservada, as percentagens observadas de repetição de vencedores e de repetição de perdedores excedem, por norma, 50 por cento[455]. Ao nível dos resultados AA, porém, apenas se

---

[454] Resultados não reportados.

[455] Resultados não reportados.

detecta persistência de resultados – através de mais do que um teste – para 1996/1997 (FC2) e para 1999/2000 (FC1 e FC2)[456].

Ao nível de cada fundo, os resultados obtidos permitem constatar uma pluralidade de situações (Tabela 4.28). Assim, existem fundos que se revelam sistematicamente vencedores. Em termos trimestrais e dos fluxos absolutos (FC2) essa situação é visível, com significância estatística, para F1, F2, F5, F13, F14, F16, F18, F21, F24, F26, F28 e F30, o que corresponde a 40 por cento do número total de elementos da amostra. Destes, apenas F1, F13, F26 e F28 de igual modo revelam tendência para repetir resultados quando ocupam os resultados inferiores dos rankings. Pelo contrário, F2 e F14 denotam tendência para passarem de imediato a vencedores quando, esporadicamente, obtêm resultados inferiores. Noutros casos, porém, os fundos denotam tendência para serem sistematicamente perdedores, sem que se possa concluir pela significância da repetição de resultados vencedores. É esse o caso de: F7, F12, F19, F20, F23 e F27. Donde, um total de 10 fundos (isto é, um terço da amostra), denotam persistência de resultados quando negativos. Em síntese, existe um grupo de fundos que mostra tendência para ser sistematicamente vencedor (F2, F5, F14, F16, F18, F21, F24 e F30), um outro grupo que mostra tendência para ser sistematicamente perdedor (F7, F12, F19, F20, F23 e F27) e um terceiro grupo que exibe ciclos de persistência de resultados, tanto superiores, como inferiores (F1, F13, F26 e F28).

---

[456] Resultados não reportados.

TABELA 4.28 – PERSISTÊNCIA DA PROCURA FUNDO A FUNDO [FC2/FCN2, TT E SS]

Parte I (Análise TT)

FC2

	N	WW*	WL*	LW*	LL*	RW	p		RL	p	
F1	22	10	2	1	9	0,83	0,01	**	0,90	0,01	*
F2	11	6	2	3	0	0,75	0,08	***	0,00	0,04	**
F3	26	4	7	6	9	0,36	0,18		0,60	0,22	
F4	12	4	3	3	2	0,57	0,15		0,40	0,33	
F5	25	12	6	5	2	0,67	0,08	***	0,29	0,13	
F6	5	3	1	1	0	0,75	0,16		0,00	0,16	
F7	28	8	4	4	12	0,67	0,12		0,75	0,02	**
F8	22	7	5	4	6	0,58	0,28		0,60	0,26	
F9	28	6	7	7	8	0,46	0,39		0,53	0,40	
F10	18	2	4	4	8	0,33	0,21		0,67	0,12	
F11	11	4	4	3	0	0,50	0,50		0,00	0,04	**
F12	28	7	4	4	13	0,64	0,18		0,76	0,01	**
F13	21	8	3	2	8	0,73	0,07	***	0,80	0,03	**
F14	11	8	1	2	0	0,89	0,01	*	0,00	0,16	
F15	13	6	4	3	0	0,60	0,26		0,00	0,04	**
F16	7	5	1	1	0	0,83	0,05	***	0,00	0,16	
F17	20	6	4	3	7	0,60	0,26		0,70	0,10	
F18	15	11	1	1	2	0,92	0,00	*	0,67	0,28	
F19	26	5	3	3	15	0,63	0,24		0,83	0,00	*
F20	17	5	2	2	8	0,71	0,13		0,80	0,03	**
F21	6	6	0	0	0	1,00	0,01	*	n.c.	n.c.	n.c.
F22	23	4	6	6	7	0,40	0,26		0,54	0,39	
F23	26	3	4	3	16	0,43	0,35		0,84	0,00	*
F24	5	4	0	1	0	1,00	0,02	**	0,00	0,16	
F25	14	5	3	2	4	0,63	0,24		0,67	0,21	
F26	28	9	3	3	13	0,75	0,04	**	0,81	0,01	**
F27	13	2	1	2	8	0,67	0,28		0,80	0,03	**
F28	22	4	1	1	16	0,80	0,09	***	0,94	0,00	*
F29	26	7	7	7	5	0,50	0,50		0,42	0,28	
F30	8	7	1	0	0	0,88	0,02	**	n.c.	n.c.	

FCN2

	N	WW*	WL*	LW*	LL*	RW	p		RL	p	
F1	22	7	7	6	2	0,50	0,50		0,25	0,08	***
F2	11	7	2	2	0	0,78	0,05	**	0,00	0,08	***
F3	26	5	7	7	7	0,42	0,28		0,50	0,50	
F4	12	1	3	3	5	0,25	0,16		0,63	0,24	
F5	25	11	6	5	3	0,65	0,11		0,38	0,24	
F6	5	3	1	1	0	0,75	0,16		0,00	0,16	
F7	28	8	4	4	12	0,67	0,12		0,75	0,02	**
F8	22	3	6	5	8	0,33	0,16		0,62	0,20	
F9	28	4	8	8	8	0,33	0,12		0,50	0,50	
F10	18	4	5	5	4	0,44	0,37		0,44	0,37	
F11	11	4	4	3	0	0,50	0,50		0,00	0,04	**
F12	28	6	6	6	10	0,50	0,50		0,63	0,16	
F13	21	4	4	3	6	0,67	0,12		0,67	0,16	
F14	11	8	2	1	0	0,80	0,03	**	0,00	0,16	
F15	13	6	4	3	0	0,60	0,26		0,00	0,04	**
F16	7	5	1	1	0	0,83	0,05	***	0,00	0,16	
F17	20	4	6	6	10	0,60	0,26		0,70	0,10	
F18	15	7	3	3	2	0,70	0,10		0,40	0,33	
F19	26	4	6	6	10	0,40	0,26		0,63	0,16	
F20	17	3	2	2	10	0,60	0,33		0,83	0,01	**
F21	6	2	2	2	0	0,50	0,50		0,00	0,08	***
F22	23	7	5	5	6	0,58	0,28		0,55	0,38	
F23	26	2	5	4	15	0,29	0,13		0,79	0,01	*
F24	5	3	0	1	1	1,00	0,04	**	0,50	0,50	
F25	14	4	3	2	5	0,57	0,35		0,71	0,13	
F26	28	8	4	4	12	0,67	0,12		0,75	0,02	**
F27	13	2	1	2	8	0,67	0,28		0,80	0,03	**
F28	22	3	1	1	17	0,75	0,16		0,94	0,00	*
F29	26	7	6	6	7	0,54	0,39		0,54	0,39	
F30	8	4	2	1	1	0,67	0,28		1,00	0,16	

Parte II (Análise SS)

FC2

	N	WW*	WL*	LW*	LL*	RW	p		RL	p	
F1	10	6	1	0	3	0,86	0,03		1,00	0,04	**
F2	5	5	0	0	0	1,00	0,01	**	n.c.	n.c.	n.c.
F3	12	0	3	3	6	0,00	0,04	**	0,67	0,16	
F4	5	1	2	1	1	0,33	0,28		0,50	0,50	
F5	12	6	2	2	2	0,75	0,08	***	0,50	0,50	
F6	2	1	1	0	0	0,50	0,50		n.c.	n.c.	n.c.
F7	13	4	3	2	4	0,57	0,35		0,60	0,35	
F8	10	5	3	2	0	0,63	0,24		0,00	0,08	***
F9	13	4	2	3	4	0,67	0,21		0,57	0,35	
F10	8	2	2	2	2	0,50	0,50		0,50	0,50	
F11	5	5	0	0	0	1,00	0,01	**	n.c.	n.c.	n.c.
F12	13	2	3	3	5	0,40	0,33		0,63	0,24	
F13	10	5	1	1	3	0,83	0,05	***	0,75	0,16	
F14	5	4	0	1	0	1,00	0,02	**	0,00	0,16	
F15	6	3	1	2	0	0,75	0,16		0,00	0,08	***
F16	3	1	1	1	0	0,50	0,16		0,50	0,50	
F17	9	2	2	1	1	0,50	0,50		0,80	0,09	***
F18	7	3	2	1	1	0,60	0,33		0,50	0,50	
F19	12	2	1	2	7	0,67	0,28		0,78	0,05	**
F20	8	1	2	2	3	0,33	0,28		0,60	0,33	
F21	2	2	0	0	0	1,00	0,08	***	n.c.	n.c.	n.c.
F22	11	1	3	3	4	0,25	0,16		0,57	0,35	
F23	5	2	0	0	3	0,60	0,33		0,71	0,13	
F24	2	0	0	0	2	n.c.	n.c.	n.c.	1,00	0,08	***
F25	6	3	1	0	2	0,75	0,16		1,00	0,08	***
F26	13	3	2	2	6	0,60	0,13		0,75	0,08	***
F27	6	0	1	1	4	0,00	0,16		0,80	0,09	***
F28	10	1	1	1	7	0,50	0,50		0,88	0,02	**
F29	12	2	3	3	4	0,40	0,33		0,57	0,35	
F30	4	2	1	0	1	0,67	0,28		1,00	0,16	

FCN2

	N	WW*	WL*	LW*	LL*	RW	p		RL	p	
F1	10	7	0	0	3	0,63	0,24		0,00	0,08	***
F2	5	5	0	0	0	1,00	0,01	**	n.c.	n.c.	n.c.
F3	12	1	4	5	2	0,20	0,09	***	0,29	0,13	
F4	5	1	1	0	3	0,50	0,50		1,00	0,04	**
F5	12	6	3	3	0	0,67	0,16		0,00	0,04	**
F6	2	2	0	0	0	1,00	0,08	***	n.c.	n.c.	n.c.
F7	13	4	3	2	4	0,57	0,35		0,67	0,21	
F8	10	3	3	2	2	0,50	0,50		0,50	0,50	
F9	13	3	1	2	7	0,75	0,16		0,78	0,05	**
F10	8	4	2	1	1	0,67	0,21		0,50	0,50	
F11	5	1	2	2	0	0,33	0,28		0,00	0,08	***
F12	13	3	4	3	3	0,43	0,35		0,50	0,50	
F13	10	3	2	2	3	0,60	0,33		0,60	0,33	
F14	5	5	0	0	0	1,00	0,01	**	n.c.	n.c.	n.c.
F15	6	3	1	1	1	0,75	0,16		0,50	0,50	
F16	3	1	1	1	0	0,50	0,16		0,00	0,16	
F17	9	4	1	0	0	0,80	0,09	***	1,00	0,02	**
F18	7	3	2	1	1	0,60	0,33		0,50	0,50	
F19	12	2	1	2	7	0,67	0,28		0,78	0,05	**
F20	8	0	2	2	4	0,00	0,08	***	0,67	0,21	
F21	2	0	1	1	0	0,00	0,16		0,00	0,16	
F22	11	3	3	3	2	0,50	0,50		0,40	0,33	
F23	6	0	3	3	0	0,00	0,04	**	0,67	0,16	
F24	2	1	0	0	2	n.c.	n.c.	n.c.	1,00	0,08	***
F25	6	0	1	1	4	0,00	0,16		0,67	0,28	
F26	13	3	2	2	6	0,60	0,13		0,75	0,08	***
F27	6	0	1	1	4	0,00	0,16		0,80	0,09	***
F28	10	1	1	1	7	0,50	0,50		0,88	0,02	**
F29	12	2	3	3	4	0,40	0,33		0,57	0,35	
F30	4	2	1	0	1	0,67	0,28		1,00	0,16	

Obs.: (*i*) A Parte I respeita à análise TT e a Parte II reporta-se aos testes com rankings SS; (*ii*) W★W★, W★L★, L★W★ e L★L★ indicam, respectivamente, o número de vezes que cada fundo foi duplamente vencedor, inicialmente vencedor e depois perdedor, inicialmente perdedor e depois vencedor e duplamente perdedor; (*iii*) a demais notação tem o significado habitual.

Se considerados os fluxos normalizados (FCN2), diminui a evidência de persistência, tanto de resultados vencedores, como de resultados perdedores. Ainda assim é notório que existem fundos com uma tendência acrescida para serem sistematicamente vencedores (F2, F14, F16 e F24) e fundos que, antagonicamente, se mostram persistentemente perdedores (F7, F20, F23, F26, F27 e F28).

De igual modo a passagem de rankings TT a rankings SS diminui o número de casos de rejeição da hipótese nula, continuando no entanto a inferir-se persistência de resultados vencedores para uns fundos e persistência de resultados perdedores para outros fundos. O mesmo acontece, ainda que com menor frequência, ao nível da análise AA, todavia neste caso o número de observações para alguns fundos é muito reduzida[457].

Os resultados da aplicação dos testes de McNemar e Binomial, por sua vez, indicam em todas as situações analisadas que é idêntica a probabilidade de um fundo passar de vencedor a perdedor ou de perdedor a vencedor[458].

Em suma, em termos globais, este ponto tornou perceptível uma significativa persistência de vencedores e de perdedores, tanto em termos TT, como SS ou AA, para todas as formas de apuramento dos fluxos de capitais. Todavia, é notória que tal persistência é mais intensa do lado perdedor, não podendo em termos anuais concluir-se pela evidência de repetição de vencedores. Ao nível individual, a persistência de rankings foi confirmada pela circunstância de se terem encontrado fundos que são sistematicamente vencedores e fundos que são sistematicamente perdedores.

4.5.4 Análise da importância dos custos de transacção

Os fundos de investimento, além dos custos inerentes às transacções efectuadas com compras e vendas de valores mobiliários, estão, em geral, sujeitos a quatro tipos de comissões: emissão, resgate, gestão e depósito. Enquanto as duas primeiras comissões são suportadas directamente pelo cliente no momento da subscrição (comissão de emissão) ou no momento do resgate (comissão de resgate), as outras duas comissões são suportadas pelo fundo, repercutindo-se por isso no respectivo VLG. Assim, enquanto as comissões de gestão e de depósito se reflectem nas medidas de retorno, as comissões de emissão e de resgate não só não estão espelhadas nessas medidas, como o seu impacto depende da magnitude das comissões e do período do investimento. Além disso, as comissões

---

[457] Os resultados da análise AA, assim como os resultados obtidos com outras variáveis de aferição da evolução da procura não são reportados.

[458] Também os resultados da aplicação destes testes, por economia de espaço, foram omitidos.

de emissão e, sobretudo, as comissões de resgate podem ser obstáculos à reacção dos consumidores ao desempenho de cada sociedade gestora. Donde, não pode ignorar-se o efeito dos custos de transacção na procura dos fundos. Importa, pois, analisar a relação dos custos de transacção com a evolução dos fluxos de capitais e a relação das comissões de emissão e de resgate com a performance.

(I) *Evolução da Procura versus Comissões de Emissão e de Resgate*

A maioria dos fundos da amostra não cobrava comissões de emissão. Todavia, alguns fundos exigiam este tipo de comissões, atingindo em alguns anos o valor máximo de 5 por cento. A Tabela 4.29 reporta informação sobre as comissões de emissão fixas (CEF) sumariando a situação que caracterizava em cada ano a amostra em estudo.

TABELA 4.29 – EVOLUÇÃO ANUAL DA VARIÁVEL CEF

	1994	1995	1996	1997	1998	1999	2000
Média	0,17%	0,19%	0,42%	0,38%	0,38%	0,35%	0,40%
Mediana	0,00%	0,00%	0,00%	0,00%	0,00%	0,00%	0,00%
Máximo	1,00%	1,00%	5,00%	5,00%	5,00%	5,00%	5,00%
Mínimo	0,00%	0,00%	0,00%	0,00%	0,00%	0,00%	0,00%
Nº Fundos com CEF>0	3	5	6	6	9	9	5
Nº Fundos com CEF=0	12	13	13	15	15	16	12

A análise conjunta em tabelas de contingência da variável CEF e das variáveis relativas à evolução dos fluxos de capitais (FC2, FCN2 e FUN2) [459] permite constatar que são os fundos que apresentam comissões de emissão mais elevadas quem mais frequentemente ocupa os lu-

---

[459] Esta análise – tal como as demais situações constantes do ponto 4.5.4 – baseia-se em matrizes de contingência em que se associam uma variável representativa dos custos a uma variável representativa dos fluxos de capitais. A variável dos custos assume duas categorias exaustivas e mutuamente exclusivas: a categoria «B» se, no período em análise, o fundo apresentou custos superiores à mediana e a categoria «S» se, pelo contrário, esses custos eram inferiores à mediana. Tal como usualmente, se o número de observações era ímpar, se a mediana excedia a média, a observação mediana incluía a parte superior do ranking, ao passo que se a mediana era inferior à média a observação era considera perdedora.

gares de topo dos rankings da procura[460]. A Tabela 4.30 permite ver que esta conclusão é válida em termos trimestrais, semestrais e anuais. Significa isto que os consumidores procuram mais intensivamente os fundos com condições mais onerosas de emissão, ainda que em termos absolutos (FC2) e agregados apenas se encontre significância estatística ao nível dos fluxos trimestrais[461].

Note-se, porém, que existe algum desequilíbrio entre o número de observações S e o número de observações B, facto que se deve à circunstância de a maioria dos fundos não cobrar comissões de emissão.

---

[460] Não se analisou a relação entre as variáveis FC1, FCN1 e FUN1 e os diferentes custos de transacção, não só porque este estudo está especialmente preocupado com a investigação do comportamento dos demais clientes, mas também porque muitos fundos prevêem condições especiais para os fundos de fundos, tanto na emissão, como no resgate das unidades de participação.

[461] Embora por economia de espaço não se reportem os resultados, idêntica conclusão foi obtida quando confrontadas as variáveis de evolução da procura com o montante mínimo de subscrição exigido por cada fundo. Neste âmbito, constatou-se que os fundos que exigiam um montante mínimo de investimento superior à mediada eram mais frequentemente vencedores que os demais fundos, confirmando-se por isso que os fundos com condições de acesso mais difíceis foram os mais procurados.

TABELA 4.30 – ANÁLISE DA RELAÇÃO ENTRE A VARIÁVEL CEF E AS VARIÁVEIS FC2, FCN2 E FUN2 EM TERMOS TRIMESTRAIS, SEMESTRAIS E ANUAIS

		Tab. Contingência				Teste do χ^2			Aj. Yates			T. Prod. Cruz.			T. Pes. e Tim.			T. Rep. Venc.			T. Rep. Perd.		
		BW*	BL*	SW*	SL*	χ^2	p		χ^2 Aj.	p		PC	p		RR	p		RW	p		RL	p	
CEF	FC2								Parte I. Análise Trimestral														
									FC2														
1T	1T	27	18	50	56	2,08	0,07	***	0,60	0,22		1,68	0,08	***	0,55	0,07	***	0,60	0,09	***	0,53	0,28	
2T	2T	23	18	46	50	0,77	0,19		0,01	0,46		1,39	0,19		0,53	0,19		0,56	0,22		0,52	0,34	
3T	3T	24	20	46	50	0,53	0,23		0,00	0,50		1,30	0,23		0,53	0,23		0,55	0,27		0,52	0,34	
4T	4T	22	20	47	50	0,18	0,34		0,11	0,37		1,17	0,34		0,52	0,33		0,52	0,38		0,52	0,38	
TOTAL		96	76	189	206	3,04	0,04	**	2,73	0,05	**	1,38	0,04	**	0,53	0,04	**	0,56	0,06	***	0,52	0,20	
CEF	FCN2								FCN2														
1T	1T	29	16	46	60	5,60	0,01	*	2,88	0,04	**	2,36	0,01	*	0,59	0,01	*	0,64	0,03	**	0,57	0,09	***
2T	2T	24	17	45	51	1,56	0,11		0,23	0,32		1,60	0,11		0,55	0,10		0,59	0,14		0,53	0,27	
3T	3T	23	21	44	52	0,50	0,24		0,00	0,49		1,29	0,24		0,54	0,24		0,52	0,38		0,54	0,21	
4T	4T	24	18	43	54	1,93	0,08	***	0,40	0,26		1,67	0,08	***	0,56	0,08	***	0,57	0,18		0,56	0,13	
TOTAL		100	72	178	217	8,20	0,00	*	7,68	0,00	*	1,69	0,00	*	0,56	0,00	*	0,58	0,02	**	0,55	0,02	**
CEF	FUN2								FUN2														
1T	1T	26	19	49	57	1,69	0,10		0,40	0,26		1,59	0,10	***	0,55	0,10	***	0,58	0,15		0,54	0,22	
2T	2T	24	17	45	51	1,56	0,11		0,23	0,32		1,60	0,11		0,55	0,10		0,59	0,14		0,53	0,27	
3T	3T	24	20	43	53	1,15	0,14		0,11	0,37		1,48	0,14		0,55	0,14		0,55	0,27		0,55	0,15	
4T	4T	24	18	44	53	1,63	0,10		0,27	0,30		1,61	0,10		0,55	0,10		0,57	0,18		0,55	0,18	
TOTAL		98	74	181	214	5,96	0,01	*	5,53	0,01	*	1,57	0,01	*	0,55	0,01	*	0,57	0,03	**	0,54	0,05	**
CEF	FC2								Parte II. Análise Semestral														
									FC2														
1S	2S	22	19	45	47	0,26	0,31		0,24	0,31		1,21	0,31		0,52	0,31		0,54	0,32		0,51	0,42	
2S	1S	23	15	44	48	1,74	0,09	***	1,69	0,10	***	1,67	0,09	***	0,55	0,09	***	0,61	0,10	***	0,52	0,34	
TOTAL		45	34	89	95	1,63	0,10		1,62	0,10		1,41	0,10		0,53	0,10		0,57	0,11		0,52	0,33	
CEF	FCN2								FCN2														
1S	2S	28	13	41	51	6,40	0,01	*	6,30	0,01	*	2,68	0,01	*	0,59	0,01	*	0,68	0,01	*	0,55	0,15	
2S	1S	24	14	41	51	3,72	0,03	**	3,64	0,03	**	2,13	0,03	**	0,58	0,03	**	0,63	0,05	***	0,55	0,15	
TOTAL		52	27	82	102	9,99	0,00	*	9,95	0,00	*	2,40	0,00	*	0,59	0,00	*	0,66	0,00	*	0,55	0,07	***
CEF	FUN2								FUN2														
1S	2S	27	14	41	51	5,14	0,01	**	5,06	0,01	**	2,40	0,01	**	0,59	0,01	**	0,66	0,02	**	0,55	0,15	
2S	1S	23	15	42	50	2,38	0,06	***	2,32	0,06	***	1,83	0,06	***	0,56	0,06	***	0,61	0,10	***	0,54	0,20	
TOTAL		50	29	83	101	7,31	0,00	*	7,27	0,00	*	2,10	0,00	*	0,57	0,00	*	0,63	0,01	*	0,55	0,09	***
CEF	FC2								Parte III. Análise Anual														
									FC2														
TOTAL		23	20	46	50	0,37	0,27		0,34	0,28		1,25	0,27		0,53	0,27		0,53	0,32		0,52	0,34	
CEF	FCN2								FCN2														
TOTAL		26	17	41	55	3,75	0,03	**	3,66	0,03	**	2,05	0,03	**	0,58	0,03	**	0,60	0,08	***	0,57	0,08	***
CEF	FUN2								FUN2														
TOTAL		26	17	41	55	3,75	0,03	**	3,66	0,03	**	2,05	0,03	**	0,58	0,03	**	0,60	0,08	***	0,57	0,08	***

Obs.: (*i*) A Parte I respeita à análise trimestral, a Parte II reporta-se aos testes com rankings semestrais e a Parte III reporta-se à análise anual; (*ii*) BW★, BL★, SW★ e SL★ indicam, respectivamente, o número de fundos que apresentaram CEF superiores à mediana (zero) e foram vencedores no ranking da procura, o número de fundos que apresentaram CEF superiores à mediana (zero) e foram perdedores no ranking da procura, o número de fundos que apresentaram CEF (inferior ou) igual à mediana (zero) e foram vencedores no ranking da procura; o número de fundos que apresentaram CEF (inferior ou) igual à mediana (zero) e foram perdedores no ranking da procura; (*iii*) a demais notação tem o significado explicitado em tabelas análogas anteriores.

A generalidade das comissões de resgate varia em função do período de investimento. Em ordem a homogeneizar a análise, procedeu-se à construção das seguintes variáveis: CR1M, CR3M, CR6M, CR12M, CR24M e CR60M. Estas variáveis representam, respectivamente, as comissões de resgate fixas em vigor para investimentos com os seguintes horizontes: 1 mês, 3 meses, 6 meses, um ano, dois anos e cinco anos.

TABELA 4.31 – EVOLUÇÃO DAS VARIÁVEIS
CR1M, CR3M, CR6M, CR12M, CR24M e CR60M

	1994	1995	1996	1997	1998	1999	2000	1994	1995	1996	1997	1998	1999	2000
	CR1M							CR12M						
Média	2,03%	1,94%	1,96%	1,93%	1,95%	1,99%	1,92%	0,93%	0,83%	0,91%	0,77%	0,88%	0,91%	0,86%
Mediana	2,00%	2,00%	2,00%	2,00%	1,56%	2,00%	1,63%	1,00%	1,00%	1,00%	0,75%	1,00%	1,00%	1,00%
Máximo	5,00%	5,00%	5,00%	5,00%	5,00%	5,00%	4,00%	2,00%	2,00%	3,00%	3,00%	3,00%	3,00%	3,00%
Mínimo	1,00%	1,00%	1,00%	1,00%	1,00%	0,63%	1,00%	0,00%	0,00%	0,00%	0,00%	0,00%	0,00%	0,00%
	CR3M							CR24M						
Média	1,60%	1,58%	1,62%	1,57%	1,60%	1,63%	1,63%	0,78%	0,67%	0,72%	0,64%	0,57%	0,52%	0,52%
Mediana	2,00%	1,75%	1,50%	1,50%	1,50%	1,50%	1,50%	0,25%	0,13%	0,25%	0,25%	0,25%	0,25%	0,25%
Máximo	2,50%	2,50%	3,00%	3,00%	3,00%	3,00%	3,00%	2,00%	2,00%	3,00%	3,00%	3,00%	3,00%	3,00%
Mínimo	0,00%	0,00%	0,00%	0,00%	0,38%	0,63%	1,00%	0,00%	0,00%	0,00%	0,00%	0,00%	0,00%	0,00%
	CR6M							CR60M						
Média	1,33%	1,26%	1,32%	1,30%	1,41%	1,44%	1,36%	0,75%	0,63%	0,68%	0,57%	0,37%	0,28%	0,30%
Mediana	1,50%	1,00%	1,00%	1,00%	1,50%	1,50%	1,00%	0,00%	0,00%	0,00%	0,00%	0,00%	0,00%	0,00%
Máximo	2,50%	2,50%	3,00%	3,00%	3,00%	3,00%	3,00%	2,00%	2,00%	3,00%	3,00%	3,00%	3,00%	3,00%
Mínimo	0,00%	0,00%	0,00%	0,00%	0,38%	0,50%	0,50%	0,00%	0,00%	0,00%	0,00%	0,00%	0,00%	0,00%

A Tabela 4.31 reporta informação sobre cada uma destas variáveis tornando perceptível que os custos de resgate vão decrescendo com o prazo decorrido desde a emissão[462]. No que respeita à relação entre os fluxos líquidos de capitais aportados a cada fundo e as variáveis relativas às comissões de resgate, a Tabela 4.32 sintetiza os resultados obtidos com os testes de repetição de vencedores e de repetição de perdedores.

[462] Atendendo a que alguns fundos mudam de taxa um dia antes, outros no final e outros um dia após o final do período usaram-se as taxas em vigor para resgates um dia antes do final de cada período.

TABELA 4.32 – TESTES DE REPETIÇÃO DE VENCEDORES E DE REPETIÇÃO DE PERDEDORES
À RELAÇÃO ENTRE AS COMISSÕES DE RESGATE E FC2, FCN2 E FUN2, EM TERMOS TT, SS E AA

		CR1M				CR3M				CR6M				CR12M				CR24M				CR60M			
		T. Rep. Venc.		T. Rep. Perd.		T. Rep. Venc.		T. Rep. Perd.		T. Rep. Venc.		T. Rep. Perd.		T. Rep. Venc.		T. Rep. Perd.		T. Rep. Venc.		T. Rep. Perd.		T. Rep. Venc.		T. Rep. Perd.	
		RW	p	RL	p	RW	p	RL	p	RW	p	RL	p	RW	p	RL	p	RW	p	RL	p	RW	p	RL	p
													Parte I. Análise Trimestral											
CR?M	FC2	FC2				FC2				FC2				FC2				FC2				FC2			
1T	1T	0,48	0,35	0,47	0,26	0,50	0,50	0,48	0,37	0,51	0,41	0,49	0,46	0,51	0,41	0,49	0,45	0,58	0,10 ***	0,55	0,19	0,58	0,12	0,52	0,31
2T	2T	0,42	0,11	0,44	0,13	0,44	0,16	0,44	0,14	0,48	0,35	0,47	0,32	0,53	0,28	0,53	0,30	0,56	0,19	0,54	0,24	0,54	0,28	0,52	0,38
3T	3T	0,41	0,06 ***	0,41	0,06 ***	0,39	0,03 **	0,40	0,04 **	0,44	0,17	0,44	0,17	0,53	0,33	0,53	0,31	0,49	0,45	0,49	0,45	0,41	0,11	0,46	0,21
4T	4T	0,41	0,06 ***	0,41	0,08 ***	0,41	0,07 ***	0,43	0,10	0,48	0,40	0,49	0,45	0,49	0,45	0,50	0,50	0,52	0,40	0,52	0,36	0,50	0,50	0,51	0,46
TOTAL		0,43	0,01 *	0,43	0,01 *	0,43	0,02 **	0,44	0,01 **	0,48	0,25	0,48	0,21	0,52	0,29	0,51	0,33	0,54	0,12	0,53	0,18	0,51	0,38	0,50	0,48
CR?M	FCN2	FCN2				FCN2				FCN2				FCN2				FCN2				FCN2			
1T	1T	0,48	0,35	0,49	0,42	0,51	0,41	0,52	0,37	0,53	0,32	0,53	0,29	0,52	0,33	0,54	0,27	0,58	0,10 ***	0,58	0,09 ***	0,54	0,28	0,52	0,31
2T	2T	0,45	0,25	0,46	0,25	0,45	0,23	0,45	0,20	0,45	0,19	0,44	0,17	0,52	0,37	0,52	0,40	0,56	0,19	0,54	0,24	0,52	0,38	0,51	0,46
3T	3T	0,39	0,04 **	0,43	0,14	0,36	0,01 **	0,41	0,06 ***	0,50	0,50	0,54	0,24	0,58	0,09 ***	0,65	0,01 **	0,52	0,35	0,56	0,15	0,45	0,27	0,51	0,42
4T	4T	0,41	0,06 ***	0,44	0,17	0,42	0,11	0,47	0,28	0,50	0,50	0,53	0,28	0,51	0,45	0,55	0,22	0,53	0,31	0,56	0,15	0,52	0,38	0,54	0,24
TOTAL		0,43	0,01 **	0,46	0,08 ***	0,44	0,02 **	0,46	0,10	0,49	0,43	0,51	0,32	0,53	0,13	0,56	0,03 ***	0,55	0,06 ***	0,56	0,02 **	0,52	0,38	0,52	0,22
CR?M	FUN2	FUN2				FUN2				FUN2				FUN2				FUN2				FUN2			
1T	1T	0,46	0,26	0,48	0,33	0,51	0,41	0,52	0,37	0,53	0,32	0,53	0,29	0,51	0,41	0,52	0,36	0,54	0,28	0,54	0,25	0,48	0,39	0,50	0,46
2T	2T	0,45	0,25	0,46	0,25	0,44	0,16	0,44	0,14	0,46	0,27	0,44	0,18	0,53	0,28	0,53	0,30	0,56	0,19	0,54	0,24	0,52	0,38	0,51	0,46
3T	3T	0,44	0,14	0,48	0,36	0,40	0,06 ***	0,45	0,21	0,51	0,40	0,56	0,17	0,59	0,06 ***	0,66	0,01 *	0,52	0,35	0,56	0,15	0,45	0,27	0,51	0,42
4T	4T	0,45	0,20	0,47	0,32	0,47	0,31	0,49	0,45	0,53	0,31	0,55	0,21	0,53	0,28	0,56	0,15	0,56	0,16	0,58	0,10 ***	0,57	0,18	0,55	0,18
TOTAL		0,45	0,05 ***	0,47	0,17	0,46	0,08 ***	0,48	0,21	0,51	0,38	0,52	0,21	0,54	0,07 ***	0,57	0,01 **	0,54	0,08 ***	0,55	0,03 **	0,51	0,44	0,51	0,29
													Parte II. Análise Semestral											
CR?M	FC2	FC2				FC2				FC2				FC2				FC2				FC2			
1S	2S	0,39	0,07 ***	0,44	0,12	0,47	0,31	0,46	0,27	0,49	0,45	0,49	0,40	0,51	0,41	0,51	0,45	0,52	0,40	0,51	0,45	0,51	0,44	0,50	0,50
2S	1S	0,35	0,01 **	0,36	0,01 *	0,41	0,08 ***	0,39	0,04 **	0,47	0,30	0,44	0,17	0,55	0,21	0,53	0,35	0,51	0,45	0,48	0,36	0,43	0,18	0,44	0,14
TOTAL		0,37	0,00 *	0,40	0,01 *	0,44	0,09 ***	0,43	0,05 **	0,48	0,33	0,46	0,20	0,53	0,22	0,52	0,36	0,51	0,39	0,49	0,43	0,47	0,30	0,47	0,23
CR?M	FCN2	FCN2				FCN2				FCN2				FCN2				FCN2				FCN2			
1S	2S	0,54	0,28	0,49	0,46	0,56	0,16	0,52	0,36	0,55	0,19	0,51	0,40	0,58	0,08 ***	0,56	0,18	0,57	0,15	0,52	0,36	0,53	0,33	0,49	0,42
2S	1S	0,33	0,01 *	0,37	0,01 **	0,34	0,01 *	0,37	0,01 **	0,48	0,40	0,49	0,41	0,58	0,10 ***	0,60	0,07 ***	0,61	0,05 **	0,59	0,06 ***	0,57	0,18	0,53	0,26
TOTAL		0,43	0,07 ***	0,44	0,06 ***	0,46	0,16	0,44	0,08 ***	0,52	0,33	0,50	0,50	0,58	0,03 ***	0,58	0,05 ***	0,59	0,03 **	0,56	0,09 ***	0,55	0,17	0,51	0,38
CR?M	FUN2	FUN2				FUN2				FUN2				FUN2				FUN2				FUN2			
1S	2S	0,50	0,50	0,48	0,37	0,52	0,40	0,49	0,45	0,54	0,27	0,51	0,40	0,59	0,09 ***	0,59	0,08 ***	0,57	0,15	0,53	0,32	0,53	0,33	0,50	0,50
2S	1S	0,37	0,02 **	0,40	0,04 **	0,37	0,03 **	0,39	0,04 **	0,48	0,40	0,49	0,41	0,58	0,10 ***	0,60	0,07 ***	0,59	0,08 ***	0,58	0,10 ***	0,55	0,27	0,52	0,33
TOTAL		0,43	0,07 ***	0,44	0,08 ***	0,45	0,12	0,44	0,09 ***	0,51	0,39	0,50	0,50	0,59	0,02 **	0,59	0,02 **	0,58	0,04 **	0,56	0,09 ***	0,54	0,23	0,51	0,38
													Parte III. Análise Anual											
CR?M	FC2	FC2				FC2				FC2				FC2				FC2				FC2			
TOTAL		0,43	0,11	0,44	0,14	0,46	0,27	0,47	0,32	0,46	0,27	0,47	0,32	0,51	0,41	0,52	0,35	0,48	0,40	0,49	0,45	0,46	0,28	0,48	0,38
CR?M	FCN2	FCN2				FCN2				FCN2				FCN2				FCN2				FCN2			
TOTAL		0,40	0,04 **	0,44	0,14	0,38	0,03 **	0,43	0,12	0,43	0,14	0,47	0,32	0,55	0,18	0,60	0,05 ***	0,52	0,40	0,55	0,21	0,50	0,50	0,53	0,30
CR?M	FUN2	FUN2				FUN2				FUN2				FUN2				FUN2				FUN2			
TOTAL		0,40	0,04 **	0,44	0,14	0,38	0,03 **	0,43	0,12	0,43	0,14	0,47	0,32	0,55	0,18	0,60	0,05 ***	0,53	0,31	0,56	0,15	0,52	0,39	0,54	0,23

Obs.: (*i*) A Parte I respeita à análise trimestral, a Parte II reporta-se aos testes com rankings semestrais e a Parte III reporta-se à análise anual; (*ii*) CR1M, CR3M, CR6M, CR12M, CR24M e CR60M representam, respectivamente, as comissões de resgate fixas para investimentos com os seguintes horizontes temporais: 1 mês, 3 meses, 6 meses, um ano, dois anos e cinco anos; (*iii*) os testes estatísticos foram aplicados a tabelas de contingência em que os fundos foram classificados de acordo com a comissão de resgate e de acordo a variável da procura consoante apresentavam as comissões mais elevadas (em função da mediana e, supletivamente, da média nos termos usuais) e eram vencedores em procura (BW★), apresentavam as comissões mais elevadas e eram perdedores em procura (BL★), apresentavam comissões inferiores e eram vencedores em procura (SW★) e apresentavam comissões inferiores e eram perdedores em procura (SL★); (*iv*) a demais notação tem o significado habitual.

Esta tabela permite perceber uma tendência para a inversão dos resultados dos rankings elaborados com base nas variáveis CR1M e CR3M. É igualmente perceptível que, pelo contrário, quando usadas as variáveis CR12M e CR24M as observações tendem a concentrar-se nas células BW★ e SL★, pelo menos em termos dos fluxos normalizados. Por fim, não se encontram situações com significância estatística em termos agregados quando usadas as variáveis CR6M ou CR60M. Assim, as comissões de resgates no curto prazo (1M e 3M) parecem dissuadir os clientes, ao passo que para investimentos de prazos mais alargados as comissões de resgate não exercem idêntico efeito.

Em suma, os investidores, em geral, canalizaram mais intensivamente os (novos) fluxos de investimento para os fundos com condições mais onerosas de emissão, penalizando mais expressivamente os fundos com mais elevados custos de resgate para horizontes de investimento curto e, pelo contrário, privilegiando os fundos com condições de resgate mais onerosas para investimentos a um ano e a dois anos. Tal pode ser interpretado como evidência de que os investidores têm receio de choques de liquidez no curto prazo e confiam na capacidade de recuperação dos custos a mais longo prazo, facto que é compatível com o modelo de Nanda et al. (2000), segundo o qual os retornos esperados para os fundos com *load costs* excedem — por força do menor impacto desses choques de liquidez — os retornos esperados para os fundos sem este tipo de comissões.

(II) *Evolução da Procura versus Comissões de Gestão e Depósito*

Também se analisou a relação entre as comissões de gestão fixas e as comissões de depósito fixas e a evolução da procura[463]. Para o efeito foi construída a variável CGD que corresponde à soma de ambas as comissões. Se considerado um período de 12 meses as comissões de gestão e de depósito médias excedem a somas das comissões médias de emissão e de resgate. Todavia, não obstante a relevância desta componente dos custos, os fundos mais caros são os mais procurados se aferida a procura pelos novos fluxos de capitais, enquanto que os fundos com menores comissões de gestão e de depósito ocupam mais frequentemente os lugares inferiores dos rankings da procura[464]. Estes resultados evidenciam a capacidade de algumas sociedades gestoras imporem encargos mais elevados aos seus fundos e não obstante isso serem as mais bem sucedidas em termos da captação dos novos capitais.

---

[463] As comissões de gestão, por vezes, somam uma componente variável à componente fixa. Na presente amostra tal ocorre com dois fundos durante parte do período da amostra. Todavia, as componentes variáveis não foram tidas em consideração, não só porque se trata de um valor desconhecido à data da concretização do investimento, como em face de ensaios que foram produzidos se conclui que a componente variável apresenta um peso reduzido comparativamente à componente fixa.

[464] Por necessidade de economia de espaço a evolução de CGD e a análise da relação entre esta variável e as variáveis FC2, FCN2 e FUN2 não são objecto de reporte.

Carlos Francisco Alves

(III) *Evolução da Procura versus Comissões Totais*

Por fim, analisaram-se as comissões totais em função de diferentes horizontes de investimento. Em concreto, calcularam-se as seguintes variáveis: CT1M, CT3M, CT6M, CT12M, CT24M e CT60M, as quais identificam os custos totais para investimentos com horizontes temporais de, respectivamente, um mês, três meses, 6 meses, um ano, dois anos e 5 anos.

TABELA 4.33 – EVOLUÇÃO ANUAL DOS CUSTOS TOTAIS

	1994	1995	1996	1997	1998	1999	2000	1994	1995	1996	1997	1998	1999	2000
	CT1M							CT12M						
Média	2,37%	2,31%	2,54%	2,46%	2,48%	2,49%	2,47%	3,10%	3,06%	3,27%	2,95%	3,02%	3,06%	3,09%
Mediana	2,14%	2,13%	2,07%	2,14%	2,18%	2,17%	2,14%	3,00%	3,00%	3,00%	2,69%	2,97%	3,00%	2,88%
Máximo	5,11%	5,11%	8,08%	8,08%	8,08%	8,08%	8,08%	5,00%	5,00%	9,00%	9,00%	9,00%	9,00%	9,00%
Mínimo	1,11%	1,11%	1,11%	1,11%	1,04%	1,04%	1,11%	0,75%	0,75%	0,83%	0,83%	1,00%	1,00%	1,28%
	CT3M							CT24M						
Média	2,27%	2,29%	2,53%	2,40%	2,42%	2,43%	2,48%	4,95%	4,92%	5,04%	4,62%	4,48%	4,48%	4,57%
Mediana	2,41%	2,39%	2,25%	2,21%	2,30%	2,43%	2,00%	4,50%	4,50%	4,50%	4,00%	4,31%	4,50%	4,00%
Máximo	3,49%	3,49%	8,25%	8,25%	8,25%	8,25%	8,25%	7,85%	7,85%	10,00%	10,00%	10,00%	10,00%	10,00%
Mínimo	0,33%	0,33%	0,33%	0,32%	0,63%	1,13%	1,32%	1,50%	1,50%	1,65%	1,65%	1,00%	1,00%	2,55%
	CT6M							CT60M						
Média	2,50%	2,47%	2,71%	2,58%	2,67%	2,69%	2,67%	10,92%	10,97%	10,84%	9,94%	9,57%	9,65%	9,82%
Mediana	2,95%	2,72%	2,50%	2,00%	2,49%	2,38%	2,26%	10,00%	10,24%	10,48%	10,00%	10,00%	10,00%	10,00%
Máximo	3,98%	3,98%	8,50%	8,50%	8,50%	8,50%	8,50%	19,00%	19,00%	19,00%	15,00%	13,88%	15,74%	15,74%
Mínimo	0,65%	0,65%	0,65%	0,63%	0,75%	0,75%	1,14%	3,75%	3,75%	4,13%	4,13%	2,50%	2,50%	6,38%

Obs.: (*i*) CT1M = CEF + CR1M + CGD/12; (*ii*) CT3M = CEF + CR3M + CGD★3/12; (*iii*) CT6M = CEF + CR6M + CGD★6/12 (*iv*) CT12M = CEF + CR12M + CGD; (*v*) CT24M = CEF + CR24M + CGD★2; (*vi*) CT60M = CEF + CR60M + CGD★5.

O confronto dos rankings de custos com os rankings de fluxos de capitais originou um alargado conjunto de *outputs* que a Tabela 4.34 procura sintetizar. Os resultados dela constantes denotam uma diversidade de comportamento dos fluxos de novos investimentos em função do horizonte temporal do investimento.

TABELA 4.34 – TESTES DE REPETIÇÃO DE VENCEDORES E DE REPETIÇÃO DE PERDEDORES NA À RELAÇÃO ENTRE AS COMISSÕES TOTAIS E FC2, FCN2 E FUN2, EM TERMOS TT, SS E AA

	CT1M T.Rep.Venc. (RW p)	CT1M T.Rep.Perd. (RL p)	CT3M T.Rep.Venc. (RW p)	CT3M T.Rep.Perd. (RL p)	CT6M T.Rep.Venc. (RW p)	CT6M T.Rep.Perd. (RL p)	CT12M T.Rep.Venc. (RW p)	CT12M T.Rep.Perd. (RL p)	CT24M T.Rep.Venc. (RW p)	CT24M T.Rep.Perd. (RL p)	CT60M T.Rep.Venc. (RW p)	CT60M T.Rep.Perd. (RL p)
Parte I. Análise Trimestral												
CR?M FC2 — FC2												
1T 1T	0,52 0,36	0,50 0,50	0,52 0,36	0,50 0,50	0,55 0,20	0,53 0,33	0,55 0,18	0,53 0,28	0,57 0,12	0,54 0,22	0,53 0,29	0,51 0,41
2T 2T	0,48 0,40	0,48 0,36	0,50 0,50	0,49 0,45	0,56 0,16	0,55 0,20	0,58 0,09 ***	0,57 0,12	0,57 0,14	0,56 0,17	0,59 0,08 ***	0,57 0,12
3T 3T	0,50 0,50	0,50 0,50	0,45 0,20	0,45 0,20	0,48 0,40	0,49 0,41	0,55 0,19	0,55 0,21	0,54 0,27	0,53 0,28	0,56 0,14	0,57 0,14
4T 4T	0,48 0,40	0,49 0,45	0,48 0,36	0,49 0,41	0,51 0,45	0,51 0,41	0,50 0,50	0,51 0,45	0,54 0,27	0,54 0,24	0,55 0,20	0,56 0,17
TOTAL	0,50 0,48	0,49 0,41	0,49 0,34	0,48 0,28	0,53 0,20	0,52 0,26	0,55 0,06 ***	0,54 0,09 ***	0,55 0,04 **	0,54 0,06 ***	0,56 0,03 **	0,55 0,04 **
CR?M FCN2 — FCN2												
1T 1T	0,54 0,28	0,54 0,25	0,56 0,15	0,56 0,13	0,55 0,20	0,55 0,19	0,55 0,18	0,56 0,15	0,56 0,16	0,56 0,16	0,52 0,37	0,53 0,32
2T 2T	0,52 0,40	0,51 0,45	0,51 0,40	0,51 0,45	0,55 0,23	0,54 0,28	0,55 0,20	0,54 0,24	0,57 0,14	0,56 0,17	0,62 0,03 **	0,59 0,05 ***
3T 3T	0,50 0,50	0,54 0,25	0,45 0,20	0,49 0,45	0,47 0,31	0,51 0,41	0,60 0,05 ***	0,63 0,01 **	0,57 0,14	0,60 0,04 **	0,59 0,06 ***	
4T 4T	0,47 0,31	0,51 0,45	0,46 0,27	0,50 0,50	0,52 0,36	0,56 0,17	0,52 0,40	0,55 0,21	0,55 0,20	0,59 0,08 ***	0,54 0,28	0,57 0,11
TOTAL	0,51 0,43	0,52 0,21	0,50 0,48	0,52 0,28	0,52 0,23	0,54 0,09 ***	0,56 0,03 ***	0,57 0,01 *	0,56 0,02 **	0,58 0,01 *	0,55 0,04 ***	0,57 0,01 *
CR?M FUN2 — FUN2												
1T 1T	0,51 0,45	0,51 0,41	0,55 0,21	0,55 0,18	0,54 0,28	0,54 0,25	0,53 0,32	0,53 0,28	0,51 0,41	0,52 0,37	0,51 0,46	0,51 0,41
2T 2T	0,50 0,50	0,49 0,45	0,50 0,50	0,49 0,45	0,56 0,16	0,55 0,20	0,57 0,14	0,56 0,17	0,57 0,14	0,56 0,17	0,63 0,02 **	0,61 0,03 **
3T 3T	0,53 0,31	0,57 0,13	0,48 0,36	0,52 0,36	0,50 0,50	0,54 0,24	0,62 0,03 **	0,64 0,01 **	0,57 0,14	0,60 0,04 **	0,56 0,14	0,57 0,14
4T 4T	0,52 0,40	0,53 0,28	0,51 0,45	0,53 0,32	0,54 0,27	0,56 0,17	0,55 0,23	0,56 0,15	0,57 0,14	0,59 0,08 ***	0,55 0,20	0,57 0,11
TOTAL	0,51 0,33	0,52 0,18	0,51 0,38	0,52 0,20	0,53 0,14	0,55 0,06 ***	0,56 0,02 **	0,57 0,01 *	0,55 0,04 ***	0,57 0,01 *	0,56 0,02 **	0,57 0,01 *
Parte II. Análise Semestral												
CR?M FC2 — FC2												
1S 2S	0,46 0,27	0,46 0,23	0,50 0,50	0,49 0,45	0,48 0,35	0,47 0,31	0,52 0,35	0,51 0,41	0,53 0,31	0,53 0,28	0,48 0,36	0,47 0,31
2S 1S	0,51 0,45	0,50 0,40	0,48 0,35	0,45 0,19	0,52 0,40	0,49 0,40	0,55 0,19	0,52 0,35	0,56 0,16	0,53 0,31	0,62 0,03 **	0,58 0,09 ***
TOTAL	0,48 0,36	0,47 0,22	0,49 0,40	0,47 0,24	0,50 0,46	0,48 0,30	0,54 0,19	0,52 0,33	0,55 0,15	0,53 0,27	0,54 0,15	0,53 0,27
CR?M FCN2 — FCN2												
1S 2S	0,57 0,13	0,53 0,31	0,61 0,04 **	0,57 0,14	0,57 0,13	0,53 0,31	0,59 0,08 ***	0,54 0,24	0,59 0,07 ***	0,55 0,20	0,55 0,20	0,52 0,40
2S 1S	0,48 0,35	0,48 0,36	0,46 0,27	0,46 0,27	0,52 0,40	0,51 0,40	0,57 0,13	0,57 0,13	0,63 0,02 **	0,62 0,02 **	0,62 0,03 **	0,62 0,03 **
TOTAL	0,52 0,30	0,50 0,47	0,53 0,22	0,52 0,36	0,54 0,16	0,52 0,30	0,58 0,04 **	0,56 0,10 ***	0,61 0,01 *	0,59 0,02 **	0,58 0,03 **	0,57 0,07 ***
CR?M FUN2 — FUN2												
1S 2S	0,54 0,27	0,51 0,40	0,58 0,11	0,55 0,20	0,57 0,13	0,54 0,23	0,59 0,08 ***	0,57 0,14	0,59 0,07 ***	0,57 0,14	0,54 0,28	0,52 0,40
2S 1S	0,49 0,45	0,49 0,45	0,48 0,35	0,48 0,35	0,53 0,31	0,53 0,31	0,57 0,13	0,57 0,13	0,61 0,04 **	0,61 0,04 **	0,63 0,02 **	0,63 0,02 **
TOTAL	0,52 0,36	0,50 0,47	0,53 0,27	0,52 0,36	0,55 0,12	0,54 0,20	0,58 0,04 **	0,56 0,07 ***	0,60 0,01 **	0,59 0,02 **	0,58 0,03 **	0,57 0,05 **
Parte III. Análise Anual												
CR?M FC2 — FC2												
TOTAL	0,41 0,07 ***	0,42 0,10 ***	0,48 0,36	0,49 0,41	0,45 0,20	0,46 0,24	0,48 0,40	0,49 0,45	0,48 0,36	0,49 0,41	0,49 0,41	0,49 0,45
CR?M FCN2 — FCN2												
TOTAL	0,41 0,07 ***	0,45 0,21	0,46 0,27	0,50 0,50	0,49 0,45	0,53 0,32	0,56 0,16	0,59 0,06 ***	0,54 0,27	0,57 0,12	0,51 0,41	0,55 0,19
CR?M FUN2 — FUN2												
TOTAL	0,41 0,07 ***	0,45 0,21	0,46 0,27	0,50 0,50	0,49 0,45	0,53 0,32	0,56 0,16	0,59 0,06 ***	0,57 0,14	0,60 0,05 **	0,53 0,32	0,57 0,13

Obs.: (*i*) A Parte I respeita à análise trimestral, a Parte II reporta-se aos testes com rankings semestrais e a Parte III reporta-se à análise anual; (*ii*) CT1M, CT3M, CT6M, CT12M, CT24M e CT60M representam, respectivamente, as comissões totais fixas para investimentos de: 1 mês, 3 meses, 6 meses, um ano, dois anos e cinco anos; (*iii*) os testes estatísticos foram aplicados a tabelas em que os fundos com as comissões totais mais elevadas (nos termos usuais) e eram vencedores em procura (BW★), apresentavam as comissões mais elevadas e eram perdedores em procura (BL★), apresentavam comissões inferiores e eram vencedores em procura (SW★) e apresentavam comissões inferiores e eram perdedores em procura (SL★). BW★ e SL★ são respectivamente os duplos vencedores e duplos perdedores; (*iv*) a demais notação tem o significado habitual.

De facto, enquanto que para prazos de investimento superiores ou iguais a um ano se detecta em termos agregados repetições de vencedores e repetições de custos elevados significativamente superiores a 50 por cento, para horizontes inferiores ou iguais a 3 meses computam-se percentagens de repetição inferiores a 50 por cento, ainda que apenas em termos anuais se anotem casos de significância estatística. Uma vez mais, o período de 6 meses emerge como horizonte de viragem, sendo perceptíveis resultados superiores a 50 por cento para a análise TT, ainda que significativos apenas ao nível da repetição de perdedores, e resultados mistos para os demais períodos de análise.

Os investidores evitam, pois, os fundos mais caros em termos de curto prazo, optando pelos fundos mais caros em termos de horizontes mais latos, não sustentando por isso a evidência de Sirri e Tufano (1998)[465]. Estes resultados são compatíveis com a ideia de que os investidores, por um lado, se preocupam com eventuais choques de liquidez e, por outro lado, confiam na capacidade – prognosticada no modelo de Nanda et al. (2000) – de a prazos mais distantes a habilidade dos gestores mais caros permitir recuperar os custos acrescidos em que incorrem. Estes resultados igualmente denotam a capacidade de algumas sociedades gestoras imporem encargos mais elevados, desde que não se trate de comissões de resgate para períodos de investimento curtos.

4.5.5 Relação entre a performance, a procura e as comissões de resgate

4.5.5.1 Relação entre a performance e as comissões de resgate

A relação encontrada entre os fluxos líquidos de capitais e a performance do período antecedente foi muito ténue e esporádica, com excepção da reacção aos retornos absolutos do ano civil anterior perceptível na procura do ano seguinte, especialmente nos dois primeiros trimestres (Ponto 4.5.2). Todavia, encontrou-se uma expressiva evidência de persistência da procura que indica que os fundos são repetidamente vencedores e, sobretudo, reiteradamente perdedores (Ponto 4.5.3). Ambos os resultados levam a crer que os fluxos líquidos de capitais são orientados em função de certas características dos fundos de investimento que – pelo menos em determinados períodos – fazem com que a performance (aparentemente) deixe de ser atendida nas decisões dos investidores. Os custos de transacção e, particularmente, os custos de emissão e de resgate emergem teoricamente como candidatos naturais ao desempenho desse papel. Com efeito, se um fundo tiver uma performance superior mas exigir custos de emissão proibitivos é de admitir que, não obstante a rendibilidade obtida, os investidores

---

[465] Com efeito, este estudo documenta uma relação negativa entre os fluxos líquidos de capitais e os custos totais suportados por um investidor com um perfil de investimento de 7 anos.

não privilegiem intensivamente esse fundo com as novas subscrições. Do mesmo modo, se um fundo tiver uma performance inferior mas tiver comissões de resgate muito elevadas, tal pode desincentivar a saída. Neste caso, o fundo estaria "entrincheirado" nos custos de resgate. As análises realizadas em 4.5.4 foram conclusivas quanto aos custos de emissão: constatou-se que, em geral, os fundos com custos de emissão mais onerosos são os preferidos, pelo que – até pela sua, em geral, reduzida dimensão – não é configurável que sejam estas comissões a obstaculizar a reacção à performance. No que respeita às comissões de resgate, pelo contrário, foi perceptível que os fundos com comissões mais elevadas para horizontes de investimento de 12 e 24 meses são privilegiados em termos de procura, pelo que pode acontecer que sejam estas comissões (quando altas) a impedir a resposta dos consumidores às más performances, do mesmo modo que podem ser estas comissões (quando baixas) a determinar o sacrifício das boas performances (sempre que os investidores têm necessidade de liquidez)[466].

Claro está que num mundo de Nanda et al. (2000) – assente num modelo em que os *load costs* são endogenamente determinados num mercado competitivo composto por investidores com diferentes necessidades de liquidez – a hipótese de "entrincheiramento", aparentemente, não se colocaria porquanto os fundos com mais elevados custos de resgate seriam aqueles que teriam rendibilidades mais elevadas. De acordo com este modelo, os investidores sujeitos a choques de liquidez preferem fundos sem comissões de resgate ao passo que os investidores com perspectivas de aplicação por prazos mais longos preferem os fundos com *load costs* porquanto apresentam retornos (esperados) mais elevados[467]. Todavia, um tal mundo não só carece de sustentação

---

[466] Facto que é aliás consentâneo com a explicação de Ippolito (1992) para o fenómeno de reacção assimétrica, segundo a qual como os custos de resgate excedem os custos de emissão a reacção faz-se sentir pelo lado da emissão e não tanto pelo lado dos resgates que penalizariam as piores performances.

[467] Tal perspectiva decorre não só de este tipo de fundos não ter aplicações em meios monetários tão elevadas quanto os outros demais, mas também do facto de não sofrerem custos de vendas precipitadas por choques de liquidez, além de que os gestores mais hábeis terem vantagem comparativa na atracção dos investidores com menores necessidades de liquidez e, por fim,

empírica, designadamente no que respeita à existência *ex-post* de uma relação positiva entre os retornos e as comissões de resgate, como comporta um espaço temporal de ajustamento durante o qual os seus clientes se encontram "entrincheirados". Com efeito, é necessário que decorra um período temporal mínimo para que a superior performance dos fundos não sujeitos a choques de liquidez – se existente – possa compensar o montante das comissões de resgate[468].

TABELA 4.35 – PERFORMANCE VERSUS COMISSÕES DE RESGATE

		T. do χ^2 χ^2 p	T. Rep. Perd. RL p	T. do χ^2 χ^2 p	T. Rep. Perd. RL p	T. do χ^2 χ^2 p	T. Rep. Perd. RL p
		Parte I. Análise Trimestral					
		CR1M		CR3M		CR6M	
CR		14,80 0,00 *	0,59 0,00 *	12,79 0,00 *	0,57 0,01 **	0,31 0,29	0,50 0,45
M5		4,56 0,02 **	0,59 0,00 *	4,14 0,02 **	0,57 0,01 **	0,52 0,23	0,50 0,45
		CR12M		CR24M		CR60M	
CR		1,38 0,12	0,46 0,07 ***	0,15 0,35	0,53 0,16	0,16 0,35	0,68 0,00 *
M5		0,50 0,24	0,46 0,07 ***	0,14 0,36	0,53 0,16	0,05 0,41	0,68 0,00 *
		Parte II. Análise Semestral					
		CR1M		CR3M		CR6M	
CR		2,66 0,05 ***	0,70 0,00 *	12,58 0,00 *	0,62 0,00 *	0,00 0,50	0,54 0,18
M5		12,18 0,00 *	0,70 0,00 *	7,84 0,00 *	0,62 0,00 *	0,26 0,31	0,54 0,18
		CR12M		CR24M		CR60M	
CR		0,05 0,41	0,48 0,30	0,55 0,23	0,52 0,36	0,52 0,24	0,65 0,00 *
M5		1,05 0,15	0,48 0,30	1,04 0,15	0,52 0,36	0,29 0,29	0,65 0,00 *
		Parte III. Análise Anual					
		CR1M		CR3M		CR6M	
CR		1,71 0,10 ***	0,51 0,45	1,99 0,08 ***	0,54 0,25	0,09 0,38	0,53 0,35
M5		1,21 0,14	0,51 0,45	0,21 0,32	0,54 0,25	0,08 0,39	0,53 0,35
		CR12M		CR24M		CR60M	
CR		0,17 0,34	0,46 0,25	1,28 0,13	0,47 0,35	0,01 0,46	0,63 0,02 **
M5		0,02 0,44	0,46 0,25	2,85 0,05 **	0,47 0,35	0,21 0,32	0,63 0,02 **

Obs: (*i*) χ^2 identifica a estatística do teste do χ^2 sem ajustamento de Yates; (*ii*) RL corresponde à percentagem de repetição de perdedores (LS); (*iii*) p identifica os p-values para testes unilaterais subjacentes a cada um dos testes estatísticos; (*iv*) ★, ★★ e ★★★ indicam as situações em que se rejeita a hipótese nula para um nível de significância de, respectivamente, 1%, 5% e 10%.

---

dada a escassez dos investidores sem necessidades de liquidez o gestor partilhar algum do seu rendimento oferecendo *fees* mais baixos.

[468] Gruber (1996) reporta evidência de que os fundos com *load costs* e com fluxos de capitais positivos superam a performance dos fundos sem *load costs* e com fluxos de capitais positivos para períodos de investimento de um ano, acontecendo o inverso quando o período é de três meses. Todavia, no horizonte de um ano, a diferença de performance não se afigura suficiente para compensar os *load costs*.

A Tabela 4.35 relaciona a performance (CR e M5) e a comissão de resgate (CR1M, CR3M, CR6M, CR12M, CR24M e CR60M) no âmbito de matrizes bidimensionais construídas, nos termos usuais, dividindo os rankings de performance em termos superiores (W) e inferiores (L) e as comissões de resgate em altas (B) e baixas (S). Aí se reportam o teste do χ^2 e o teste de repetição de perdedores[469] para tabelas que concentram a totalidade das observações considerando a performance de um período e as comissões de resgate do período seguinte.

Seja a performance apurada por CR ou por M5 constata-se, para todos os horizontes de análise (TT, SS e AA), que a relação positiva suposta entre performances e comissões de resgate é verificada se estas forem aferidas com base nas comissões vigentes para investimentos realizados há mais de dois e menos de 5 anos (CR60M). De igual modo se constata uma relação positiva se consideradas as comissões de resgate vigentes para períodos curtos de investimento (CR1M e CR3M). Para os demais prazos ou não há relação significativa com a performance ou existe uma relação negativa.

Os resultados obtidos podem ser lidos numa dupla perspectiva: (*i*) novas subscrições (*inflows*) e (*ii*) resgates em reacção à performance (*outflows*). Em termos de novas subscrições, um agente económico com elevadas necessidades de liquidez escolhe, nos termos de Nanda et al. (2000), um fundo com reduzidos custos de resgate para prazos curtos. Donde, se escolher em função de CR1M ou CR3M, de acordo com a Tabela 4.35, muito provavelmente optará por um fundo com uma reduzida performance. Assim, subscrições deste tipo de investidores estarão a contribuir para uma reacção inversa, em vez de contribuírem para a penalização dos fundos com piores desempenhos. Se os novos subscritores forem agentes económicos sem elevadas probabilidades de sofrerem choques de liquidez, escolherão, de acordo com aquele modelo, fundos com as mais elevadas comissões de resgate. Donde, se esses investidores tiverem um horizonte de investimento superior a 2 e inferior a 5 anos optarão em função de CR60M, o que – pela Tabela 4.35 – leva

---

[469] Um fundo é repetidamente perdedor se for perdedor em performance (L) e tiver custos baixos (S).

à escolha de fundos com uma performance superior. Assim, neste caso, as suas subscrições contribuirão para a sustentação da hipótese de reacção à performance.

Do ponto de vista dos *outflows*, a Tabela 4.35 igualmente permite leituras consentâneas com ambas as hipóteses. Admita-se, com efeito, que um agente económico constata que o fundo que detém em carteira teve uma má performance (L). Suponha-se, também, que esse investidor detém o fundo há menos de 3 meses. Muito provavelmente deterá um fundo com um valor reduzido (S) para CR1M e para CR3M[470]. Donde, neste caso, a comissão de resgate não é, em princípio, obstáculo à venda reactiva. Se o investimento foi concretizado há mais de dois e menos de 5 anos de igual modo é muito provável que o investidor detenha um fundo «S», não se antevendo que seja por força das comissões de resgate que a hipótese de reacção não se manifeste. Todavia, se o prazo decorrido é de um ano existe uma probabilidade superior a 50 por cento de o fundo detido ser «B»[471]. O mesmo se diga, na análise AA, para os investimentos com mais de um e menos de dois anos. Se se tratar de um agente de Nanda et al. (2000) com a convicção de que não passou tempo suficiente para que o efeito positivo das ausências de choques de liquidez dê origem a retornos superiores não reagirá. Se, pelo contrário, o investidor tiver a convicção de que o fundo não tem sido tão bem gerido quanto outros, ainda assim pode não ser preferível reagir pois tal implicaria assumir elevadas comissões de resgate[472]. Neste caso, pode ser preferível esperar que decorra tempo suficiente para que não tenha de pagar comissão, ainda que se sujeitando a uma gestão não tão boa quanto a de outros fundos. O investidor sentir-se-ia "prisioneiro" da comissões de resgate vigentes. Donde, também do ponto de vista dos *outflows*, o perfil do investidor, o seu horizonte de investimento e a comissão de resgate podem interagir com a performance de modo a originar comportamentos não conformes com a hipótese de reacção.

---

[470] Assim o indica a Tabela 4.35.

[471] Ainda que apenas se encontre significância estatística na análise TT.

[472] A que, eventualmente, se somariam as comissões de subscrição de um novo fundo.

4.5.5.2 Análise tridimensional agregada da amostra

Os parágrafos anteriores tornaram claro que importa estudar conjuntamente os rankings de performance de um dado período (CR e M5), os rankings dos fluxos líquidos de capitais do período seguinte (FC2, FCN2 e FUN2) e os rankings das comissões deste último período (CR1M, CR3M, CR6M, CR12M, CR24M e CR60M). É esta a tarefa a que é dedicado o presente ponto, com recurso a tabelas de contingência tridimensionais, onde as observações são classificadas em função da performance superior (W) e inferior obtida (L), da elevada (W⋆) ou reduzida (L⋆) procura contabilizada e das altas (B) ou baixas (S) comissões de resgate vigentes, dando origem a matrizes, com oito células distintas resultantes da combinação das duas categorias de cada variável.

As tabelas assim obtidas permitem testar quatro tipos de hipóteses nulas. Desde logo, é possível aferir a independência entre as três variáveis, ou seja:

$$H_0 : p_{ijk} = p_{i..}p_{.j.}p_{..k} , \qquad [4.30]$$

onde p_{ijk} representa a probabilidade de uma observação "cair" na célula i (i=W,L), j (j=W⋆, L⋆) e k (k=B, S), $p_{i..}$ simboliza a probabilidade da categoria i, $p_{.j.}$ é a probabilidade da categoria j e $p_{..k}$ representa a probabilidade da categoria k.

Além disso, podem testar-se hipóteses de independência parcial, mediante as quais é possível averiguar se uma das variáveis é condicionalmente independente das outras duas. Assim, podem também formular-se as hipóteses nulas seguintes:

$$H_0(1) : p_{ijk} = p_{i..}p_{.jk} , \qquad [4.31]$$

$$H_0(2) : p_{ijk} = p_{.j.}p_{i.k} , \qquad [4.32]$$

$$H_0(3) : p_{ijk} = p_{..k}p_{ij.} , \qquad [4.33]$$

sendo que $H_0(1)$ corresponde a admitir a independência da performance face às demais variáveis, $H_0(2)$ equivale a considerar que a procura é independente do binómio performance/comissões de resgate e

$H_0(3)$ consiste na hipótese de as comissões de resgate serem independentes das outras duas variáveis. Das três hipóteses de independência parcial afigura-se particularmente útil aos propósitos deste estudo o caso $H_0(2)$. Esta hipótese testa a independência condicional da procura face à relação existente entre a performance e as comissões de resgate.

TABELA 4.36 – TABELAS TRIDIMENSIONAIS E TESTE DE $H_0(2)$, EM TERMOS TOTAIS E TT

$H_0(2)$	Obs. n_{ijk}	Esp. E_{ijk}	Obs. n_{ijk}	Esp. E_{ijk}	Obs. n_{ijk}	Esp. E_{ijk}	Obs. n_{ijk}	Esp. E_{ijk}	Obs. n_{ijk}	Esp. E_{ijk}	Obs. n_{ijk}	Esp. E_{ijk}
	M5-FC2-CR1M		M5-FC2-CR3M		M5-FC2-CR6M		M5-FC2-CR12M		M5-FC2-CR24M		M5-FC2-CR60M	
WW *B	52	68,1	53	70,6	50	63,6	72	78,6	62	62,1	41	44,6
WW *S	77	68,6	76	66,1	79	73,1	57	58,1	67	74,6	88	92,2
WL *B	84	67,9	88	70,4	77	63,4	85	78,4	62	61,9	48	44,4
WL *S	60	68,4	56	65,9	67	72,9	59	57,9	82	74,4	96	91,8
LW *B	51	54,6	56	57,6	74	66,6	84	73,1	74	63,1	49	42,6
LW *S	91	79,6	86	76,6	68	67,6	58	61,1	68	71,1	93	91,7
LL *B	58	54,4	59	57,4	59	66,4	62	72,9	52	62,9	36	42,4
LL *S	68	79,4	67	76,4	67	67,4	64	60,9	74	70,9	90	91,3
χ^2	13,41		14,15		8,42		4,72		5,60		2,93	
p	0,00 *		0,00 *		0,02 **		0,10 ***		0,07 ***		0,20	
	M5-FCN2-CR1M		M5-FCN2-CR3M		M5-FCN2-CR6M		M5-FCN2-CR12M		M5-FCN2-CR24M		M5-FCN2-CR60M	
WW *B	58	67,6	55	70,1	58	63,1	82	78,1	68	61,7	45	44,3
WW *S	76	68,1	79	65,6	76	72,6	52	57,7	66	74,1	89	91,5
WL *B	78	68,4	86	70,9	69	63,9	75	78,9	56	62,3	44	44,7
WL *S	61	68,9	53	66,4	70	73,4	64	58,3	83	74,9	95	92,5
LW *B	51	54,2	57	57,2	71	66,1	81	72,6	71	62,7	46	42,3
LW *S	84	79,1	78	76,1	64	67,1	54	60,7	64	70,6	89	91,0
LL *B	58	54,8	58	57,8	62	66,9	65	73,4	55	63,3	39	42,7
LL *S	75	79,9	75	76,9	71	67,9	68	61,3	78	71,4	94	92,0
χ^2	5,53		11,99		2,15		4,90		6,50		0,90	
p	0,07 ***		0,00 *		0,27		0,09 ***		0,04 **		0,41	
	M5-FUN2-CR1M		M5-FUN2-CR3M		M5-FUN2-CR6M		M5-FUN2-CR12M		M5-FUN2-CR24M		M5-FUN2-CR60M	
WW *B	62	67,6	60	70,1	60	63,1	82	78,1	68	61,7	44	44,3
WW *S	71	68,1	73	65,6	73	72,6	51	57,7	67	74,1	89	91,5
WL *B	74	68,4	81	70,9	67	63,9	75	78,9	58	62,3	45	44,7
WL *S	66	68,9	59	66,4	73	73,4	65	58,3	82	74,9	95	92,5
LW *B	50	54,2	57	57,2	71	66,1	81	72,6	70	62,7	45	42,3
LW *S	86	79,1	79	76,1	65	67,1	55	60,7	66	70,6	91	91,0
LL *B	59	54,8	58	57,8	62	66,9	65	73,4	56	63,3	40	42,7
LL *S	73	79,9	74	76,9	70	67,9	67	61,3	76	71,4	92	92,0
χ^2	3,03		4,77		1,16		4,92		4,27		0,49	
p	0,19		0,09 ***		0,38		0,09 ***		0,12		0,46	

Obs.: (*i*) n_{ijk} reporta o número de observações de cada célula; (*ii*) E_{ijk} identifica o número de observações esperado para cada célula sob H0(2); (*iii*) χ^2 é o valor da estatística do teste do χ^2; (iv), p indica as probabilidades criticas p-Unilaterais; (*v*) os símbolos ★, ★★ e ★★★ indicam as situações em que se rejeita a hipótese nula para um nível de significância de, respectivamente, 1%, 5% e 10%.

Estas hipóteses podem ser testadas de acordo com o teste do χ^2, que em cada caso confronta o valor observado para cada célula com o valor esperado, sob H_0. A título exemplificativo, a Tabela 4.36 reporta as tabelas de contingência obtidas em termos TT considerando M5. Para cada caso reportam-se os valores observados para cada célula (n_{ijk}), os respectivos valores esperados (E_{ijk}), a estatística do χ^2, o p unilateral e assinalam-se os níveis de significância, considerando a hipótese nula descrita pela equação [4.32]. Com um nível de significância de 10 por cento, é possível rejeitar H_0 em 11 das 18 situações reportadas. Todavia, existe uma grande diferença entre algumas destas situações. A hipótese de "entrincheiramento" exige que dada a performance e dados os custos de resgate, os rankings de procura privilegiem os fundos com custos mais onerosos. Assim, é de esperar que WW*B supere o valor esperado e WL*B seja inferior ao valor esperado, pese embora os valores espera-dos sejam (aproximadamente) iguais[473]. Se se atentar em M5/FUN2/ /CR12M é exactamente isso que se constata. O valor esperado para aquelas células era de, respectivamente, 78,1 e 78,9, todavia no primeiro caso o valor observado (82) excede o valor esperado, ao passo que no segundo caso esse valor (75) é inferior ao esperado. Em M5/FC2/ /CR1M verifica-se o contrário.

A hipótese de "entrincheiramento" igualmente exige que WL*S supere o valor esperado e WW*S fique aquém do valor esperado. Tal significa que os fundos vencedores em performance são *convertidos* em fundos perdedores em procura com uma probabilidade acrescida quando apre-sentam comissões de resgate menos expressivas. Pelo contrário, fundos com performances vencedoras mais dificilmente são transformados em fundos perdedores se protegidos por comissões elevadas[474]. Analo-gamente, na presença de "entrincheiramento" é de esperar que LW*B supere o valor esperado e aconteça o simétrico com LL*B. Além disso, seria de antecipar que os fundos com más performances e reduzidas comissões de resgate sejam mais provavelmente penalizados, o que significa que se antecipa que LL*S *supere* LW*S, o que equivale a dizer que se espera que LL*S ultrapasse o valor esperado e aconteça o oposto com LW*S[475].

A hipótese de a procura ser orientada por preocupações de liquidez implica uma relação entre os valores observados e os valores esperados inversa da hipótese de "entrincheiramento". Neste outro caso é expec-

---

[473] Na realidade, a existência de rankings impares impede que esses valores esperados sejam iguais.

[474] Esta relação é verificada, por exemplo, em M5/FUN2/CR12M e desrespeitada em M5/ FC2/CR1M.

[475] Uma vez mais, M5/FUN2/CR12M comporta-se de acordo com a hipótese de "entrinchei-ramento", acontecendo o inverso com M5/FC2/CR1M.

tável que para cada categoria de performance sejam beneficiados (em procura) os fundos com menores comissões[476].

A Tabela 4.37 sintetiza os resultados obtidos para as 4 hipóteses nulas em presença com as tabelas «Totais», atendendo às variáveis FC2 e FCN2 e considerando as três formas habituais de segmentação temporal: TT, SS e AA.

TABELA 4.37 – TESTE DE H_0, $H_0(1)$, $H_0(2)$, $H_0(3)$, EM TERMOS «TOTAIS», TT, SS E AA

	H_0			$H_0(1)$			$H_0(2)$			$H_0(3)$				H_0			$H_0(1)$			$H_0(2)$			$H_0(3)$		
	χ^2	p	NC	χ^2	p	NC	χ^2	p	NC	χ^2	p	NC		χ^2	p	NC	χ^2	p	NC	χ^2	p	NC	χ^2	p	NC
Parte I (Análise Trimestral)																									
CRvsFC2													M5vsFC2												
CR1M	28,2	0,0	* 2	15,4	0,0	* 4	12,2	0,0	* 0	25,0	0,0	* 4	CR1M	18,8	0,0	* 1	6,4	0,0	** 4	13,4	0,0	* 0	16,2	0,0	* 0
CR3M	25,6	0,0	* 2	13,6	0,0	* 4	11,8	0,0	* 0	22,5	0,0	* 4	CR3M	19,0	0,0	* 1	7,4	0,0	** 4	14,2	0,0	* 0	16,6	0,0	* 2
CR6M	7,2	0,1	*** 3	6,1	0,1	*** 4	7,0	0,0	** 2	5,5	0,1	*** 4	CR6M	8,8	0,0	** 3	7,8	0,0	** 4	8,4	0,0	** 2	7,2	0,0	** 4
CR12M	4,4	0,2	4	3,8	0,1	4	2,9	0,2	6	2,5	0,2	6	CR12M	5,2	0,1	5	4,7	0,1	*** 4	4,7	0,1	*** 6	3,5	0,2	4
CR24M	5,4	0,1	8	1,9	0,3	4	5,2	0,1	*** 8	3,5	0,2	8	CR24M	5,8	0,1	7	2,3	0,3	4	5,6	0,1	*** 6	4,0	0,1	8
CR60M	2,2	0,3	5	1,9	0,3	4	2,1	0,3	4	0,4	0,5	6	CR60M	3,0	0,3	4	2,7	0,2	4	2,9	0,2	4	1,2	0,4	4
CRvsFCN2													M5vsFCN2												
CR1M	21,1	0,0	* 4	15,5	0,0	* 4	5,6	0,1	*** 0	18,9	0,0	* 4	CR1M	10,2	0,0	** 2	5,2	0,1	*** 4	5,5	0,1	*** 0	10,0	0,0	* 2
CR3M	21,1	0,0	* 2	13,4	0,0	* 4	7,5	0,0	** 0	18,8	0,0	* 4	CR3M	16,3	0,0	* 1	9,2	0,0	** 4	12,0	0,0	* 0	16,1	0,0	* 2
CR6M	2,0	0,4	3	79,8	7,3	4	1,7	0,3	4	0,7	0,4	2	CR6M	2,7	0,3	4	75,2	7,5	4	2,2	0,3	4	2,6	0,2	4
CR12M	8,0	0,0	** 7	3,2	0,2	4	6,4	0,0	** 8	6,5	0,0	** 8	CR12M	5,4	0,1	8	0,8	0,4	4	4,9	0,1	*** 8	5,3	0,1	*** 8
CR24M	8,7	0,0	** 7	2,2	0,3	4	6,6	0,0	** 8	7,3	0,0	** 8	CR24M	6,7	0,1	*** 8	6,5	0,0	** 8	6,5	0,0	** 8	6,5	0,0	** 8
CR60M	2,6	0,3	6	1,9	0,3	4	2,4	0,2	6	1,2	0,4	6	CR60M	0,9	0,5	8	0,3	0,5	4	0,9	0,4	8	0,9	0,4	8
Parte II (Análise Semestral)																									
CRvsFC2													M5vsFC2												
CR1M	17,1	0,0	* 0	3,1	0,2	4	14,2	0,0	* 0	16,0	0,0	* 0	CR1M	29,1	0,0	* 2	13,2	0,0	* 4	14,7	0,0	* 0	23,3	0,0	* 0
CR3M	19,1	0,0	* 3	13,6	0,0	* 4	6,2	0,1	*** 0	17,8	0,0	* 4	CR3M	16,6	0,0	* 2	10,2	0,0	* 4	7,5	0,0	** 2	12,2	0,0	* 2
CR6M	2,7	0,3	2	1,7	0,3	4	2,7	0,2	2	2,2	0,3	4	CR6M	6,3	0,1	*** 3	5,2	0,1	*** 4	5,9	0,1	*** 2	3,0	0,2	2
CR12M	1,3	0,4	6	0,8	0,4	4	1,3	0,4	6	0,8	0,4	8	CR12M	4,8	0,2	4	4,4	0,1	4	3,9	0,1	4	1,8	0,3	4
CR24M	4,7	0,2	4	4,6	0,1	*** 4	4,2	0,1	4	4,1	0,1	4	CR24M	4,5	0,2	4	4,3	0,1	4	3,4	0,2	4	3,2	0,2	4
CR60M	2,3	0,3	2	1,7	0,3	4	1,7	0,3	2	1,7	0,3	2	CR60M	5,3	0,1	4	5,0	0,1	*** 4	5,2	0,1	*** 4	2,3	0,3	2
CRvsFCN2													M5vsFCN2												
CR1M	7,0	0,1	*** 1	2,7	0,2	4	4,3	0,1	0	6,7	0,0	** 0	CR1M	17,3	0,0	* 4	12,7	0,0	* 4	4,7	0,1	*** 0	16,8	0,0	* 4
CR3M	15,7	0,0	* 4	13,0	0,0	* 4	3,1	0,2	0	15,3	0,0	* 4	CR3M	11,6	0,0	* 3	8,7	0,0	** 4	3,6	0,2	0	11,2	0,0	* 4
CR6M	0,3	0,5	6	0,3	0,5	4	0,3	0,5	6	0,2	0,5	4	CR6M	0,9	0,5	4	0,8	0,4	4	0,6	0,4	4	0,7	0,4	4
CR12M	6,1	0,1	*** 8	0,2	0,5	4	6,0	0,1	*** 8	5,9	0,1	*** 8	CR12M	7,5	0,1	*** 8	1,9	0,3	3	6,6	0,0	** 8	7,5	0,0	** 8
CR24M	7,0	0,1	*** 8	1,3	0,4	4	6,6	0,0	** 8	7,0	0,0	** 8	CR24M	7,1	0,1	*** 8	1,1	0,4	4	6,0	0,1	*** 8	6,9	0,0	** 8
CR60M	2,9	0,3	7	1,3	0,4	4	2,4	0,2	6	2,8	0,2	6	CR60M	2,1	0,4	8	0,5	0,5	3	1,8	0,3	8	1,9	0,3	8
Parte III (Análise Anual)																									
CRvsFC2													M5vsFC2												
CR1M	6,3	0,1	* 2	3,0	0,2	* 3	3,0	4,6	* 5	0,0	6,4	* 0	CR1M	4,7		5	0,0	1,5	1	4,0	3,6	4	0,0	4,7	5
CR3M	3,6	0,2	* 2	2,1	0,3	* 4	4,0	3,7	* 2	1,0	3,6	* 4	CR3M	4,2		2	2,0	0,9	1	4,0	2,2	2	1,0	2,3	2
CR6M	1,7	0,4	*** 1	0,6	0,4	*** 3	3,0	1,7	** 2	1,0	1,7	** 2	CR6M	1,3		1	0,0	0,2	0	4,0	1,2	1	1,0	1,2	1
CR12M	1,0	0,5	3	0,9	0,4	3	3,0	0,8	1	4,0	1,0	1	CR12M	0,4		3	0,0	0,3	0	5,0	0,4	0	0,0	0,3	0
CR24M	6,3	0,1	3	6,2	0,1	4	4,0	5,1	*** 5	5,0	6,3	6	CR24M	3,2		3	4,0	3,1	3	4,0	3,1	3	3,0	3,1	3
CR60M	4,7	0,2	4	4,5	0,1	4	4,0	4,7	5	4,0	4,7	5	CR60M	0,6		1	1,0	0,3	0	4,0	0,5	0	0,0	0,5	0
CRvsFCN2													M5vsFCN2												
CR1M	6,6	0,1	* 2	4,6	0,1	* 6	6,0	5,5	*** 6	3,0	5,2	* 5	CR1M	4,4		4	1,0	1,6	2	4,0	3,0	3	1,0	3,7	4
CR3M	7,6	0,1	* 2	5,1	0,1	* 6	6,0	6,4	** 6	2,0	6,3	* 6	CR3M	4,3		4	1,0	0,9	1	4,0	4,0	4	1,0	3,8	4
CR6M	4,1	0,2	2	2,5	0,2	4	4,0	3,9	4	2,0	5,1	* 4	CR6M	2,2		3	0,0	0,6	1	5,0	2,2	3	2,0	1,7	2
CR12M	5,1	0,1	** 7	2,7	0,2	4	4,0	5,1	** 5	6,0	3,3	** 3	CR12M	2,2		3	8,0	0,6	1	5,0	3,3	3	8,0	2,9	2
CR24M	5,5	0,1	** 6	3,9	0,1	4	4,0	4,7	** 5	4,0	5,1	5	CR24M	6,5		7	6,0	4,1	4	4,0	3,4	3	6,0	5,8	6
CR60M	5,1	0,1	7	2,7	0,2	4	4,0	5,1	5	4,0	5,1	5	CR16M	3,3		3	8,0	0,6	1	5,0	3,3	3	8,0	2,9	3

Obs.: (*i*) H_0, $H_0(1)$, $H_0(2)$, $H_0(3)$ referem-se, respectivamente, às hipóteses nulas descritas pelas equações [4.30], [4.31], [4.32] e [4.33]; (*ii*) χ^2 corresponde ao valor da estatística do teste do χ^2; (*iii*), p indica as probabilidades críticas p-Unilaterais; (*iv*) NC indica o número de células que registaram valores consentâneos com a hipótese de "entrincheiramento"; e (*v*) os símbolos ★, ★★ e ★★★ indicam as situações em que se rejeita a hipótese nula para um nível de significância de, respectivamente, 1%, 5% e 10%.

---

[476] Assim, pode concluir-se que existe evidência de "entrincheiramento" em M5/FUN2/CR12M, e evidência de procura dominada por preocupações de liquidez em M5/FC2/CR1M. No demais casos de rejeição da hipótese nula, verificam-se situações integralmente consentâneas com a hipótese de "entrincheiramento" em M5/FCN2/CR12M e M5/FCN2/CR24M. Pelo contrário, são totalmente opostas a esta hipótese M5/FCN2/CR1M, M5/FC2/CR3M e M5/FCN2/ /CR3M. No caso de M5/FC2/CR12M e M5/FC2/CR24M os resultados obtidos são coincidentes com a hipótese de "entrincheiramento" em 6 das 8 células, ao passo que em M5/FUN2/ /CR3M e M5/FC2/CR12M tal ocorre em apenas duas das células.

Esta tabela reporta (forte) evidência da "hipótese de entrincheiramento" associada às comissões CR12M e CR24, tanto em termos TT, como em termos SS. Com efeito, em termos dos fluxos normalizados, quer com CR, quer com M5, é rejeitada $H_0(2)$ em favor da hipótese de a procura não ser independente do binómio performance/comissão de resgate. Além disso, em qualquer dos casos, as oito células das tabelas de contingência apuradas registam valores consentâneos com tal hipótese[477]. Com FC2, porém, apenas em termos TT é rejeitada $H_0(2)$. Além disso, neste caso, somente para CR/CR24M se constata que todas as células evoluem em conformidade com a "hipótese de entrincheiramento". Todavia, em termos de M5, tanto para CR12M, como para CR24M, se constata evidência consentânea com esta hipótese em 6 das 8 células.

Donde, tanto em termos de fluxos absolutos, como − e sobretudo − em termos de fluxos normalizados, quando se apura a performance com CR ou com as estimativas dos alfas de M5, rejeita-se a hipótese de a procura ser condicionalmente independente do binómio performance/comissão de resgate, desde que se use a comissão vigente para resgate a 12 ou a 24 meses e desde que se utilizem períodos de TT ou SS. Em alternativa à hipótese nula deve eleger-se a hipótese de "entrincheiramento", concluindo-se que, quando elevados, os elevados custos de desinvestimento são um obstáculo à penalização das performances inferiores e que, quando reduzidos, os reduzidos custos de resgate induzem à mobilização de fundos com performances superiores. Para os casos referidos, em termos normalizados, igualmente não pode aceitar-se a hipótese de as três variáveis serem independentes entre si (H_0). De igual modo não pode aceitar-se a hipótese de as comissões de resgate vigentes serem independentes do binómio performance/procura ($H_0(3)$). Pelo contrário, terá de concluir-se que as comissões CR12M e CR24M se encontram fixadas em termos consentâneos com a hipótese de "entrincheiramento". Por fim, terá de concluir-se que a performance é condicionalmente independente da dupla procura/comissões de resgate ($H_0(1)$).

---

[477] A coluna NC onde se reporta o número de células com valores consentâneos com a hipótese de "entrincheiramento".

No que respeita às demais comissões, para CR60M nunca são rejeitadas as hipóteses de independência, o mesmo acontecendo com CR6M em termos de FCN2 e FUN2. Nos demais casos registam-se múltiplas situações de rejeição das hipóteses testadas, mas nunca em termos compatíveis com a hipótese de "entrincheiramento". Pelo contrário, com CR1M e CR3M, tanto em termos TT como SS, o número de células compatível com a hipótese de "entrincheiramento" é nulo, o que significa que todas as células registaram valores de acordo com o prognosticado à luz da hipótese de liquidez.

Em termos dos resultados obtidos com tabelas de períodos homólogos, tanto a análise semestral como – e sobretudo – a análise trimestral indicam que – especialmente com CR – o fenómeno de "entrincheiramento" é mais visível quando se utiliza a procura da segunda metade de cada ano, facto que é compatível com a evidência reportada em 4.5.2 que denota uma especial sensibilidade da procura dos dois primeiros trimestres à performance do ano civil anterior. Donde, não obstante também se encontrarem situações de rejeição de $H_0(2)$ com CR12M e CR24M quando está envolvida a procura normalizada de um ou dos dois primeiros trimestres de cada ano, podem interpretar-se os resultados obtidos no sentido de o efeito "entrincheiramento" prevalecer especialmente após o "esquecimento" do retorno absoluto do ano anterior.

Em suma, os resultados obtidos são compatíveis com a hipótese de os investidores que detêm fundos com um prazo de investimento de entre um a dois anos não reagirem às más performances por se sentirem "presos" pelas comissões de resgate, do mesmo modo que são conciliáveis com a hipótese de os investidores com elevada probabilidade de sofrerem choques de liquidez agirem em sentido inverso ao da hipótese de reacção.

4.6 ANÁLISE COMPLEMENTARES

A análise vencedor/perdedor com tabelas de contingência tem uma dupla limitação: (*i*) não considera a diferença entre, por um lado, o grupo dos vencedores e, por outro lado, o grupo dos perdedores, quanto ao valor assumido pelas variáveis cuja relação de dependência investiga; (*ii*) não distingue entre os vencedores, nem entre os perdedores, em função da magnitude da performance e da evolução da procura. Donde, não obstante na maioria das situações analisadas se ter concluído pela ausência de relação (positiva) entre os rankings da performance e os rankings da procura do período seguinte, nada garante que os vencedores em performance não tenham captado uma maior fatia dos novos fluxos de capitais. Além disso, nada pode ser concluído sobre a forma como os consumidores distinguem as diferentes performances, quer entre os vencedores, quer entre os perdedores. Impõem-se, por isso, análises complementares que considerem os valores assumidos por cada fundo em cada uma das variáveis e não se limitem ao posicionamento de cada observação face à mediana do período.

4.6.1 APRECIAÇÃO GLOBAL DE VENCEDORES E PERDEDORES

Um primeiro exercício complementar consistiu em dividir as observações correspondentes à totalidade dos fundos para todo o período em análise em dois grupos: *de um lado*, as observações que foram consideradas vencedoras período a período (grupo W) e, *de outro lado*, as observações que, igualmente período a período, foram consideradas perdedoras (grupo L). Em seguida, foi calculado o valor médio da variável FCN2 para cada grupo, apurada a diferença entre as médias (W-L) e testada a significância do valor obtido. Os critérios de ranking usados foram, para lá do valor assumido em cada período pela variável FCN2, a performance registada no período anterior sendo esta alternativamente apurada com base nos retornos não ajustados ao risco (CR) e nos retornos ajustados ao risco com base nos modelos M1, M4 e M5.

Um outro exercício consistiu no estabelecimento de um ranking global entre a totalidade das observações, não havendo por isso distinções entre as posições relativas período a período. Todas as observações foram ordenadas em função da variável FCN2. Em seguida aplicou-se o teste de Wilcoxon-Mann-Whitney (WMW) no intuito de indagar se as observações dos grupos W ocupam (ou não) o lugar cimeiro do ranking global.

Os valores obtidos para ambos os testes constam da Tabela 4.38. Quando se formam os grupos W e L em função dos rankings trimestrais da variável FCN2, a diferença entre os valores médios de FCN2 é de 13,1 pontos percentuais por mês (TT). Significa isto que os vencedores em procura cresceram significativamente mais do que os perdedores nos rankings trimestrais da procura. Quando se trata de rankings semestrais ou de rankings anuais, igualmente se verifica uma diferença significativa entre as médias apuradas.

TABELA 4.38 – FLUXOS LÍQUIDOS DE CAPITAIS (FCN2)
MÉDIOS PARA VENCEDORES E PERDEDORES E TESTE DE WILCOXON-MANN-WHITNEY

	FCN2	CR	Critérios de Ranking M1	M4	M5	FCN2	CR	Critérios de Ranking M1	M4	M5
			I. Análise Trimestral					II. Análise Anual/Trimestral		
W (Vencedores)	0,093	0,038	0,035	0,037	0,036	0,096	0,035	0,024	0,021	0,023
L (Perdedores	-0,039	0,016	0,018	0,016	0,017	-0,037	0,024	0,035	0,038	0,036
W-L	0,131 *	0,022 ***	0,017	0,021	0,019	0,133 *	0,010	-0,011	-0,018	-0,013
Wilcoxon-Mann-Whitney	-15,51 *	0,23	0,42	-0,37	0,31	-14,80 *	-0,74	0,69	0,64	1,26
N	541					502				
			III. Análise Semestral					IV. Análise Anual		
W (Vencedores)	0,081	0,023	0,026	0,027	0,026	0,078	0,031	0,029	0,031	0,025
L (Perdedores	-0,030	0,030	0,026	0,026	0,026	-0,018	0,029	0,031	0,028	0,034
W-L	0,111 *	-0,007	-0,001	0,001	-0,001	0,096 *	0,002	-0,002	0,003	-0,008
Wilcoxon-Mann-Whitney	-10,25 *	0,27	0,75	1,05	0,75	-6,73 *	-1,17	-1,43 ***	-0,75	-0,76
N	248					109				

Obs.: (*i*) as linhas W(Vencedores), L(perdedores) e W-L reportam, respectivamente, o valor médio de FCN2 para as observações vencedoras, o valor médio de FCN2 para as observações perdedoras, e a diferença entre estes valores; (*ii*) a linha Wilcoxon-Mann-Whitney reporta o valor da estatística do respectivo teste; e (*iii*) os símbolos ★, ★★ e ★★★ indicam as situações em que se rejeita a hipótese nula para um nível de significância de, respectivamente, 1%, 5% e 10%.

Todavia, quando os grupos W e L são formados em função dos rankings periódicos dos retornos não ajustados ao risco (CR), a diferença encontrada é de apenas 2,2 pontos percentuais ao mês em termos trimestrais e de 0,2 pontos percentuais ao mês em termos anuais, sendo negativa no caso dos rankings semestrais. Se confrontada a procura trimestral com o resultado dos rankings de performance anual (AT) a diferença é de somente 1 ponto percentual ao mês. Apenas na análise TT se pode rejeitar a hipótese de as médias obtidas nos dois grupos serem iguais, e meramente para um nível de significância de 10 por cento. Trata-se, aliás, do único caso em que a rejeição da H_0 ocorre sempre que os rankings são elaborados em função da performance, uma vez que qualquer que seja o modelo usado para obtenção das estimativas dos retornos anormais (M1, M4 ou M5) sempre se conclui pela hipótese da igualdade das médias. Donde, apenas em um caso (CR em termos TT) se pode inferir que, em média, as observações vencedoras período a período captaram fluxos de capitais no período seguinte em montante significativamente superior à procura captada pelas observações consideradas perdedoras. Todavia, a diferença de médias apurada (2,2 por cento) representa uns exíguos 16,8 por cento da diferença obtida com o ranking em função de FCN2 (13,1 por cento). Significa isto que, mesmo neste caso, fica por explicar uma larga margem de diferencial de fluxos de capitais entre vencedores e perdedores em procura.

No que respeita ao teste WMW, um valor negativo para a estatística significa que a soma das ordens das observações grupo W no ranking global é inferior à soma das ordens das observações do grupo L, ao passo que um valor positivo significa que as observações que ocupam os lugares cimeiros do ranking global pertencem primordialmente ao grupo L. Como era expectável, quando se constróem os rankings em função da variável FCN2 o valor da estatística apurada é negativa e significativa a um nível se significância de 1 por cento. Tal quer dizer que os vencedores dos rankings elaborados período a período com base em FCN2 ocupam, primordialmente, a primeira metade do ranking global elaborado com base na mesma variável.

Não obstante a significância da diferença de médias apurada quando os grupos W e L são formados em termos CR e TT, a estatística de WMW não só não conduz à rejeição da hipótese das observações do grupo W se distribuírem indistintamente por ambas as metades do ranking global da procura, como regista uma estatística positiva indiciando que as observações do grupo W se encontram (ainda que não significativamente) pior posicionados que as observações do grupo L[478/479]. Aliás,

---

[478] Note-se que o sinal da estatística é aqui mais relevante que a ausência de significância. Com efeito, uma vez que se trata de retornos não ajustados ao risco, ao contrário do que se passa

quando os grupos W e L são formados com base nos rankings periódicos de performance as estatísticas apuradas são positivas na maioria das situações, o que significa que a soma das ordens do ranking global da variável FCN2 das observações do grupo W excede a soma equivalente para o grupo L. No entanto, a magnitude registada não é suficiente para que se possa inferir que as observações vencedoras em performance caiem primordialmente na parte inferior do ranking global da variável FCN2. Porém, no caso da análise AA, obtêm-se sempre estatísticas negativas, ainda que apenas em uma circunstância (M1) se rejeite a hipótese nula a um nível de significância de 10 por cento. Donde, somente neste caso se pode concluir que os vencedores dos rankings periódicos de performance ocupam, primordialmente, os lugares de topo do ranking global elaborado com base no valor registado no período seguinte pela variável FCN2.

Em suma, em termos da variável FCN2, apenas quando os grupos W e L são formados com base nos retornos não ajustados se pode concluir que o grupo W regista valores médios para a procura significativamente superiores ao grupo L. Todavia, neste caso, o valor positivo, ainda que não significativo da estatística de WMW indicia que aquele resultado pode ser devido ao peso de um número limitado de observações, não traduzindo por isso um fenómeno generalizado de superior crescimento da procura das observações W. Igualmente contraditórios emergem os resultados da análise anual. Se, por um lado, a média mensal de FCN2 não diverge entre W e L, a estatística de WMW apresenta sempre valores negativos, ainda que apenas significativos em um dos casos (M1), denotando que as observações W se posicionam, pelo menos neste caso, acima das observações L no ranking global da procura.

---

com os retornos ajustados, o posicionamento relativo das observações W face às observações L dependerá da conjuntura do mercado, pelo que perdedores quando o mercado está em alta podem superar os vencedores das fases em que o mercado está em queda. Donde, mesmo num cenário de reacção à performance, no caso CR poderia constatar-se ausência de significância. Todavia, nunca poderia esperar-se uma estatística positiva.

[479] Note-se, todavia, que o resultado obtido é consentâneo com o expectável em função das tabelas de contingência. Aí se havia inferido um comportamento inverso ao postulado pela hipótese de reacção, denotando um acesso a taxas de crescimento mais elevadas por parte dos fundos com pior retorno.

Os exercícios realizados foram repetidos para a variável FC2 (Tabela 4.39). Em média, as observações vencedoras nos rankings periódicos da procura registaram fluxos líquidos de capitais superiores às observações perdedoras em mais de 2,4 milhões de euros por mês, se considerados os rankings elaborados trimestralmente, e quase 1,9 milhões de euros por mês se considerados os rankings semestrais ou anuais. Trata-se, em qualquer casos, de uma verba significativa, concluindo-se por isso que os vencedores nos rankings periódicos da procura cresceram mais que os perdedores.

TABELA 4.39 – FLUXOS LÍQUIDOS DE CAPITAIS (FC2)
MÉDIOS PARA VENCEDORES E PERDEDORES E TESTE DE WILCOXON-MANN-WHITNEY

	FC2	CR	Critérios de Ranking M1	M4	M5	FC2	CR	Critérios de Ranking M1	M4	M5
		I. Análise Trimestral					II. Análise Anual/Trimestral			
W (Vencedores)	1.209.949	-11.336	34.908	109.288	75.720	1.198.123	167.572	-96.605	-127.302	-114.459
L (Perdedores)	-1.223.964	-7.171	-53.915	-130.910	-95.820	-1.225.283	-244.455	13.266	44.956	29.943
W-L	2.433.913 *	-4.164	88.823	240.198	171.541	2.423.406 *	412.027 ***	-109.871	-172.258	-144.402
Wilcoxon-Mann-Whitney	-15,09 *	0,18	-0,07	-1,26	-0,27	-12,26 *	2,16 **	4,20 *	3,70 *	4,49 *
N	541					502				
		III. Análise Semestral					IV. Análise Anual			
W (Vencedores)	962.320	191.802	122.374	88.957	122.374	1.000.024	429.258	419.317	288.441	295.239
L (Perdedores)	-915.446	-124.680	-58.895	-27.882	-58.895	-879.436	-247.938	-239.197	-138.850	-137.556
W-L	1.877.767 *	316.483	181.269	116.839	181.269	1.879.460 *	677.195 **	658.514 **	427.292	432.795
Wilcoxon-Mann-Whitney	-9,72 *	-0,46	-0,48	-0,36	-0,48	-6,19 *	-1,06	-1,49 ***	-0,43	-0,87
N	248					109				

Obs.: (*i*) a notação usada tem idêntico significado ao da Tabela 4.38.

Todavia, se os rankings periódicos forem elaborados de acordo com a performance, apenas se pode aferir evidência de reacção à performance em termos AA. Aqui, não só a média dos fluxos mensais de W excede a média de L – com significância para CR e M1 – como as estatísticas de WMW são sempre negativas – ainda que somente significativas para M1. Quando a performance anual é confrontada com a procura trimestral (AT), porém, não só desaparece evidência de reacção, como – no caso dos retornos ajustados ao risco – se pode inferir pela manifestação de reacção invertida. Com efeito, nestes casos, não só a média de L excede a média de W, ainda que não de modo significativo, como se regista uma estatística positiva e significativa para o teste de WMW. No caso dos retornos não ajustados ao risco, contraditoriamente, os dois testes aplicados induzem a conclusões distintas.

Além dos testes reportados, de modo análogo ao utilizado na construção das Tabelas 4.38 (e 4.39), indagou-se da diferença de médias das variáveis da performance entre os grupos W e L sendo este apurado com base na variável FCN2 (e FC2)[480]. Para ambos os casos, nunca se rejeita a hipótese de as médias de ambos os grupos serem iguais.

4.6.2 Regressões com dados temporais e seccionais

4.6.2.1 O modelo

Muitos estudos procuram explicar os fluxos de capitais para os diferentes fundos individualmente considerados recorrendo à análise de regressões[481]. No presente ponto concebe-se e testa-se um modelo com características ajustadas ao mercado português. A variável dependente do modelo é a média trimestral do fluxo mensal normalizado de capitais, com origem em outros clientes que não os fundos de fundos (FCN2). Trata-se da variável usualmente utilizada neste tipo de estudos, com a singular particularidade da exclusão da procura controlada pela própria sociedade gestora[482].

Em termos das variáveis explicativas, além da performance registada num período antecedente ($PERF_{T-1}$), inclui-se o desvio-padrão dos retornos absolutos contínuos registados, desfasados um período ($DPCR_{t-1}$)[483]. A razão da inclusão da performance é óbvia, uma vez que se trata da variável cuja relação com a evolução da procura se pretende investigar. A inclusão do desvio-padrão dos retornos, tal como em Sirri e Tufano (1998), visa, designadamente nos modelos em que a performance é aferida em termos ajustados ao risco, averiguar se os consumidores

---

[480] Os resultados obtidos não são reportados.

[481] Entre outros, Ippolito (1992), Gruber (1996), Goetzmann e Peles (1997), Sirri e Tuffano (1998), Zheng (1999) e Sawicki (2000).Vide, a este propósito o Capítulo *3*.

[482] Em determinadas circunstâncias – com as necessárias adaptações – igualmente serão objecto de modelização os fluxos absolutos mensais (FC2).

[483] Utiliza-se o subscrito t-1 para indicar as situações em que existe um desfasamento de um trimestre, sendo a variável medida em termos trimestrais, e o subscrito T-1 para as situações em que o período de cálculo da variável desfasada não é – ou pode não ser – o período trimestral.

escolhem em função do nível de risco revelado pelos fundos. Uma vez que não é claro quais as medidas da performance ou do risco que merecem a preferência dos consumidores, foram considerados diferentes horizontes temporais e alternativas formas de cálculo.

Entre as variáveis explicativas igualmente se incluem, quer a quota de cada fundo no mercado de fundos de acções nacionais no trimestre anterior (QF_{t-1}), quer a quota da respectiva sociedade gestora (QSG_{t-1}) no mercado de fundos de investimento mobiliário nacional nos três meses antecedentes. Em vários estudos a dimensão do fundo ou do complexo de fundos em que o fundo se integra é usada como *proxy* dos custos de obtenção de informação enfrentados por cada investidor[484].

Atendendo a que nos anos recentes o mercado de capitais português passou por um expressivo processo de fusão e de consolidação, em várias ocasiões alguns dos principais grupos financeiros detiveram mais do que uma sociedade gestora. Donde, importa igualmente distinguir a notoriedade de cada grupo financeiro, da notoriedade de cada sociedade e de cada fundo. Nesse intuito, foi considerado como variável independente o logaritmo desfasado do activo consolidado do grupo financeiro em que maioritariamente detém a sociedade gestora ($\log(ACT_{T-1})$)[485].

É sabido que os fluxos de capitais normalizados beneficiam os fundos mais jovens e de menor dimensão (*vide* ponto 4.2). Donde, em ordem a perceber até que ponto o efeito atribuído a QF_{t-1} é o reflexo da notoriedade do fundo ou o espelho da (natural) perda de quota de mercado dos fundos mais antigos e de maior dimensão, não só igualmente se inclui a idade de cada fundo entre as variáveis explicativas, como igualmente se analisa o efeito daquela variável num modelo em que é expli-

---

[484] Sirri e Tufano (1998), por exemplo, aferem a notoriedade de cada fundo e de cada complexo de fundos com base no logaritmo desfasado do montante global dos valores geridos. A ideia subjacente é a de que os maiores complexos de fundos têm maior visibilidade pelo que estes, minimizando os custos de obtenção de informação, optarão preferencialmente pelos fundos e pelos complexos de fundos de maior dimensão. A necessidade de incluir tanto a dimensão de cada fundo, como a dimensão de cada sociedade gestora, radica na circunstância de as maiores sociedades possuírem mais do que um fundo de acções, importando por isso distinguir a notoriedade do fundo da notoriedade de quem o gere.

[485] Para cada trimestre utilizou-se o activo do médio do semestre mais recente para o qual, no início desse trimestre, eram conhecidos os elementos contabilísticos.

cado o valor absoluto dos fluxos líquidos de capitais (FC2). A idade de
cada fundo é medida em termos de média trimestral do número de
anos decorridos desde o início da comercialização apurado no início de
cada mês (ID). Esta variável igualmente visa controlar até que ponto as
sociedades gestoras têm capacidade de mobilizar os seus clientes entre
os diferentes fundos geridos, particularmente em benefício dos fundos
mais recentemente lançados.

Faz ainda parte das variáveis independentes o custo total de cada fundo
de investimento, supondo um horizonte de investimento de 5 anos
(CT60M).

Além destas variáveis duas outras foram testadas. A variável explicada
desfasada ($FCN2_{t-1}$) e o logaritmo dos custos desfasados incorridos pela
sociedade gestora que não respeitam a custos com o pessoal ($\log(OC_{T-1})$)[486].
A primeira variável visa averiguar a relação dos fluxos de capitais captados em cada trimestre com os fluxos captados pelo mesmo fundo no
trimestre anterior[487]. A segunda visa aproximar o efeito dos gastos de
marketing de cada sociedade gestora, posto que Sirri e Tufano (1998)
reportam a significância destas despesas na explicação dos fluxos de capitais de uma amostra de 690 fundos de investimento norte-americanos.

Note-se que as variáveis QSG_{t-1}, ID e CT60M têm uma natureza,
essencialmente, seccional. Com efeito, são reduzidas as alterações de
comissões praticadas por cada fundo, pelo que esta variável (quase) apenas se altera de fundo para fundo. A quota de cada sociedade gestora de
igual modo denota uma grande estabilidade ao longo do tempo, pelo
que as variações registadas são essencialmente de sociedade para sociedade. A variável ID varia uniformemente e de igual modo para todos
os fundos ao longo do tempo, pelo que o seu poder explicativo fundamental é, também, ao nível seccional. Por sua vez, a variável QF_{t-1}
variando de fundo para fundo e, para cada fundo, ao longo do tempo

---

[486] Para cada trimestre utilizou-se o valor dos gastos semestrais de acordo com as contas semestrais ou anuais mais recentes no início de cada trimestre.

[487] Trata-se, pois, de explorar a possibilidade de se estar em presença de um modelo de ajustamento parcial. Sobre este assunto ver, entre outros, Greene (2000, Capítulo 17).

ainda assim é predominantemente seccional uma vez que, em geral, são mais expressivas as variações de fundo para fundo do que para um mesmo fundo de período a período. O mesmo se diga quanto a $\log(OC_{T-1})$. Por fim, embora muitos fundos apresentem o mesmo valor para $\log(ACT_{T-1})$, esta é também é uma variável de cariz predominantemente seccional[488].

Donde, importa incluir variáveis que controlem o efeito da variação temporal dos fluxos de capitais. Trata-se de variáveis que, mais do que explicar os fluxos atraídos por cada fundo, explicam o nível geral de fluxos líquidos de capitais aportados ao mercado de fundos de acções e, em grande medida, justificam o sinal e o valor da variável explicada período a período. A variável mais óbvia corresponde aos fluxos de capitais canalizados em termos líquidos para os fundos de acções nacionais. Assim, quando a variável explicada é FC2 a variável dependente considerada é o valor absoluto dos capitais aportados à totalidade dos fundos de acções (FA). Se a variável explicada é FCN2 incluiu-se como variável independente a taxa de crescimento dos fundos de acções nacionais, deduzido o efeito devido à valorização dos activos no período (FAg)[489].

Além destas variáveis também se considerou a taxa de crescimento do valor líquido global gerido pela totalidade das sociedades gestoras e para a totalidade dos fundos de investimento nacionais, independentemente das políticas de investimento, dos mercados de destino e da natureza das aplicações (FIMg). A inclusão desta variável visa analisar até que ponto os investimentos em fundos de acções funcionam em contraciclo com a totalidade das aplicações em fundos de investimento, uma vez que estas são dominadas por aplicações em obrigações e, em particular, em títulos de dívida pública.

Por fim, igualmente se incluíram duas variáveis destinadas a controlar o efeito da conjuntura do mercado de acções. Uma dessas variáveis é

---

[488] Por razões de economia de espaço não se reportam as análises que fundamentam a ideia enunciada.

[489] FAg corresponde a dividir FA pela soma dos VLG dos fundos na amostra no período antecedente.

uma variável *dummy* (DMERC3M) que assume o valor um se o índice de cotações PSI Geral teve valorizações em todos os meses do trimestre a que se reporta a procura e o valor zero em caso contrário. Sempre que se regista o valor um entende-se que se está na presença de um mercado em fase expansionista (*bull market*). A inclusão de uma variável *dummy* em detrimento do valor dos retornos registados pelo índice de cotações visa obviar à confusão do efeito do retorno do mercado com o retorno do fundo, sempre que se está a usar os retornos não ajustados ao risco[490]. A outra variável relativa à conjuntura do mercado respeita ao desvio-padrão dos retornos do mesmo índice de cotações no trimestre em análise (DPMERC3M)[491]. Esta variável controla o efeito do risco do mercado accionista na escolha das investidores, antecipando-se que uma relação positiva entre esta variável e os fluxos de capitais, caso os investidores canalizem os seus investimentos para fundos de acções nas fases de maior volatilidade.

A Tabela 4.40 reporta os resultados obtidos considerando os retornos ajustados ao risco em termos trimestrais nos termos definidos pelo modelo M5[492]. Antes de mais, importa observar que os testes *reset* de Remsey (1969) efectuados induzem, em todas as ocasiões, à rejeição da hipótese de existência de erros de especificação. De igual modo deve referir-se que se detectou heterocedasticidade, de acordo com o teste

---

[490] Não obstante este facto, os resultados encontrados – e aqui não reportados – medindo a conjuntura do mercado com base nos retornos do índice no trimestre, semestre ou ano que termina no final do trimestre a que respeita a procura não induz a resultados significativamente díspares, ainda que a significância estatística encontrada com estas variáveis seja inferior à obtida com a variável reportada.

[491] De igual modo se testaram, embora não se reportem, os efeito dos desvios-padrões considerando o semestre ou o ano que termina no final do trimestre a que respeita a procura. Uma vez mais a escolha do horizonte temporal não induz a resultados significativamente díspares, ainda que também aqui se tenha notado uma mais significativa sensibilidade dos investidores com utilização do período trimestral.

[492] Em todas as regressões constantes desta e das demais tabelas reportadas até ao final do capítulo, excluíram-se observações *outliers* correspondentes a 2% do total da amostra, metade respeitante aos valores mais elevados da variável dependente e a outra metade respeitante aos valores mais reduzidos dessa mesma variável. Além disso, embora não se reportem, igualmente se testaram os resultados excluído 5% e 10% das observações, sem que se tivesse detectado oscilação sensível dos resultados.

de White (1980), e autocorrelação, usando o teste LM de Breusch (1978)-Godfrey (1978), pelo que as estatísticas t e os respectivos testes reportados respeitam as correcções de Newey e West (1987)[493]. Além disso, importa notar que os coeficientes de determinação ajustados encontrados comparam favoravelmente com os coeficientes reportados em estudos efectuados para outros mercados (vide, por exemplo, Ippolito (1992) Gruber (1996), Sirri e Tufano (1998) e Sawicki (2000)).

Não focalizando, de momento, a atenção no efeito da performance sobre os fluxos de capitais, um primeiro resultado que emerge como muito significativo, mas esperado, respeita à significância positiva da taxa de crescimento do mercado global de fundos de acções (FAg). Pelo contrário, não se encontra significância na taxa de crescimento global dos fundos (FIMg), pelo que não se pode concluir que os investimentos em fundos de acções exprimam transferências de investimentos em fundos de obrigações para os fundos de acções e vice-versa. Ainda que apenas num número reduzido de situações se conclua pela significância das variáveis relativas à conjuntura do mercado, é notório que os investidores têm alguma preferência pelos trimestres em que o mercado tem um comportamento positivo e pelos trimestres em que há menor volatilidade.

O valor desfasado da variável explicada revela-se insignificante na explicação do respectivo valor corrente, mesmo quando a quota desfasada de cada fundo e a idade de cada fundo – potencialmente captadoras de algum do efeito temporal que o desfasamento da variável explicada visa medir – são excluídas do elenco das variáveis explicativas (regressões 5 e 6)[494].

---

[493] Tanto as inferências derivadas dos testes *reset* de Remsey (1969), como as conclusões obtidas com os testes de White (1980) e de Breusch (1978)-Godfrey (1978) verificam-se para todas as regressões reportadas neste ponto e não apenas para as regressões constantes da Tabela 4.40.

[494] Fica, por isso, prejudicada a hipótese de se tratar de um modelo de ajustamento parcial.

TABELA 4.40 – REGRESSÕES DOS FLUXOS DE CAPITAIS NORMALIZADOS (FCN2)

	Variável Dependente: FCN2									
	(1)	(2)	(3)	(4)	(5)	(6)	(7)	(8)	(9)	(10)
	0,033	0,020	0,026	0,000	0,037	0,080	0,000	0,003	-0,006	-0,003
	0,517	*0,308*	*0,570*	*-0,004*	*0,567*	*1,195*	*-0,006*	*0,130*	*-0,396*	*-0,191*
$PERF_{T-1}$	3,833	3,730	0,623	0,585	5,697	4,126	0,623	3,072	0,995	3,263
	0,984	*0,961*	*0,139*	*0,132*	*1,433*	*1,032*	*0,140*	*0,832*	*0,224*	*0,881*
$DPCR_{T-1}$	-0,530	-0,470	-0,742	-0,641	-0,149	-0,614	-0,668	-0,595		
	-0,683	*-0,604*	*-0,957*	*-0,832*	*-0,196*	*-0,790*	*-0,848*	*-0,772*		
DMERC3M	0,017	0,017	0,013	0,014	0,017 ***	0,018 ***	0,014	0,012	0,014	0,012
	1,629	*1,639*	*1,295*	*1,376*	*1,677*	*1,729*	*1,322*	*1,148*	*1,316*	*1,152*
DPMERC3M	-0,024	-0,024	-0,019	-0,018	-0,018	-0,042 *	-0,018	-0,016	-0,017	-0,014
	-1,527	*-1,500*	*-1,172*	*-1,142*	*-1,099*	*-2,690*	*-1,104*	*-0,930*	*-1,004*	*-0,850*
FAg	0,552 *	0,558 *	0,518 *	0,523 *	0,562 *	0,538 *	0,539 *	0,583 *	0,554 *	0,593 *
	4,774	*5,007*	*4,781*	*4,843*	*4,689*	*4,617*	*4,967*	*5,727*	*5,042*	*5,732*
QF_{t-1}	-0,174 **	-0,176 **	-0,196 **	-0,195 *			-0,195 *	-0,186 **	-0,186 **	-0,178 **
	-2,311	*-2,327*	*-2,605*	*-2,639*			*-2,630*	*-2,552*	*-2,596*	*-2,527*
FIMg	-0,010	-0,010	0,083	0,089	-0,047	-0,023	0,104		0,097	
	-0,117	*-0,112*	*0,852*	*0,928*	*-0,546*	*-0,262*	*1,066*		*1,006*	
QSG_{t-1}	0,103 ***	0,094 ***	0,087	0,067	0,085	0,102 ***	0,069	0,066	0,066	0,064
	1,811	*1,764*	*1,647*	*1,629*	*1,511*	*1,667*	*1,643*	*1,581*	*1,585*	*1,532*
CT60M	0,418 *	0,409 *	0,343 *	0,329 **	0,421 *	0,441 *	0,349 **	0,348 **	0,360 *	0,357 *
	3,230	*3,152*	*2,585*	*2,472*	*3,269*	*3,159*	*2,586*	*2,570*	*2,700*	*2,670*
ID	-0,004 *	-0,004 *	-0,004 *	-0,004 *	-0,004 *		-0,005 *	-0,005 *	-0,005 *	-0,005 *
	-2,718	*-2,965*	*-3,200*	*-3,605*	*-3,009*		*-3,923*	*-4,146*	*-4,035*	*-4,219*
$FCN2_{t-1}$	0,023	0,023	0,029	0,027	0,020	0,025				
	0,685	*0,688*	*0,880*	*0,950*	*0,610*	*0,688*				
$log(OC_{T-1})$	-0,002		-0,002		-0,002	-0,005				
	-0,420		*-0,592*		*-0,549*	*-1,290*				
$log(ACT_{T-1})$	-0,002	-0,002			-0,002	-0,004				
	-0,388	*-0,546*			*-0,430*	*-0,720*				
R^2 Aj.	27,4%	27,5%	27,4%	27,6%	26,6%	25,1%	27,4%	27,3%	27,4%	27,4%
N	531	531	531	531	531	531	531	531	531	531

Obs.: (*i*) a variável dependente de todas as regressões é a média trimestral de FCN2, apurada para cada fundo e cada trimestre; (*ii*) C é o termo independente; (*iii*) $PERF_{T-1}$, $DPCR_{T-1}$, DMERC3M, DPMERC3M, FAG, QF_{t-1}, FIMg, QSG_{t-1}, CT60M, ID, $FCN2_{t-1}$, $log(OC_{T-1})$ e $log(ACT_{T-1})$ são as variáveis explicativas e têm o significado antes explicitado; (*iv*) R^2Aj. corresponde ao coeficiente de determinação ajustado; (*v*) N identifica o número de observações constante de cada regressão; (*vi*) em itálico e por baixo de cada estimativa reporta-se o valor da estatística t de acordo com o método de Newey e West (1987); (*vii*) os símbolos ★, ★★ e ★★★ indicam as situações em que se rejeita a hipótese nula para um nível de significância de, respectivamente, 1%, 5% e 10%.

Em termos das variáveis predominantemente seccionais, os resultados mostram que embora exista um efeito negativo do risco de cada fundo na respectiva procura, este efeito não é significativo. Em nenhuma circunstância se pode rejeitar a hipótese de o respectivo coeficiente ser nulo. Os resultados mais expressivos correspondem às estimativas das variáveis QF_{t-1}, QSG_{t-1}, ID e CT60M. É perceptível que os fundos das maiores sociedades gestoras crescem mais que os fundos das menores sociedades gestoras, ainda que QSG_{t-1} apenas seja significativa quando se inclui igualmente a variável $log(ACT_{T-1})$ no elenco das variáveis independentes. Significa isto que, não obstante esta última variável ser individualmente insignificante, com a sua inclusão torna-se mais nítida a importância da quota de mercado de cada sociedade gestora. De igual modo, não se detecta capacidade explicativa autónoma nos gastos de marketing aproximados pelos "outros custos". No entanto é igualmente perceptível que a inclusão desta variável reforça o efeito captado pela quota de mercado de cada sociedade gestora.

Ao contrário do que acontece com a dimensão da sociedade em que o fundo se insere, a quota de mercado de cada fundo relaciona-se negativamente (e significativamente) com FCN2. Significa isto que os fundos de maior dimensão vão crescendo expressivamente menos que os fundos de menor dimensão. Note-se que este resultado não se deve exclusivamente ao enviezamento antes referido da variável FCN2 em favor dos fundos mais jovens e de menor dimensão, embora também se deva muito a este efeito. De facto, a Tabela 4.41 evidencia que igualmente existe uma relação negativa entre os fluxos absolutos e a quota de mercado de cada fundo, ainda que não significativa para os intervalos de confiança utilizados. Donde, pode inferir-se que os fundos com maiores quotas de mercado, não só crescem relativamente menos que os demais, como não captam mais unidades monetárias que os outros fundos[495].

Os fundos mais jovens atraem mais os fluxos líquidos de investimentos, sejam estes aferidos em termos normalizados (FCN2) ou em termos absolutos (FC2). Atendendo aos níveis de significância com que se pode rejeitar a hipótese de o coeficiente de ID ser nulo, o fenómeno é mais expressivo em termos normalizados, no entanto também em termos absolutos é inferida significância para, em uns casos, 5 e, em outros casos, 10 por cento de probabilidade de erro (do tipo I) na rejeição de H_0[496].

---

[495] O relacionamento negativo dos fluxos normalizados periódicos com a dimensão do fundo tem, aliás, paralelo no estudo de Sirri e Tufano (1998) que reportam efeito negativo e significativo do logaritmo do valor desfazado do VLG gerido por cada fundo sobre tais fluxos de capitais.

[496] Note-se que o efeito ID não é de natureza temporal, uma vez que quando incluída uma variável que identifica cada trimestre – desde o trimestre inicial (1) ao trimestre final (29) – esta variável apresenta coeficientes positivos e não significativos, enquanto que a possibilidade de ID reflectir apenas um efeito temporal exigia coeficientes negativos e significativos. Além disso, embora não se reportem os resultados, a inclusão de ID no modelo não afecta a significância ou o sinal das estimativas.

TABELA 4.41 – REGRESSÕES DOS FLUXOS DE CAPITAIS ABSOLUTOS (FC2)

	Variável Dependente: FC2 (milhões EUR)							
	(1)	(2)	(3)	(4)	(5)	(6)	(7)	(8)
C	-0,446	0,328	0,093	-0,152	-0,507	0,220	-0,469	-0,161
	-0,455	*1,002*	*0,102*	*-0,155*	*-0,505*	*0,840*	*-0,483*	*-0,166*
PERF$_{T-1}$*100	0,157	0,033	1,011	-0,077	0,354	0,087	0,211	-0,018
	0,147	*0,032*	*1,146*	*-0,071*	*0,314*	*0,085*	*0,199*	*-0,017*
DPCR$_{t-1}$	-11,633	-11,434	-10,474	16,314	-7,144			
	-0,652	*-0,660*	*-0,601*	*-0,939*	*-0,404*			
DMERC3M	0,150	0,119	0,124	0,145	0,174	0,128	0,157	0,154
	0,661	*0,552*	*0,551*	*0,640*	*0,786*	*0,605*	*0,699*	*0,688*
DPMERC3M	-0,023	0,008	0,025	-0,316	0,045	0,030	-0,001	-0,307
	-0,059	*0,020*	*0,069*	*-0,884*	*0,108*	*0,080*	*-0,001*	*-0,857*
FA	0,034 *	0,033 *	0,037 *	0,034 *	0,034 *	0,033 *	0,034 *	0,035 *
	5,828	*6,163*	*6,832*	*5,805*	*5,753*	*6,220*	*5,927*	*5,920*
QF$_{t-1}$	-2,194	-2,251	-1,994	-2,729		-2,092	-2,023	-2,525
	-0,751	*-0,773*	*-0,658*	*-0,949*		*-0,723*	*-0,699*	*-0,883*
FIMg	3,431	3,563		3,652	3,174	3,544	3,374	3,589
	1,174	*1,363*		*1,244*	*1,064*	*1,360*	*1,165*	*1,231*
QSG$_{t-1}$	-0,037	0,227	0,137	0,064	-0,323	0,178	-0,043	0,063
	-0,036	*0,251*	*0,134*	*0,060*	*-0,317*	*0,197*	*-0,041*	*0,059*
CT60M	0,637	0,288	0,721	0,781	0,582	0,462	0,830	1,068
	0,291	*0,136*	*0,330*	*0,352*	*0,271*	*0,225*	*0,394*	*0,502*
ID	-0,051 ***	-0,050 **	-0,053 **		-0,059 **	-0,054 **	-0,053 **	
	-1,930	*-1,971*	*-2,022*		*-2,175*	*-2,181*	*-2,071*	
log(ACT$_{T-1}$)	0,050		0,018	0,018	0,049		0,044	0,006
	0,729		*0,280*	*0,258*	*0,694*		*0,651*	*0,091*
R^2 Aj.	26,4%	26,6%	26,2%	26,1%	26,2%	26,7%	26,5%	26,1%
N	531	531	531	531	531	531	531	531

Obs.: (*i*) a variável dependente de todas as regressões é a média trimestral do fluxo mensal de capitais (FC2) medido em milhões de euros, com origem em outros clientes que não os fundos de fundos (FCN2), apurada para cada fundo e cada trimestre; (*ii*) C corresponde ao termo independente; (*iii*) PERF$_{T-1}$, DPCR$_{t-1}$, DMERC3M, DPMERC3M, FA (medida em milhões de euros), QF$_{t-1}$, FIMg, QSG$_{t-1}$, CT60M. ID, FCN2$_{t-1}$, log(OC$_{T-1}$) e log(ACT$_{T-1}$) correspondem às variáveis explicativas e têm o significado anteriormente explicitado, sendo que a variável PERF$_{t-1}$ foi multiplicada por 100; (*iv*) R^{2}Aj. corresponde ao coeficiente de determinação ajustado; (*v*) N identifica o número de observações constante de cada regressão; (*vi*) em itálico e por baixo de cada estimativa reporta-se o valor da estatística t de acordo com o método de Newey e West (1987); (*vii*) os símbolos ★, ★★ e ★★★ indicam as situações em que se rejeita a hipótese nula para um nível de significância de, respectivamente, 1%, 5% e 10%.

Além disso, constata-se que os fluxos de capitais normalizados privilegiam significativamente os fundos mais caros, e que os fluxos absolutos igualmente privilegiam – ainda que menos expressivamente – tal tipo de fundos. Donde, se se tiver em consideração que os novos fundos lançados no mercado apresentavam custos (CT60M) mais elevados 30,5 por cento, em média, que os demais fundos de acções da mesma sociedade gestora existentes à altura terá de concluir-se que as sociedades gestoras lançam novos fundos com condições mais onerosas que os antecedentes e utilizam o poder discricionário que emerge da sua notoriedade e da indisponibilidade aos seus clientes para a assunção de custos de aquisição de informação para canalizar as poupanças que lhe são confiadas para estes novos (e mais caros) fundos. Ademais, se considerado que (*i*) quando os novos fundos lançados no mercado apenas são mais caros que os então existentes, em média, 5,7 por cento ao passo que (*ii*) se limitado o cálculo aos lançamentos feitos por sociedades (grandes) com mais do que um fundo de acções, os novos fundos são, em média, mais caros 23 por cento que o mercado e que (*iii*) os novos fundos lançados pelas sociedades que antes não tinham fundos de acções são 15,5 por cento mais baratos que a média, verifica-se que o fenómeno do lançamento de fundos mais caros se verifica – primordialmente – entre as maiores sociedades gestoras.

O impacto dos custos relaciona-se especialmente com os custos de depósito e de gestão (CGD), verificando-se adicionalmente que para horizontes de investimento de curto prazo se verifica uma relação negativa – ainda que não significativa – entre os custos totais e FCN2. Com efeito, para os custos totais para horizontes de investimento a um mês (CT1M), três meses (CT3M) e seis meses (CT6M) os sinais das estimativas são negativos, sendo positivos para os prazos mais distantes. Este facto legitima a leitura à Nanda et al. (2000) do impacto dos choques de liquidez nas decisões de investimento, que havia sido concretizada com a análise de tabelas de contingência.

Os resultados reportados no presente ponto são robustos em função de alternativas formas de aferição da performance. De facto, as evidências enunciadas permanecem notórias se for usado o período anual para mensurar a performance e igualmente conservam validade se a performance for aferida pelos retornos não ajustados (CR) ou se esse ajustamento for concretizado com M1 ou M4.

4.6.2.2 Reacção a diferentes medidas da performance

Em ordem a analisar a capacidade de a performance passada explicar o comportamento da variável FCN2, calcularam-se múltiplas regressões em que a performance foi configurada de diferentes formas. Assim, consideraram-se horizontes temporais e anuais para mensuração das variáveis representativas do desempenho de cada fundo. Além disso, contemplaram-se como indicadores de performance, para lá de CR, as estimativas dos parâmetros alfas de M1, M4 e M5. Por fim, além da performance ($PERF_{T-1}$), consideram-se as variáveis *dummy* W_{T-1} e L_{T-1} e o produto destas variáveis pela medida de performance ($W_{T-1}*PERF_{T-1}$ e $L_{T-1}*PERF_{T-1}$). A variável W_{T-1} assume o valor um se – para a medida de performance a que respeita – o fundo em causa foi considerado vencedor no trimestre antecedente àquele cuja procura se pretende explicar e o valor zero em caso oposto. A variável L_{T-1}, antagonicamente, assume o valor um se o fundo em causa foi considerado perdedor no trimestre respectivo e o valor zero em caso contrário. Desta forma, mede-se a performance não só pelo posicionamento – vencedor e perdedor – no ranking da performance, mas também pelo valor absoluto dessa performance. Além disso, a inclusão dos dois tipos de variáveis e do produto das duas variáveis ajuda a melhor detectar assimetria no comportamento dos consumidores.

TABELA 4.42 – ESTIMATIVAS DOS COEFICIENTES DAS VARIÁVEIS REPRESENTATIVAS DA PERFORMANCE DAS REGRESSÕES DOS FLUXOS DE CAPITAIS NORMALIZADOS (FCN2)

Variáveis Independentes	Modelo de Aferição da Performance															
	Performance Trimestral								Performance Anual							
	CR (1)	CR (2)	CR (3)	CR (4)	CR (5)	CR (6)	CR (7)	CR (8)	CR (9)	CR (10)	CR (11)	CR (12)	CR (13)	CR (14)	CR (15)	CR (16)
$PERF_{T-1}$	3.66 **		3.88 **		3.88 **	9.16 *	-1.05		9.16 **		6.93 ***		6.93 ***	4.19	9.59 ***	
	2.10		2.18		2.18	3.32	-0.46		2.31		1.67		1.67	0.70	1.73	
W_{T-1}		0.00	-0.01			0.00				0.02 **	0.02 **			0.01		
		-0.53	-0.79			0.02				2.54	2.01			1.47		
$W_{T-1}*PERF_{T-1}$						-10.21 *		-1.04						5.40		13.86 *
						-2.86		-0.47						0.68		2.70
L_{T-1}				0.00	0.01	0.00						-0.02 **	-0.02 **		-0.01	
				0.53	0.79	-0.02						-2.29	-2.01		-1.47	
$L_{T-1}*PERF_{T-1}$						10.21 *		9.16 *						-5.40		2.23
						2.86		3.27						-0.68		0.38
R^2 Aj.	27.8%	27.3%	27.7%	27.3%	27.7%	28.6%	28.6%	28.7%	27.1%	28.3%	27.6%	28.1%	27.6%	0.275	27.5%	27.4%
N	531	531	531	531	531	531	531	531	493	493	493	493	493	493	493	493

	M1 (17)	M1 (18)	M1 (19)	M1 (20)	M1 (21)	M1 (22)	M1 (23)	M1 (24)	M1 (25)	M1 (26)	M1 (27)	M1 (28)	M1 (29)	M1 (30)	M1 (31)	M1 (32)
$PERF_{T-1}$	1.70		3.33		3.33	2.47	4.08		1.60		-0.67		-0.67	-12.68	2.95	
	0.54		0.93		0.93	0.50	0.85		0.29		-0.11		-0.11	-0.85	0.53	
W_{T-1}		0.00	-0.01			-0.01				0.01	0.01			0.00		
		-0.49	-0.88			-0.94				0.81	0.70			0.52		
$W_{T-1}*PERF_{T-1}$						1.61		1.88						15.64		4.90
						0.25		0.41						1.02		0.87
L_{T-1}				0.00	0.01	0.01						0.00	-0.01		0.00	
				0.49	0.88	0.94						-0.50	-0.70		-0.52	
$L_{T-1}*PERF_{T-1}$						-1.61		1.46						-15.64		-12.32
						-0.25		0.32						-1.02		-0.84
R^2 Aj.	27.3%	27.3%	27.3%	27.3%	27.3%	27.2%	27.2%	27.2%	26.3%	27.4%	26.3%	27.3%	26.3%	0.263	26.3%	26.4%
N	531	531	531	531	531	531	531	531	493	493	493	493	493	493	493	493

	M4 (33)	M4 (34)	M4 (35)	M4 (36)	M4 (37)	M4 (38)	M4 (39)	M4 (40)	M4 (41)	M4 (42)	M4 (43)	M4 (44)	M4 (45)	M4 (46)	M4 (47)	M4 (48)
$PERF_{T-1}$	4.82		8.24 ***		8.24 ***	3.10	13.72 ***		2.08		1.41		1.41	-11.06	5.89	
	1.21		1.73		1.73	0.53	1.92		0.38		0.23		0.23	-0.80	0.94	
W_{T-1}		0.00	-0.01			-0.01				0.00	0.00			0.00		
		-0.51	-1.39			-1.62				0.41	0.20			0.01		
$W_{T-1}*PERF_{T-1}$						10.62		8.49						16.94		5.91
						1.21		1.31						1.13		0.98
L_{T-1}				0.00	0.01	0.01						0.00	0.00		0.00	
				0.51	1.39	1.62						-0.14	-0.20		-0.01	
$L_{T-1}*PERF_{T-1}$						-10.62		0.57						-16.94		-11.05
						-1.21		0.11						-1.13		-0.81
R^2 Aj.	27.5%	27.3%	27.6%	27.3%	27.6%	27.7%	27.5%	27.5%	26.3%	27.3%	26.2%	27.3%	26.2%	0.262	26.2%	26.4%
N	531	531	531	531	531	531	531	531	493	493	493	493	493	493	493	493

	M5 (49)	M5 (50)	M5 (51)	M5 (52)	M5 (53)	M5 (54)	M5 (55)	M5 (56)	M5 (57)	M5 (58)	M5 (59)	M5 (60)	M5 (61)	M5 (62)	M5 (63)	M5 (64)
$PERF_{T-1}$	3.26		5.30		5.30	3.96	6.25		3.69		3.51		3.51	-0.32	4.63	
	0.88		1.32		1.32	0.70	1.13		0.74		0.64		0.64	-0.02	0.85	
W_{T-1}		0.00	-0.01			-0.01				0.00	0.00			0.00		
		-0.39	-1.06			-1.11				0.40	0.06			-0.01		
$W_{T-1}*PERF_{T-1}$						2.29		3.59						4.95		4.60
						0.29		0.69						0.36		0.85
L_{T-1}				0.00	0.01	0.01						0.00	0.00		0.00	
				0.39	1.06	1.11						-0.11	-0.06		0.01	
$L_{T-1}*PERF_{T-1}$						-2.29		2.71						-4.95		-0.33
						-0.29		0.49						-0.36		-0.02
R^2 Aj.	27.4%	27.3%	27.4%	27.3%	27.4%	27.3%	27.3%	27.3%	26.4%	27.3%	26.2%	27.3%	26.2%	26.1%	26.1%	26.2%
N	531	531	531	531	531	531	531	531	493	493	493	493	493	493	493	493

Obs.: (*i*) a variável dependente é a média trimestral do fluxo mensal normalizado de capitais, com origem em outros clientes que não os fundos de fundos (FCN2), apurada para cada fundo e cada trimestre; (*ii*) todas as regressões, além do termo independente (C) e das variáveis representativas da performance constantes desta tabela incluem (com o significado anteriormente explicitado) as seguintes variáveis explicativas: DMERC3M, DPMERC3M, FAG, QF_{t-1}, QSG_{t-1}, CT60M e ID; (*iii*) R^2 aj. corresponde ao coeficiente de determinação ajustado; (*iv*) N identifica o número de observações constante de cada regressão; (*v*) em itálico e por baixo de cada estimativa reporta-se o valor da estatística t de acordo com o método de Newey e West (1987); (*vi*) os símbolos ★, ★★ e ★★★ indicam as situações em que se rejeita a hipótese nula para um nível de significância de, respectivamente, 1%, 5% e 10%.

Na Tabela 4.42 reportam-se os coeficientes das variáveis relativas à performance, não se indicando as estimativas do termo independente e dos coeficientes das demais variáveis independentes: DMERC3M, DPMERC3M, FAg, QF_{t-1}, QSG_{t-1}, CT60M e ID.

Os resultados obtidos dependem da forma de medição da performance, quer ao nível do modelo utilizado, quer quanto ao horizonte temporal de cálculo: é notória uma sensibilidade positiva e significativa de FCN2 à variável $PERF_{T-1}$, sempre que esta é aferida em termos dos retornos absolutos trimestrais ou anuais, ou de acordo com as estimativas trimestrais dos alfas do modelo M4. Em nenhum outro caso, porém, se encontra significância estatística para qualquer dos meios de mensuração da performance. Todavia, mesmo ao nível dos retornos não ajustados ao risco, os resultados encontrados indicam uma significativa diferença de relação da procura com a performance em função do horizonte temporal de medição desta variável.

Em termos trimestrais, não existe significância das variáveis W_{T-1} e L_{T-1}, sendo no entanto perceptível uma assimetria de relacionamento com a performance entre os vencedores e entre os perdedores. Ao passo que existe uma relação positiva e significativa entre a performance e FCN2 ao nível dos perdedores (regressões 7 e 8), ao nível dos vencedores a relação encontrada é negativa, ainda que menos expressiva (regressões 6 e 8). Significa isto que a penalização dos fundos perdedores é tanto maior quanto menor o retorno alcançado, mas os fundos vencedores acedem tanto menos aos fluxos de capitais quanto maior for a performance alcançada, podendo inferir-se inequivocamente que as performances superiores não são premiadas. Pelo contrário, quando os retornos são apurados em termos anuais, constata-se que os perdedores são penalizados e os vencedores são premiados (regressões 10, 11, 12 e 13). Desta vez, porém, enquanto que os vencedores são significativamente mais premiados quanto maior o retorno (regressões 14 e 16), não se pode concluir simetricamente que os perdedores são tanto mais penalizados quanto pior o desempenho (regressões 15 e 16).

No que respeita aos retornos ajustados ao risco, com excepção da utilização das estimativas trimestrais, como referido, apenas se encontra evidência de impacto positivo significativo da performance usando as estimativas trimestrais do modelo M4[497].

Quanto ao impacto do posicionamento nos rankings, em todos os casos em que a performance é medida trimestralmente se constata um (não significativo) impacto negativo de W_{T-1} e um (não significativo) impacto positivo de L_{T-1}, denotando uma tendência (não significativa) para reacção invertida à performance. Em termos da performance anual, embora as estimativas dos coeficientes das variáveis W_{T-1} sejam positivos e as estimativas dos coeficientes das variáveis L_{T-1} sejam negativos, em nenhum caso se pode rejeitar a hipótese de os verdadeiros coeficientes serem nulos. Donde, em ambos os casos, se encontra uma forte sustentação dos resultados alcançados com a análise de tabelas de contingência. Além disso, tanto no horizonte trimestral, como – e sobretudo – no horizonte anual, se nota assimetria no relacionamento com a performance entre vencedores e perdedores. Com efeito, embora sem significância estatística, considerando os sinais das estimativas dos coeficientes de $W_{T-1} \star PERF_{T-1}$ e $L_{T-1} \star PERF_{T-1}$, constata-se que os vencedores são tanto mais favorecidos na captação de novos capitais quanto melhor a performance, acontecendo que – pelo menos em termos anuais – os perdedores são melhor tratados quanto pior o seu desempenho.

Os resultados reportados pelas regressões sintetizadas pela Tabela 4.42 são corroborados pelas regressões constantes da Tabela 4.43, que consistem na regressão do modelo separadamente para observações que foram consideradas vencedoras nos rankings periódicos e observações qualificadas de perdedoras nos mesmos rankings. O fenómeno de reacção assimétrica aos retornos anormais é visível na circunstância de as estimativas do coeficiente da variável $PERF_{T-1}$ ser sempre positiva entre os vencedores e sempre negativa entre os perdedores, ainda que apenas se encontre significância para as estimativas anuais dos alfas de M1 (e exclusivamente entre os perdedores).

Os resultados obtidos são, pois, consentâneos com o fenómeno de assimetria documentado, entre outros, por Ippolito (1992), Goetzmann

---

[497] Mesmo neste caso, porém, não se encontra significância na qualidade vencedor ou na qualidade perdedor dos rankings periódicos.

e Peles (1997) e Sirri e Tufano (1998)[498] e contraditórios com a evidência de Brown e Goetzmann (1995) segundo a qual o desaparecimento de um fundo é altamente correlacionado com a performance passada[499]. De facto, as Tabelas 4.42 e 4.43 denotam uma diversidade de comportamento dos consumidores perante os fundos vencedores e os fundos perdedores. Apenas ao nível de CR se nota que os fundos com pior desempenho se relacionam positivamente com a performance, sendo que idêntica relação apenas é detectada para os fundos com melhor desempenho em termos dos retornos anuais.

---

[498] Sawicki (2000), por sua vez, trabalhando com uma amostra de 55 fundos australianos – entre 1981 e 1995 (Maio) – não encontra assimetria de resposta. Todavia, trata-se de fundos de comercialização grossista, além de que o fenómeno de reacção assimétrica torna-se patente entre os fundos mais jovens tendo sido encontrada uma acrescida reacção às más performances entre os fundos mais antigos.

[499] Esta contradição é, contudo, mais aparente que real. Com efeito, os resultados de Brown e Goetzmann (1995) suportam a hipótese de os fluxos de investimento serem pouco importantes nas decisões de fusão de fundos, pelo que os retornos passados não pesam no comportamento dos investidores mas sim nas decisões da sociedade gestora, sendo pois estes (e não os clientes) a determinar o encerramento dos fundos com piores historial de performance.

TABELA 4.43 – REGRESSÕES DE FCN2 ENTRE VENCEDORES E ENTRE PERDEDORES

Variáveis Independentes	Vencedores em Performance				Perdedores em Performance			
	Modelo de Aferição da Performance							
	CR	M1	M4	M5	CR	M1	M4	M5
	Performance Trimestral							
	(1)	(2)	(3)	(4)	(5)	(6)	(7)	(8)
C	-0,007	0,004	0,012	-0,008	-0,008	-0,009	-0,021	0,001
	-0,382	0,182	0,522	-0,431	-0,339	-0,374	-0,985	0,035
$PERF_{T-1}$	-0,580	1,763	9,977	4,602	8,829 *	-1,748	-1,532	1,022
	-0,248	0,408	1,431	0,894	2,936	-0,315	-0,233	0,153
DMERC3M	0,035 **	0,025 ***	0,020	0,024	0,001	-0,001	0,003	0,003
	2,178	1,658	1,293	1,535	0,079	-0,045	0,192	0,177
DPMERC3M	-0,038 **	-0,034 **	-0,035 ***	-0,027	-0,011	0,003	0,002	-0,010
	-2,049	-2,040	-1,743	-1,552	-0,402	0,128	0,112	-0,387
FAg	0,648 *	0,575 *	0,551 *	0,557 *	0,524 *	0,624 *	0,608 *	0,618 *
	5,426	4,771	4,662	4,334	3,789	4,374	4,173	4,366
$QFt-1$	-0,137 ***	-0,211 **	-0,186 **	-0,162 ***	-0,185 ***	-0,105	-0,120	-0,171 ***
	-1,914	-2,377	-2,118	-1,881	-1,901	-1,329	-1,462	-1,887
$QSGt-1$	0,007	0,018	0,013	0,029	0,127 **	0,117 **	0,132 **	0,112 **
	0,151	0,349	0,254	0,559	2,243	2,128	2,513	1,999
CT60M	0,294 ***	0,150	0,067	0,261	0,447 **	0,510 **	0,616 *	0,401 **
	1,708	0,880	0,393	1,564	2,248	2,406	3,136	2,088
ID	-0,004 **	-0,002	-0,003 ***	-0,003 ***	-0,006 *	-0,008 *	-0,008 *	-0,007 *
	-2,271	-1,269	-1,752	-1,790	-3,855	-4,397	-4,501	-4,080
R^2 Aj.	35,5%	27,9%	27,4%	27,3%	23,7%	27,6%	29,4%	26,8%
N	265	265	268	266	266	266	263	265
	Performance Anual							
	(9)	(10)	(11)	(12)	(13)	(14)	(15)	(16)
C	0,046	0,023	0,016	0,019	-0,015	-0,010	-0,008	-0,005
	1,568	0,960	0,665	0,768	-0,791	-0,382	-0,312	-0,186
$PERF_{T-1}$	5,710	1,467	1,674	1,614	6,729	-26,241 ***	-2,221	-10,981
	1,158	0,279	0,287	0,308	1,070	-1,701	-1,448	-0,783
DMERC3M	0,031 **	0,032 **	0,030 **	0,034 **	-0,003	-0,015	-0,011	-0,016
	2,139	2,309	2,154	2,368	-0,191	-1,037	-0,779	-1,128
DPMERC3M	-0,028	-0,034 **	-0,038 **	-0,037 **	-0,007	0,008	0,017	0,013
	-1,164	-2,294	-2,376	-2,469	-0,421	0,213	0,561	0,313
FAg	0,747 *	0,475 *	0,538 *	0,504 *	0,399 *	0,791 *	0,705 *	0,716 *
	6,047	3,541	4,113	3,626	3,409	5,163	4,596	4,726
$QFt-1$	-0,203 **	-0,232 **	-0,232 **	-0,253 **	-0,150	-0,039	-0,052	-0,031
	-2,236	-2,226	-2,390	-2,577	-1,401	-0,375	-0,462	-0,287
$QSGt-1$	-0,010	0,044	0,025	0,042	0,087 ***	0,065	0,095 ***	0,053
	-0,164	0,671	0,419	0,650	1,881	1,250	1,683	0,953
CT60M	0,086	0,108	0,126	0,106	0,343 ***	0,533 **	0,517 **	0,522 **
	0,402	0,549	0,615	0,522	1,841	2,305	2,218	2,279
ID	-0,008 *	-0,005 **	-0,004 ***	-0,004 **	-0,004 *	-0,009 *	-0,009 *	-0,009 *
	-4,120	-2,221	-1,857	-2,028	-2,610	-4,115	-4,206	-4,085
R^2 Aj.	42,0%	29,6%	28,7%	31,8%	12,6%	26,1%	25,8%	24,0%
N	242	251	250	243	251	246	247	246

Obs.: (*i*) a variável dependente é a média trimestral do fluxo mensal normalizado de capitais, com origem em outros clientes que não os fundos de fundos (FCN2), apurada para cada fundo e cada trimestre; (*ii*) as regressões foram realizadas separadamente para vencedores e para perdedores; (*iii*) C corresponde ao termo independente e DMERC3M, DPMERC3M, FAG, QF_{t-1}, QSG_{t-1}, CT60M e ID correspondem às variáveis explicativas e têm o significado anteriormente explicitado; (*iv*) R^2Aj. Corresponde ao coeficiente de determinação ajustado; (*v*) N identifica o número de observações constante de cada regressão; (*vi*) em itálico e por baixo de cada estimativa reporta-se o valor da estatística t de acordo com o método de Newey e West (1987); (*vii*) os símbolos ★, ★★ e ★★★ indicam as situações em que se rejeita a hipótese nula para um nível de significância de, respectivamente, 1%, 5% e 10%.

Em suma, os resultados obtidos – em consonância com a análise de tabelas de contingência – evidenciam que os consumidores relevam mais expressivamente os desempenhos anuais que os desempenhos trimestrais, além de que se comportam de forma mais consentânea com a hipótese de reacção aos retornos absolutos que à performance ajustada

ao risco. Neste último caso, pelo contrário, não só se detecta o fenómeno de reacção assimétrica reportado por vários estudos realizados
para mercados mais maduros, como entre os perdedores parece imperar
a regra do *quanto pior melhor*, sendo penalizados os *melhores* dos *piores* e
premiados os *piores* dos *piores*[500]. Note-se, ainda, que a assimetria de comportamento reportada, em conjugação com a ausência de reacção significativa ao risco do fundo, consubstanciada na ausência de significância
da variável DRPCR$_{t-1}$[501], abre a possibilidade de os gestores de fundos –
tal como em Chevalier e Ellison (1997)[502] – aumentarem o risco do
fundo em ordem a obter uma mais elevada performance e a captar uma
acrescida fatia dos novos fluxos de capitais. Todavia, não se investigou
esta possibilidade, a qual justifica um ensaio autónomo.

4.6.2.3 SAZONALIDADE DOS FLUXOS E DA REACÇÃO

Um outro aspecto investigado foi a eventual sazonalidade, tanto ao
nível dos fluxos de capitais mensais, como ao nível do relacionamento
da performance com esses mesmos fluxos. Desde logo, um primeiro
exercício consistiu em adicionar uma variável *dummy* ao modelo em
ordem a detectar sazonalidade dos fluxos de capitais. Em rigor, tratou-se
de 4 variáveis distintas, T1, T2, T3 e T4, respeitantes respectivamente ao
primeiro, segundo, terceiro e quarto trimestres. Cada uma destas variáveis assume o valor um se a observação corresponde ao trimestre a que
respeita e o valor zero em caso contrário. A Tabela 4.44 sintetiza os
resultados obtidos para as estimativas dos coeficientes destas variáveis.

Os resultados indicam estimativas positivas para os trimestres dois e
três e estimativas negativas para os demais trimestres, nunca se podendo,

---

[500] De facto, no caso português, em termos anuais e ajustados ao risco, obtêm-se estimativas
negativas (ainda que apenas significativas para M1), enquanto que os estudos antes referenciados
– com excepção de Sirri e Tufano (1998) – documentam em geral ausência de reacção ou
reacção fraca relativamente aos perdedores, mas reportam estimativas positivas para o coeficiente
da performance. No caso deste último autor, todavia, igualmente se encontram estimativas
negativas para as mais baixas performances.

[501] *Vide* Tabelas 4.40 e 4.41.

[502] Estes autores encontraram alguma evidência deste comportamento para o mercado norte-
-americano na parte final de cada um dos anos.

no entanto, rejeitar a hipótese de os coeficientes serem nulos. Embora apenas se reportem os resultados obtidos medindo a performance com M5, idênticas conclusões foram obtidas considerando as demais formas de apuramento da performance (CR, M1 e M4).

TABELA 4.44 – SAZONALIDADE DOS FLUXOS DE CAPITAIS NORMALIZADOS (FCN2)

Variáveis Independentes	I. Performance Trimestral				II. Performance Anual			
	(1)	(2)	(3)	(4)	(5)	(6)	(7)	(8)
$PERF_{T-1}$	3,92	3,72	4,14	3,40	4,17	4,59	3,99	6,03
	0,98	*0,96*	*1,04*	*0,88*	*0,79*	*0,87*	*0,76*	*1,12*
T1	-0,003				-0,002			
	-0,300				*-0,238*			
T2		0,003				0,004		
		0,360				*0,426*		
T3			0,010				0,010	
			1,357				*1,316*	
T4				-0,010				-0,013
				-1,259				*-1,353*
R^2 Aj.	27,3%	27,3%	27,5%	27,5%	26,3%	26,3%	26,5%	26,6%
N	531	531	531	531	493	493	493	493

Obs.: (*i*) a variável dependente de todas as regressões é a média trimestral do fluxo mensal normalizado de capitais, com origem em outros clientes que não os fundos de fundos (FCN2), apurada para cada fundo e cada trimestre; (*ii*) todas as regressões, além do termo independente (C) e das variáveis *dummy* constantes desta tabela incluem (com o significado anteriormente explicitado) as seguintes variáveis explicativas: $PERF_{T-1}$ (apurada de acordo com o modelo M5), $DPCR_{t-1}$, DMERC3M, DPMERC3M, FAG, QF_{t-1}, FIMg, QSG_{t-1}, CT60M, ID, $FCN2_{t-1}$, $\log(OC_{T-1})$ e $\log(ACT_{T-1})$; (*iv*) R^2Aj. corresponde ao coeficiente de determinação ajustado; (*v*) N identifica o número de observações constante de cada regressão; (*vi*) em itálico e por baixo de cada estimativa reporta-se o valor da estatística t de acordo com o método de Newey e West (1987); (*vii*) os símbolos ★, ★★ e ★★★ indicam as situações em que se rejeita a hipótese nula para um nível de significância de, respectivamente, 1%, 5% e 10%.

Em termos da sazonalidade do relacionamento da performance com os fluxos de capitais, a análise de tabelas de contingência tinha revelado uma superior sensibilidade dos fluxos do primeiro semestre aos retornos anuais não ajustados ao risco. Donde, no intuito de confirmar esse resultado, construíram-se duas variáveis *dummy* em ordem a assinalar, respectivamente, o primeiro (S1) e o segundo semestre (S2)[503]. Tanto a versão completa do modelo como a versão reduzida foram objecto de regressão aferindo a sazonalidade da performance por diferentes vias.

---

[503] Assim, S1 assume o valor um se a procura (FCN2) pertence ao primeiro semestre e o valor zero no caso contrário. Por sua vez, S2 assume o valor um se a observação pertence ao segundo semestre e o valor zero na hipótese contrária.

TABELA 4.45 – SAZONALIDADE DA REACÇÃO À PERFORMANCE

Variáveis Independentes	CR (1)	M1 (2)	M4 (3)	M5 (4)	CR (5)	CR (6)	M1 (7)	M1 (8)	M4 (9)	M4 (10)	M5 (11)	M5 (12)
$PERF_{T-1}*S1$	9,787 **	6,972	8,432	7,873								
	2,098	*1,331*	*1,538*	*1,510*								
$PERF_{T-1}*S2$	8,259	-6,112	-6,592	-2,366								
	1,463	*-0,758*	*-0,851*	*-0,349*								
$W_{T-1}*S1$					0,020 **		0,014		0,010		0,009	
					2,110		*1,564*		*1,129*		*0,980*	
$W_{T-1}*S2$					0,019 **		-0,001		-0,004		-0,002	
					2,007		*-0,093*		*-0,453*		*-0,247*	
$L_{T-1}*S1$						-0,017 ***		-0,010		-0,007		-0,005
						-1,854		*-1,060*		*-0,723*		*-0,518*
$L_{T-1}*S2$						-0,018 **		0,002		0,005		0,003
						-2,098		*0,207*		*0,534*		*0,325*
R^2 Aj.	26,9%	26,5%	26,5%	26,4%	28,2%	28,0%	27,5%	27,4%	27,5%	27,3%	27,3%	27,2%
N	493	493	493	493	493	493	493	493	493	493	493	493

Obs.: (*i*) a variável dependente de todas as regressões é a média trimestral do fluxo mensal normalizado de capitais, com origem em outros clientes que não os fundos de fundos (FCN2), apurada para cada fundo e cada trimestre; (*ii*) todas as regressões, além do termo independente (C) e das variáveis constantes desta tabela incluem (com o significado anteriormente explicitado) as seguintes variáveis explicativas: DMERC3M, DPMERC3M, FAG, QF_{t-1}, QSG_{t-1}, CT60M e ID; (*iv*) R^2Aj. Corresponde ao coeficiente de determinação ajustado; (*v*) N identifica o número de observações constante de cada regressão; (*vi*) em itálico e por baixo de cada estimativa reporta-se o valor da estatística t de acordo com o método de Newey e West (1987); (*vii*) os símbolos ★, ★★ e ★★★ indicam as situações em que se rejeita a hipótese nula para um nível de significância de, respectivamente, 1%, 5% e 10%.

A Tabela 4.45 sintetiza os resultados obtidos para as variáveis que medem a performance na versão reduzida do modelo[504]. Além disso, aqui apenas se reportam os resultados obtidos medindo a performance anualmente, não se reportando as estimativas respeitantes à performance trimestral.

Estes resultados confirmam a maior sensibilidade à performance anual dos dois primeiros tirmestres, que havia sido já detectada na análise de tabelas de contingência. Assim acontece tanto com os retornos absolutos, como com a performance ajustada ao risco, ainda que apenas para os retornos não ajustados e exclusivamente para a variável $PERF_{T-1}$★S1 se possa concluir pela significância individual. Em todos os casos, porém, se obtêm estimativas mais elevadas para a variável resultante do produto $PERF_{T-1}$★S1 do que para a variável resultante do produto $PERF_{T-1}$★S2. No caso da performance ajustada ao risco, inclusive, dá-se uma inversão do sinal, indicando que existe um comportamento consentâneo com a hipótese de reacção à performance no primeiro semestre e o comportamento inverso nos últimos 6 meses de cada ano.

---

[504] Além do termo independente e das variáveis de performance, a versão reduzida inclui as seguintes variáveis explicativas: DMERC3M, DPMERC3M, FAg, QF_{t-1}, QSG_{t-1}, CT60M e ID. A versão completa inclui ainda as seguintes variáveis: $DPCR_{t-1}$, FIMg, $\log(OC_{T-1})$ e $\log(ACT_{T-1})$.

Além disso, em todas as formas de regressão, e para todas as hipóteses de ajustamento ao risco, é preferível ser vencedor no ranking do ano civil do que no ranking do período Julho-Junho, do mesmo modo que é pior ser perdedor no primeiro caso do que no segundo.

Donde, tal como se havia já concluído com a análise de tabelas de contingência, também a análise das regressões efectuadas legitima a ideia de que os consumidores se mostram mais sensíveis aos rankings e às performances na parte inicial do ano. Tal facto, como antes referido pode dever-se à circunstância de no início de cada ano ser divulgada, designadamente na comunicação social, informação sobre o desempenho ocorrido no ano anterior[505]. Esta leitura está, aliás, em consonância com a evidência reportada por Sirri e Tufano (1998), segundo a qual o impacto e a notoriedade obtida nos órgãos de comunicação social é um factor determinante na explicação da distribuição dos fluxos de capitais pelos diferentes fundos, bem como, dado o maior destaque dado aos vencedores na explicação da assimetria de comportamento (face a vencedores e a perdedores) dos consumidores.

Os resultados agora obtidos, mostrando que a assimetria está especialmente relacionada com o comportamento dos investidores nos segundos semestres, denotam que, provavelmente, mais importante do que a assimetria de destaque dado aos fundos em função do desempenho é a ausência de informação regular nos órgãos de comunicação social. Assim, a distribuição de informação ampla e regular, sem custos relevantes de aquisição sobre os retornos e a performance de cada fundo contribuirá, provavelmente, para que os investidores tenham uma actuação mais conforme com a hipótese de reacção simétrica, penalizando as piores e premiando as melhores performances.

---

[505] No presente estudo não se verificou, com rigor, o número de notícias publicadas sobre a performance dos fundos em cada um dos semestres, nem o número de *lead tables* ou de anúncios publicitários relativos a fundos de investimento. Todavia, uma análise, ainda que não exaustiva, de recortes de imprensa dos meses de Janeiro e de Julho de 2002 induzem à convicção de que efectivamente se verifica uma assimetria de informação nos termos supostos. Do mesmo modo a consulta dos arquivos na internet das versões electrónicas de um conjunto alargado de jornais igualmente reforçou esta convicção.

4.6.3 Regressões seccionais à Fama–MacBeth

A análise de regressões constante do ponto anterior incide, como antes referido, sobre uma *pool* de dados de natureza temporal e seccional. Aí se analisam simultaneamente dados de vários fundos e, para cada fundo, de vários períodos. Não obstante este procedimento ser frequente, alguns autores argumentam que este método pode conduzir a inferências erradas. É esse o caso de Sirri e Tufano (1998, p. 1597) que afirmam que "*the models can be estimated on the entire dataset as a pool, in which each firm-year observation is considered an independent observation. This technique may inappropriately underestimate standard errors and overstimate t-satistics if each fund-year is not an independent observation*".

Donde, a verificar-se esta possibilidade, as conclusões obtidas em 4.6.3, e em particular a significância de algumas variáveis, nomeadamente as de natureza predominantemente seccional, poderão ser erradas. Assim, em ordem a eliminar as dúvidas sobre o impacto da performance e sobre a relevância de um conjunto de variáveis que haviam revelado capacidade explicativa individual – tal como em Carhart (1997)[506] e em Sirri e Tufano (1998) – foram analisadas individualmente as observações de cada período. Isto é, para cada trimestre foi calculada uma regressão explicativa da variável FCN2, considerando por isso apenas uma observação por cada fundo, e tomando por base as variáveis seccionais que haviam revelado em algumas das regressões anteriores significância individual. Ulteriormente, considerando a série temporal dos coeficientes, foram calculadas as estimativas de cada coeficiente, bem como as respectivas estatísticas *t* usando o método de Fama e MacBeth (1973). Este método obsta à potencial dependência das observações periódicas, e é tido como produzindo conclusões mais conservadoras quanto à significância individual de cada uma das variáveis.

Da Tabela 4.46 constam as estimativas Fama-MacBeth dos coeficientes de cada uma das regressões, bem como os respectivos valores para a estatística *t*. Aí se assinalam, nos termos usuais, os níveis de significância de rejeição da hipótese nula relativa ao teste de significância individual.

---

[506] No âmbito de um estudo sobre as determinantes da performance dos fundos.

A variável independente é, tal como em 4.6.3, FCN2 (média trimestral dos valores individuais) e as variáveis independentes encontram-se identificadas com a mesma notação que anteriormente.

TABELA 4.46 – REGRESSÕES SECCIONAIS DO TIPO FAMA-MACBETH (ANÁLISE TRIMESTRAL)

	(1)	(2)	(3)	(4)	(5)	(6)	(7)	(8)
	Performance Trimestral				Performance Anual			
	CR	CR	M5	M5	CR	CR	M5	M5
C	0,002	0,016	-0,011	-0,010	-0,006	-0,007	0,001	0,006
	0,051	*0,443*	*-0,649*	*-0,448*	*-0,217*	*-0,252*	*0,041*	*0,332*
PERF$_{T-1}$	16,750	11,497	4,878	8,233	20,565	15,018	-14,915	-13,475
	0,839	*0,551*	*0,318*	*0,506*	*0,656*	*0,515*	*-0,535*	*-0,423*
QF$_{t-1}$	-0,248 *	-0,189 *	-0,244 *	-0,189 *	-0,218 *	-0,206 *	-0,269 *	-0,222 **
	-4,110	*-2,903*	*-4,429*	*-2,803*	*-2,680*	*-2,342*	*-3,258*	*-2,129*
CT60M	0,470 *	0,558 *	0,408 *	0,498 **	0,357 **	0,374 **	0,405 *	0,426 **
	2,709	*2,335*	*2,486*	*2,192*	*2,316*	*2,153*	*2,481*	*2,317*
QSG$_{t-1}$		0,127 **		0,124 **		0,079 **		0,098 *
		2,290		*2,314*		*1,989*		*2,537*
ID		-0,005 *		-0,006 *		-0,002 ***		-0,004 **
		-2,489		*-3,104*		*-1,308*		*-1,929*

Obs.: (*i*) a variável dependente de todas as regressões é a média trimestral do fluxo mensal normalizado de capitais, com origem em outros clientes que não os fundos de fundos (FCN2), apurada para cada fundo; (*ii*) as regressões, além do termo independente (C), incluem como variáveis independentes, para lá de PERFT-1 (apurado de acordo com o indicado no cabeçalho de cada regressão), QF$_{t-1}$, CT60M, QSG$_{t-1}$ e ID com o significado usual; (*iv*) as estimativas foram obtidas de acordo com o método de Fama-MacBeth (1973) o mesmo acontecendo com os valores da estatística t indicados em itálico; (*v*) os símbolos ★, ★★ e ★★★ indicam as situações em que se rejeita a hipótese nula para um nível de significância de, respectivamente, 1%, 5% e 10%.

Os resultados obtidos confirmam a relevância individual das variáveis incluídas, com excepção da performance. Tal como se havia inferido no ponto anterior, verifica-se que os fundos com mais elevadas quotas de mercado no segmento de fundos de acções tendem a crescer menos rapidamente que os fundos menores, do mesmo modo que os fundos antigos revelam tendência para perderem quota de mercado em favor dos fundos mais novos. Além disso, tal como anteriormente, constata-se que os fundos mais caros são os mais bem sucedidos na captação dos novos fluxos. Por fim, com maior nitidez que em 4.6.3, constata-se relevância positiva da quota da sociedade gestora no mercado nacional de fundos de investimento mobiliário. Assim, corroboram-se as conclusões antes enunciadas e, em particular, a ideia de que os valores mais elevados para a variável dependente se verificam para os fundos mais recentemente lançados, com menores quotas de mercado, com custos mais elevados e pertencentes às sociedades gestoras de maior dimensão. Donde, estas regressões sustentam a tese de que as sociedades gestoras de maior dimensão por força da sua notoriedade dispõem de condições para lançar novos fundos, com custos totais mais elevados[507], continuando a aceder a acrescidos fluxos de investimento.

Uma vez que o número de trimestres constantes da amostra (29) não é muito elevado, poderia invocar-se a exígua dimensão das séries temporais como factor de diminuição da fiabilidade das estimativas dos coeficientes e das respectivas estatísticas. Além disso, sendo a variável FCN2 observada mensalmente, a análise trimestral poderá ocultar distintos aspectos do comportamento dos consumidores que a análise mensal eventualmente conseguirá revelar. Assim, os procedimentos subjacentes à construção da Tabela 4.46 foram repetidos mensalmente. A variável dependente foi medida mês a mês, sendo as variáveis independentes igualmente objecto de reformulação do período de cálculo. A performance foi mensurada em termos mensais (por CR), trimestrais e anuais[508]. As demais variáveis reportam-se ao valor em vigor no mês em causa ou no mês antecedente no caso de serem variáveis desfasadas.

---

[507] Desde que, como se viu antes, esses custos não se baseiem em custos de resgate elevados para períodos de investimento curtos.

[508] As séries temporais de estimativas de coeficientes das regressões mensais contêm 86, 84 e 75 elementos consoante a performance se apure mensalmente, trimestralmente ou anualmente.

TABELA 4.47 – REGRESSÕES SSECCIONAIS DO TIPO FAMA-MACBETH (ANÁLISE MENSAL)

	(1) Performance Mensal	(2)	(3) Performance Trimestral	(4)	(5)	(6)	(7) Performance Anual	(8)	(9)	(10)
	CR	CR	CR	CR	M5	M5	CR	CR	M5	M5
C	0,005	0,037 ***	0,022	0,046 ***	0,011	0,014	-0,022	-0,006	-0,003	0,016
	0,205	1,447	0,732	1,351	0,655	0,811	-1,023	-0,285	-0,207	0,839
PERF$_{T-1}$	-2,690	-3,998	-5,593	-19,987	-11,617 **	-10,837 ***	42,941 *	34,221 **	-13,429	-8,161
	-0,391	-0,548	-0,459	-1,272	-1,784	-1,480	2,382	1,904	-0,780	-0,465
QF$_{t-1}$	-0,186 *	-0,120 **	-0,157 *	-0,122 **	-0,165 *	-0,118 *	-0,114 **	-0,060	-0,149 *	-0,053
	-4,072	-2,251	-3,185	-2,249	-3,891	-2,349	-2,302	-1,134	-3,254	-1,000
CT60M	0,326 *	0,323 **	0,384 *	0,390 *	0,290 *	0,317 **	0,262 **	0,243 ***	0,280 **	0,252 **·
	2,647	2,322	2,986	2,715	2,315	2,315	1,986	1,627	1,907	1,611
QSG$_{t-1}$		0,092 *		0,097 *		0,091 *		0,035		0,057 **·
		2,404		2,490		2,370		0,888		1,478
ID		-0,006 *		-0,005 *		-0,005 *		-0,004 *		-0,007 *
		-5,063		-3,872		-3,819		-3,596		-5,268

Obs.: (*i*) a variável dependente de todas as regressões é o fluxo mensal normalizado de capitais, com origem em outros clientes que não os fundos de fundos (FCN2), apurada para cada fundo; (*ii*) as regressões, além do termo independente (C), incluem como variáveis independentes, para lá de PERFT-1 (apurado de acordo com o indicado no cabeçalho de cada regressão), QF$_{t-1}$, CT60M, QSG$_{t-1}$ e ID com o significado usual; (*iv*) as estimativas foram obtidas de acordo com o método de Fama-MacBeth (1973) o mesmo acontecendo com os valores da estatística t indicado em itálico; (*v*) os símbolos *, ** e *** indicam as situações em que se rejeita a hipótese nula para um nível de significância de, respectivamente, 1%, 5% e 10%.

As estimativas dos coeficientes das variáveis QFt-1, CT60M, QSGt-1 e ID e os respectivos valores da estatística t não sofrem alterações relevantes, mantendo-se por isso as conclusões e as inferências anteriormente relatadas. No que respeita à performance, a Tabela 4.47 torna notória uma relação negativa quando são considerados os retornos anormais e uma relação positiva quando são considerados os retornos totais e especialmente quando estes são medidos em termos anuais. Assim, novamente se constata que os resultados dependem da variável usada para medir a performance e do período de medição. De igual modo, uma vez mais se nota que a hipótese de reacção apenas é conciliável com os retornos totais anuais. Em suma, as regressões Fama-MacBeth confirmam os resultados obtidos com as regressões em *pool* ao nível da relevância individual de um conjunto de variáveis, do mesmo modo que entre a performance ajustada ao risco e a evolução da procura não pode perspectivar-se uma relação positiva, apenas se podendo inferir uma relação positiva entre os retornos totais anuais e FCN2, embora nem sempre significativa.

4.7 SÍNTESE CONCLUSIVA

Um total de 30 fundos de acções nacionais foram analisados durante um período de 7 anos e três meses compreendido entre o início de 1994 e 31 de Março de 2001 tendo em vista apurar o padrão de comportamento dos investidores finais e, em particular, indagar a eventual evidência de reacção à performance. Trata-se de uma amostra não balanceada, uma vez que se registaram entradas e saídas de fundos ao longo do período em análise, e que inclui todos os fundos e não apenas os sobreviventes, o que obvia ao "viés de sobrevivência" no apuramento dos rankings de performance, do mesmo modo que não escamoteia a (eventual) reacção dos clientes aos fundos liquidados ou fundidos.

A amostra revelou-se particularmente adequada aos propósitos deste estudo por várias razões: (i) *por um lado*, a composição das carteiras dos fundos denotou serem insignificantes os investimentos em acções de outros países e serem muito reduzidos os investimentos em instrumentos de dívida, factos que concorrem no sentido do aumento da capacidade explicativa dos modelos de avaliação usados e, consequentemente, para o incremento da qualidade das medidas de performance empregues; (ii) *por outro lado*, tanto a análise global da performance como a análise global da procura revelam uma significativa disparidade de resultados entre os diferentes fundos, o que permite uma acrescida clareza na separação das boas e das más performances, bem como das situações de captação e de perda de capitais.

A quantificação da procura dos fundos foi concretizada com 6 variáveis alternativas. Desde logo, distinguiu-se, ao que se julga pela primeira vez em estudos desta natureza, a procura dos fundos de fundos do mesmo grupo da procura dos demais clientes, facto de sobremaneira importante porquanto se constatou que em alguns casos o peso dos fundos de fundos ultrapassou os 50 por cento. Além disso, os acidentes técnicos verificados com cada fundo foram neutralizados seguindo uma *follow the money approach*. Por outro lado, além da forma *standard* da variável geralmente utilizada nos estudos publicados (FCN), utilizaram-se duas outras formas de cálculo, uma que se caracteriza por ser totalmente imune ao efeito de valorização das carteiras geridas no período em análise (FUN), e outra por contrabalançar a potencial ampliação dos resultados dos fundos de menor dimensão (FC).

Também ao nível da aferição da performance se utilizaram múltiplas vias alternativas. Além dos retornos absolutos calcularam-se os retornos ajustados ao risco, sendo que essa forma de ajustamento foi concretizada com base em diferentes modelos e alternativos *benchmarks*. Assim, ademais do tradicional alfa de Jensen baseado no CAPM utilizaram-se modelos APT de dois e de 4 factores. O modelo APT de dois factores acrescenta ao excesso de retorno de mercado o diferencial de retorno existente entre o PSI20TR e um índice expressamente construído que reflecte a valorização das acções cotadas não integrantes da carteira do índice amostral (GM20). O modelo APT de 4 factores, por sua vez, inclui para lá do excesso de retorno do mercado um factor dimensão, um factor *book-to-market* e um factor *momentum*, os quais foram apurados de forma adaptada a mercados de pequena dimensão, seguindo um processo de rebalanceamentos sequenciais em três etapas análogo ao sugerido por Liew e Vassalou (2000) e adaptado para o mercado português de acções por Alves e Mendes (2003). A utilização de rebalanceamentos sequenciais tem, todavia, o inconveniente da eventual sensibilidade dos resultados à ordem utilizada. Assim, no intuito de averiguar a variação da capacidade explicativa do modelo e a sensibilidade dos rankings de performance, apuraram-se os factores *size*, *book-to-market* e *momentum*, por 29 formas alternativas, tendo-se concluído que todos os critérios apresentam uma elevada e semelhante capacidade explicativa – de que são testemunha coeficientes de determinação ajustados médios compreendidos entre 0,77 e 0,79 – e que existe uma elevada correlação das estimativas do parâmetro alfa, assim como uma elevada correlação dos rankings obtidos mediante a ordenação das estimativas. Os resultados denotam, assim, não só que o modelo APT de 4 factores revela uma elevada capacidade explicativa dos retornos dos fundos, como evidenciam a sua robustez face aos critérios de rebalanceamento.

De igual modo, foram realizadas análises de sensibilidade considerando os diferentes modelos (CAPM, APT 2 factores e APT 4 factores) e os diferentes índices de cotações. Os resultados obtidos revelaram que o modelo APT de 4 factores com utilização do PSIG como referencial do mercado apresenta a mais elevada capacidade explicativa – aferida pelos coeficientes de determinação ajustados. Também os demais modelos revelaram expressiva aptidão, com excepção do modelo que combina o CAPM com a utilização do índice GM20 como referencial do mercado, facto que revela a importância das acções integrantes do PSI20TR para a explicação dos retornos dos fundos de acções nacionais. Concomitantemente, foi perceptível uma elevada correlação entre os valores das estimativas dos alfas e os rankings dos alfas dos diferentes fundos, com excepção do modelo referido. Todavia, a análise individual dos diferentes coeficientes das variáveis explicativas dos retornos dos fundos revelou que a inclusão dos efeitos *size*, *book-to-market* e, em menor dimensão, *momentum* se revelam significativos na explicação dos retornos diários dos fundos incluídos na amostra. Além disso, a análise global da performance de cada fundo revelou diferenças entre os vários modelos, designadamente ao nível das situações em que é detectada significância estatística para as estimativas dos alfas. Assim, não obstante a robustez dos rankings face à escolha do modelo de aferição da performance, na análise da relação entre a performance e a procura utilizou-se o CAPM, o modelo APT de 2 factores e o modelo APT de 4 factores, nas versões que consideram o índice de cotações PSIG como referencial do mercado.

A análise da relação dos fluxos de capitais com a performance e com outras variáveis foi concretizada recorrendo a uma análise de vencedores/perdedores em tabelas de contingência, complementada tanto com uma apreciação estatística global das variáveis, como com uma análise de regressões, incorporando estas tanto regressões OLS de dados seccionais e temporais, como regressões seccionais do tipo Fama e MacBeth (1973).

Em termos da análise de tabelas de contingência, utilizaram-se diferentes horizontes temporais de medição da procura e de cálculo da performance em ordem a evitar que o período de cômputo de qualquer das variáveis seja factor de ocultação de eventual reacção da procura à performance. Além disso, utilizaram-se diferentes metodologias em ordem a garantir que o facto de alguns testes estatísticos serem apenas assimptoticamente válidos não prejudica as conclusões finais, designadamente quando está em causa a apreciação de tabelas com um número reduzido de observações.

Aliás, do confronto dos resultados obtidos com a aplicação dos diversos testes estatísticos pode concluir-se que existe uma grande similitude de resultados entre os testes do χ^2 (não ajustado), do produto cruzado e de Pesaran e Timmermann, ao passo que o ajustamento de continuidade de Yates e o teste de Fisher introduzem uma prudência acrescida na rejeição da hipótese nula, emergindo a conjugação do teste de repetição de vencedores e o teste de repetição de perdedores numa posição intermédia. Tradicionalmente tender-se-ia a privilegiar os resultados obtidos com o teste de Fisher, pelo menos quando estão em causa pequenas amostras. Todavia, a maior prudência decorrente do ajustamento de Yates verifica-se tanto para tabelas de reduzida dimensão, como quando se engloba um número elevado de observações. Além disso, a introdução da modificação de Tocher (1950) no teste de Fisher – tornando a prova de Fisher a mais poderosa de todas as provas unilaterais –, em geral confirma os resultados obtidos com os testes do χ^2 (não ajustado), do produto cruzado e de Pesaran e Timmermann (1992). Deste modo, os resultados obtidos afiguram-se consentâneos com as referências bibliográficas que defendem que os testes do χ^2 são válidos mesmo quando não são atingidos os critérios tradicionais pelos quais se definem as grandes amostras.

Quanto às principais questões em investigação, do trabalho realizado emergem múltiplas conclusões de que importa salientar as mais expressivas. Assim, começando pelos *outputs* obtidos quando se aglutinam todos os fundos e todos os períodos em uma mesma tabela de contingência, mas sempre considerando exclusivamente a procura de outros clientes que não os fundos de fundos, importa salientar que em circunstância alguma se infere evidência de reacção à performance do período antecedente quando o desempenho de cada fundo é ajustado ao risco. A única circunstância em que, com tabelas do tipo «Total», é rejeitada a hipótese nula em favor da hipótese de reacção ajustada ao risco é quando se considera o período anual para cômputo de ambas as variáveis (AA) e quando se medem os retornos em termos não ajustados ao risco

(CR). Além disso, mesmo neste caso, a reacção dos "outros clientes" apenas é notória ao nível de FCN2 e FUN2, não sendo perceptível quando é usada a medida que (teoricamente) beneficia a procura dos fundos de maior dimensão (FC2).

Sendo a procura aferida em termos trimestrais, nem quando a performance é medida em termos trimestrais (TT), nem quando esta é calculada em termos anuais (AT) é rejeitada a hipótese de independência em favor da hipótese de reacção. Pelo contrário, existe evidência de reacção inversa da variável FC2 face aos retornos não ajustados ao risco do trimestre anterior, e evidência de reacção inversa da mesma variável face aos retornos ajustados ao risco (M5), tanto do trimestre, como do ano anterior (M1 e M5).

Quando utilizado o semestre como horizonte temporal de medida, igualmente se conclui que a única situação de rejeição da hipótese de independência ocorre com a utilização dos fluxos não normalizados (FC2) e dos retornos ajustados ao risco (M1, M4 e M5). Aqui, igualmente se pode acolher que são os fundos com pior desempenho ajustado ao risco em cada semestre que ocupam os lugares de topo do ranking dos fluxos de capitais medidos em termos monetários do semestre seguinte. Em todos os demais casos não se encontrou evidência estatística significativa que induza à rejeição da hipótese nula.

Existe, pois, evidência de uma significativa relação negativa entre os rankings de FC2 e as medidas de performance ajustadas ao risco, pelo menos no que respeita aos fluxos trimestrais e semestrais. Todavia, também ao nível da análise AA, apesar de não se rejeitar a hipótese nula, tanto a percentagem de repetição de vencedores como a percentagem de repetição de perdedores são inferiores a 50 por cento, dando assim a ideia de que, apesar de ténue, o fenómeno também está patente na procura anual.

Se considerada a intervenção dos fundos de fundos, é notório que, pelo menos ao nível dos fluxos trimestrais e semestrais, este tipo de clientes contribui para que as estatísticas aplicadas tenham um valor mais conforme com a hipótese de reacção à performance. Com efeito, confrontadas, por exemplo, as estatísticas do produto cruzado, a percentagem de repetição de vencedores ou a percentagem de repetição de perdedores obtêm-se valores mais elevados com as versões um (FC1, FCN1 e FUN1) do que com as versões 2 (FC2, FCN2 e FUN2) das variáveis da procura. Além disso, no caso das análises TT e AT, desaparece a evidência de reacção inversa que era perceptível com os fluxos monetários, pelo que a reacção dos fundos de fundos neste caso foi suficientemente expressiva para que não seja rejeitada a hipótese de independência.

Em suma, em termos globais, não é perceptível evidência de que os clientes dos fundos reajam à performance, com excepção do confronto dos fluxos normalizados anuais com os retornos não ajustados ao risco do ano antecedente. Pelo contrário, em termos de performance ajustada ao risco – e, especialmente, do modelo M5 – foi perceptível um fenómeno de reacção invertida, sendo os vencedores transformados em perdedores e os perdedores convertidos em vencedores, sempre que se apura a resposta dos clientes em termos de fluxos absolutos, em termos SS quando é incluída a procura dos fundos de fundos, e em termos TT e SS quando esta é limitada aos demais clientes.

Além das tabelas que englobam a totalidade das observações, construíram-se e analisaram-se tabelas que consideram apenas observações de períodos homólogos. Excluindo a procura de fundos de fundos, em termos trimestrais, encontrou-se alguma evidência de reacção invertida na procura absoluta dos 2T, seja esta confrontada com a performance ajustada ao risco do 1T ou do ano antecedente. O mesmo se passa com a procura do 3T, mas apenas quando utilizado o período de três meses para medir a performance, e com o 4T, se considerada a performance anual. Pelo contrário, a procura do 1T revela uma relação positiva tanto com a performance não ajustada como com a performance ajustada ao risco do ano antecedente. O confronto da procura de cada um dos trimestres com a performance do ano civil anterior mostra que também o 2T reage à performance do ano civil antecedente, mas apenas significativamente quando os retornos não são ajustados ao risco.

Ao nível semestral, os estudos efectuados tornaram também perceptível que existe uma diversidade de comportamentos quando se trata da reacção à performance do 1S e do 2S. O fenómeno de reacção à performance, ainda que de modo ténue, está patente na relação entre a performance do 2S e a procura do 1S, uma vez que as percentagens de repetição de vencedores e de repetição de perdedores excedem sempre – ainda que não significativamente – 50 por cento. Pelo contrário, na procura do 2S, em muitas das situações analisadas é perceptível a existência de reacção inversa.

Donde, a análise das tabelas de contingência revela que os clientes dos fundos de acções nacionais se comportam de modo consentâneo com a hipótese de reacção apenas no 1T de cada ano, sendo que no 2T esse comportamento está relacionado tanto com a performance do período de 12 meses antecedente como com a performance absoluta do ano civil anterior. Pelo contrário, a evolução da procura nos segundos semestres de cada ano mostra-se contrária à hipótese de reacção à performance.

A análise período a período, seja este o trimestre, o semestre ou o ano, revela que na maioria das situações não é possível rejeitar a hipótese nula. Além disso, quando se opta pela rejeição, na maioria das situações, tem de eleger-se a reacção inversa como hipótese alternativa. Os casos em que se opta pela hipótese de reacção são mais frequentes com a inclusão da procura dos fundos de fundos, uma vez mais denotando uma maior propensão destes clientes para reagir à performance. Por outro lado, a análise período a período, em geral, confirma a sazonalidade de comportamento evidenciada pela análise de tabelas de períodos homólogos. Por fim, em geral, foi perceptível uma maior frequência de rejeição da hipótese nula com as performances absolutas do que com as performances ajustadas ao risco, o que indicia uma inferior sensibilidade dos fluxos de capitais aos retornos ajustados ao risco.

Em termos da análise fundo a fundo, praticamente não existem situações em que seja perceptível reacção simétrica à procura, uma vez que tal foi apenas constatado para F3 (em TT, com CR/FC1) e F29 (na análise SS, com M5/FUN2). Pelo contrário, com maior frequência encontraram-se casos de reacção assimétrica, isto é, fundos que são premiados quando vencedores, mas não penalizados quando perdedores, e fundos que são penalizados quando perdedores, mas não são compensados quando vencedores. Além disso, a aplicação do teste de McNemar, permitindo conjugar a diferente habilidade de cada fundo com a análise da reacção à performance, evidenciou que alguns – muito poucos – fundos revelam idêntica probabilidade de vencer (perder), simultaneamente, em performance e em procura, ao passo que outros revelam superior (inferior) probabilidade de vencer em um dos rankings que no outro.

De igual modo se procedeu à investigação da eventual antecipação da performance futura pelos consumidores, tentando indagar o fenómeno de "dinheiro esperto". Todavia, em termos das tabelas «Total», em nenhum caso se infere tal fenómeno. Pelo contrário, tanto em termos AA, como em termos SS, se conclui pela hipótese inversa, ou seja, pela hipótese de dinheiro cego ou iludido, uma vez que os fluxos de capitais de cada período privilegiam os fundos que no período subsequente obtêm performances ajustadas ao risco inferiores. A "ilusão" emerge especialmente evidente no comportamento da procura do 1S e do 1T, ao passo que associado à procura de 2T e a certas formas de medição da performance ajustada do 3T surge a única ocasião em que se obtêm resultados consentâneos com a tese do "dinheiro esperto". Também ao nível da análise período a período são escassas as situações em que se rejeita a hipótese nula em favor da hipótese de acerto nas previsões. Em termos de pares de trimestres, por exemplo, apenas em 7,9 por cento do total das situações analisadas se pode concluir nesse sentido. Pelo contrário, são mais frequentes as situações em que se conclui pela hipótese inversa. Em termos anuais, por exemplo, em três dos seis pares de anos analisados conclui-se que os vencedores nos rankings da procura de um ano ocupam primordialmente os lugares inferiores da performance ajustada ao risco no ano seguinte, verificando-se o mesmo em duas ocasiões se usados os retornos não ajustados. Além disso, em termos da análise fundo a fundo, em apenas dois casos se detectaram situações de repetição, simultânea, de resultados vencedores e de resultados perdedores. Donde, os resultados obtidos denotam ausência do fenómeno de dinheiro esperto, uma vez que as novas subscrições líquidas dos resgates – ou seja, o novo capital – não privilegiam os fundos com melhor desempenho futuro.

Uma outra linha de investigação consistiu na análise da persistência da procura. Os resultados obtidos indicam uma muito expressiva e significativa evidência de persistência, tanto do lado vencedor, como – e sobretudo – do lado perdedor. Com efeito, tanto em termos trimestrais, como em termos semestrais, se verifica persistência de resultados vencedores e de resultados perdedores, acontecendo o mesmo apenas do lado perdedor em termos anuais. A persistência de repetição de perdedores é sempre muito expressiva, chegando a percentagem de repetição de resultados perdedores a atingir 2/3 das observações quando se combina FC2 com a análise TT. Também as análises período a período e fundo a fundo confirmam a persistência de rankings. No primeiro caso, na maioria das situações constataram-se percentagens de repetição de vencedores e de perdedores superiores a 50 por cento, e no segundo caso encontraram--se fundos sistematicamente vencedores e fundos sistematicamente perdedores.

A diversidade de resultados ao nível da reacção à performance constatada com a análise fundo a fundo sugere que, muito provavelmente, não só existirão características dos fundos que são determinantes para a explicação dos fluxos acedidos por cada fundo, como algumas dessas características moderarão a forma como se concretiza a reacção dos clientes às performances. Uma dessas potenciais características é o custo de transacção. Da análise bidimensional procura/custos de transacção conclui-se que os investidores canalizam mais intensamente os fluxos de investimento para os fundos com condições mais onerosas em termos de comissões de emissão. Além disso, penalizam os fundos com os mais elevados custos de resgate para horizontes de investimento a um e a três meses, privilegiando os fundos com as condições mais onerosas para resgates com um horizonte de um ou dois anos. Por outro lado, igualmente se encontrou evidência de que os fundos com as mais elevadas comissões de gestão e de depósito são os mais bem sucedidos em termos de procura. Finalmente, em termos dos custos totais, constatou-se que para horizontes de investimento inferiores ou iguais a três meses existe uma elevada sensibilidade aos custos, ao passo que para horizontes de investimento superiores a 6 meses se nota que os fundos mais caros são, em geral, os mais bem sucedidos nos rankings da procura. Assim acontece, inequivocamente com a análise SS e TT e com a análise AA com FCN2 e FUN2 pelo menos para investimentos até dois anos.

Estes resultados suportam a tese de que os investidores se preocupam com eventuais choques de liquidez e, por outro lado, confiam na capacidade – prognosticada pelo modelo de Nanda et al. (2000) e (apenas parcialmente) confirmada por Gruber (1996) – de a prazos (suficientemente) mais distantes a habilidade dos gestores mais caros permitir recuperar os custos acrescidos em que incorrem. Por fim, estes *outputs* igualmente evidenciam a capacidade de algumas sociedades gestoras conseguirem impor encargos mais elevados aos seus fundos, desde que estes não se baseiem em comissões de resgate elevadas para investimentos a curto prazo.

Do confronto, igualmente em termos bidimensionais, da performance com os custos de resgate, emergiram resultados que, quando lidos à luz do referido modelo, proporcionam uma explicação para a ausência de reacção à performance e para a evidência de reacção invertida encontrada em muitas das situações analisadas. Em concreto, verificou-se que os investidores com elevadas preocupações de liquidez tenderão a subscrever fundos com pior performance, por serem estes que cobram as mais baixas comissões de resgate para períodos de investimento muito curtos. Ao nível dos resgates, igualmente se constatou que as comissões cobradas podem ser um obstáculo à reacção para quem detenha unidades de participação há mais de 6 e menos de 24 meses, por força das (elevadas) comissões de resgate exigidas.

A análise tridimensional da procura, da performance e das comissões de resgate corroborou a tese de que, em determinados horizontes de investimento, as comissões de resgate são – como defendido por Ippolito (1992) – um obstáculo à reacção à performance. Esta análise reporta (forte) evidência da "hipótese de entrincheiramento" associada às comissões de 12 e de 24 meses, concluindo-se que, quando elevados os custos de desinvestimento são um obstáculo à penalização das performances inferiores e que, quando reduzidos, tais custos induzem ao desinvestimento em fundos com performances superiores sempre que necessidades de liquidez obriguem a essa mobilização. Pelo contrário, com as comissões para resgates a muito curto prazo (um ou três meses) encontrou-se sustentação da hipótese de liquidez, segundo a qual os investidores por força da elevada probabilidade de sofrerem de choques de liquidez escolhem os fundos em função do valor reduzido dos custos de resgate, subscrevendo preferencialmente os fundos com menores comissões de resgate (e pior performance passada). Em síntese, a existência de dois tipos de investidores suposta por Nanda et al. (2000), proporciona uma explicação para a ausência de reacção à performance. Os investidores com elevada probabilidade de sofrer um choque de liquidez, privilegiando a liquidez na tomada de decisões actuam de forma contrária à hipótese de reacção, e os investidores com horizontes de investimento mais latos não reagem às más performances por se encontrarem "encarcerados" nas comissões de resgate.

As análise complementares efectuadas confirmaram a ideia de que os consumidores se mostram mais sensíveis aos rankings e às performances na parte inicial do ano. Além disso, denotam uma maior sensibilidade aos retornos anuais não ajustados ao risco que a outras formas de apuramento da performance. Os resultados obtidos são, igualmente, consentâneos com o fenómeno de assimetria de comportamento dos investidores documentado por Ippolito (1992), Goetzmann e Peles (1997) e Sirri e Tufano (1998), denotando mesmo que, entre os perdedores dos rankings da performance ajustada ao risco, quanto pior a performance maior o fluxo de capital obtido. Estas análises evidencia-ram que a assimetria está especialmente relacionada com os 2S de cada ano, confirmando por isso o que a análise de tabelas de contingência havia revelado.

A análise de regressões – incluindo as regressões do tipo Fama--MacBeth – igualmente revelou que os fundos mais antigos vão cres-cendo a menor ritmo que os fundos mais novos, e que os fundos mais caros vão crescendo relativamente mais depressa que os demais. Dado que se verificou que as sociedades gestoras com mais do que um fundo vão lançando fundos mais caros que os que já administram, infere-se que estas sociedades revelam capacidade para "desviar" clientes dos fun-dos mais antigos para os fundos (mais caros) que mais recentemente lançam.

Em suma, o presente estudo revela a ausência de reacção à perfor-mance ajustada ao risco, existindo múltiplas situações em que se tem de concluir que um fenómeno de reacção assimétrica tão ou mais grave do que o documentado para mercados mais maduros, o qual parece estar especialmente associado ao comportamento do consumidores nos segundos semestres. Se admitido que há mais informação no final do ano que no final do primeiro semestre, estes resultados podem ser entendidos como suportando a tese (de Sirri e Tufano (1998)) de que os investidores no intuito de minimizar os custos utilizam a informação que lhe é disponibilizada a qual é assimétrica, favorecendo os vencedores, e (supostamente) temporalmente desequilibrada, beneficiando os rankings anuais dos retornos absolutos. A hipótese de as comissões de resgate funcionarem – como defendido por Ippolito (1992) – como um obstáculo à reacção (hipótese de "entrincheiramento"), teve também sustentação nos resultados reportados. Todavia, este estudo igualmente proporciona evidência que sustenta novas explicações para a ausência de reacção a más performances. Assim, a existência de investidores com perfis de investimento distintos em matéria de liquidez e que, tal como suposto por Nanda et al. (2000) tomam as suas decisões em função dos custos de resgate é uma explicação possível para a ausência de reacção às performances negativas. Por último, também se notou que as sociedades gestoras parecem dispor de uma significativa liberdade na canalização dos seus "clientes" para os fundos que gerem, fazendo-o preferencialmente em benefício dos fundos mais caros e mais recentemente lançados e não dos fundos com as mais elevadas performances passadas.

Capítulo Cinco
CONDICIONAMENTO DAS POLÍTICAS DE INVESTIMENTO DOS FUNDOS DE ACÇÕES NACIONAIS AOS INTERESSES DO GRUPO FINANCEIRO EM QUE SE INSERE A SOCIEDADE GESTORA

5.1 Introdução

O potencial conflito de interesses entre os gestores dos fundos e os seus clientes é um problema de agência clássico. Os clientes gostariam de ver maximizados os retornos ajustados ao risco. As empresas gestoras dos fundos, por sua vez, são (supostamente) motivadas pelos seus próprios lucros. Além disso, a informação que possuem e o modo como a usam não é directamente observável. Consequentemente, se as escolhas que maximizam os lucros da entidade gestora diferirem das alternativas que maximizam os retornos ajustados esperados do fundo, é de antever que alguns conflitos e algumas ineficiências possam surgir. A literatura enumera e proporciona evidência de conflitos de interesse e de custos de agência associados à gestão fiduciária de poupanças. Em particular, como nos Capítulos *1* e *3* foi referido, muitos estudos têm chamado a atenção para os elevados custos de agência suportados pelos titulares de fundos[509], assim como para a pobreza das performances atingidas[510]. Está igualmente evidenciado o efeito dos incentivos no comportamento dos

---

[509] Por exemplo, Barclay et al. (1993) documentam um desconto de 14% das cotações dos fundos fechados relativamente ao valor líquido dos activos, quando existem detentores de blocos em condições de impor direitos de veto nas assembleias de participantes, o que — contrastando com um desconto de 4% nas demais situações — indicia que os detentores de blocos extraem benefícios à custa dos outros investidores.

[510] *Vide* Capítulo *3*, onde são reportados múltiplos estudos que documentam que em média a indústria dos fundos de investimento e de pensões apresentam performances piores que o mercado, e igualmente documentam que alguns fundos são persistentemente perdedores e não obstante isso sobrevivem.

gestores dos fundos[511], em particular o ajustamento do risco sistemático das carteiras em função da performance passada[512]. Estão também documentados o impacto da estrutura do órgão de administração da sociedade gestora nos *fees* de gestão cobrados e nas despesas incorridas[513], os fenómenos de «*herding behavior*»[514] e de «*window dressing*»[515]. São igual-

---

[511] Grinblatt e Titman (1987, 1989c), por exemplo, demonstraram que certas estruturas típicas de *fees*, baseadas na performance, permitem aos gestores de fundos a implementação de estratégias isentas de risco para o seu próprio património, desde que não existam penalizações substanciais para as performances mais pobres. Todavia, da implementação destas estratégias decorre a sujeição das carteiras dos seus clientes a riscos excessivos (betas muito elevados) e não eficientes (assumpção de risco não sistemático). Falkenstein (1996), por sua vez, reporta uma preferência inequívoca dos fundos por acções com maior volatilidade, como forma de maximização dos benefícios para a entidade gestora.

[512] *Vide* Brown et al. (1996) e Chevalier e Ellison (1997). No primeiro *paper* documenta-se que os gestores dos fundos ajustam o risco da carteira em função da performance passada, e em particular os fundos perdedores a meio do ano aumentam a volatilidade das carteiras em ordem a tentar obter uma performance superior. No segundo estudo é apresentada evidência que denota que o comportamento dos clientes estimula este tipo de comportamentos, na medida em que premeiam os fundos vencedores e não penalizam com a mesma intensidade os fundos perdedores, incentivando por isso a assunção de riscos.

[513] Tufano e Sevick (1997) reportam que as entidades gestoras de fundos com *boards* maiores cobram *fees* mais elevados e que, não obstante os administradores independentes terem um efeito de moderação sobre as comissões, quando estes são remunerados de forma relativamente mais elevada aprovam a cobrança de *fees* mais expressivos. Donde, este *paper* testemunha a existência de alguma liberdade na fixação de *fees*, e que o uso desse poder discricionário é subjugado aos interesses dos gestores e não aos interesses dos titulares das unidades de participação.

[514] Como se viu no Capítulo *3*, múltiplos estudos documentam *herding behavior* (Grinblatt et al. (1995), Wermers (1999), Borensztein e Gelos (2000) e, para o mercado português, Lobão e Serra (2002)). De igual modo existem múltiplas explicações para a influência mútua dos investidores entre si (Black (1986), Brennan (1990), Scharfstein e Stein (1990), Banerjee (1992), Bikhchandani et al. (1992), Froot et al. (1992) e Hirshleifer et al. (1994)), sendo que pelo menos uma dessas explicações remete inequivocamente para o domínio dos custos de agência. Trata-se da hipótese do risco reputacional, segundo a qual, em certas circunstâncias, os gestores têm incentivo em não actuar de modo diverso dos seus competidores, independentemente da informação que os próprios possuem (Scharfstein e Stein (1990)).

[515] Expressão que designa, como referido no Capítulo *3*, a venda de acções com piores performances e aquisição de acções com melhores performances na proximidade das datas de divulgação pública das carteiras geridas. O *window dressing*, evidentemente, traduz-se em custos para os investidores, sejam custos de transacção, sejam os custos implícitos do efeito do "desvirtuamento" da informação nas decisões tomadas. Existe evidência do fenómeno, tanto para as aplicações em acções (Lakonishok et al. (1991) e O'Neal (2001)), como no que respeita ao investimento em obrigações (Morey e O'Neal (2002)).

mente reconhecidas outras manifestações de custos de agência nas escolhas de títulos para as carteiras dos fundos[516] .

Além disso, no Capítulo *2* demonstrou-se que, num sistema financeiro, como o português, em que se concentram num mesmo grupo
interesses comerciais, a banca de investimento e a gestão de carteiras
e de patrimónios de terceiros, existe um espaço de sobreposição dos
demais interesses dos bancos aos interesses da área de gestão de carteiras.
O Capítulo *4,* por sua vez, evidenciou ausência de reacção sistemática
e simétrica à performance dos fundos de acções nacionais, facto que
contribui para o alargamento do referido espaço. Por outras palavras, a
ténue e não sistemática reacção da procura às performances mais elevadas e a ausência de penalização das más performances dos fundos permite a subordinação da composição das carteiras e, concomitantemente,
das compras e das vendas de acções, aos interesses do grupo bancário
em que se insere a sociedade gestora.

Para lá de outros, são relevantes para o grupo financeiro os investimentos em acções emitidas pelo próprio grupo. Ao comprar acções do
grupo, o fundo não só subtrai esses títulos ao mercado, evitando que
possam ser adquiridos por interesses hostis, como diminui o número de
acções que os gestores (e os accionistas que os suportam) necessitam de
deter em carteira própria para fazer aprovar deliberações em assembleia
geral. Note-se que são as sociedades gestoras e não os participantes que
determinam o sentido de voto das acções detidas pelo fundo, pelo que
o exercício deste direito pode ser subordinado à vontade de quem tem
o poder decisório no grupo que gere o fundo de investimento. Donde,
a aquisição de tais acções é favorável aos interesses dos gestores do grupo
(e dos accionistas que os suportam), facto que é especialmente verdadeiro no caso de grupos com o capital disperso.

---

[516] Lakonishok et al. (1994), por exemplo, atribuem a preferência por investimentos tidos por
prudentes, à facilidade de os gestores justificarem as suas opções aos seus clientes. Lakonishok et
al. (1992a), por sua vez, examinado a organização da indústria dos fundos de pensões − que
apresenta grande similitude com o mercado de fundos de investimento −, testemunham uma
substancial subordinação das decisões dos gestores a problemas de agência, designadamente
visando criar a ilusão de uma boa performance.

Reconhecendo o potencial conflito de interesses, a legislação em vigor em Portugal apenas permite a aquisição de valores emitidos pela sociedade gestora, ou por sociedade que com esta tenha uma relação de domínio, caso estejam cotados em bolsa[517]. Todavia, este norma somente acautela o conflito quanto ao preço, não evitando tal conflito ao nível da constituição, reforço ou manutenção de posições. Além disso, a legislação estabelece que os membros dos órgãos de administração das entidades gestoras devem actuar de forma independente na prossecução do interesse dos participantes[518] e que as entidades gestoras devem comunicar à CMVM e ao mercado a justificação do sentido de voto inerente às acções detidas pelos fundos que administram[519]. Estas duas medidas, contribuindo para o aumento da transparência no exercício dos direitos de voto, e para o potencial alinhamento do exercício desses direitos com os interesses dos detentores das unidades de participação, não eliminam de *per se* o possível custo de agência. Além disso, importa notar que essas medidas são de Março de 2002, isto é, apenas coexistiram com a amostra durante três meses, pelo que durante (quase todo) o período em análise o exercício do direito de voto não tinha de ser justificado perante a autoridade de supervisão e o mercado. Importa, pois, estudar a tomada de posições em acções emitidas pelo próprio grupo, tanto mais que, não obstante as decisões dos fundos de investimento serem amplamente investigadas em múltiplas vertentes, este aspecto em particular não foi ainda objecto de estudo.

5.2 BASE DE DADOS

A análise baseia-se na composição das carteiras, reportadas ao final de cada mês, divulgadas publicamente, entre Janeiro de 1995 e Junho de

---

[517] De acordo o artigo 21.º do Decreto-Lei n.º 276/94, de 2 de Novembro.

[518] Conforme n.º 3 do artigo 7.º do Decreto-Lei n.º 276/94, de 2 de Novembro, introduzido pelo artigo único do Decreto-Lei n.º 62/2002, de 20 de Março.

[519] De acordo com o estabelecido no n.º 3 do artigo 8.º do Decreto-Lei n.º 276/94, de 2 de Novembro, introduzido pelo Decreto-Lei n.º 62/2002, de 20 de Março, e no Regulamento n.º 14/2002 da CMVM.

2002, dos 30 fundos de acções nacionais estudados no capítulo anterior[520].
Entre Março de 2001 – data a que se reporta aquele outro estudo – e
Junho de 2002 não surgiu nenhum novo fundo de acções nacionais,
tendo-se registado a liquidação de dois fundos e a transformação (em
fundo de outra categoria) de um terceiro caso. Donde, na última data,
apenas permaneciam na amostra 14 fundos[521], dos quais 5 fizeram parte
da amostra a totalidade do período em análise. O número médio (mensal) de fundos no período é de 20. O número total de carteiras mensais
observadas ascende a 1769. O total de activos sob gestão por parte destes fundos em termos médios (mensais) ascendeu a 661,5 milhões de
euros, sendo o valor máximo de 1805,6 milhões de euros (registado em
Abril de 1998) e o valor mínimo de 90,4 (contabilizado em Dezembro
de 1995). No final de Junho de 2002 o valor líquido global total ascen-
dia a 261,4 milhões de euros.

Neste período, estiveram cotadas no MCO da Bolsa de Lisboa 111
acções[522], algumas das quais abandonaram este mercado antes do final
do período e outras foram cotadas pela primeira vez durante o período
da amostra[523]. O número médio de sociedades cotadas foi de 71, no
início do período estavam cotadas 81 e no final do período apenas se
contabilizavam 51. O número total de observações mensais de acções
cotadas ascende a 6305[524]. O peso agregado médio das acções nacionais
no valor líquido global (VLG) gerido pelos fundos da amostra ascende

---

[520] Assim, a caracterização da amostra realizada naquele outro capítulo é válida para o presente
ponto.

[521] Este é, aliás, o número mínimo de fundos registado em todo o período da amostra.

[522] Considerando as diferentes linhas do boletim de cotações em que se desdobra o capital
accionista de uma mesma emitente como uma única emissão e considerando que, no caso das
fusões, a empresa resultante da fusão continua a série de uma das empresas fusionadas.

[523] Assim, a presente base de dados não padece de viés de sobrevivência, uma vez que, tanto ao
nível dos fundos, como ao nível das acções, foram incluídos todos os elementos e não apenas
aqueles que sobreviviam à data da elaboração do estudo.

[524] Valor obtido somando o número de meses em que cada uma das 111 acções permaneceu no
MCO. Em ordem a evitar enviezamentos das medidas de performance, apenas se consideraram
as acções cotadas há pelo menos três meses.

a 80,6 por cento[525]. Somando as posições não nulas por acção, por fundo e por mês contabilizou-se um total de 43 714 observações[526], em 98 diferentes acções, o que, quando comparado com o total de 125 179 posições apuradas (incluindo as posições nulas)[527], indicia que, em termos globais, os gestores realizam uma gestão selectiva[528].

As fontes de informação para a obtenção de dados, tanto no que respeita aos fundos e às acções, como a outros elementos informativos, são as mesmas do capítulo precedente.

5.3 ANÁLISE DO PESO DAS HOLDINGS DOS GRUPOS NAS CARTEIRAS DOS FUNDOS

5.3.1 ANÁLISE DA ESTRUTURA DAS APLICAÇÕES

A Tabela 5.1 sintetiza a estrutura sectorial das aplicações, considerando a totalidade dos fundos de investimento, e procede à sua comparação com o peso desses sectores no mercado bolsista. Dada a reduzida dimensão do mercado nacional, apenas se destacam o sector financeiro – e em particular o sector bancário – e as empresas de tecnologia da informação, multimédia e telecomunicações (TMT), dada a sua importância na parte final da década de noventa.

---

[525] Considerando a totalidade dos fundos e todos os 90 meses compreendidos no período da amostra.

[526] Quantitativo apurado agregando o número de diferentes acções detidas em carteira para todos os fundos e todos os meses.

[527] Valor obtido pela soma do produto mensal do número de fundos pelo número de acções cotadas.

[528] De notar que, tal como sucedeu com as cotações, também as posições em uma mesma entidade emitente repartidas por mais do que uma linha do boletim de cotações foram reduzidas a uma só posição mediante soma dos diferentes valores.

TABELA 5.1 – ESTRUTURA DAS APLICAÇÕES [MÉDIA DOS VALORES MENSAIS]

	1995	1996	1997	1998	1999	2000	2001	2002[Jun]	1995-02[Jun
				I. Peso no Valor Líquido Global					
Instituições Financeiras	16,5%	21,8%	23,7%	28,5%	31,5%	22,4%	15,7%	11,4%	22,1%
Bancos	*15,1%*	*18,6%*	*20,0%*	*24,1%*	*25,6%*	*20,3%*	*15,7%*	*11,4%*	*19,3%*
TMT	5,3%	7,2%	11,2%	12,3%	13,8%	26,9%	27,7%	27,0%	15,7%
Outras	42,9%	41,0%	48,1%	46,1%	42,8%	39,2%	39,5%	41,8%	42,7%
				II. Peso na Componente Accionista					
Instituições Financeiras	25,7%	30,2%	29,1%	34,1%	36,4%	25,4%	19,1%	14,0%	27,6%
Bancos	*23,5%*	*25,7%*	*24,5%*	*28,8%*	*29,6%*	*23,1%*	*19,1%*	*14,0%*	*24,2%*
TMT	8,2%	10,0%	13,8%	14,7%	15,9%	30,8%	33,6%	33,2%	19,1%
Outras	66,1%	59,8%	57,1%	51,2%	47,7%	43,8%	47,3%	52,8%	53,3%
				III. Peso na Capitalização Bolsista Doméstica					
Instituições Financeiras	47,6%	50,0%	40,6%	38,7%	38,5%	31,8%	32,7%	34,5%	39,6%
Bancos	*42,7%*	*44,2%*	*35,3%*	*33,9%*	*33,4%*	*29,1%*	*32,6%*	*32,7%*	*35,7%*
TMT	3,2%	8,9%	18,0%	19,6%	19,1%	28,8%	29,5%	28,2%	18,8%
Outras	49,3%	41,0%	41,4%	41,7%	42,3%	39,4%	37,8%	37,3%	41,5%

Obs.: (*i*) o painel I apresenta a média dos pesos registados no final de cada mês por cada conjunto de acções no total do VLG gerido pelos fundos da amostra; (*ii*) o painel II apresenta a média dos pesos registados no final de cada mês por cada conjunto de acções no total do valor global das acções incluídas nas carteiras dos fundos da amostra; (*iii*) o painel III apresenta a média dos pesos registados no final de cada mês por cada conjunto de acções no total da capitalização bolsista do mercado.

Nesta tabela pode ver-se que, em termos da média dos valores apurados no final de cada mês, tanto os bancos, como as empresas financeiras em geral, têm um peso no valor global gerido (Painel I) inferior ao peso registado por este tipo de activos no MCO (Painel III)[529]. De igual modo, o peso deste tipo de acções no montante aplicado pela globalidade dos fundos em acções (Painel II) é inferior à sua importância relativa no mercado. Assim, por exemplo, considerando a totalidade dos 90 meses analisados, em média mensal, o peso dos bancos nas aplicações em acções dos fundos analisados é de 24,2 por cento, ao passo que o seu peso no MCO é de 35,7 por cento. A inferior representatividade do sector financeiro nas carteiras dos fundos é patente em todo o período da amostra. Pelo contrário, as empresas TMT alternam um peso superior (em alguns anos) com uma expressão inferior (em outros anos).

A circunstância de o peso das instituições financeiras (IF) nos fundos ser inferior ao peso deste tipo de activos no mercado poderia, precipita-

---

[529] A dimensão do MCO é aferida pela capitalização bolsista das acções admitidas a este mercado. No caso das acções cujo mercado de bolsa principal seja outro que não a praça de Lisboa, em vez da totalidade das acções admitidas à cotação, consideram-se apenas as acções inseridas no sistema centralizado de liquidação e compensação, pois apenas estas representam as oportunidades de investimento efectivamente existentes em Portugal. Em concreto esta situação verificou-se apenas em um caso.

damente, ser encarado como um indicador de que as escolhas realizadas pelos gestores estão imunes aos interesses do grupo em que se inserem e, em particular, livres dos interesses privados dos gestores de topo desse grupo. Todavia, importa notar que a canalização de capitais dos fundos para a aquisição de acções de outros intermediários financeiros, materializar-se-ia na procura de acções – e, consequente, financiamento – de concorrentes. Além disso, a Tabela 5.1 nada reporta quanto ao peso que os activos do próprio grupo têm nas carteiras dos fundos de investimento. A (eventual) subordinação das escolhas dos gestores dos fundos aos interesses dos gestores de topo do grupo passaria, como antes referido, pela aquisição de acções do próprio grupo e não pela aquisição de acções da generalidade dos grupos financeiros, a não ser que se verificasse – hipótese inverosímil face aos resultados apurados – um conluio generalizado entre a gestão de topo dos diferentes grupos. Donde, importa distinguir as posições em acções do próprio grupo das demais acções do sector financeiro. Assim, identificaram-se as posições detidas em acções de instituições financeiras (bancos e companhias seguradoras) do próprio grupo em que se insere a sociedade gestora do fundo. Apenas se consideraram as posições em que a instituição financeira cotada detém directa ou indirectamente mais do que 50 por cento da sociedade gestora, ignorando por isso as demais posições detidas em empresas cotadas do mesmo grupo[530]. Com efeito, aquelas outras posições são as que se configuram relevantes para a definição da estratégia do grupo e para a reeleição dos gestores de topo, uma vez que o exercício do poder de voto nas demais sociedades é directa ou indirectamente (maioritariamente) controlado pela sociedade mãe. Doravante, por questões de simplificação, identificar-se-ão estas posições em acções das «empresas mãe» com a expressão «posições H» ou «do tipo H».

---

[530] Para algumas sociedades gestoras existe mais do que uma empresa cotada nestas circunstâncias, ao passo que para outras apenas se identificou uma empresa e, por fim, em outros casos não se identificou nenhuma empresa cotada do grupo que seja "hierarquicamente superior" à sociedade gestora no organigrama de participações do grupo.

TABELA 5.2 – PESO MÉDIO DAS POSIÇÕES DO TIPO H COMPARATIVAMENTE A OUTRAS

	H	MCO	MCO Excepto H	IF	OIF
			I. Proporção de Posições Não Nulas		
			Número de Posições Incluindo Posições Nulas		
n1	1.590	125.179	123.589	31.897	30.307
			Número de Posições Excluindo Posições Nulas		
n2	1.200	43.714	42.514	10.535	9.335
n2/n1	75,5%	34,9%	34,4%	33,0%	30,8%
Teste Z1		*33,6 **	*34,1 **	*34,6 **	*36,9 **
			II. Peso Médio no Valor Líquido Global		
			Incluindo Posições Nulas		
média	3,62%	1,12%	1,09%	1,33%	1,21%
devio padrão	*3,13%*	*2,18%*	*2,15%*	*2,36%*	*2,25%*
Teste Z2		*31,7 **	*32,1 **	*28,8 **	*30,3 **
			Excluindo Posições Nulas		
média	4,80%	3,21%	3,16%	4,01%	3,91%
devio padrão	*2,71%*	*2,64%*	*2,62%*	*2,47%*	*2,42%*
Teste Z2		*20,0 **	*20,6 **	*9,5 **	*10,7 **
			III. Peso Médio na Componente Accionista		
			Incluindo Posições Nulas		
média	4,56%	1,38%	1,34%	1,63%	1,48%
devio padrão	*4,13%*	*2,75%*	*2,71%*	*2,96%*	*2,80%*
Teste Z2		*30,6 **	*31,0 **	*27,9 **	*29,4 **
			Excluindo Posições Nulas		
média	6,04%	3,96%	3,90%	4,94%	4,80%
devio padrão	*3,69%*	*3,39%*	*3,36%*	*3,18%*	*3,08%*
Teste Z2		*19,3 **	*19,8 **	*9,9 **	*11,1 **

Obs.: (*i*) a média, o desvio padrão e o número de observações respeitam, em cada caso, à totalidade dos fundos e dos meses em análise; (*ii*) no painel I apresentam-se as proporções de posições não nulas no total das posições contabilizadas para os diferentes grupos de acções, aí se exibindo igualmente a estatística do teste (teste Z1) relativo à diferença entre a proporção registada em posições do tipo H e a proporção verificada para cada um dos demais grupos de acções; (*iii*) no painel II apresentam-se a média de cada posição no VLG gerido por cada fundo, o respectivo desvio padrão e a estatística do teste (teste Z2) à diferença de médias cuja hipótese nula postula a igualdade de médias para o grupo H e para o grupo em análise; (*iv*) no painel III apresenta-se informação análoga considerando o peso de cada posição na componente accionista de cada carteira; (*v*) «★», «★★» e «★★★» identificam as situações em que, com um nível de significância de, respectivamente, 1%, 5% e 10% é rejeitada a hipótese nula unilateral.

No total encontraram-se 1200 posições não nulas e 390 posições nulas, perfazendo um conjunto de 1590 posições do tipo H. Desde logo, observando a Tabela 5.2 (Painel I), se nota que o peso das posições não nulas sobre o total das observações (75,5 por cento) é maior do que o verificado para a totalidade das acções cotadas incluindo (34,9 por cento) ou excluindo (34,4 por cento) as posições H, para a globalidade das acções de intermediários financeiros (33,0 por cento), e para as demais posições em intermediários financeiros («posições OIF») que não as posições em empresas líderes do grupo em que o fundo se insere (30,8 por cento). As diferenças encontradas, em qualquer dos casos, são estatisticamente significativas (Tabela 5.2)[531]. Quer isto dizer que em três de cada 4 ocasiões possíveis encontram-se acções do tipo H nas carteiras dos fundos, ao passo que para a generalidade dos activos a frequência com que se contabilizam posições não nulas é de uma em cada três. Constata-se, ainda, que o peso no VLG da carteira gerida das posições do tipo H é superior ao verificado para os demais tipos de acções (Painel II). Em média, cada posição H representa 3,62 por cento do VLG, se consideradas as posições nulas, e 4,80 por cento daquele valor se ignoradas estas outras posições[532].

Em contrapartida, a posição média nas demais acções cotadas é de apenas 1,09 por cento ou 3,16 por cento, consoante se incluam ou não as posições nulas, e a posição média em activos financeiros excluindo as posições H é de 1,21 por cento (com posições nulas) e de 3,91 por cento (sem posições nulas). Em todas as circunstâncias é rejeitada a hipótese nula relativa à igualdade entre a média apurada para H e as médias apuradas nas demais situações analisadas, tanto incluindo as posições nulas como no caso oposto. Donde, pelo teste às diferenças de médias[533], sempre se conclui que o peso das acções do tipo H no VLG gerido por cada fundo é, em média, significativamente superior ao peso das demais acções nesse valor, mesmo quando estas outras acções se restringem ao capital de intermediários financeiros. Considerando apenas a componente accionista (Painel III) as conclusões não sofrem mutações, inferindo-se que as posições do tipo H apresentam um peso significativamente superior às demais. Assim, por exemplo, incluindo posições nulas, a média de H excede 3,08 por cento (4,56 por cento menos 1,48 por cento) a média das demais posições em activos finan-

---

[531] De acordo com o teste à diferença entre duas proporções binomiais para amostras de grandes dimensões, referenciado, designadamente, em Spiegel (1978, p.304 e sgs) e em Murteira et al. (2002, p. 430 e sgs), aqui identificado por «Teste Z1».

[532] Donde, em termos médios, o peso das posições em H aproxima-se do máximo de 5% estabelecido, como regra geral, pelo n.º 1 do artigo 43.º do Decreto-Lei n.º 276/94, de 2 de Novembro.

[533] Trata-se do teste Z relativo à diferença entre médias de populações com distribuição quaisquer e grandes amostras referenciado, designadamente, em Spiegel (1978, p.304), Guimarães e Cabral (1997 p. 356) e Murteira et al. (2002, p. 429), aqui identificado por «Teste Z2».

ceiros, sendo este valor significativamente distinto de zero para um nível de significância de um por cento.

O panorama constante da Tabela 5.2 também não sofre alterações relevantes se se proceder à segmentação da amostra ano a ano[534]. Para todos os anos analisados se conclui pela hipótese de a proporção das posições não nulas em H ser superior aos demais casos, facto que denota consistência temporal da tendência de as «empresas mãe» serem mais frequentemente escolhidas que as demais acções. Além disso, em todos os anos se conclui pela rejeição – a um nível de significância de 1 por cento – da hipótese de igualdade das médias em favor da hipótese de se registar uma média mais elevada para posições do tipo H, quer quando se considera o peso no VLG, quer quando a análise se baseia no peso de cada acção na componente accionista da carteira desde que incluídas as posições nulas. Se excluídas estas posições, somente para o ano de 2001 e para o primeiro semestre de 2002 não se pode concluir que o peso médio das posições do tipo H exceda o peso médio das OIF[535]. Este facto surge associado a uma expressiva diminuição do número de posições não nulas do tipo H e do número de posições não nulas em IF, a que não é certamente alheio o processo de concentração bancária por que tem passado o sistema financeiro português[536].

No que respeita à análise fundo a fundo (Tabela 5.3), excluindo os 8 fundos geridos por sociedades cujas «empresas mãe» não se encontravam cotadas na Bolsa de Lisboa, remanescem 22 fundos. Destes, apenas dois (F25 e F26) nunca tomaram posições do tipo H. Além disso, num

---

[534] Por economia de espaço, os resultados não são reportados.

[535] Com efeito, quando se excluem as posições nulas e se confrontam as médias de H com as posições em acções de IF (com e sem as posições do tipo H) não se conclui pela rejeição da hipótese nula, quando estão em causa os anos de 2001 e os primeiros 6 meses de 2002. No caso de 2002 não se rejeita a hipótese nula e no caso de 2001 elege-se a hipótese alternativa de inferioridade das posições do tipo H. Para economia de espaço, estes resultados não foram reportados.

[536] Evidentemente que a tal facto pode também não ser alheia a actuação da autoridade de supervisão, que desencadeou um processo legislativo que culminou com a aprovação do Decreto-Lei n.º 62/2002, de 20 de Março, mediante o qual tornou obrigatória a justificação do sentido de voto inerente às acções detidas pelos fundos que administram.

outro caso (F17) verifica-se que o peso médio das posições H (incluindo posições nulas) é inferior ao peso médio das posições em outros activos financeiros, e não é distinto do peso médio da generalidade dos demais activos cotados, pese embora a frequência da presença de acções H seja superior à dos OIF e das demais acções[537].

Estes três fundos constituem a excepção e não a regra. Além disso, deve notar-se que, no caso de F25 e F26, as empresas líderes do grupo, não obstante estarem cotadas, têm o capital apenas minoritariamente disperso. No caso de F17, trata-se de um fundo detido originariamente por um grupo de capital maioritariamente familiar e subsequentemente adquirido por um grupo de capital disperso. Donde, nestes casos, o controlo dos direitos de voto de uma pequena parcela do capital por parte dos fundos não se afigura relevante para efeito da defesa das posições dos gestores do grupo. Note-se que em 8 casos (F1, F2, F3, F9, F19, F20, F23 e F30), o peso médio das posições do tipo H excede 5 por cento, ultrapassando a regra geral do regime legal dos fundos, pelo que as respectivas sociedades gestoras fazem recurso do regime excepcional[538] que permite, sob determinadas condições, estender participações individuais até 10 por cento do VLG.

---

[537] Se excluídas as posições nulas igualmente se constata que, além de F17, alguns fundos têm posições médias inferiores às posições nos demais activos financeiros (F4, F18, F21, F24 e F28) e nos demais activos (F18, F21 e F24), embora nem sempre a diferença seja estatisticamente significativa.

[538] Preceituado no n.º 2 do artigo 43.º do Decreto-Lei n.º 276/94, de 2 de Novembro.

TABELA 5.3 – PESO MÉDIO DAS POSIÇÕES EM ACÇÕES DO TIPO H
NO VLG COMPARATIVAMENTE A OUTRAS POSIÇÕES [FUNDO A FUNDO]

	F1	F2	F3	F4	F8	F9	F14	F15	F16	F17	F18
I. Incluindo Posições Nulas											
Posições H											
média	6,79%	6,35%	4,09%	1,95%	3,28%	3,47%	3,02%	4,51%	4,70%	0,97%	2,68%
desvio padrão	1,89%	2,23%	3,37%	2,12%	2,45%	2,40%	1,53%	1,42%	0,68%	2,25%	0,44%
n1	84	51	133	53	58	86	25	58	25	124	46
Posições MCO Excepto H											
média	1,13% *	1,19% *	1,05% *	1,23% *	1,05% *	1,21% *	0,64% *	1,19% *	1,08% *	1,08%	1,14% *
desvio padrão	2,17%	2,21%	2,08%	2,18%	2,15%	2,20%	1,70%	2,35%	2,32%	2,23%	2,32%
n1	5747	3355	4960	3500	4271	6219	1886	3846	1829	4574	4204
Posições OIF											
média	1,07% *	1,21% *	1,03% *	1,46% ***	1,02% *	1,33% *	0,67% *	1,48% *	1,43% *	1,39% **	1,29% *
desvio padrão	2,06%	2,06%	2,12%	2,30%	2,10%	2,36%	1,73%	2,58%	2,40%	2,46%	2,48%
n1	1373	715	1254	751	1133	1506	538	837	456	1151	942
II. Excluindo Posições Nulas											
Posições H											
média	6,79%	6,35%	6,11%	3,82%	4,75%	5,06%	3,15%	4,51%	4,70%	1,70%	2,68%
desvio padrão	1,89%	2,23%	2,13%	1,25%	1,25%	0,52%	1,43%	1,42%	0,68%	2,76%	0,44%
n2	84	51	89	27	40	59	24	58	25	71	46
n2/n1	1,00	1,00	0,67	0,51	0,69	0,69	0,96	1,00	1,00	0,57	1,00
Posições MCO Excepto H											
média	2,71% *	2,63% *	2,71% *	3,43% ***	2,85% *	2,86% *	2,33% *	3,96% *	4,51%	3,45% *	4,16% *
desvio padrão	2,64%	2,64%	2,58%	2,39%	2,72%	2,61%	2,56%	2,72%	2,64%	2,80%	2,65%
n2	2393	1518	1924	1256	1573	2627	520	1157	437	1426	1158
n2/n1	0,42 *	0,45 *	0,39 *	0,36 ***	0,37 *	0,42 *	0,28 *	0,30	0,24 *	0,31 *	0,28 *
Posições OIF											
média	3,42% *	3,62% *	3,48% *	4,06% *	3,49% *	3,95% *	2,38% **	4,39%	4,28% *	4,34% *	4,89% *
desvio padrão	2,37%	1,98%	2,58%	2,02%	2,53%	2,48%	2,57%	2,64%	2,25%	2,46%	2,40%
n2	428	240	370	271	332	507	151	282	153	369	249
n2/n1	0,31 *	0,34 *	0,30 *	0,36 ***	0,29 *	0,34 *	0,28 *	0,34 *	0,34 *	0,32 *	0,26 *

	F19	F20	F21	F23	F24	F25	F26	F27	F28	F29	F30
I. Incluindo Posições Nulas											
Posições H											
média	4,25%	7,93%	3,10%	7,22%	3,51%	0,00%	0,00%	3,22%	2,51%	3,09%	6,11%
desvio padrão	3,47%	2,57%	3,38%	1,84%	3,10%	0,00%	0,00%	2,74%	1,99%	2,19%	5,04%
n1	133	41	35	69	19	42	52	98	148	168	42
Posições MCO Excepto H											
média	0,97% *	0,83% *	1,13% *	0,89% *	1,38% *	1,11% *	1,06% *	1,15% *	0,80% *	1,00% *	0,56% *
desvio padrão	2,01%	1,98%	2,29%	1,91%	2,47%	2,11%	2,23%	2,16%	1,65%	1,90%	1,51%
n1	4960	3007	1400	5024	1957	3480	6253	3736	4181	4989	1869
Posições OIF											
média	0,95% *	1,16% *	1,48% *	0,97% *	1,39% *	1,45% *	1,28% *	1,16% *	0,66% *	0,92% *	0,42% *
desvio padrão	1,95%	2,15%	2,45%	1,99%	2,46%	2,45%	2,41%	2,19%	1,69%	1,95%	1,06%
n1	1254	823	332	1318	382	814	1540	779	1043	1231	521
II. Excluindo Posições Nulas											
Posições H											
média	6,01%	8,13%	3,10%	7,22%	3,92%	n.c.	n.c.	4,44%	3,32%	3,56%	6,11%
desvio padrão	2,52%	2,26%	3,38%	1,84%	3,01%	n.c.	n.c.	2,21%	1,60%	1,97%	5,04%
n2	94	40	35	69	17	0	0	71	112	146	42
n2/n1	0,71	0,98	1,00	1,00	0,89	0,00	0,00	0,72	0,76	0,87	1,00
Posições MCO Excepto H											
média	2,74% *	3,75% *	4,00% ***	2,52% *	4,00%	3,23% n.c.	3,86% n.c.	3,15% *	2,67% *	2,65% *	2,02% *
desvio padrão	2,56%	2,60%	2,67%	2,50%	2,67%	2,46%	2,70%	2,54%	2,03%	2,28%	2,31%
n2	1758	666	396	1763	676	1191	1713	1368	1254	1876	515
n2/n1	0,35 *	0,22 *	0,28 *	0,35 *	0,35 *	0,34 n.c.	0,27 n.c.	0,30 *	0,30 *	0,38 *	0,28 *
Posições OIF											
média	3,24% *	3,56% *	5,00% *	3,39% *	4,98% ***	4,30% n.c.	4,47% n.c.	3,58% *	3,68% **	3,42%	1,98% *
desvio padrão	2,36%	2,36%	1,65%	2,37%	1,95%	2,37%	2,48%	2,48%	2,19%	2,38%	1,47%
n2	368	269	98	376	107	274	441	252	186	331	111
n2/n1	0,29 *	0,33 *	0,30 *	0,28 *	0,28 *	0,34 n.c.	0,29 n.c.	0,32 *	0,18 *	0,29 *	0,21 *

Obs.: (*i*) as siglas F1 a F30 identificam os fundos de investimento; (*ii*) a média, o desvio padrão e o número de observações respeitam, em cada caso, à totalidade dos meses em análise; (*iii*) «★», «★★» e «★★★» identificam as situações em que, com um nível de significância de, respectivamente, 1%, 5% e 10% é rejeitada a hipótese nula. Quando o símbolo aparece associado a uma média, a hipótese nula respeita à igualdade das médias amostrais (teste Z2 de diferenças de médias). Quando o símbolo surge associado ao quociente n2/n1, a hipótese nula respeita à hipótese de igualdade da proporção das posições não nulas na totalidade das posições observadas (teste Z1 de diferenças de proporções). Em ambos os testes a hipótese alternativa é a hipótese unilateral relativa à superioridade de H, excepto nos casos a sombreado em que se elege como hipótese alternativa a inferioridade das posições em H; (*iv*) «n.c.» identifica os casos em que a estatística não é calculável.

Os resultados constantes da Tabela 5.3 não sofrem alterações significativas se em vez do peso de cada acção no VLG se calcular o peso de
cada acção na componente accionista de cada carteira[539].

A moderna Teoria da Gestão de Carteiras fundada por Hicks (1946),
Markowitz (1952, 1959) e Tobin (1958) assenta na ideia de que uma
carteira de valores mobiliários *eficiente* é uma carteira suficientemente
diversificada de modo a que não seja possível obter retorno adicional
sem acréscimo de risco, nem seja possível reduzir o risco sem sacrificar
retorno. Os diferentes títulos seriam, assim, escolhidos em função do
contributo marginal para a eliminação do risco diversificável. Donde, de
acordo com esta teoria, o risco sistemático de cada activo (beta) determinaria a proporção com que o título seria escolhido para cada carteira.
Poderá, pois, ocorrer que o diferencial de posições se deva à diversidade
de risco dos activos. Além disso, vários estudos evidenciam que as escolhas dos investidores institucionais não podem ser apenas explicadas
pelo risco sistemático de cada activo, antes se notando que tais escolhas
reflectem preferências por outras características das acções[540]. Assim, por
exemplo, Gompers e Metrick (1998) evidenciaram que as grandes instituições[541], comparativamente aos demais investidores preferem acções
de maior dimensão, mais líquidas, com elevados *book-to-market ratios* e
baixos retornos no ano antecedente. Del Guercio (1996), por sua vez,
examinando as carteiras de fundos de investimento e as carteiras de
bancos concluiu que as preferências são diversas e influenciadas pelas

---

[539] Os resultados que sustentam esta afirmação não são reportados.

[540] Gompers e Metrick (1998) enunciam vários tipos de razões que podem induzir a que os
investidores institucionais escolham acções em função de determinadas características, de modo
distinto do preceituado pelas *proxies* de risco convencionais e dos demais investidores. Desde
logo por força do enquadramento regulatório a que se encontram sujeitos, o qual impõe restrições às escolhas dos gestores. Além disso, por razões de liquidez e de custos de transacção. Por
outro lado, pela valorização atribuída ao registo histórico dos retornos das diferentes acções, em
obediência a estratégias de investimento. Por fim, por razões circunstanciais e de moda, tais
como sejam a indexação de carteiras a referenciais de mercado.

[541] A amostra de Gompers e Metrick (1998) inclui todas as instituições registadas na SEC para
o exercício de gestão discricionária de carteiras superiores a USD 100 milhões, pelo que além
de fundos de investimento igualmente integra bancos, companhias de seguro e outros gestores
de patrimónios.

características dos activos, sendo que os bancos procuram mais intensamente que os fundos títulos mais "prudentes"[542]. No mesmo sentido, Frye (2001), comparando estratégias de fundos de obrigações, conclui que os fundos geridos por bancos seguem estratégias mais conservadoras que os fundos geridos por instituições financeiras especializadas. Falkeinstein (1996), por seu turno, analisando as posições de fundos de investimento (em 1991 e 1992) em acções da NYSE igualmente documenta que as preferências dos fundos de investimento não podem ser explicadas pelo *driver* tradicional (risco sistemático), evidenciando simultaneamente que os fundos norte-americanos têm aversão a acções com preços baixos, ou com reduzida dimensão, preferem as acções mais líquidas e acções com uma maior cobertura noticiosa nos meios de comunicação social. Donde, importa verificar se os resultados até ao momento reportados são explicados pelo risco, performance ou outras características das acções, que não a simples circunstância de serem acções emitidas pelo grupo que gere o fundo.

5.3.2 Comparação com carteiras de mínima variância

No intuito de encontrar na diversificação e na minimização do risco explicação para os resultados alcançados, determinaram-se (mensalmente) as carteiras de mínima variância global do MCO, as quais correspondem ao ponto de mínimo risco da fronteira eficiente de Markowitz. Para este efeito, impuseram-se as seguintes restrições: (*i*) impossibilidade de realizar vendas a descoberto (*short selling*); (*ii*) impossibilidade de obter empréstimos; (*iii*) impossibilidade de conceder empréstimos; e (*iv*) peso máximo individual de 10 por cento da carteira. As restrições (*i*), (*ii*) e (*iv*) visam adequar as condições de optimização às restrições legais que impendem sobre a gestão dos fundos e a condição (*iii*) relaciona-se com a circunstância de se procurar explicar a distribuição da carteira de acções de cada fundo e não o peso da componente accionista no VLG de cada fundo. Além disso, excluíram-se do processo de optimização 25 por cento das acções cotadas, às quais se impuseram à *priori* pesos

---

[542] Isto é, títulos de mais elevada notação de risco e títulos integrantes do índice S&P 500.

nulos. As acções excluídas corresponderam aos títulos que em cada mês apresentavam menor capitalização bolsista. Esta condicionante visou omitir do processo de optimização acções de reduzida liquidez e dimensão, cuja inclusão nas carteiras dos fundos seria muito improvável, dada a estreiteza do respectivo mercado[543]. O período histórico usado foi de 5,5 anos e usaram-se os retornos mensais acumulados com base nos retornos contínuos diários[544].

No total obtiveram-se 90 carteiras de mínima variância, contendo em média 17 títulos, com um máximo de 22 e um mínimo de 13 acções[545]. Em seguida ficcionou-se a hipótese de cada um dos fundos ter escolhido uma estrutura idêntica à das carteiras de mínima variância, e procedeu-se a um exercício semelhante ao subjacente à Tabela 5.2 (Painéis I e III). Os resultados obtidos constam da Tabela 5.4. Por outras palavras, esta tabela reporta o peso médio das posições H comparativamente a outras, a que a globalidade dos 30 fundos (nos 90 meses analisados) seriam conduzidos caso procurassem (mensalmente) minimizar eficientemente o risco das carteiras.

---

[543] Em média (mensal) excluíram-se do processo de optimização 18 acções, cujo peso global médio no total da capitalização bolsista do MCO foi contabilizado em 0,96%.

[544] Evidentemente que, no caso dos títulos cotados há menos de 5,5 anos, se ajustaram as matrizes de variância e covariância em função do período em que os títulos estiveram efectivamente cotados.

[545] Donde, os resultados obtidos estão em conformidade com a asserção de Goeztmann e Kumar (2002, p.9), segundo a qual "*it is commonly believed that a well-diversified portfolio should consist of at least 10-15 stocks*".

TABELA 5.4 – PESO MÉDIO DAS POSIÇÕES DO TIPO H COMPARATIVAMENTE
A OUTRAS EM CARTEIRAS EFICIENTES DE MÍNIMA VARIÂNCIA GLOBAL

	H	MCO	MCO Excepto H	IF	OIF
I. Proporção de Posições Não Nulas					
Número de Posições Incluindo Posições Nulas					
n1	1.590	125.179	123.589	31.897	30.307
Número de Posições Excluindo Posições Nulas					
n2	355	29.633	29.278	12.424	12.069
n2/n1	22,3%	23,7%	23,7%	39,0%	39,8%
Teste Z1		*-1,3*	*-1,3*	*-13,3 **	*-13,9 **
II. Peso Médio na Componente Accionista					
Incluindo Posições Nulas					
média	1,29%	1,41%	1,41%	2,55%	2,61%
devio padrão	2,88%	3,10%	3,10%	3,84%	3,88%
Teste Z2		*-1,7 ***	*-1,7 ***	*-16,7 **	*-17,5 **
Excluindo Posições Nulas					
média	5,77%	5,97%	5,97%	6,54%	6,56%
devio padrão	3,37%	3,64%	3,65%	3,44%	3,44%
Teste Z2		*-1,1*	*-1,1*	*-4,2 **	*-4,4 **

Obs.: Esta tabela deve ler-se de modo análogo à Tabela 5.2.

Os resultados obtidos são, no essencial, os opostos dos constantes da Tabela 5.2. Assim, caso a estratégia avaliada pela Tabela 5.4 tivesse sido seguida pelos fundos de acções nacionais, as posições H seriam seleccionadas apenas em 22,3 por cento das ocasiões possíveis em vez das 75,5 por cento efectivamente contabilizadas. Desta forma, esta proporção não só deixaria de ser superior à registada para os demais activos, como passaria a ser significativamente inferior à que deveria registar-se para os OIF. Além disso, em termos de peso médio, contrariamente ao verificado (Tabela 5.2), a ter sido seguida a estratégia de minimização de risco, o valor das posições H deveria ter sido inferior ao registado para os demais activos (especialmente quando incluídas as posições nulas) e para os OIF (incluindo ou não posições nulas na análise).

Donde, pode concluir-se que não foi procurando minimizar eficientemente o risco pela via da diversificação, que os fundos foram conduzidos aos resultados da Tabela 5.2. Pelo contrário, pode inferir-se que os valores obtidos nesta tabela ou resultam da assumpção (eficiente) de um nível de risco superior ao mínimo possível, ou correspondem a escolhas ineficientes (na acepção de Markowitz). Adiante procurar-se-á indagar se o nível de risco (sistemático ou total) dos activos pode explicar a atracção pelas acções do tipo H. Do mesmo modo procurar-se averiguar se outras características das acções, eventualmente determinantes de estratégias de gestão seguidas pelos fundos, explicam a preferência pelas acções do tipo H e a menor atracção pelas OIF.

5.3.3 Análise da estrutura das aplicações versus estrutura do mercado

Uma possível explicação para o maior peso das posições do tipo H na carteira de quase todos os fundos com holdings cotadas é o (eventual) maior peso destas acções no mercado. Pode, pois, dar-se o caso de as posições do tipo H serem, em média, mais elevadas por as empresas a que respeitam terem uma dimensão superior à das demais sociedades cotadas. Donde, os resultados obtidos não mais seriam do que ou o espelho das oportunidades de investimento existentes no mercado na carteira dos fundos[546], ou o resultado da preferência por acções de maior dimensão (Falkenstein (1996) e Gompers e Metrick (1998)). Além disso, a dimensão de cada acção é igualmente uma *proxie* da liquidez e, concomitantemente, dos custos de transacção[547] (cuja importância nas escolhas dos fundos e de outros grandes investidores é documentada por Falkenstein (1996) e Gompers e Metrick (1998)). Por fim, a dimensão da empresa igualmente pode ser vista como uma aproximação da visibilidade da entidade emitente (cuja importância nas escolhas dos fundos foi referenciada por Falkenstein (1996)). Assim, em ordem a indagar a plausibilidade desta explicação, importa comparar o peso de cada acção no mercado com a sua expressão na carteira de cada fundo.

---

[546] Com efeito, a indexação das carteiras a referenciais do mercado é uma realidade frequente entre os investidores institucionais (Gompers e Metrick (1998)), pelo que importa verificar até que ponto as carteiras dos fundos reflectem a carteira do mercado.

[547] Com efeito, tradicionalmente no mercado português as empresas de maior dimensão são as que concentram a maior fatia das transacções. Além disso, os *spread costs* são a principal componente dos custos de transacção em Portugal pelo que estes custos encontram-se associados à liquidez e à dimensão da sociedade emitente (Alves e Alves (2001) e Alves et al. (2001)).

Nesse sentido, calculou-se o peso relativo de cada acção (PR), dividindo o peso do activo em cada carteira pelo seu peso no MCO, do modo seguinte:

$$PR_{ift} = \frac{V_{ift} / \sum_i V_{ift}}{CB_{it} / \sum_i CB_{it}}, \qquad [5.1]$$

onde V_{ift} representa o valor da acção i (i=1, ...,111) na carteira do fundo f (f=1, .., 30) no mês t (t=1, ...,90) e CB_{it} representa a capitalização bolsista da acção i no mês t. Se esta variável apresentar um valor superior a um significa que o peso da acção i no fundo f no mês t é superior ao seu peso, na mesma altura, no mercado. Pelo contrário, um valor inferior a um denota que a acção se encontra inferiormente representada na carteira do fundo f. A Tabela 5.5 (Painel I) reporta os valores médios obtidos para esta variável, considerando a totalidade dos fundos e a totalidade do período em análise, distinguindo diferentes grupos de acções[548].

Os resultados obtidos evidenciam que, em média, o peso das posições H nas carteiras dos fundos é (quase) o dobro do seu peso no mercado, se incluídas as posições nulas, acontecendo que para os títulos que são seleccionados o peso em carteira é, em média, 2,62 vezes o seu peso no mercado. Os testes realizados (Testes Z1b[549]) em ambas as circunstâncias induzem à rejeição do rácio PR observado ser igual a um.

---

[548] A inexistência de informação para todo o período da amostra sobre participações qualificadas não permitiu que se tivesse feito um ajustamento pelo *free float*. Contudo, a informação existente desde 2000 não indicia que, a este nível, a situações das acções H seja diferente das demais acções financeiras. Assim, é de crer que não será pelo diferente grau de concentração da propriedade que se poderá explicar a divergência de resultados entre estes dois tipos de acções.

[549] Trata-se do teste ao valor esperado de uma população qualquer para amostras de grandes dimensões (Spiegel (1978, p.303), Guimarães e Cabral (1997 p. 355) e Murteira et al. (2002, p. 428)). A hipótese nula do teste corresponde à igualdade entre o valor esperado e a unidade.

TABELA 5.5 – PESO DAS POSIÇÕES EM CARTEIRA FACE AO PESO DAS ACÇÕES NO MERCADO

	H	MCO	MCO Excepto H	IF	OIF
			I. Incluindo Posições Nulas		
média	1,97	1,31	1,30	0,58	0,51
desvio padrão	4,57	5,00	5,01	1,87	1,57
Teste Z1b	8,5 *	22,0 *	21,2 *	-40,2 *	-54,7 *
Teste Z2		5,8 *	35,0 *	83,6 *	54,1 *
			II. Excluindo Posições Nulas		
média	2,62	3,75	3,79	1,76	1,65
desvio padrão	5,10	7,91	7,97	2,92	2,49
Teste Z1b	11,0 *	72,8 *	72,1 *	26,5 *	25,0 *
Teste Z2		-7,5 *	-25,6 *	22,8 *	17,3 *

Obs.: (i) a média e o desvio padrão respeitam à variável PR (equação [5.1]) e foram obtidas, para cada grupo de acções, considerando a totalidade dos fundos e dos meses em análise; (ii) o teste Z1b testa a hipótese nula de o valor esperado para PR ser igual a 1 e o teste Z2 testa a hipótese nula que postula a igualdade de médias para o grupo H e para o grupo em análise; (iii) «*», «**» e «***» identificam as situações em que, com um nível de significância de, respectivamente, 1%, 5% e 10% é rejeitada a hipótese nula. A hipótese alternativa no caso do teste Z1b é um valor esperado superior a um, excepto nos casos sombreados em que a hipótese alternativa é um valor esperado menor que um. No caso do teste Z2, a hipótese alternativa é a hipótese unilateral relativa à superioridade de de H, excepto nos casos a sombreado em que se elege como hipótese alternativa a inferioridade das posições em H; (iv) A demais notação tem o mesmo significado que nas tabelas anteriores.

Tal como acontece com as posições do tipo H, também com as posições nas demais acções do MCO se pode concluir pela rejeição da hipótese nula da igualdade do PR médio à unidade, sempre se optando pela hipótese alternativa de o peso do activo na carteira exceder o seu peso no mercado, quer quando se consideram as posições nulas, quer quando estas são ignoradas. No que respeita às OIF, o resultado obtido depende do tratamento a dar às posições nulas. Incluindo estas, terá de concluir--se que, em média, as acções do sector financeiro estão inferiormente representadas nas carteiras dos fundos. Considerando somente as acções que foram eleitas, terá de concluir-se que o seu peso na carteira excede em média o seu peso no mercado. Estas conclusões são invariáveis, em função da inclusão ou exclusão das posições do tipo H no conjunto das posições em activos financeiros.

Esta tabela de igual modo mostra que, incluindo ou não as posições nulas, a média de PR é significativamente superior nas posições do tipo H do que nas demais posições em activos financeiros (Teste Z2[550]).

---

[550] Trata-se, novamente, do teste relativo à diferença entre médias de populações com distribuição quaisquer e grandes amostras.

Todavia, quando o termo de comparação com as posições H são as demais posições em acções cotadas no MCO apenas se pode concluir pelo superior peso relativo relevando as posições nulas. Excluindo estas, pelo contrário, infere-se um maior peso relativo nas demais posições do mercado. Isto é, face à totalidade das oportunidades de investimento no mercado as posições do tipo H apresentam um peso médio relativo superior às demais acções. Considerando somente as escolhas dos gestores, concluiu-se por um menor peso relativo das posições H.

Atendendo a que são impostos por lei limites máximos ao peso das posições em carteira e que algumas (ainda que poucas) das acções cotadas têm uma quota da capitalização bolsista superior a este máximo legal, certas observações da variável PR são, salvo quando violada a lei, inferiores a um. A forma como estas observações se distribuem pelos diferentes grupos pode ter influência nos resultados obtidos. Assim, por exemplo, se a generalidade destas observações integrasse o grupo dos IF, poderia (eventualmente) atribuir-se a inferior presença deste grupo ao excessivo (face ao máximo legal) peso da capitalização bolsista de algumas acções. Deste modo, deixaria de ser possível associar essa menor representatividade à escolhas (livres) dos gestores.

Assim, em ordem a verificar a robustez dos resultados, redefiniu-se a variável PR, passando o denominador a ser dado pelo mínimo entre o peso da acção na capitalização bolsista e 5 por cento (num primeiro exercício)[551] e 10 por cento (num segundo exercício). Deste modo estas observações deixam de contribuir para a rejeição da hipótese de o rácio ser um em favor da hipótese de o rácio ser inferior. Os resultados (não reportados) obtidos utilizando esta formulação alternativa, todavia, não são (significativamente) distintos dos constantes da Tabela 5.5. Em particular, continua a ser patente uma inferior representatividade do sector financeiro, quer em termos globais, quer quando excluídas as posições do tipo H.

---

[551] Dado ser este o limite padrão.

5.3.4 Análise da estrutura das aplicações face à performance das acções

O peso das posições do tipo H na carteira dos fundos com holdings cotadas pode estar relacionado com a diferença de performance das acções. Com efeito, vários estudos reportam a preferência dos investidores institucionais por acções com elevados retornos no passado (Grinblatt et al. (1995), Falkenstein (1996)[552], Daniel et al. (1997)[553] e Borensztein e Gelos (2000)), enquanto outras investigações denotam preferência dos grandes investidores por estratégias contrárias (Gompers e Metricks (1998)). Importa, pois, investigar a relação da estrutura das aplicações com a performance das acções.

Neste sentido, para todos os meses, foi apurada a performance de cada acção nos 12 meses antecedentes[554]. Essa performance foi apurada por três vias distintas: (*i*) a média diária dos retornos contínuos (CR); (*ii*) a estimativa do coeficiente alfa do modelo M1; e (*iii*) a estimativa do coeficiente alfa do modelo M5. Em cada um desses meses, a totalidade dos títulos na altura cotados foi dividida em 4 grupos de acordo com o quartil de performance em que cada um se enquadrava[555]. Por fim, analisaram-se as posições em carteira de cada um dos fundos, em cada um dos meses, para os diferentes quartis de performance. Desta forma, confrontou-se o peso de cada acção na componente accionista de cada fundo com a performance por este obtida no período de 12 meses que termina imediatamente antes do mês a que respeita a carteira. Os resultados obtidos constam das Tabelas 5.6 e 5.7.

---

[552] Ainda que, segundo este autor, tal resultado deva atribuir-se (pelo menos em parte) à preferência por acções com preços unitários mais elevados.

[553] Em rigor, Daniel et al. (1997) evidenciam um contributo positivo do efeito *momentum* – tal como medido por Carhart (1997) – para a performance da generalidade dos fundos analisados. Donde, como a performance do fundo médio da amostra excede o retorno ajustado ao risco do mercado, pode intuir-se uma preferência maioritária dos fundos analisados por acções vencedoras.

[554] As acções com mais de 3 e menos de 12 meses de listagem também foram incluídas.

[555] A expressão «Quartil 1» identifica o grupo dos títulos com melhor performance, ao passo que os títulos com pior performance são identificados pelo termo «Quartil 4». Evidentemente que o «Quartil 2» corresponde aos títulos com performance inferior à dos títulos do «Quartil 1» mas superior à mediana. O «Quartil 3», por consequência, compreende os títulos com performance inferior ou igual à mediana mas superior à de qualquer dos títulos do «Quartil 4».

TABELA 5.6 – PROPORÇÃO DE POSIÇÕES NÃO NULAS POR QUARTIS DE PERFORMANCE

	Quartil 1 (Melhor)	Quartil 2	Quartil 3	Quartil 4 (Pior)	Quartil 1 - Quartil 4
		I. Retornos Não Ajustados ao Risco			
Posições H					
n1	445	509	469	167	
n2	370	386	349	95	
n2/n1	83,1%	75,8%	74,4%	56,9%	26,3%
Teste Z3					*6,8 **
Posições MCO Excepto H					
n1	31.085	30.099	30.619	31.786	
n2	11.734	11.262	10.436	9.082	
n2/n1	37,7%	37,4%	34,1%	28,6%	9,2%
Testes Z1 e Z3	*19,6 **	*17,7 **	*18,2 **	*8,1 **	*24,4 **
Posições OIF					
n1	7.334	10.137	8.244	4.592	
n2	2.788	3.331	2.477	739	
n2/n1	38,0%	32,9%	30,0%	16,1%	21,9%
Testes Z1 e Z3	*18,8 **	*19,8 **	*20,0 **	*13,6 **	*25,5 **
		II. Retornos Ajustados ao Risco Através de M1 [CAPM]			
Posições H					
n1	206	579	604	201	
n2	123	455	487	135	
n2/n1	59,7%	78,6%	80,6%	67,2%	-7,5%
Teste Z3					*-1,6 ****
Posições MCO Excepto H					
n1	31.324	30.029	30.484	31.752	
n2	9.242	10.690	11.975	10.607	
n2/n1	29,5%	35,6%	39,3%	33,4%	-3,9%
Testes Z1 e Z3	*9,5 **	*21,3 **	*20,5 **	*10,1 **	*-10,5 **
Posições OIF					
n1	6.484	10.040	9.131	4.652	
n2	1.380	3.325	3.509	1.121	
n2/n1	21,3%	33,1%	38,4%	24,1%	-2,8%
Testes Z1 e Z3	*13,0 **	*22,2 **	*20,4 **	*13,6 **	*-3,5 **
		III. Retornos Ajustados ao Risco Através de M5 [APT4]			
Posições H					
n1	242	597	566	185	
n2	158	464	454	124	
n2/n1	65,3%	77,7%	80,2%	67,0%	-1,7%
Teste Z3					*-0,4*
Posições MCO Excepto H					
n1	31.271	30.028	30.522	31.768	
n2	9.599	11.218	11.584	10.113	
n2/n1	30,7%	37,4%	38,0%	31,8%	-1,1%
Testes Z1 e Z3	*11,6 **	*20,1 **	*20,5 **	*10,2 **	*-3,1 **
Posições OIF					
n1	6.390	9.758	9.338	4.821	
n2	1.534	3.493	3.305	1.003	
n2/n1	24,0%	35,8%	35,4%	20,8%	3,2%
Testes Z1 e Z3	*14,5 **	*20,5 **	*21,3 **	*14,8 **	*4,0 **

Obs.: (*i*) n2/n1 representa proporção de posições não nulas (n2) no total das posições contabilizadas (n1) para os diferentes grupos de acções; (*ii*) o teste Z1 é o teste relativo à diferença entre a proporção registada em posições do tipo H e a proporção verificada para cada um dos demais grupos de acções; (*iii*) no painel I usou-se como forma de aferição da performance os retornos não ajustados ao risco; no painel II utilizaram-se os retornos ajustados ao risco aferidos pelas estimativas dos alfas do modelo M1 e no painel III os rankings de performance foram elaborados em função das estimativas dos alfas do modelo M5; (*iv*) «★», «★★» e «★★★» identificam as situações em que, com um nível de significância de, respectivamente, 1%, 5% e 10% é rejeitada a hipótese nula. A hipótese alternativa no caso do teste Z1 é a hipótese unilateral relativa à superioridade de H, excepto nos casos a sombreado em que se elege como hipótese alternativa a inferioridade das posições em H. No caso do teste Z3 a hipótese alternativa é a superioridade da média do Quartil 1, excepto nos casos a sombreado em que a hipótese alternativa é a superioridade da média do Quartil 4.

Na primeira destas tabelas, procede-se ao cálculo da proporção das posições não nulas no total das posições contabilizadas, para os diferentes quartis de performance. Assim, do total de 1590 posições H identificadas, 445 respeitam a títulos de mais elevada rendibilidade (Quartil 1), se apurada esta em função dos retornos não ajustados ao risco CR (Painel I), sendo que 370 são posições não nulas. A proporção n2/n1 apurada eleva-se, assim, a 83,1 por cento. No segundo grupo de performance (Quartil 2), "caíram" 509 posições, das quais 123 nulas, pelo que o rácio observado foi de 75,8 por cento. No Quartil 3 a proporção é de 74,4 por cento, enquanto que entre os títulos de pior performance (Quartil 4) se contabilizou 56,9 por cento.

Em qualquer dos quartis de performance o quociente registado para as posições do tipo H é sempre significativamente maior que a registada para outro tipo de posições. Quer isto dizer que a proporção é mais elevada para acções do tipo H em todas as classes de retorno. Se a performance for aferida após ajustamento dos retornos ao risco, seja com base no modelo M1 (Painel II), seja com recurso ao modelo M5 (Painel III), igualmente se constata que a proporção é maior para as posições H em todos os quartis de performance. Donde, pode inferir-se que a superioridade das acções do tipo H não é exclusiva de nenhuma classe de performance.

Além disso, o teste Z3[556] relativo à diferença de proporções dos quartis extremos permite concluir que, ao nível de CR, a proporção de posições H do Quartil 1 excede a proporção deste tipo de posições no Quartil 4. Todavia, o mesmo acontece para todos os outros tipos de activos. Pelo contrário, se aferida a performance com base no modelo M1 constata-se uma proporção mais elevada nos títulos de menor desempenho, facto uma vez mais generalizado a todos os grupos de acções. Por fim, considerando o modelo M5, apenas ao nível das posições em OIF se nota uma maior propensão dos títulos com maior performance.

---

[556] Trata-se do teste à diferença entre duas proporções binomiais para amostras de grandes dimensões, que postula como hipótese nula a igualdade das proporções verificadas para o Quartil 1 e para o Quartil 4, calculado de modo análogo ao «Teste Z1».

A Tabela 5.7, por sua vez, sintetiza os resultados obtidos em termos de posições médias. Aí se apresentam – nas colunas «Quartil 1», «Quartil 2», «Quartil 3» e «Quartil 4» – as posições médias apuradas por quartis de performance e por tipo de posições. Aí se documentam também os valores da estatística relativa à diferença entre a média das posições H e a média de outros tipos de acções (Teste Z2). Os resultados obtidos permitem, em todas as situações, rejeitar a hipótese de igualdade do peso médio das posições H e das demais posições, quer quando se consideram todas as outras posições, quer quando se consideram apenas as posições OIF. Em todos os quartis, qualquer que seja a forma de medição usada, infere-se um peso superior para as posições do tipo H, com um nível de significância de um por cento, com excepção única de um caso em que tal conclusão apenas é válida para um nível de significância de 5 por cento. Pode, pois, concluir-se pela evidência de que a preferência por acções do tipo H ocorre em todos os grupos de performance e é visível para todas as formas de apuramento do desempenho. Não é, pois, um exclusivo de nenhum grupo de performance, e em particular não pode atribuir-se à escolha de títulos com performance superior. Aliás, o maior valor médio de entre as posições H apenas é registado para o Quartil 1 quando se consideram os retornos absolutos (CR) e as posições nulas. Em todos os demais casos se contabilizaram médias mais elevadas para outras classes de performance.

TABELA 5.7 – PESO MÉDIO DAS POSIÇÕES NA COMPONENTE ACCIONISTA
DE CADA FUNDO POR QUARTIS DE PERFORMANCE

	Quartil 1 (Melhor)	Quartil 2	Quartil 3	Quartil 4 (Pior)	[Quartil 1 - Quartil 4]	Quartil 1 (Melhor)	Quartil 2	Quartil 3	Quartil 4 (Pior)	[Quartil 1 - Quartil 4]
	I. Incluindo Posições Nulas					II. Excluindo Posições Nulas				
	I.1 Retornos Não Ajustados ao Risco					II.1 Retornos Não Ajustados ao Risco				
Posições H										
média	5,12%	4,46%	4,38%	3,86%	1,26%	6,16%	5,88%	5,89%	6,79%	-0,63%
devio padrão	*3,42%*	*3,78%*	*4,46%*	*5,51%*	*0,46%*	*2,77%*	*3,24%*	*4,23%*	*5,79%*	*0,61%*
Teste Z4					*2,8 **					*-1,0*
Posições MCO Excepto H										
média	1,70%	1,64%	1,30%	0,75%	0,94%	4,50%	4,38%	3,80%	2,64%	1,86%
devio padrão	*3,06%*	*2,94%*	*2,70%*	*1,89%*	*0,02%*	*3,49%*	*3,34%*	*3,44%*	*2,74%*	*0,04%*
Testes Z2 e Z4	*21,0 **	*16,7 **	*14,9 **	*7,3 **	*46,5 **	*11,2 **	*8,9 **	*9,1 **	*7,0 **	*43,1 **
Posições OIF										
média	2,06%	1,58%	1,30%	0,65%	1,41%	5,41%	4,82%	4,32%	4,02%	1,39%
devio padrão	*3,23%*	*2,85%*	*2,59%*	*1,95%*	*0,05%*	*3,04%*	*3,02%*	*3,03%*	*3,19%*	*0,13%*
Testes Z2 e Z4	*18,4 **	*16,9 **	*14,8 **	*7,5 **	*29,7 **	*4,8 **	*6,1 **	*6,7 **	*4,6 **	*10,7 **
	I.2 Retornos Ajustados por M1 [CAPM]					II.2 Retornos Ajustados por M1 [CAPM]				
Posições H										
média	3,23%	5,01%	4,94%	3,44%	-0,21%	5,41%	6,38%	6,13%	5,13%	0,28%
devio padrão	*3,64%*	*3,79%*	*4,19%*	*4,82%*	*0,42%*	*3,22%*	*3,09%*	*3,80%*	*5,09%*	*0,53%*
Teste Z4					*-0,5*					*0,5*
Posições MCO Excepto H										
média	1,26%	1,54%	1,68%	0,91%	0,35%	4,28%	4,32%	4,27%	2,72%	1,56%
devio padrão	*2,74%*	*2,92%*	*2,92%*	*2,13%*	*0,02%*	*3,53%*	*3,45%*	*3,26%*	*2,94%*	*0,05%*
Testes Z2 e Z4	*7,7 **	*21,9 **	*19,1 **	*7,5 **	*18,1 **	*3,9 **	*13,9 **	*10,6 **	*5,5 **	*33,5 **
Posições OIF										
média	1,03%	1,70%	1,83%	0,94%	0,09%	4,84%	5,12%	4,77%	3,89%	0,95%
devio padrão	*2,36%*	*3,07%*	*2,96%*	*2,20%*	*0,04%*	*2,78%*	*3,29%*	*2,96%*	*2,94%*	*0,12%*
Testes Z2 e Z4	*8,6 **	*20,7 **	*17,9 **	*7,3 **	*2,1 ***	*1,9 ***	*8,1 **	*7,6 **	*2,8 **	*8,3 **
	I.3 Retornos Ajustados por M5 [APT4]					II.3 Retornos Ajustados por M5 [APT4]				
Posições H										
média	4,01%	4,79%	4,91%	3,45%	0,56%	6,14%	6,16%	6,12%	5,14%	1,00%
devio padrão	*3,91%*	*3,74%*	*4,25%*	*4,90%*	*0,44%*	*3,22%*	*3,09%*	*3,89%*	*5,20%*	*0,53%*
Teste Z4					*1,3*					*1,9 ***
Posições MCO Excepto H										
média	1,31%	1,65%	1,58%	0,85%	0,47%	4,28%	4,42%	4,17%	2,66%	1,61%
devio padrão	*2,76%*	*3,01%*	*2,84%*	*2,07%*	*0,02%*	*3,48%*	*3,47%*	*3,24%*	*2,94%*	*0,05%*
Testes Z2 e Z4	*10,7 **	*20,4 **	*18,6 **	*7,2 **	*23,9 **	*7,2 **	*11,9 **	*10,6 **	*5,3 **	*35,0 **
Posições OIF										
média	1,19%	1,82%	1,68%	0,80%	0,39%	4,95%	5,07%	4,73%	3,85%	1,10%
devio padrão	*2,53%*	*3,12%*	*2,88%*	*2,03%*	*0,04%*	*2,82%*	*3,27%*	*2,99%*	*2,85%*	*0,12%*
Testes Z2 e Z4	*11,1 **	*19,0 **	*17,9 **	*7,3 **	*9,0 **	*4,5 **	*7,1 **	*7,3 **	*2,7 **	*9,6 **

Obs.: (*i*) o teste Z2 testa a hipótese nula de igualdade de médias entre o grupo H e o grupo em análise; o teste Z4 testa a hipótese nula relativa à igualdade das médias do Quartil 1 e do Quartil 4 (*ii*) «★», «★★» e «★★★» identificam as situações em que, com um nível de significância de, respectivamente, 1%, 5% e 10% é rejeitada a hipótese nula. A hipótese alternativa no caso do teste Z2 é a hipótese unilateral relativa à superioridade de H, excepto nos casos a sombreado em que se elege como hipótese alternativa a inferioridade das posições em H. No caso do teste Z4 a hipótese alternativa é a superioridade da média do Quartil 1, excepto nos casos a sombreado em que se elege como hipótese alternativa a superioridade da média do Quartil 4.

Por outro lado, confrontando as situações extremas, igualmente se encontram resultados que apontam no sentido de a explicação do fenómeno de peso excessivo das posições tipo H não se fundar na performance dos activos. Na coluna «[Quartil 1 – Quartil 4]» apura-se a diferença das médias contabilizadas para o quartil de melhor performance e para o quartil de pior performance. O teste respectivo (Teste Z4)[557] é relativo à hipótese de as médias dos Quartis 1 e 4 serem iguais. Incluindo as posições nulas, apenas num caso (CR) se conclui pela superioridade da média das posições do Quartil 1. Ajustando a performance ao risco nunca a hipótese nula do teste Z4 é rejeitada para as posições H. Pelo contrário, ao nível das demais posições do MCO e das demais posições em IF sempre se infere um peso médio superior para os activos com melhor performance. Excluindo posições nulas, para posições H a hipótese nula do teste Z4 apenas é rejeitada para os retornos ajustados ao risco por M5, ao passo que uma vez mais para as demais acções, em todas as situações analisadas, os fundos revelam um peso médio superior para o Quartil 1 do que para o Quartil 4.

Assim, poderá afirmar-se que a análise das carteiras dos fundos revela uma maior presença relativa de acções com mais elevada performance entre as outras acções, do que entre as acções do próprio grupo, facto que indicia uma maior "habilidade" na selecção das demais acções do que na definição do peso a atribuir a acções do grupo.

5.3.5 ANÁLISE DA ESTRUTURA DAS APLICAÇÕES FACE AO RISCO

O (superior) peso das posições do tipo H na carteira dos fundos pode (eventualmente) dever-se ao perfil de risco dos activos em questão[558]. Donde, no sentido de indagar a relação entre o peso de cada título na carteira de acções do fundo e o respectivo risco sistemático, apurou-se o risco de cada valor com base na estimativa dos betas dos modelos M1 e M5 no período de 12 meses antecedentes ao mês da carteira. Tal como no ponto anterior, de igual modo se elaboraram *rankings*

---

[557] Trata-se, tal como o teste Z2, do teste Z relativo à diferença entre médias de populações com distribuição quaisquer e grandes amostras, tendo a particularidade de a hipótese nula postular que a diferença entre as médias dos quartis 1 e 4 ser nula.

[558] A importância do risco sistemático dos activos nas decisões dos gestores dos fundos está bem documentada, entre outros, em Brown et al. (1996), onde (como antes referido) se evidenciou que os fundos de investimento alteram o risco sistemático das carteiras em função da performance passada.

mensais, dividindo a globalidade das acções cotadas em quartis. A Tabela 5.8 sintetiza os principais *outputs* obtidos. Aí se pode ver que (incluindo as posições nulas) as posições médias em activos com maiores betas (Quartil 1) excedem significativamente as posições médias em activos com menores betas (Quartil 4). Este resultado (Teste Z4) é válido para todo o tipo de activos e denota uma preferência generalizada por acções com maior nível de risco sistemático[559]. Todavia, esta opção dos gestores não se afigura justificativa do superior peso verificado para as posições H. Esta superioridade é constatada para todos os quartis de risco (Teste Z2), pelo que não é a preferência por activos de maior risco que pode justificar por si só o peso de tais posições. Pelo contrário, excluindo as posições nulas e considerando os betas estimados com base no modelo M5, nota-se que as posições H concorrem no sentido inverso da estratégia preferida pela generalidade dos gestores, porquanto ao contrário do que acontece com a globalidade dos activos (financeiros ou outros) os activos com menores betas estimados (Quartil 4) têm um peso médio superior aos activos com maior risco (Quartil 1). Não obstante isso, uma vez mais, o superior peso dos títulos H é constatável para todas as classes de risco[560]. Significa isto que, também ao nível dos títulos eleitos, a lógica que determina a superioridade de H se sobrepõe à preferência revelada por títulos de maior risco.

---

[559] Este resultado é consistente com a evidência de Brown et al. (1996) segundo a qual os gestores dos fundos seleccionam acções com maior nível de risco como forma de atingir mais elevadas rendibilidades, sendo também compatível com o resultado reportado por Falkenstein (1996) segundo o qual os fundos manifestam preferência por activos com mais elevada volatilidade, embora tal não seja sempre perceptível quando esta é aproximada pelos betas, mas apenas quando é usada a variância.

[560] O qual apenas não é estatisticamente significativo no Quartil 1 face às demais posições de IF não nulas.

TABELA 5.8 – PESO MÉDIO DAS POSIÇÕES NA COMPONENTE ACCIONISTA DE CADA FUNDO POR QUARTIS DE RISCO SISTEMÁTICO

	Quartil 1 (Maior)	Quartil 2	Quartil 3	Quartil 4 (Menor)	Quartil 1 - Quartil 4	Quartil 1 (Maior)	Quartil 2	Quartil 3	Quartil 4 (Menor)	Quartil 1 - Quartil 4
	I. Incluindo Posições Nulas					II. Excluindo Posições Nulas				
	I.1 Estimativas dos Betas por M1 [CAPM]					II.1 Estimativas dos Betas por M1 [CAPM]				
Posições H										
média	5,03%	4,87%	4,32%	2,00%	3,03%	5,80%	6,29%	7,36%	4,33%	1,47%
devio padrão	3,39%	4,53%	5,10%	3,41%	0,29%	2,97%	4,18%	4,68%	3,90%	0,46%
Teste Z4					10,3 *					3,2 *
Posições MCO Excepto H										
média	3,00%	1,43%	0,69%	0,28%	2,72%	4,87%	3,60%	2,84%	2,20%	2,67%
devio padrão	3,64%	2,64%	1,86%	1,22%	0,02%	3,51%	3,11%	2,87%	2,71%	0,05%
Testes Z2 e Z4	16,1 *	15,5 *	11,4 *	6,4 *	124,8 *	7,8 *	11,5 *	11,8 *	4,7 *	54,0 *
Posições OIF										
média	3,57%	1,47%	0,67%	0,20%	3,38%	5,28%	4,28%	4,19%	4,17%	1,11%
devio padrão	3,46%	2,69%	2,00%	1,20%	0,04%	2,94%	3,00%	3,24%	3,75%	0,22%
Testes Z2 e Z4	11,2 *	15,2 *	11,5 *	6,8 *	78,7 *	4,2 *	8,4 *	8,1 *	0,3	5,2 *
	I.2 Estimativas dos Betas por M5 [APT4]					II.2 Estimativas dos Betas por M5 [APT4]				
Posições H										
média	4,20%	5,19%	4,77%	3,58%	0,62%	4,95%	6,35%	6,49%	6,17%	-1,22%
devio padrão	3,19%	4,12%	4,26%	4,60%	0,31%	2,87%	3,66%	3,67%	4,53%	0,38%
Teste Z4					2,0 **					-3,2 *
Posições MCO Excepto H										
média	1,72%	1,80%	1,38%	0,51%	1,21%	4,25%	4,18%	3,84%	2,68%	1,57%
devio padrão	3,07%	3,06%	2,65%	1,61%	0,02%	3,55%	3,43%	3,18%	2,81%	0,05%
Testes Z2 e Z4	14,0 *	18,8 *	16,5 *	11,8 *	61,6 *	4,0 *	12,1 *	12,7 *	10,3 *	32,6 *
Posições OIF										
média	1,91%	2,31%	1,34%	0,54%	1,37%	4,85%	5,21%	4,48%	4,16%	0,69%
devio padrão	2,93%	3,36%	2,59%	1,89%	0,04%	2,75%	3,22%	2,89%	3,50%	0,12%
Testes Z2 e Z4	12,7 *	15,6 *	16,5 *	11,6 *	31,9 *	0,6	6,2 *	9,4 *	5,7 *	5,7 *

Obs.: Esta tabela deve ler-se de modo análogo à Tabela 5.7.

A preferência pelos activos com maior risco é igualmente notória ao nível da proporção das posições não nulas no total das posições, uma vez que para todos os grupos de activos se verifica uma maior proporção na escolha dos activos do Quartil 1 do que na selecção das acções do Quartil 4. Todavia, também ao nível das proporções se constata que a preferência por posições do tipo H ocorre em todos os níveis de risco[561].

Se em vez do risco sistemático, os títulos forem "arrumados" em função do risco total[562], as conclusões obtidas também não sofrem mutações significativas (Tabela 5.9). Igualmente se torna notório que existe uma preferência generalizada por activos com mais elevado risco, facto que é compatível com as conclusões derivadas da comparação das Tabelas 5.2 e 5.4 e que apontavam no sentido de a estrutura de aplicações

---

[561] Resultados não reportados.

[562] Apurado com base no desvio padrão dos retornos acumulados mensais, obtidos por soma dos retornos contínuos diários, dos 5,5 anos antecedentes a cada mês a que respeita a carteira analisada ou no período em que o título esteve cotado se este for inferior àquele.

dos fundos analisados se afastar muito expressivamente da estrutura das carteiras de mínima variância global. Todavia, se incluídas as posições nulas constata-se que o "excesso" de peso de H é comum a todos os quartis de risco, ao passo que considerando apenas as escolhas efectivas, tal verifica-se para ambos os extremos, embora não se possa concluir que o peso de H seja superior ao das demais acções nos quartis centrais[563].

TABELA 5.9 – PESO MÉDIO DAS POSIÇÕES NA COMPONENTE ACCIONISTA DE CADA FUNDO POR QUARTIS DE RISCO TOTAL

	Quartil 1 (Maior)	Quartil 2	Quartil 3	Quartil 4 (Menor)	Quartil 1 - Quartil 4	Quartil 1 (Maior)	Quartil 2	Quartil 3	Quartil 4 (Menor)	Quartil 1 - Quartil 4
	I. Incluindo Posições Nulas					II. Excluindo Posições Nulas				
	Posições H					Posições H				
média	6,35%	3,46%	2,49%	5,34%	1,01%	7,06%	4,87%	3,65%	7,02%	0,04%
devio padrão	5,03%	2,60%	2,75%	4,28%	0,37%	4,81%	1,62%	2,62%	3,50%	0,37%
Teste Z4					2,7 *					0,1
	Posições MCO Excepto H					Posições MCO Excepto H				
média	1,72%	1,80%	1,38%	0,51%	1,21%	4,25%	4,18%	3,84%	2,68%	1,57%
devio padrão	3,07%	3,06%	2,65%	1,61%	0,02%	3,55%	3,43%	3,18%	2,81%	0,05%
Testes Z2 e Z4	13,6 *	9,6 *	7,7 *	31,5 *	61,6 *	8,2 *	5,3 *	-1,2	29,3 *	32,6 *
	Posições OIF					Posições OIF				
média	3,08%	1,70%	0,83%	1,60%	1,48%	4,85%	5,21%	4,48%	4,16%	0,69%
devio padrão	3,00%	2,73%	2,18%	3,03%	0,07%	2,75%	3,22%	2,89%	3,50%	0,12%
Testes Z2 e Z4	9,4 *	10,0 *	11,3 *	24,1 *	20,4 *	6,4 *	-2,4 *	-4,7 *	16,0 *	5,7 *

Obs.: Esta tabela deve ler-se de modo análogo à Tabela 5.7.

Em suma, pode concluir-se que existe uma preferência generalizada por títulos com maior risco (sistemático e total), mas este facto não explica o (superior) peso das posições H, nem o menor peso das posições IF.

5.3.6 Análise da estrutura das aplicações face a outras características das acções

As estratégias de gestão adoptadas pelos fundos podem não ter a ver exclusivamente com o desempenho passado ou com o risco sistemático de cada acção. Outras características dos valores podem ser relevadas

---

[563] Em termos de proporções os resultados obtidos (não reportados) confirmam o carácter generalizado das preferências por H e a aversão por OIF. Em todos os quartis de risco se verifica uma maior proporção de escolha de acções H maior do que de outras acções, e do que a proporção de escolha de acções de OIF.

pelos gestores[564]. Donde, importa estudar a conexão das posições nos diferentes grupos de acções com as características dessas mesmas acções. Nesse sentido, utilizaram-se as estimativas dos coeficientes SMB, HML e WML do modelo M5, para elaborar *rankings* mensais de modo semelhante ao concretizado com a performance e com o risco sistemático. Os resultados (principais) da interacção destes *rankings* mensais com os grupos de acções em análise (posições H, posições MCO excepto H e posições OIF) constam da Tabela 5.10.

TABELA 5.10 – PESO MÉDIO DAS POSIÇÕES NA COMPONENTE ACCIONISTA DE CADA FUNDO POR QUARTIS DE EXPOSIÇÃO A SMB, HML E WML

	Quartil 1 (Maior)	Quartil 2	Quartil 3	Quartil 4 (Menor)	Quartil 1 - Quartil 4	Quartil 1 (Maior)	Quartil 2	Quartil 3	Quartil 4 (Menor)	Quartil 1 - Quartil 4
	I. Incluindo Posições Nulas					II. Excluindo Posições Nulas				
	I.1 Estimativas Coeficientes SMB					II.1 Estimativas Coeficientes SMB				
Posições H						*Posições H*				
média	0,25%	2,24%	4,58%	4,82%	-4,57%	4,80%	4,63%	6,21%	6,05%	-1,25%
devio padrão	1,10%	4,37%	4,68%	3,81%	0,28%	n.c.	5,35%	4,43%	3,28%	n.c.
Teste Z4					-16,4 *					n.c.
Posições MCO Excepto H						*Posições MCO Excepto H*				
média	0,27%	0,46%	1,32%	3,33%	-3,06%	1,86%	2,09%	3,30%	5,41%	-3,55%
devio padrão	1,03%	1,28%	2,58%	3,76%	0,02%	2,08%	2,00%	3,18%	3,42%	0,04%
Testes Z2 e Z4	-0,1	3,9 *	13,9 *	12,6 *	-138,2 *	n.c.	3,1 *	11,2 *	5,6 *	-89,6 *
Posições OIF						*Posições OIF*				
média	0,06%	0,24%	1,25%	2,57%	-2,51%	1,74%	2,87%	4,49%	5,10%	-3,35%
devio padrão	0,43%	1,13%	2,70%	3,27%	0,03%	1,61%	2,82%	3,42%	2,89%	0,13%
Testes Z2 e Z4	0,8	4,4 *	14,1 *	18,9 *	-85,2 *	n.c.	2,1 **	6,4 *	8,2 *	-24,8 *
	I.2 Estimativas Coeficientes HML					II.2 Estimativas Coeficientes HML				
Posições H						*Posições H*				
média	2,25%	4,11%	4,79%	5,09%	-2,84%	3,91%	5,33%	5,96%	7,14%	-3,23%
devio padrão	2,55%	4,27%	4,06%	4,12%	0,33%	2,19%	4,14%	3,68%	3,03%	0,35%
Teste Z4					-8,5 *					-9,2 *
Posições MCO Excepto H						*Posições MCO Excepto H*				
média	0,61%	1,06%	1,80%	1,90%	-1,29%	3,32%	3,67%	4,06%	4,12%	-0,80%
devio padrão	1,99%	2,45%	2,91%	3,12%	0,02%	3,55%	3,33%	3,15%	3,47%	0,05%
Testes Z2 e Z4	5,9 *	15,0 *	17,5 *	17,0 *	-61,6 *	1,9 **	7,4 *	10,9 *	18,3 *	-14,6 *
Posições OIF						*Posições OIF*				
média	0,20%	1,08%	2,52%	2,73%	-2,53%	2,61%	4,19%	5,00%	5,62%	-3,01%
devio padrão	1,02%	2,36%	3,21%	3,61%	0,05%	2,78%	2,93%	2,84%	3,25%	0,13%
Testes Z2 e Z4	7,4 *	14,9 *	13,1 *	12,2 *	-49,3 *	3,9 *	4,9 *	5,4 *	8,7 *	-23,4 *
	I.3 Estimativas Coeficientes WML					II.3 Estimativas Coeficientes WML				
Posições H						*Posições H*				
média	4,53%	4,34%	4,86%	4,33%	0,20%	5,64%	5,64%	6,52%	6,48%	-0,84%
devio padrão	3,23%	3,78%	4,50%	5,08%	0,36%	2,60%	3,35%	4,04%	4,97%	0,42%
Teste Z4					0,6					-2,0 **
Posições MCO Excepto H						*Posições MCO Excepto H*				
média	1,30%	1,75%	1,39%	0,95%	0,35%	4,36%	4,16%	3,63%	3,41%	0,95%
devio padrão	2,72%	3,02%	2,67%	2,33%	0,02%	3,39%	3,41%	3,25%	3,33%	0,05%
Testes Z2 e Z4	20,0 *	14,1 *	17,5 *	10,4 *	17,1 *	8,6 *	7,9 *	7,9 *	7,9 *	19,0 *
Posições OIF						*Posições OIF*				
média	1,45%	1,57%	1,94%	0,80%	0,65%	5,11%	4,61%	5,09%	3,89%	1,22%
devio padrão	2,76%	2,88%	3,18%	1,99%	0,04%	2,84%	3,21%	3,22%	2,66%	0,09%
Testes Z2 e Z4	18,8 *	14,9 *	14,5 *	10,8 *	16,8 *	3,4 *	5,3 *	6,7 *	6,5 *	12,8 *

Obs.: (*i*) Esta tabela deve ler-se de modo análogo à Tabela 5.7; (*ii*) «n.c.» identifica os casos em que a estatística não é calculável.

---

[564] Nesse sentido apontam, entre outros, os estudos de Lakonishok et al. (1994), Shefrin e Statman (1995), Del Guercio (1996), Falkenstein (1996) e Gompers e Metricks (1998).

Desta matriz constam dois tipos de informações. Por um lado, é possível ver as preferências generalizadas dos gestores, designadamente através do Teste Z4 relativo à diferença entre os quartis 1 e 4. Por outro lado, é possível ver se o (superior) peso das posições H é exclusivo de algum ou alguns quartis ou se é generalizado (Testes Z2).

No que respeita ao primeiro aspecto, surge evidente uma preferência por acções não expostas ao *efeito dimensão* (em consonância com Shefrin e Statman (1995), Falkenstein (1996) e Gompers e Metricks (1998)), assim como por acções menos expostas ao efeito HML (em consonância com Shefrin e Statman (1995), Del Guercio (1996) e Daniel et al. (1997))[565] e por acções expostas ao efeito *momentum* (tal como em Grinblatt et al. (1995) e, entre outros, Borensztein e Gelos (2000)). As posições H surgem em consonância com esta preferência, excepto no que respeita ao gosto por acções com maior exposição a WML, particularmente no que respeita às posições não nulas. Tal indica que os gestores escolhem as acções H mesmo que estas não se coadunem com a estratégia de exposição ao *momentum* que se afigura patente nas demais escolhas. Donde, a preferência por H parece impor-se à opção generalizada de superior exposição aos títulos vencedores.

No que concerne à segunda vertente, a superioridade do peso médio das posições H emerge para todos os quartis e todas as formas de elaboração dos rankings, com uma única excepção: o quartil 1 dos rankings elaborados com base nas estimativas dos coeficientes SMB. Apenas neste caso, não se pode concluir que as posições médias em H excedam as demais posições. Contudo, não se afigura verosímil que a preferência por acções de mais elevada capitalização justifique por si só a superioridade do peso das acções H. É patente uma aversão ao efeito SMB e é também inequívoco que as acções H estão pouco expostas a este

---

[565] Em concreto, Daniel et al. (1997) evidenciam ausência de efeito da estratégia ("*high minus low*") – medido nos termos de Carhart (1997) – para a performance da generalidade dos fundos analisados. Também Shefrin e Statman (1995) documentam apenas indirectamente este tipo de preferência. Em concreto, estes autores estudaram a relação entre as preferências reveladas por mais de 8000 gestores e analistas inquiridos ao longo de 10 anos pela revista Fortune e as características das empresas escolhidas, tendo concluído que para os respondentes as *boas* acções são os títulos emitidos por grandes empresas com baixos *B/M*.

efeito[566]. Todavia, a superioridade das escolhas de H é patente nas demais classes de performance, e muito particularmente nos títulos pouco expostos ao efeito dimensão (Quartil 4). Donde, não obstante os títulos H serem, em geral, grandes capitalizações e os fundos patentearem aversão ao factor SMB, também é verdade que, entre os títulos de maior dimensão, os gestores escolhem mais e mais intensivamente as acções do tipo H.

Em síntese, não existe evidência de que o (excesso) de peso médio das posições H seja a consequência de qualquer estratégia (generalizada) de gestão, pelo contrário, antes se inferindo que a escolha por aquele tipo de activos se sobrepõem a uma preferência revelada por exposição ao *efeito momentum*.

5.3.7 Modelo de regressão linear

Nos pontos anteriores analisou-se a relação bilateral entre, por um lado, o peso das acções do tipo H nas carteiras dos fundos e, por outro lado, a performance (nuns casos) ou o risco (em outros casos), usando as posições nos demais activos e nos demais intermediários financeiros como elemento de controle. Em nenhuma circunstância, porém, interagiram a performance e os diferentes níveis de risco na explicação do peso de cada activo em cada fundo. Além disso, a análise anterior agrega os dados dos diferentes fundos, não analisando individualmente o comportamento de cada fundo perante a performance e o risco de cada activo. Donde, importa analisar a interacção de todas as variáveis potencialmente explicativas do peso de cada activo e importa distinguir o comportamento dos diferentes fundos.

A base de dados é um painel não balanceado que contempla uma dupla dimensão seccional e uma dimensão temporal. Em termos seccionais, o peso de cada activo em cada fundo não só pode variar de fundo para fundo como pode variar de activo para activo. Em termos temporais, a análise contempla um período de 90 meses. Donde, perante

---

[566] Além disso, o número de posições H incluídas Quartil 1 é muito reduzido: 18 posições nulas e uma não nula.

um conjunto de dados desta natureza afigura-se problemático proceder a estimativas OLS agregando a globalidade da informação disponível. A assunção de que as perturbações não estão serialmente correlacionadas e de que os erros são homocedásticos é neste contexto muito provavelmente inverosímil[567]. Assim, optou-se por efectuar regressões OLS mês a mês e fundo a fundo[568] perfazendo um total de 1127 regressões por cada conjunto de variáveis explicativas[569]. Essas regressões são meramente seccionais e em apenas uma dimensão (a variável explicada varia de activo para activo). As regressões realizadas revelaram-se homocedásticas e livres de autocorrelação[570], além de que revelaram ausência de erros de especificação[571]. As estimativas dos coeficientes das regressões finais foram obtidas como média das estimativas individuais, sendo que as respectivas estatísticas *t* igualmente se baseiam nesta média e no respectivo desvio padrão, usando para o efeito uma metodologia análoga à de Fama e MacBeth (1973).

A variável explicada foi, em qualquer circunstância, o peso da acção i (i=1, ...,111) na carteira de acções do fundo em análise[572]. No elenco das variáveis explicativas incluíram-se sempre duas variáveis *dummy*: H e

---

[567] Assim o indicaram, aliás, os testes de heterocedasticidade de White (1980) e o teste de Breusch (1978)-Godfrey (1978) para detecção de heterocedasticidade e autocorrelação realizados (mas não reportados) contemplando em simultâneo a totalidade das observações.

[568] Considerando, obviamente, apenas os fundos com *holdings* cotadas.

[569] Uma solução metodológica à primeira vista plausível seria a estimação em painel com base num modelo de efeitos fixos, o qual, como é sabido, produz estimativas consistentes para os parâmetros identificáveis mesmo que os erros aleatórios não estejam relacionados com a variável explicativa, situação em que se afiguraria preferível a aplicação de um modelo de efeitos aleatórios (*vide* Johnston e DiNardo (1997, p. 436)). Acontece, porém que a variável explicativa cuja significância se pretende estudar – o efeito holding – é em muitos fundos invariante ao longo do tempo, inviabilizando por isso a aplicação daquela técnica.

[570] Com base nos testes de White (1980) e de Breusch (1978)-Godfrey (1978).

[571] De acordo com os testes *reset* de Remsey (1969) a dois termos.

[572] Donde, tal como, entre outros, em Del Guercio (1996), Falkenstein (1996) e Gompers e Metricks (1998) examinam-se aqui os *stocks* e não os fluxos dos investimentos dos fundos. Todavia, ao contrário destes outros autores que utilizam como variável dependente a percentagem do total de acções emitidas, no presente estudo considera-se como variável dependente o peso de cada acção no total das aplicações em acções dos fundos.

OIF. H toma o valor um se a acção i corresponde a uma posição do tipo H e zero em caso contrário, ao passo que OIF assume o valor um se a acção i é uma instituição financeira mas não corresponde a uma posição H e zero em caso contrário. Obviamente, a primeira variável visa controlar o efeito dos interesses do grupo e a segunda variável visa controlar do efeito sector financeiro nas escolhas dos gestores.

Também foi sempre incluída no elenco das variáveis explicativas a performance registada pelo título i nos 12 meses antecedentes ao mês a que respeitava a carteira em análise, sendo esta aferida pela estimativa do parâmetro alfa do modelo M1 (nuns casos) ou do modelo M5 (os outros casos). De igual modo se considerou como variável explicativa uma medida do risco sistemático da acção i, a qual consistiu na estimativa do beta de um dos modelos (M1 ou M5). Além disso, sempre que a performance e o risco sistemático foram medidos com base em M5 igualmente se consideraram as estimativas dos coeficientes HML, SMB e WML no elenco das variáveis explicativas, em ordem a indagar do efeito das fontes de risco captadas por estes factores. Em suma, tanto a performance como o risco foram aprioristicamente tidos como relevantes na explicação da composição das carteiras, pelo que foram incluídas diferentes variáveis consoante o modelo de equilíbrio de base utilizado (M1 ou M5).

Por fim, o peso do activo i no mercado foi igualmente incluído como variável explicativa. Em princípio as carteiras reflectem as oportunidades de investimento existentes no mercado, pelo que era expectável que o peso de cada activo no mercado tivesse um papel relevante na determinação do seu peso em carteira. Além disso, a análise constante dos pontos anteriores deixou patente uma aversão às *small caps* que, também por esta via, importa controlar. Porém, dadas as limitações legais impostas à composição das carteiras dos fundos de investimento, não era provável que o peso de cada acção no mercado tivesse um efeito linear sobre a composição das carteiras, antes se esperando que fosse diferenciado o impacto dos primeiros 5 por cento e (sendo caso disso) da parte que excede este valor. Assim, adoptaram-se duas soluções distintas para acomodar o efeito do limite legal. Uma primeira via consistiu em limitar o peso em mercado a um máximo de 5 por cento, definindo para o efeito a variável WL5 a qual se descreve pela fórmula seguinte:

$$WL5_{it} = Min\ (WM_{it},\ 5\%),\qquad [5.2]$$

onde WM_{it} corresponde ao peso do activo i no MCO no mês t. A segunda via consistiu em introduzir uma nova variável (a WH5), a qual quantifica o peso em mercado que vai além dos 5 por cento[573]. Deste modo, distingue-se o efeito dos primeiros 5 por cento do efeito da parte restante do peso dos activos no mercado.

Os resultados obtidos constam da Tabela 5.11 e apontam para que a variável H tenha um efeito positivo e significativo na explicação do peso de cada acção na globalidade dos fundos da amostra. O efeito H varia entre 0,52 por cento (terceira regressão) e 0,67 por cento (segunda regressão). Quer isto dizer que tudo o resto constante, às acções do tipo H é atribuído um peso superior às demais acções. Donde, infere-se que os interesses do grupo relevam nas escolhas dos fundos, pelo menos no que respeita à escolha das acções relevantes para o exercício de poder no próprio grupo. De igual modo, há um efeito negativo e significativo da variável OIF, confirmando a relutância dos fundos em escolher acções financeiras que não as holdings do próprio grupo, havendo por isso uma reduzida propensão para canalizar o dinheiro dos seus clientes para a sustentação da procura de acções dos concorrentes. Tal como se esperava, o peso de cada activo no mercado tem um efeito positivo e significativo no peso do activo em carteira, do mesmo modo que tal como se esperava é maior o impacto dos primeiros 5 por cento (WL5) do que da parte remanescente (WH5).

---

[573] Naturalmente que a soma de WL5 e WH5 corresponde ao peso de cada activo no mercado (WM).

TABELA 5.11 – REGRESSÕES EXPLICATIVAS DO PESO MÉDIO DAS POSIÇÕES ACCIONISTAS NA CARTEIRA DE ACÇÕES DE CADA FUNDO

C	H	OIF	WL5	WH5	Alfa (M1)	Beta (M1)	Alfa (M5)	Beta (M5)	HML (M5)	SMB (M5)	WML (M5)	N	R2	R2Adj
-0,007 *	0,0054 *	-0,0065 *	1,063 *	0,302 *	0,395 *	0,012 *						1127	0,645	0,612
-15,97	*4,53*	*-40,12*	*106,04*	*12,48*	*8,67*	*24,64*								
-0,007 *	0,0067 *	-0,0074 *	1,201 *		0,416 *	0,012 *						1127	0,608	0,578
-15,79	*7,21*	*-49,21*	*140,94*		*9,15*	*22,93*								
-0,006 *	0,0052 *	-0,0062 *	1,005 *	0,291 *			0,394 *	0,013 *	-0,002 *	-0,004 *	0,000 *	1127	0,664	0,615
-13,28	*4,27*	*-39,53*	*91,92*	*11,19*			*8,44*	*25,84*	*-16,06*	*-21,50*	*4,61*			
-0,006 *	0,0066 *	-0,0070 *	1,152 *				0,382 *	0,012 *	-0,002 *	-0,003 *	0,001 *	1127	0,626	0,578
-13,49	*7,05*	*-44,96*	*122,72*				*7,95*	*23,85*	*-14,18*	*-18,45*	*5,42*			

Obs.: (*i*) «C» identifica a constante da regressão e «H», «OIF», «WL5», «WH5», «Alfa (M1)», «Beta (M1)», «Alfa (M5)», «Beta (M5)», «HML (M5)», «SMB (M5)», «WML (M5)», representam as variáveis explicativas; (*ii*) nas colunas identificadas em (*i*) o valor indicado na primeira linha corresponde à média das estimativas apuradas para cada coeficiente e o valor indicado (em itálico) nas segundas linhas corresponde à respectiva estatística t; (*iii*) «*», «**», «***» identificam as situações em que, com um nível de significância de, respectivamente, 1%, 5% e 10%, é rejeitada a hipótese nula de a média das estimativas ser nula de acordo com a estatística t; (*iv*) N corresponde ao número de estimativas individuais realizadas; (*v*) R^2 e R^2 Adj. correspondem à média dos R^2 e dos R^2 Ajustados das estimativas individuais.

Além disso, emerge inequívoca a preferência por activos que tiveram as mais elevadas performances no passado – de que são testemunha os coeficientes de alfa e de WML – e pelos títulos com o mais elevado risco sistemático. No que respeita a outras fontes de risco, parece clara a preferência pela exposição ao retorno das grandes empresas e das empresas com reduzido *B/M*. Este resultado está em consonância com Lakonishok et al. (1994) que argumentam que os investidores institucionais preferem *acções glamour*, que apresentam elevados retornos no passado e exibem reduzidos *B/M*, porquanto este facto ajuda as instituições a explicarem ao público as suas escolhas[574] . No mesmo sentido conclui Del Guercio (1996), ainda que a autora tenha inferido que a preferência por grandes empresas e (especial-

---

[574] Este resultado – como conjecturam Lakonishok et al. (1994) e Shefrin e Statman (1995) – é, aliás, consentâneo com os resultados de Fama e French (1992, 1993) que evidenciaram que as acções com elevados rácios *B/M* produzem mais elevados retornos ajustados ao risco, e que tal facto se pode dever ao preço excessivo das acções com reduzido *B/M*, devido à procura (excessiva) deste tipo de acções por parte dos investidores institucionais (*vide*, a este propósito, o Capítulo 3).

mente) por baixos B/M seja especialmente verdadeira entre os bancos e menos intensa entre os fundos[575].

As estimativas constantes da Tabela 5.11 resultam da média de todas as regressões individuais efectuadas. Porém, se inicialmente forem apuradas as médias mensais e depois apuradas as médias finais com base nas 90 médias mensais inicialmente calculadas, as conclusões obtidas não sofrem mutações. Em particular, novamente se infere um efeito positivo, e significativo a um por cento de significância, para a variável H. Se, numa outra abordagem, primeiro se calcularem as médias de cada fundo e em seguida se apurarem as médias finais dando o mesmo peso a todos os fundos, continua a existir um efeito positivo da variável H, o qual é significativo a um nível de significância de 10 por cento. Por fim, os resultados também não são afectados se a amostra for temporalmente dividida: o efeito H é notório quando se consideram separadamente as regressões individuais dos primeiros e dos segundos 45 meses. Todavia, esse efeito é mais expressivo e mais significativo na primeira parte que na parte final da amostra[576].

Por fim, importa notar que o efeito global reportado não se verifica para todos os fundos da amostra. Pelo contrário, em alguns fundos a variável H tem um efeito negativo. A Tabela 5.12 sintetiza as estimativas obtidas para uma das regressões.

No total, 10 fundos apresentam estimativas negativas para o coeficiente de H e os demais 12 fundos exibem estimativas positivas. Esta tabela, todavia, deixa perceptível que os resultados, mais do que dos fundos individualmente considerados dependem do grupo em que se inserem e da sua história dentro do grupo. Assim, os fundos F1, F2, F20 e F23 estão integrados – desde a sua constituição – num dos maiores grupos financeiros, cuja gestão é profissional e cujo controlo accionista

---

[575] Com efeito, enquanto que os bancos se afastam do efeito das pequenas empresas e das empresas com elevados B/M, os fundos afastam-se tanto das firmas muito grandes como das firmas muito pequenas e dos elevados B/M. A diferença de comportamento entre estes dois tipos de investidores é explicada pela autora com base numa maior sensibilidade dos bancos às "*prudent-man laws*", uma vez que a legislação que se lhes aplica é mais exigente e a probabilidade de os respectivos gestores serem demandados judicialmente ser também mais elevada.

[576] Os resultados relativos a estas abordagens alternativas não são reportados.

pertence ao mercado, uma vez que a dispersão do capital é – e sempre assim aconteceu ao longo do período da amostra – superior a 50 por cento. Em todos estes fundos se verifica um efeito positivo e significativo da variável H[577]. Os fundos F3 e F19 igualmente fizeram parte deste grupo, desde meados de 1995. Todavia, ambos haviam sido inicialmente constituídos por um grupo bancário público, e com a privatização deste passaram a integrar o grupo privado. Até ao início de 1998 estes fundos continuaram a ser geridos pela sociedade gestora que os havia constituído, pelo que coexistiram no grupo adquirente mais do que uma sociedade gestora. Após esta data todos os fundos passaram a ser geridos na mesma sociedade. Analisando o comportamento de F3 e de F19 antes e após a transição de sociedade gestora, constata-se que o efeito negativo reportado pela Tabela 5.12 se deve à fase inicial, uma vez que na fase final não é notória a significância de H na explicação da composição das carteiras de F3 e F19[578]. A sociedade gestora do Fundo F24 igualmente foi adquirida pelo mesmo grupo privado. Desta feita, porém, o efeito positivo era já perceptível ao tempo em que o fundo era gerido pelo grupo vendedor, o qual era um pequeno grupo com controlo familiar.

---

[577] Ainda que, no que diz respeito a F2, tal não seja perceptível em todos os tipos de regressão.

[578] Por economia de espaço não se reportam os resultados que fundamentam estas conclusões.

TABELA 5.12 – REGRESSÃO DO PESO DE CADA ACTIVO FUNDO A FUNDO

	C	H	OIF	WL5	Alfa (M1)	Beta (M1)	N	R2
F1	-0,003 *	0,018 *	-0,008 *	1,199 *	0,040	0,008 *	84	0,641
	-3,65	5,87	-16,07	49,14	0,32	6,19		
F2	-0,004 *	0,009 **	-0,007 *	1,312 *	-0,570 *	0,009 *	51	0,714
	-4,23	2,07	-9,50	69,10	-3,58	5,32		
F3	-0,011 *	-0,010 *	-0,006 *	1,165 *	-0,203 **	0,014 *	69	0,553
	-2,77	-4,54	-13,87	40,65	-1,80	3,47		
F4	-0,008 *	0,017 *	-0,005 *	0,994 *	-0,190	0,018 *	53	0,564
	-7,22	5,07	-7,03	29,00	-0,92	10,95		
F8	-0,010 *	-0,019 *	-0,010 *	1,284 *	1,208 *	0,013 *	58	0,602
	-2,94	-6,36	-17,45	43,27	6,75	3,73		
F9	-0,007 *	-0,003 **	-0,008 *	1,209 *	0,485 *	0,012 *	86	0,644
	-6,43	-2,24	-17,24	63,95	4,46	9,60		
F14	-0,006 *	-0,015 *	-0,010 *	1,329 *	0,430 *	0,008 *	25	0,412
	-2,53	-5,13	-12,79	33,39	2,47	3,33		
F15	-0,010 *	-0,014 *	-0,003 *	1,343 *	0,124	0,015 *	58	0,718
	-10,10	-6,09	-5,84	54,70	0,72	9,74		
F16	-0,009 *	-0,018 *	-0,004 *	1,509 *	-0,177	0,011 *	25	0,811
	-5,09	-6,70	-6,82	34,13	-0,85	3,79		
F17	-0,008 *	-0,004 ***	-0,007 *	1,353 *	1,100 *	0,010 *	64	0,666
	-7,88	-1,44	-13,39	62,92	5,22	8,87		
F18	-0,008 *	0,028 *	-0,010 *	1,187 *	0,064	0,016 *	46	0,598
	-6,69	37,64	-8,94	31,78	0,25	9,31		
F19	-0,011 *	-0,004 **	-0,006 *	1,150 *	-0,057	0,015 *	69	0,536
	-3,54	-2,00	-14,98	34,70	-0,47	4,25		
F20	-0,011 *	0,033 *	-0,004 *	1,555 *	-0,210	0,008 *	41	0,725
	-4,98	8,36	-4,58	51,65	-1,23	3,33		
F21	-0,009 *	0,017 *	-0,006 *	1,399 *	-0,010	0,012 *	20	0,825
	-6,35	2,68	-6,70	34,29	-0,04	5,22		
F23	-0,011 *	0,043 *	-0,006 *	1,068 *	0,342 **	0,016 *	69	0,546
	-4,60	13,03	-8,80	48,75	2,15	6,60		
F24	-0,013 *	0,021 *	-0,008 *	1,296 *	-0,607 **	0,019 *	11	0,804
	-5,49	3,37	-11,94	19,03	-1,99	5,44		
F25	-0,005 *	-0,003 *	-0,007 *	1,278 *	1,145 *	0,010 *	42	0,717
	-5,23	-6,37	-11,42	57,39	4,40	7,88		
F26	-0,008 *	-0,010 *	-0,008 *	1,262 *	1,062 *	0,013 *	52	0,446
	-3,90	-9,53	-10,86	46,67	3,09	6,82		
F27	-0,001 ***	0,004 ***	-0,008 *	1,204 *	-0,043	0,007 *	57	0,581
	-1,29	1,52	-12,06	33,74	-0,22	4,57		
F28	-0,006 *	0,010 *	-0,009 *	0,861 *	1,664 *	0,013 *	52	0,508
	-3,87	3,59	-23,60	14,94	7,73	6,35		
F29	-0,003 *	0,002	-0,008 *	1,043 *	1,256 *	0,008 *	70	0,595
	-3,06	0,78	-17,98	22,23	6,50	5,35		
F30	-0,003	0,105 *	-0,012 *	0,791 *	1,619 *	0,008 **	25	0,392
	-0,69	9,64	-13,65	24,58	6,26	2,30		

Obs.: F1 a F30 identificam os fundos de investimentos a que reportam as regressões, a demais notação deve ler-se de modo análogo à da tabela anterior.

Os fundos F14, F15 e F16 pertenceram durante todo o período da amostra a um único grupo, de grande dimensão, mas de controlo familiar. O efeito negativo aqui encontrado coincide, pois, com a ausência de utilidade da detenção de acções para controlo dos órgãos de governo da holding.

A gestão dos fundos F8 e F9 competiu a um outro grande grupo financeiro, com gestão profissional e de capital maioritariamente disperso. O fundo F8 foi originariamente constituído pelo grupo, ao passo que o fundo F9 foi integrado na sequência de uma operação de privatização. Em ambos os casos é perceptível um efeito negativo, ainda que no caso de F9 tal não ocorra para todas as formas de regressão. Significa isto que, a prática deste grupo bancário é inversa da do outro grupo com capital disperso anteriormente referido, embora se trate de dois grandes grupos (ainda que aquele outro seja significativamente maior do que este).

F4 e F18 são geridos por dois pequenos grupos privados, com o capital disperso. Em ambos os casos é perceptível uma escolha das acções das holdings significativamente mais expressiva do que aquilo que as demais variáveis são capazes de explicar.

As estimativas negativas para os coeficientes H encontradas para F25, F26 e F17 eram esperadas em face dos resultados reportados em 5.3.1 e, como aí se referiu, em nenhum caso se tratava de grupos cujo controlo accionista se encontrasse disperso.

F27 a F30 igualmente integraram um mesmo grupo financeiro, embora geridos por diferentes sociedades durante uma parte do período da amostra. Este grupo financeiro era controlado por um investidor particular, ainda que em um dos bancos do grupo o Estado detivesse uma parcela significativa mas minoritária do capital. Para todos estes fundos, é notório o efeito H, o qual é especialmente relevante no fundo F30, que foi gerido por uma sociedade gestora distinta das demais, onde o peso da holding do grupo chegou a atingir 23 por cento do VLG[579].

Note-se, por fim, que as variáveis OIF, WL5 e Beta mantêm o sinal e a significância inalteradas, uma vez que a relação do peso de cada activo em carteira com as demais variáveis depende de fundo para fundo. Donde, em particular, os resultados obtidos revelam uma rejeição generalizada das acções emitidas pelos concorrentes, o que é em si mesmo evidência de que os interesses do grupo relevam na escolha dos activos.

---

[579] Note-se que os resultados da Tabela 5.11 são robustos ao efeito de F30. Com efeito, se excluído este fundo da análise, ainda assim a variável H apresenta significância a 1% em todas as regressões.

5.4 Análise das compras e das vendas

No presente ponto estudam-se os fluxos de investimento em vez dos *stocks*[580]. Ao longo do período da amostra os fundos de acções nacionais efectuaram 19 936 compras de acções (553 em acções do tipo H, 4260 em acções de OIF e as demais em outros tipos de acções) e 20 535 vendas de acções (602 em acções do tipo H, 4363 em acções de OIF e as demais em outros tipos de acções)[581]. A distribuição destas operações pelos diferentes grupos de performance – aferida pelas estimativas dos alfas de M5 – consta da Tabela 5.13, e permite constatar que, em todos os grupos de acções, tanto as operações de compra, como as operações de venda, têm uma distribuição muito similar à distribuição das posições em carteira. Com efeito, no primeiro painel exibe-se a distribuição das posições e das operações por grupos de activos, tanto englobando a totalidade das observações, como procedendo à sua distribuição por quartis de performance. Assim, constata-se que a percentagem do número de operações de compra (2,8 por cento) e de operações de venda (2,9 por cento) de acções do tipo H é idêntica à percentagem do número de posições (não nulas) deste tipo de activos nas carteiras (2,8 por cento). Em termos de valor a situação também não é muito díspar, contrapondo-se a um peso de 4,6 por cento nas carteiras, um peso de 5,1 por cento nas vendas e 4,4 por cento nas compras. A estrutura das preferências por cada quartil de performance também não denota que o padrão das compras e das vendas seja muito distinto do padrão das carteiras, com excepção do peso relativamente maior das compras e (sobretudo) das vendas do Quartil 3, verificando-se o inverso com o Quartil 2. A distribuição das posições e operações de cada grupo pelos diferentes quartis de performance (Painel II), revela que, tanto nas acções H,

---

[580] Lakonishok et al. (1991) e Grinblatt et al. (1995), entre outros, igualmente estudaram os fluxos de investimento e de desinvestimento em vez das posições em carteira.

[581] As compras e as vendas correspondem à diferença (positiva no primeiro caso e negativa no segundo) entre o número de acções em carteira em dois meses consecutivos, ignorando por isso as compras e vendas que se compensam mutuamente em cada mês, uma vez que sobre estas operações não existe reporte de informação.

como nas acções OIF, as operações de compra e de venda concentram--se primordialmente nos quartis centrais, onde igualmente se localiza a maioria das posições contabilizadas. O mesmo acontece, aliás, ainda que menos intensamente, com as demais posições accionistas, o que pode ser interpretado como um indício de *herding behavior*, em consonância com o detectado por, entre outros, Grinblatt et al. (1995) e Lobão e Serra (2002).

TABELA 5.13 – DISTRIBUIÇÃO DAS POSIÇÕES,
COMPRAS E VENDAS POR QUARTIS DE PERFORMANCE

	Quartil 1	Quartil 2	Quartil 3	Quartil 4	Todas	Quartil 1	Quartil 2	Quartil 3	Quartil 4	Todas
I. Distribuição de Posições e Operações por Grupo de Activos em Cada Quartil de Performance										
I.1 Distribuição do Número de Posições e Operações						I.2 Distribuição do Valor das Posições e Operações				
Distribuição das Posições em Carteira						Distribuição das Posições em Carteira				
Posições H	1,6%	4,0%	3,8%	1,2%	2,7%	3,5%	7,2%	4,8%	1,0%	4,6%
MCO Excepto H	98,4%	96,0%	96,2%	98,8%	97,3%	96,5%	92,8%	95,2%	99,0%	95,4%
IFs Excepto H	15,7%	29,9%	27,5%	9,8%	21,4%	23,2%	35,9%	30,9%	10,2%	27,4%
Distribuição das Vendas						Distribuição das Vendas				
	Quartil 1	Quartil 2	Quartil 3	Quartil 4		Quartil 1	Quartil 2	Quartil 3	Quartil 4	
Posições H	2,0%	4,3%	3,9%	1,1%	2,9%	4,0%	5,0%	7,9%	1,4%	5,1%
MCO Excepto H	98,0%	95,7%	96,1%	98,9%	97,1%	96,0%	95,0%	92,1%	98,6%	94,9%
IFs Excepto H	16,7%	29,5%	27,5%	8,5%	21,2%	23,5%	34,2%	28,6%	9,5%	26,5%
Distribuição das Compras						Distribuição das Compras				
Posições H	1,5%	3,8%	3,9%	1,5%	2,8%	4,1%	5,5%	5,2%	1,3%	4,4%
MCO Excepto H	98,5%	96,2%	96,1%	98,5%	97,2%	95,9%	94,5%	94,8%	98,7%	95,6%
IFs Excepto H	14,1%	30,2%	28,0%	10,3%	21,4%	24,9%	35,6%	25,9%	9,7%	25,9%
	Quartil 1	Quartil 2	Quartil 3	Quartil 4		Quartil 1	Quartil 2	Quartil 3	Quartil 4	
II. Distribuição de Posições e Operações por Quartis de Performance em Cada Grupo de Activos										
II.1 Distribuição do Número de Posições e Operações						II.2 Distribuição do Valor das Posições e Operações				
Distribuição das Posições em Carteira						Distribuição das Posições em Carteira				
	Quartil 1	Quartil 2	Quartil 3	Quartil 4		Quartil 1	Quartil 2	Quartil 3	Quartil 4	
Posições H	13,2%	38,5%	37,4%	10,9%		17,2%	45,9%	33,6%	3,2%	
IFs Excepto H	8,2%	18,4%	19,9%	53,5%		12,7%	25,7%	24,3%	37,4%	
Distribuição das Vendas						Distribuição das Vendas				
	Quartil 1	Quartil 2	Quartil 3	Quartil 4		Quartil 1	Quartil 2	Quartil 3	Quartil 4	
Posições H	15,8%	39,5%	36,2%	8,5%		20,3%	31,2%	44,8%	3,7%	
IFs Excepto H	18,1%	37,9%	34,9%	9,1%		22,9%	41,4%	31,0%	4,7%	
Distribuição das Compras						Distribuição das Compras				
Posições H	11,0%	36,0%	40,1%	12,8%		20,6%	36,5%	38,3%	4,6%	
IFs Excepto H	13,9%	37,2%	37,2%	11,7%		21,5%	40,1%	32,3%	6,1%	

Obs.: Incluem-se as posições, compras e vendas de todos os fundos e todos os meses.

Na tabela anterior as vendas não são ponderadas em função da expressão de cada activo em cada uma das carteiras. Todavia, as vendas estão condicionadas pelas posições de partida. Assim, importa calcular a intensidade relativa das vendas. Para o efeito, calculou-se a intensidade das vendas recorrendo à fórmula seguinte[582]:

---

[582] Esta medida de intensidade das vendas é análoga à usada por Lakonishok et al. (1991), na investigação de fenómenos de *window dressing*.

$$IS_{itf} = \frac{S(i,t,f)/H(i,t-1,f)}{\displaystyle\sum_{i=1}^{K_j(t)} S(i,t,f) \Big/ \sum_{i=1}^{K_j(t)} H(i,t-1,f)} \qquad [5.3]$$

onde IS_{itf} representa a intensidade de vendas da acção i, no mês t, pelo fundo f; S(i,t,f) representa o valor monetário das vendas da acção i, no mês t, pelo fundo f[583]; H(i,t-1,f) identifica o valor detido em acções i pelo fundo f no final do mês t-1; $K_j(t)$ corresponde ao número de acções que no mês t integram o quartil de performance j (j = 1, 2, 3 e 4).

O numerador corresponde à proporção do activo em carteira que foi vendida. O denominador dá a proporção do dinheiro aplicado, no conjunto das acções do mesmo quartil de performance da acção do numerador, que foi objecto de desinvestimento. Deste modo, a equação [5.3] compara a proporção de desinvestimento em cada título com a percentagem de desinvestimento na classe de performance em que o título se posicionou. Assim, por exemplo, se um fundo vender 20 por cento da posição numa acção, mas apenas reduzir em 5 por cento o investimento que detinha na totalidade das acções que se integram o mesmo quartil de performance, o rácio obtido é 4,0.

Em média, a intensidade das vendas de OIF e dos demais activos supera as vendas em H em todas as classes de performance (Tabela 5.14). É essa a informação reportada pelo teste Z2, calculado englobando todos os fundos e todos os meses[584]. Todavia, calculando primeiro a média fundo a fundo e depois a média final, igualmente se constata idêntico resultado, ainda que com significância estatística não generalizada[585].

---

[583] As vendas foram avaliadas ao preço do final do mês antecedente ao mês a que respeitam, em ordem a evitar que o valor desinvestido seja distorcido pela valorização ou desvalorização do activo ao longo do mês em que a venda ocorreu.

[584] A informação reportada na Tabela 5.14 inclui a totalidade das observações, não contemplando por isso a exclusão de *outliers*. Todavia, constatou-se que a exclusão de *outliers* (5% das observações) não influencia significativamente os resultados.

[585] Informação não reportada, por razões de economia de espaço.

TABELA 5.14 – VENDAS DE ACÇÕES PELOS FUNDOS POR QUARTIS DE PERFORMANCE

	Quartil 1 (Melhor)	Quartil 2	Quartil 3	Quartil 4 (Pior)	[Quartil 1 - Quartil 4]
Posições H					
média	1,69	1,69	1,66	2,05	-0,36
devio padrão	*1,67*	*2,10*	*1,37*	*1,62*	*0,28*
Testes Z4					*-1,3*
Posições MCO Excepto H					
média	2,89	3,02	11,58	4,90	-2,00
devio padrão	*25,3*	*24,7*	*423,2*	*58,5*	*0,9*
Testes Z2 e Z4	*-2,9 **	*-3,7 **	*-1,7 ***	*-3,2 **	*-2,2 ***
Posições OIF					
média	1,94	2,44	2,40	3,99	-2,06
devio padrão	*3,1*	*10,2*	*9,9*	*21,0*	*1,1*
Testes Z2 e Z4	*-1,2*	*-2,6 **	*-2,8 **	*-1,8 ***	*-1,9 ***

Obs.: (i) médias e estatísticas calculadas englobando todos os fundos e todos os meses; (ii) «*», «**», «***» identificam os níveis de significância de, respectivamente, 1%, 5% e 10%.

Além disso, constata-se que para todos os tipos de activos as vendas são mais intensas na pior classe de performance (Quartil 4) do que para as acções que melhor comportamento tiveram (Quartil 1). Todavia, no caso das posições H os resultados obtidos não permitem a rejeição da hipótese de igualdade das médias, pelo que não pode inferir-se que neste caso a intensidade das vendas das acções com pior performance supera a intensidade das vendas com melhor performance. Quer isto dizer que os fundos de acções vendem mais intensamente as acções perdedoras, facto que pode ser entendido quer como evidência de *window dressing*, quer como sustentação da aposta em estratégias *momentum*. No primeiro caso as vendas (mais) intensas dos activos perdedores visariam evitar que os títulos com piores performances constem das carteiras dos fundos, no segundo caso as vendas de títulos perdedores teriam por intuito a libertação de "espaço" para a aquisição de títulos vencedores, no pressuposto de que os vencedores (perdedores) do passado serão os vencedores (perdedores) do futuro.

Para efeito da determinação da intensidade das compras foi calculado o indicador que se segue[586]:

---

[586] Este rácio é diferente do indicador de intensidade das vendas pela circunstância não só de que a aplicação de um indicador análogo conduziria a resultados indeterminados no caso de

$$IB_{itf} = \frac{B(i,t,f) \Big/ \sum_{i=1}^{K_j(t)} B(i,t,f)}{H(i,t,f) \Big/ \sum_{i=1}^{K_j(t)} H(i,t,f)} \qquad [5.4]$$

onde IB_{itf} representa a intensidade das compras da acção i, no mês t, pelo fundo f e B(i,t,f) representa o valor monetário das compras da acção, no mês t, pelo fundo f[587].

Os resultados obtidos (Tabela 5.15) apontam novamente para uma intensidade superior nos OIF e nas demais acções comparativamente aos resultados registados para as acções H (Teste Z2). Quer isto dizer que em todas as classes de performance se regista uma maior intensidade nas compras de outro tipo de acções que acções H. Donde, a significância da variável H obtida no ponto 5.3 deve-se, fundamentalmente, às posições iniciais e à menor intensidade das vendas, e não à intensidade das compras. Este resultado não é surpreendente porquanto, como anteriormente se viu, as posições H eram em média muito próximas do máximo legal, pelo que as carteiras (em geral) não continham "espaço" para alargamento das posições H.

Por outro lado, constata-se que tanto nas OIF como nas demais posições em acções do MCO a intensidade das compras do Quartil 4 supera a intensidade das compras no Quartil 1, acontecendo o inverso (ainda que sem significância) com as posições H. Significa isto que enquanto que no caso das posições H os resultados obtidos (ainda que de modo ténue) vão no sentido da sustentação da tese da preferência pelas estratégias *momentum*, nos demais casos, a aposta vai (ainda que sem significância estatística) no sentido de uma estratégia contrária.

---

primeiras compras, mas também pela circunstância de as compras em geral serem muito reduzidas face ao valores em carteira, facto que induz a uma grande volatilidade do indicador.

[587] As compras foram avaliadas ao preço do final do mês a que respeitam.

TABELA 5.15 – COMPRAS DE ACÇÕES PELOS FUNDOS POR QUARTIS DE PERFORMANCE

	Quartil 1 (Melhor)	Quartil 2	Quartil 3	Quartil 4 (Pior)	[Quartil 1 - Quartil 4]
Posições H					
média	1,71	1,80	2,24	1,43	0,29
devio padrão	*1,62*	*2,66*	*9,14*	*1,45*	*0,27*
Testes Z4					*1,1*
Posições MCO Excepto H					
média	4,38	2,99	3,72	5,85	-1,47
devio padrão	*62,8*	*22,7*	*58,8*	*94,7*	*1,7*
Testes Z2 e Z4	*-2,7* *	*-3,2* *	*-1,5* ***	*-3,2* *	*-0,4*
Posições OIF					
média	2,20	2,15	2,81	3,27	-1,06
devio padrão	*4,1*	*4,0*	*15,8*	*25,7*	*1,2*
Testes Z2 e Z4	*-1,8* **	*-1,6* ***	*-0,8*	*-1,6* ***	*-0,9*

Obs.: (i) médias e estatísticas calculadas englobando todos os fundos e todos os meses; (ii) «★», «★★», «★★★» identificam os níveis de significância de, respectivamente, 1%, 5% e 10%.

Donde, tem de concluir-se que enquanto que a análise das posições suporta a tese de preferência pelo *momentum*, os gestores portugueses vendem as acções com pior desempenho, mas não compram as acções com melhor performance passada.

5.5 SÍNTESE CONCLUSIVA

No presente capítulo examinaram-se as posições accionistas e as respectivas compras e vendas de 30 fundos de acções nacionais, no período compreendido entre Janeiro de 1995 e Junho de 2002.

Os resultados obtidos evidenciam de modo claro que existe um excessivo peso das acções emitidas pelas holdings dos grupos em que as sociedades gestoras dos fundos se inserem. Desde logo, apurou-se que as acções H são mais frequentemente seleccionadas que as demais acções. Enquanto que em três de cada 4 ocasiões possíveis se encontram este tipo de acções nas carteiras dos fundos, para as demais acções nacionais cotadas a frequência contabilizada foi de apenas uma em cada três. Além disso, o peso médio das holdings de cada um dos grupos excede significativamente o peso das demais acções, quer quando se incluem na análise as posições nulas, quer quando o estudo se restringe às acções presentes em carteira. O peso médio de cada acção H nas carteiras dos fundos aproxima-se, aliás, do limite legal estabelecido (4,8 por cento *versus* 5,0 por cento).

O peso atribuído às posições H não é justificado pela diversificação de risco em ordem a minimizar eficientemente o risco global, nem pela performance passada das acções, nem pelo nível de risco sistemático, nem pela exposição dos activos ao efeito *tamanho*, *B/M* ou *momentum*. De igual modo, o peso das acções em mercado não elimina o efeito holding, mesmo quando este efeito é decomposto de acordo com os limites legais vigentes para o investimento em cada acção.

Simulado o que aconteceria se cada um dos fundos, em cada um dos 90 meses, tivesse optado pela carteira de mínima variância de Markowitz, constatou-se que o resultado obtido seria substancialmente distinto do efectivamente apurado com o estudo das carteiras dos fundos. A minimização do risco total conduziria a uma proporção de cerca de 22,3 por cento de escolha de acções H no total das ocasiões possíveis, em vez dos 75,5 por cento apurados. Além disso, o peso médio das posições accionistas em H (incluindo posições nulas) deveria ser significativamente inferior ao registado para os demais activos, e em particular inferior ao registado para OIF, sendo que o constatado com a análise das carteiras dos fundos foi o resultado inverso.

Analisando bilateralmente a relação entre o peso das acções na carteira do fundo e o respectivo peso no mercado, constatou-se que, em média, o peso das posições H nas carteiras dos fundos é (quase) o dobro do seu peso no mercado, ao passo que o peso das demais instituições financeiras se limita, em média, a 50 por cento do seu peso no mercado. Por outro lado, ficou patente que a maior frequência de escolha das acções H, assim como o seu mais elevado peso médio, se verifica para todas as classes de performance, qualquer que seja a forma usada para medir o desempenho individual das acções (CR, M1 ou M5). A análise bilateral das proporções e das posições médias face ao nível de risco sistemático, igualmente permitiu concluir que não é pelo perfil de risco, nem pela preferência dos fundos por acções com maior risco − seja este o risco total ou o risco sistemático – que pode justificar-se as escolhas de H. Por fim, a análise das proporções e dos pesos médios em função da exposição das acções aos factores SMB e HML e WML igualmente revelou que as escolhas "excessivas" de H não são determinadas por estratégias de gestão relacionadas com esta variável, pelo contrário antes se constatando que a preferência por acções H se sobrepõe a uma preferência por exposição ao efeito *momentum*.

Note-se, aliás, que as preferências dos fundos de acções nacionais afiguram-se, em alguns aspectos, em conformidade com o que a literatura documenta para investidores institucionais de mercados de maior dimensão e maturidade. Com efeito, foi perceptível que existe uma preferência por empresas grandes e líquidas, tal como documentado para o mercado norte-americano por Falkenstein (1996) e Gompers e Metricks (1998). Além disso, em consonância com Shefrin e Statman (1995) e Del Guercio (1996) é perceptível uma preferência por acções *glamour* (na acepção de Lakonishok et al. (1994)), sendo em particular patente a aversão aos efeitos SMB e HML. Todavia, o efeito H sobrevive ao controlo destas preferências, tanto quando se procede ao controlo bilateral, como quando em análise de regressão se confrontam todos os efeitos em simultâneo. Por fim, ao contrário de Gompers e Metricks (1998), mas em conformidade com Grinblatt et al. (1995) e Borensztein e Gelos (2000) as posições accionistas em carteira revelam preferência por exposição ao *efeito momentum*.

Todavia, a análise fundo a fundo denota que o efeito H não se estende a todos os fundos. Embora apenas dois fundos seleccionem menos intensamente este tipo de acções que os demais, e em apenas três o peso médio seja inferior ao peso médio nas posições em acções de outros intermediários financeiros, a análise de regressões denota que em 10 fundos não se pode concluir pela significância positiva da variável H. A distribuição dos diferentes fundos pelos diversos grupos financeiros permite concluir que o comportamento depende de grupo para grupo e, dentro de cada grupo, de sociedade gestora para sociedade gestora. Em concreto, a interpretação dos resultados aponta no sentido de o efeito H ser especialmente severo num grande grupo financeiro com o capital maioritariamente disperso e gestão profissionalizada e nos pequenos bancos com controlo familiar. Além disso, parece claro que o efeito é especialmente acentuado nas sociedades gestoras que originalmente fazem parte dos grupos, havendo um efeito contrário no caso dos fundos originalmente geridos por sociedades de grupos financeiros integrados noutros por força de aquisição.

Além disso, a análise às compras e às vendas igualmente revela um comportamento distinto dos fundos perante as acções H e as demais. A análise das compras e das vendas permitiu perceber que os fundos, em geral, não privilegiam a compra das acções com melhor performance registada no passado, mas vendem mais intensamente as acções quando estas registam piores performances. Assim, ao contrário do reportado por Grinblatt et al. (1995) e Borensztein e Gelos (2000) a preferência por exposição ao *efeito momentum* apenas é patente nas vendas, não sendo confirmada ao nível das compras, pelo que a preferência por acções com mais elevadas performances passadas se deve às carteiras iniciais e às alienações de títulos perdedores.

Por fim importa notar que ao contrário do que acontece com a variável H, a variável OIF tem um impacto negativo e significativo nas escolhas dos gestores. Com efeito, ao contrário dos activos do próprio grupo, os demais activos financeiros encontram-se insuficientemente representados nas carteiras dos fundos, sendo não só menos frequentemente seleccionados, como as respectivas posições médias são significativa e expressivamente inferiores às posições H. O efeito (negativo) OIF subsiste após o controlo pelas demais variáveis, pelo que pode inferir-se que a menor representatividade das acções de OIF não se deve à sua dimensão, à sua performance, ao seu risco sistemático, ao seu *B/M* ou ao efeito *momentum*. As acções OIF são menos frequentemente e menos intensamente seleccionadas, tudo o indica, pelo facto de serem emitidas por grupos bancários concorrentes.

Em próximos estudos impõe-se a análise da subordinação das carteiras dos fundos a interesses comerciais da sociedade gestora. A aquisição de acções das empresas que sejam clientes – actuais ou potenciais – relevantes do banco onde se insere a sociedade gestora do fundo, é igualmente conforme com o interesse do grupo financeiro que gere o fundo. A aquisição de posições relevantes – seja para carteira própria, seja para carteiras de clientes – aumenta o número de direitos de votos controlados pelo banco, facto susceptível de aumentar a sua capacidade de influência junto das entidades emitentes. Donde importa investigar se as escolhas dos fundos são igualmente afectadas pelas relações comerciais do grupo que gere o fundo.

Conclusões Finais

Ao longo da tese foram enunciadas as conclusões mais significativas de cada um dos estudos realizados. Donde, neste texto final, cumpre apenas fazer (*i*) uma síntese dos principais resultados obtidos (e identificar as suas implicações) e (*ii*) apontar as linhas de investigação que o trabalho desenvolvido permitiu perspectivar.

Principais Resultados

Um amplo conjunto de interrogações sistematizadas no Capítulo *1* evidenciou que a hipótese de activismo dos investidores institucionais em matéria de *corporate governance* – muito reclamada, ao longo da década de 90, por alguns sectores profissionais, por instâncias do poder político e regulador e por alguns académicos – carece de ser mais profundamente estudada. Se não existem dúvidas quanto à *procura* de instrumentos que induzam à subordinação dos gestores aos interesses que por estes devam ser prosseguidos, é necessário que se coloquem interrogações quanto à disponibilidade e à capacidade de os investidores institucionais oferecerem essa solução, bem como quanto à sua bondade. A literatura existente sobre o nível de activismo e sobre os resultados desse activismo reforça a necessidade de investigação nesta matéria. Os estudos publicados apontam no sentido de ser reduzido o envolvimento dos investidores institucionais, e de este falhar no objectivo de incremento do valor a longo prazo das empresas objecto de intervenção. Assim acontece, não obstante alguns estudos testemunharem que certos investidores, particularmente na área de fundos de pensões, são eficazes na transformação de certas estruturas de governo das sociedades participadas. Importa, por isso, estudar em que condições os investidores institucionais estão disponíveis para desempenhar um papel que induza a uma redução dos custos de agência. É nesta linha de investigação que se insere o modelo teórico proposto no Capítulo *2*.

Este modelo teoriza a problemática do activismo dos investidores institucionais no controlo e na fiscalização das empresas, considerando um cenário de divergência de interesses entre os accionistas e os clientes de um grupo financeiro universal no que respeita à atitude a tomar perante o governo de uma dada sociedade. O intermediário financeiro enfrenta um *trade-off* entre contribuir para a minimização dos custos de agência ou maximizar os proveitos decorrentes da relação comercial com essa empresa.

Os resultados obtidos indicam que a solução final depende da estrutura accionista da empresa objecto da intervenção, da eficácia das autoridades de supervisão e da reacção à performance dos clientes da área de gestão de activos. No que respeita ao impacto da estrutura accionista, os resultados acedidos são consentâneos com a evidência empírica reportada pela literatura internacional, designadamente no que concerne à minimização dos custos de agência associada ao aumento da propriedade dos gestores.

No que concerne à supervisão, constata-se que existe uma relação inversa entre a eficácia da supervisão e a oportunidade de concretização de desvios lucrativos. Porém, se os consumidores se comportam nos termos supostos pela versão base do modelo, nem sempre o aumento da eficácia das autoridades de supervisão se traduz numa redução dos custos de agência. Em determinados cenários o montante global dos custos de agência mantém-se no máximo admissível. Além disso, não obstante o aumento da eficácia da supervisão determinar uma redução do nível óptimo de desvios, a decorrente redução dos custos que o Banco sofre enquanto accionista e a redução dos custos inerentes à perda de valor da área de gestão de activos poderão determinar um aumento do espaço de equilíbrio. Deve, por fim, registar-se que é possível eliminar a oportunidade lucrativa do jogo sem atingir o nível máximo de eficiência da supervisão.

Um outro aspecto que realça do estudo é a importância da aposta do grupo na captação das aplicações dos aforradores que reagem às performances positivas. Neste contexto, se o grupo não se reconhecer hábil para captar os fluxos de investimento que reagem à performance, nunca actuará como obstáculo aos custos de agência, desde que a estrutura accionista e a actuação das autoridades de supervisão deixem margem para desvio lucrativo de fundos, altura em que o prejuízo para os clientes da área de gestão de activos atingirá sempre o seu valor mais elevado.

Na determinação do espaço de oportunidade de desvio lucrativo de fundos, bem como na determinação do nível óptimo de desvios, emerge como elemento fundamental o comportamento dos titulares das unidades de participação nos instrumentos de investimento colectivo. Esse comportamento foi modelizado de diferentes formas. Os resultados obtidos foram por isso múltiplos. Entre estes deve destacar-se a circunstância de a total ausência de reacção dos clientes determinar, *ceteris paribus*, a maximização do montante dos desvios, bem assim como a maximização do espaço de realização lucrativa do jogo. Um outro resultado importante resulta do facto de a reacção do tipo linear induzir à maximização dos custos de agência sempre que existe jogo. Porém, o espaço de equilíbrio vem minorado face à hipótese de total ausência de reacção.

Se em vez de existir uma reacção linear à performance, existir uma reacção a rankings de vencedores e de perdedores, em que os clientes se distinguem entre uns e outros, mas tratam de modo igual entre si os desempenhos superiores e inferiores, o desvio é maximizado sempre que o seu montante não influencie a metade da tabela em que o fundo se situará. Todavia, se a obtenção de performance positiva depender da decisão do grupo, em determinadas circunstâncias pode ser preferível limitar o montante do desvio em ordem a garantir a obtenção de um lugar entre os vencedores.

O caso base estudado correspondeu, porém, à hipótese de reacção assimétrica, em que as performances negativas não são penalizadas e as performances positivas são premiadas a ritmos decrescentes. Os resultados obtidos indicam que, em determinadas circunstâncias, a melhor solução pode passar por não maximizar o montante dos desvios. Se em vez de reacção a ritmos decrescentes for suposta a reacção a ritmos crescentes e simultaneamente for admitida simetria de reacção, o espaço de realização do jogo é (sempre) encurtado face à ausência de reacção. Todavia, soluções com desvio inferior ao máximo apenas ocorrem, em determinados contextos, se for esperada performance negativa após a realização do jogo.

Em suma, a reacção dos clientes à performance reduz a oportunidade de desvio de fundos. Porém, soluções de equilíbrio que não conduzam à maximização do montante dos desvios apenas ocorrem em determinados contextos e apenas na hipótese de existir uma reacção não linear ao valor do retorno anormal obtido.

No que respeita à evidência empírica relativa ao comportamento dos consumidores, a literatura internacional documenta (como se viu no Capítulo 3) reacção às performances passadas, mas igualmente regista evidência de assimetria de reacção, em que as melhores performances são premiadas com acrescidos fluxos de investimento, enquanto que as performances mais pobres não são penalizadas (ou são suavemente penalizadas) com a perda de investimento. Não obstante o consenso em torno da assimetria da reacção, subsistem ainda dúvidas sobre a configuração específica da função nos seus dois ramos, em particular sobre o ritmo de reacção a performances superiores, além de que alguns investigadores denotam que não existe uma configuração única, antes havendo diversas possibilidades dependendo de factores tais como a idade do fundo.

A literatura regista ainda múltiplas explicações para este tipo de comportamento (Capítulo 3). Entre essas razões inclui-se a complexidade (e a confusão) que a indústria conseguiu criar através do seu crescimento e da diferenciação dos produtos oferecidos. Tal complexidade induziria a custos de obtenção de informação e explicaria que apenas houvesse reacção à performance dos fundos cujos esforços de *marketing* e a atenção dos média proporcionasse informação a custos reduzidos. Existem razões para crer que este problema será tanto mais intenso quanto mais complexa for a indústria de fundos de investimento. Donde, na ausência de literatura conhecida sobre o assunto, importava investigar se o comportamento reportado para o mercado norte-americano tinha paralelo em mercados de reduzida dimensão e complexidade como o português.

A investigação da reacção à performance coloca, porém, problemas metodológicos não despiciendos como o Capítulo 3 se encarregou de reportar. Na presente investigação, além dos retornos não ajustados ao risco e do tradicional CAPM, usaram-se modelos APT de dois e de 4 factores. No caso do modelo de dois factores ao excesso de retorno de mercado acresce o excesso de retorno do índice PSI20TR face a um outro índice expressamente construído que reflecte a valorização das acções cotadas de menor dimensão (GM20). O modelo APT de 4 factores, por sua vez, inclui para lá do excesso de retorno do mercado um factor dimensão, um factor *book-to-market* e um factor *momentum*, os quais foram apurados de forma adaptada a mercados de pequena dimensão, seguindo um processo de rebalanceamentos sequenciais.

A relação entre a procura e a performance foi estudada considerando (*i*) tabelas de contingência de vencedores e perdedores, a (*ii*) apreciação estatística global das variáveis, e a (*iii*) análise de regressões (regressões OLS de dados seccionais e temporais e regressões seccionais do tipo Fama e MacBeth (1973)). Em termos dos resultados obtidos, vários são os aspectos que merecem ser destacados. Desde logo, a análise de tabelas de contingência revelou que, em termos globais, não é perceptível que os clientes dos fundos reajam à performance, com excepção do confronto dos fluxos normalizados anuais com os retornos não ajustados ao risco do ano antecedente. Pelo contrário, em termos de performance ajustada ao risco foi perceptível que, em muitas circunstâncias, os vencedores são transformados em perdedores e os perdedores são convertidos em vencedores.

A análise período a período (trimestre, semestre ou ano), revelou que os investidores afiguram-se (apenas) sensíveis aos retornos anuais não ajustados ao risco, e somente incorporam essa performance nas suas decisões durante os dois primeiros trimestres, altura durante a qual atribuem "validade" a esta informação. Este resultados sustentam a tese (de Sirri e Tufano (1998)) de que a ausência de reacção (a performances) negativas se deve (em grande medida) ao custo de obtenção de informação, desde que admitido que existe mais informação pública sobre a performance no final de cada ano que no decorrer do mesmo.

A análise de regressões não só corroborou as conclusões que haviam sido obtidas quanto à reacção ou ausência de reacção sistemática à performance, como permitiu documentar evidência de assimetria de reacção às performances superiores e inferiores em conformidade com o reportado pela literatura internacional.

A possibilidade de os investidores anteciparem a performance dos períodos seguintes foi igualmente estudada, tendo-se concluído pela ausência de *dinheiro esperto* uma vez que os fluxos de capitais não privilegiam os fundos com melhor desempenho futuro.

Uma outra hipótese investigada respeitou à persistência da procura. Os resultados obtidos indicam uma significativa evidência de persistência da procura, indicando que os fundos vencedores tendem a ser vencedores no período seguinte, enquanto que os fundos perdedores tendem, de igual modo, a repetir os piores desempenhos. Estes resultados indiciaram a possibilidade de as características de cada fundo ou de cada instituição gestora serem relevantes na explicação da evolução da procura. Uma dessas potenciais características é o custo de transacção, pelo que foi investigada a relação da evolução da procura com os custos, quer em termos bidimensionais, quer em termos tridimensionais relevando a performance. Os resultados obtidos suportam a tese (de Ippolito (1992)) – de que as comissões de resgate funcionam como um obstáculo à reacção (hipótese de "entrincheiramento"). Além disso, igualmente sustentam novas explicações para a ausência de reacção às más performances. A existência de investidores com perfis de investimento distintos em matéria de liquidez que – tal como suposto pelo modelo teórico de Nanda et al. (2000) – tomam as suas decisões em função dos custos de resgate é compatível com os resultados obtidos na explicação de ausência de reacção à performance. Além disso, foi notório que os grupos financeiros dispõem de significativa liberdade na canalização de clientes, privilegiando os fundos mais novos e mais caros em detrimento dos fundos com melhores desempenhos passados.

Os resultados obtidos no Capítulo *4* apontam, pois, no sentido de, em termos gerais, o comportamento dos clientes não obrigar (nem estimular) os gestores dos fundos nacionais a maximizar a performance das carteiras geridas. Lidos esses resultados à luz do modelo reportado no Capítulo *2* conclui-se que é maximizado o espaço de cooperação entre o grupo financeiro e os administradores da sociedade *J* na concretização de custos de agência, pelo que vem minimizada a possibilidade de tais grupos se comportarem como activistas de *corporate governance*. Além disso, a ausência de reacção às performances permite que se coloque a hipótese de os gestores subordinarem a gestão das carteiras dos fundos aos seus próprios interesses. Esta hipótese foi investigada mediante a análise das carteiras dos fundos de acções nacionais, bem assim como a sua variação ao longo do tempo.

Os resultados obtidos evidenciam de modo claro que existe um excessivo peso das acções emitidas pelas *holdings* dos grupos em que as sociedades gestoras dos fundos se inserem. Estas acções são mais frequentemente seleccionadas que as demais. O seu peso médio excede significativamente o peso das outras acções. Além disso, o peso atribuído às posições das *holdings* não é justificado pelo peso de cada entidade emitente no mercado, pela diversificação de risco, pela performance passada, pelo nível de risco sistemático ou pela exposição dos activos ao efeito *tamanho*, *B/M* ou *momentum*. Também a análise às compras e às vendas revela um comportamento distinto entre as acções do próprio grupo e as demais.

Em contrapartida ao peso excessivo das holdings de cada grupo, as acções emitidas pelos demais grupos financeiros encontram-se insuficientemente representadas nas carteiras dos fundos, sendo menos frequentemente escolhidas, e os seus pesos médios são significativa e expressivamente inferiores aos pesos das *holdings*. As características dos activos não explicam estes resultados.

Atente-se, por fim, que não obstante estes efeitos, as preferências dos fundos nacionais afiguram-se, em alguns aspectos, em conformidade com o que a literatura documenta para investidores institucionais de mercados de maior dimensão e maturidade.

FUTURAS INVESTIGAÇÕES

Este estudo insere-se na linha das investigações que antevêem como pouco plausível que os investidores institucionais, em sistemas de banca universal como o Português, se constituam como agentes activos na fiscalização e no controlo dos gestores das empresas com capital disperso. A multiplicidade de actividades subjacentes à actuação deste tipo de grupos financeiros faz com que a defesa dos interesses dos seus próprios accionistas determine que em múltiplas circunstâncias tais grupos não se oponham à concretização de decisões desfavoráveis aos interesses dos accionistas das sociedades suas clientes. Pelo contrário, na ausência de reacção dos clientes da área de gestão de activos (como a constatada para Portugal), é plausível que os intermediários financeiros cooperem com os gestores dessas empresas na concretização dos custos de agência, sempre que tal seja mutuamente vantajoso.

A própria IOSCO (2003), num documento recente, veio reconhecer que a participação dos investidores institucionais numa solução para o *corporate governance* coloca problemas de regulação, dada a existência do potencial conflito de interesses entre os beneficiários finais e os intermediários financeiros no que concerne, designadamente, ao uso do poder derivado dos direitos de voto associados às participações duradouras dos instrumentos de investimento colectivo. Aliás, a regulação nacional tem reconhecido esta preocupação e tem evoluído no sentido da indução de transparência na utilização dos direitos de voto por parte dos fundos de investimento mobiliário.

Importa, todavia, investigar empiricamente o comportamento dos intermediários financeiros com interesses universais, face ao governo das sociedades em que participam. Em particular, perspectiva-se como uma interessante pista de investigação o estudo do uso dado aos direitos de voto das carteiras fiduciárias. Esta dissertação não abordou esta questão. Note-se, aliás, que para a realização de um estudo empírico sobre *activismo* em *corporate governance* é desejável que se conheça, com profundidade e rigor, a estrutura accionista das empresas cotadas. Todavia, em Portugal, a divulgação de participações qualificadas − isto é, iguais ou superiores a 2 por cento − apenas se tornou obrigatória desde Maio de 2000. Dentro em breve, todavia, existirão séries históricas suficientemente longas para que tal estudo possa ser concretizado.

Ainda no âmbito da investigação empírica do activismo dos investidores institucionais, constitui-se também como interessante objecto de investigação a indagação de eventual disparidade de comportamento entre grupos financeiros universais e grupos financeiros cujos interesses se limitam à gestão de activos em regime fiduciário. A disparidade de comportamento em função do peso da gestão de activos no total dos proveitos do grupo igualmente se afigura de interesse relevante.

Em próximas investigações importa, também, averiguar até que ponto os próprios grupos financeiros se posicionam para estar em condições privilegiadas face aos seus concorrentes em relações comerciais com sociedades terceiras, usando para o efeito as carteiras fiduciariamente geridas. A análise da subordinação das carteiras dos fundos (de investimentos e de pensões) a interesses comerciais da sociedade gestora emerge como um estudo que se julga interessante neste contexto. A aquisição de posições relevantes – seja para carteira própria, seja para carteiras de clientes – aumenta o número de direitos de votos controlados pelo banco, facto susceptível de aumentar a sua capacidade de influência junto das entidades emitentes. Donde, importa investigar se as escolhas dos fundos são afectadas pelas relações comerciais do grupo que gere o fundo.

APÊNDICES

Apêndice A

Prova do Lema 1

O resultado do jogo para os administradores de J (R_A) é dado por (equação [2.3]): $R_A = (1-\lambda)\eta\pi\delta - q_A\pi\delta$, com $\pi>0$, $0<\delta\leq1$, $0<\eta<1$, $0<\lambda<1$ e $0<q_A<1$. Deste modo, $R_A > 0 \Leftrightarrow (1-\lambda)\eta\pi\delta - q_A\pi\delta > 0$, pelo que dividindo ambos os membros da desigualdade por $\pi\delta$ e resolvendo em ordem a λ se obtém: $\lambda < (\eta-q_A)/\eta$. Conclui-se, pois, *c.q.d.*, que $R_A > 0$, se e apenas se, $\lambda < (\eta-q_A)/\eta$, $\delta \in\,]0,1]$.

Por outro lado, o resultado de B (R_B) é dado por (equações [2.18] e [2.19]): $R_B = \lambda\eta\pi\delta - q_B\pi\delta - E[\Delta VGF]$, com $E[\Delta VGF]$ a ser determinado do seguinte modo (equações [2.16] e [2.17], respectivamente):

$$E[\Delta VGF/\ E(\alpha_2) = \alpha - w(\pi\delta/P_0) \leq 0] = V_0 g_2 \alpha^n \phi/(R\text{-}g),$$

e

$$E[\Delta VGF/\ E(\alpha_2) = \alpha - w(\pi\delta/P_0) > 0] = V_0 g_2 [\alpha^n - (\alpha - u\pi\delta/P_0)^n]\phi/(R\text{-}g).$$

Donde, impondo $R_B>0$ e resolvendo em ordem a λ obtém-se:

$$\lambda > qB/\eta + E[\Delta VGF]/\eta\pi\delta.$$

Finalmente, conjugando as condições para $R_A>0$ e $R_B>0$, obtém-se, *c.q.d.*:

$$q_B/\eta + E[\Delta VGF]/\eta\pi\delta < \lambda < (\eta-q_A)/\eta.$$

Prova da Proposição 1

Com $\alpha\leq0$, da função [2.1], obtém-se $V_2 = V_0(1+g_1)$, pelo que o montante dos valores a gerir no futuro não depende de δ. Donde, a opção por $\delta>0$ não implica sacrifício de comissões e de valor na órbita de GF, dado que $E[\Delta VGF/\alpha\leq0]=0$. O lema *1* indica que apenas se obtém simultaneamente $R_A>0$ e $R_B>0$ para o conjunto de combinações

δ (0<δ≤1) e λ (0<λ<1), tais que: q_B/η + E[ΔVGF]/$\eta\pi\delta$ < λ< ($\eta-q_A$)/η. Assim, de modo equivalente, pode escrever-se: q_A + q_B + E[ΔVGF]/$\pi\delta$ < $\lambda\eta$ + q_A < η. Donde, dado E[ΔVGF/α≤0]=0, tem-se que só existe oportunidade lucrativa com: η > q_A + q_B.

Além disso, com E[ΔVGF/α≤0]=0, R_B = $\lambda\eta\delta\pi$ - $q_B\delta\pi$, pelo que R_B é uma função linear de inclinação positiva de δ desde que B consiga negociar $\lambda>q_B/\eta$. Donde, para B, desde que assegurado este preço mínimo, a maximização de lucro é assegurada com o desvio máximo (δ=1). Por outro lado, o preço máximo que os administradores de J estão dispostos a pagar é (lema *1*): $\lambda<(\eta-q_A)/\eta$. Assim, os jogadores discutirão a partilha dos ganhos entre si negociando λ com $q_B/\eta<\lambda<(\eta-q_A)/\eta$.

PROVA DO LEMA 2

Dado que δ^*≤δ≤1, com δ^* = $\alpha P_0/w\pi$, então α ≤ $w\pi\delta/P_0$, $\forall$ δ (δ^*≤δ≤1), pelo que E(α_2) = α − $w\pi\delta/P_0$ ≤ 0. Donde (equação [2.16]), E[ΔVGF/E(α_2) = α − $w(\pi\delta/P_0)$ ≤ 0] = $V_0 g_2 \alpha^n \phi/(R-g)$. Assim (equação [2.18]), R_B = $\lambda\eta\pi\delta$ − $q_B\pi\delta$ − $V_0 g_2 \alpha^n \phi/(R-g)$. Da maximização de R_B por escolha de δ, obtém-se:

(*i*) Derivada de 1ª ordem: $\dfrac{\partial R_B}{\partial \delta} = \lambda\eta\pi - q_B\pi$;

(*ii*) Derivada de 2ª ordem: $\dfrac{\partial^2 R_B}{\partial \delta^2} = 0$.

A derivada de primeira ordem é sempre positiva desde que B decida entrar no jogo, dado que nessa altura λ > q_B/η (lema *1*) implica que $\lambda\eta\pi$ > $q_B\pi$. Além disso, a derivada de segunda ordem é sempre nula, pelo que se conclui que $\forall\delta \in$ [$\alpha P_0/w\pi$, 1], R_B é uma função linear de inclinação positiva de δ, pelo que, *c.q.d.*, o máximo valor para R_B obtém-se com o máximo valor para δ, isto é, com δ =1.

Prova do Lema 3

No espaço $0<\delta<\min(1, \delta^*)$, com $\delta^* = \alpha P_0/w\pi$, tem-se $\alpha > w\pi\delta/P_0$, $\forall \delta$ $(0<\delta< \min(1, \delta^*))$, pelo que $E(\alpha_2) = \alpha - w\pi\delta/P_0 > 0$. Donde, pela equação [2.17] chega-se a: $E[\Delta VGF/\ E(\alpha_2) = \alpha - w\pi\delta/P_0 > 0] = V_0 g_2[\alpha^n - (\alpha - w\pi\delta/P_0)^n]\phi/(R-g)$. Em termos de R_B (equação [2.19]): $R_B = \lambda\eta\delta\pi - q_B\delta\pi - V_0 g_2[\alpha^n - (\alpha - w\pi\delta/P_0)^n]\phi/(R-g)$. Maximizando R_B, por escolha de δ, apura-se:

(*i*) Condição de 1ª ordem: $\dfrac{\partial R_B}{\partial \delta} = \lambda\eta\pi - q_B\pi - \dfrac{V_0 g_2\phi}{(R-g)} n \dfrac{w\pi}{P_0}\left(\alpha - \dfrac{w\pi\delta}{P_0}\right)^{n-1} = 0.$

Simplificando e resolvendo em ordem a δ, obtém-se:

$$\delta=\delta^\circ = \frac{\alpha P_0}{w\pi} - \frac{P_0}{w\pi}\left[(\lambda\eta - q_B)\frac{P_0}{nw}\frac{(R-g)}{V_0 g_2\phi}\right]^{1/_{n-1}}.$$

(*ii*) Condição de 2ª ordem: $\dfrac{\partial^2 R_B}{\partial \delta^2} = \dfrac{V_0 g_2\phi}{(R-g)} n(n-1)\dfrac{w^2\pi^2}{P_0^2}\left(\alpha - \dfrac{w\pi\delta}{P_0}\right)^{n-2} < 0.$

Assim, como $\alpha - w\pi\delta/P_0 > 0$, a derivada de segunda ordem é sempre negativa desde que $0<n<1$ (como admitido). Este resultado significa que R_B é uma função monótona crescente à esquerda de δ° e monótona decrescente à direita de δ°. Por outro lado, $\delta^\circ < \delta^*$, uma vez que, para B entrar no jogo, $\lambda\eta > q_B$ (Lema 1), por definição $(R-g)>0$ e todas as demais variáveis e constantes são positivas.

Estes resultado permite que se tirem várias conclusões:

(*i*) Se $\delta^\circ \leq 0$, significa que R_B decresce à medida que δ aumenta em todo o espaço $0 \leq \delta \leq \min(1,\delta^*)$, pelo que se conclui que o melhor resultado é obtido não indo a jogo ($\delta=0$);

(*ii*) Se $0 < \delta^\circ < \min(1,\delta^*)$, então R_B é maximizado com $\delta=\delta^\circ$;

(*iii*) Por outro lado, caso se verifique $1<\delta^\circ\leq\delta^*$, a escolha maximizadora é $\delta=1$, dado R_B ser crescente com δ em todo o domínio $0<\delta\leq 1$.

Assim, *c.q.d.*, o máximo valor para R_B no espaço $0<\delta<\delta^*$ (com $\delta^* = \alpha P_0/w\pi$) é obtido de acordo com a seguinte regra:

(*i*) $\delta=\delta^\circ$, se $0<\delta^\circ< \min(1, \delta^*)$; (*ii*) $\delta=1$, se $1<\delta^\circ<\delta^*$,

com

$$\delta^\circ = \frac{\alpha P_0}{w\pi} - \frac{P_0}{w\pi}\left[(\lambda\eta - q_B)\frac{P_0}{nw}\frac{(R-g)}{V_0 g_2 \phi}\right]^{\frac{1}{n-1}}.$$

Prova da Proposição 2

O lema *2* diz que no espaço $\delta^*\leq\delta\leq1$, com $\delta^*= \alpha P_0/w\pi$, *B* proporá $\delta=1$. Neste caso tem-se $\alpha-w\pi\delta/P_0 \leq0$, pelo que $E[\Delta VGF]$ é dado por [2.16] e R_B é dado pela equação [2.18]. Assim, recuperando o lema *1* pode dizer-se que *B* e os administradores de *J* concretizarão o negócio e desviarão π unidades monetárias de *J* ($\delta=1$), desde que exista λ ($0<\lambda<1$) tal que:

$$q_B/\eta + V_0 g_2 \alpha^n \phi/(R-g)\pi\eta < \lambda < (\eta - q_A)/\eta. \qquad [2.1.1]$$

Analogamente, conjugando o lema *3*, a equação [2.17] e o lema *1* conclui-se que no espaço $0<\delta<\delta^*$, com $\delta^* = \alpha P_0/w\pi$, *B* e os administradores de *J* concretizarão o negócio e desviarão $\pi\delta$ unidades monetárias de *J*, desde que exista λ ($0<\lambda<1$) tal que:

$$q_B/\eta + V_0 g_2[\alpha^n - (\alpha - w\pi\delta/P_0)^n]\phi/(R-g)\eta\delta\pi < \lambda < (\eta-q_A)/\eta \qquad [2.1.2]$$

com $\delta=\delta^\circ$, se $0 < \delta^\circ < \min (1, \delta^*)$, ou $\delta=1$, se $1 <\delta^\circ<\delta^*$, sendo

$$\delta^\circ = \frac{\alpha P_0}{w\pi} - \frac{P_0}{w\pi}\left[(\lambda\eta - q_B)\frac{P_0}{nw}\frac{(R-g)}{V_0 g_2 \phi}\right]^{\frac{1}{n-1}}.$$

Importa saber se, quando possível, *B* opta por $\delta=1$ ou por $\delta=\delta^\circ$ (com $\delta^\circ<1$). A Figura A.1 (que reproduz o esquema da Figura 2.2) resume as diferentes situações possíveis.

Figura A.1

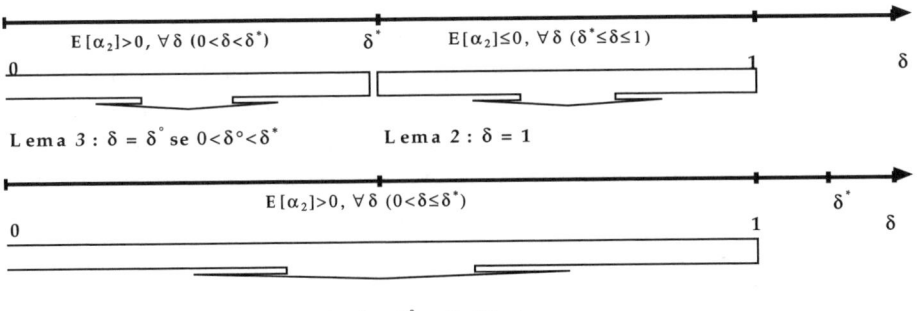

Esta figura ajuda a concluir o seguinte:

(i) $\alpha > w\pi/P_0$

Se $\alpha \geq w\pi/P_0$, então $\delta^* = \alpha P_0/w\pi \geq 1$, pelo que se cai no âmbito da segunda parte do gráfico, ou seja, o espaço de equilíbrio é dado exclusivamente pelo lema *3*. Neste caso, min $(1, \delta^*) = 1$, pelo que $\alpha \geq w\pi\delta/P_0$, $\forall \delta$ $(0<\delta<1)$, o que implica que $E(\alpha_2) = \alpha - w\pi\delta/P_0 \geq 0$. Assim, mesmo que seja desviada a totalidade de π $(\delta=1)$, F continuará a apresentar um retorno anormal não negativo. Significa isto que, quando $\alpha \geq w\pi/P_0$, as soluções de equilíbrio são as que respeitam o seguinte[588]:

$$q_B/\eta + V_0 g_2[\alpha^n - (\alpha - w\pi\delta/P_0)^n]\phi/(R-g)\eta\delta\pi < \lambda < (\eta - q_A)/\eta \quad \wedge$$

$$\delta=\delta°, \text{ se } 0<\delta°<1, \text{ ou } \delta = 1, \text{ se } \delta°\geq1,$$

$$\text{sendo } \delta° = \frac{\alpha P_0}{w\pi} - \frac{P_0}{w\pi}\left[(\lambda\eta - q_B)\frac{P_0}{nw}\frac{(R-g)}{V_0 g_2 \phi}\right]^{1/n-1}.$$

---

[588] *Vide* no Apêndice B (Parte I) as condições para que $\delta°\geq1$.

(ii) $\alpha = w\pi/P_0$

Sendo $\alpha = w\pi/P_0$, então $\delta^* = \alpha P_0/w\pi = 1$, pelo que o espaço de equilíbrio é dado pelo lema *3*. Neste caso, porém, nunca se verifica $\delta^\circ \geq 1$. A demonstração deste resultado consta do Apêndice B (Parte I), não sendo por isso aqui repetida, devendo tal prova ser considerada parte integrante desta outra demonstração. Assim, quando $\alpha = w\pi/P_0$ as soluções de equilíbrio são as que respeitam o seguinte:

$$q_B/\eta + V_0 g_2 [\alpha^n - (\alpha - w\pi\delta/P_0)^n]\phi/(R-g)\eta\delta\pi < \lambda < (\eta - q_A)/\eta \qquad \wedge$$

$$\delta = \delta^\circ, \text{ sendo } \delta^\circ = \frac{\alpha P_0}{w\pi} - \frac{P_0}{w\pi}\left[(\lambda\eta - q_B)\frac{P_0}{nw}\frac{(R-g)}{V_0 g_2 \phi} \right]^{1/n-1}.$$

(iii) $\alpha < w\pi/P_0$

Quando $\alpha < w\pi/P_0$, então $\delta^* = \alpha P_0/w\pi < 1$, pelo que se cai no âmbito da primeira parte da Figura A.1, podendo existir duas soluções alternativas: a solução $\delta = 1$ (a que conduz o lema *2*) e a solução $\delta = \delta^\circ$, se $0 < \delta^\circ < \delta^*$ (a que conduz o lema *3*)[589].

Importa saber se *B* deve escolher um valor pequeno para δ ($\delta = \delta^\circ$, $0 < \delta^\circ < \alpha P_0/w\pi$), sofrendo menos consequências na área de gestão de activos, mas recebendo uma menor importância pela prestação de serviços aos administradores de *J*, ou propor uma solução técnica que conduza à maximização destes proveitos ($\delta = 1$), mas sujeitando-se a maiores perdas na área de gestão de activos. Para responder a esta questão deve notar-se que, tanto no espaço de equilíbrio a que conduz o lema *2*, como no espaço de equilíbrio a que conduz o lema *3*, R_B é uma função linear de λ (a equação [2.18], no primeiro caso, e a equação [2.19], no segundo caso).

---

[589] Note-se que, neste caso, nunca se verifica $\delta^\circ \geq 1$. Assim acontece dado que $0 < \delta < \delta^* = \alpha P_0/w\pi < 1$. O estudo formal do parâmetro δ° confirma este resultado (Apêndice B, Parte I).

Represente-se por $R_{B1} = a_1\lambda+b_1$ (no espaço $L_1<\lambda<L_M$) o resultado a que conduz o lema *2* e por $R_{B2} = a_2\lambda+b_2$ (no espaço $L_1<\lambda<L_M$) o resultado a que conduz o lema *3*. Assim:

$L_M = (\eta - q_A)/\eta$ identifica o limite superior da condição de equilíbrio o qual corresponde à condição de entrada no jogo dos administradores de J (lema *1*).

$L_1 = q_B/\eta + V_0g_2\alpha^n\phi/(R-g)\pi\eta$ identifica o limite inferior da condição de equilíbrio decorrente dos lemas *1* e *2* (inequações [A.1]).

$L_2 = q_B/\eta + V_0g_2[\alpha^n - (\alpha - w\pi\delta^\circ/P_0)^n]\phi/(R-g)\eta\delta^\circ\pi$ identifica o limite inferior da condição de equilíbrio decorrente dos lemas *1* e *3* (inequações [A.2]) (com $\delta=\delta^\circ$).

$b_1 = [- q_B\pi - V_0g_2\alpha^n\phi/(R-g)]$ identifica a ordenada na origem de R_{B1}, a qual é lida na equação [2.18] (com $\delta=1$).

$b_2 = \{- q_B\delta^\circ\pi - V_0g_2[\alpha^n - (\alpha - w\pi\delta^\circ/P_0)^n]\phi/(R-g)\}$ identifica a ordenada na origem da função $R_{B2,}$ a qual é lida na equação [2.19] (com $\delta=\delta^\circ$).

$a_1 = \eta\pi$ traduz a inclinação da função R_{B1} indicando quanto varia R_{B1} face a uma variação unitária de λ, sendo este parâmetro lido na equação [2.18] (com $\delta=1$).

$a_2 = \eta\delta^\circ\pi$ traduz a inclinação da função R_{B2} indicando quanto varia R_{B2} face a uma variação unitária de λ, sendo este parâmetro lido na equação [2.19] (com $\delta=\delta^\circ$).

Uma primeira relação importante entre estes parâmetros é a seguinte: $a_1>a_2$. A demonstração deste resultado é simples, basta notar que $a_2= a_1\delta^\circ$, pelo que dado $0<\delta^\circ<\alpha P_0/w\pi<1$, obtém-se: $a_1>a_2$. Isto significa que a recta que traduz o resultado de *B* inerente à solução do lema *2* tem uma maior inclinação do que a recta que traduz o resultado de *B* decorrente da solução dada pelo lema *3*.

Uma segunda relação importante é a seguinte: $b_2>b_1$. Demonstrar este resultado é o mesmo que mostrar que $(b_2-b_1)>0$. Assim:

$$\{- q_B\delta^\circ\pi - V_0g_2[\alpha^n- (\alpha-w\pi\delta^\circ/P_0)^n]\phi/(R-g)\}- [- q_B\pi - V_0g_2\alpha^n\phi/(R-g)]>0 \Leftrightarrow$$

$$- q_B\delta^\circ\pi - V_0g_2\alpha^n\phi/(R-g) + V_0g_2(\alpha- w\pi\delta^\circ/P_0)^n\phi/(R-g)$$

$$+ q_B\pi + V_0g_2\alpha^n\phi/(R-g) > 0 \Leftrightarrow$$

$$q_B\pi(1-\delta^\circ) + V_0g_2(\alpha - w\pi\delta^\circ/P_0)^n\phi/(R-g) > 0. \quad (c.q.d.) \qquad [A.3]$$

Um outro parâmetro relevante corresponde ao valor de λ para o qual R_{B1} é igual a R_{B2}, doravante identificado por λ_I. Assim:

$$R_{B1}(\lambda_I)= R_{B2}(\lambda_I) \Leftrightarrow a_1\lambda_I+b_1 = a_2\lambda_I +b_2 \Leftrightarrow \lambda_I = (b_2 - b_1)/(a_1- a_2).$$

Ou seja, recorrendo a [A.3] para obter (b_2-b_1) e substituindo a_1 e a_2 pelos respectivos valores, após simplificação obtém-se:

$$\lambda_I = q_B/\eta + V_0 g_2(\alpha - w\pi\delta°/P_0)^n \phi/(R-g)\eta\pi(1- \delta°). \qquad [A.4]$$

Dadas as relações entre os diferentes parâmetros, é possível estabelecer três relações relevantes entre R_{B1} e R_{B2}, que as Figuras A.2, A.3 e A.4 traduzem.

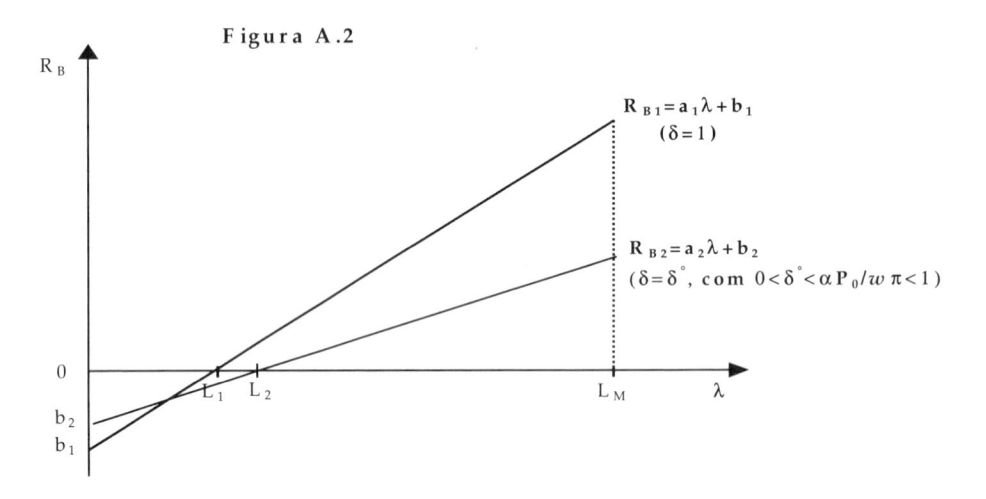

F i g u r a A . 2

No caso da Figura A.2, tem-se $L_1 \leq L_2$, o que, dado $a_1 > a_2$, significa que a intercepção entre as rectas R_{B1} e R_{B2} ocorre na fase em que $R_{B1} \leq 0$ e $R_{B2} \leq 0$, pelo que quando $R_{B1} > 0$ e $R_{B2} > 0$, $R_{B1} > R_{B2}, \forall \lambda$, donde a solução que maximiza o resultado para B é dada pelo espaço do lema 2, isto é, $\delta = 1$. $L_1 \leq L_2$ equivale a:

$$[V_0 g_2\alpha^n\phi/(R-g)+q_B\pi]/\pi\eta \leq \{V_0 g_2[\alpha^n-(\alpha-w\pi\delta°/P_0)^n]\phi/(R-g)+q_B\delta°\pi\}/\eta\delta°\pi$$

$$\Leftrightarrow [V_0 g_2\alpha^n\phi/(R-g)+q_B\pi]\delta° \leq V_0 g_2[\alpha^n-(\alpha-w\pi\delta°/P_0)^n]\phi/(R-g)+q_B\delta°\pi$$

$$\Leftrightarrow 0 \leq V_0 g_2 \alpha^n \phi (1-\delta^\circ)/(R-g) - V_0 g_2 (\alpha-w\pi\delta^\circ/P_0)^n \phi/(R-g)$$

$$\Leftrightarrow 0 \leq \alpha^n (1-\delta^\circ) - (\alpha-w\pi\delta^\circ/P_0)^n.$$

Assim (situação (iii.1)):
Se $\alpha P_0/w\pi < 1 \wedge \alpha^n(1-\delta^\circ)-(\alpha-w\pi\delta^\circ/P_0)^n \geq 0$, as soluções de equilíbrio são:

$$\delta = 1 \wedge L_1 < \lambda < L_M,$$

ou, em notação alternativa,

$$\delta = 1 \wedge q_B/\eta + V_0 g_2 \alpha^n \phi/(R-g)\pi\eta < \lambda < (\eta - q_A)/\eta.$$

Passando à situação da Figura A.3, tem-se que $L_1 > L_2$ e $L_M \leq \lambda_1$. A intercepção entre as duas rectas ocorre à direita de L_M, pelo que em ambos os espaços de equilíbrio (possível) $[L_1, L_M]$ e $[L_2, L_M]$ se tem $R_{B2} > R_{B1}$.
$L_1 > L_2$ equivale a:

$$[V_0 g_2 \alpha^n \phi/(R-g)+q_B\pi]/\pi\eta > \{V_0 g_2 [\alpha^n-(\alpha-w\pi\delta^\circ/P_0)^n]\phi/(R-g)+q_B\delta^\circ\pi\}/\eta\delta^\circ\pi$$

$$\Leftrightarrow [V_0 g_2 \alpha^n \phi/(R-g)+q_B\pi]\delta^\circ > V_0 g_2 [\alpha^n-(\alpha-w\pi\delta^\circ/P_0)^n]\phi/(R-g)+q_B\delta^\circ\pi$$

$$\Leftrightarrow 0 > V_0 g_2 \alpha^n \phi (1-\delta^\circ)/(R-g) - V_0 g_2 (\alpha-w\pi\delta^\circ/P_0)^n \phi/(R-g)$$

$$\Leftrightarrow 0 > \alpha^n (1-\delta^\circ) - (\alpha-w\pi\delta^\circ/P_0)^n.$$

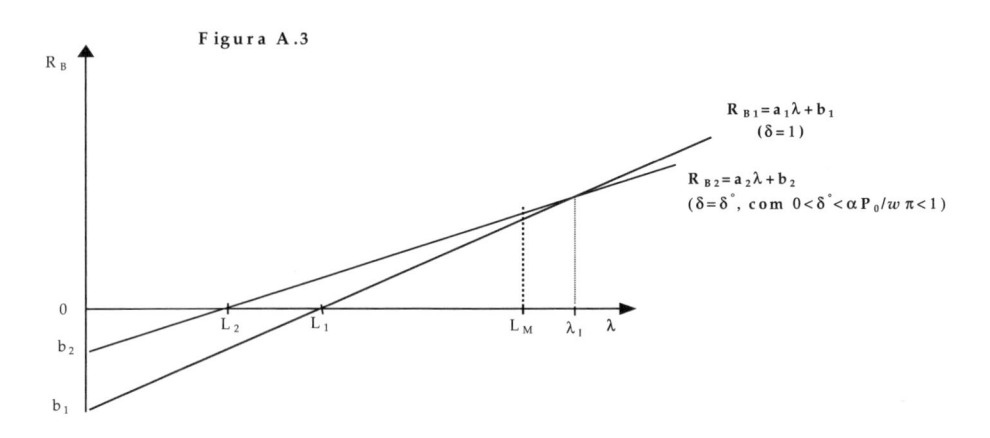

Figura A.3

Por sua vez, $L_M \leq \lambda_I$, equivale a escrever:

$$(\eta - q_A)/\eta \leq V_0 g_2 (\alpha - w\pi\delta^\circ/P_0)^n \phi/(R\text{-}g)\eta\pi(1 - \delta^\circ) + q_B/\eta.$$

Isolando η, tem-se: $\eta \leq V_0 g_2 (\alpha - w\pi\delta^\circ/P_0)^n \phi/(R\text{-}g)\pi(1 - \delta^\circ) + q_B + q_A$.

Donde, pode escrever-se (situação (iii.2)):

Se: $\alpha P_0/w\pi < 1 \wedge \alpha^n (1 - \delta^\circ) - (\alpha - w\pi\delta^\circ/P_0)^n < 0 \quad \wedge$

$\eta \leq V_0 g_2 (\alpha - w\pi\delta^\circ/P_0)^n \phi/(R\text{-}g)\pi(1 - \delta^\circ) + q_B + q_A$, as soluções de equilíbrio são:

$$\delta = \delta^\circ \wedge L_2 < \lambda < L_M,$$

ou, em notação alternativa,

$$\delta = \delta^\circ \quad \wedge$$

$$q_B/\eta + V_0 g_2 [\alpha^n - (\alpha - w\pi\delta^\circ/P_0)^n]\phi/(R\text{-}g)\eta\delta^\circ\pi < \lambda < (\eta - q_A)/\eta,$$

com $\delta^\circ = \dfrac{\alpha P_0}{w\pi} - \dfrac{P_0}{w\pi}\left[(\lambda\eta - q_B)\dfrac{P_0}{nw}\dfrac{(R-g)}{V_0 g_2 \phi}\right]^{1/n-1}$.

Por último, tem-se a situação da Figura A.4 caracterizada por $L_2 < L_1$ e $L_2 < \lambda_I < L_M$. Significa isto que, dado $a_1 > a_2$, no espaço $[L_2, \lambda_I[$, $R_{B2} > R_{B1}$ e no espaço] λ_I, $L_M]$, pelo contrário, $R_{B1} > R_{B2}$. Para $\lambda = \lambda_I$, tem-se, por definição, $R_{B1} = R_{B2}$.

$L_2 < L_1$ equivale, como se viu, a: $\alpha^n (1 - \delta^\circ) - (\alpha - w\pi\delta^\circ/P_0)^n < 0$.

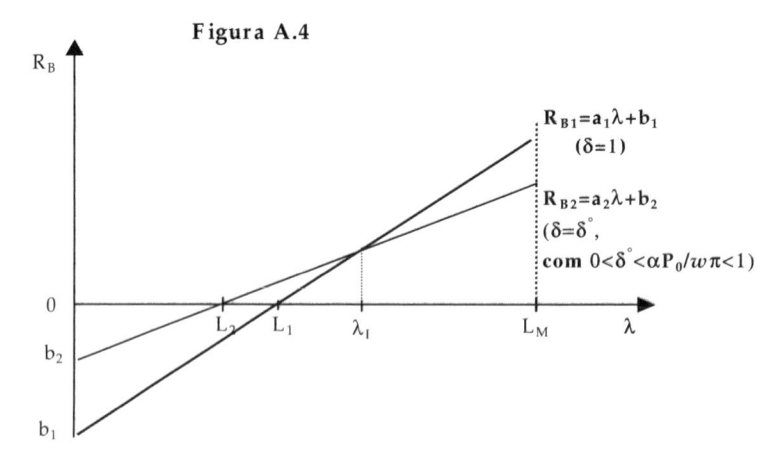

Figura A.4

$L_2 < \lambda_I < L_M$, equivale a escrever: $\{V_0 g_2[\alpha^n - (\alpha - w\pi\delta°/P_0)^n]\phi/(R-g) + q_B\delta°\pi\}/\eta\delta°\pi < V_0 g_2(\alpha - w\pi\delta°/P_0)^n\phi/(R-g)\eta\pi(1-\delta°) + q_B/\eta < (\eta - q_A)/\eta$. Em formulação alternativa:

$$\eta > V_0 g_2(\alpha - w\pi\delta°/P_0)^n\phi/(R-g)\pi(1-\delta°) + q_A + q_B >$$

$$V_0 g_2[\alpha^n - (\alpha - w\pi\delta°/P_0)^n]\phi/(R-g)\delta°\pi + q_A + q_B.$$

Donde, (situação (iii.3)):

Se $\alpha P_0/w\pi < 1 \wedge \alpha^n(1-\delta°) - (\alpha - w\pi\delta°/P_0)^n < 0 \wedge \eta > V_0 g_2(\alpha - w\pi\delta°/P_0)^n \phi/(R-g)\pi(1-\delta°) + q_B + q_A > V_0 g_2[\alpha^n - (\alpha - w\pi\delta°/P_0)^n]\phi/(R-g)\delta°\pi + q_B + q_A$, as soluções de equilíbrio são dadas pela reunião dos seguintes conjuntos de pares de soluções:

$$L_2 < \lambda \leq \lambda_I \wedge \delta = \delta° \cup \lambda_I \leq \lambda < L_M \wedge \delta = 1$$

o que equivale, em notação alternativa, a:

$$q_B/\eta + V_0 g_2[\alpha^n - (\alpha - w\pi\delta°/P_0)^n]\phi/(R-g)\eta\delta°\pi <$$

$$\lambda \leq q_B/\eta + V_0 g_2(\alpha - w\pi\delta/P_0)^n \phi/(R-g)\eta\pi(1-\delta°) \wedge \delta = \delta°$$

$$\cup$$

$$q_B/\eta + V_0 g_2(\alpha - w\pi\delta°/P_0)^n \phi/(R-g)\eta\pi(1-\delta°) \leq \lambda < (\eta - q_A)/\eta \wedge \delta = 1,$$

$$\text{com } \delta° = \frac{\alpha P_0}{w\pi} - \frac{P_0}{w\pi}\left[(\lambda\eta - q_B)\frac{P_0}{nw}\frac{(R-g)}{V_0 g_2\phi}\right]^{1/n-1}.$$

PROVA DO COROLÁRIO 1

O lema *1* indica que apenas se obtém simultaneamente $R_A > 0$ e $R_B > 0$ para o conjunto de combinações $\delta(0 < \delta \leq 1)$ e $\lambda(0 < \lambda < 1)$, tais que:

$$q_B/\eta + E[\Delta VGF]/\eta\pi\delta < \lambda < (\eta - q_A)/\eta.$$

Assim, de modo equivalente, pode escrever-se:

$$q_A + q_B + E[\Delta VGF]/\pi\delta < \lambda\eta + q_A < \eta.$$

Destas inequações pode extrair-se:

(*i*) $\lambda\eta+q_A<\eta$, equivale a $\lambda<(\eta-q_A)/\eta$, o que se traduz na condição para que os administradores de *J* estejam dispostos a entrar no jogo;

(*ii*) $q_A+q_B+E[\Delta VGF]/\pi\delta<\lambda\eta+q_A$, equivale a $\lambda>q_B/\eta+E[\Delta VGF]/\eta\pi\delta$, o que se traduz na condição para que *B* esteja disposto a entrar no jogo;

(*iii*) $q_A+q_B+E[\Delta VGF]/\pi\delta<\eta$, corresponde à condição que permite que da concretização do negócio se aproveite uma soma ($\eta\pi\delta$) suficiente para cobrir as perdas que os administradores de $J(q_A\pi\delta)$ e $B(q_B\pi\delta)$ sofrem enquanto accionistas e que *B* sofre enquanto gestor de activos ($E[\Delta VGF]$), abrindo espaço a que estes negoceiem a partilha dos lucros mediante a escolha de λ ($0<\lambda<1$).

Com $\alpha\leq0$, $E[\Delta VGF]=0$[590], pelo que de (iii) conclui-se que não existe solução que permita $R_A>0$ e $R_B>0$ se $\eta\leq q_A+q_B$, no espaço $0<\delta\leq1$. Se, pelo contrário, $\eta>q_A+q_B$, o espaço de equilíbrio é dado por $\delta=1$ e $q_B/\eta<\lambda<(\eta-q_A)/\eta$ (Proposição *1*). As derivadas de primeira ordem dos limites inferiores e superiores em ordem a η são, respectivamente, negativa e positiva. Com efeito:

$$\frac{\partial \frac{q_B}{\eta}}{\partial \eta}=-\frac{q_B}{\eta^2}<0 \quad e \quad \frac{\partial \frac{\eta-q_A}{\eta}}{\partial \eta}=\frac{q_A}{\eta^2}>0.$$

Donde, quanto menor η maior é o limite inferior e menor é o limite superior, pelo que menor é o espaço de equilíbrio. Quanto maior η menor é o limite inferior e maior é o limite superior, pelo que maior é o espaço de equilíbrio. Assim, com $\alpha\leq0$, o espaço de equilíbrio é menor (maior) quanto menor (maior) η, tornando-se um conjunto vazio com $\eta\leq q_A+q_B$, estando por isso demonstrada a parte (*i*) do corolário.

Acontece, porém, que com $\alpha>0$ a escolha de δ, em determinadas circunstâncias, depende de η. Donde, importa verificar, nas diferentes hipóteses, as (principais) consequências de η sobre o espaço de equilí-

---

[590] Vide demonstração da Proposição *1*.

brio e sobre os custos de agência. Demonstrem-se, pois, as partes (*ii*) e (*iii*) do corolário enunciado.

(ii) Com α>0, no espaço de escolha de δ=1, reduções (aumentos) infinitesimais de η diminuem (aumentam) o espaço de equilíbrio, mas não alteram o montante dos desvios;

A solução óptima é $\delta=1$ em duas situações distintas (lema *2*, lema *3* e proposição *2*): (*ii.a*) quando E($\alpha_2 \leq 0$); e (*ii.b*) quando E($\alpha_2 > 0$) mas $\delta° > 1$. As situações em que ocorre a hipótese (*ii.a*) encontram-se identificadas na proposição *2*, e correspondem à situação (iii.1) e, parcialmente, à situação (iii.3). As situações em que se pode verificar o caso (*ii.b*) resumem-se a parte da hipótese (i) da proposição *2*, como adiante se verá. Analise-se cada uma das situações individualmente.

(ii.a) E($\alpha_2 \leq 0$)

Se $\alpha P_0 / w\pi \leq \delta \leq 1$, *B* e os administradores de *J* concretizarão o negócio e desviarão π unidades monetárias de *J* ($\delta=1$), desde que exista λ ($0 < \lambda < 1$) tal que (lema *2* e proposição *2*):

$$L_1 = [V_0 g_2 \alpha^n \phi / (R-g) + q_B \pi] / \pi\eta < \lambda < (\eta - q_A)/\eta = L_M.$$

Ou seja, no espaço $\alpha P_0 / w\pi < \delta \leq 1$, a solução de equilíbrio é dada por $\delta=1$, e pelos valores de $\lambda \in \,]L_1, L_M[$. O resultado de *B* é dado por R_{B1}.

Note-se que L_M — que corresponde ao limite de entrada em jogo para os administradores de *J* — depende positivamente de η. Com efeito, facilmente se constata que:

$$\frac{\partial L_M}{\partial \eta} = q_A \Big/ \eta^2 > 0, \qquad \forall 0 < q_A < 1 \text{ e } 0 < \eta < 1.$$

Este resultado significa que quanto maior η maior L_M e vice-versa. Donde, quanto mais eficaz for a actuação das autoridades de supervisão, menor é η, pelo que menor é o conjunto de valores para λ que induz os administradores de *J* a participarem no jogo.

Analise-se agora a condição de equilíbrio para *B*:

$L_1=[V_0g_2\alpha^n\phi/(R-g)+q_B\pi]/\pi\eta$. Como facilmente se constata, a derivada de L1 em ordem a η é sempre negativa qualquer que seja $\eta \in \ ]0, 1[$. Com efeito:

$$\frac{\partial L_1}{\partial \eta} = - \ [V_0g_2\alpha^n\phi/(R-g)+q_B\pi]/\pi\eta^2<0,$$

dado $V_0>0, \ g_2>0, \alpha^n>0, \ \phi>0, \ (R-g)>0, \ q_B>0 \ e \ \pi>0.$

Significa isto que, quanto maior η, menor o valor de L_1. Pelo contrário, quanto menor η, maior o valor de L_1. Assim, conjugando os dois efeitos tem-se: quanto maior η, maior L_M e menor L_1, pelo que maior o espaço de equilíbrio de $\lambda \ ]L_1, L_M[$; quanto menor η, menor L_M e maior L_1, pelo que menor o espaço de equilíbrio de $\lambda \ ]L_1, L_M[$.

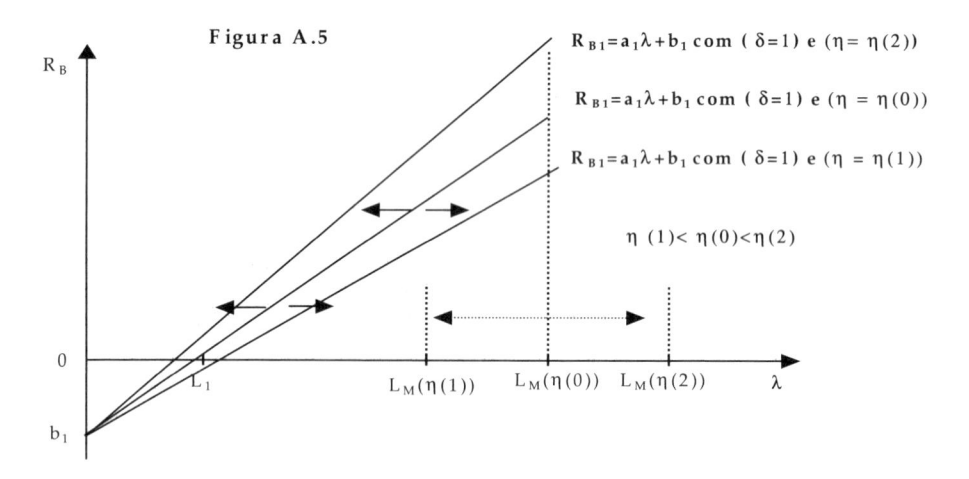

Em termos gráficos, um aumento de η corresponde a uma rotação da função $R_{B1}=a_1\lambda+b_1$, tal como definida na demonstração da Proposição *2*, com $a_1=\eta\pi$ e $b_1=(-q_B\pi-V_0g_2\alpha^n\phi)/(R-g)$, além de uma alteração de L_M. Com efeito, aumentos de η correspondem a aumentos de a_1

(aumentos de inclinação da recta) e diminuições de η correspondem a diminuições de a_1 (reduções na inclinação da recta). Por sua vez, b_1 não depende de η, o que significa que se mantém inalterada a ordenada na origem. Donde, conjugando estes dois resultados, também por esta via se conclui que L_1 varia em sentido inverso a η. A Figura A.5 ilustra o que se acaba de afirmar e permite observar que o intervalo de valores λ que conduzem a $R_{B1}>0$ e a $R_A>0$ varia no sentido oposto a η, ou seja, no sentido oposto à eficácia das autoridades de supervisão.

(ii.b) $E(\alpha_2>0)$

Da proposição *2* (e do lema *3*) tem-se que, se $\alpha P_0/w\pi>1$, B e os administradores de J concretizarão o negócio e desviarão $\pi\delta$ unidades monetárias de J, desde que exista λ $(0<\lambda<1)$ tal que:

$$L_2=[V_0g_2\{\alpha^n-[\alpha-w(\pi\delta/P_0)]^n\}\phi/(R-g)+q_B\delta\pi]/\eta\delta\pi<\lambda<(\eta-q_A)/\eta=L_M$$

com $\delta=\delta°$, se $0<\delta°<1$, ou $\delta=1$, se $\delta°\geq1$, sendo

$$\delta° = \frac{\alpha P_0}{w\pi} - \frac{P_0}{w\pi}\left[(\lambda\eta-q_B)\frac{P_0}{nw}\frac{(R-g)}{V_0g_2\phi}\right]^{1/n-1}.$$

Por outro lado, no Apêndice B (Parte I) procede-se ao estudo de $\delta°$ em função de valores alternativos de η, supondo igualmente situações alternativas para $\alpha P_0/w\pi$. Aí se prova um conjunto de relações importantes entre estas três variáveis, as quais se encontram resumidas na Figura A.6.

Figura A.6

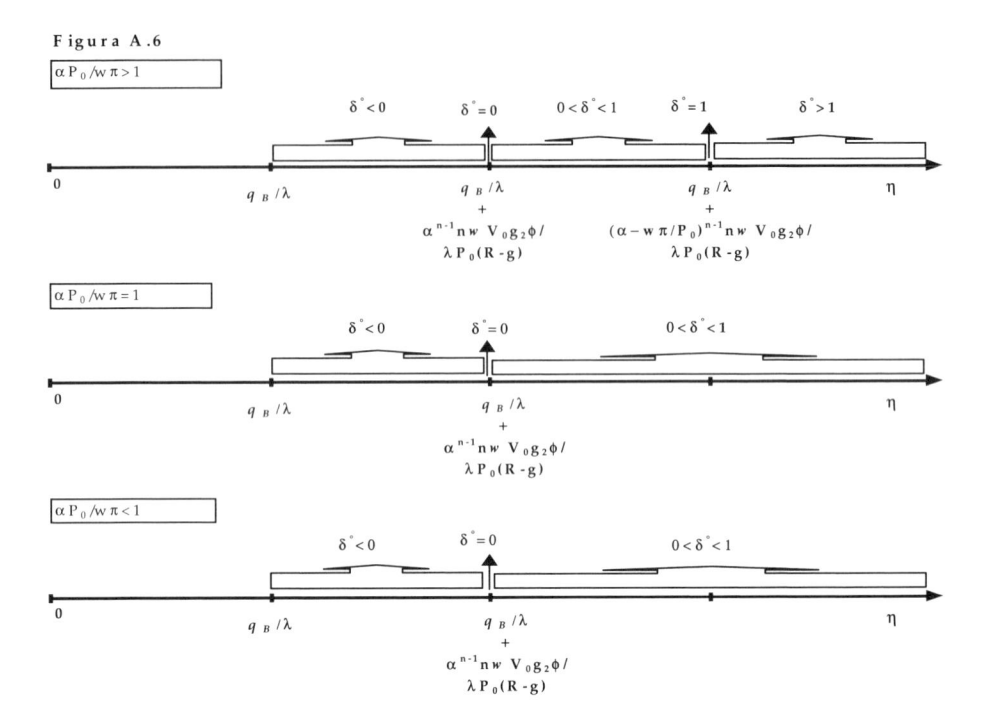

Assim, apenas para $\alpha P_0/w\pi>1$, com $\eta \geq q_B/\lambda+(\alpha-w\pi/P_0)^{n-1}nwV_0g_2\phi/\lambda P_0(R-g)$, se tem $\delta°>1$, caso em que a proposição *2* conduz ao resultado $\delta=1$. Donde, desde que se mantenha a condição $\eta \geq q_B/\lambda +(\alpha w\pi/P_0)^{n-1}nwV_0g_2\phi/\lambda P_0(R-g)$, mantém-se como solução $\delta=1$. Respeitado este limite, variações de η não provocam alteração do montante óptimo de desvios. Assim, substituindo δ por 1 em L_2, obtém-se: $L_2=[V_0g_2\{\alpha^n- [\alpha-w(\pi/P_0)]^n\}\phi/(R-g)+q_B\pi]/\eta\pi$.

A derivada de L_2 em ordem a η vem: $- q_B/\eta^2<0$ $(0<\eta<1)$. Donde, quanto maior (menor) η, menor (maior) L_2, pelo que, maior o espaço de equilíbrio formado por combinações de λ e δ, com $0<\delta\leq1$ e $\alpha P_0/w\pi>1$, desde que $\eta \geq q_B/\lambda + (\alpha-w\pi/P_0)^{n-1}nwV_0g_2\phi/\lambda P_0(R-g)$.

Por outro lado, o limite superior (L_M) do intervalo de valores de λ que conduzem a resultados positivos para *B* e para os administradores de *J* depende de η, pelo que se altera em face a variações de η. O resultado obtido em (ii.a) é, assim, aqui aplicável.

Donde, *c.q.d.*: quanto maior η (pior a supervisão), maior L_M e menor L_2, pelo que maior o espaço de equilíbrio de λ $]L_2, L_M[$; quanto menor η (melhor a supervisão), menor L_M e maior L_2, pelo que menor o espaço de equilíbrio de λ $]L_2, L_M[$.

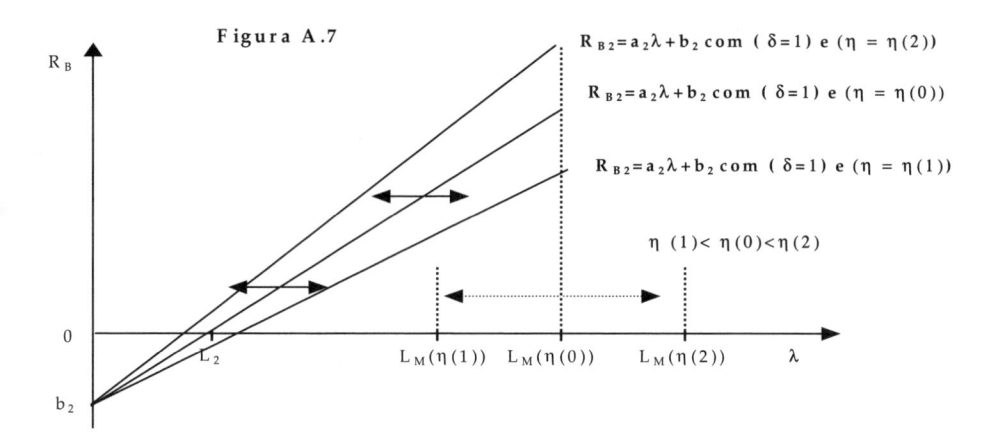

Figura A.7

Em termos gráficos, como $\delta=1$, um aumento de η corresponde a uma rotação da função $R_{B2}=a_2\lambda+b_2$, tal como definida na demonstração da Proposição 2, com $a_2=\eta\pi$ e $b_2=\{- q_B\pi - V_0 g_2[\alpha^n - (\alpha - u\pi/P_0)^n]\}\phi/(R-g)$, além de uma alteração de L_M. Com efeito, aumentos de η correspondem a aumentos de a_2 (aumentos de inclinação da recta) e diminuições de η correspondem a reduções de a_2 (reduções na inclinação da recta). Por sua vez, b_2 não depende de η, o que significa que se mantém inalterada a ordenada na origem. Donde, conjugando estes dois resultados, também por esta via se conclui que L_2 varia em sentido inverso a η. A Figura A.7 ilustra o afirmado e permite observar que o intervalo de valores λ que conduzem a $R_{B2}>0$ varia no sentido oposto a η, ou seja, no sentido oposto ao aumento da eficácia das autoridades de supervisão.

(*iii*) Com $\alpha>0$, no espaço de escolha de $\delta=\delta°$ $(0<\delta°<1)$, aumentos (reduções) infinitesimais de η aumentam (diminuem) o montante dos desvios, mas têm um efeito incerto sobre o espaço de equilíbrio de λ

Existe, por fim, um conjunto alargado de situações em que a ocorrer oportunidade lucrativa de desvio de fundos mutuamente vantajosa para B e para os administradores de J, o resultado para B é maximizado com $\delta=\delta°(0<\delta°<1)$. Assim acontece, com $\alpha>0$, na situação (i) (da proposição 2) sempre que $q_B/\lambda + \alpha^{n-1}nwV_0g_2\phi/\lambda P_0(R-g)< \eta < q_B/\lambda + (\alpha-w\pi/P_0)^{n-1}nwV_0g_2\phi/\lambda P_0(R-g)$ (vide Figura A.6 e o Apêndice B Ponto I) e assim acontece nas hipóteses (ii), (iii.2) e (parcialmente) (iii.3) (da mesma proposição).

É facilmente demonstrável que nos espaços de escolha $\delta=\delta°$ $(0<\delta°<1)$, quanto maior (menor) η, maior (menor) o montante de fundos desviados $\delta°$. Basta notar que a derivada de $\delta°$ em ordem a η é positiva, pelo que $\delta°$ varia no mesmo sentido de η. Com efeito (ver demonstração no Apêndice B, parte II):

$$\frac{\partial\delta°}{\partial\eta} = -\frac{\lambda P_0^2(R-g)}{n(n-1)w^2\pi V_0g_2\phi}\left[(\lambda\eta-q_B)\frac{P_0}{nw}\frac{(R-g)}{V_0g_2\phi}\right]^{\frac{2-n}{n-1}} > 0.$$

No que respeita ao efeito de variações de η sobre o espaço de equilíbrio para λ, o resultado é incerto. De facto, também neste caso o limite superior (L_M) se altera face a variações de η. Assim, como antes demonstrado, quanto maior η maior L_M e vice-versa. Todavia, o limite inferior da condição de equilíbrio obtida na Proposição *2* $(L_2=[V_0g_2\{\alpha^n - [\alpha-w(\pi\delta/P_0)]^n\}\phi/(R-g) + q_B\delta\pi]/\eta\delta\pi)$, depende tanto de η, como de δ. Ora, como alterações de η conduzem no domínio em análise a alterações de δ, constata-se que L_2 varia por força de dois efeitos: (i) a alteração de η e (ii) a alteração de δ induzida pela alteração de η.

Acontece, porém, que o resultado do efeito directo da alteração de η conjugado com o efeito induzido pela alteração de δ determinada pela variação de η, tanto pode ser negativo, como positivo, como nulo, podendo, assim, aumentar, reduzir, ou manter-se o espaço de equilíbrio de λ (ver demonstração no Apêndice B, Ponto II).

Em termos de linguagem gráfica, constata-se que a_2 depende tanto de η como de $\delta°$. Como se demonstra no referido Apêndice B (Ponto II), quer a derivada parcial de a_2 em ordem a η, quer a derivada parcial de a_2 em ordem a $\delta°$ são positivas. Assim, como $\delta°$ aumenta em resposta a uma variação positiva de η, pode concluir-se que é positivo o sinal de variação de a_2. Donde, a um aumento (redução) de η corresponde a um aumento (redução) da inclinação da função $R_{B2}=a_2\lambda+b_2$, com $a_2=\eta\pi\delta°$ e $b_2= - q_B\pi\delta°-V_0g_2[\alpha^n - (\alpha-w\pi\delta°/P_0)^n]\phi/(R-g)$.

No que diz respeito a b_2, como não depende directamente de η, apenas se faz sentir o efeito da alteração de $\delta°$ induzida pela variação devida a uma alteração de η, sendo que esse efeito é negativo (demonstração no Apêndice B, Ponto II). Donde, a deslocação da recta que nos dá os valores de R_{B2}, pode tomar um dos vários sentidos que se encontram ilustrados na Figura A.8.

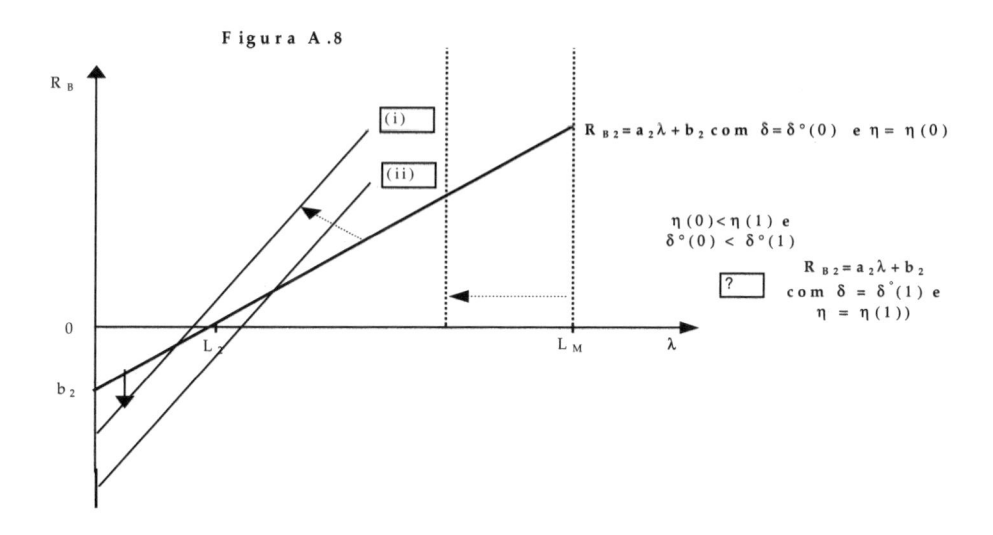

Figura A.8

Assim, é incerto o efeito da alteração de η sobre L_2 (*vide* demonstração formal no Apêndice B). Se se verificar a hipótese (i) (da figura A.8) o limite superior reduz o intervalo de equilíbrio mas o limite inferior evolui de modo a alargar esse intervalo, sendo por isso incerto o efeito final. Se, pelo contrário, se verificar a hipótese (ii) (da mesma figura) ambos os limites (inferior e superior) evoluem no sentido de restringir o espaço em que há oportunidade lucrativa de concretização do jogo.

Prova da Proposição 3

Com $g_2=0$, [2.1] passa a escrever-se como se segue:

$$V_{t+2} = V_t\left(1 + g_1 + \varepsilon_{t+2}\right) \qquad \text{com t = 0, 2, 4, 6, ...,}\infty.$$

Tal significa que o valor a gerir por *GF* na data *2* (e, por consequência) nas datas seguintes não depende da sua performance. Assim, seja qual for a decisão que *B* tome na data *1*, e seja qual for o impacto dessa decisão sobre $E(\alpha_2)$, o seu efeito esperado sobre o valor de *GF* é nulo ($E[\Delta VGF]=0$). Donde, o R_B traduz-se pela seguinte expressão: $R_B = \lambda\eta\pi\delta - q_B\pi\delta = (\lambda\eta\pi - q_B\pi)\delta$.

Para que *B* tenha interesse em participar no jogo, terá de verificar-se $R_B>0$, o que equivale a $\lambda\eta\pi - q_B\pi>0$, ou seja, $\lambda>q_B/\eta$. Este constitui o limite inferior do intervalo de valores admissíveis para λ. Além disso, esta condição permite constatar que:

$$\frac{\partial R_B}{\partial \delta} = \lambda\eta\pi - q_B\pi > 0 \text{ e que } \frac{\partial^2 R_B}{\partial \delta^2} = 0.$$

Donde, R_B é uma função linear de inclinação positiva de δ, em todo o domínio de δ, pelo que maximizada para o seu valor mais elevado, isto é, $\delta=1$.

Por fim, o resultado do jogo para os administradores de *J* (R_A) (dado pela equação [2.3]), com $\delta=1$, vem: $R_A=(1-\lambda)\eta\pi - q_A\pi$, com $\pi>0$, $0<\eta<1$, $0<\lambda<1$ e $0<q_A<1$. Deste modo, $R_A>0 \Leftrightarrow (1-\lambda)\eta\pi - q_A\pi>0$, pelo que dividindo ambos os membros por π e resolvendo em ordem a λ se obtém: $\lambda<(\eta-q_A)/\eta$. Conclui-se, pois, que $R_A>0$, se e apenas se, $\lambda<(\eta-q_A)/\eta$, $\forall\delta\in]0,1]$.

Prova do Corolário 2

Da proposição *3* tem-se que, no espaço $0<\delta\leq1$, *B* escolhe unicamente $\delta=1$. Os custos de agência neste modelo são dados por $\delta\pi$. Donde, dado π fixo, o montante de custos de agência é maximizado com $\delta=1$.

O espaço de λ é maximizado com $q_B/\eta<\lambda<(\eta-q_A)/\eta$. Nenhum limite superior maior que $(\eta-q_A)/\eta$ induz R_A a resultados positivos (ver prova do lema *1*). De igual modo, nenhum limite inferior pode ser menor que q_B/η. Note-se que este limite apenas é admissível se o impacto na área de gestão de activos for nulo ($E[\Delta VGF]=0$) (ver prova do lema *1*). Donde, se nenhum limite inferior pode ser maior e nenhum limite inferior pode ser menor, conclui-se que o espaço máximo em que é possível obter $R_A>0$ e $R_B>0$ é dado por aquela condição.

A equação [2.22] exprime a perda para *F* nos termos que se seguem: $\delta\pi w V_0/P_0$. Dados π, w, V_0 e P_0 constantes positivas, esta perda é uma função linear de inclinação positiva de δ, pelo que maximizada com $\delta=1$.

A perda imposta aos demais accionistas é dada pela equação [2.23]: $\delta\pi(1-q_A-q_B-w V_0/P_0)$. Dado $(1-q_A-q_B-w V_0/P_0)>0$, desde que existam outros accionistas, esta perda é uma função linear de inclinação positiva de δ, pelo que maximizada com $\delta=1$.

Prova da Proposição 4

Na hipótese *n*=1, a função que descreve o comportamento dos consumidores de serviços dos fundos de investimento − função [2.1] − passa a ter a seguinte especificação:

$$V_{t+2} = V_t\left(1 + g_1 + g_2\alpha_{t+2}D_{t+2} + \varepsilon_{t+2}\right) \text{ com t = 2, 4, 6, ...,}\infty. \qquad [A.5]$$

I. Com $\alpha\leq0$

Com $\alpha\leq0$, da função [A.5], obtém-se $V_2=V_0(1+g_1+\varepsilon_2)$, pelo que o montante dos valores a gerir no futuro não depende de δ. Trata-se por isso de uma situação em tudo idêntica à da proposição *1*, pelo que se é conduzido a um espaço de equilíbrio idêntico ao dessa proposição[591]. Donde, o espaço de equilíbrio é dado por $\delta=1$ e $q_B/\eta<\lambda<(\eta-q_A)/\eta$.

II. Com $\alpha>0$
(i) EFEITO NOS VALORES A GERIR

Na data *1*, o valor esperado por B para V_2 é um dos dois seguintes:

(*i*) Se $E(\alpha_2)\leq0$, isto é, $\alpha\leq w\pi\delta/P_0$, tem-se $D_2=0$, pelo que:

$$E[V_2/E(\alpha_2)= \alpha-w\pi\delta/P_0\leq_0]=V_0(1+g_1). \qquad [A.6]$$

(*ii*) Se $E(\alpha_2)>0$, isto é, $\alpha>w\pi\delta/P_0$, tem-se $D_2=1$, pelo que:

$$E[V_2/E(\alpha_2)= \alpha-w\pi\delta/P_0>0]=V_0[1+g_1+g_2(\alpha-w\pi\delta/P_0)]. \qquad [A.7]$$

Como se supõe $\alpha>0$, caso B decida não prestar o serviço e o retorno π seja na íntegra distribuído aos accionistas de J, o valor esperado por B para V_2 é:

$$E[V_2/E(\alpha_2)= \alpha>0]=V_0(1+g_1+g_2\alpha). \qquad [A.8]$$

Subtraindo [A.6] a [A.8] obtém-se o efeito esperado em V_2 no caso de ser esperado um retorno anormal negativo. Subtraindo [A.7] a [A.8] obtém-se o efeito esperado em V2 na hipótese contrária. Ou seja:

$$E[\Delta V_2/E(\alpha_2)= \alpha-w\pi\delta/P_0\leq0]=V_0g_2\alpha; \qquad [A.9]$$
$$E[\Delta V_2/E(\alpha_2)= \alpha-w\pi\delta/P_0>0]= V_0g_2w\pi\delta/P_0. \qquad [A.10]$$

Dada a configuração de [A.5], o efeito continua a manifestar-se no valor gerido nos ciclos seguintes, ou seja, em $V_4, V_6, V_8, ..., V\infty$. Assim:

$$E(\Delta V_4/\Delta V_2)=E[\Delta V_2](1+g_1+g_2\alpha).$$

De igual modo:

$$E(\Delta V_6/\Delta V_2)=E[\Delta V_4/\Delta V_2](1+g_1+g_2\alpha)=E[\Delta V_2](1+g_1+g_2\alpha)^2.$$

---

[591] Por economia de espaço não se repete o raciocínio apresentado na prova da proposição *1*.

Donde, generalizando,

$$E(\Delta V_{t+2}/\Delta V_2) = E[\Delta V_2](1+g_1+g_2\alpha)^{t/2}, \text{ com } t=2, 4, ..., \infty, \qquad [A.11]$$

com $E[\Delta V_2]$ a ser dado por [A.9] ou por [A.10], consoante o caso.

(*ii*) EFEITO NOS LUCROS E NO VALOR DE *GF*

O objectivo de *B* é maximizar o valor de *GF*, ou seja:

$$VB = \sum_{t=2\tau}^{\infty} VA(D_t) = \sum_{t=2\tau}^{\infty} VA(V_{t-2}\phi) \quad \text{com } \tau=1, 2, 3, ..., \infty.$$

onde: V_A representa o operador do valor actual na data *1* dos lucros futuros; D_t é o lucro da data t; e ϕ é o lucro unitário periódico.

As equações [A.9], [A.10] e [A.11] dão o impacto esperado nos valores sob gestão de *GF*, os quais, após multiplicação por ϕ, resultam na variação esperada nos lucros de *B* para o final de cada ciclo de gestão. Donde:

$$E[\Delta D_4/E(\alpha_2)= \alpha-w(\pi\delta/P_0)\leq 0]=V_0g_2\alpha\phi=E[\Delta V_2]\phi; \qquad [A.12]$$

$$E[\Delta D_4/E(\alpha_2)= \alpha-w(\pi\delta/P_0)>0]=(V_0g_2w\pi\delta/P_0)\phi=E[\Delta V_2]\phi; \qquad [A.13]$$

$$E(\Delta D_{t+4}/\Delta V_2)=E[\Delta V_2]\phi(1+g_1+g_2\alpha)^{t/2}, \text{ com } t=2, 4, 6, ..., \infty, \quad [A.14]$$

com $E[\Delta V_2]$ a ser dado por [A.9] ou por [A.10], consoante o caso.

Juntas as equações [A.12] e [A.14], por um lado, e as equações [A.13] e [A.14], por outro lado, constata-se que se está na presença de uma renda perpétua de montante inicial $E[\Delta V_2]\phi$ (com vencimento na data *4*), com uma taxa de crescimento periódica $g_1+g_2\alpha$, pelo que calcular o valor actual desta renda corresponde a calcular a variação do valor de *GF* pelo método de Gordon de desconto de dividendos. Donde:

$$E[\Delta VB/E(\alpha_2)=\alpha- w\pi\delta/P_0\leq 0]=V_0g_2\alpha\phi/(R-g_1-g_2\alpha); \qquad [A.15]$$

$$E[\Delta VB/E(\alpha_2)=\alpha- w\pi\delta/P_0>0]=V_0g_2w\pi\delta\phi/P_0(R-g_1-g_2\alpha). \qquad [A.16]$$

(*iii*) Resultado de *B*

Finalmente, é possível determinar o resultado de *B* (R_B), nos termos habituais. Assim:

$$R_B = R_{B1} = \lambda\eta\delta\pi - q_B\delta\pi - V_0 g_2 \alpha\phi/(R\text{-}g_1\text{-}g_2\alpha),$$

$$\text{se } E(\alpha_2) = \alpha - w\pi\delta/P_0 \leq 0 \qquad [A.17]$$

$$R_B = R_{B2} = \lambda\eta\delta\pi - q_B\delta\pi - V_0 g_2 w\pi\delta\phi/P_0(R\text{-}g_1\text{-}g_2\alpha),$$

$$\text{se } E(\alpha_2) = \alpha - w\pi\delta/P_0 > 0 \qquad [A.18]$$

(*iv*) Equilíbrio

Note-se que, no espaço $0 < \delta \leq 1$, tanto o ramo R_{B1}, como o ramo RB2, são funções lineares de δ, com inclinação positiva desde que respectivamente: $\lambda > q_B/\eta$ e $\lambda > q_B/\eta + V_0 g_2 \phi w/P_0(R\text{-}g_1\text{-}g_2\alpha)\eta$. Assim, podem verificar-se duas situações distintas:

(1) $\alpha P_0/w\pi > 1$

Neste caso, $\forall \delta \in \,]0, 1]$ tem-se $E(\alpha_2) = \alpha - w\pi\delta/P_0 > 0$, pelo que R_B é, exclusivamente, dado por R_{B2}. Além disso, $\delta = 1$ faz parte do domínio de δ, pelo que, uma vez que R_B é crescente com δ, *B* escolhe $\delta = 1$.

Donde, o valor mínimo para λ é obtido impondo $R_{B2} > 0$, usando a equação [A.18], sendo o valor máximo de λ dado pela condição de obtenção de um resultado positivo para os administradores de *J* (lema *1*), pelo que se obtém como condição de equilíbrio:

$$q_B/\eta + V_0 g_2 \phi w/P_0(R\text{-}g_1\text{-}g_2\alpha)\eta < \lambda < (\eta - q_A)/\eta.$$

(2) $\alpha P_0/w\pi \leq 1$

Aqui a função R_B apresenta dois ramos: (*i*) R_{B1}, se $\alpha P_0/w\pi \leq \delta \leq 1$, e (*ii*) R_{B2}, se $0 < \delta < \alpha P_0/w\pi$. Significa isto que *B* pode optar entre (*i*) escolher um δ "grande" ($\alpha P_0/w\pi \leq \delta \leq 1$) conduzindo *F* a obter um retorno anormal negativo na data *2*; ou (*ii*) um δ "pequeno" ($0 < \delta < \alpha P_0/w\pi$) salvaguardando a obtenção de um retorno anormal positivo.

Dado que, em ambos os ramos, R_B é crescente com δ, no primeiro caso, *B* maximiza o seu resultado escolhendo $\delta = 1$, pelo que se obtém

$E(\alpha_2)\leq0$, sendo o resultado dado pela função [A.17]. No segundo caso, *B* escolhe $\delta=\alpha P_0/w\pi-\rho$, sendo ρ um valor infinitesimal positivo tendente para zero[592], pelo que obtém $E(\alpha_2)>0$, sendo o resultado dado pela função [A.18]. Em que circunstâncias escolhe um e outro?

A Figura A.9 ilustra a presente situação e permite perceber que para os valores de λ em que exista $\delta^+(\alpha P_0/w\pi-\rho<\delta^+<1)$, ter-se-á $R_{B1}(\delta=1)$ maior que $R_{B2}(\delta=\alpha P_0/w\pi-\rho)$, pelo que a solução maximizadora do resultado de *B* ocorre com $\delta=1$. Nos casos em que $\delta^+>1$, ter-se-á $R_{B1}(\delta=1)$ menor que $R_{B2}(\delta=\alpha P_0/w\pi-\rho)$, pelo que a solução maximizadora será $\delta=\alpha P_0/w\pi-\rho$. Donde, o problema reconduz-se a saber para que valores alternativos de λ, $R_{B1}(\delta=1)$ é maior menor ou igual a $R_{B2}(\delta=\alpha P_0/w\pi-\rho)$, e a verificar em que cenários esses valores induzem à realização do jogo.

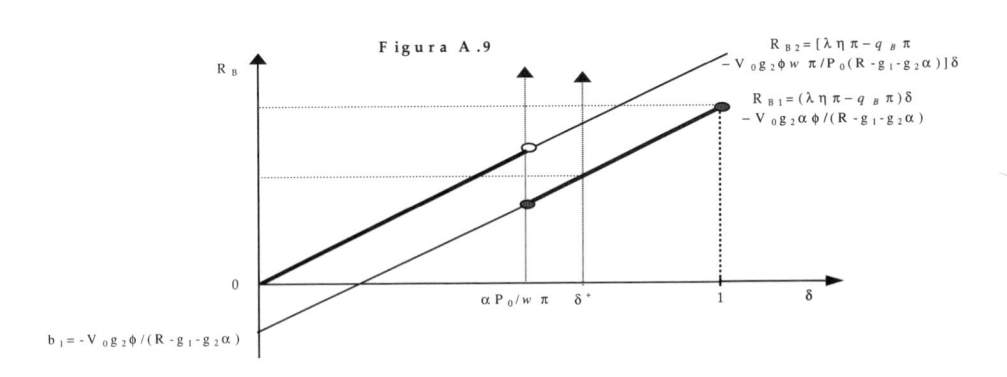

F i g u r a A . 9

A hipótese (*ii*) é preferível à hipótese (*i*) desde que $R_{B2}(\delta=\alpha P_0/w\pi-\rho)>R_{B1}(\delta=1)$. Se, pelo contrário, $R_{B2}(\delta=\alpha P_0/w\pi-\rho)<R_{B1}(\delta=1)$, a hipótese (i) é preferível à hipótese (ii). Ora, $R_{B2}(\delta=\alpha P_0/w\pi-\rho)>R_{B1}(\delta=1)$

$$\Leftrightarrow [\lambda\eta\pi-q_B\pi-V_0g_2w\pi\phi/P_0(R-g_1-g_2\alpha)](\alpha P_0/w\pi-\rho)-$$
$$[\lambda\eta\pi-q_B\pi-V_0g_2\alpha\phi/(R-g_1-g_2\alpha)]>0$$

---

[592] Isto é, escolhe o mais elevado entre os valores de δ que permitem $E(\alpha_2)>0$.

$\Leftrightarrow [\lambda\eta\pi-q_B\pi](\alpha P_0/u\pi-\rho)-[V_0g_2u\pi\phi/P_0(R-g_1-g_2\alpha)](\alpha P_0/u\pi)+$
$[V_0g_2u\pi\phi/P_0(R-g_1-g_2\alpha)]\rho-\lambda\eta\pi+q_B\pi V_0g_2\alpha\phi/(R-g_1-g_2\alpha)>0$

$\Leftrightarrow [\lambda\eta\pi-q_B\pi][(\alpha P_0/u\pi-\rho)-1]+V_0g_2u\pi\phi\rho/P_0(R-g_1-g_2\alpha)>0$

$\Leftrightarrow [\lambda\eta\pi-q_B\pi][1-(\alpha P_0/u\pi-\rho)]-V_0g_2u\pi\phi\rho/P_0(R-g_1-g_2\alpha)<0$

$\Leftrightarrow \lambda<q_B/\eta+V_0g_2u\phi\rho/P_0(R-g_1-g_2\alpha)\eta[1-(\alpha P_0/u\pi-\rho)].$

Do mesmo modo se mostra que:

$R_{B1}=R_{B2} \Leftrightarrow \lambda=q_B/\eta+V_0g_2u\phi\rho/P_0(R-g_1-g_2\alpha)\eta[1-(\alpha P_0/u\pi-\rho)];$

$R_{B1}>R_{B2} \Leftrightarrow \lambda>q_B/\eta+V_0g_2u\phi\rho/P_0(R-g_1-g_2\alpha)\eta[1-(\alpha P_0/u\pi-\rho)].$

A Figura A.10 ilustra a actual situação, onde se representa por λ_1, o valor de λ que conduz ao ponto de intercepção entre as duas rectas.

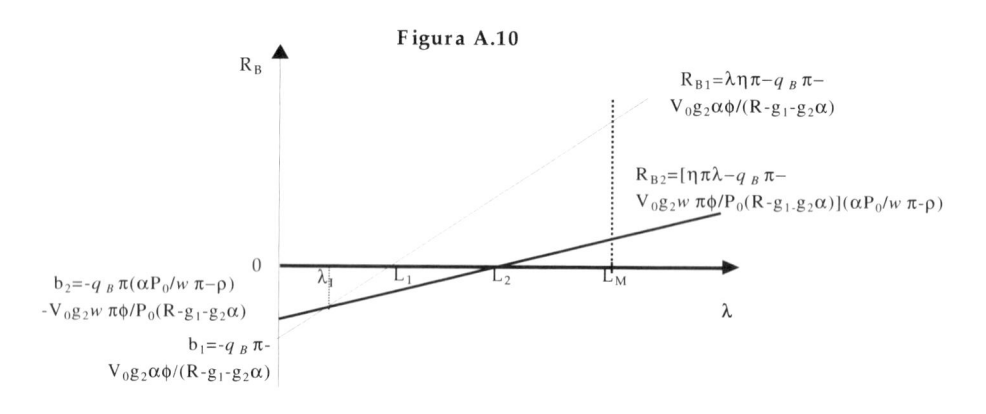

Figura A.10

Comece por notar-se que a inclinação de $R_{B1}(\delta=1)$ é maior que a inclinação de $R_{B2}(\delta=\alpha P_0/u\pi-\rho)$, $\forall\lambda$ ($0<\lambda<1$). De [A.17] tem-se que o declive de $R_{B1}(\delta=1)$ é: $a_1=\eta\pi$. De [A.18] tem-se que o declive de $R_{B2}(\delta=\alpha P_0/u\pi-\rho)$ é: $a_2=\eta\pi(\alpha P_0/u\pi-\rho)=a_1(\alpha P_0/u\pi-\rho)$. Uma vez que, $\alpha P_0/u\pi-\rho<1$, conclui-se que $a_1>a_2$, $\forall\lambda$ ($0<\lambda<1$).

Além disso, neste gráfico considerou-se $L_1\leq L_2$ [$\wedge\lambda_1<L_2$]. Todavia, importa demonstrar por via analítica que a situação figurada corresponde à realidade.

$R_{B1}(\delta=1)=0 \Leftrightarrow \lambda\eta\pi-q_B\pi-V_0 g_2\alpha\phi/(R-g_1-g_2\alpha)=0$

$\Leftrightarrow \lambda=q_B/\eta+V_0 g_2\alpha\phi/(R-g_1-g_2\alpha)\eta\pi= L_1.$

$R_{B2}(\delta=\alpha P_0/w\pi-\rho)=0$

$\Leftrightarrow R_{B2}=[\lambda\eta\pi-q_B\pi-V_0 g_2 w\pi\phi/P_0(R-g_1-g_2\alpha)](\alpha P_0/w\pi-\rho)=0$

$\Leftrightarrow \lambda=q_B/\eta+V_0 g_2 w\phi/P_0(R-g_1-g_2\alpha)\eta=L_2.$

Donde, constata-se que $L_1-L_2=q_B/\eta+V_0 g_2\alpha\phi/(R-g_1-g_2\alpha)\eta\pi-q_B/\eta$ $-V_0 g_2 w\phi/P_0(R-g_1-g_2\alpha)\eta=V_0 g_2\phi(\alpha-w\pi/P_0)/(R-g_1-g_2\alpha)\eta\pi$. Todavia, dado que, $\alpha\leq w\pi/P_0$ tem-se $L_1-L_2\leq 0$.

De igual modo, $L_2-\lambda_1=q_B/\eta+V_0 g_2 w\phi/P_0(R-g_1-g_2\alpha)\eta-q_B/\eta-V_0 g_2 w\phi\rho/$ $P_0(R-g_1-g_2\alpha)\eta[1-(\alpha P_0/w\pi-\rho)]=[V_0 g_2 w\phi/P_0(R-g_1-g_2\alpha)\eta]$ $[1-\rho/(1-(\alpha P_0/$ $w\pi-\rho))]=[V_0 g_2 w\phi/P_0(R-g_1-g_2\alpha)\eta]$ $[(1-\alpha P_0/w\pi)/(1-(\alpha P_0/w\pi-\rho))]>0$.

Assim, como $\delta=\alpha P_0/w\pi-\rho<1$ e $\alpha P_0/w\pi\leq 1$, tem-se, *c.q.d.*, $\lambda_1\leq L_2$.

Donde, $R_{B1}(\delta=1)\geq R_{B2}(\delta=\alpha P_0/w\pi-\rho), \forall \lambda$ $(L_1<\lambda<L_M)$. Assim, com $\alpha P_0/w\pi\leq 1$, o espaço de equilíbrio é dado por: $\delta=1 \wedge q_B/\eta+V_0 g_2\alpha\phi/$ $(R-g_1-g_2\alpha)\eta\pi<\lambda<(\eta-q_A)/\eta$.

III. Comparação dos espaços de equilíbrio para λ, face a $g_2=0$, com $\alpha>0$
Com $g_2=0$, o espaço de equilíbrio para λ é dado por (proposição *3*): $q_B/\eta<\lambda<(\eta-q_A)/\eta$. Com $n=1$ e $\alpha>0$, com se viu em II, se (*1*) $\alpha P_0/w\pi>1$, tem-se $q_B/\eta+V_0 g_2\phi w/P_0(R-g_1-g_2\alpha)\eta<\lambda<(\eta-q_A)/\eta$, e se (*2*) $\alpha P_0/w\pi\leq 1$, tem-se $q_B/\eta+V_0 g_2\alpha\phi/(R-g_1-g_2\alpha)\eta\pi<\lambda<(\eta-q_A)/\eta$. Donde, o limite superior é sempre o mesmo e o limite inferior é sempre mais elevado com $n=1$ e $\alpha>0$ do que com $g_2=0$. Assim, *c.q.d.*, com $\alpha>0$ o espaço de λ é sempre inferior ao que se verifica com a total ausência de reacção $(g_2=0)$.

PROVA DA PROPOSIÇÃO 5

I. Espaço de Equilíbrio com α>0

Na hipótese $n=0$, a função que descreve o comportamento dos consumidores de serviços dos fundos de investimento – função [2.1] – passa a ter a seguinte especificação:

$$V_{t+2} = V_t \left(1 + g_1 + g_2 D_{t+2} + \varepsilon_{t+2} \right) \quad \text{com } t = 2, 4, 6, \ldots, \infty.$$

(i) RESULTADO DE *B*

Procedendo de modo análogo ao que foi feito na demonstração da proposição *4*, após o cálculo do efeito esperado nos valores a gerir e do respectivo impacto nos lucros e no valor de GF[593], é possível determinar o resultado de *B* (R_B), nos termos habituais. Assim:

$R_B=R_{B1}=(\lambda\eta\pi - q_B\pi)\delta - V_0 g_2\phi/(R-g_1-g_2)$,

se $E(\alpha_2)=\alpha - w\pi\delta/P_0 \leq 0$;   [A.19]

$R_B=R_{B2}=(\lambda\eta\pi - qB\pi)\delta$,

se $E(\alpha_2)=\alpha - w\pi\delta/P_0 > 0$.   [A.20]

(ii) EQUILÍBRIO

Note-se que, no espaço $0<\delta\leq 1$, tanto R_{B1}, como R_{B2}, são funções lineares de δ, de inclinação positiva, dado que $\lambda > q_B/\eta$ é condição necessária para que *B* decida entrar no jogo. Assim, podem verificar-se duas situações distintas:

(1) $\alpha P_0/w\pi > 1$

Neste caso, $\forall \delta \in\ ]0, 1]$, $E(\alpha_2)=\alpha - w\pi\delta/P_0 > 0$, pelo que R_B é, exclusivamente, dado por R_{B2}. Além disso, $\delta=1$ faz parte do domínio de δ, pelo que, uma vez que R_B é crescente com δ, *B* escolhe $\delta=1$.

O valor mínimo de λ é obtido impondo $R_{B2}>0$, usando a equação [A.20], sendo o valor máximo de λ, como sempre, dado pela condição

---

[593] Procedimentos que se omitem por economia de espaço.

de obtenção de um resultado positivo para os administradores de *J* (lema *1*), pelo que se obtém: $q_B/\eta < \lambda < (\eta - q_A)/\eta$.

(2) $\alpha P_0/w\pi \leq 1$

Aqui a função R_B apresenta dois ramos: (*i*) R_{B1}, se $\alpha P_0/w\pi \leq \delta \leq 1$; e (*ii*) R_{B2}, se $0 < \delta < \alpha P_0/w\pi$. Significa isto que *B* pode optar entre (*i*) um δ "grande" ($\alpha P_0/w\pi \leq \delta \leq 1$) conduzindo *F* a obter um retorno anormal negativo na data *2*; ou (*ii*) um δ "pequeno" ($0 < \delta < \alpha P_0/w\pi$) salvaguar-dando a obtenção de um retorno anormal positivo nessa data.

Dado que, em ambos os ramos, R_B é crescente com δ, no primeiro caso, *B* maximiza o seu resultado escolhendo $\delta = 1$, pelo que se obtém $E(\alpha_2) \leq 0$, sendo o resultado dado por [A.19]. No segundo caso, *B* esco-lhe $\delta = \alpha P_0/w\pi - \rho$, sendo ρ um valor infinitesimal positivo tendente para zero, pelo que se obtém $E(\alpha_2) > 0$, sendo o resultado dado por [A.20]. Em que circunstâncias escolhe um e outro?

A Figura A.11 ilustra a presente situação e permite perceber que para os valores de λ em que exista $\delta^+ (\alpha P_0/w\pi - \rho < \delta^+ < 1)$, ter-se-á $R_{B1}(\delta = 1)$ maior que $R_{B2}(\delta = \alpha P_0/w\pi - \rho)$, pelo que a solução maximizadora do resultado de *B* ocorre com $\delta = 1$. Nos casos em que $\delta^+ > 1$, ter-se-á $R_{B1}(\delta = 1)$ menor que $R_{B2}(\delta = \alpha P_0/w\pi - \rho)$, pelo que a solução maximi-zadora será $\delta = \alpha P_0/w\pi - \rho$. Donde, o problema reconduz-se a saber para que valores alternativos de λ, $R_{B1}(\delta = 1)$ é maior, menor ou igual a $R_{B2}(\delta = \alpha P_0/w\pi - \rho)$, e a verificar em que cenários esses valores induzem a um jogo mutuamente vantajoso para os administradores de *J*.

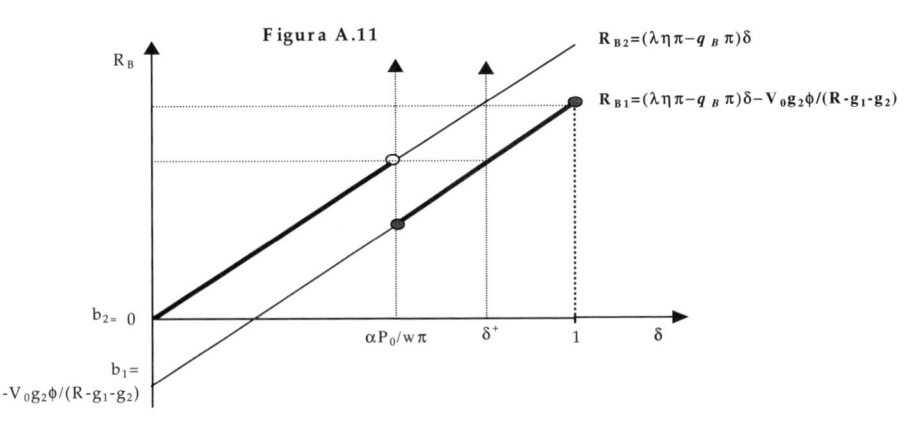

Figura A.11

A hipótese (*ii*) (δ "pequeno") é preferível à hipótese (*i*) (δ "grande") desde que $R_{B2}(\delta=\alpha P_0/w\pi-\rho)>R_{B1}(\delta=1)$. Se, pelo contrário, $R_{B2}(\delta=\alpha P_0/w\pi-\rho)<R_{B1}(\delta=1)$, a hipótese (i) é preferível à hipótese (ii). Ora, $R_{B2}(\delta=\alpha P_0/w\pi-\rho)>R_{B1}(\delta=1)$ $\Leftrightarrow$

$$[\lambda\eta\pi(\alpha P_0/w\pi-\rho)-q_B\pi(\alpha P_0/w\pi-\rho)] - [\lambda\eta\pi-q_B\pi- V_0g_2\phi/(R-g_1-g_2)]>0 \Leftrightarrow$$

$$\lambda\eta\pi[(\alpha P_0/w\pi-\rho)-1]>q_B\pi[(\alpha P_0/w\pi-\rho)-1] - V_0g_2\phi/(R-g_1-g_2) \Leftrightarrow$$

$$\lambda\eta\pi[1-(\alpha P_0/w\pi-\rho)]<q_B\pi[1-(\alpha P_0/w\pi-\rho)] + V_0g_2\phi/(R-g_1-g_2) \Leftrightarrow$$

$$\lambda<q_B/\eta+V_0g_2\phi/(R-g_1-g_2)\eta\pi[1-(\alpha P_0/w\pi-\rho)].$$

Do mesmo modo se mostra que:

$$R_{B1}=R_{B2} \quad \Leftrightarrow \quad \lambda=q_B/\eta+V_0g_2\phi/(R-g_1-g_2)\eta\pi[1-(\alpha P_0/w\pi-\rho)], \text{ e}$$

$$R_{B1}>R_{B2} \quad \Leftrightarrow \quad \lambda>q_B/\eta+V_0g_2\phi/(R-g_1-g_2)\eta\pi[1-(\alpha P_0/w\pi-\rho)].$$

A Figura A.12 ilustra a presente situação, onde se nota por λ_I, o valor de λ que conduz ao ponto de intercepção entre as duas rectas.

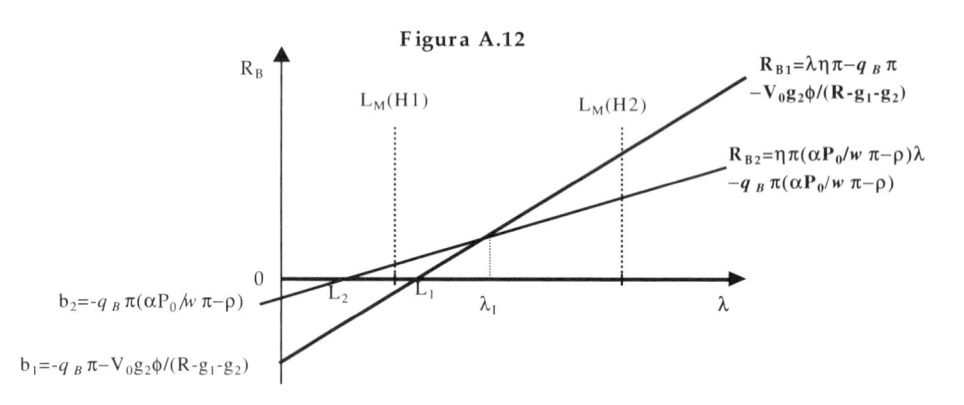

Figura A.12

Comece por notar-se que a inclinação de $R_{B1}(\delta=1)$ é maior que a inclinação de $R_{B2}(\delta=\alpha P_0/w\pi-\rho)$, $\forall\lambda$ $(0<\lambda<1)$. De [2.3.14] tem-se que o declive de $R_{B1}(\delta=1)$ é: $a_1= \eta\pi$. De [A.30] tem-se que o declive de $R_{B2}(\delta=\alpha P_0/w\pi-\rho)$ é: $a_2=\eta\pi(\alpha P_0/w\pi-\rho)= a_1(\alpha P_0/w\pi-\rho)$. Uma vez que, $\alpha P_0/w\pi-\rho<1$, conclui-se que $a_1>a_2$, $\forall\lambda$ $(0<\lambda<1)$.

Além disso, neste gráfico considerou-se $L_2 < L_1 < \lambda_1$. Todavia, importa demonstrar por via analítica que a situação figurada corresponde à realidade.

$$R_{B1}(\delta=1)=0 \iff \lambda\eta\pi - q_B\pi - V_0g_2\phi/(R-g_1-g_2) = 0 \iff$$

$$\lambda = q_B/\eta + V_0g_2\phi/(R-g_1-g_2)\eta\pi = L_1.$$

$$R_{B2}(\delta=\alpha P_0/w\pi - \rho)=0 \iff R_{B2}=(\lambda\eta\pi - q_B\pi)(\alpha P_0/w\pi - \rho)=0 \iff$$

$$\lambda = q_B/\eta = L_2.$$

Donde, facilmente se constata que $L_1 - L_2 = V_0g_2\phi/(R-g_1-g_2)\eta\pi > 0$, pelo que $L_2 < L_1$.

De igual modo, $\lambda_1 - L_1 = \{q_B/\eta + V_0g_2\phi/(R-g_1-g_2)\eta\pi[1-(\alpha P_0/w\pi - \rho)]\} - [q_B/\eta + V_0g_2\phi/(R-g_1-g_2)\eta\pi] \iff (V_0g_2\phi/(R-g_1-g_2)\eta\pi)[1/(1-(\alpha P_0/w\pi - \rho))-1]$. Donde, $\lambda_1 - L_1 > 0$, dado que $0 < \alpha P_0/w\pi - \rho < 1$, pelo que $1/(1-(\alpha P_0/w\pi - \rho)) > 1$. Assim, $\lambda_1 > L_1$, $\forall \lambda$ $(0 < \lambda < 1)$. Tem-se, pois, demonstrado o pressuposto básico do gráfico $(L_2 < L_1 < \lambda_1)$.

Entrando em consideração com o comportamento dos administradores de J, duas possibilidades podem colocar-se (tal como ilustrado na referida figura): $L_M < \lambda_1$ (H1) e $L_M \geq \lambda_1$ (H2), sendo que L_M corresponde ao limite máximo para λ dado pela condição de equilíbrio para os administradores de J. Donde, com $\alpha > 0$ e $n=0$, o espaço de equilíbrio é descrito da seguinte forma:

(*i*) Se $L_M < \lambda_1$, ou seja, $(\eta - q_A)/\eta < q_B/\eta + V_0g_2\phi/(R-g_1-g_2)\eta\pi[1-(\alpha P_0/w\pi - \rho)]$, $\forall \lambda$, $R_{B2} > R_{B1}$, pelo que solução de equilíbrio é a seguinte:

$$\delta = \alpha P_0/w\pi - \rho \qquad \wedge \qquad q_B/\eta < \lambda < (\eta - q_A)/\eta.$$

(*ii*) Se $L_M \geq \lambda_1$, ou seja, $(\eta - q_A)/\eta \geq V_0g_2\phi/(R-g_1-g_2)\eta\pi[1-(\alpha P_0/w\pi - \rho)]$, a solução de equilíbrio é a seguinte:

$$\delta = \alpha P_0/w\pi - \rho \quad \wedge \quad q_B/\eta < \lambda \leq q_B/\eta + V_0g_2\phi/(R-g_1-g_2)\eta\pi[1-(\alpha P_0/w\pi - \rho)]$$

$$\cup$$

$$\delta = 1 \quad \wedge \quad q_B/\eta + V_0g_2\phi/(R-g_1-g_2)\eta\pi[1-(\alpha P_0/w\pi - \rho)] \leq \lambda < (\eta - q_A)/\eta$$

II. Comparação dos espaços de equilíbrio para λ, *face a* $g_2=0$, *com* $\alpha>0$

Com $g_2=0$, o espaço de equilíbrio para λ é dado por (proposição *3*): $q_B/\eta<\lambda<(\eta-q_A)/\eta$. Com $n=0$ e $\alpha>0$, com se viu em I, se (*1*) $\alpha P_0/w\pi>1$, tem-se $q_B/\eta<\lambda<(\eta-q_A)/\eta$, e se (*2*) $\alpha P_0/w\pi\leq1$, tem-se: (i) $q_B/\eta<\lambda<(\eta- q_A)/\eta$, se $L_M<\lambda_1$; e (ii) $q_B/\eta<\lambda\leq q_B/\eta+V_0g_2\phi/(R\text{-}g_1\text{-}g_2)\eta\pi[1-(\alpha P_0/w\pi-\rho)] \cup q_B/\eta+V_0g_2\phi/(R\text{-}g_1\text{-}g_2)\eta\pi[1-(\alpha P_0/w\pi-\rho)]\leq\lambda<(\eta-q_A)/\eta$, se $L_M\geq\lambda_1$. Todavia, este caso reconduz-se a: $q_B/\eta<\lambda<(\eta-q_A)/\eta$. Assim, *c.q.d.*, com $\alpha>0$ o espaço de λ é igual ao que se verifica com a total ausência de reacção ($g_2=0$).

PROVA DA PROPOSIÇÃO 6

I. Espaço de equilíbrio

Na hipótese $D_t=1$ ($\forall\alpha_t$) e $n=1$, a expressão [2.1] que descreve o comportamento dos consumidores de serviços dos fundos de investimento passa a ter a seguinte especificação:

$$V_{t+2} = V_t\left(1 + g_1 + g_2\alpha_{t+2} + \varepsilon_{t+2}\right) \quad \text{com t = 2, 4, 6, ...,}\infty. \quad [A.21]$$

(i) EFEITO NOS VALORES A GERIR

Em *1*, o valor esperado por *B* para V_2 na hipótese de prestação do serviço ($0<\delta\leq1$) é:

$$E[V_2/E(\alpha_2)=\alpha-w\pi\delta/P_0]= V_0[1+g_1+g_2(\alpha-w\pi\delta/P_0)]. \quad [A.22]$$

Caso *B* decida não prestar o serviço ($\delta=0$), ter-se-á $E(\alpha_2)=\alpha$, pelo que valor esperado por *B* para V_2 é:

$$E[V_2/E(\alpha_2)=\alpha]= V_0(1+g_1+g_2\alpha). \quad [A.23]$$

Donde, subtraindo [A.22] a [A.23] obtém-se a variação esperada de V_2 decorrente da prestação do serviço. Assim:

$$E[\Delta V_2/E(\alpha_2)=\alpha-w\pi\delta/P_0]= V_0g_2w\pi\delta/P_0. \quad [A.24]$$

Dada a especificação de [A.21], o efeito da decisão não se reflecte apenas em V_2, antes continua a manifestar-se em $V_6, V_8, ..., V_\infty$. Assim:

$$E(\Delta V_{t+2}/\Delta V_2)=(V_0g_2w\pi\delta\phi/P_0)(1+g_1+g_2\alpha)^{t/2}, \text{ com t = 2, 4, 6, ..., }\infty. \quad [A.25]$$

(*ii*) EFEITO NOS LUCROS E NO VALOR DE *GF*

A equação [A.25] dá o impacto esperado nos valores sob gestão de *GF*, o qual, quando multiplicado por ϕ, resulta na variação esperada nos lucros de *B* para o final de cada ciclo de gestão. Donde:

$$E[\Delta D_4/E(\alpha_2) = \alpha - u\pi\delta/P_0] = V_0 g_2 u\pi\delta\phi/P_0 = E[\Delta V_2]\phi; \quad [A.26]$$

$$E(\Delta D_{t+4}/\Delta V_2) = (V_0 g_2 u\pi\delta\phi/P_0)(1+g_1+g_2\alpha)^{t/2}, \text{ com } t = 2, 4, 6, ..., \infty. \quad [A.27]$$

Juntas as equações [A.26] e [A.27] está-se na presença de uma renda perpétua de montante inicial $V_0 g_2 u\pi\delta\phi/P_0$ (com vencimento da primeira renda na data *4*) com uma taxa de crescimento periódica $g_1+g_2\alpha$, pelo que calcular o valor actual desta renda corresponde a calcular a variação do valor de *GF* pelo método de Gordon de desconto de dividendos. Donde:

$$E[\Delta VGF/E(\alpha_2) = \alpha - u\pi\delta/P_0] = V_0 g_2 u\pi\delta\phi/P_0(R - g_1 - g_2\alpha). \quad [A.28]$$

(*iii*) RESULTADO DE *B*

Finalmente, é possível determinar o resultado de *B* (R_B), nos termos habituais. Assim:

$$R_B = \lambda\eta\pi\delta - q_B\pi\delta - V_0 g_2 u\pi\delta\phi/P_0(R - g_1 - g_2\alpha). \quad [A.29]$$

(*iv*) EQUILÍBRIO

Note-se que, no espaço $0 < \delta \leq 1$, R_B é uma função linear de δ, de inclinação positiva, desde que $\lambda > q_B/\eta + V_0 g_2 u\phi/P_0(R - g_1 - g_2\alpha)\eta$. Donde, desde que verificada esta condição – sem a qual *B* não tem vantagem em entrar no jogo – quanto maior δ maior R_B. Assim, dada a restrição $0 < \delta \leq 1$, R_B é maximizado com $\delta = 1$.

Donde, recuperando a condição de participação dos administradores de *J* (lema *1*), pode afirmar-se que, *c.q.d.*, o espaço de equilíbrio é dado por:

$$\delta = 1 \ \wedge \ q_B/\eta + V_0 g_2 u\phi/P_0(R - g_1 - g_2\alpha)\eta < \lambda < (\eta - q_A)/\eta. \quad [A.30]$$

II. Comparação dos espaços de equilíbrio para λ, com $n=1$

Com $n=1$, se $\alpha\leq 0$, o espaço de equilíbrio é dado por $\delta=1$ e $q_B/\eta<\lambda<(\eta-q_A)/\eta$ (ver prova da proposição *4*, ponto I). Com $n=1$ e $\alpha>0$, se *(1)* $\alpha P_0/w\pi>1$, tem-se $q_B/\eta+V_0g_2\phi w/P_0(R-g_1-g_2\alpha)\eta<\lambda<(\eta-q_A)/\eta$, e se *(2)* $\alpha P_0/w\pi\leq 1$, tem-se $q_B/\eta+V_0g_2\alpha\phi/(R-g_1-g_2\alpha)\eta\pi<\lambda<(\eta-q_A)/\eta$ (ver prova da proposição *4*, ponto I). Donde, os limites superiores do espaço de equilíbrio para λ são sempre iguais. Com $\alpha\leq 0$, ao limite da proposição *3* acresce na proposição *6* o valor positivo $V_0g_2w\phi/P_0(R-g_1-g_2\alpha)\eta$, pelo que se pode concluir que o espaço de realização do jogo foi encurtado. Com $\alpha>0$, se $\alpha P_0/w\pi>1$, os espaços de equilíbrio das proposições *4* e *6* coincidem[594]. Com $\alpha>0$, se $\alpha P_0/w\pi\leq 1$, dado que $V_0g_2\alpha\phi/(R-g_1-g_2\alpha)\eta\pi\leq V_0g_2w\phi/P_0(R-g_1-g_2\alpha)\eta$, tem-se que o limite inferior é maior na proposição *6*, pelo que o respectivo espaço de equilíbrio é menor.

Prova da Proposição 7

Na hipótese $D_t=1$ ($\forall\alpha_t$) e n ímpar>1, a expressão [2.1] que descreve o comportamento dos consumidores de serviços dos fundos de investimento passa a ser:

$$V_{t+2} = V_t\left(1 + g_1 + g_2\alpha_{t+2}^n + \varepsilon_{t+2}\right) \qquad \text{com t = 2, 4, 6, ...,}\infty.$$

(i) Resultado de B

Procedendo de modo análogo ao que foi feito na demonstração da proposição *6*, após o cálculo do efeito esperado nos valores a gerir e do respectivo impacto nos lucros e no valor de GF[595], é possível determinar o resultado de B (R_B), nos termos habituais. Assim:

$$R_B=\lambda\eta\pi\delta-q_B\pi\delta-V_0g_2\phi[\alpha_n-(\alpha-w\pi\delta/P_0)^n]/(R-g), \text{ com } g=g_1+g_2\alpha.$$

---

[594] Resultado que não é aliás surpreendente, dado que corresponde à solução com $E[\alpha_2]>0$.

[595] Procedimentos que se omitem por economia de espaço.

(ii) EQUILÍBRIO

Aplicando as condições de maximização de R_B, por escolha de δ, apura-se:

Condição de 1ª ordem:

$$\frac{\partial R_B}{\partial \delta} = \lambda \eta \pi - q_B \pi - \frac{V_0 g_2 \phi}{(R-g)} n \frac{w\pi}{P_0} \left(\alpha - \frac{w\pi\delta}{P_0} \right)^{n-1} = 0.$$

Simplificando e resolvendo em ordem a δ, obtém-se:

$$\delta = \frac{\alpha P_0}{w\pi} - \frac{P_0}{w\pi} \left[(\lambda \eta - q_B) \frac{P_0}{nw} \frac{(R-g)}{V_0 g_2 \phi} \right]^{1/n-1}.$$

Condição de 2ª ordem:

$$\frac{\partial^2 R_B}{\partial \delta^2} = \frac{V_0 g_2 \phi}{(R-g)} n(n-1) \frac{w^2 \pi^2}{P_0^2} \left(\alpha - \frac{w\pi\delta}{P_0} \right)^{n-2}.$$

Assim, duas possibilidades podem colocar-se:

(1) Se $\alpha < w\pi\delta/P_0 [E(\alpha_2) < 0]$

Neste caso, a derivada de segunda ordem é sempre negativa desde que *n ímpar* >1 (como admitido), o significa que a condição de primeira ordem conduz ao ponto em que R_B é maximizado. Este resultado significa que R_B é uma função monótona crescente à esquerda de $\delta°$ e monótona decrescente à direita de $\delta°$.

Além disso note-se que: $\delta = \delta^* - \frac{P_0}{w\pi} \left[(\lambda \eta - q_B) \frac{P_0}{nw} \frac{(R-g)}{V_0 g_2 \phi} \right]^{1/n-1}.$

Assim, $\delta° < \delta^* = w\pi\delta/P_0$, dado que, para B entrar no jogo, $\lambda\pi > q_B$ (Lema *1*), por definição $(R-g) > 0$ e todas as demais variáveis e constantes são positivas.

Estes resultado permite que se tirem várias conclusões:

(i)   Se $\delta°\leq0$, significa que R_B decresce à medida que δ aumenta em todo o espaço $0\leq\delta\leq\min(1,\delta^*)$, pelo que se conclui que o melhor resultado é obtido não indo a jogo ($\delta=0$);

(ii) Se $0<\delta°<\min(1,\delta^*)$, então R_B é maximizado com $\delta=\delta°$;

(iii) Por outro lado, por definição $0<\delta\leq1$, pelo que caso se verifique $1<\delta°\leq\delta^*$, a escolha maximizadora de R_B é $\delta=1$.

Assim, *c.q.d.*, indo a jogo, o máximo valor para R_B quando $E[\alpha_2<0]$ é obtido de acordo com a seguinte regra:

$$(i)\ \delta=\delta°,\ se\ 0<\delta°<\min(1,\delta^*);\ (ii)\ \delta=1,\ se\ 1<\delta°<\delta^*$$

$$com\ \delta° = \frac{\alpha P_0}{w\pi} - \frac{P_0}{w\pi}\left[(\lambda\eta - q_B)\frac{P_0}{nw}\frac{(R-g)}{V_0 g_2 \phi}\right]^{1/n-1}$$

(2) Se $\alpha>w\pi\delta/P_0[E(\alpha_2)>0]$

Neste caso a derivada de segunda ordem é sempre positiva desde que n ímpar>1 (como admitido), o significa que a condição de primeira ordem conduz ao ponto em que R_B é minimizado. Este resultado significa que R_B é uma função monótona decrescente à esquerda de $\delta°$ e monótona crescente à direita de $\delta°$.

Estes resultado permite que se tirem várias conclusões:

(i)   Se $0<\delta°<1$, significa que R_B cresce à medida que δ aumenta em todo o espaço $]\delta°, 1]$, o mesmo acontecendo à medida que δ decresce no espaço $[0, \delta°[$ pelo que se conclui que o melhor resultado é obtido com $\delta=1$ ou $\delta=0$;

(ii) Se $\delta°>1$, significa que R_B cresce à medida que δ decresce no espaço $[0, 1]$ pelo que se conclui que o melhor resultado é obtido com $\delta=0$;

(iii) Se $\delta°<0$, significa que R_B cresce à medida que δ cresce no espaço $[0, 1]$ pelo que se conclui que o melhor resultado é obtido com $\delta=1$.

Assim, no espaço $0<\delta<1$, *c.q.d.*, indo a jogo, o máximo valor para R_B quando $E[\alpha_2>0]$ e $n>1$ ímpar é obtido de acordo com a seguinte regra:

(*i*) $\delta=1$, se $0<\delta^\circ\leq 1 \wedge R_B(\delta=1)>R_B(\delta=0)$; (*ii*) $\delta=1$, se $\delta^\circ<0$.

Note-se, por fim, que seja qual for a situação – (1) ou (2) – o espaço de equilíbrio para δ é dado pela condição $R_B>0$ e pela condição de participação dos administradores de *J*, pelo que vem:

$$q_B/\eta+V_0g_2\phi[\alpha^n-(\alpha-w\pi\delta/P_0)^n]/(R-g)\eta\pi\delta<\lambda<(\eta-q_A)/\eta.$$

APÊNDICE B

I. Estudo de δ° em Face de η (com $\alpha > 0$)

$$\delta^\circ = \frac{\alpha P_0}{w\pi} - \frac{P_0}{w\pi}\left[(\lambda\eta - q_B)\frac{P_0}{nw}\frac{(R-g)}{V_0 g_2 \phi}\right]^{\frac{1}{n-1}}$$

I. Domínio

Antes de mais importa notar que, se $\eta \le q_B/\lambda$, $R_B \le 0$ ($\forall \delta$, π, P_0 e w) pelo que B não entra em jogo (lema *1*). Donde, para se obter $R_B > 0$, terá de verificar-se sempre $\eta > q_B/\lambda$.

(*a*) $\forall \alpha > 0$, se $\eta > q_B/\lambda + \alpha n^{-1} nw V_0 g_2 \phi/\lambda P_0(R-g)$, então: $\delta^\circ > 0$.

De facto, $\delta^\circ > 0 \Leftrightarrow \dfrac{\alpha P_0}{w\pi} - \dfrac{P_0}{w\pi}\left[(\lambda\eta - q_B)\dfrac{P_0}{nw}\dfrac{(R-g)}{V_0 g_2 \phi}\right]^{\frac{1}{n-1}} > 0$

$\Leftrightarrow \left[(\lambda\eta - q_B)\dfrac{P_0}{nw}\dfrac{(R-g)}{V_0 g_2 \phi}\right]^{\frac{1}{n-1}} < \alpha \Leftrightarrow \left[(\lambda\eta - q_B)\dfrac{P_0}{nw}\dfrac{(R-g)}{V_0 g_2 \phi}\right]^{\frac{1}{n-1}} < \left(\alpha^{n-1}\right)^{\frac{1}{n-1}}$

(dado que ambos as bases são positivas e $1/(n-1) < -1$)

$\Leftrightarrow \left[(\lambda\eta - q_B)\dfrac{P_0}{nw}\dfrac{(R-g)}{V_0 g_2 \phi}\right] > \alpha^{n-1} \Leftrightarrow \eta > \dfrac{q_B}{\lambda} + \alpha^{n-1}\dfrac{nw V_0 g_2 \phi}{\lambda P_0 (R-g)}$.

Donde, c.q.d, se $\eta > \dfrac{q_B}{\lambda} + \alpha^{n-1}\dfrac{nwV_0g_2\phi}{\lambda P_0(R-g)}$ tem-se $\delta°>0$. De modo análogo se conclui que se $\eta < \dfrac{q_B}{\lambda} + \alpha^{n-1}\dfrac{nwV_0g_2\phi}{\lambda P_0(R-g)}$ tem-se $\delta°<0$ e se $\eta = \dfrac{q_B}{\lambda} + \alpha^{n-1}\dfrac{nwV_0g_2\phi}{\lambda P_0(R-g)}$ tem-se $\delta°=0$.

(*b*) Com $\alpha P_0/w\pi>1$, se $\eta \geq q_B/\lambda+(\alpha-w\pi/P_0)^{n-1}nwV_0g_2\phi/\lambda P_0(R-g)$, então: $\delta°\geq 1$

Com efeito, $\delta°\geq 1 \Leftrightarrow \delta° = \dfrac{\alpha P_0}{w\pi} - \dfrac{P_0}{w\pi}\left[(\lambda\eta - q_B)\dfrac{P_0}{nw}\dfrac{(R-g)}{V_0g_2\phi}\right]^{1/n-1} \geq 1$

$\Leftrightarrow \left[(\lambda\eta - q_B)\dfrac{P_0}{nw}\dfrac{(R-g)}{V_0g_2\phi}\right]^{1/n-1} \leq \alpha - \dfrac{w\pi}{P_0}$

$\Leftrightarrow \left[(\lambda\eta - q_B)\dfrac{P_0}{nw}\dfrac{(R-g)}{V_0g_2\phi}\right]^{1/n-1} \leq \left[\left(\alpha - \dfrac{w\pi}{P_0}\right)^{n-1}\right]^{1/n-1}$

(dado que ambos as bases são positivas e $1/(n-1) < -1$)

$\Leftrightarrow \left[(\lambda\eta - q_B)\dfrac{P_0}{nw}\dfrac{(R-g)}{V_0g_2\phi}\right] \geq \left(\alpha - \dfrac{w\pi}{P_0}\right)^{n-1}$

$\Leftrightarrow \lambda\eta \geq q_B + \left(\alpha - \dfrac{w\pi}{P_0}\right)^{n-1}\dfrac{nwV_0g_2\phi}{P_0(R-g)}$

$\Leftrightarrow \eta \geq \dfrac{q_B}{\lambda} + \left(\alpha - \dfrac{w\pi}{P_0}\right)^{n-1}\dfrac{nwV_0g_2\phi}{\lambda P_0(R-g)}$. Donde, *c.q.d*, se $\eta \geq q_B/\lambda +$ $(\alpha-w\pi/P_0)^{n-1}nwV_0g_2\phi/\lambda P_0(R-g)$ tem-se $\delta°\geq 1$. Obviamente, $\delta°=1$

acontece com $\eta = q_B/\lambda + (\alpha - w\pi/P_0)^{n-1} nw V_0 g_2 \phi / \lambda P_0 (R-g)$. De modo aná-logo se demonstra que para $\eta < q_B/\lambda + (\alpha - w\pi/P_0)^{n-1} nw V_0 g_2 \phi / \lambda P_0 (R-g)$ tem-se $\delta° < 1$.

(c) Com $\alpha P_0 / w\pi = 1$, nunca: $\delta° \geq 1$

Com efeito, $\delta° \geq 1$

$$\Leftrightarrow \frac{\alpha P_0}{w\pi} - \frac{P_0}{w\pi} \left[(\lambda\eta - q_B) \frac{P_0}{nw} \frac{(R-g)}{V_0 g_2 \phi} \right]^{\frac{1}{n-1}} \geq 1$$

$$\Leftrightarrow \left[(\lambda\eta - q_B) \frac{P_0}{nw} \frac{(R-g)}{V_0 g_2 \phi} \right]^{\frac{1}{n-1}} \leq \alpha - \frac{w\pi}{P_0}.$$

Mas, $\alpha P_0 / w\pi = 1 \quad \Leftrightarrow \quad \alpha - w\pi/P_0 = 0$.

Assim, dado $q_B < \lambda\eta$, $\left[(\lambda\eta - q_B) \frac{P_0}{nw} \frac{(R-g)}{V_0 g_2 \phi} \right]^{\frac{1}{n-1}} > 0$, $\forall \eta \ (q_B/\lambda < \eta < 1)$,

é falso que: $\left[(\lambda\eta - q_B) \frac{P_0}{nw} \frac{(R-g)}{V_0 g_2 \phi} \right]^{\frac{1}{n-1}} \leq \alpha - \frac{w\pi}{P_0}$. Significa isto que

$\forall \eta (q_B/\lambda < \eta < 1)$ nunca $\delta° \geq 1$.

(d) Com $\alpha P_0 / w\pi < 1$, nunca $\delta° \geq 1$

Com efeito, $\delta° \geq 1 \Leftrightarrow \dfrac{\alpha P_0}{w\pi} - \dfrac{P_0}{w\pi} \left[(\lambda\eta - q_B) \dfrac{P_0}{nw} \dfrac{(R-g)}{V_0 g_2 \phi} \right]^{\frac{1}{n-1}} \geq 1$

$$\Leftrightarrow \left[(\lambda\eta - q_B) \frac{P_0}{nw} \frac{(R-g)}{V_0 g_2 \phi} \right]^{\frac{1}{n-1}} \leq \alpha - \frac{w\pi}{P_0}. \text{ Mas, } \alpha P_0/w\pi < 1 \Leftrightarrow \alpha - w\pi/P_0 < 0.$$

Todavia, dado $\eta > q_B/\lambda$, $\left[(\lambda\eta - q_B)\dfrac{P_0}{nw}\dfrac{(R-g)}{V_0 g_2 \phi}\right]^{1/n-1} > 0$, donde,

$\forall q_B/\lambda < \eta < 1$ é falso que:

$$\left[(\lambda\eta - q_B)\dfrac{P_0}{nw}\dfrac{(R-g)}{V_0 g_2 \phi}\right]^{1/n-1} \leq \alpha - \dfrac{w\pi}{P_0}.$$ Significa isto que $\forall q_B/\lambda < \eta < 1$

nunca $\delta° \geq 1$.

II. Derivadas e Diferenciais

(*i*) Derivada parcial de $\delta°$ em ordem a η

$$\frac{\partial\delta°}{\partial\eta} = -\frac{P_0}{w\pi}\frac{1}{(n-1)}\left[(\lambda\eta - q_B)\frac{P_0}{nw}\frac{(R-g)}{V_0 g_2 \phi}\right]^{\frac{1}{n-1}-1}\left(\frac{P_0}{nw}\frac{(R-g)}{V_0 g_2 \phi}\lambda\right)$$

$$\Leftrightarrow \frac{\partial\delta°}{\partial\eta} = -\frac{\lambda P_0^2 (R-g)}{n(n-1)w^2\pi V_0 g_2 \phi}\left[(\lambda\eta - q_B)\frac{P_0}{nw}\frac{(R-g)}{V_0 g_2 \phi}\right]^{\frac{2-n}{n-1}}.$$

Ora, como $(R-g)>0$, $0<n<1$, $w>0$, $\pi>0$, $\phi>0$ e $(\lambda\eta - q_B)>0$, conclui-se que:

$$\frac{\partial\delta°}{\partial\eta} = -\frac{\lambda P_0^2 (R-g)}{n(n-1)w^2\pi V_0 g_2 \phi}\left[(\lambda\eta - q_B)\frac{P_0}{nw}\frac{(R-g)}{V_0 g_2 \phi}\right]^{\frac{2-n}{n-1}} >0.$$

(*ii*) Derivada parcial de L_2 em ordem a η

Seja $L_2 = q_B/\eta + V_0 g_2[\alpha^n - (\alpha - w\pi\delta/P_0)^n]\phi/(R-g)\eta\delta\pi = q_B/\eta + V_0 g_2\alpha^n\phi/(R-g)\eta\delta\pi - V_0 g_2(\alpha - w\pi\delta/P_0)^n \phi/(R-g)\eta\delta\pi$.

Donde: $\dfrac{\partial L_2}{\partial \eta} = -\dfrac{q_B}{\eta^2} - \dfrac{V_0 g_2 \alpha^n \phi}{(R-g)\eta^2 \delta\pi} + \dfrac{V_0 g_2 \left(\alpha - \dfrac{w\pi\delta}{P_0}\right)^n \phi}{(R-g)\eta^2 \delta\pi}$. Ora, como

$|\alpha| > \left|\alpha - \dfrac{w\pi\delta}{P_0}\right|$, (R-g)>0, w>0, π>0, ϕ>0 e $(\lambda\eta - q_B > 0)$, conclui-se que:

$$\frac{\partial L_2}{\partial \eta} = -\frac{q_B}{\eta^2} - \frac{V_0 g_2 \alpha^n \phi}{(R-g)\eta^2 \delta\pi} + \frac{V_0 g_2 \left(\alpha - \dfrac{w\pi\delta}{P_0}\right)^n \phi}{(R-g)\eta^2 \delta\pi} < 0.$$

(iii) Derivada parcial de L_2 em ordem a $\delta°$

Seja $L_2 = q_B/\eta + V_0 g_2 [\alpha^n - (\alpha - w\pi\delta/P_0)^n]\phi/(R-g)\eta\delta\pi = q_B/\eta + V_0 g_2 \alpha^n \phi/(R-g)$ $\eta\delta\pi - V_0 g_2 (\alpha - w\pi\delta/P_0)^n \phi/(R-g)\eta\delta\pi$. Donde, com $\delta = \delta°$:

$$\frac{\partial L_2}{\partial \delta°} = -\frac{V_0 g_2 \alpha^n \phi}{(R-g)\eta\delta°^2\pi} - \frac{nV_0 g_2 \left(\alpha - \dfrac{w\pi\delta°}{P_0}\right)^{n-1} \phi\left(-\dfrac{w\pi}{P_0}\right)(R-g)\eta\delta°\pi - V_0 g_2 \left(\alpha - \dfrac{w\pi\delta°}{P_0}\right)^n \phi(R-g)\eta\pi}{(R-g)^2 \eta^2 \delta°^2 \pi^2}$$

$$\Leftrightarrow \frac{\partial L_2}{\partial \delta°} = -\frac{V_0 g_2 \alpha^n \phi}{(R-g)\eta\delta°^2\pi} + \frac{nV_0 g_2 \left(\alpha - \dfrac{w\pi\delta°}{P_0}\right)^{n-1} \phi \dfrac{w\pi}{P_0}}{(R-g)\eta\delta°\pi} + \frac{V_0 g_2 \left(\alpha - \dfrac{w\pi\delta°}{P_0}\right)^n \phi}{(R-g)\eta\delta°^2\pi}$$

$$\Leftrightarrow \frac{\partial L_2}{\partial \delta°} = -\frac{V_0 g_2 \left[\alpha^n - \left(\alpha - \dfrac{w\pi\delta°}{P_0}\right)^n\right]\phi}{(R-g)\eta\delta°^2\pi} + \frac{nV_0 g_2 \left(\alpha - \dfrac{w\pi\delta°}{P_0}\right)^{n-1} \phi\dfrac{w\pi}{P_0}}{(R-g)\eta\delta°\pi} > < = 0$$

Nada se pode concluir, por isso, quanto ao sinal da expressão obtida.

(*iv*) Diferencial de L_2 em ordem a η

$\dfrac{dL_2}{d\eta} = \dfrac{\partial L_2}{\partial \eta} + \dfrac{\partial L_2}{\partial \delta^\circ} \dfrac{d\delta^\circ}{d\eta}$. Nada se pode concluir, por isso, quanto ao sinal desta expressão. Com efeito, sabe-se que $\dfrac{\partial L_2}{\partial \eta} < 0$ e que $\dfrac{\partial \delta^\circ}{\partial \eta} > 0$. Todavia, $\dfrac{\partial L_2}{\partial \delta^\circ}$ tanto pode ser positivo como negativo, pelo que o resultado final pode ser qualquer.

(*v*) Diferencial de a_2 em ordem a η

Sendo $a_2 = \eta \pi \delta^\circ$ pode escrever-se:

1) $\dfrac{\partial a_2}{\partial \eta} = \pi \delta^\circ > 0$, dado $\pi > 0$ e $0 < \delta^\circ < 1$.

2) $\dfrac{\partial a_2}{\partial \delta^\circ} = \eta \pi > 0$, dado $\pi > 0$ e $0 < \eta < 1$.

Donde, usando II.i), pode escrever-se:

$$\frac{da_2}{d\eta} = \frac{\partial a_2}{\partial \eta} + \frac{\partial a_2}{\partial \delta^\circ}\frac{\partial \delta^\circ}{\partial \eta} = \pi\delta^\circ + \eta\pi\left(-\frac{\lambda P_0^2(R-g)}{(n-1)w^2\pi V_0 g_2 \phi}\left[(\lambda\eta - q_B)\frac{P_0}{nw}\frac{(R-g)}{V_0 g_2 \phi}\right]^{\frac{2-n}{n-1}}\right) > 0.$$

(*vi*) Diferencial de b_2 em ordem a η

Sendo $\quad b_2 = \{-qB\pi\delta^\circ - V_0 g_2[\alpha^n - (\alpha - w\pi\delta^\circ/P_0)^n]\}\phi/(R-g) = -q_B\pi\delta^\circ$ $- V_0 g_2 \alpha^n \phi/(R-g) + V_0 g_2(\alpha - w\pi\delta^\circ/P_0)^n \phi/(R-g)$ pode escrever-se:

1) $\dfrac{\partial b_2}{\partial \eta} = 0$.

$$2) \quad \frac{\partial b_2}{\partial \delta^\circ} = -q_B \pi - \frac{V_0 g_2 \phi n \left(\alpha - \frac{w\pi\delta^\circ}{P_0} \right)^{n-1} \left(\frac{w\pi}{P_0} \right)}{(R-g)} < 0, \text{ dado } \pi > 0,$$

$(R-g) > 0$, $0 < n < 1$, $w > 0$, $\pi > 0$, $\phi > 0$ e $0 < \eta < 1$ e $(\alpha - w\pi\delta^\circ/P_0) > 0$[596].

Donde, usando II.i), pode escrever-se:

$$\frac{db_2}{d\eta} = \frac{\partial b_2}{\partial \eta} + \frac{\partial b_2}{\partial \delta^\circ}\frac{\partial \delta^\circ}{\partial \eta} = 0 + \left(-q_B \pi - \frac{V_0 g_2 \phi n \left(\alpha - \frac{w\pi\delta^\circ}{P_0} \right)^{n-1} \left(\frac{w\pi}{P_0} \right)}{(R-g)} \right) x$$

$$\left(-\frac{\lambda P_0^2 (R-g)}{(n-1)w^2 \pi V_0 g_2 \phi} \left[(\lambda\eta - q_B)\frac{P_0}{nw}\frac{(R-g)}{V_0 g_2 \phi} \right]^{\frac{2-n}{n-1}} \right) < 0.$$

Esta expressão é sempre negativa. Para tirar esta conclusão basta notar que $\frac{\partial b_2}{\partial \delta^\circ}$ é negativa e $\frac{\partial \delta^\circ}{\partial \eta}$ é positiva, pelo que o respectivo produto é negativo, o qual acrescido de zero ($\frac{\partial b_2}{\partial \eta}$) dá um resultado negativo.

III. Maximização de $R_A + R_B$, por esolha de δ (com $\alpha > 0$)

i) Com $E(\alpha_2 > 0)$
De [2.3] e de [2.19] obtém-se:

---

[596] Dado que se está no domínio do lema *3*. Com $(\alpha - w\pi\delta^\circ/P_0) < 0$ cair-se-ia no âmbito do lema *2* e a solução seria sempre $\delta^\circ = 1$ e nunca $\delta = \delta^\circ$.

$$R_A + R_B = (1-\lambda)\eta\delta\pi - q_A\delta\pi + \lambda\eta\delta\pi - q_B\delta\pi - V_0 g_2 [\alpha^n - (\alpha - w\pi\delta/P_0)^n]\phi/(R-g)$$

$$\Leftrightarrow R_A + R_B = \eta\delta\pi - (q_A + q_B)\delta\pi - V_0 g_2 [\alpha^n - (\alpha - w\pi\delta/P_0)^n]\phi/(R-g).$$

Aplicando as condições de maximização de $R_A + R_B$, por escolha de δ, apura-se:

Condição de 1ª ordem:

$$\frac{\partial[R_A + R_B]}{\partial\delta} = \eta\pi - (q_A + q_B)\pi - \frac{V_0 g_2 \phi}{(R-g)} n \frac{w\pi}{P_0}\left(\alpha - \frac{w\pi\delta}{P_0}\right)^{n-1} = 0.$$

Simplificando e resolvendo em ordem a δ, obtém-se:

$$\delta = \frac{\alpha P_0}{w\pi} - \frac{P_0}{w\pi}\left[(\eta - q_A - q_B)\frac{P_0}{nw}\frac{(R-g)}{V_0 g_2 \phi}\right]^{1/n-1}.$$

Condição de 2ª ordem:

$$\frac{\partial^2 R_B}{\partial\delta^2} = \frac{V_0 g_2 \phi}{(R-g)} n(n-1)\frac{w^2\pi^2}{P_0^2}\left(\alpha - \frac{w\pi\delta}{P_0}\right)^{n-2} < 0.$$

ii) Com $E(\alpha_2 \leq 0)$

De [2.3] e de [2.18] obtém-se:

$$R_A + R_B = (1-\lambda)\eta\delta\pi - q_A\delta\pi + \lambda\eta\delta\pi - q_B\delta\pi - V_0 g_2 \alpha^n \phi/(R-g)$$

$$\Leftrightarrow R_A + R_B = \eta\delta\pi - (q_A + q_B)\delta\pi - V_0 g_2 \alpha^n \phi/(R-g).$$

$R_A + R_B$ é uma função linear de δ de inclinação positiva desde que:

$$\eta\delta\pi - (q_A + q_B)\delta\pi > 0 \quad \Leftrightarrow \quad \eta > q_A + q_B.$$

Donde, desde que cumprida esta condição, a qual se traduz na condição para a existência de oportunidade lucrativa de jogo (*vide* proposição 1), dado $0 < \delta \leq 1$, a soma $R_A + R_B$ é maximizada com $\delta = 1$.

APÊNDICE C

(i) A Fórmula de Cálculo

A metodologia de cálculo do índice GM20 obedece à fórmula de cálculo dos índices de preços de *Laspeyres*, a qual pode ser expressa por uma das três vias que se seguem[597]:

$$I_t = \frac{CB_t}{CB_0} I_0, \quad [C.1] \text{ ou} \quad I_t = \frac{CB_t}{CB_{t-k}} I_{t-k}, \quad [C.2] \text{ ou}$$

$$I_t = \frac{CB_t}{CB_{t-1}} I_{t-1}, \quad [C.3]$$

onde: (i) CB_τ representa a capitalização bolsista da amostra incluída no cálculo do índice na data τ ($\tau=0, 1, .., t-k, ...t-1, t$); I_0 é o número base do índice, ou seja, ao valor fixado para o índice na data inicial; e I_τ é o valor do índice na data τ ($\tau=0, 1, .., t-k, ...t-1, t$). O valor da capitalização bolsista, na data t, por sua vez, é apurado como se segue:

$$CB_t = \sum_{i=1}^{N_t} p_{i,t} q_{i,t} \quad [C.4]$$

onde: $p_{i,t}$ é a cotação das acções i, na data t; $q_{i,t}$ é o número de acções i incluídas na amostra, na data t; e N_t é o número de emissões incluídas na amostra, na data t.

Os índices de performance caracterizam-se por ajustarem as fórmulas de cálculo atrás descritas na ocorrência de *acidentes técnicos*[598]. O pri-

---

[597] A equivalência das três fórmulas é demonstrada mediante a multiplicação e divisão simultâneas das capitalizações bolsistas de todos os momentos intermédios (Fonseca et al. (1991)).

[598] Por acidentes técnicos entendem-se todos "*os factos cuja ocorrência é susceptível de provocar oscilação no preço das acções que dele são objecto, sem que se tenha verificado qualquer mutação nas*

meiro valor do índice calculado após a ocorrência do acidente técnico é apurado do seguinte modo:

$$I_t = \frac{CB_t}{CBa_{t-1}} I_{t-1}, \qquad [C.5]$$

simbolizando CBa_{t-1} o valor da capitalização bolsista ajustada reportada a t-1 calculada como se segue, onde $pa_{i,t-1}$ representa a cotação unitária da data t-1 ajustada da emissão i em função da ocorrência do acidente técnico[599]:

$$CBa_{t-1} = \sum_{i=1}^{N_t} pa_{i,t-1} q_{i,t}. \qquad [C.6]$$

Assim, até à ocorrência do primeiro acidente técnico, os valores dos índices podem ser apurados por qualquer das três fórmulas atrás referidas. Todavia, na data imediatamente seguinte à ocorrência do acidente tem de ser aplicada a fórmula [C.5]. Nas datas entre a ocorrência de dois acidentes técnicos consecutivos pode ser aplicada qualquer das fórmulas [C.2] e [C.3] desde que no caso da primeira destas fórmulas a data (t-k) seja subsequente à ocorrência do primeiro dos dois acidentes e a data t seja anterior à ocorrência do acidente imediatamente subsequente.

(ii) Definição da Amostra

A amostra do índice GM20 é constituída, em cada data, pela totalidade das acções incluídas no índice PSI Geral que não façam parte da

---

expectativas dos agentes intervenientes no mercado. Desta forma podem ser incluídas em tal conceito, circunstâncias como a substituição de emissões na amostra; a alteração no número de acções admitidas à cotação de emissões já incluídas na amostra; os aumentos de capital social de sociedades com emissões já incluídas na amostra, seja por subscrição reservada a accionistas, seja por incorporação de reservas em capital; o pagamento de dividendos a detentores de acções que se encontram incluídas na amostra; a alteração do valor nominal das acções integradas na amostra e a emissão de obrigações convertíveis em acções" (BDP (1997, p. 12)).

[599] Para um maior detalhe da metodologia de tratamento dos acidentes técnicos dos índices PSI Geral e PSI20TR, ver, respectivamente, Fonseca, Confraria et al. (1991) e BDP (1997).

amostra do índice PSI20TR[600]. Significa isto que se trata de uma amostra de dimensão e composição variável, alterando-se sempre que haja reformulações na composição da carteira do índice PSI Geral ou da carteira do índice PSI20TR.

(iii) Aproximação Indirecta ao Valor do Índice

O cálculo do índice GM20 de modo autónomo e directo exige informação não acessível. É possível, porém, obter por via indirecta a informação necessária ao cálculo do índice, desde que se admita que o tratamento dado aos diferentes acidentes técnicos foi igual no índice PSI Geral e no índice PSI20TR[601]. Seja NG_t o número de emissões que na data t se encontram incluídas na carteira do índice PSI Geral. O número de emissões de acções integradas na carteira do índice GM20 é, por consequência, N_t (com $N_t=NG_t-20$) dado que o número de emissões integradas no índice PSI20TR é constante e igual a 20. Donde, pode escrever-se:

$$CB^G{}_t = \sum_{i=1}^{NG_t} p_{i,t}q_{i,t} = \sum_{j=1}^{20} p_{j,t}q_{j,t} + \sum_{l=1}^{NG_t-20} p_{l,t}q_{l,t}, \qquad [C.7]$$

sendo que o subscrito i (i = 1, ..., NG_t) identifica as acções incluídas na carteira do índice PSI Geral na data t, o subscrito j (j=1, ..., 20) identifica as emissões que integram o índice PSI20TR na data t, e o subscrito l (l = 1, ..., NG_t-20) identifica as acções que em t fazem parte do índice PSI Geral mas não do índice PSI20TR. Donde, a capitalização bolsista diária da amostra do índice GM20 pode ser obtida por confronto das capitalizações bolsistas diárias apuradas com base nas cotações de fecho das amostras do índice PSI Geral e do índice PSI20TR. Ou seja:

$$CB^{GM20}{}_t = \sum_{l=1}^{N_t} p_{l,t}q_{l,t} = \sum_{i=1}^{NG_t} p_{i,t}q_{i,t} - \sum_{j=1}^{20} p_{j,t}q_{j,t} = CB^G{}_t - CB^{20}{}_t. \qquad [C.8]$$

---

[600] A qual, por sua vez, é igual à amostra usada para cálculo do índice PSI20.

[601] Dado que até ao ano 2000 os índices eram geridos por comissões gestoras distintas, pode acontecer que existam ligeiras discrepâncias no tratamento de uma ou outra situação.

Para calcular o índice é ainda indispensável dispor das capitalizações bolsistas ajustadas inerentes aos acidentes técnicos, o que implica (*i*) conhecer as datas em que ocorreram os acidentes técnicos e (*ii*) apurar a capitalização bolsista ajustada para essas datas. O apuramento das datas em que ocorreram os acidentes técnicos é de fácil procedimento, tanto para o caso do índice PSI Geral, como para o caso do índice PSI TR[602]. No que respeita ao cálculo da capitalização bolsista ajustada para a data t-1, necessária ao cálculo corrigido do valor do índice GM20 para a data t, esta obtêm-se assim:

$$CBa^{GM20}{}_{t-1} = D1_t CBa^{G}{}_{t-1} + (1-D1_t)CB^{G}{}_{t-1} - D2_t CBa^{20}{}_{t-1} - (1-D2_t)CB^{20}{}_{t-1}$$
$$[C.8]$$

onde, $D1_t$ é uma variável *dummy* que assume o valor um se o valor do índice PSI Geral na data t foi calculado com base na capitalização bolsista corrigida e valor zero em caso contrário, e $D2_t$ é, similarmente, uma variável *dummy* que assume o valor um se o valor do índice PSI20TR na data t foi calculado com base na capitalização bolsista corrigida e o valor zero na hipótese inversa[603].

---

[602] Com efeito, dispondo das séries da capitalização bolsista para cada um dos índices, apura--se um índice mediante a aplicação, para todas as datas, da fórmula [C.3]. Se o valor do índice *ad hoc* assim obtido for diferente do verdadeiro valor observado para o índice correspondente, tal significa que para efeitos do apuramento do verdadeiro valor do índice foi usada capitalização bolsista corrigida. Donde, conclui-se que nesta data houve lugar à correcção de um acidente técnico.

[603] Importa notar que ocorrem acidentes técnicos no índice GM20 sempre que ocorrem acidentes técnicos (*i*) no índice PSI20TR, (*ii*) no índice PSI Geral ou (*iii*) em ambos, desde que as empresas objecto dos acidentes não sejam exclusivamente sociedades integrantes da carteira do índice PSI20TR. Por exemplo, (*i*) a revisão ordinária da composição do índice PSI20, por si só, não implica acidente técnico para o índice PSI Geral mas origina acidente técnico tanto para o índice PSI20TR, como para o índice GM20. Em ambos os casos a amostra sofre alterações mantendo-se imutável a carteira do índice PSI Geral. Por outro lado, por exemplo, (*ii*) o aumento de capital de uma empresa não incluída no índice PSI20TR não tem implicações no cálculo deste índice, mas origina alterações na composição das carteiras dos índices PSI Geral e GM20. Por último, ainda a título de exemplo, (*iii*) a distribuição de dividendos numa mesma data por uma empresa do índice PSI20TR e uma empresa não incluída neste índice implica a correcção da capitalização bolsista de base em ambos os índices PSI20TR e PSI Geral e também no índice GM20. Se, pelo contrário, ambas as empresas

(iv) **Dados para o Cálculo do Índice por via Indirecta**

Ao contrário do cálculo do índice por via directa que exigia grande manancial de informação, a via indirecta exige apenas o conhecimento das séries de cotações do índice PSI Geral e do índice PSI20TR, bem como as séries de capitalizações bolsistas e das capitalizações bolsistas corrigidas de ambos os índices. As séries dos valores dos índices, as séries das capitalizações bolsistas e, implicitamente, as séries das capitalizações bolsistas corrigidas dos índice PSI20TR e PSI Geral desde a data inicial de cálculo destes índices foram obtidas junto da Euronext Lisbon. Estes dados permitiram construir uma série de valores para o índice GM20 desde 31 de Dezembro de 1992. O valor base do índice foi fixado em 1000 pontos, não tendo sido definido qualquer limite ao número de casas decimais no processo de cálculo do índice.

(v) **Caracterização do Índice**

Considerando que na amostra do índice PSI20TR se incluem as empresas de maior dimensão e liquidez do mercado português, a amostra do índice GM20 corresponde, por consequência, às empresas de menor dimensão e liquidez do mesmo mercado. Este índice pode, pois, ser visto, à escala nacional, como um índice de *small caps*. A Tabela C, que quantifica alguns parâmetros que caracterizam a evolução do peso dos índices PSI20 e PSI20TR no mercado de acções português, permite verificar essa realidade. Em média, o GM20 representa ¼ do mercado de acções português. Além disso, o valor médio da carteira de aplicações no GM20 (5108 milhões de contos) demonstra que as oportunidades de investimento em títulos não integrantes do PSI20TR

---

que distribuem dividendos numa dada data pertencerem ao índice PSI20TR, tanto este índice como o índice PSI Geral são objecto de correcção enquanto o índice GM20 não o deve ser. Neste caso, a subtracção da capitalização bolsista ajustada do índice PSI20TR à capitalização bolsista ajustada do índice PSI Geral conduz ao valor não corrigido da capitalização bolsista da amostra do índice GM20.

não podem ser desprezadas sob pena de se ignorar uma fatia importante do mercado[604].

TABELA C – EXPRESSÃO DO GM20 E DO PSI20TR

	Peso no PSI Geral		Valor Carteira (MC)	
	PSI 20TR	GM20	PSI 20TR	GM20
Média	74,8%	25,2%	6.340	5.108
Máximo	90,8%	49,0%	16.632	14.624
Mínimo	51,0%	9,2%	1.101	595
Desvio-Padrão	9,0%	9,0%	4.637	4.103

Obs.: Informação respeitante ao período que medeia entre 31.12.1992 e 30.03.2001.

O Gráfico C permite constatar este fenómeno, além de que torna visível que a capitalização bolsista do PSI20TR foi incrementando o seu peso ao longo do período em análise, o que significa que as pequenas e médias empresas nacionais foram perdendo expressão na bolsa de valores nacional, se aferida esta pela capitalização bolsista da carteira do índice PSI Geral.

GRÁFICO C – EVOLUÇÃO DO PESO DAS CARTEIRAS DOS ÍNDICES PSI20TR E GM20

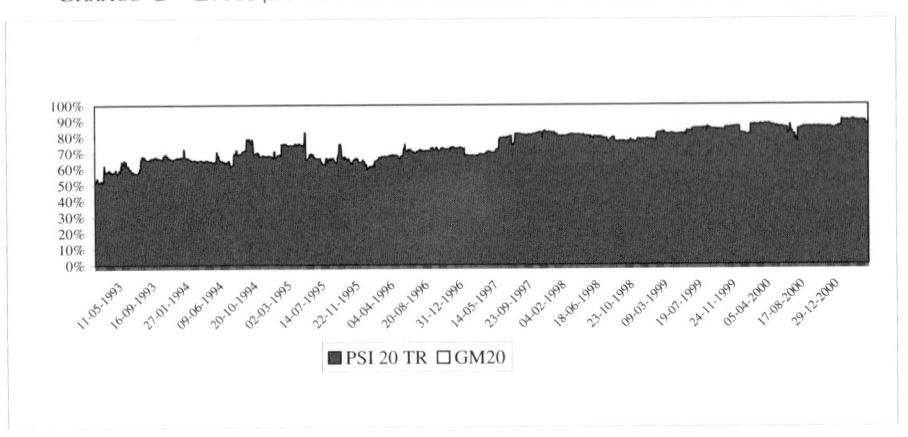

---

[604] Para se ter a noção das oportunidades de investimento que são representadas por um e outro índice era necessário conhecer o *free float* das acções que integram as amostras. Todavia, apenas a partir de 2000 passou a ser obrigatório a divulgação de posições qualificadas não havendo informação anterior.

Em termos da comparação da evolução do valor dos diferentes índices, o Gráfico A.4.2 permite visualizar a evolução dos valores diários dos vários índices, tendo-se procedido em todos os casos ao seu cálculo para um mesmo valor base (1000,00 pontos).

GRÁFICO A.4.2 – EVOLUÇÃO DO VALOR DIÁRIO DOS ÍNDICES PSI20TR E GM20

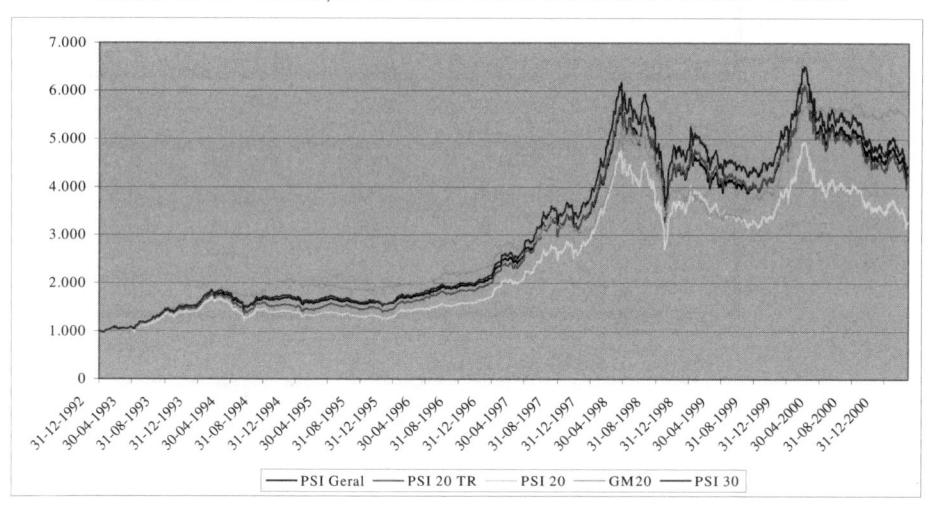

Além disso, procedeu-se ao cálculo dos coeficientes de correlação dos diferentes índices (Tabela A.4.2), bem como dos respectivos retornos diários e dos excessos de retorno diários apurados, respectivamente, pelas fórmulas que se seguem:

$$r_{It} = \ln[I_t / I_{t-1}] \quad [C.9] \quad e$$

$$r_{It} - r_{f\,t} = \ln[I_t / I_{t-1}] - r_{ft} \quad [C.10]$$

onde, r_{It} simboliza o retorno do dia t do índice I, r_{ft} tem idêntico significado relativamente à taxa de retorno isenta de risco, I_t e I_t-1 significa, respectivamente, o valor de fecho dos dias t e t-1 do índice i e r_{ft} e r_{ft}-1 correspondem, por esta ordem, à taxa de juro isenta de risco dos dias t e t-1.

TABELA A.4.2 – CORRELAÇÃO DOS VALORES, RETORNOS
E EXCESSO DE RETORNOS DIÁRIOS

	PSI Geral	PSI 20 TR	PSI 20	PSI 30	GM20
Valor Diário					
PSI Geral	1,0000	0,9989	0,9967	0,9992	0,9661
PSI 20TR		1,0000	0,9990	0,9997	0,9535
PSI 20			1,0000	0,9985	0,9441
PSI 30				1,0000	0,9553
GM20					1,0000
Retorno Diário					
PSI Geral	1,0000	0,9809	0,9786	0,9886	0,6579
PSI 20TR		1,0000	0,9969	0,9915	0,5174
PSI 20			1,0000	0,9889	0,5178
PSI 30				1,0000	0,5676
GM20					1,0000
Excesso de Retorno Diário					
PSI Geral	1,0000	0,9942	0,9936	0,9968	0,9289
PSI 20TR		1,0000	0,9992	0,9975	0,8880
PSI 20			1,0000	0,9968	0,8878
PSI 30				1,0000	0,9039
GM20					1,0000

Obs.: Informação respeitante ao período que medeia entre 31.12.1992 e 31.3.2001.

Os valores obtidos denotam uma elevada sintonia de evolução do valor dos retornos e, sobretudo, dos retornos ajustados ao risco, ainda que menor do que a correlação existente entre o PSI20TR e o PSI Geral o que reforça a oportunidade e a importância do uso de um *benchmark* que espelhe a evolução de um conjunto significativo de oportunidades de investimento que não se encontram reflectidas no PSI20 TR e que são apenas marginalmente contempladas no PSI Geral dado o elevado peso dos títulos integrantes daquele índice na carteira de cálculo deste outro.

BIBLIOGRAFIA

ACKERMANN, C., R. MACENALLY e D. RAVENSCRAFT (1999), «The Performance of Hedge Funds: Risk, Return, and Incentives», *Journal of Finance*, Vol. 54, n.º 3, pp. 833-874.

ADMATI, A. e S. ROSS (1985), «Measuring Investment Performance in a Rational Expectations Equilibrium Model», *Journal of Business*, Vol. 58, n.º 1, pp. 1-26.

ADMATI, A., P. PFLEIDERER e J. ZECHNER (1994), «Large Shareholder Activism, Risk Sharing, and Financial Market Equilibrium», *Journal of Political Economy*, Vol. 102, n.º 5, pp. 1097-1130.

AGRAWAL, A. e C. KNOEBER (1996), «Firm Performance and Mechanisms to Control Agency Problems Between Managers and Shareholders», *Journal of Financial and Quantitative Analysis*, Vol. 31, n.º 3, pp. 377-397.

AGRAWAL, A., J. JAFFE e J. KARPOFF (1999), «Management Turnover and Governance Changes following the Revelation of Fraud», *Journal of Law & Economics*, Vol. 42, n.º 1, pp. 309-342.

AGUILERA, R. e A. CUERVO-CAZURRA (2000), «Codes of Good Governance Worldwide», *CIBER Working Paper*, University of Illinois at Urbana Champaign.

ALONSO, A. e G. RUBIO (1990), «Overreaction in the Spanish Equity Market», *Journal of Banking and Finance*, Vol. 14, n.º 2-3, pp. 469-481.

ALVES, C. (2000), «Deverão os Investidores Institucionais Envolver-se no Governo das Sociedades?», *Cadernos do Mercado de Valores Mobiliários*, n.º 8, pp. 91-123.

ALVES, C. e P. ALVES (2001), «Estudo de Alguns Efeitos de Operações de *Stock Split*», *Cadernos do Mercado de Valores Mobiliários*, n.º 10, pp. 17-56.

ALVES, C. e R. ALVES (1992), «Internacionalização da Bolsa de Valores do Porto», *Revista da Banca*, Janeiro-Março, pp. 13-39.

ALVES, C. e V. MENDES (2003), «Corporate Governance Policy and Company Performance: The Case of Portugal», *Corporate Governance: an International Review*, Vol. 12, n.º 3, pp. 290-301.

ALVES, C., F. SILVA, F. RAZINA e P. ALVES (2001), «A Importância dos *Spread Costs* no Mercado Português», *Cadernos do Mercado de Valores Mobiliários*, n.º 12, pp. 219-253.

AMIHUD, Y. e H. MENDELSON (1986), «Asset Pricing and the Bid-Ask Spread», *Journal of Financial Economics*, Vol. 17, n.° 2, pp. 223-249.

AMIHUD, Y. e H. MENDELSON (1987), «Are Trading Rule Profits Feasible?», *Journal of Portfolio Management*, Vol. 14, n.° 1, pp. 77-78.

ANG, J. e J. CHUA (1979), «Composite Measures for the Evaluation of Investment Performance», *Journal of Financial and Quantitative Analysis*, Vol. 14, n.° 2, pp. 361-384.

ARROW, K. (1953), «Le Rôle des Valeurs Boursières pour la Répartition la Meilleure des Risques», *Econométrie, Colloques Internationaux du Centre National de la Recherche Scientifique*, Vol. 11, pp. 41-47.

ARROW, K. (1964), «The Role of Securities in Optimal Allocation of Risk Bearing», *Review of Economic Studies*, Vol. 31, April, pp. 91-96.

ASNESS, C. (1995), «The Power of Past Stock Returns to Explain Future Stock Returns», *Working Paper AQR Research*.

BAETGE, J. e S. THIELE (1998), «Disclosure and Auditing as Affecting Corporate Governance», in Hopt, K., H. Kanda, M. Roe, E. Wymeersch e S. Prigge (editors), *Comparative Corporate Governance – The State of The Art and Emerging Research*, pp. 719-741, Oxford e New York: Oxford University Press.

BALL, R. e S. KOTHARI (1989), «Nonstationary Expected Returns: Implications for Tests of Market Efficiency and Serial Correlation in Returns», *Journal of Financial Economics*, Vol. 25, n.° 1, pp. 51-74.

BALL, R., S. KOTHARI e J. SHANKEN (1995), «Problems in Measuring Portfolio Performance: An Application to Contrarian Investment Strategies», *Journal of Financial Economics*, Vol. 38, n.° 1, pp. 79-107.

BALZER, L. (1995), «Measuring Investment Risk: a Review» *Journal of Investing*, Vol. 4, n.° 3, pp. 5-16.

BANERJEE, A. (1992), «A Simple Model of Herd Behavior», *Quarterly Journal of Economics*, Vol. 107, n.° 3, pp. 797-817.

BANERJEE, S., B. LELEUX e T. VERMAELEN (1997), «Large Shareholdings and Corporate Control: an Analysis of Stake Purchases by French Holding Companies», *European Financial Management*, Vol. 3, n.° 1, pp. 23-43.

BANZ, R. (1981), «The Relationship Between Return and Market Value of Common Stocks», *Journal of Financial Economics*, Vol. 9, n.° 1, pp. 3-18.

BARBER, B. e J. LYON (1997a), «Detecting Long-Run Abnormal Stock Returns: The Empirical Power and Specification of Test Statistics», *Journal of Financial Economics,* Vol. 43, n.° 3, pp. 341-372.

BARBER, B. e J. LYON (1997b), «Firm Size, Book-to-Market Ratio, and Security Returns: A Holdout Sample of Financial Firms», *Journal of Finance,* Vol. 52, n.° 5, pp. 875-883.

BARBERIS, N., A. SHLEIFER e R. VISHNY (1998), «A Model of Investor Sentiment», *Journal of Financial Economics*, Vol. 49, n.° 3, pp. 307-343.

BARCLAY, M. e C. HOLDERNESS (1989), «Private Benefits From Control of Public Corporations», *Journal of Financial Economics,* Vol. 25, n.° 2, pp. 371-395.

BARCLAY, M. e C. HOLDERNESS (1991), «Negotiated Block Trades and Corporate Control», *Journal of Finance,* Vol. 46, n.° 3, pp. 861-878.

BARCLAY, M., C. HOLDERNESS e J. PONTIFF (1993), «Private Benefits From Block Ownership and Discounts on Closed-End Funds», *Journal of Political Economics,* Vol. 33, n.° 3, pp. 263-291.

BASU, S. (1977), «Investment Performance of Common Stocks in Relation to Their Price-Earnings Ratios: A Test of the Efficient Market Hypothesis», *Journal of Finance,* Vol. 32, n.° 3, pp. 663-682.

BAYSINGER, B., R. KOSNIK e T. TURK (1991), «Effects of Board and Ownership Structure on Corporate R&D Strategy», *Academy of Management Journal,* Vol. 34, n.° 1, pp. 205-214.

BAYTAS, A. e N. CAKICI (1999), «Do Markets Overreact: International Evidence», *Journal of Banking and Finance,* Vol. 23, n.° 7, pp. 1121-1144.

BDP (1997), *Os Índices PSI 20, Porto: Bolsa de Derivados do Porto.*

BEEBOWER, G. e G. BERGSTROM (1977), «A Performance Analysis of Pension and Profit-Sharing Portfolios: 1966-1975», *Financial Analysts Journal,* Vol. 33, May-June, pp. 31-42.

BERGER, P. e E. OFEK (1995), «Diversification's Effect on Firm Value», *Journal of Financial Economics,* Vol. 37, n.° 1, pp. 39-65.

BERGES, A., J. MCCONNELL, e G. SCHLARBAUM (1984), «The Turn-of-the-Year in Canada», *Journal of Finance,* Vol. 39, n.° 1, pp. 185-192.

BERGLÖF, E. e E. PEROTTI (1994), «The Governance Structure of the Japanese Financial Keiretsu», *Journal of Financial Economics,* Vol. 36, n.° 2, pp. 259-284.

BERLE, A. e G. MEANS (1932), *The Modern Corporation and Private Property*, New York: Harcout, Brace & World, Inc., Capítulos: The Evolution of Control – The Divergence of Interest Between Ownership and Control – The New Concept of the Corporation, in Keasey, K., S. Thompson e M. Wright (editores), *Corporate Governance,* Vol. II, pp. 3-60, Cheltenham (Reino Unido) e Northampton (Mass., EUA): Edward Elgar Publishing Limited.

BETHEL, J., J. LIEBESKIND e T. OPLER (1998), «Block Share Repurchases and Corporate Performance», *Journal of Finance,* Vol. 53, n.° 2, pp. 605-635.

BHAGAT, S. e B. BLACK (1998), «The Relationship Between Board Composition and Firm Performance», in Hopt, K., H. Kanda, M. Roe, E. Wymeersch e S. Prigge (editors), *Comparative Corporate Governance – The State of The Art and Emerging Research*, pp. 281-306, Oxford e New York: Oxford University Press.

BHIDE, A. (1993), «The Hidden Costs of Stock Market Liquidity», *Journal of Financial Economics*, Vol 34, n.º 1, pp. 31-51.

BIKHCHANDANI, S., D. HIRSHLEIFER e I. WELCH (1992), «A Theory of Fads, Fashion, Custom and Cultural Change as Informational Cascades», *Journal of Political Economy*, Vol. 100, n.º 5, pp. 992-1026.

BLACK, B. (1990), «Shareholder Passivity Reexamined», *Michigan Law Review*, Vol. 89, December, pp. 520-591.

BLACK, B. e L. COFFEE Jr. (1994), «Hail Britannia?: Institutional Investor Behavior Under Limited Regulation», *Michigan Law Review Vol.* 92, n.º 7, pp. 1997-2087.

BLACK, F. (1986), «Noise», *Journal of Finance*, Vol. 41, n.º 3, pp. 529-543.

BLACK, F. (1993), «Beta and Return», *Journal of Portfolio Management*, Vol.20, n.º 1, pp. 8-18.

BLACK, F., M. JENSEN e M. SCHOLES (1972), «The Capital Asset Pricing Model: Some Empirical Tests», in Jensen, M. (ed.), *Studies in The Theory of Capital Markets*, New York: Praeger, 1972, pp. 79-121.

BLAKE, C., E. ELTON e M. GRUBER (1993), «The Performance of Bond Mutual Funds», *Journal of Business*, Vol. 66, n.º 3, pp. 371-403.

BOLLEN, N. e J. BUSSE (2001), «On the Timing Ability of Mutual Fund Managers», *Journal of Finance*, Vol. 56, n.º 3, pp. 1075-1094.

BOLTON, P. e E. von THADDEN (1998), «Blocks, Liquidity, and Corporate Control», *Journal of Finance*, Vol. 53, n.º 1, pp. 1-26.

BOOTH, L. (1999), «Estimating the Equity Risk Premium and Equity Cost: New Ways of Looking at Old Data», *Journal of Applied Corporate Finance*, Vol 12, n.º 1, pp. 100-112.

BORENSZTEIN, E. e R. GELOS (2000), «A Panic-Prone Pack? The Behavior of Emerging Market Mutual Funds», *IMF Working Paper*, n.º WP/00/198, International Monetary Fund.

BRAV, A. e P. GOMPERS (1997), «Myth or Reality? The Long-Run Underperformance of Initial Public Offerings: Evidence from Venture and Nonventure Capital-Baked Companies», *Journal of Finance*, Vol. 52, n.º 5, pp. 1791-1821.

BRENNAN, M. (1990), «Latent Assets», *Journal of Finance*, Vol. 45, n.º 3, pp. 709-730.

BRENNAN, M., T. CHORDIA e A. SUBRAHMANYAM (1998), «Alternative Factor Specifications, Security Characteristics, and the Cross-Section of Expected Stock Returns», *Journal of Financial Economics*, Vol. 49, n.º 3, pp. 345-373.

BRENNER, M., R. SUNDARAM e D. YERMACK (2000), «Altering the Terms of Executive Stock Options», *Journal of Financial Economics*, Vol. 57, n.º 1, pp. 103-128.

BREUER, R. (1998), «The Role of Financial Intermediaries and Capital Markets», in Hopt, K., H. Kanda, M. Roe, E. Wymeersch e S. Prigge (editors), *Comparative Corporate Governance — The State of The Art and Emerging Research*, pp. 537-544, Oxford e New York: Oxford University Press.

BREUSCH, T. (1978), «Testing for Autocorrelation in Dynamic Linear Models», *Australian Economic Papers*, Vol. 17, pp. 334-355.

BRICKLEY, J. C. SMITH e J. ZIMMERMAN, (2001), *Managerial Economics and Organizational Architecture*, 2ª Edição, *Boston: McGraw-Hill International Ed.*

BRICKLEY, J. R. LEASE e C. SMITH (1988), «Ownership Structure and Voting on Antitakeover Amendments», *Journal of Financial Economics*, Vol. 20, pp. 267-291.

BRICKLEY, J. R. LEASE e C. SMITH (1994), «Corporate Voting: Evidence from Charter Amendment Proposals», *Journal of Corporate Finance*, Vol. 1, n.º 1, pp. 5-31.

BROWN, K. e G. BROWN (1987), «Does the Composition of the Market Portfolio Really Matter?», *Journal of Portfolio Management*, Vol. 26, n.º 2, pp. 26-32.

BROWN, K., W. HARLOW e L. STARKS (1996), «Of Tournaments and Temptations: an Analysis of Managerial Incentives in the Mutual Fund Industry», *Journal of Finance*, Vol. 51, n.º 1, pp. 85-110.

BROWN, S. e W. GOETZMANN (1995), «Performance Persistence», *Journal of Finance*, Vol. 50, n.º 2, pp. 679-698.

BROWN, S. e W. GOETZMANN (1997), «Mutual Fund Styles», *Journal of Financial Economics,* Vol. 43, n.º 3, pp. 373-399.

BROWN, S., W. GOETZMANN, R. IBBOTSON e S. ROSS (1992), «Survivorship Bias in Performance Studies», *Review of Financial Studies*, Vol. 5, n.º 4, pp. 553-580

BROWN, S., W. GOETZMANN, T. HIRAKI e T. OTSUKI (1997), «The Japanese Open--End Fund Puzzle», *Working Paper*, New York University.

BURKART, M., D. GROMB e F. PANUNZI (1997) «Large Shareholders, Monitoring, and the Value of the Firm», *Quarterly Journal of Economics*, Vol. 112, n.º 3, pp. 693-728.

BURMEISTER, E. e M. McELROY (1988), «Joint Estimation of Factor Sensivities and Risk Premia for the Arbitrage Pricing Theory», *Journal of Finance*, Vol. 43, n.º 3, pp. 721-733.

BUSSE, J. (2001), «Another Look at Mutual Fund Tournaments», http://ssrn.com/abstract =110028.

CARHART, M. (1997), «On Persistence in Mutual Fund Performance», *Journal of Finance*, Vol. 52, n.º 1, pp. 57-82.

CARLETON, W., J. NELSON e M. WEISBACH (1998), «The Influence of Institutions on Corporate Governance Trough Private Negotiations: Evidence from TIAA--CREF», *Journal of Finance*, Vol. 53, n.º 4, pp.1335-1362.

CATON, G., J. GOH e J. DONALDSON (2001), «The Effectiveness of Institutional Activism», *Financial Analysts Journal*, Vol. 57, n.º 4, pp. 21-26.

CENTRAL BANKING PUBLICATIONS (2002), *How Countries Supervise their Banks, Insurers and Securities Markets 2002,* Central Banking Publications.

CHAGANTI, R. e F. DAMANPUR (1991), «Institutional Ownership, Capital Structure and Firm Performance», *Strategic Management Journal*, Vol. 12, pp. 479-491.

CHALMERS, J., R. EDELEN e G. KADLEC (1999), «Transaction-Cost Expenditures and the Relative Performance of Mutual Funds», *Working Paper Series,* The Worton School University of Pensylvania.

CHAN, K. (1988), «On the Contrarian Investment Strategy», *Journal of Business*, Vol. 61, n.º 2, pp. 147-164.

CHAN, K. e N. CHEN (1991), «Structural and Return Characteristics of Small and Large Firms», *Journal of Finance*, Vol. 46, n.º 4, pp. 1467-1484.

CHAN, K., N. CHEN e D. HSIEH (1985), «An Exploratory Investigations of the Firm Size Effect», *Journal of Financial Economics*, Vol. 14, n.º 3, pp. 451-471.

CHAN, K., Y. HAMAO e J. LAKONISHOK (1991), «Fundamentals and Stock Returns in Japan», *Journal of Finance*, Vol. 46, n.º 5, pp. 1739-1764.

CHAN, L. e J. LAKONISHOK (1995), «The Behavior of Stock Prices Around Institutional Trades», *Journal of Finance*, Vol. 50, n.º 4, pp. 1147-1174.

CHAN, L. e J. LAKONISHOK (1997), «Institutional Equity Trading Costs: NYSE versus NASDAQ», *Journal of Finance*, Vol. 52, n.º 2, pp. 713-735.

CHANCE, D. (1997), «A Derivative Alternative as Executive Compensation», *Financial Analysts Journal*, Vol. 53, n.º 2, pp. 6-8.

CHARKHAM, J. (1995), *Keeping Good Company: A Study of Corporate Governance in Five Countries*, Oxford e New York: Oxford University Press.

CHEN, N. (1983), «Some Empirical Tests of the Theory of Arbitrage Pricing», *Journal of Finance*, Vol. 38, n.º 5, pp. 1393-1414.

CHEN, N., R. ROLL e S. ROSS (1986), «Economic Forces and the Stock Market», *Journal of Business*, Vol. 59, n.º 3, pp. 383-403.

CHEN, S.-N. e LEE, C. (1981), «The Sampling Relationship Between Sharpe's Performance Measure and Its Risk Proxy: Sample Size, Investment Horizon and Market Conditions», *Management Science*, Vol. 27, n.º 6, pp. 607-618.

CHEN, Z. e P. KNEZ (1996), «Portfolio Performance Measurement: Theory and Applications», *Review of Financial Studies*, Vol. 9, n.º 2, pp. 511-555.

CHEVALIER, J. e G. ELLISON (1997), «Risk Taking by Mutual Funds as a Response to Incentives», *Journal of Political Economy*, Vol. 105, n.º 6, pp. 1167-1201.

CHEVALIER, J. e G. ELLISON (1999), «Are Some Mutual Fund Managers Better Than Others? Cross Sectional Patterns in Behavior and Performance», *Journal of Finance*, Vol. 54, n.º 3, pp. 875-899.

CHOPRA, N., J. LAKONISHOK e J. RITTER (1992), «Measuring Abnormal Performance. Do Stocks Overreact?», *Journal of Financial Economics*, Vol. 31, n.º 2, pp. 235-268.

CHRISTOFFERSEN, S. (2001), «Why Do Money Fund Managers Voluntarily Waive Their Fees?», *Journal of Finance*, Vol. 56, n.º 3, pp. 1117-1140.

CHRISTOPHERSON, J., W. FERSON e D. GLASSMAN (1998), «Conditioning Manager Alphas on Economic Information: Another Look at the Persistence of Performance», *Review of Financial Studies*, Vol. 11, n.º 1, pp. 111-142.

CMVM (1999a), «Recomendações Sobre o Governo das Sociedades Cotadas», *www.cmvm.pt*.

CMVM (1999b), «Inquérito Sobre Práticas Relativas ao Governo das Sociedades, nas Empresas Cotadas no Mercado de Cotações Oficiais da Bolsa de Valores de Lisboa», *Cadernos do Mercado de Valores Mobiliários*, n.º 5, pp. 319-342.

CMVM (2000), «Receptividade das Recomendações Emitidas pela CMVM Quanto à Divulgação de Informação Sobre o Governo das Sociedades Cotadas em 2000», *www.cmvm.pt*.

COFFEE Jr., J. (1991), «Liquidity Versus Control: The Institutional Investor as Corporate Monitor», *Columbia Law Review* , Vol. 91, n.º 6, pp. 1277-1368.

COLLINS, S. e P. MACK (1997), «The Optimal Amount of Assets Under Management in the Mutual Fund Industry», *Financial Analysts Journal*, Vol. 53, n.º 5, pp. 67-73.

CONNOR, G. e R. KORAJCZYK (1988), «Risk Return in an Equilibrium APT: Application of a New Test Methodology», *Journal of Financial Economics*, Vol. 21, n.º 3, pp. 255-289.

CONNOR, G. e R. KORAJCZYK (1991), «The Attributes, Behaviour, and Performance of U.S. Mutual Funds», *Review of Finance and Accounting*, Vol. 1, n.º 1, pp. 5-26.

CONOVER, W. (1999), *Practical Nonparametric Statistics*, 3ª Edição, *New Work: John Wiley & Sons*.

CONRAD, J. e G. KAUL (1988), «Time-Variation in Expected Returns», *Journal of Busi-ness*, Vol. 61, n.º 4, pp. 409-425.

CONRAD, J. e G. KAUL (1993), «Long-Term Market Overreaction or Biases in Computed Returns?», *Journal of Finance,* Vol. 48, n.º 1, pp. 39-63.

CONYON, M., P. GREGG e S. MACHIN (1995), «Taking Care of Business: Executive Compensation in the UK», *Economic Journal*, Vol. 105, May, pp. 704-714.

COOPER, M., H. GULEN e R. RAU (2003), «Changing Names with Style: Mutual Fund Names Changes and Their Effects on Fund Flows», *EFA 2003 Annual Conference Paper n.º 293*.

COPELAND, T. e D. MAYERS (1982), «The Value Line Enigma (1965-1978): A Case Study of Performance Evaluation Issues», *Journal of Financial Economics*, Vol. 10, n.º 3, pp. 289-321.

CORHAY, A., G. HAWAWINI e P. MICHEL (1987), «Seasonality in the Risk-Return Relationship: Some International Evidence», *Journal of Finance*, Vol. 42, n.º 1, pp. 49-68.

CORNELL, B. (1979), «Asymmetric Information and Portfolio Measurement», *Journal of Financial Economics*, Vol. 7, n.º 4, pp. 381-390.

CORTEZ, M. (1998), «On the Persistence of Mutual Fund Performance in Small Markets», *PHD Thesis*, Universidade do Minho.

CORTEZ, M. e F. SILVA (2000), «Conditioning Information on Portfolio Performance Evaluation: A Reexamination of Performance Persistence in The Portuguese Mutual Fund Market», *First Portuguese Finance Network Conference Paper*.

COSTA Jr., N. (1994), «Overreaction in the Brazilian Stock Market», *Journal of Banking and Finance*, Vol. 18, n.º 4, pp. 633-642.

CUBBIN, J. e D. LEECH (1983), «The Effect of Shareholders Dispersion on the Degree of Control in British Companies: Theory and Measurement», *Economic Journal*, Vol. 93, June, pp. 351-369.

CUERVO, A. (2002), «Corporate Governance Mechanisms: a Plea for Less Code of Governance and More Market Control», *Corporate Governance: an International Review*, Vol. 10, n.º 2, pp. 84-93.

CUMBY, R. e J. GLEN (1990), «Evaluating the Performance of International Mutual Funds», *Journal of Finance*, Vol. 45, n.º 2, pp. 497-521.

DAHYA, J., J. MCCONNELL e N. TRAVLOS (2002), «The Cadbury Committee, Corporate Performance, and Top Management Turnover», *Journal of Finance*, Vol. 57, n.º 1, pp. 461-483.

DANIEL, K. e S. TITMAN (1997), «Evidence on the Characteristics of Cross Sectional Variation in Stock Returns», *Journal of Finance*, Vol. 52, n.º 1, pp. 1-33.

DANIEL, K., D. HERSHLEIFER e A. SUBRAHMANYAM (2001), «Overconfidence, Arbitrage, and Equilibrium Asset Pricing», *Journal of Finance*, Vol. 56, n.º 3, pp. 921-965.

DANIEL, K., M. GRINBLATT, S. TITMAN e R. WERMERS (1997), «Measuring Mutual Fund Performance With Characteristic-Based Benchmarks», *Journal of Finance*, Vol. 52, n.º 3, pp. 1035-1058.

DANTHINE, J. e J. DONALDSON (2002), *Intermediate Financial Theory, Upper Saddle River, New Jersey: Prentice Hall.*

DAVIDSON, B. e C. EBERSOLE (2000), «Improving the Effectiveness of Audit Committees», *Bank Accounting & Finance*, Vol. 14, n.º 1, pp. 39-45.

DEBONDT, W. e R. THALER (1985), «Does the Stock Market Overreact?», *Journal of Finance*, Vol. 40, n.º 3, pp. 793-805.

DEBONDT, W. e R. THALER (1987), «Further Evidence On Investor Overreaction and Stock Market Seasonality», *Journal of Finance*, Vol. 42, n.º 3, pp. 557-581.

DEBONDT, W. e R. THALER (1990), «Stock Market Volatility. Do Security Analysts Overreact?», *American Economic Review*, Vol. 80, n.º 2, pp. 52-57.

DEBREU, G. (1959), *The Theory of Value, New York: John Wiley & Sons.*

DEDMAN, E. (2000), «An Investigation into the Determinants of UK Board Structure Before and After Cadbury», *Corporate Governance: An International Review*, Vol. 8, n.º 2, pp. 133-153.

DEL GUERCIO, D. (1996), «The Distorting Effect of the Prudent-Man Laws on Institutional Equity Investments», *Journal of Financial Economics*, Vol. 40, n.º 1, pp. 31-62.

DEL GUERCIO, D. e J. HAWKINS (1999), «The Motivation and Impact of Pension Fund Activism», *Journal of Financial Economics*, Vol. 52, n.º 3. pp. 293-340.

DEL GUERCIO, D. e P. TKAC (2001), «Star Power: the Effect of Morningstar Ratings on Mutual Fund Flows», *Working Paper Series*, n.º 2001-15, Federal Reserve Bank of Atlanta.

DELI, D. e S. GILLAN (2000), «On the Demand for Independent and Active Audit Com-mitees», *Journal of Corporate Finance*, Vol. 6, n.º 4, pp. 427-445.

DEMSETZ, F. e K. LEHN (1985), «The Structure of Corporate Ownership: Causes and Consequences», *Journal of Political Economy*, Vol. 93, n.º 6, pp. 1155-1177.

DENIS, D. e J. SERRANO (1996), «Active Investors and Management Turnover Following Unsuccessful Control Contests», *Journal of Financial Economics*, Vol. 40, n.º 2, pp. 239-266.

DENIS, D., D. DENIS e A. SARIN (1997), «Agency Problems, Equity Ownership, and Corporate Diversification», *Journal of Finance*, Vol. 52, n.º 1, pp. 135-160.

DHRYMES, P., I. FRIEND e N. GULTEKIN (1984), «A Critical Reexamination of the Empirical Evidence on the Arbitrage Pricing Theory», *Journal of Finance*, Vol. 39, n.º 2, pp. 323-346.

DISSANAIKE, G. (1994), «On the Computation of Returns in Tests of the Stock Market Overreaction Hypothesis», *Journal of Banking and Finance*, Vol. 18, n.º 6, pp. 1083-1094.

DOUKAS, J., K. CHANSOG e C. PANTZALIS (2000), «Security Analysis, Agency Costs, and Company Characteristics», *Financial Analysts Journal*, Vol. 56, n.º 6, pp. 54-63

DREMAN, D. e M. BERRY (1995), «Overreaction, Underreaction, and the Low-P/E Effect», *Financial Analysts Journal*, Vol. 51, July-August, pp. 21-30.

DYBVIG, P. e S. ROSS (1985a), «Differential Information and Performance Measurement Using a Security Market Line», *Journal of Finance*, Vol. 40, n.º 2, pp. 383-399.

DYBVIG, P. e S. ROSS (1985b), «The Analytics of Performance Measurement Using a Security Market Line», *Journal of Finance*, Vol. 40, n.º 2, pp. 401-416.

EDELEN, R. (1999), «Investor Flows and the Assessed Performance of Open-End Mutual Funds», *Journal of Financial Economics*, Vol. 53, n.º 3, pp. 439-466.

EDELEN, R. e J. WARNER (2000) «Aggregate Price Effects of Institutional Trading: A Study of Mutual Fund Flow and Market Returns», *Journal of Financial Economics*, Vol. 59, n.º 2, pp. 195-220.

EISENBERG, M. (1999), «Perspectivas de Convergência Global dos Sistemas de Direcção e Controlo das Sociedades», *Cadernos do Mercado de Valores Mobiliários*, n.º 5, pp. 106-129.

ELTON, E. e M. GRUBER (1991), «Differential Information and Timing Ability», *Journal of Banking and Finance*, Vol. 15, n.º 1, pp. 117-131.

ELTON, E. e M. GRUBER (1995), *Modern Portfolio Theory and Investment Analysis*, New York: John Wiley & Sons.

ELTON, E., M. GRUBER e C. BLAKE (1995), «Fundamental Economic Variables, Expected Returns, and Bond Fund Performance», *Journal of Finance*, Vol. 50, n.º 4, pp. 1229-1256.

ELTON, E., M. GRUBER e C. BLAKE (1996) «The Persistence of Risk-Adjusted Mutual Fund Performance», *Journal of Business*, Vol. 69, n.º 2, pp. 133-157.

ELTON, E., M. GRUBER, S. DAS e M. HLAVKA (1993), «Efficiency With Costly Information: a Reinterpretation of Evidence From Managed Portfolios», *Review of Financial Studies*, Vol. 6, n.º 1, pp. 1-22.

EVERITT, B. (1977), *The Analysis of Contingency Tables*, London: Chapman & Hall.

FABOZZI, F. e J. FRANCIS (1979), «Mutual Fund Systematic Risk for Bull and Bear Markets: an Empirical Investigation», *Journal of Finance*, Vol. 34, n.º 5, pp. 1234--1250.

FACCIO, M, e M. LASFER (2000), «Do Occupational Pension Funds Monitor Companies in Which They Hold Large Stakes?», *Journal of Corporate Finance*, Vol. 6, n.° 1, pp. 71-110.

FALKENSTEIN, E. (1996), «Preferences for Stock Characteristics as Revealed by Mutual Fund Portfolio Holdings», *Journal of Finance*, Vol. 51, n.° 1, pp. 111-135.

FAMA, E. (1970), «Efficient Capital Markets: A Review of Theory and Empirical Work», *Journal of Finance*, Vol. 25, n.° 2, pp. 383-417.

FAMA, E. (1972), «Components of Investment Performance», *Journal of Finance*, Vol. 27, n.° 3, pp. 551-567.

FAMA, E. (1991), «Efficient Capital Markets: II», *Journal of Finance,* Vol. 46, n.° 5, pp. 1575-1617.

FAMA, E. (1998), «Market Efficiency, Long-Term Returns, and Behavioral Finance», *Journal of Financial Economics,* Vol. 49, n.° 3, pp. 283-306.

FAMA, E. e J. MACBETH (1973), «Risk, Return, and Equilibrium: Empirical Tests», *Journal of Political Economy*, Vol. 71, May/June, pp. 607-636.

FAMA, E. e K. FRENCH (1988), «Permanent and Temporary Components of Stock Prices», *Journal of Political Economy*, Vol. 96, n.° 2, pp. 246-273.

FAMA, E. e K. FRENCH (1992), «The Cross-Section of Expected Stock Returns», *Journal of Finance*, Vol. 47, n.° 2, pp. 427-465.

FAMA, E. e K. FRENCH (1993), «Common Risk Factors in the Returns on Bonds and Stocks», *Journal of Financial Economics*, Vol. 33, n.° 1, pp. 3-56.

FAMA, E. e K. FRENCH (1995), «Size and B/M Factors in Earnings and Returns», *Journal of Finance*, Vol. 50, n.° 1, pp. 131-155.

FAMA, E. e K. FRENCH (1996a), «Multifactor Explanations of Asset Pricing Anomalies», *Journal of Finance*, Vol. 51, n.° 1, pp. 55-84.

FAMA, E. e K. FRENCH (1996b), «The CAPM is Wanted, Dead or Alive», *Journal of Finance*, Vol. 51, n.° 5, pp. 1947-1958.

FAMA, E. e K. FRENCH (1998), «Value Versus Growth: The International Evidence», *Jour-nal of Finance*, Vol. 53, n.° 6, pp. 1975-1999.

FARRELL, K. e D. WHIDBEE (2000), «The Consequences of Forced CEO Succession for Outside Directors», *Journal of Business*, Vol. 73, n.° 4, pp. 597--627.

FERGUSON, R. (1980), «Performance Measurement Doesn't Make Sense», *Financial Analysts Journal*, Vol. 36, May-June, pp. 59-69.

FERGUSON, R. (1986), «The Trouble With Performance Measurement: You Can't do It, You Never Will, and Who Wants to?», *Journal of Portfolio Management*, Vol. 13, n.° 3, pp. 4-9.

FERSON, W. e C. HARVEY (1999), «Conditioning Variables and the Cross Section of Stock Returns», *Journal of Finance*, Vol. 54, n.º 4, pp. 1325-1360.

FERSON, W. e K. KHANG (2000), «Conditional Performance Measurement Using Portfolio Weights: Evidence for Pension Funds», *First Portuguese Finance Network Conference Paper*.

FERSON, W. e R. KORAJCZYK (1995), «Do Arbitrage Pricing Models Explain the Predictability of Stock Returns?», *Journal of Business*, Vol. 68, n.º 3, pp. 309-349.

FERSON, W. e R. SCHADT (1996), «Measuring Fund Strategy and Performance in Changing Economic Conditions», *Journal of Finance*, Vol. 51, n.º 2, pp. 425 461.

FERSON, W. e V. WARTHER (1996), «Evaluating Fund Performance in a Dynamic Market», *Financial Analysts Journal*, Vol. 52, n.º 6, pp. 20-28.

FINANCIAL TIMES (2000a), «Governance Responds to Globalisation», Friday, June 2.

FINANCIAL TIMES (2000b), «Hyundai Founder Steps Down in Concession to Reform Plans», Thursday, June 1.

FONSECA, A., J. CONFRARIA e J. PINHEIRO (1991), *Metodologia dos Índices Oficiais de Valores Mobiliários de Rendimento Variável*, Bolsa de Valores de Lisboa e Universidade Católica Portuguesa.

FORJAN, J. (1999), «The Wealth Effects of Shareholder-Sponsored Proposals», *Review of Financial Economics*, Vol. 8, n.º 1, pp. 61-72.

FRANCIS, J. (1991), *Investments Analysis and Management*, New York: McGraw-Hill International Editions.

FRANKS, J. e C. MAYER (1996), «Hostile Takeovers and the Correction of Managerial Failure», *Journal of Financial Economics*, Vol. 40, n.º 2, pp. 163-181.

FRANKS, J. e C. MAYER (1998), «Bank Control, Takeovers, and Corporate Governance in Germany», in Hopt, K., H. Kanda, M. Roe, E. Wymeersch e S. Prigge (editors), *Comparative Corporate Governance – The State of The Art and Emerging Research*, pp. 641-658, Oxford e New York: Oxford University Press.

FRANKS, J. e C. MAYER (2001), «The Ownership and Control of German Corporations», *CEPR Discussion Paper*, n.º 2898.

FRANKS, J. e C. MAYER (2002), «Corporate Governance in the UK – Contrasted with the US System», *CESifo Forum*, Vol. 3, n.º 3, pp. 13-22.

FRANKS, J., C. MAYER e L. RENNEBOOG (2001), «Who Disciplines Management in Poorly Performing Companies?», *Journal of Financial Intermediation*, Vol. 10, n.º 3/4, pp. 209-248.

FREIRE, A. (1995), *Gestão Empresarial Japonesa – Lições para Portugal*, Lisboa e São Paulo: Verbo.

FRIEDMAN, B. (1996), «Economic Implications of Changing Share Ownership», *Journal of Portfolio Management*, Vol. 22, n.º 3, pp. 59-70.

FRIEND, I. e M. BLUME (1970), «Measurement of Portfolio Performance Under Uncertainty», *American Economic Review*, Vol. 60, n.º 4, pp. 561-575.

FRIEND, I., M. BLUME e J. CROCKETT (1970), *Mutual Funds and Other Institutional Investors*, New York: McGraw-Hill.

FROOT, K., D. SCHARFSTEIN e J. STEIN (1992), «Herd on the Street: Informational Inefficiencies in a Market with Short-Term Speculation», *Journal of Finance*, Vol. 47, n.º 4, pp. 1461-1484.

FRYE, M. (2001), «The Performance of Bank-Managed Mutual Funds», *Journal of Financial Research*, Vol. 24, n.º 3, pp. 419-442.

GERKE, W. (1998), «Market Failure in Venture Capital Markets for New Medium and Small Enterprises», in Hopt, K., H. Kanda, M. Roe, E. Wymeersch e S. Prigge (editors), *Comparative Corporate Governance – The State of The Art and Emerging Research*, pp. 607-638, Oxford e New York: Oxford University Press.

GIBBONS, M. e P. HESS (1981), «Day of the Week Effects and Asset Returns», *Journal of Business*, Vol. 58, n.º 4, pp. 579-596.

GILLAN, S. e T. STARKS (2000), «Corporate Governance Proposals and Shareholder Activism: The Role of Institutional Investors», *Journal of Financial Economics*, Vol. 57, n.º 2, pp. 275-305.

GODFREY, L. (1978), «Testing Against General Autoregressive and Moving Average Error Models When Regressors Include Lagged Dependent Variables», *Econometrica*, Vol. 46, n.º 6, pp. 1293-1302.

GOERGEN, M. (1998), *Corporate Governance and Financial Performance – A Study if German and UK Initial Public Offerings*, Cheltenham e Northampton (Mass.): Edward Elgar Publishing Limited.

GOETZMANN, W. e A. KUMAR (2002), «Equity Portfolio Diversification», *Yale ICF Working Paper*, n.º 00-59.

GOETZMANN, W. e N. PELES (1997), «Cognitive Dissonance and Mutual Fund Investors», *Journal of Financial Research*, Vol. 20, n.º 2, pp. 145-158.

GOETZMANN, W. e R. IBBOTSON (1994) «Do Winners Repeat? Patterns in Mutual Fund Performance», *Journal of Portfolio Management*, Vol. 20, n.º 2, pp. 9-18.

GOETZMANN, W., J. INGERSOLL Jr. e Z. IVKOVICH (2000), «Monthly Measurement of Daily Timers», *Journal of Financial and Quantitative Analysis*, Vol. 35, n.º 3, pp. 257-290.

GOMPERS, P. e A. METRICK (1998), «How Are Large Institutions Different From Other Investors? Why do These Differences Matter for Equity Prices and

Returns?», *Working Paper Series,* n.º 1830, Harvard University, Cambridge, Massachusetts.

GORDON, L. e J. POUND (1993), «Information, Ownership Structure, and Shareholder Voting: Evidence from Shareholder-Sponsored Corporate Governance Proposals», *Journal of Finance,* Vol. 48, n.º 2, pp. 697-718.

GORDON, M. (1962), *The Investment, Financing and Valuation of the Corporation, Homewood, Illinois: Richard D. Irwin, Inc.*

GORIAEV, A., T. NIJMAN e B. WERKER (2001), «Yet Another Look at Mutual Fund Tournaments», *Tilburg University Working Paper.*

GORTON, G. e F. SCHMID (1996), «Universal Banking and the Performance of German Firms», *Working Paper,* n.º 5453, National Bureau of Economic Research.

GRAHAM, J. e C. HARVEY (1996), «Market Timing and Volatility Implied in Investment Newsletters' Asset Allocation Recommendations», *Journal of Financial Economics,* Vol. 42, n.º 3, pp. 397-421.

GREENE, W. (2000), *Econometric Analysis,* 4ª Edição, *Upper Saddle River, New Jersey: Prentice Hall International, Inc.*

GRINBLATT, M. e S. TITMAN (1987), «How Clients Can Win The Gaming Game», *Journal of Portfolio Management,* Vol. 13, n.º 4, pp. 14-20.

GRINBLATT, M. e S. TITMAN (1989a), «Mutual Fund Performance: An Analysis of Quarterly Holdings», *Journal of Business,* Vol. 62, n.º 3, pp. 393-416.

GRINBLATT, M. e S. TITMAN (1989b), «Portfolio Performance Evaluation: Old Issues and New Insights», *Review of Financial Studies,* Vol. 2, n.º 3, pp. 393-421.

GRINBLATT, M. e S. TITMAN (1989c), «Adverse Risk Incentives and the Design of Performance-Based Contracts», *Management Science,* Vol. 35, n.º 7, pp. 807-822.

GRINBLATT, M. e S. TITMAN (1992), «The Persistence of Mutual Fund Performance», *Journal of Finance,* Vol. 47, n.º 5, pp. 1977-1984.

GRINBLATT, M. e S. TITMAN (1993), «Performance Measurement without Benchmarks: An Examination of Mutual Fund Returns», *Journal of Business,* Vol. 66, n.º 1, pp. 47-68.

GRINBLATT, M. e S. TITMAN (1998), *Financial Markets and Corporate Strategy, New York: McGraw-Hill International Editions.*

GRINBLATT, M., S. TITMAN e R. WERMERS (1995), «Momentum Investment Strategies, Portfolio Performance, and Herding: a Study of Mutual Fund Behaviour», *American Economic Review,* Vol. 85, n.º 5, pp. 1088-1105.

GROSSMAN, S. e J. STIGLITZ (1980), «On the Impossibility of Informationally Efficient Markets», *American Economic Review,* Vol. 70, n.º 3, pp. 393-409.

GROSSMAN, S. e O. HART (1980), «Takeover Bids, the Free-Rider Problem, and the Theory of the Corporation», *Bell Journal of Economics*, Vol. 11, n.° 1, pp.42-64.

GROSSMAN, S. e O. HART (1986), «The Costs and Benefits of Ownership: A Theory of Vertical and Lateral Integration», *Journal of Political Economics*, Vol. 94, n.° 4, pp. 691-719.

GROSSMAN, S. e O. HART (1988), «One Share-One Vote and the Market for Corporate Control», *Journal of Financial Economics*, Vol. 20, pp. 175-202.

GRUBER, M. (1996), «Another Puzzle: The Growth in Actively Managed Mutual Funds», *Journal of Finance*, Vol. 51, n.° 3, pp. 783-810.

GUIMARÃES, R. e J. CABRAL (1997), *Estatística*, Edição Revista, *Lisboa: McGraw Hill.*

GULTEKIN, M. e N. GULTEKIN (1983), «Stock Market Seasonality: International Evidence», *Journal of Financial Economics*, Vol. 12, n.° 4, pp. 469-481.

GUNTHORPE, D. e H. LEVY (1994), «Portfolio Composition and the Investment Horizon», *Financial Analysts Journal*, Vol. 50, January-February, pp. 51-56.

HALL, B. e J. LIEBMAN (1998), «Are CEOs Really Paid Like Bureaucrats?», *Quarterly Journal of Economics*, Vol. 113, n.° 3, pp. 653-691.

HANDA, P., S. KOTHARI e C. WASLEY (1989), «The Relation Between Return Interval and Betas: Implications for the Size-Effect», *Journal of Financial Economics*, Vol. 23, n.° 1, pp. 79-100.

HANDA, P., S. KOTHARI e C. WASLEY (1993), «Sensitivity of Multivariate Tests of the Capital Asset Pricing Model to the Return Measurement Interval», *Journal of Finance*, Vol. 48, n.° 4, pp. 1543-1551.

HARRIS; L. (1986), «A Transaction Data Study of Weekly and Intradaily Patterns in Stock Returns», *Journal of Financial Economics*, Vol. 16, n.° 1, pp. 99-117.

Harris, M. e A. Raviv (1988), «Corporate Governance: Voting and Majority Rules», *Journal of Financial Economics*, Vol. 20, pp. 203-235.

Hart, O. (1995), «The Structure of Voting Rights in a Public Company», in Keasey, K., S. Thompson e M. Wright (editors), *Corporate Governance*, Vol. II, pp. 128-52, Cheltenham (Reino Unido) e Northampton (Mass., EUA): Edward Elgar Publishing Limited.

HARTZELL, J. e L. STARKS (2000), «Institutional Investors and Executive Compensation», *Working Paper,* New York University.

HAWAWINI, G. e D. KEIM (1995), «On the Predictability of Common Stock Returns: World-Wide Evidence», in: Jarrow, R., V. Maksimovic e W. Ziemba (Ed.), *Finance.* Amsterdam: North-Holland.

HAWLEY, J. e A. WILLIAMS (2001), «The Rise of Fiduciary Capitalism: How Institutional Investors Can Make Corporate America More Democratic (a review)», *Financial Analysts Journal*, Vol. 57, n.° 3, pp. 91-93.

HELLMANN, T. e M. PURI (2000), «The Interaction Between Product Market and Financing Strategy: The Role of Venture Capital», *Review of Financial Studies*, Vol. 13, n.º 4, pp. 959-984.

HENDRICKS, D., J. PATEL e R. ZECKHAUSER (1993), «Hot Hands in Mutual Funds: Short Run Persistence of Relative Performance 1974-1988», *Journal of Finance*, Vol. 48, n.º 1, pp. 93-130.

HENRIKSSON, R. (1984), «Market Timing and Mutual Fund Performance: An Empirical Investigation», *Journal of Business*, Vol. 57, n.º 1, pp. 73-96.

HENRIKSSON, R. e R. MERTON (1981), «On Market Timing and Investment Performance II. Statistical Procedures for Evaluating Forecasting Skills», *Journal of Business*, Vol. 54, n.º 4, pp. 513-533.

HERRERA, M. e L. LOCKWOOD (1994), «The Size Effect in Mexican Stock Market», *Journal of Banking and Finance*, Vol. 18, n.º 4, pp. 621-632.

HICKS, J. (1946), *Value and Capital,* 2ª edição*, Oxford, England: Oxford University Press.*

HIRSCHMAN, A. (1970), *Exit, Voice, and Loyalty: Responses to Decline in Firms, Organizations and States*, Cambridge – Massachusetts – London: Harvard University Press, Capítulos 2, 3 e 9 e Apêndices A e B, in Keasey, K., S. Thompson e M. Wright (editores), *Corporate Governance*, Vol. I, pp. 149-187, Cheltenham (Reino Unido) e Northampton (Mass., EUA): Edward Elgar Publishing Limited.

HIRSHLEIFER, D., A. SUBRAHMANYAM e S. TITMAN (1994), «Security Analysis and Trading Patterns When Some Investors Receive Information Before Others», *Journal of Finance*, Vol. 49, n.º 5, pp. 1665-1698.

HOLDERNESS, C. e D. SHEEHAN (1988), «The Role of Majority Shareholders in Publicly Held Corporations», *Journal of Financial Economics*, Vol. 20, pp. 317-346.

HOLMSTROM, B. e S. KAPLAN (2001), «Corporate Governance and Merger Activity in the United States: Making Sense of the 1980s and 1990s», *Journal of Economic Perspectives*, Vol. 15, n.º 2, pp. 121-144.

HOSHI, T. (1998), «Japonese Corporate Governance as a System», in Hopt, K., H. Kanda, M. Roe, E. Wymeersch e S. Prigge (editors), *Comparative Corporate Governance –The State of The Art and Emerging Research*, pp. 847-875, Oxford e New York: Oxford University Press.

HOSHI, T., A. KASHYAP e D. SCHARFSTEIN (1991), «Corporate Structure, Liquidity and Investments: Evidence from Japanese Industrial Groups», *Quarterly Journal of Economics*, Vol. 106, n.º 1, pp. 33-60.

HUBERMAN, G., S. KANDEL e R. STAMBAUGH (1987), «Mimicking Portfolio and Exact Arbitrage Pricing», *Journal of Finance*, Vol. 42, n.º 1, pp. 1-9.

IOSCO (2003), «Collective Investment Schemes as Shareholders: Responsibilities and Disclousure», *www.iosco.org/library/index.cfm?whereami=pubdocs.*

IPPOLITO, R. (1989), «Efficiency With Costly Information: A Study of Mutual Fund Performance, 1965-1984», *Quarterly Journal of Economics,* Vol. 104, n.° 1, pp. 1-23.

IPPOLITO, R. (1992), «Consumer Reaction to Measures of Poor Quality: Evidence From The Mutual Fund Industry», *Journal of Law and Economics,* Vol. 35, April, pp. 45-70.

JAGANNATHAN, R e Z. WANG (1996), «The Conditional CAPM and Cross-Section of Expected Returns», *Journal of Finance,* Vol. 51, n.° 1, pp. 3-53.

JAIN, P. e J. WU (2000), «Truth in Mutual Fund Advertising: Evidence on Future Performance and Fund Flows», *Journal of Finance,* Vol. 55, n.° 2, pp. 937-958.

JEGADEESH, N. (1990), «Evidence of Predictable Behavior of Security Returns», *Journal of Finance,* Vol. 45, n.° 3, pp. 881-898.

JEGADEESH, N. e S. TITMAN (1993), «Returns to Buying Winners and Selling Losers: Implications for Stock Market Efficiency», *Journal of Finance,* Vol. 48, n.° 1, pp. 65-91.

JEGADEESH, N. e S. TITMAN (1995), «Overreaction, Delayed Reaction, and Contrarian Profits», *Review of Financial Studies,* Vol. 8, n.° 4, pp. 973-993.

JENG, L. e P. WELLS (2000), «The Determinants of Venture Capital Funding: Evidence Across Countries», *Journal of Corporate Finance,* Vol. 6, n.° 3, pp. 241-289.

JENSEN, M. (1968), «Problems in Selection of Security Portfolios: The Performance of Mutual Funds in the Period 1945 1964», *Journal of Finance,* Vol. 23, n.° 2, pp. 389-416.

JENSEN, M. (1978), «Some Anomalous Evidence Regarding Market Efficiency», *Journal of Financial Economics,* Vol. 6, n.° 1, pp. 95-101.

JENSEN, M. (1986), «Agency Costs of Free Cash Flow, Corporate Finance, and Takeovers», *American Economic Review,* Vol. 76, n.° 2, pp. 323-329.

JENSEN, M. (1988), «Takeovers: Their Causes and Consequences», *Journal of Economic Perspectives,* Vol. 2, pp. 21-48.

JENSEN, M. (1989), «Eclipse of the Public Corporation», *Harvard Business Review,* Vol. 67, n.° 5 (September-October), pp. 61-74.

JENSEN, M. (1993), «The Modern Industrial Revolution, Exit, and the Failure of Internal Control Systems», *Journal of Finance,* Vol. 48, n.° 3, pp. 831-880.

JENSEN, M. (2001), «Value Maximization, Stakeholder Theory, and the Corporate Objective Function», *European Financial Management,* Vol. 7, n.° 3, pp. 297-317.

JENSEN, M. e K. MURPHY (1990), «Performance Pay and Top-Management Incentives», *Journal of Political Economy*, Vol. 98, n.º 2, pp. 225-263.

JENSEN, M. e W. MECKLING (1976), «Theory of the Firm: Managerial Behavior, Agency Costs, and Ownership Structure», *Journal of Financial Economics*, Vol. 3, n.º 4, pp. 305-360.

JOHNSTON, J. e J. DiNARDO (1997), *Métodos Econométricos*, 4ª Edição, Lisboa: McGraw-Hill.

JONES, C. e M. LIPSON (1999), «Execution Costs of Institutional Equity Orders», *Journal of Financial Intermediation*, Vol. 8, n.º 3, pp. 123-140.

JONES, C., D. PEARCE e J. WILSON (1987), «Can Tax-Loss Selling Explain the January Effect? A Note», *Journal of Finance*, Vol. 42, n.º 2, pp. 453-461.

KAHN, C. e A. WINTON (1998), «Ownership Structure, Speculation, and Shareholder Intervention», *Journal of Finance*, Vol. 53, n.º 1, pp. 99-129.

KAHN, R. e A. RUDD (1995), «Does Historical Performance Predict Future Performance?», *Financial Analists Journal*, Vol. 51, n.º 6, pp. 43-52.

KANG, J. e A. SHIVDASANI (1995), «Firm Performance, Corporate Governance, and Top Executive Turnover in Japan», *Journal of Financial Economics*, Vol. 38, n.º 1, pp. 29-58.

KAPLAN, S. (1994), «Top Executive Rewards and Firm Performance: A Comparison of Japan and the United States», *Journal of Political Economy*, Vol. 102, n.º 3, pp. 510-546.

KAPLAN, S. e B. MINTON (1994), «Appointments of Outsiders to Japanese Boards: Determinants and Implications for Managers», *Journal of Financial Economics*, Vol. 36, n.º 2, pp. 225-257.

KARPOFF, J. (1998), «The Impact of Shareholder Activism on Target Companies: A Survey of Empirical Findings», *Manuscrito*, Universidade de Washington.

KARPOFF, J., P. MALATESTA e R. WALKLING (1996), «Corporate Governance and Shareholders Initiatives: Empirical Evidence», *Journal of Financial Economics*, Vol. 42, n.º 3, pp. 365-395.

KEIM, D. (1983), «Size-Related Anomalies and Stock Return Seasonality: Further Empirical Evidence», *Journal of Financial Economics*, Vol. 12, n.º 1, pp. 13-32.

KEIM, D. (1989), «Trading Patterns, Bid-Ask Spreads, and Estimated Security Returns: The Case of Common Stocks at Calendar Turning Points», *Journal of Financial Economics*, Vol. 25, n.º 1, pp. 75-97.

KEIM, D. e A. MADHAVAN (1995), «Anatomy of the Trading Process – Empirical Evidence on the Behavior of Institutional Traders», *Journal of Financial Economics*, Vol. 37, n.º 3, pp. 371-398.

KEIM, D. e A. MADHAVAN (1997), «Transactions Costs and Investment Style: an Inter-Exchange Analysis of Institutional Equity Trades», *Journal of Financial Economics*, Vol. 46, n.º 3, pp. 265-292.

KLEMKOSKY, R. (1973), «The Bias in Composite Performance Measures», *Journal of Financial and Quantitative Analysis*, Vol. 8, June, pp. 505-514.

KLEMKOSKY, R. e T. MANESS (1978), «The Predictability of Real Portfolio Risk Levels», *Journal of Finance*, Vol. 33, n.º 2, pp. 631-639.

KON, S. e F. JEN (1978), «Estimation of Time-Varying Systematic Risk and Performance for Mutual Fund Portfolios: an Application of Switching Regression», *Journal of Finance*, Vol. 33, n.º 2, pp. 457-475.

KOTHARI, S., J. SHANKEN e R. SLOAN (1995), «Another Look at the Cross-Section of Expected Stock Returns», *Journal of Finance*, Vol. 50, n.º 1, pp. 185-224.

KROSZNER R. e P. STRAHAN (2001), «Bankers on Boards: Monitoring, Conflicts of Interest, and Lender Liability», *Journal of Financial Economics*, Vol. 62, n.º 2, pp. 415-452.

KRYZANOWSKI, L. e H. ZHANG (1992), «The Contrarian Investment Strategy Does Not Work in Canadian Markets», *Journal of Financial and Quantitative Analysis*, Vol. 27, n.º 3, pp. 383-395.

LA PORTA, R., F. LOPEZ-DE-SILANES, A. SHLEIFER e R. VISHNY (1997), «Legal Determinants of External Finance», *Journal of Finance*, Vol. 52, n.º 3, pp. 1131-1150.

LA PORTA, R., F. LOPEZ-DE-SILANES, A. SHLEIFER e R. VISHNY (1998), «Law and Finance», *Journal of Political Economy*, Vol. 106, n.º 6, pp. 1113-1155.

LA PORTA, R., F. LOPEZ-DE-SILANES, A. SHLEIFER e R. VISHNY (2000), «Investor Protection and Corporate Governance», *Journal of Financial Economics*, Vol. 58, n.º 1, pp. 3-27.

LA PORTA, R., F. LOPEZ-DE-SILANES, e A. SHLEIFER (1999), «Corporate Ownership Around The World», *Journal of Finance*, Vol. 54, n.º 2, pp. 471-518.

LAKONISHOK, J., A. SCHLEIFER e R. VISHNY (1992a), «The Structure and Performance of the Money Management Industry», *Brookings Papers on Economic Activity: Microeconomics* 1992, pp. 339-391.

LAKONISHOK, J., A. SCHLEIFER e R. VISHNY (1992b), «The Impact of Institutional Trading on Stock Prices», *Journal of Financial Economics*, Vol. 32, n.º 1, pp. 23-43.

LAKONISHOK, J., A. SCHLEIFER, R. THALER e R. VISHNY (1991), «Window Dressing by Pension Fund Managers», *American Economic Review*, Vol. 81, n.º 2, pp. 227-231.

LAKONISHOK, J., A. SHLEIFER e R. VISHNY (1994) «Contrarian Investment, Extrapolation, and Risk», *Journal of Finance*, Vol. 49, n.º 5, pp. 1541-1578.

LANG, L. e R. STULZ (1994), «Tobin's q, Corporate Diversification, and Firm Performance», *Journal of Political Economy*, Vol. 102, n.º 6, pp. 1248-1280.

LEE, C. e F. JEN (1978), «Effects of Measurement Error on Systematic Risk and Performance Measure of a Portfolio», *Journal of Financial and Quantitative Analysis*, Vol. 13, June, pp. 299-312.

LEHMANN, B. (1990), «Fads, Martingales, and Market Efficiency», *Quarterly Journal of Economics*, Vol. 105, pp. 1-28.

LEHMANN, B. e D. MODEST (1987), «Mutual Fund Performance Evaluation: A Comparison of Benchmarks and Benchmark Comparisons», *Journal of Finance*, Vol. 42, n.º 2, pp. 233-265.

LELAND, H. (1999), «Beyond Mean-Variance: Performance Measurement in a Nonsymmetrical World», *Financial Analysts Journal,* Vol. 55, n.º 1, pp. 27-36.

LEVY, H. (1981), «The CAPM and the Investment Horizon», *Journal of Portfolio Management*, Vol. 7, n.º 2, pp. 32-40.

LIEW, J. e M. VASSALOU (2000), «Can Book-to-Market, Size and Momentum Be Risk Factors That Predict Economic Growth?», *Journal of Financial Economics*, Vol. 57, n.º 2, pp. 221-245.

LIM, T. (2001), «Rationality and Analysts' Forecast Bias», *Journal of Finance*, Vol. 56, n.º 1, pp. 369-385.

LINTNER, J. (1965), «The Valuation of Risks Assets and the Selection of Risky Investments in Stock Portfolios and Capital Budgets», *Review of Economics and Statistics*, Vol. 47, February, pp. 13-37.

LO, A. e A. MACKINLAY (1990a), «Data-Snooping Biases in Tests of Financial Asset Pricing Models», *Review of Financial Studies*, Vol. 3, n.º 3, pp. 431-467.

LO, A. e A. MACKINLAY (1990b), «When Are Contrarian Profits Due to Stock Market Overreaction?», *Review of Financial Studies*, Vol. 3, n.º 2, pp. 175-205.

LOBÃO, J. e A. SERRA (2002), «Herding Behavior – Evidence from the Portuguese Mutual Funds», *EFMA 2003 Helsinki Meetings, http://ssrn.com/abstract=302937.*

LODERER, C. e U. PEYER (2002), «Board Overlap, Seat Accumulation and Share Prices», *European Financial Management*, Vol. 8, n.º 2, pp. 165-192.

LONG, J., A. SHLEIFER, L. H. SUMMERS e R. J. WALDMANN (1990), «Positive Feedback Investment Strategies and Destabilizing Rational Speculation», *Journal of Finance*, Vol. 45, n.º 2, pp. 179-395.

LOUGHRAN, T. e J. RITTER (1996), «Long-Term Market Overreaction: The Effect of Low-Priced Stocks», *Journal of Finance*, Vol. 51, n.º 5, pp. 1959-1970.

LOUGHRAN, T. e J. RITTER (2000), «Uniformly Least Powerful Test of Market Efficiency», *Journal of Financial Economics*, Vol. 55, n.º 3, 361-389.

Lynch, A. (2001), «Portfolio Choice and Equity Characteristics: Characterizing the Hedging Demands Induced by Return Predictability», *Journal of Financial Economics*, Vol. 62, n.° 1, pp. 67-130.

Lynch, A. e D. Musto (2000), «How Investors Interpret Past Fund Returns», *Working Paper*, New York University.

Macey, J. (1998), «Institutional Investors and Corporate Monitoring: A Demand-Side Perspective in a Comparative View», in Hopt, K., H. Kanda, M. Roe, E. Wymeersch e S. Prigge (editors), *Comparative Corporate Governance – The State of The Art and Emerging Research*, pp. 903-919, Oxford e New York: Oxford University Press.

Malkiel, B. (1995), «Returns From Investing in Equity Mutual Funds 1971 to 1991», *Journal of Finance*, Vol. 50, n.° 2, pp. 549-572.

Markowitz, H. (1952), «Portfolio Selection», *Journal of Finance*, Vol. 7, n.° 1, pp. 77-91.

Markowitz, H. (1959), *Portfólio Selection: Efficient Diversification of Investments*, New York: John Wiley & Sons.

Markowitz, H. (1991), «Foundations of Portfolio Theory», *Journal of Finance*, Vol. 46, n.° 2, pp. 469-477.

Marmer, H. e F. Ng (1993), «Mean-Semivariance Analysis of Option-Based Strategies: a Total Asset Mix Perspective», *Financial Analyst Journal*, Vol. 49, n.° 3, pp. 47-54.

Maug, E. (1998), «Large Shareholders as Monitors: Is There a Trade-Off Between Liquidity and Control?», *Journal of Finance*, Vol. 53, n.° 1, pp. 65-98.

Mayer, C. (1990), «Financial Systems, Corporate Finance, and Economic Development», in Hubbard R. (Editor), *Asymmetric Information, Corporate Finance and Investments*, Chicago: University of Chicago Press.

Mayer, C., K. Schoors e Y. Yafeh (2002), «Sources of Funds and Investment Activities of Venture Capital Funds: Evidence from Germany, Israel, Japan and the UK», *CEPR Discussion Paper*, n.° 3340.

McConnell, J. e H. (1990), «Additional Evidence on Equity Ownership and Corporate Value», *Journal of Financial Economics*, Vol. 27, n.° 2, pp. 595-612.

Mengginson, W., R. Nash e M. Randenbourg (1994), «The Financial and Operating Performance of Newly Privatized Firms», *Journal of Finance*, Vol. 49, n.° 2, pp. 403-452.

Merton, R. (1973), «An Intertemporal Capital Asset Pricing Model», *Econometrica*, Vol 41, n.° 5, pp. 867-887.

Monks, R. (2001), «Redesigning Corporate Governance Structures for the Twenty First Century», *Corporate Governance: an International Review*, Vol. 9, n.° 3, pp. 142-147.

MONKS, R. e N. MINOW (2001), *Corporate Governance*, 2ª Edição, *United States: Blackwell Publishing.*

MOOD, A. e F. GRAYBILL (1963), *Introduction to the Theory of Statistics, New York: McGraw-Hill.*

MORCK, R., A. SHLEIFER e R. VISHNY (1988), «Management Ownership and Market Valuation», *Journal of Financial Economics,*Vol. 20, pp. 293-315.

MORCK, R., A. SHLEIFER e R. VISHNY (1990), «Do Managerial Objectives Drive Bad Acquisitions?», *Journal of Finance,*Vol. 45, n.° 1, pp. 31-48.

MOREY, M. e E. O'NEAL (2002), «Window Dressing in Bond Mutual Funds», *http://ssrn.com/abstract=285051.*

MORGAN, A. e A. Poulsen (2001), «Linking Pay to Performance Compensation Proposals in the S&P 500», *Journal of Financial Economics,*Vol. 62, n.° 3, pp. 489--523.

MOSSIN, J. (1966), «Equilibrium in a Capital Asset Market», *Econometrica*, Vol. 34, n.° 4, pp. 768-783.

MURALI, R. e J. WELCH (1989), «Agents, Owners, Control and Performance», *Journal of Business Finance and Accounting,*Vol. 16, n.° 3, pp. 385-398.

MURPHY, K. e K. van NUYS (1994), «Governance, Behavior, and Performance or State and Corporate Pension Plans», *Manuscrito*, Harvard Business School.

MURTEIRA, B., C. RIBEIRO, J. SILVA e C. PIMENTA (2002), *Introdução à Estatística*, 1ª Edição, *Lisboa: McGraw-Hill.*

MYERS, S. (1999), «Financial Arquitecture», *European Financial Management*, Vol. 5, n.° 2, pp. 133-141.

MYERS, S. e N. MAJLUF (1984), «Corporate Financing and Investment Decisions when Firms Have Information That Investors do not Have», *Working Paper,* n.° W1396, National Bureau of Economic Research.

NANDA, V., M. NARAYANAN, e V. WARTHER (2000), «Liquidity, Investment Ability, and Mutual Fund Structure», *Journal of Financial Economics,* Vol. 57, n.° 3, pp. 417-443.

NEWEY, W. e K. WEST (1987), «A Simple, Positive, Semi-Definite, Heteroscedasticity and Autocorrelation Consistent Covariance Matrix», *Econometrica,*Vol. 55, n.° 3, pp. 703-708.

NICKELL, S. (1996), «Competition and Corporate Perfromance», *Journal of Political Economy,*Vol. 104, n.° 4, pp. 724-746.

O'HANLON, J. e R. WHIDDETT (1991), «Do U.K. Security Analysts Over-React?», *Accounting and Business Research,*Vol. 22, n.° 85, pp. 63-74.

O'NEAL, E. (2001), «Window Dressing and Equity Mutual Funds», *Working Paper,* Babcock Graduate School of Management.

OCDE (1999), «OECD Principles of Corporate Governance», *OECD Publications, www.oecd.org.*

OPLER, T. e SOKOBIN (1996), «Does Coordinate Institutional Activism Work? An Analysis of the Activities of the Council Institutional Investors», *http://ssrn.com/abstract=9707215.*

OTTEN, R. e D. BAMS (2002), «European Mutual Fund Performance», *European Financial Management,*Vol. 8, n.° 1, pp. 75-101.

PEASNELL, K., P. POPE e S. YOUNG (1999), «Accrual Management to Meet Earnings Targets: Did Cadbury Make a Difference?», *http://ssrn.com/abstract=163990.*

PESARAN, M. e A. TIMMERMANN (1992), «A Simple Nonparametric Test of Predictive Performance», *Journal of Business and Economic Statistics,* Vol. 10, n.° 4, pp. 461-465.

PETERSON, D. e M. RICE (1980), «A Note on Ambiguity in Portfolio Performance Measures»,*Journal of Finance,*Vol. 35, n.° 5, pp. 1251-1256.

PETTENGILL, G. e B. JORDAN, (1990), «The Overreaction Hypothesis, Firm Size and Stock Market Seasonality», *Journal of Portfolio Management,* Vol. 16, n.° 3, pp. 60-64.

PORTER, M. (1992), «Capital Disadvantage: America's Failing Capital Investment System», *Harvard Business Review,*Vol. 70, n.° 5 (September-October), pp. 65-82.

Pound, J. (1988), «Proxy Contests and Efficiency of Shareholder Oversight», *Journal of Financial Economics,*Vol. 20, pp. 237-265.

PREVOST, A. e R. Rao, (2000) «Of What Value Are Shareholder Proposals Sponsored by Public Pension Funds?», *Journal of Business,*Vol. 73, n.° 2, pp. 177-204.

PRIGGE, S. (1998), «A Survey of German Corporate Governance», in Hopt, K., H. Kanda, M. Roe, E. Wymeersch e S. Prigge (editors), *Comparative Corporate Governance – The State of The Art and Emerging Research,* pp. 1045-1199, Oxford e New York: Oxford University Press.

PROWSE, S. (1990), «Institutional Investment Patterns and Corporate Financial Behavior in the United States and Japan», *Journal of Financial Economics,*Vol. 27, n.° 1, pp.43-66.

RAJAN, R. e H. SERVAES (1997), «Analyst Following of Initial Public Offerings», *Journal of Finance,*Vol. 52, n.° 2, pp. 507-529.

RAJAN, R. e L. ZINGALES (2000), «The Governance of the New Enterprise», in Vives, X. (ed.), *Corporate Governance: Theoretical & Perspectives,* pp. 201-232, Cambridge (Mass.): Cambridge University Press.

REDA, J. (2000), «Pay to Win: How America's Successful Companies Pay Their Executives (a review)», *Financial Analysts Journal,*Vol. 56, n.° 6, pp. 111-112.

REINGANUM, M. (1981), «Misspecification of Capital Asset Pricing: Empirical Anomalies Based on Earnings' Yields and Market Values», *Journal of Financial Economics*, Vol. 9, n.º 1, pp. 19-46.

REINGANUM, M. e A. Shapiro (1987), «Taxes and Stock Return Seasonality: Evidence from the London Stock Exchange», *Journal of Business*, Vol. 60, n.º 2, 281-295.

RELATÓRIO CADBURY (1992), *Report of The Committee on the Finantial Aspects of Corporate Governance, London: Gee.*

RELATÓRIO HAMPEL (1998), *Committee on Corporate Governance: Final Report,* www.cnmv.es/index.htm.

RELATÓRIO OLIVENCIA (1998), *Código de Buen Govierno,* www.CNMV.es.

RELATÓRIO VIÉNOT (1995), *Le Conseil d'Administration des Societes Cotees - Rapport du Comité sur le Gouvernment d'entreprise présidé par Marc Vienót. Paris: MEDEF.*

REMSEY, J. (1969), «Tests for Specification Error in Classical Linear Least Squares Analysis», *Journal of Royal of the Statistical Society*, Series B, n.º 31, pp. 350-371.

RICHARDSON, V. e J. WAEGELEIN (2002), «The Influence of Long-Term Performance Plans on Earnings Management and Firm Performance», *Review of Quantitative Finance and Accounting*, Vol. 18, n.º 2, pp. 161-183.

ROE, M. (1994), *Strong Managers Weak Owners: The Political Roots of American Corporate Finance*, Princeton, New Jersey: Princeton University Press, Capítulos: Prefácio – Introdução – Diffuse Ownership as Natural Economic Evolution – Fragmentation's Costs – Diffuse Ownership as Political Product, in: Keasey, K., S. Thompson e M. Wright (Editores), *Corporate Governance*, Vol. I, pp. 87-145, Cheltenham (Reino Unido) e Northampton (Mass., EUA): Edward Elgar Publishing Limited.

ROLL, R. (1977), «A Critique of the Asset Pricing Theory's Tests; Part I: On Past and Potential Testability of the Theory», *Journal of Financial Economics*, Vol. 4, n.º 2, pp. 129-176.

ROLL, R. (1978), «Ambiguity When Performance is Measured by the Securities Market Line», *Journal of Finance*, Vol. 33, n.º 4, pp. 1051-1069.

ROLL, R. (1980), «Performance Evaluation and Benchmark Errors (I)», *Journal of Portfolio Management*, Vol. 6, n.º 4, pp. 5-12.

ROLL, R. e S. ROSS (1980), «An Empirical Investigation of the Arbitrage Pricing Theory», *Journal of Finance*, Vol. 35, n.º 5, pp. 1073-1103.

ROMANO, R. (1993a), *The Genius of American Corporate Law, Washington, D. C.: American Enterprise Institute Press.*

ROMANO, R. (1993b), «Public Pension Fund Activism in Corporate Governance Reconsidered», *Columbia Law Review*, Vol. 93, n.º 4, pp. 795-853.

ROSENBERG, B., K. REID e R. LANSTEIN (1985), «Persuasive Evidence of Market Inefficiency», *Journal of Portfolio Management*, Vol. 9, n.º 1, pp. 18-28.

ROSS, S. (1976), «Arbitrage Theory of Capital Asset Pricing», *Journal of Economic Theory*, Vol. 13, pp. 341-360.

ROSS, S. (1977), «Risk, Return and Arbitrage», in *Risk and Return in Finance*, Friend, I. e J. Bicksler (editores), Cambridge, MA: Ballinger, pp. 189-218.

ROSS, S. (2002), «Neoclassical Finance, Alternative Finance and the Closed End Fund Puzzle», *Journal of Financial Economics*, Vol. 8, n.º 2, pp. 129-137.

ROUWENHORST, K. (1998), «International Momentum Strategies», *Journal of Finance*, Vol. 53, n.º 1, pp. 267-284.

ROUWENHORST, K. (1999), «Local Return Factors and Turnover in Emerging Stock Markets», *Journal of Finance*, Vol. 54, n.º 4, pp. 1439-1464.

SANTOS, C. e M. ARMADA (1997), «Informação Diferencial e Avaliação de Performance de Gestores de Investimentos», *Estudos de Gestão*, Vol. 4, n.º 1, pp. 13-20.

SAWICKI, J. (2000), «Investor's Differential Response to Managed Fund Performance», *Journal of Financial Research*, Vol. 24, n.º 3, pp. 367-384.

SCHARFSTEIN, D. (1988), «The Disciplinary Role of Takeovers», *Review of Economics Studies*, Vol. 55, pp. 185-199.

SCHARFSTEIN, D. e J. STEIN (1990), «Herd Behavior and Investment», *American Economic Review*, Vol. 80, n.º 3, pp. 465-479.

SCHMIDT, R. e M. Tyrell (1997), «Professional Forum: Financial Systems, Corporate Finance and Corporate Governance», *European Financial Management*, Vol. 3, n.º 3, pp. 333-361.

SCHOLES, M. e J. WILLIAMS (1977), «Estimating Betas From Nonsychronous Data», *Journal of Financial Economics*, Vol. 5, n.º 3, pp. 309-327.

SERRA, A. (2002), «The Cross-Sectional Determinants of Returns: Evidence From Emerging Markets' Stocks», *Faculdade de Economia do Porto, Working Paper* n.º 120.

SERVAES, H. (1996), «The Value of Diversification During the Conglomerate Merger Wave», *Journal of Finance*, Vol. 51, n.º 4, pp. 1201-1225.

SHARPE, W. (1964), «Capital Asset Prices: A Theory of Market Equilibrium under Conditions of Risk», *Journal of Finance*, Vol. 19, n.º 3, pp. 425-442.

SHARPE, W. (1966), «Mutual Fund Performance», *Journal of Business*, Vol. 39, n.º 1, pp.119-138.

SHARPE, W. (1982), «Factors in NYSE Security Returns, 1931-1979», *Journal of Portfolio Management*, Vol. 8, n.º 2, pp. 5-19.

SHARPE, W. (1994), «The Sharpe Ratio»: Properly Used, It Can Improve Investment Management», *Journal of Portfolio Management*, Vol. 21, n.º 1, pp. 49-58.

SHEFRIN, H. e M. STATMAN (1995), «Making Sense of Beta, and Book-to-Market», *Journal of Portfolio Management*, Vol. 21, n.º 2, pp. 26-34.

SHLEIFER, A. e R. VISHNY (1986), «Large Shareholders and Corporate Control», *Journal of Political Economy*, Vol. 94, n.º 3, pp. 461-488.

SHLEIFER, A. e R. VISHNY (1989), «Management Entrenchment: The Case of Manager-Specific Investments», *Journal of Financial Economics*, Vol. 25, n.º 1, pp. 123-139.

SHLEIFER, A. e R. VISHNY (1997), «A Survey of Corporate Governance», *Journal of Finance*, Vol. 52, n.º 2, pp. 737-783.

SHOME, D. e S. SINGH (1995), «Firm Value and External Blockholdings», *Financial Management*, Vol. 24, n.º 4, pp. 3-14

SHORT, H. e K. KEASEY (1997), «Institutional Shareholders and Corporate Governance in The United Kingdom», in Hopt, K., H. Kanda, M. Roe, E. Wymeersch e S. Prigge (editors), *Comparative Corporate Governance – The State of The Art and Emerging Research*, pp. 18-53, Oxford e New York: Oxford University Press.

SHUKLA, R. e C. TRZCINKA (1994), «Persistence Performance in the Mutual Fund Market: Tests With Funds and Investment Advisors», *Review of Quantitative Finance and Accounting*, Vol. 4, n.º 2, pp. 115-135.

SIEGEL, S. (1975), *Estatística Não-Paramêtrica*, São Paulo: McGraw-Hill do Brasil.

SILVA, F., M. CORTEZ e M. ARMADA (2003), «Conditioning Information and European Bond Performance», *European Financial Management*, Vol. 9, n.º 2, pp. 201-230.

SIRRI, E. e P. TUFANO (1992), «Competition and Change in the Mutual Fund Industry», in: Hayes III, S. (Ed.), *Financial Services: Perspectives and Challenges*. Boston, MA: Harvard Business School Press, pp. 181-214.

SIRRI, E. e P. TUFANO (1998), «Costly Search and Mutual Fund Flows», *Journal of Finance*, Vol. 53, n.º 5, pp. 1589-1622.

SMITH, M. (1996), «Shareholder Activism by Institutional Investors: Evidence from CalPERS», *Journal of Finance*, Vol. 51, n.º 1, pp. 227-252.

SPIEGEL, M. (1978), *Probabilidade e Estatística*, São Paulo: McGraw-Hill.

STAMBAUGH, R. (1982), «On the Exclusion of Assets from Tests of the Two-Parameter Model: A Sensitivity Analysis», *Journal of Financial Economics*, Vol. 10, n.º 3, pp. 237-268.

STAPLEDON, G. (1996), *Institutional Shareholders and Corporate Governance*, Oxford e New York: Oxford University Press.

STRICKLAND, D., K. WILES e M. ZENER (1996), «A Requiem for the USA: Is Small Shareholder Monitoring Effective?», *Journal of Financial Economics*, Vol. 40, n.º 2, pp. 319-338.

SUMMERS, L. (1986), «Does the Stock Market Rationally Reflect Fundamental Values?», *Journal of Finance*, Vol. 41, n.° 3, pp. 591-601.

TINIC, S., G. BARONE-ADESI e R. WEST (1987), «Seasonality in Canada Stock Prices: A Test of the "Tax-Loss-Selling" Hypothesis», *Journal of Financial and Quantitative Analysis*, Vol. 22, n.° 1, pp. 51-63.

TIROLE, J. (2001), «Corporate Governance», *Econometrica*, Vol. 69, n.° 1, pp. 1-35.

TOBIN, J. (1958), «Liquidity Preference as Behavior Towards Risk», *Review of Economics Studies,* Vol. 25, February, pp. 65-86.

TOCHER, K. (1950), «Extension of Neyman-Pearson Theory of Tests to Discontinuous Variates», *Biometrika*, Vol. 37, pp. 130-141.

TREYNOR, J. (1965), «How to Rate Management of Investment Funds», *Harvard Business Review*, Vol. 43, n.° 1, pp. 63-75.

TREYNOR, J. e M. MAZUY (1966), «Can Mutual Funds Outguess the Market?», *Harvard Business Review*, Vol. 44, n.° 4 (July/Aug.), pp. 131-136.

TRUEMAN, B. (1988), «A Theory of Noise Trading in Securities Markets», *Journal of Finance*, Vol. 43, n.° 1, pp. 83-95.

TUFANO, P. e M. SEVICK (1997), «Board Structure and Fee-Setting in the U.S. Mutual Fund Industry», Vol. 46, n.° 3, *Journal of Financial Economics*, pp. 321-355.

TURNBULL, S. (2000), «Ethics Under the Carpet», *Journal of the Securities Institute of Australia*, Vol. 1, Autumn, pp. 28-34.

VAFEAS, N. (2003), «Further Evidence on Compensation Committee Composition as a Determinant of CEO Compensation», *Financial Management*, Vol. 32, n.° 2, pp. 53-70.

VIVES, X. (2000), «Corporate Governance: Does it Matter?», in Vives, X. (editor), *Corporate Governance: Theoretical & Perspectives*, pp. 1-21, Cambridge (Mass.): Cambridge University Press.

WAHAL, S. (1996), «Pension Fund Activism and Firm Performance», *Journal of Financial and Quantitative Analysis*, Vol. 31, n.° 1, pp. 1-23.

WARTHER, V. (1995), «Aggregate Mutual Fund Flows and Security Returns», *Journal of Financial Economics*, Vol. 39, n.° 2-3, pp. 209-235.

WEBB, R., M. BECK e R. MCKINNON (2003), «Problems and Limitations of Institutional Investor Participation in Corporate Governance», *Corporate Governance: an International Review*, Vol. 11, n.° 1, pp. 65-73.

WERMERS, R. (1999), «Mutual Fund Herding and the Impact on Stock Prices», *Journal of Finance*, Vol. 54, n.° 2, pp. 581-622.

WERMERS, R. (2000), «Mutual Fund Performance: An Empirical Decomposition into Stock-Picking Talent, Style, Transactions Costs, and Expenses», *Journal of Finance*, Vol 55, n.° 4, pp. 1655-1703.

WHITE, H. (1980), «A Heteroscedasticity-Consistent Covariance Matrix Estimator and a Direct Test for Heteroscedasticity», *Econometrica*, Vol. 48, n.º 4, pp. 149-170.

WILLIAMSON, O. (1985), *The Economic Institutions of Capitalism*, New York: Free Press.

WILLIAMSON, O. (1988), «Corporate Finance and Corporate Governance», *Journal of Finance*, Vol. 43, n.º 3, pp. 567-592.

WOLFENZON, D. (1999), «Essays on Corporate Ownership», *PHD Dissertation*, Harvard University.

WYMEERSCH, E. (1998), «A Status Report on Corporate Governance Rules and Practices in Some Continental European States», in Hopt, K., H. Kanda, M. Roe, E. Wymeersch e S. Prigge (editors), *Comparative Corporate Governance – The State of The Art and Emerging Research*, pp. 943-1044, Oxford e New York: Oxford University Press.

YERMACK, L. (1997), «Good Timing: CEO Stock Option Awards and Company News Announcements», *Journal of Finance*, Vol. 52, n.º 2, pp. 449-476.

ZAHRA, S. (1996), «Governance, Ownership, and Corporate Entrepreneurship: The Moderating Impact of Industry Technological Opportunities», *Academy of Management Journal*, Vol. 39, n.º 6, pp. 1713-1775.

ZAROWIN, P. (1989), «Short-Run Market Overreaction: Size and Seasonality Effects. A Separate Anomaly to be Added to a Growing List of Anomalies?», *Journal of Portfolio Management*, Vol. 15, n.º 3, pp. 26-29.

ZAROWIN, P. (1990), «Size, Seasonality, and Stock Market Overreaction», *Journal of Financial and Quantitative Analysis*, Vol. 25, n.º 1, pp. 113-125.

ZECHAUSER, R. e J. POUND (1990), «Are Large Shareholders Effective Monitors?: An Investigation of Share Ownership and Corporate Performance», in Glenn Hubbard (ed.), *Asymmetric Information, Corporate Finance, and Investment*, Chicago: University of Chicago Press, 1990, pp. 149-180.

ZHENG, L. (1999), «Is Money Smart? A Study of Mutual Fund Investors' Fund Selection Ability», *Journal of Finance*, Vol. 54, n.º 3, pp. 901-933.

ZIMMERMANN, H. e C. ZOGG-WETTER (1992), «On Detecting Selection and Timing Ability: the Case of Stock Market Indexes», *Financial Analysts Journal*, Vol. 48, January-February, pp. 80-83.

ZINGALES, L. (1994), «The Value of the Voting Right: A Study of the Milan Stock Exchange Experience», *Review of Financial Studies*, Vol. 7, n.º 1, pp. 125-148.

ÍNDICE

ÍNDICE DE TABELAS

Índice de Figuras

Índice de Gráficos